审计学

AUDITING

赵保卿　主　编
杨克智　副主编

清华大学出版社
北京

内 容 简 介

本书是北京工商大学会计专业系列教材之一，是会计专业本科核心必修课程教材。本书根据最新发布的审计准则和相关会计准则进行了修订，主要介绍审计的基本概念、基本原理和基本方法。主要内容分为 14 章，涵盖审计的各种要素、各个环节，具体内容为：第一章总论；第二章审计规范体系；第三章审计计划与审计重要性；第四章内部控制审计；第五章审计风险评估与应对；第六章审计证据与审计工作底稿；第七章审计抽样；第八章货币资金审计；第九章销售与收款循环审计；第十章购货与付款循环审计；第十一章生产与存货循环审计；第十二章筹资与投资循环审计；第十三章对特殊项目的考虑和审计；第十四章完成审计取证工作与出具审计报告。

图书在版编目（CIP）数据

审计学/赵保卿主编. —北京：清华大学出版社，2021.1
ISBN 978-7-302-56339-6

Ⅰ. ①审… Ⅱ. ①赵… Ⅲ. ①审计学－高等学校－教材 Ⅳ. ①F239.0

中国版本图书馆 CIP 数据核字(2020)第 167367 号

责任编辑：左玉冰
封面设计：汉风唐韵
责任校对：王荣静
责任印制：杨 艳
出版发行：清华大学出版社
    网   址：http://www.tup.com.cn，http://www.wqbook.com
    地   址：北京清华大学学研大厦 A 座   邮 编：100084
    社 总 机：010-62770175   邮 购：010-62786544
    投稿与读者服务：010-62776969，c-service@tup.tsinghua.edu.cn
    质 量 反 馈：010-62772015，zhiliang@tup.tsinghua.edu.cn
    课 件 下 载：http://www.tup.com.cn，010-83470332
印 刷 者：北京富博印刷有限公司
装 订 者：北京市密云县京文制本装订厂
经 销：全国新华书店
开 本：185mm×260mm   印 张：27.5   字 数：651 千字
版 次：2021 年 1 月第 1 版   印 次：2021 年 1 月第 1 次印刷
定 价：69.00 元

产品编号：070724-01

总 序

人才培养是大学的本质职能，而本科教育是大学的根和本。党的十八大以来，围绕培养什么人、怎样培养人、为谁培养人这一根本问题，我国坚持把立德树人作为根本任务，积极推进教育改革，形成更高水平的人才培养体系。

教材建设是人才培养中重要的一环。根据教学需要编写高质量教材，是确保人才培养质量的重要保证。北京工商大学会计与财务学科一直提倡和鼓励学术水平高、教学经验丰富的教师积极编写教材，并根据时代变化不断更新。我们于 1998 年推出了北京工商大学会计系列教材（以下简称"系列教材"）第 1 版。结合 2001 年我国《企业会计制度》的实施，于 2002 年推出了系列教材第 2 版。随着 2006 年新会计、审计准则体系的颁布，我们于 2006 年推出了系列教材第 3 版。自 2006 年修订以后，我国在会计准则、审计准则和内部控制规范建设等方面发生了很多重大变化，高等教育改革对人才培养质量也提出了新的要求。根据这些法规制度的变化，以及提高人才培养质量的内在要求，我们于 2013 年后陆续推出了系列教材第 4 版。

时代总是在不断的变化之中。一方面，在培养德智体美劳全面发展的社会主义建设者和接班人这一目标指引下，要把立德树人融入思想道德教育、文化知识教育、社会实践教育各环节，贯穿高等教育各领域，并且学科体系、教学体系、教材体系、管理体系要围绕这个目标来设计；另一方面，经济的发展也不断推动会计的变革，会计准则、审计准则持续趋同、不断深化，中国特色的管理会计体系、内部控制体系逐步建立，这都迫切需要重新打造一套全新的教材。

本系列教材的特点主要体现在以下三个方面。

（1）紧跟时代步伐，反映最新理论和实践成果。通过紧密结合会计准则、审计准则、内部控制、管理会计、税法等领域的变化，吸收会计领域中新理论、新法规、新方法，使系列教材既密切联系中国实际，又反映国际发展变化；既立足于当前，又着眼于未来。

（2）重视素质教育，注重学生创新和应用能力培养。坚持将立德树人、培养社会主义核心价值观融入教材体系；注重专业理论素质的培养，在阐述现行法律、法规及实务做法的基础上，注意从理论上进行解释，通过完善"案例讨论和分析"及"小组讨论"部分，引导学生从本质上认识和理解问题，使系列教材既便于学生知识和技能的掌握，又重视学生基本素质和能力的培养。

（3）坚持需求导向，开发立体式教辅资源。通过配套更加完善的教辅资源，如教学大纲、PPT 课件、学习指导书、习题库、辅助阅读资料等,为教师教学和学生学习提供全方位服务,使系列教材既便于教师讲授,又有利于学生独立学习;既有利于学生能力的培养,也兼顾学生参加注册会计师考试的客观需要。

本系列教材是北京工商大学会计学一流专业和工商管理高精尖学科建设的重要成果。北京工商大学会计与财务学科师资力量雄厚、专业建设成绩显著、学科建设优势特色明显。本学科现拥有财政部会计名家 3 人,全国会计领军人才 9 人,财政部企业会计准则、管理会计、内部控制咨询专家 4 人;拥有会计学和财务管理两个国家级特色专业,会计学专业是北京市首批一流专业;学科建设方面依托会计准则研究中心、投资者保护研究中心、管理会计创新与发展研究中心、企业集团研究中心、国有资产管理协同创新中心,在会计准则、投资者保护、管理会计、企业集团财务管理、国企改革等方面取得了一系列丰硕的成果。

通过本系列教材的编写,我们试图充分反映北京工商大学会计系和财务系教师在教学与科研方面取得的成果,以更好地满足广大教师和学生的需求。尽管如此,还会存在许多不足,恳请大家提批评和改进意见,以使本系列教材进一步完善。

北京工商大学编写组

2019 年 1 月

前　言

本书是北京工商大学会计系列教材之一。主要介绍审计的基本概念、基本原理和基本方法。

本书的特色：

一是以审计产生与发展的客观基础为审计理论的逻辑起点，由此进一步形成逻辑主线，这一逻辑主线就是审计人员要以审计产生发展于所有权监督的需要为指导，在整个过程中提高审计工作效率，保证审计工作质量，控制与防范审计风险，最终实现审计目标，并承担相应的审计责任。这一逻辑起点和逻辑主线为审计理论构成面与体的结构奠定基础。

二是适应新时代中国特色社会主义市场经济的发展，从国家治理层面构建审计监督体系的需要，在研究审计理论、介绍审计实务时侧重民间审计，同时兼顾国家审计和内部审计。民间审计、国家审计和内部审计在审计理论与审计实务上有很多共同点，但也有其差异性。在研究审计理论、介绍审计实务时除涉及三种审计主体共性外，在各自特性上更多侧重于民间审计。

三是充分体现课程思政的要求，将专业课程与思政内容有机融合。将审计发展、审计职业道德、审计目标、审计职能等与国家发展、民族振兴、社会主义核心价值观以及维护国家财经纪律进行有机结合，将思政内容自然融入专业课程中。

四是为了更好地启发学生思考和拓展学生相关知识，本书设置了"相关链接""相关案例""国际视野""思考题"等栏目。"相关链接"主要是进行有关知识扩展，体现审计研究最新成果。"相关案例"主要通过典型和最新案例说明相关原理与方法。"国际视野"主要介绍国际上与我国做法的不同之处。"思考题"是为了引导学生进行更好的独立思考。

本书由赵保卿教授和杨克智博士主编，具体分工如下：第一、二、十、十三章，赵保卿；第三、十四章，刘恋；第四、八章，鲁昱；第五、九章，杨克智；第六、十一章，李梓；第七、十二章，刘晓嫱。

热诚希望广大读者提出宝贵意见。

目　录

| 第一章 |

总　论

学习提要与目标

　　审计作为一种独立的经济监督形式或活动，有其特定的基本性质与理论体系，并随着社会进步、经济发展逐步完善。本章分析和探讨审计产生与发展的客观基础、审计的概念体系、审计组织、审计对象、审计目标、审计职能及审计在经济监督系统中的地位等审计的基本理论问题。分析审计基本理论有利于更好地指导审计实践活动，完善审计监督体系；便于读者一开始总括了解本书的内容。本章的学习目标是：

　　（1）了解审计产生与发展的客观基础；

　　（2）理解审计目标的构成、审计职能及在经济监督系统中的地位；

　　（3）掌握审计组织与对象的特征，尤其是审计机构的设置要求。

 引例

关于审计性质的讨论

　　某会计学专业班的同学在"审计学"课程学习过程中有一次关于审计性质的讨论。同学 A 认为，审计的基本特点就是会计监督，与会计的关系就是监督与被监督的关系，其目标是向客户出具被审计单位会计资料及其所反映经济活动真实、合法与效益情况的意见或结论；同学 B 认为，审计本质在于其监督的独立性，与会计不只是监督与被监督的关系，还存在制约与被制约的关系，审计的目标是通过执行审计工作对被审计单位财务报表的合法性与公允性发表意见；同学 C 认为，"国家审计免疫系统论"准确描述了国家审计的本质，至于民间审计和内部审计虽与国家审计有所不同，但也具有免疫功能，其基本性质是一致的；同学 D 认为，国家审计、民间审计与内部审计都产生于经济监督的需要，三者在审计目标上有相同点也有不同点，至于异同的具体表现，该同学还没有明确概念。

　　如何评价上述四位同学对审计基本性质所发表的观点？本章内容围绕审计的性质展开叙述。

第一节　审计的性质

　　认识和研究审计需要首先分析其基本性质。审计的基本性质反映其产生与发展的客观基础，体现审计的核心概念。

一、审计的产生与发展

审计产生与发展的客观基础是审计的一个基本理论问题，同时也是分析和研究审计性质的一个切入点。我们从分析两权分离与经济监督的内涵及其内在关系开始，引出所有权监督和经管权监督的概念，在此基础上，阐述所有权监督构成审计产生与发展客观基础的理论依据，以此作为我们构建本书内容框架系的主线内容之一。

（一）两权分离与经济监督

两权分离以后产生了经济监督的需要，而审计是一种独立的经济监督形式，所以，审计监督与两权分离有着不可分割的密切联系。

1. 两权分离及其内容

（1）两权分离的内涵。两权分离有狭义和广义两种含义，通常所说的两权分离是指企业财产所有权与经管权的分离，这是狭义的理解。广义地说，只要所有者拥有的财产不是自己保存和运用，而是委托他人经管，那么，就产生了财产所有者拥有的所有权与财产经管者拥有的经管权的分离。财产的经管权具有两个方面的含义：一是对所有者的财产在非生产领域（抑或消费性领域）的保存和运用的权利，其运用通常是消费性的；二是对所有者的财产在生产领域（抑或再生产领域）的保存和运用的权利，其运用是生产性的，并要求带来效益。有人称前一种权利为管理权、后一种权利为经营权，为叙述方便，我们把两者统一起来都称为经管权。实际上经管权是相对所有权而言的，如果站在经营者管理企业的角度，经管权本质上就是管理企业一切事务的权利，它表现为一种管理。我们所说的两权分离是从广义而言的。

（2）两权分离的内容。伴随两权分离过程，两权分离的内容也不断扩展和延伸。从整体上看，两权分离包括四个层次。

①终极所有权与投资权抑或资本经管权的分离。这里终极所有权是指国家或自然人对企业财产的所有权，当社会大众都加入出资者行列时，如何寻找投资机会、进行投资运作就成为投资大众迫切需要解决的问题，相应投资专家或投资公司等应运而生，他们执行终极所有者的投资功能。

②终极所有权与通常所说的经管权抑或资产经管权的分离。这里资产经营是指利用出资人投入的资本所形成的资产从事购进、生产、销售，抑或服务的活动。它与资本经营不同，资本经营是站在出资人角度投出资本、监管资本的运用，并对存量资本结构进行调整的活动。

③终极所有权与法人所有权的分离。独资企业和合伙企业都是自然人企业，自然人自身的财产，也就是企业财产，自然人对企业承担无限责任，以自己的行为代表企业的行为；公司制企业的出资人对公司承担有限责任，自然人自身的财产并不就是公司的财产，自然人只是将其部分财产投入公司，其余财产则为自用。加之，两权分离，自然人自身的行为并不是公司行为，这样就产生了自然人与公司行为分离的情况，为此，就必须把公司设定为一个独立的行为主体即法人主体，它能像自然人一样对外行使权利、承担责任。此外，

各出资人投入公司的财产要能真正为经营者所经营，必须使公司实际地拥有这些财产的占有、使用、处置、分配的权利，这当然属于所有权的范畴，只是这种权利归为法人所有（或公司所有），从而形成终极所有权与法人所有权的分离，使得资本经营者和资产经营者不仅拥有了经管权，而且拥有了法人所有权。

④法人所有权与部分资产的经管权的分离。伴随企业规模的扩大，企业纷纷设立分公司、分厂和分店，并委派经理经营管理。结果，企业的部分财产被交托分公司、分厂和分店的经理经管，相应产生了公司法人对其部分财产的所有权与经管权的分离，我们称之为法人所有权与部分资产经管权的分离。

综上所述，两权分离的结果是终极出资人将财产交托给资本经营者（或投资公司），资本经营者又将其交托给资产经营者，资产经营者作为法定代表人再将其交托给作为部分资产经营管理者的分公司、分厂和分店的责任者。这里形成了一个资产的委托受托经营关系链。

2. 所有权监督与经管权监督

在任何经济体系中，为了保证经济的有效和协调运转，防止错弊行为的发生，都必须进行经济监督。经济监督总是凭借一定权力进行的，在所有权与经管权没有分离的场合，由于分工分层进行经济活动，上一层管理者必然对下一层执行者进行监督，我们称这种管理者对执行者的监督为经管权监督；在所有权与经管权分离后，所有者为了维护其权益，必然要对经管者进行监督，我们称这种监督为所有权监督。而经管者管理企业后，仍然需要对企业内部的下层执行者进行监督。总括起来，在两权分离后，经济领域中存在两种基本权利即所有权与经管权，凭借这两种权利就分别形成所有权监督和经管权监督。所有权监督和经管权监督有着不同的产生的客观基础。

所有权监督是以两权分离为前提。如果所有权与经管权合二为一，财产的保存和运用是由所有者自己进行的，因此，所有权监督就没有存在的必要。当社会经济发展到一定水平，两权发生分离，所有者为了对经管者保存和运用财产的状况进行控制，便需要一种相应的监督形式——所有权监督为之服务，这就出现了所有权监督。与此不同，经管权监督是以管理职能和执行职能的分离为基础的。当管理职能与执行职能合二为一时，由于管理活动是从事经济活动者自身的职能，因此当事人对自己是否执行管理要求的监督就没有必要。当管理职能化，管理职能与执行职能分离时，管理者对其所制订的目标是否被执行者（相对高层管理者而言，下层管理者也归属于执行者的范畴）实施，必须实行监督，反映这种经管权的要求，便需要一种相应的监督形式——经管权监督为之服务，这就出现了经管权监督。

（二）审计与所有权监督

关于审计产生与发展的客观基础，20世纪80年代流行着监督会计的需要或经济监督的需要的观点。后来，很多学者从委托受托责任关系的角度进行论证，认为审计产生于维系或解除委托受托责任关系的需要。我们认为两权分离后便形成了委托受托责任关系，出现了所有权监督和经管权监督，在维系或解除委托受托责任关系时，审计更多地是从维护所有者利益的角度出发，或者直接说，审计产生和发展于所有权监督的需要。这种观点是有着理论和历史依据的。

1. 审计监督具有所有权监督的特征

审计监督具有所有权监督的特征，而与经管权监督的特征不一致，表现在以下几方面。

（1）经管权监督是整个管理控制的有机环节。离开了管理活动，经管权监督就不复存在，而没有经管权监督，管理活动就难以彻底进行，决策目标难以最终贯彻。与此不同，审计监督是一种独立的经济监督活动，它存在的基本条件就是不能参与任何经营管理活动，这就决定了审计监督不可能是经管权监督，而只能属于所有权监督的范畴。

（2）经管权监督形成于管理职能与执行职能的分离。这种分离包括两种意义：一是在分层管理的条件下，高层管理者制定管理决策与下一层执行管理决策的职能相分离；二是管理职能与生产经营的分离。这种分离使得上一层管理机构（人）必须监督下一层管理机构（人），基层管理机构（人）要监督生产经营的执行机构（人），从而形成一个经管权监督链。这里监督者也成为被监督者（下层管理机构或人相对上层管理机构或人）。但是，作为所有权监督的审计没有分层进行的特征。

（3）经管权监督是一种从上至下的监督。在管理阶层体系的最高层——企事业单位是经营者（厂长、经理等）、政府职能部门是最高负责人，经管权监督不能涉及。但是，由于审计产生于两权分离所引起的经济监督需要，它接受财产所有者的委托，正是要对经营者或最高负责人进行监督。这种审计监督被称为高层次监督，这是经管权监督所不能具有的。

（4）经管权监督是直接服务于管理者自身的。审计监督从来都不是为自身服务，它服务于委托（委派）者——财产所有人。当然，不可否认，在审计发展的历史进程中，审计结论不仅为财产所有者——委派（委托）审计方所使用，而且广泛地被银行、税务等职能管理部门所使用，这并不否认审计的目的是为作为委派（委托）审计方的财产所有者提供审计结论。

2. 审计的产生与发展建立在所有权监督的基础上

（1）国家审计的产生过程及其基础。我国国家审计与西方国家审计经历了不同的发展历程。我国国家审计大体可分为六个阶段：西周初期初步形成阶段；秦汉时期最终确立阶段；隋唐至宋日臻健全阶段；元明清停滞不前阶段；中华民国不断演进阶段；中华人民共和国振兴阶段。

我国国家审计的起源基于西周的宰夫。《周礼》云："宰夫岁终，则令群吏正岁会。月终，则令正月要。旬终，则令正日成。而考其治，治以不时举者，以告而诛之。"这时，宰夫是独立于财计部门之外的职官，标志着我国国家审计的产生。秦汉时期是我国审计的确立阶段。秦朝，中央设"三公""九卿"辅佐政务。御史大夫为"三公"之一，执掌弹劾、纠察之权，专司监察全国民政、财政以及财物审计事项。汉承秦制，仍由御史大夫领掌监督审计大权。隋唐至宋，审计日臻健全。隋开创一代新制，设立比部，隶属都官或刑部，掌管国家财计监督，行使审计职权。唐改设三省六部，比部隶属六部之一的刑部。宋代审计，一度并无发展。元丰改制后，恢复唐财计官制，审计之权又由刑部之下的比部执掌。此外，还专门设置审计司，隶属太府寺。北宋时曾将该机构改称"审计院"。由此，我国审计正式成为一个专用名词。元朝取消比部，独立的审计机构被取消。明初设比部，不久也取消。清承明制，设都察院，职掌是"对君主进行规谏，对政务进行评价，对大小官吏进行纠弹"。中华民国成立后，1912 年在国务院下设审计处，1914 年北洋政府改为审计院。国民党政府根据孙中山先生五权分立的理论，设立司法、立法、行政、考试、监察五院。在监察院下设审计部。

中华人民共和国成立后，强调学习苏联，审计监督一度中断，其职能由财政、税务、银行等业务监督部门代行。党的十一届三中全会以后，我国实行改革开放政策，建立审计制度，实行审计监督，就具备了必要性和重要性，并于 1983 年 9 月成立国家审计的最高机关——审计署，在县以上各级人民政府设置各级审计机关，其主要职责是对国家各级行政机关的财政收支、国有企事业单位的财务收支的合法性、真实性、合理性和效益性进行监督评价。

西方国家，随着生产力的发展和经济关系的变革，国家审计也经历了一个漫长的发展过程，它早于民间审计和内部审计而产生。据考证，在古罗马、古埃及和古希腊时代，就有了官厅审计机构。审计人员通过听证方式，对掌管国家财物和赋税的官吏进行审查与考核，成为具有审计性质的经济监督活动。在历代封建王朝中，也设有审计机构和人员，对国家的财政收支进行监督。

综观中西方国家审计的产生过程，我们可以得出以下结论。

①早期国家审计的产生，是由于作为国家象征的皇帝或国王，将自己的财产或国家财产交由专人或专门的部门管理和运用。皇帝或国王对财产的所有权与对财产的实际占有、使用、分配、处置权相分离，皇帝或国王便委派专门的监督机构或人员对保存和运用其财产的专人或专门部门进行监督，国家审计也随之产生。

②在进入现代意义的国家后，国家经由预算收入等渠道取得财产，并通过预算支出交由政府各部门管理和运用。使得国家对预算收入等渠道所形成的财产所有权与这些财产被政府各部门实际占有、使用、分配、处置权相分离，国家便委派专门的监督机构或人员对保存和运用其财产的部门进行监督，国家审计得到进一步强化。

③国家作为企业的财产所有者拥有所有权，而国有企业的经营者则拥有财产的经管权。这种形成于国家与企业之间的两权分离，也需要国家委派专门的监督机构或人员对经营者保存和运用财产的状况进行监督。这就使国家审计的监督职能得到了进一步扩展。

④国家审计一旦产生，就以专门的机构或人员而存在，并采取了直接隶属国家机构的形式，受国家之委派行使监督权。

（2）民间审计的产生过程及其基础。由职业会计师进行的民间审计，是伴随着资本主义商品经济的兴起而蓬勃发展的。15 世纪至 16 世纪，地中海沿岸的商业城市已经初具规模，沿岸国家的商品贸易得到发展，由此，私人财产所有权与经管权发生分离，对受托经营贸易的经营管理者进行监督成为必要。于是私人所有者便聘请具有良好会计知识、技能，专门承担独立检查、监督使命的专业人员，对受托经营管理者进行监督。这就是处于萌芽状态的民间审计。

现代意义的民间审计是伴随 18 世纪初期至 19 世纪中叶产业革命的完成而开始的。在英国，产业革命使资本主义生产力得到了迅猛发展，企业的所有权与经管权进一步分离，企业所有者开始雇用职业经理人员管理日常经营活动，自身逐渐脱离生产经营过程。为此，企业所有者要借助外部的专业人员来检查和监督他们所雇用的经理人员，防止可能出现的错弊行为。相应，在英国出现了第一批以查账为职业的独立会计师，他们接受所有者的委托审查企业会计账目，防止错弊发生，其审查结果也只向业主报告。1844 年英国政府为了保护广大股票持有者的利益颁布了《公司法》，规定股份公司必须设监察人，负责审查公司账目。因监察人一般由股东担任，大多并不熟悉会计业务和审查的专门方法，不能做到有效监督。1845 年，英国修订了《公司法》，规定股份公司可以聘请执业会计师协助此业务。1853 年，在苏格兰的爱丁堡成立了"爱丁堡会计师协会"，这是世界上第一个职业会计师的专业团体，它得到了英国政府的特许执照。该协会的成立，标志着独立审计职业的诞生。

20 世纪初，美国的短期信用发达，为了证明企业偿债能力保护债权人利益，主要进行资产负债表审计，即信用审计。20 世纪 20 年代以后，随着资本市场的发育成熟，证券交易的业务量和发展迅速。为了满足现实投资人和潜在投资人以至社会各方面的要求，资产负债表审计已无法满足需要，美国开始了会计报表审计。20 世纪中叶至今，民间审计进入现代审计阶段，民间审计机构在发展中开始呈现集中化的趋势。

我国民间审计起步较晚，1918 年北洋政府农商部颁布了我国第一部民间审计法规《会计师暂行章程》。谢霖被获准成为我国的第一名注册会计师，他创办的正则会计师事务所是我国的第一家民间审计机构。我国民间审计的产生与发展是适应民族资本主义工商业的发展之所需的。1929 年《公司法》的颁布以及后来有关税法和《破产法》的施行，对民间审计的发展起到了推动作用。

20 世纪 80 年代初，随着经济体制改革的推行，多种经济成分并存的局面产生，外资也纷纷进入，如何维护非国有经济的投资人利益就成为一个现实问题。1980 年底，财政部颁发了《关于成立会计顾问处的暂行规定》。此后，各地会计师事务所陆续恢复或建立。1988 年，国务院颁布了《中华人民共和国注册会计师条例》，这是中华人民共和国第一部有关注册会计师的法规。次年，中国注册会计师协会正式成立。1993 年 10 月，《中华人民共和国注册会计师法》（以下简称《注册会计师法》）颁布并于 1994 年起实施。1995 年后，颁布实施了若干批中国注册会计师独立审计准则，2006 年在独立审计准则的基础上，重新颁布了中国注册会计师执业准则，2010 年及之后对其又进行了若干修订。

纵观中西方民间审计的产生过程，我们可以得出以下结论。

①民间审计是适应私人对企业财产的所有权与企业经管权的分离而产生的。这种分离使得私人财产所有者不再直接参与企业经营管理活动，而是委托经营者对其财产进行保存和运用，为了监督经营者保存和运用财产的状况，私人财产所有者便委托专门的监督机构和人员对经营者实施监督。于是，民间审计产生了。可见，民间审计产生于私人财产所有权与私人财产经管权的分离，是凭借私人所有权进行监督的形式。

②民间审计的重要性伴随着私人财产所有权与私人财产经管权的分离程度而不断提

高。从两权分离的程度而论，企业经历了早期合伙企业的分离、有限责任公司的分离、股份公司的分离，以至当今上市公司的分离，其两权分离程度越来越高，民间审计所代表的委托人数量也不断增加，相应民间审计的重要性不断加强。

③民间审计受托于私人所有者。由于私人所有者都具有各自的财产利益，这意味着民间审计不像国家审计只能代表国家一个所有者的利益，而是能代表各种不同所有者的利益。

④尽管早期也出现过由所有者直接监督经营者的情况，但很快这种监督就为专门或职业的会计师进行。之所以这样，根本原因在于：审计是一种专业化的职业，企业的所有者大多缺乏这种专业训练和技能；同时，一个企业特别是上市公司有众多的所有者，他们不可能都亲自进行审计，而是委托一个处在第三者立场、能代表他们共同利益的职业机构和人员进行审计。

（3）内部审计的产生过程及其基础。内部审计的历史非常悠久，可以追溯到奴隶社会。奴隶主拥有大量田产，往往将自己的私有财产委托给精明的代理人去管理和经营，奴隶主往往不定期地委派自己的亲信去审查代理人履行职责状况。这是内部审计的萌芽。进入中世纪以后，内部审计有了进一步发展，主要是寺院审计、城市审计、行会审计、银行审计、庄园审计等形式。第二次世界大战后，资本主义经济得到空前的发展，股份公司纷纷出现，企业规模不断扩大，市场环境日趋变化。一方面，股份公司的出现，要求强化其内部治理结构，以保护股东权益。为此，在企业内部要求建立监事会，加强对董事会或经营者的监督；另一方面，企业规模的扩大、市场环境的多变和竞争的加剧，要求企业内部实行分层管理，以适应多变的环境。由此，企业内部分公司、分厂和分店纷纷设立。伴随这种分权型管理，企业最高管理当局必然要求加强内部控制，既确保各分公司、分厂和分店所使用的企业财产安全完整，又确保其工作协同统一进行和具有效率。这样，在企业董事会下或最高管理当局下就设立了审计机构。

我国的监事审计的形成与股份公司的出现紧密联系在一起。20世纪80年代中期以后，一些根据国际惯例组建而成的股份公司开始实行监事审计制度，但很不健全。1993年12月我国颁布的《中华人民共和国公司法》（以下简称《公司法》）为监事审计制度的实行提供了法律依据。

我国单位内部隶属于最高行政管理当局的内部审计，是为适应单位加强内部监督和控制，提高管理水平，在政府的直接支持和推动下建立起来的。1983年，我国国家审计恢复后，内部审计也迅速得到发展，审计署颁布实施了有关内部审计工作的规定等。尽管我国内部审计的发展归因于政府的推动和国家审计的指导，但从本质上看，我国内部审计的产生也并非只有外部推动一个因素，许多企业内部审计机构的建立也是基于分层分权管理后，加强内部控制的客观需要。

纵观中西方内部审计的产生过程，我们可以得出以下结论。

①监事审计和早期的内部审计一样，都是两权分离的产物。它代表股东或股东大会行使对企业的经营者的监督权，监事审计是一种凭借私人所有者集团或不同所有制的所有者集团的所有权进行的监督。它与民间审计的区别是，民间审计可以不确定地代表众多私人所有者及其集团或者不同所有制的所有者及其集团进行监督，而监事审计只能唯一地代表某一企业的所有者集团进行监督。

②在我国隶属最高管理当局的内部审计分为单位内部审计和部门内部审计。单位内部审计是隶属企事业单位内部最高管理当局的审计。这种审计因其直接隶属企事业单位的最高管理当局，而不是直接代表股东或财产所有者行使监督权，这就从形式上易于把它当作一种经管权监督。但是，至少我们可以首先明确这种审计不属于经管权监督，这因为经管权监督是与管理活动密切联系在一起的，或者更直接地说经管权监督是为管理活动服务的，没有管理活动就没有经管权监督。这样，问题就归结为这种审计是否是所有权监督。审计监督属于所有权监督，当然这种审计也不例外。按照马克思关于所有权的基本理论，所有权包括对财产的占有、使用、支配、处置和分配权。在两权分离后，经营者不仅获得了经管权，而且也获得了使经管权得以发挥作用的对财产的使用、支配、处置和部分分配权，这种权利通常称为经济意义上的所有权，也称法人所有权。而财产的实际所有人，只是握有对财产的终极所有权以及凭借财产参与利益分配的权利，这种权利是以法律契约的形式规定的，通常称之法律意义上的所有权，也称终极所有权。结果，经营者握有法人所有权和经管权。在企业内部执行分层管理的条件下，经营者的部分经管权必须被下放，因而，在企事业单位内部就出现了经营者的法人所有权与其相应的部分经管权相分离的现象，经营者为了使其拥有、使用、支配、处置和分配权的财产，在交托下层管理者运用后不致遭受损失，提高运用效率，就必然需要在内部委派专门的人员或机构对下属各分权层次或人员进行监督，这样，隶属最高管理当局的企事业单位内部审计就得以产生。 由于企事业单位内部审计只是服务于各企事业单位的最高管理当局，因而，它采取了直接隶属最高管理当局的形式，并受其委派进行审计监督。

部门内部审计实际上也有两种形式：一是国家各行政部门所设立的内部审计；二是集团公司、母公司或投资公司所设立的内部审计。前一种部门内部审计实质是国家审计的延伸，它代表国家所有者，凭借国家所有权对所属使用国有财产的部门、单位进行监督。从这个意义讲，这种部门内部审计机构实质是国家审计机关的一个组成部分。所以，在我国也把各个部门的内部审计机构称为国家审计机关驻某部门审计机构，显然属于派驻的性质。后一种部门内部审计实质是设立于具有投资功能或者更确切地说具有资本经营功能的企业内部，由于这种企业是代表终极所有者行使投出资本、监管资本运用和调整存量资本的功能。所以，对终极所有权而言，它行使的是资本经管权，而对接受其投资企业而言，它行使的又是所有权，这种所有权是终极所有权的一种延伸，它意味着由集团公司、母公司或投资公司代表终极所有者行使所有权。可见，终极所有权与资产经管权的分离，在存在集团公司、母公司或投资公司的场合，是通过这些资本经营主体与资产经营主体的权力分离得以体现的。所以，集团公司、母公司或投资公司等资本经营主体所设立的内部审计，实质上是产生于某一所有者集团的终极所有权与资产经营权相分离的需要，它是凭借所有权进行的监督，我们可以称为亚终极所有权监督，是附属于终极所有权监督的。

二、审计概念

在明确了审计的基本性质以后，我们有必要从审计概念结构形式入手，分析审计的含义，并对主要类型的审计的概念予以说明。

（一）审计概念结构形式

审计可以按不同的标志进行分类，而形成审计的概念体系。通常，我们称为审计的分类。实质上审计的分类就是确定不同审计类型的基本特征的过程。审计的概念体系可用图 1-1 表示。

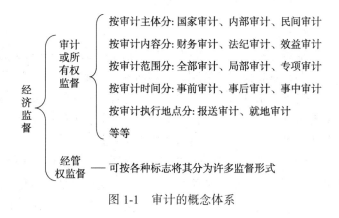

图 1-1　审计的概念体系

从图 1-1 可以看出，在审计这一基本概念的基础上，可以根据不同的标志，把审计分成许多类型而形成许多子概念集。这个分类过程随着审计实践的不断发展而发展。同时，我们还看到，从经济监督概念出发，演绎出审计和经管权监督的概念，从审计的概念出发，又演绎出许多子概念。不难得出结论，审计概念体系是一个以审计为基础概念的概念演绎体系，它反映了人们对审计本质的认识不断深入和渐进的过程。

根据形式逻辑的原理，给任何一个审计概念下定义，其结构形式都是：被定义的审计概念＝属差＋最邻近的种概念。属差实质是同一种类的审计概念中各子概念的不同点、差异、特征或内涵，它旨在揭示各子概念不同于其他子概念的本质特点。最邻近的种概念是揭示某一种类事物共同特征、本质、内涵的概念。种概念之下通常有若干平行的子概念归属其下。在上述的审计概念体系中，经济监督是审计和经管权监督两个子概念（也称属概念）的种概念。无论是审计还是经管权监督都是经济监督的形式，具有经济监督的一般特征，但两者又存在根本的不同，以致区分为两种不同的经济监督形式。审计概念又是按各种标志分类后所形成的子概念集的种概念，这些子概念集中的任何一种审计形式都只是审计监督的形式之一，具有审计监督的一般特征。但它们之间又存在根本的不同，以致区分为各种不同的审计监督形式。

一个概念属差的描述，就是要揭示其特征。就审计来说，因审计是一种经济监督活动，凡活动必然涉及活动的主体、客体、目的、主体对客体的作用方式等要素。因而，描述各种审计形式的属差就可以从这些要素中寻找其本质特征。

（二）审计内涵

根据前述概念的定义方式，我们给出审计的定义。

1. 审计概念的相邻种概念

审计是所有权监督与经管权监督共同构成经济监督体系。所以，审计相邻种概念就是经济监督，即审计是经济监督的形式之一，是一种经济监督活动，这就从本质上规定审计监督的是经济活动，而不是其他非经济活动，如行政活动、党务活动、民间活动、刑事行为等。离开经济活动，审计就失去了存在的意义。

2. 审计概念的属差

审计属于所有权监督，它与经管权监督存在本质的差别，是一种特殊的经济监督形式。根据前述所有权监督与经管权监督的差别，我们简要地对审计的属差特征说明如下。

（1）审计组织的特征。审计组织具有独立性，它有两方面的含义：一是它有独立的机构和人员，而非所有者自身监督。二是在组织上、经济上、工作过程中（或精神上）保持独立。经管权监督中，上下层次之间通常有连带经济责任。

（2）审计对象的特征。审计对象包括审计谁、审计什么内容。 审计谁是指经营管理者，而经营管理者总是处于一定部门和单位的，审计谁又可以是部门和单位；审计什么内容是指财产的保存和运用状况，部门和单位财产的保存与运用状况在价值上表现为财政财务收支活动（或是价值保全与运动），在借助会计资料对这些活动进行反映后，就进一步表现为会计资料及其所反映的财政财务活动。与此不同，经管权监督根本上是监督下属层次执行决策的情况或决策目标的履行情况。

在对会计资料及其反映的经济活动进行审计时，着重审查评价其真实性、合法性和效益性，而经管权监督着重查明下属层次的行为与决策目标的一致性。

（3）审计组织对审计对象作用方式的特征。它涉及两个方面：一是审计组织对审计对象能产生什么功能作用，表现为审计的职能；二是审计组织对审计对象发生功能作用的实现方式是什么，表现为审计的方法。正如我们前已述及的，审计的职能是监督，具体有监察、鉴证和评价。与此不同，经管权监督的职能主要是控制或督促，以使执行者按决策目标行事；审计的基本方法是会计检查和财产清查，而经管权监督的方法并不固定，因监督内容而定，主要是比较法。

（4）审计目的的特征。审计的目的与审计的客体有着内在联系， 审计的内容是财产的保存和运用状况，相应审计的目的就是保护财产安全，提高财产的运用效率和效益。财产的运用效率和效益也可以说是经济效益。两者综合起来，就是实现所有者资本保值和增值的目标。经管权监督的目的是保证决策目标的全面和有效执行。

综上所述，审计的定义是：审计是由独立的机构和人员，运用会计检查、财产清查等特定方法，对有关部门和单位的会计资料及其所反映的财政财务活动的真实性、合法性和效益性进行监察、鉴证和评价，以保护其财产安全、提高其经济效益的一种经济监督活动（或形式）。

（三）审计的主要分类

在审计的概念体系中，我们提出了对审计的多种分类方法，但其中按主体和内容分类是最基本的分类，由此而形成的审计概念也是最基本和常用的概念。以下，我们对这两种分类方式下的审计概念进行简单说明。

1. 按主体划分

按主体，审计可分为国家审计、民间审计和内部审计。

（1）国家审计。国家审计是指由独立的国家审计机关和人员对国家各级各类行政部门、国有企事业单位以及其他拥有国有资产的单位的会计资料及其所反映的财政财务收支活动的真实性、合法性和效益性进行监察或审查、查处的一种审计形式。可以看出国家审计的特征主要是在审计主体、审计内容和被审计单位上，体现了国家所有权的特征。

（2）民间审计。民间审计也称注册会计师审计、社会审计，是指由独立的注册会计师，通过接受委托，对被审单位的会计资料及其所反映的经济活动的真实性、合法性和效益性进行查证、鉴证和评价的一种审计形式。由于民间审计可以接受不同所有者委托的特征，不仅民间审计主体采取法人的形式，而且其审计活动也是通过委托受托进行的，其被审主体依委托审计的主体的所有权性质不同而各异。此外，民间审计的地位也决定了其主要职能是鉴证，而要鉴证必须先查证，在鉴证的基础上也必然要延伸至评价。

（3）内部审计。内部审计是指由特定组织或部门和单位内部独立的审计机构与人员，对特定财产经管者或本部门、本单位及其下属单位的会计资料及其所反映的经济活动（或财政财务收支活动）的真实性、合法性和效益性进行审查、评价的一种审计形式。由于内部审计只是代表某一特定的所有者或集团，所以内部审计机构或人员就都直接设立于特定组织或部门、单位内部，其审计的对象也只限于特定财产经管者本部门和本单位内部的会计资料及其所反映的经济活动。

2. 按内容划分

按内容，审计可分为财务审计、法纪审计和效益审计。

（1）财务审计。财务审计是指由独立的审计机构和人员对部门与单位的会计资料及其所反映的经济活动的真实性、正确性进行鉴证的一种审计形式。由于财务审计侧重于真实性、正确性审计，因而主要通过鉴证职能来完成。在西方，这种审计主要是由民间审计进行。

（2）法纪审计。法纪审计是指由独立的审计机构和人员对部门与单位的会计资料及其所反映的经济活动的合法性进行监察（或审查、查处）的一种审计形式。由于法纪审计侧重于合法性审计，因而主要通过监察职能来完成。这种审计主要体现在国家审计之中。

（3）效益审计。效益审计全称为经济效益审计，也称绩效审计，是指由独立的审计机构和人员对部门与单位的会计资料及其所反映的经济活动的效益性进行评价的一种审计形式。由于效益审计侧重于效益性审计，因而主要通过评价职能来完成。这种审计主要体现在内部审计之中。

值得说明的是，我们所讨论的"审计"是一个约定俗成的概念，所界定的内涵是广义的，与注册会计师所执行的审计业务中"审计"概念是不同的。《中国注册会计师执业准则》规定，注册会计师业务包括鉴证业务和相关服务，而鉴证业务又包括审计业务、审阅业务和其他鉴证业务。

第二节 审 计 组 织

审计组织是审计活动的主要执行者。一般情况下，我们把审计组织分为审计机构和审计人员两部分。审计机构和审计人员是互为一体的，但也有其区别。审计机构是开展审计工作、行使审计职权的特定机构，开展审计工作、行使审计职权的人员则是审计人员，审计人员应隶属审计机构，未设审计机构的部门或单位，审计人员应是独立的专职人员。

一、审计机构

审计机构包括国家审计机关、内部审计机构和民间审计组织，民间审计组织也称社会审计组织或独立审计组织。关于审计机构，需要明确设立依据，不同形式、不同区域的审计机构的具体设立情况，以及审计组织体系的形成机理。

（一）审计机构设立的依据

一般来讲，设立审计机构是发挥审计职能作用的前提条件，而设立审计机构必须遵循一定的依据。

1. 所有权监督理论是审计组织设立的理论依据

所有权监督理论作为审计产生和发展的客观基础，自然也是审计组织设立的理论依据。根据所有权监督理论，审计代表财产所有者进行经济监督，在监督的内容、方式及目标上，都应考虑财产所有者的需要或要求，这样，在设立审计机构时，就应以满足财产所有者的这种需要或要求为出发点，并以此作为审计机构设立的依据。

首先，设立审计机构应在其隶属关系上考虑所有权关系的要求。财产的所有权与经管权分离是审计产生的基础，不同的所有权应由不同的审计形式来代表。就内部审计而言，监事审计机构直接代表具体企业的股东集团（出资者所有权）的利益，直接隶属股东大会；企业内部审计机构直接代表法人所有权进行经济监督，直接隶属企业的法人代表。部门内部审计，有的代表出资者所有权进行经济监督，有的代表法人所有权进行经济监督，所以，隶属关系视所有权关系而定。

其次，设立审计机构应在其作用的侧重方面考虑财产所有者的要求。审计作为一种独立的经济监督形式，可以在财务审计、法纪审计和经济效益审计等方面发挥其具体作用。设立的审计机构，发挥的作用是侧重于财务审计，还是侧重于法纪审计，抑或侧重于经济效益审计，应考虑财产所有者的要求。

在审计界，有人认为，审计机构设立的理论依据是独立性和权威性。实际上，独立性和权威性是审计机构按所有权监督理论设立后所表现出的一种必然结果，而不是前提条件或理论依据。独立性是指审计机构和人员依照法定程序对被审计单位实施审计监督，不受其他单位和个人的干涉或阻挠，机构独立是其具体表现之一。权威性是指审计在独立性的基础上所表现出的监督活动的高层次性和审计结论与决定在一定程度上的可信赖性。审计代表财产所有者进行经济监督，在两权分离的前提下，就使得审计在经济上完全脱离于被审计单位，不从事任何的经济业务，在机构上与被审计单位没有隶属关系，它只隶属财产的所有者。正是由于审计这种相对于财产经管者的超脱性，决定其必然具有独立性。所有权与经管权相比较，所有权为经管权提供物质要素，并对其经营管理活动进行约束，所有者可以对企业所获利润进行分配。所有权是一种终级权利，它高于经管权，由此决定了审计所代表的所有权监督具有天然的权威性。正由于审计机构的设置必然具有独立性和权威性，所以，实际设置审计机构时不能违反这一规律。

2. 有关法律法规的规定构成审计机构设立的法制依据

设立审计机构应符合所有权监督理论，在此基础上，还应具体遵循国家的有关法律法规的规定。应该说，制定有关审计方面的法律法规也应依据所有权监督理论，这样看，设立审计机构似乎只要遵循了所有权监督理论就够了，但是，所有权监督理论作为设立审计组织的理论依据只是一种宏观要求，不能给予具体指导；而且，制定审计方面的法律法规除了遵循所有权监督理论以外，还考虑和兼顾了其他诸多情况与因素，如一个国家的社会经济背景和当时的审计环境等。所以，设立审计机构遵循法制依据与遵循所有权监督理论依据并无重叠，更不矛盾。

就我国而言，遵循法制依据设立审计机构体现在很多方面：按照《中华人民共和国宪法》及《中华人民共和国审计法》（以下简称《审计法》）的规定，国务院设立审计署，县级以上人民政府设立了审计局或审计厅，确立了国家审计在隶属关系上的行政模式。

根据《审计法》制定的《审计署关于内部审计工作的规定》规定：国家机关、事业单位、社会团体等单位的内部审计机构或者履行内部审计职责的内设机构，应当在本单位党组织、主要负责人的直接领导下开展内部审计工作，向其负责并报告工作。国有企业内部审计机构或者履行内部审计职责的内设机构应当在企业党组织、董事会（或者主要负责人）直接领导下开展内部审计工作，向其负责并报告工作。国有企业应当按照有关规定建立总审计师制度。总审计师协助党组织、董事会（或者主要负责人）管理内部审计工作。

按照《公司法》及其他有关法规的规定，公司制企业设立企业内部审计或监事审计机构，隶属出资所有权或法人所有权；按照《注册会计师法》的规定，注册会计师可以经国务院财政部门或省级人民政府的财政部门批准合伙设立会计师事务所，作为民间审计组织开展注册会计师业务。

（二）国家审计机关的设立

国家审计机关是国家的财政经济综合监督部门，它代表国家在其授权范围内行使审计职权，履行审计义务。由于世界各国的政治制度和经济制度存在诸多差别。所以，国家审计机关的设置方式及在审计监督体系中的地位也存在不同。

1. 国家审计机关的设置模式和内部关系

在世界范围内，有四种国家审计机关的设置模式，并形成了相应的内部关系。

（1）立法式。这种模式的基本特征是国家审计机关隶属立法机构，在立法机构的领导下开展工作，并向立法机构报告工作。在世界上，有相当多的国家都采用这种模式，但最早采用的是英国。1861年，英国议会设立了决算审查委员会，实施审查国库收支的审计工作，并向议会提出报告。1866 年，英国议会通过了《国库和审计部法案》，并依此法案在次年成立了国库审计部。这标志着世界上第一个立法式审计制度的诞生。美国是立法、司法和行政三权分立的国家。这三方面的权力分别由国会、法院和政府来行使。审计总署受国会领导并向其报告工作、反映情况，独立于行政之外。美国的这种体制的形成受英国的影响，使"立法模式"进一步完善，它与英国一起被称为"立法模式"的代表，因此，有人把这一模式叫作"英美模式"。在这种模式下，国家审计的中央组织和地方组织没有领导与被领导的关系，它们之间是相对独立的。

（2）司法式。这种模式的基本特征是国家审计机关建立在司法系统中，具有司法权。首先采用这种模式的是法国。1807 年，法国正式通过法令，决定新建具有司法性质的国家审计法院。审计法院是介于立法机关和行政机关之间的司法机构，它不归属司法部门，但拥有司法审计权。这种体制的总体目标是把国家审计管理法制化以此来强化国家审计管理的职能。欧洲、南美洲和非洲一些原为法国殖民地的国家，如希腊、塞内加尔、阿尔及利亚等，由于受法国的影响，先后按司法模式建立起国家审计制度。除上述国家外，另一个较有影响的选择司法模式的国家是德国。在世界审计史上，法、德两国的国家审计合称"大陆派"。这种模式下的中央审计组织和地方审计组织是没有领导与被领导关系的。

（3）独立式。这种模式的基本特征是国家审计机关既不隶属立法机关，也不隶属行政系统和司法系统，具有超然独立性。日本采用这种模式。1889 年 5 月，日本根据本国宪法制定了《会计检查院法》。该法规定，会计检查院直属天皇。第二次世界大战以后的 1947 年，日本修订了《会计检查院法》，这意味着独立模式的国家审计制度最终形成。修订的《会计检查院法》规定，会计检查院不再隶属天皇并独立于国会、内阁和司法部门。独立模式下中央审计组织和地方审计组织没有领导与被领导的关系。

（4）行政式。这种模式的基本特征是国家审计机关隶属于政府行政系统，是国家行政机构的组成部分，对政府及所属各部门、各单位实施审计监督。这种模式的国家审计，其独立性和权威性要差于立法模式的国家审计。世界上一些社会主义国家大都采用这种模式。这些国家采用非"三权分立"的政治体制，行政模式是与其相适应的。苏联是较早采用这种模式的国家。第二次世界大战后，东欧各国在苏联的影响下也建立了苏式的行政模式国家审计制度。但后来有的东欧国家依照本国国情放弃或改变了这种模式，如南斯拉夫后来采用了立法模式。目前，某些北欧国家像瑞士和瑞典，其国家审计也设在行政系列中，具有行政模式的某些特征，但其审计工作又要向议会报告，在某种程度上成为议会执行检查职能的附属机关。我国国家审计也采用了行政模式。在这种模式下，国家审计的中央组织和地方组织在业务上具有指导与被指导关系。

综合而言，上述四种模式中的前三种属于独立型的国家审计机关，后一种属于半独立型的国家审计机关。独立型的国家审计机关较为符合审计的三者关系，即委托者、审计者和被审计者的三者关系。在这些模式下，审计的所有权监督理论可以得到最为直接的体现，即国家审计机构接受公有财产所有者代表的委托，或直接代表财产所有者对公有财产的管理者和使用者进行审计监督，其结果是审计监督的独立性和权威性都较强，尤其是独立模式，其独立性和权威性最强。行政模式之所以叫作半独立型，因为在这种模式下，委托者和被审计者有时是合二为一的，审计的三者关系不尽明确，其独立性和权威性不如独立型。尽管这样，国家审计机关的审计行为也是代表财产所有者并以其需要为出发点的，只不过它或多或少地还受到财产经管者的制约。应该说，某些国家之所以采用行政模式，是与其当时政治和经济体制及其他诸多客观情况相吻合的；如果舍此而求彼，反而适得其反。所以，无论是独立型还是半独立型的国家审计机关，其设置都体现了所有权监督的需要。

2. 我国国家审计机关的设置

中华人民共和国成立后至 1983 年，我国没有设立专门的审计机构。机关、企业、事业单位的经济活动，由财政、银行、税务部门和上级主管部门等按照各自的管理范围进行管理与监督，这种管理部门的监督具有分散性，不具有经常性、综合性、超然独立性，故有很大的局限性。党的十一届三中全会以来，我国经济建设逐步走上了健康发展的轨道。在社会经济生活中，不仅需要众多的管理系统，还必须建立一个独立的、间接的、综合的审计监督系统。这对于加强财政、财务收支的经济监督，保护社会主义财产的安全与完整，维护党和国家制定的财经纪律，促进经济体制改革，提高经济效益，促进社会主义经济的发展具有重大的作用。

1982 年 12 月公布的《中华人民共和国宪法》明确规定了国家设立审计机关，根据这一规定，六届人大一次会议作出了国务院成立中华人民共和国审计署的决定。1983 年 9 月，中华人民共和国审计署在北京正式成立。在此之后，地方县以上各级审计机关也相继建立。这样，在我国，从中央到地方，逐步形成了一个自上而下的独立的、有权威的国家审计组织系统。

审计署隶属国务院，是国务院的组成机构，是国家的最高审计机关，它向国务院负责并报告工作。审计署根据工作需要，可以设置若干司（局）职能机构，具体分管某一方面的审计事务。县级以上地方各级人民政府设置审计局（厅）。地方各级审计机关根据工作需要，设置若干职能机构（处、科、室、股），分管审计事宜。地方各级审计机关对本级人民政府和上一级审计机关负责并报告工作，审计业务以上级审计机关领导为主。另外，审计署和地方各级审计机关根据工作需要，可以在其审计管辖范围内派出审计特派员。

3. 我国国家审计机关的职责和权限

为了使国家审计机关有目的地进行审计监督，充分发挥审计监督作用，必须明确规定审计机关的职责和权限。根据现行《审计法》规定，审计机关职责包括以下几方面。

（1）审计机关对本级政府各部门（含直属单位）和下级政府预算的执行情况和决算以及其他财政收支情况，进行审计监督。

（2）对国有金融机构的资产、负债、损益，进行审计监督。

（3）对国家的事业组织和使用财政资金的其他事业组织的财务收支，进行审计监督。

（4）对国有企业的资产、负债、对政府投资和以政府投资为主的建设项目的预算执行情况与决算，进行审计监督。

（5）对政府部门管理的和其他单位受政府委托管理的社会保障基金、社会捐赠资金以及其他有关基金、资金的财务收支，进行审计监督。

（6）对国际组织和外国政府援助、贷款项目的财务收支，进行审计监督。

（7）对国家机关和依法属于审计机关审计监督对象的其他单位的主要负责人，在任职期间对本地区、本部门或者本单位的财政收支、财务收支以及有关经济活动应负经济责任的履行情况，进行审计监督。

（8）指导和监督属于审计机关审计监督对象单位的内部审计工作。

审计机关权限包括以下几方面。

（1）审计机关有权要求被审计单位按照审计机关的规定提供预算或者财务收支计划、预算执行情况、决算、财务会计报告，运用电子计算机储存、处理的财政收支、财务收支电子数据和必要的电子计算机技术文档，在金融机构开立账户的情况，社会审计机构出具的审计报告，以及其他与财政收支或者财务收支有关的资料，被审计单位不得拒绝、拖延、谎报；审计机关进行审计时，有权检查被审计单位的会计凭证、会计账簿、财务会计报告和运用电子计算机管理财政收支、财务收支电子数据的系统，以及其他与财政收支、财务收支有关的资料和资产。

（2）审计机关进行审计时，有权就审计事项的有关问题向有关单位和个人进行调查，并取得有关证明材料。有关单位和个人应当支持、协助审计机关工作，如实向审计机关反映情况，提供有关证明材料。

（3）审计机关经县级以上人民政府审计机关负责人批准，有权查询被审计单位在金融机构的账户。

（4）审计机关有证据证明被审计单位以个人名义存储公款的，经县级以上人民政府审计机关主要负责人批准，有权查询被审计单位以个人名义在金融机构的存款。

（5）审计机关对被审计单位违反前款规定的行为，有权予以制止；必要时，经县级以上人民政府审计机关负责人批准，有权封存有关资料和违反国家规定取得的资产；对其中在金融机构的有关存款需要予以冻结的，应当向人民法院提出申请。

（6）审计机关对被审计单位正在进行的违反国家规定的财政收支、财务收支行为，有权予以制止；制止无效的，经县级以上人民政府审计机关负责人批准，通知财政部门和有关主管部门暂停拨付与违反国家规定的财政收支、财务收支行为直接有关的款项，已经拨付的，暂停使用。

（7）审计机关认为被审计单位所执行的上级主管部门有关财政收支、财务收支的规定与法律、行政法规相抵触的，应当建议有关主管部门纠正；有关主管部门不予纠正的，审计机关应当提请有权处理的机关依法处理；审计机关可以向政府有关部门通报或者向社会公布审计结果。

值得说明的是，2018年中国共产党组建了党的审计组织，即中国共产党中央审计委员会。2018年3月，中共中央印发了《深化党和国家机构改革方案》。方案称：为加强党中央对审计工作的领导，构建集中统一、全面覆盖、权威高效的审计监督体系，更好发挥审计监督作用，组建中央审计委员会，作为党中央决策议事协调机构。

改革审计管理体制，组建中央审计委员会，是加强党对审计工作领导的重大举措。要落实党中央对审计工作的部署要求，加强全国审计工作统筹，优化审计资源配置，做到应审尽审、凡审必严、严肃问责，努力构建集中统一、全面覆盖的审计监督体系，更好发挥审计在党和国家监督体系中的重要作用。

中国共产党中央审计委员会的主要职责是：研究提出并组织实施在审计领域坚持党的领导、加强党的建设方针政策，审议审计监督重大政策和改革方案，审议年度中央预算执行和其他财政支出情况审计报告，审议决策审计监督其他重大事项等，中央审计委员会办公室设在审计署。

（三）内部审计机构的设置

内部审计机构是国家各级主管部门和有关企事业单位内部建立的审计组织。内部审计在我国经济活动中发挥着巨大作用，是我国审计组织体系的重要组成部分。

1. 内部审计机构设置的组织形式

在本章第一节中，为了阐述审计与所有权监督的关系，已涉及内部审计结构的设置形式。这里，我们系统归纳如下。

（1）监事审计机构。这种形式的内部审计机构即监事会或其下设的专门履行审计职责的机构。前已述及，第二次世界大战后，资本主义经济得到空前的发展。股份公司的出现，要求强化其内部治理结构，以保护股东权益。为此，在企业内部要求建立监事会，即设置监事内部审计机构，加强对董事会或经营者的监督。在我国 20 世纪 80 年代中期以后，虽然一些根据国际惯例组建而成的股份公司开始实行监事审计制度，但很不健全。1993 年12 月，我国颁布的《中华人民共和国公司法》为设置这种形式内部审计机构提供了法律依据。它规定经营规模较大的有限责任公司和股份公司应设立监事会，代表股东行使检查公司财务、监督董事和经理执行公司职务、制止董事和经理损害公司利益的行为。

监事审计机构代表出资者所有权，站在保护股东权益的立场上，对董事会和企业经理人员所负的财产经管责任的履行情况进行监督与评价，就内部审计而言，具有很强的独立性和权威性。

（2）部门或单位内部审计机构。这种形式的内部审计机构即在企业董事会下或最高管理当局下设立的审计机构。随着企业规模的扩大、市场环境的多变和竞争的加剧，企业内部必须实行分层管理，以适应多变的环境。由此，企业内部分公司、分厂和分店纷纷设立。伴随这种分权型管理，企业最高管理当局必然要求加强内部控制，既确保各分公司、分厂和分店所使用的企业财产安全完整，又确保其工作协同统一进行并具有效率性。这样，部门或单位内部审计机构便应运而生。这种形式的内部审计机构显然包括部门内部审计机构和单位内部审计机构两种。

①部门内部审计机构。在我国，部门内部审计有两种形式：一是国家各行政部门所设立的内部审计。它代表国家所有者，凭借国家所有权对所属使用国有财产的部门、单位进行监督，所以，也把它称为国家审计机关驻某部门审计机构，从这个意义讲这种部门内部审计机构实质是国家审计机关的一个组成部分。这种形式的内部审计机构直接隶属部门最高领导者。二是集团公司、母公司或投资公司所设立的内部审计。这种形式的内部审计机构是产生于某一所有者集团的终极所有权与资产经营权相分离的需要，它也是凭借所有权进行的一种经济监督。

②单位内部审计机构。这种形式的内部审计机构是在基层企业事业单位内部设置的审计机构。部门内部审计机构中的第二种形式和单位内部审计机构，在隶属关系上既可以隶属董事会，也可以隶属单位最高管理当局，还可以在董事会和管理当局设置两种形式的单位内部审计机构。在董事会下设置的内部审计机构，一般是审计委员会；在管理当局中设置的内部审计机构，一般是审计部。这两种形式的内部审计机构，都是代表法人所有权进行的监督。但是，如果二者都存在的话，它们存在一个层次问题。如果说监事内部审计机构属于第一层次的话，那么审计委员会属于第二层次，审计部属于第三层次。在这种情况下，监事内部审计机构负责监督和评价董事会经管责任的履行情况，审计委员会负责监督和评价总经理人员经管责任的履行情况，审计部负责监督和评价基层经理人员经管责任的履行情况。

2. 内部审计机构的职责和权限

总括讲，内部审计机构应履行的职责是对所辖范围内部门或单位的财政财务收支、经营管理活动及其经济效益状况进行审核和评价，查明其真实性、恰当性、合规性和效益性，向财产所有者或其代表者报告审计结果，以健全部门或单位的内部控制制度，改善其经营管理，提高经济效益。

内部审计机构可以通过行使其相应的权限以履行上述职责。这些权限主要有：根据内部审计工作的需要，要求被审计部门按时报送计划、预算、决算、报表和有关文件、资料等；审核凭证、账表、决算，检查资产和财产，检测财务会计软件，查阅有关文件和资料；参加有关会议；对审计涉及的有关事项进行调查，并索取有关文件、资料等证明材料；对正在进行的严重违反财经法规、严重损失浪费的行为，经董事会或总经理同意，可以作出临时制止决定；对阻挠、妨碍审计工作以及拒绝提供有关资料的，经董事会或总经理批准，可以采取必要的临时措施，并提出追究有关人员责任的建议；提出改进管理、提高效益的建议和纠正、处理违反财经法规行为的意见；对严重违反财经法规和造成严重损失浪费的直接责任人员，提出处理建议，并按有关规定，向有关方面反映。

 国际视野

美国国会 2002 年 7 月出台的《萨班斯—奥克斯利法案》

安然公司与世通公司舞弊欺诈案件暴露后，美国国会 2002 年 7 月出台了《萨班斯—奥克斯利法案》。该法案第 301 节对审计委员会作出了规定，把审计委员会提升到上市公司法定审计监管机构的地位，它要求上市公司必须建立审计委员会。法案要求美国证监会在法案自 2002 年 7 月 30 日生效之后的 270 天内制定新的法规，要求所有在美上市的公司设立一个完全由独立董事所组成并至少包括一名"财务专家"的审计委员会，对达不到该项要求的上市公司禁止其上市。审计委员会必须全部由"独立董事"组成，上市公司审计委员会应直接负责聘用和监督上市公司的独立审计师，并决定其报酬数额，独立审计师直接向审计委员会负责。为了保持组成审计委员会独立董事之独立性，规定其除担任独立董事职位可以获得薪酬外，不得从上市公司或公司关联人或下属企业获得任何形式的其他报酬。审计委员会必须制定一定程序以完成与会计处理、内部会计控制、内部审计、员工匿名举报可疑的会计问题及审计处理等相关申诉事项的受理、执行和保留记录等任务。审计委员会在执行任务时，有权聘请独立咨询顾问和其他顾问。审计委员会还应建立与内部审计部门畅通的沟通渠道，使得公司管理层面的问题必要时能越级上报。上市公司必须负责向审计委员会提供合适的资金，资金数额由审计委员会确定。这些资金主要用来支付审计委员会认为必要时聘请独立财务顾问费和注册会计师出具审计报告的费用，即委员会有权支配足够的资金以聘用外部咨询顾问。只有财务资金上的独立权限，才能实现决策上真正的独立，才能保障各项功能的履行。

不管内部审计机构采取何种组织形式，其设置的主要依据都是所有权监督的需要。监事审计由于直接隶属企业股东大会，其设置的具体形式和步骤以及审计工作的实际开展，无疑要体现或考虑出资者的根本利益和实际需要；部门和单位内部审计机构尽管隶属董事会或企业事业单位管理当局，但它们表现为法人所有权，它与出资者所有权在一定程度上具有相同的性质。在这种情况下，部门和单位内部审计机构的设置及其运作也就考虑与体现了所有权监督的需要。

（四）民间审计组织的建立

民间审计组织是指经国家主管部门批准和注册的会计师事务所与审计事务所。在我国，民间审计组织是审计组织体系的重要组成部分。

1. 民间审计组织的性质

民间审计组织不像国家审计机关和内部审计机构那样，直接隶属某个机构或部门，而是以法人形式出现的，在组织上具有经济主体和监督主体的特征，与委托者以契约形式表现其相互关系。

所有权监督理论告诉我们，民间审计是代表私人所有权进行的经济监督。私人所有权的特征是，所有权分散于各个所有者手中，这就使得私人所有权具有无限众多性，而国家审计的所有权主体只国家一家。因此，私人所有权的各个主体就会表现出各自的所有权利益。如果将民间审计组织直接隶属某一个私人所有者，它就只能代表这个所有者的利益，而不能代表其他所有者的利益，这样，就要求每个私人所有者都有其审计组织为其服务，这从审计效益角度分析，显然是低效的，而且私人所有者作为一个自然人，不是一个组织实体，不便于设立一个审计组织。另外，无论什么样的所有者，他们对于同一企业的审计结论具有相同的要求，即客观公正地证明企业财产的保存和运用状况。正是这种共同点，使得民间审计组织的设立不能采取隶属某一具体所有者的形式，但又必须使其代表各个所有者来行使审计职权，为了解决这一问题，民间审计采取了法人形式。在实际审计业务中，民间审计组织通过与委托者订立审计契约的形式，具体地代表某一个所有者行使审计监督权，我们可以把这种隶属关系称为"契约隶属关系"。这种契约隶属的组织形式，解决了民间审计组织不能隶属各个自然人所有者之下，又必须代表各个自然人所有者的矛盾，也解决了民间审计组织既要代表全体私人所有者的利益，在实际开展审计业务时又只能代表某一个具体的私人所有者的矛盾，另外，这种形式也有利于提高审计效率。

民间审计组织的具体表现形式是会计师事务所。在我国，会计师事务所是经国家有关部门批准、注册登记，依法承办有关社会审计业务的单位。根据《注册会计师法》规定，设立会计师事务所，应经国务院财政部门或省、自治区、直辖市人民政府财政部门批准。省、自治区、直辖市人民政府财政部门批准的会计师事务所，应当报国务院财政部门备案。会计师事务所设立分支机构，须经分支机构所在地的省、自治区、直辖市人民政府财政部门批准。会计师事务所不是国家机关的职能部门，经济上也不依赖于国家或其他任何单位，而是实行自收自支、独立核算、依法纳税，具有法人资格。

20 世纪 90 年代及以前，民间审计组织还有一种表现形式是审计事务所。它与会计师事务所的区别在于，它是由国务院审计署或省、自治区、直辖市人民政府审计机关批准成立的，并在其管理和指导下开展业务。1995 年 5 月，我国民间审计的两大组织开始实行合并，已经具备注册审计师资格，经省级以上审计机关批准审计署认定的人员，送财政部备案后可取得注册会计师资格。注册会计师协会和注册审计师协会开始联合，联合后的职业团体仍称注册会计师协会。审计事务所在联合后可以继续沿用这一名称，也可改为会计师事务所。两大民间审计组织的联合，对于促进我国民间审计的进一步发展、规范民间审计组织的管理具有积极意义。

2. 民间审计的组织模式

民间审计的组织模式是会计师事务所作为一种按企业化运作的经济实体在经营和管理体制上所设计与实施的综合形式。民间审计组织模式选择得合理与否直接影响其最终产品——审计服务质量的高低。综观世界各国在企业组织形式方面的实践以及各国法律制度对企业组织形式的规定，企业的组织形式主要有独资型、公司制和合伙制（在实际中称为"特殊普通合伙制"）三种，其中，合伙制又包括普通合伙制、有限合伙制和有限责任合伙制三种。

在普通合伙制会计师事务所中，不管是经营管理工作造成的负债，还是作为合伙人和不作为合伙人的注册会计师职业性违规造成的负债，所有合伙人都要承担无限连带责任。这虽然最大限度地保护了客户的利益，使每一位作为合伙人的注册会计师严于律己，注重合伙人之间的相互监督，但会使合伙人承担较大的风险，对作为合伙人的注册会计师不利。因此，在普通合伙制下，一方面对合伙人的入伙要求比较严格，不利于会计师事务所规模的扩大；另一方面，一些有一定声望和一定个人财产的注册会计师由于风险较大而不愿加入普通合伙制事务所，在一定程度上制约了事务所的发展。

选择有限合伙制组织形式的会计师事务所一般不多。因为这种形式的会计师事务所中部分有限合伙人不能参与经营管理，而不具备注册会计师执业资格的人士不太愿意投资此行业，有执业资格的人士一般又不愿放弃参与经营管理的权利；同时，承担无限责任的合伙人不愿让只承担有限责任的合伙人坐享其成；另外，会计师事务所主要依靠向社会提供劳务收取费用，一般不需要很多资金投入，所以，这种组织形式的会计师事务所在实际运作中存在较多的利害冲突。

比较而言，有限责任合伙制会计师事务所克服了普通合伙制会计师事务所的某些缺陷，即无过错合伙人无须对其他合伙人的职业性违规行为所形成的负债承担无限连带责任，而有过错合伙人需承担无限连带责任，较大程度地保护了无过错合伙人的利益，有利于吸纳新的合伙人入伙，增强其承担风险的能力。

3. 民间审计的业务范围

一般来讲，我国民间审计组织的业务范围包括：验证企业资本，出具验资报告；审查会计账目、会计报表和其他财务资料，出具审计报告；参加办理企业解散、破产的清算事项；参加调解经济纠纷，协助鉴别经济案件证据；其他会计查账验证事项；设计财务会计制度，担任会计顾问，提供会计、财务、税务和经营管理咨询；代理纳税申请；代办申请注册登记，协助拟定合同、章程和其他经济文件；培训财务会计人员；其他咨询业务；其他需要委托社会审计组织承办的业务。随着我国经济体制改革和民间审计组织的不断健全与完善，民间审计组织的业务范围也在不断扩展与变化，如验资范围在逐步缩减。民间审计组织要完成上述各项业务，须具备相应的职权。民间社会审计组织接受国家机关委托办理业务，根据业务需要，有权查阅有关财务会计资料和文件，查看业务现场和设施，向有关单位和个人进行调查与核实。其他委托人委托民间审计组织办理业务，需要查阅资料、文件和进行调查的，按照依法签订的委托书的约定办理。

二、审计人员

审计人员是审计业务的具体执行者，其应隶属审计组织，未设置审计机构的，审计人员应是专职人员。审计人员在提高审计工作效率、保证审计工作质量中起决定性的作用。

与审计组织分为国家审计机关、内部审计机构和民间审计组织一样，审计人员也分为国家审计人员、内部审计人员和民间审计人员，他们共同构成了审计人员队伍。

（1）国家审计人员。国家审计人员是各级审计机关中从事审计工作的领导和专业人员。在我国，国家审计人员是政府机关的工作人员，其任免是有法定程序的。中华人民共和国审计署的主要行政负责人审计长，是国务院的组成人员之一，其由国务院总理提名，全国人民代表大会表决通过，国家主席任免。审计署副审计长由国务院任免。地方各级审计机关的审计厅（局）长是本级人民政府的组成人员，其由本级人民代表大会任免，副局长由本级人民政府任免。国家审计专业人员是由熟悉审计操作业务的人员构成的，由于审计操作业务涉及的内容很广，所以，专业人员又可由多方面人员构成，如外勤审计业务人员、工程技术人员、经济管理人员、文秘人员、法律人员、计算机人员等，另外，还有为满足审计业务特殊需要的兼职人员。

在职业技术上，国家审计人员有其特定的职称，它是国家审计人员通过考试考核取得的标明其工作能力的技术称号。技术职称从低到高依次是审计员、助理审计师、审计师和高级审计师。审计员和助理审计师为初级职称，审计师为中级职称，高级审计师为高级职称。目前，助理审计师和审计师要通过参加审计署组织的有关考试合格后取得；高级审计师要经过国家有关部门的考核（有些内容要考试）合格后取得；审计员一般是工作一定时间经过考查后自然转入。

（2）内部审计人员。内部审计人员是在各级政府职能部门、业务主管部门和有关企业事业单位内部设置的内部审计机构中从事内部审计工作的人员。内部审计人员根据内部审计机构的隶属关系而决定其任免过程。如隶属股东大会或其审计委员会内部审计机构的内部审计人员，其任免应通过股东大会或其审计委员会进行；隶属于部门或单位内部审计机构的内部审计人员，其任免应通过部门或单位内部领导层进行。在我国，部门或单位内部审计人员尤其是内部审计主管人员的任免与调动，应征得上级主管部门内部审计机构的同意。内部审计人员的构成也包括熟悉会计、财务、税务、经济管理、工程技术、法律、计算机等知识和业务技能的专业人员。内部审计人员由于熟悉本部门或本单位的内部控制与管理制度、生产与经营特点、工艺流程及有关业务情况等，所以，可以在经济效益审计乃至于舞弊审计中发挥其特有作用。

 相关案例

美国世通会计造假案是由内部审计人员发现的

美国世通会计造假不是证券监管部门发现的，也不是安达信发现的，更不是公司董事会成员发现的，而是被世通高管人员称作"不自量力、多管闲事"的三个内部审计人员通过财务审计发现的，分别是辛西亚·库珀（世通内部审计部副总经理）、哲恩·摩斯（擅长电脑技术的内部审计师）和格林·史密斯（内部审计部高级经理，辛西亚的助理）。

本来根据世通的职责分工，只有27名工作人员的内部审计部只负责经营绩效审计，从事业绩评估和预算控制，财务审计不在其工作职责范围之内，而是外包给安达信。但是由于这三位内部审计人员忠于职守，通过内部财务审计发现了本该由外部审计发现的黑幕。

2002年5月21日，库珀的助理史密斯收到了马克·阿柏特的一封电子邮件。阿柏特是世通在得州一位分管固定资产财务处理的会计人员，在其电子邮件里，阿柏特附上了当地报纸刊登的一篇文章，披露了世通得州分公司的一位雇员因为对一些资本支出财务处理的恰当性提出质疑而遭解雇。

阿柏特认为，从内部审计的角度看，这一事件值得深究。史密斯立即将这份电子邮件转发给库珀。这份电子邮件引起了库珀的极大兴趣，自库珀决定插手内部财务审计后，摩斯已带人对世通疑点重重的资本支出项目做了两个多月的调查。收到这封电子邮件前，摩斯等人已经发现了众多无法解释的巨额资本性支出。

2001年前三个季度，世通对外披露的资本支出中，有20亿美元既未纳入2001年度的资本支出预算，也未获得任何授权。这一严重违反内部控制的做法，使库珀和摩斯怀疑世通可能将经营费用转作资本支出，以此增加利润。

这封神秘的电子邮件促使库珀决定将调查的重点放在资本支出项目上。结果种种迹象表明，世通的高层通过将经营费用转作资本支出进行了大规模的利润造假。

2002年6月11日，库珀在介绍了内部审计部的人事问题之后，史密斯扼要向世通的首席财务官苏利文通报了内部审计的资本支出问题，但并未透露已经掌握的证据。随后，库珀和史密斯担心苏利文可能采取行动掩盖舞弊行为，决定就内部审计的一些重大问题与世通审计委员会主席波比特面谈，并根据其建议，与负责世通审计事宜的主审合伙人法勒·马龙取得了联系，简要通报了世通的会计问题。毕马威的主审合伙人马龙在审阅了库珀等人提供的证据后，建议他们立即向世通的审计委员会正式报告。6月25日，世通董事会召开了紧急会议，认为世通将所谓的"预付容量"等经营费用转入资本支出科目，不仅缺乏依据，而且严重违反公认会计准则的规定。在听取了审计委员会的报告后，董事会立即作出了四项决议。

（1）重新编制2001年度和2002年第一季度的财务报表，要求毕马威对这些财务报表重新进行审计。

（2）向SEC（美国证券交易委员会）通报世通发现的重大会计问题以及董事会关于重新编报表的决定。

（3）开除苏利文，取消其遣散费。

（4）与SEC会谈后，立即公开董事会的决定。董事会结束后，世通请求SEC的紧急约见。2002年6月25日下午3时30分，SEC约见了世通的代表。6月25日傍晚，世通的首席执行官西泽摩尔向新闻记者披露了世通在5个季度里捏造了38.52亿美元利润的特大丑闻。（注：2002年7月和9月，世界通信自查自纠的延伸审计又分别发现了34.5亿美元和20亿美元的虚假利润，至此，虚假利润总额已达93亿美元。预计虚假利润有可能超过100亿美元。

从这个案例可以看出，财务审计作为一种传统的内部审计方式，仍然是现代企业经营管理当中不可或缺的重要组成部分，它的经济监督职能作为基本职能，能够揭露侵犯企业合法权益的行为，保障企业资产的安全，是内部审计其他形式最坚实的基础。

自从1941年美国成立审计师协会起，美国便把有资格获得独立工作能力的审计工作人员称为注册审计师。但是，多数国家还是将其称为审计师，以免与民间审计人员——注册会计师混淆。其中，有些国家将审计师再细分为初级审计师、中级审计师和高级审计师。审计人员要取得相应的职称，需参加资格审查及相关考试。在美国，审计师协会对审计师资格的认定是较为严格的。1973年以后，所有从事审计工作的人员，要想得到国际审计师协会承认的注册审计师的职称，必须具备一定的资历，并参加其组织的严格的资格考试。首先，申请获得注册审计师职称的人员必须受过高等教育。其次，申请者还要有两年以上的审计工作经历，即须具备一定的工作经验。最后，申请者还要提交有关他本人的品行证明，以证明其在以往的审计工作中，拥有并执行了注册审计师的道德规则，没有违反规则的行为。我国的企业审计人员在职称上有其特殊性。有些原是会计人员，具有会计系列的职称；还有些原在税务、财政、银行等部门工作，具有原行业所评聘的职称；直接从事审计工作的人员，可以与国家审计人员一样，参加审计署组织的审计人员资格考试，通过后，可以获得审计师或助理审计师的职称。高级审计师是通过资格考核取得的。原为会计或其他系列职称的，可以转靠为助理审计师或审计师或高级审计师。

（3）民间审计人员。民间审计人员是在会计师事务所和审计事务所中从事审计业务的人员。在民间审计的实际业务中，只有取得注册会计师资格并加入会计师事务所或审计事务所的人员才能独立执行审计业务、签署审计报告。会计师事务所或审计事务所中未取得注册会计师资格的人员，只能在注册会计师的督导下开展工作，不能独立执行业务。可见，民间审计人员本身不存在技术职称问题，注册会计师只是其一种任职资格；当然，注册会计师在其具有此资格之前可能取得了国家审计人员或内部审计人员的技术职称，也可以在具有此资格之后再通过法定程序取得国家审计人员或内部审计人员的技术职称。

无论在哪一种审计机构中，所配备的审计人员都存在一个保持合理结构问题。从总体上看，合理的审计人员结构主要表现在以下几个方面：一是应审计机构的业务规模配备数量适当的审计人员，以满足正常的审计业务需要；二是尽量优化审计人员的整体知识结构，即在审计机构中，根据审计工作的需要，应具有各有关知识与技能的人员，并使他们在各自的数量上达到正好的程度；三是尽量优化审计人员的整体业务水平结构，即在审计机构中，各种业务水平的审计人员应保持合理数量，一般来讲，具有高水平或较高水平的审计人员应占半数或以上，一般水平和低水平的审计人员应占少数，至多占半数。审计人员的整体业务水平结构，可以通过其技术职称结构进行评价和考核。

第三节　审　计　对　象

审计对象亦称审计客体，是指审计作为一种经济监督形式所应监督的内容和范围，简单地说，就是指审计监督什么单位的什么内容。显然，它包含两个方面：一是审计的范围，指审计监督对象的外延，即被审计单位，包括部门和企业、事业单位；二是审计的实际内容，指审计监督对象的内涵，它着重揭示被审内容的共同本质。可见，审计对象涉及内涵和外延两个方面。研究审计对象有助于明确审计监督与其他经济监督形式的根本区别，也有助于明确审计的本质特征及其由此决定的审计的其他属性。

一、不同审计主体下审计对象的特点

审计按主体分为国家审计、民间审计和内部审计。审计是所有权监督，则不同审计主体代表不同的所有权，它是不同审计主体下审计对象的特点的形成基础。

（一）国家审计对象的特点

国家审计代表国家所有者，国家所有者是一种单一主体所有者，国家所有者可以凭借国家权力行使所有者功能，具有权威性和强制性。国家审计代表这样一种所有权进行监督，其审计对象必然具有以下特点。

1. 国家审计与审计内容的外延

国家审计唯一代表国家所有者，因而，它能审计的被审主体只能是国家拥有所有权的主体。它包括以下几种。

（1）使用国家预算的各级政府、部门和事业单位。国家通过预算收入形成国家拥有的财产或资金来源，通过预算支出拨付给各级政府部门和事业单位使用，形成国家拥有的财产或资金的使用。由于这种使用的无偿性，国家要求国家审计监督其使用的合法性和有效性。

（2）国有企业。国家通过对国有企业投入资本，形成国家所有权与国有企业经管权相分离的关系。国家审计代表国家对国有企业的财产保存和运用情况进行监督，确保财产的安全完整和使用效益。

（3）国家拥有股份的企业。其分为控股企业和参股企业。整体上讲，由于股份企业的所有权主体多元化，凡需要对全体股东提供审计监督时，国家审计因其只代表国家股东而不适合提供这种审计监督。当国家审计只是为国家进行审计监督时，国家拥有股份的企业可以成为其被审对象。对于控股企业，国家作为大股东具有决策决定权，当然能委派国家审计对控股企业进行监督。但是，对于参股企业，国家作为小股东不具有决策决定权，通常难以直接委派国家审计对参股企业进行监督。而其他大股东也不会委派（委托）不直接代表其的国家审计进行监督。

（4）集体企业。集体企业由谁审计取决于其资本来源。我国集体企业的资本来源有两种：一是直接、间接来源于国家或国有企业；二是直接来源于集体中的个人。前者的国家包括各级政府。国有企业包括各级政府出资形成的国家企业。显然，凡是国家或国有企业出资形成的集体企业由国家审计进行监督，其他集体企业不应由国家审计监督。

（5）国家预算支出项目。其包括两类：一是国家投入再生产领域的建设项目，二是国家投入非生产领域或消费领域的消费性项目。因投入资金来自国家，这两类项目都应由国家审计进行监督。

（6）国家机关和依法属于审计机关审计监督对象的其他单位的主要负责人。

2. 国家审计与审计内容的内涵

国家审计代表国家所有权，国家所有权是单一主体的所有权，并且能凭借国家权力行使所有者权利。国家权力的集中体现就是法制，这意味着国家可以运用法律方式行使所有者权利，所有者权利的行使法制化是国家所有权的特征。这一特征为国家审计依法审计提供了充分前提。这就决定了国家审计更多侧重于对被审主体的会计资料及其所反映的财政财务收支活动的真实性、合法性与效益性进行审计监督。

（二）民间审计对象的特点

民间审计形成时是代表自然人所有权，这种所有权是一种多主体。自然人众多所有者，它只能凭借国家法律保护和自然人能力行使所有者权利。民间审计代表这样一种所有权进行监督，其审计对象必然具有以下特点。

1. 民间审计与审计内容的外延

民间审计代表自然人所有者，自然人所有者的多主体性和相互利益的独立性抑或对立性，相应也决定民间审计不仅可以代表众多的自然人所有者，也可以代表由各种不同所有制性质的主体组成的集团。这与国家审计只是代表国家所有者单一主体有着根本的差别。这种特征，使民间审计的被审主体包括以下方面。

（1）自然人独资企业。民间审计代表自然人所有者，既可以是单一自然人所有者，也可以是集团自然人所有者。当独资的自然人所有者委托专门经理人经营其资本时，两权分离产生，其便委托民间审计进行监督。

（2）自然人合伙企业。这种企业的所有者是一个自然人集团，尽管他们有着相同的利益，但是，他们各自作为独立的私人所有者，彼此之间的利益又是对立的。因而，当他们需要委托审计时，只能委托处于第三者立场的民间审计进行监督。

（3）自然人股份企业。它是一种典型的两权分离形式，其股东的数量可以无限增加。各股东都是独立的所有权主体，有着自身的利益。所以，其审计监督只能委托处于第三者立场的民间审计予以进行。

（4）多种所有制主体联合而形成的企业。其包括合作企业、有限责任公司、股份公司等。这些企业若要对外提供会计报表，因存在潜在的所有者和相关利益关系与现实的所有者的利益对立，只能由民间审计进行监督。当这些企业只是对内提供审计监督时，它既可以通过专设的内部审计组织审计，也可以通过效率比较，委托民间审计进行审计。当只是这些企业的控股股东要求审计时，如果控股的股东是国家所有者则可以由其委派国家审计进行监督，如果控股的股东是自然人所有者则可以由其委托民间审计进行监督。

由于民间审计可以代表多个利益独立的所有权主体的特征，使其不仅可以代表所有权性质不同的多个所有者主体，而且也可以接受任何主体的委托从事审计监督。

2. 民间审计与审计内容的内涵

民间审计可以代表多个所有者，也可以代表所有权性质不同的多个所有者，这必然要求其审计代表全体所有者的共同利益，其立场应不偏不倚、客观公正。而且，民间审计代表众多所有者，只能以各个所有者公认的标准、原则作为审计的依据。这就决定了民间审计主要进行公证审计，向委托审计方对会计报表的客观公允性抑或真实性提供审计公证。这也决定了民间审计更多侧重于对被审主体的会计资料及其所反映的财政财务收支活动的真实性进行审计鉴证。

（三）内部审计对象的特点

内部审计可进一步按主体分成监事审计、部门内部审计和单位内部审计，它们分别代表不同的所有权，其审计对象必然各有特点如下。

1. 内部审计与审计内容的外延

内部审计存在三种形式，每种形式都有自身审计内容的外延。

（1）监事审计与审计内容的外延。监事审计只是代表某一特定企业的股东大会（或集团），因而，监事审计只能对某一特定企业（或其经营者）进行审计。特定企业是指监事审计所代表的股东大会所出资本的企业。监事审计设于该企业之内，也只能对该企业进行审计。基于监事审计只是代表现实的股东，因而其审计结论对潜在的股东不存在效力。

（2）部门内部审计与审计内容的外延。部门内部审计也有两种形式：一是国家各行政部门设立的内部审计；二是集团公司、母公司或投资公司所设立的内部审计。国家各行政部门设立的内部审计是国家审计在某一行政部门的延伸，它代表国家所有权，对本部门所属使用国有资产的部门、企事业单位进行审计。集团公司、母公司或投资公司等资本经营公司设立的内部审计，因资本经营公司是代表终极所有者行使投出资本、监管资本运用和进行存量资本交易的权利，所以，这种审计是代表资本经营权抑或称亚所有权（或亚终极所有权），对其投入资本的企业进行监督。部门内部审计设于某一组织机构之内，只是代表某一特定的部门或公司的最高行政管理当局，其审计结论对外也不存在效力。

（3）单位内部审计与审计内容的外延。单位内部审计形成于法人所有权与部分资产经管权的分离，它代表法定代表人或经营者对分公司、分厂和分店进行审计监督，这类分公司、分厂和分店通常在会计上独立核算，有一定的经营自主权。单位内部审计只对企业内的分支机构进行审计，其审计结论对外和对出资人不存在效力。

2. 内部审计与审计内容的内涵

三种不同的内部审计代表的所有权性质不同，审计组织所设立的形式不同，其审计内容的内涵也不同。

（1）监事审计与审计内容的内涵。监事审计唯一代表股东大会，按照《公司法》和《公司章程》的规定依法审计经营者履行所有者所赋予的经济责任，由此，监事审计更多侧重于合法性审计。同时，监事审计设于企业内部，一定程度上熟悉企业的经营管理状况，也可以进行效益审计。这就决定了监事审计侧重于对被审主体的会计资料及其所反映的财政财务收支活动的合法性和效益性进行监督。

（2）部门内部审计与审计内容的内涵。国家行政部门的内部审计是国家审计的延伸，所以，它侧重于对被审主体的会计资料及其所反映的财政财务收支活动的合法性进行监察，而资本经营公司的内部审计代表终极所有权抑或资本经管权（亚所有权）对投入资本的企业进行审计。资本经营公司担负着为终极出资人保全资本、增值资本的职责，也必然要依据《公司法》和《公司章程》的规定进行合法性监督，在此基础上，要力求各企业资本增值，也要进行效益审计。由此，该审计侧重于对被审主体会计资料及其所反映的财政财务收支活动的合法性和效益性进行监督。

（3）单位内部审计与审计内容的内涵。单位内部审计代表法人所有权，法人所有权与经管权都归经营者所有，法人所有权为经管权的作用提供基础。企业经营者更关注企业的经济效益，则代表法人所有权的单位内部审计也关注企业的经济效益。同时，单位内部审计设于企业内部，是企业内部控制的一环。所以，它非常熟悉企业的经营管理状况，为单位内部审计进行效益性评价提供了可能性。最后，单位内部审计对企业的各分支机构资产的安全和完整也要进行审计，则单位内部审计侧重于对被审主体的会计资料及其所反映的财政财务收支活动的效益性进行评价。

二、审计在不同发展时期的内容界定

从审计发展的历史看，审计经历了由弊端审计向财务审计，又由财务审计向效益审计的历史变迁。在这一变迁过程中，一方面传统的审计仍然保留并不断完善和发展；另一方面新的审计形式越来越受到注目，其重要性越来越被加强，并成为主流的审计形式。从审计发展的历史看审计形式的演进，主要体现为被审内容的变化，与审计按被审内容分类有着同构性。

（一）弊端审计及其审计内容

弊端审计也称依法审计或合法性审计。从奴隶社会审计萌芽一直到资本主义社会的初叶即 19 世纪中叶审计的发展，基本上处于弊端审计阶段，伴之所用的审计方法也是详细审计法或称详查法。因为，奴隶社会、封建社会和资本主义社会初叶，法律体系不完备，朝令夕改、执法不严、官吏贪赃枉法屡屡发生，人们的法制观念比较淡薄，人治盛行。所以，受权经管财产的官吏或经营者也常常营私舞弊，导致受权经管财产的机构或组织错弊时有发生。在这种情况下，授权经管财产的财产所有者，为保证其财产的安全和完整，必然要求审计对受权经管财产的经管者是否存在财产管理和会计记录的错弊进行查处，相应形成错弊审计或依法审计，这时，主要是查处财产保存和运用中的违法行为，而审计为了保证审计结论的正确也不得不采取详细审计。

（二）财务审计及其审计内容

财务审计也称会计报表审计或公证审计，它始于民间审计，主要是对会计报表的真实性进行鉴证，以便为广大投资者提供真实可靠的会计信息，相应作出投资决策。现代意义的财务审计是伴随着 19 世纪中叶股份公司的形成而真正出现的。股份公司实行两权分离，一方面是股东远离企业经营管理现场；另一方面对经管者的约束也采取了间接约束形式，这样，现实的股东为了了解经营者履行其受托经济责任的情况，决定是否继续持有股票，必然需要经管者提供财务报告。而潜在的股东为了决定是否购买股票而进行投资，也需要通过财务报告分析企业的潜在收益能力。由此，经管者向股东提供财务报告成为最基本的需要，相应，社会公证机构或国家机构代表全体股东制定的公认规则就表现为会计准则。通过该准则，要求经管者依此提供真实、可靠的财务报告，并通过民间审计的鉴证约束经管者提供财务报告的行为。结果，财务报告审计也即财务审计就成为股份公司出现后的一种主要审计形式。

（三）经济效益审计及其审计内容

20 世纪 40 年代，企业内部逐渐开展内部审计工作，其审计突破了由外部审计人员进行事后查账的传统模式，适应加强经济预测和事先控制的需要开展了事前审计，其审计范围和内容也从会计资料及其所反映的财政财务收支的真实性扩展到其效益性，注重对企业经营业绩的分析评价。随着西方民主政治的发展，民众和国家最高权力机构除了要求各政府部门将取之于民的公共财富与资源合理合法地用之于民，还要求政府部门将其有效地用之于民。于是国家审计领域也相应扩展到对会计资料及其所反映的财政收支活动的效益性的评价上。民间审计伴随财务审计的过程，逐步从事管理咨询业务。管理咨询实质上是评价企业会计资料及其所反映的财务收支活动的效益性。

伴随效益审计的出现与加强，西方也出现了许多与此有关的概念，如"3E"审计即经济、效率和效果三个方面的审计，因这三个英文单词的开头字母都是"E"，也就称为"3E"审计，即经营审计、管理审计和绩效审计。

第四节　审　计　目　标

研究审计目标，有助于注册会计师有序地、有针对性地计划审计工作，控制审计过程，提高审计效率，并最终提高审计工作质量。审计目标包括审计总目标和审计具体目标。

一、审计总目标

审计总目标是将审计作为一项系统工作或活动所期望实现的目标。从发展的历史看，审计经历了由弊端审计向财务审计，又由财务审计向效益审计的历史变迁。所以，审计总目标也经历了不断演变的过程。在弊端审计阶段，审计总目标就是查错防弊。1905 年在美国由 R.H.蒙哥马利出版的《迪克西审计学》将审计总目标总结为检查舞弊、检查技术错误和检查原理错误。在财务审计阶段，审计总目标主要是对财务报表的真实性进行鉴证，以便为广大的投资者提供真实可靠的会计信息，相应作出投资决策。在经济效益审计阶段，审计总目标从财务审计的会计资料及其所反映的财政财务收支的真实性扩展到其效益性，注重对企业经营业绩的分析评价。

尽管审计形式经历了由弊端审计向财务审计，又由财务审计向效益审计的转变，但其审计对象仍离不开反映财务状况、经营成果和现金流量情况的财务报表，那么，其审计总目标也总是围绕财务报表审计而界定的。尤其是注册会计师审计，始终将财务报表审计作为其主要职责，财务报表审计是审计业务的基础。

对于审计总目标，世界各国有不同的表述。美国注册会计师协会颁布的《审计准则公告第 1 号》指出："独立审计人员对财务报表的例行审计目标，是对财务报表是否遵循公认会计原则，在所有重大方面，公允地表达其财务状况、经营成果以及现金流量表示意见。"英国《1985 年公司法》规定，审计目标是在审计报告中对被审计单位的财务报表是否给出了真实与公允观念和遵循了公司法表示意见。国际审计实务委员会 1988 年 2 月发布的《关于国际审计和相关服务准则的框架》公告中指出："审计的目标是使审计人员对财务信息是否符合指定的会计基础给予一个真实和公允（或是否公允表达）表达一项审计意见。"

《中国注册会计师审计准则第 1101 号——注册会计师的总体目标和审计工作的基本要求》规定，在执行财务报表审计工作时，注册会计师的总体目标包括两点：一是对财务报表整体是否不存在由于舞弊或错误导致的重大错报获取合理保证，使得注册会计师能够对财务报表是否在所有重大方面按照适用的财务报告编制基础编制发表审计意见；二是按照审计准则的规定，根据审计结果对财务报表出具审计报告，并与管理层和治理层沟通。在任何情况下，如果不能获取合理保证，并且在审计报告中发表保留意见也不足以实现向财务报表预期使用者报告的目的，注册会计师应当按照审计准则的规定出具无法表示意见的审计报告，或者在法律法规允许的情况下终止审计业务或解除业务约定。

我国注册会计师在发表审计意见时是围绕被审计单位会计信息的合法性和公允性展开的。

二、审计具体目标

审计具体目标是在审计总目标的基础上，对具体的审计项目所期望达到的目的或期望取得的最终结果，它是对审计总目标的具体化。审计具体目标是根据被审计单位管理当局的认定和审计总目标来确定的。

（一）被审计单位管理当局对财务报表的认定

认定是指被审计单位管理当局对财务报表中的各种业务和相关账户所做的陈述或声明。《国际审计准则第 8 号——审计证据》规定，为了取得有关内部控制的证据，注册会计师必须考虑存在、有效和持续性的认定，为了取得有关实质性测试程序的证据，注册会计师必须考虑存在、权利与义务、发生、完整性、估价或分摊、表达与披露的认定。我国注册会计师审计准则也规定了相应认定内容。一般地，被审计单位管理当局对财务报表的认定有五类。

（1）存在或发生。存在的认定是指包含在资产负债表内的资产、负债和所有者权益在资产负债表日确实存在；发生的认定是指在利润表中记录的各项收入和费用在会计期间内实际发生。"存在或发生"的认定主要与财务报表要素的高估有关。

（2）完整性。完整性的认定是指应在财务报表中表达的所有业务或事项均已包括在内。完整性认定与存在或发生认定处理的是相反的事项。它主要与财务报表要素的低估有关。

（3）权利与义务。权利与业务的认定是指在某一特定日期，各项资产确属被审计单位的权利，各项负债确属被审计单位的义务。权利与义务认定只与资产负债表的构成要素有关。

（4）估价或分摊。估价或分摊的认定是指各项资产、负债、所有者权益、收入和费用要素均以恰当的金额列示于财务报表中。

（5）表达与披露。表达与披露的认定是指财务报表上特定项目被适当地加以分类、说明和披露。

（二）具体目标

根据审计总目标和被审计单位管理当局的上述五项认定，就可得出审计具体目标。审计具体目标包括一般审计目标和项目审计目标。一般审计目标是进行所有项目审计均须达到的目标，项目审计目标则是按每个项目分别确定的目标。具体审计目标的确定，有助于注册会计师按照审计准则的要求收集充分、适当的审计证据，并根据项目的实际情况确定应收集证据。而通常情况下，只有了解了一般审计目标，方能据以确定项目审计目标。在审计实务中，一般审计目标包括以下几个方面。

（1）总体合理性。总体合理性是指注册会计师根据其所掌握的有关被审计单位的全部信息，评价账户余额合理性。总体合理性测试的目的，在于帮助注册会计师评价账户余额中是否有重要错报。

（2）真实性。验证所记录的业务或所列余额是否真实。如在未发生销售业务的情况下，却在销售账户中记录销售业务，则为不真实。这一目标与被审计单位管理当局存在或发生的认定是相对应的。

（3）完整性。验证所发生业务或金额是否均已记录。这一目标与被审计单位管理当局完整性的认定是相对应的。

（4）所有权。验证所列金额是否确属被审计单位所有。此目标与被审计单位管理当局的权利与义务认定是相对应的。

（5）估价。验证所列金额是否均经正确估价和计量。估价是估价或分摊认定的一部分。

（6）截止。验证资产负债表日前后的交易是否已记入适当的期间。截止也是估价或分摊认定的一部分。

（7）准确性。验证所发生的业务以正确的数额予以记录。这一目标所关心的是会计信息计算的正确性，它也是估价或分摊认定的一部分。

（8）披露。验证账户余额和相应的披露要求是否恰当地在财务报表中得到反映。此目标是被审计单位管理当局表达与披露认定的一部分。

（9）分类。验证财务报表中所列金额是否进行恰当的分类。例如，负债必须分为流动负债和长期负债，应收款和应付款必须依应收或应付的不同内容或性质进行分类。被审计单位的会计科目表是注册会计师确定被审计单位的账户分类是否正确的基本依据。分类目标也是表达与披露认定的一部分。

上已述及，项目审计目标是按每个项目分别确定的目标，它需根据一般审计目标来进行确定。如对于应收账款，可以在上述九个方面确定其具体的项目目标。

三、实现审计目标的基本要求

在实施财务报表审计时，注册会计师应当遵守与财务报表审计相关的职业道德要求，保持职业怀疑，认识到可能存在导致财务报表发生重大错报的情形，进行恰当的职业判断。为了获取合理保证，注册会计师应当获取充分、适当的审计证据，以将审计风险降至可接受的低水平，使其能够得出合理的结论，作为形成审计意见的基础。

注册会计师应当遵守与审计工作相关的所有审计准则，掌握每项审计准则及应用指南的全部内容，以理解每项审计准则的目标并恰当地遵守其要求。除非注册会计师已经遵守审计准则以及与审计工作相关的其他所有审计规范，否则，注册会计师不得在审计报告中声称遵守了审计准则。为了实现注册会计师的总体目标，在计划和实施审计工作时，注册会计师应当运用相关审计准则规定的目标。在运用规定的目标时，注册会计师应当认真考虑各项审计准则之间的相互关系。

在极其特殊的情况下，注册会计师可能认为有必要偏离某项审计准则的相关要求。在这种情况下，注册会计师应当实施替代审计程序以实现相关要求的目的。只有当相关要求的内容是实施某项特定审计程序，而该程序无法在具体审计环境下有效地实现要求的目的时，注册会计师才能偏离该项要求。

如果不能实现相关审计准则规定的目标，注册会计师应当评价这是否使其不能实现总体目标。如果不能实现总体目标，注册会计师应当按照审计准则的规定出具非无保留意见的审计报告，或者在法律法规允许的情况下解除业务约定。

审计目标不是一成不变的，它是特定社会政治经济环境的产物。

 相关链接

影响审计目标确定的因素

审计目标的确定主要受两方面的影响：一是社会需求；二是审计自身的能力。

社会需求是确定审计目标的根本因素。需求是生产之母，也是服务之母。当社会主义的生产（包括服务）目的是满足人们日益增长的文化和物质的需求时，西方国家则提出了"顾客就是上帝"的生产（服务）口号。可见无论在什么制度下，生产和服务的目的总是围绕着社会需求这一根本中心而确定的，并随着社会需求的变化而变化。审计作为一种服务职业，其目标自然受社会需求的重要影响。

审计能力是确定审计目标的决定因素。社会环境对审计需求的不断扩大和对审计作用的过高期望，常常使人们卷入不愉快的责任诉讼纠纷之中。这是因为审计能力是相对有限的，当审计所能完成任务的能力不能达到社会的全部期望时，或者说当社会与审计职业界对审计的内容和要求认识不一致时，就出现了"期望差"（expectation gap），这是双方在目标一致性上所存在的差距。这种"期望差"不消除，无论对审计职业界还是财务报表使用者都是无益的。因此所有与审计事项有利害关系的人对此都应有清醒的认识，从而恰当地进行目标调整。实际上，自审计产生至今，审计能力始终处于一种被动状态，始终在为满足社会需求而努力，但也始终无法达到完全满足社会需求的程度。这是因为，当旧的审计需求满足了，新的审计需求又产生了，而要满足不断出现的新的审计需求，在审计能力上需要不断提高，但这又需要过程、时间，甚至技术上、理论上的突破。因此，审计能满足社会需求是相对的，而不是绝对的。

审计能力的有限性限制了审计满足社会要求的程度，因此，它在审计目标的确定中是一种起平衡作用的决定因素。也即只有当审计具备了满足社会需求的能力时，这种社会需求才能成为审计目标。

资料来源：徐政旦. 审计研究前沿[M]. 上海：上海财经大学出版社，2002，有改动.

第五节　审计的职能与地位

审计的职能是指审计本身所固有的内在功能，它回答审计能做和应做什么。审计具有什么职能，不是由人们的主观意愿决定的，而是由审计形成的客观基础所决定，它反映了社会经济对审计的客观需要。审计的地位是指审计在经济监督系统中所处的位置或环节，它表明审计与其他各构成要素之间的相互关系。审计的职能与地位密不可分，审计的职能决定着审计的地位，审计的地位又影响着审计的职能。

一、审计的职能

对于审计职能的具体内容，理论界和实务界有多种不同的看法。归结起来是：第一种观点认为，审计的职能就是监督，我们称其为一职能论。第二种观点认为，审计除监督职能外，还有评价职能和鉴证职能，我们称其为三职能论。这种观点又有三种不同的认识：第一种认识是平衡论，就是国家审计、内部审计和民间审计都有三个职能，而且，它们是并列关系；第二种认识是主次论，即认为审计的三个职能中以监督职能为主，评价职能和鉴证职能是次要或辅助职能；第三种认识是侧重论，即承认三审计都具有三个职能，但具体到国家审计以监督为主，内部审计以监督和评价为主，民间审计以鉴证为主。

事实上，从整体上讲审计的职能是监督，而由于不同审计形式代表的所有权不同以及审计内容的着重点的差异，其审计职能也有所差异。

（一）审计的基本职能

经济监督是审计的基本职能。监督可以分为经济监督和非经济监督，经济监督又进一步分为所有权监督和经管权监督。审计是所有权监督，审计的监督职能就是代表所有者行使的经济监督职能。不仅如此，审计的监督职能是一种共有职能，它反映了各种审计形式的共同性质。首先，审计产生于两权分离后所有者对经管者的监督需要，离开了监督，审计就没有存在的必要，监督是审计最根本的特性，当然监督职能就是其一般职能。其次，尽管各种审计形式代表不同的所有权，但无论代表哪种所有权，它们都必须受所有者的委托（委派）对经管者进行监督，这是任何审计形式都改变不了的特性。

经济监督是审计的共有职能或基本职能，而这一职能又通过监察、鉴证和评价三个具体职能得以体现与实现。

（二）不同审计主体所侧重的职能

三种审计主体都具有经济监督的基本职能，在此基础上，各有侧重不同的职能。

1. 国家审计侧重于监察职能

监察职能是指审计主体对被审主体在保存和运用财产过程中的违法行为所进行的查证与处理。通过监察职能的作用，揭发贪污舞弊、弄虚作假、严重损失浪费等行为，依法追究责任、执行经济裁决或提请给予行政处分或刑事处罚，以保证国家的法律法规和方针政策的贯彻实行、维护财经法纪和各项规章制度，最终达到保护财产安全完整、提高财产运用效率的目的。

监察职能通常是为了监督被审主体履行法律责任的情况，通俗地说就是审查被审单位财政财务收支及其相关的经济活动的合法性。它包括两个方面：一是以各种法律法规为标准，揭露错弊或违法行为；二是在审查取证、揭示各种违法行为的基础上，通过对过失人或犯罪人的查处，或予以经济制裁，或予以行政处罚，或提交司法予以刑事处理。不难看出，国家审计更侧重于监察职能。

2. 民间审计侧重于鉴证职能

鉴证职能是指鉴定和证明。审计的鉴证职能是指审计主体对被审主体的会计资料和相关经济资料及其所反映的财务收支与相关经济活动的真实、正确以至合法性所做的审查核实。以此，确定其可信赖程度，作出书面证明，以取得审计委托（委派）人的信任。

鉴证职能通常是为了监督被审主体履行财产和会计责任的情况。通过鉴证财产责任以核实财产，保证财产安全与完整；通过鉴证会计责任以保证会计核算资料真实、正确。在此基础上，进一步鉴证账实是否一致。通俗地说，就是对被审主体的财政财务收支及其相关的经济活动或者说会计资料及其相关资料的真实正确性进行公证。

3. 内部审计侧重于评价职能

评价职能就是通过审查分析，确定被审主体的计划、预算、决策方案的先进性和可行性，经济活动的效益性，内部控制系统的健全、有效性等，以便有针对性地提出意见和建议，促使其改善经营管理，提高经济效益。可见，评价职能不是一种预防和制约性功能，而是一种建设性功能。

评价职能通常是为监督被审主体履行经营责任的情况，审查分析被审主体财政财务收支及其相关的经济活动的效益性（或有效性），并提出相应的改进建议。评价职能的作用表现为一个过程。首先，审核检查被审主体的财政财务收支活动及其相应的会计资料和其他有关资料的真实、正确性，是评价职能得以实现的前提；其次，分析被审主体的财政财务收支活动及其相关经济活动的效益优劣，肯定其成绩，找出问题特别是内部控制的缺陷；最后，根据存在的问题提出改进经营管理的建议。从理论和实践看，评价职能与内部审计的关系更为密切。

整体上讲，审计的基本职能是经济监督，国家审计侧重于监督的监察方面，民间审计侧重于监督的鉴证方面，内部审计侧重于监督的评价。三种审计形式又都具备这三种职能。国家审计可以向国家所有者提供审计报告，鉴证国家所有的项目，企业提供的会计报表和保存的财产的真实性与合理性，评价其项目和企业的经营活动的绩效性。民间审计可以受托依法查处被审主体的违法行为，评价被审主体的经济活动的效益性。内部审计可以代表最高管理当局查处被审主体的违法行为，并就所属被审主体提供的会计报表的真实性进行鉴证。

关于国家审计的职能，对其认识在不断发展变化，如有一种观点是"审计是国家社会经济运行的免疫系统"。对国家审计职能的理解无疑发生了新的变化，即国家审计具有预防、揭示与抵御的职能。尽管"免疫系统论"是针对国家审计的，但对内部审计和民间审计也是适用的，即也具有预防、揭示与抵御的职能。还有，认为国家审计是国家治理的重要组成部分。

二、审计的地位

上已述及，审计的地位是审计在经济监督系统中所处的位置或环节。在两权分离后，经济监督体系由所有权监督与经管权监督两部分组成。前者包括国家审计、民间审计、内部审计三种形式，后者是由众多的经济管理部门的监督组成，如会计、财政、银行、税务、证券、保险等，其特点是这些经济管理部门既是经济管理的主体，也是行使经管权监督的主体。

所有权监督抑或审计监督与其他各职能管理部门的经管权监督之间有着密切关系。

（1）审计监督与经管权监督都具有经济监督的职能，属于经济监督的范畴。它们覆盖着经济监督的全部领域，因而共同构成经济监督系统，也即它们是经济监督系统不可或缺的两个基本要素。

（2）审计监督与经管权监督在作用上相互促进、相互影响。经管权监督可以为审计监督奠定基础、创造条件和环境，从而有利其更好地发挥高层次监督作用；审计监督可以通过自身的功能促进经管权监督更好地健全职能，发挥其在经济监督系统中的基础作用。

（3）审计监督与经管权监督是一种分工协同关系。由于两权分离，所有者要监督经营管理者；也由于分层管理，上层管理者要监督下层管理者。这样层层监督，形成了一个监督链。在这个监督链中，审计监督处在最高层次，而经管权监督则处在基础层次。

基于审计监督与经管权监督的上述关系，决定了审计监督在经济监督系统中的地位。

（1）就经济监督的领域分工而言，审计监督与经管权监督的各种形式处在一种分工协作的并行地位。审计监督代表所有者进行监督，经管权监督代表经营管理者进行监督。两权分离后，相应代表这两种权利的经济监督形式也彼此分工、相对独立，处于不可或缺、同等重要的并行地位，不可厚此薄彼。只有审计监督和经管权监督的各种形式协调运转，才能使整个经济监督系统运转有效。

（2）就经济监督的分工层次而言，审计监督相对于经管权监督处在再监督的地位。理由有二：一是两权分离后，所有权高于经管权，因而代表所有权的审计监督的权威性和层次性，这就为审计监督对经管权监督进行再监督提供了可能性。二是两权分离，使所有者不再直接参与企业的经营管理，与经营管理者不存在连带经济责任关系。这相应决定了代表所有权的审计监督也就独立于被审主体之外，不会与被审主体的行为产生连带经济责任关系。与此不同，经管权监督是由经营管理部门自身进行的监督，经营管理部门与被监督的下层管理部门之间往往存在连带经济责任关系，使其监督的独立性较差。而且，经管权监督部门本身从事经营管理，也可能发生错弊，这是不能由它本身予以监督的。为此，就产生了对经管权进行再监督的必要性。

正由于审计监督的独立性强、权威性高，理论界一直公认审计监督具有地位上的高层次性，可以对其他经管权监督部门进行再监督。

上述提及的"审计是国家社会经济运行的免疫系统"论，后来得到进一步发展，其主要表述是"审计实质上是国家依法用权力监督制约权力的行为，其本质是国家治理这个大系统中一个内生的具有预防、揭示和抵御功能的'免疫系统'，是国家治理的重要组成部分"。这里论及国家审计的地位，界定了国家审计在国家治理层面的地位。其实，内部审计、民间审计与国家审计是一体的，共同构成了国家治理的重要组成部分。

 相关链接

关于国家审计的性质与地位

国家审计是现代国家政治制度的组成部分，是民主法治的产物，也是推进民主法治的工具。为什么会形成这个共识？这是从马克思主义的国家学说的角度，提出的这个问题。它不是政党学说，是从国家学说这个角度提出的这个问题。而这个理论也是经过中外实践证明和检验是正确的，所以大家形成这么一个共识。那么，为什么它是民主法治的产物，也是推进民主法治的工具？从马克思主义国家学说的更深层次来研究，它的本质在哪里？它的本质就是因为它是一个国家经济社会运行的免疫系统，所以它才是这个国家政治制度的组成部分，所以，它才是民主法治的产物，所以，它也才是推进民主法治的工具。

资料来源：刘家义审计长在中国审计学会五届三次理事会暨第二次理事论坛上的讲话

 **本章小结**

综合本章所述，可以明确：

（1）审计是基于所有权监督的需要产生与发展的，不论是国家审计、独立审计，还是内部审计，也无论是在过去的哪个历史阶段，概莫能外。审计在其内涵和外延上，从其主体和客体中，都有着特定的内容，综合在一起形成一种具有监督、监察、鉴证和评价职能的独立的经济监督形式，在整个经济监督系统中居于关键地位。

（2）审计基本性质作为审计的核心理论内容，对审计实务的操作以及其他审计理论问题的构成有着重要的指导作用，尤其是审计产生与发展的客观基础是研究审计理论、指导审计实务的逻辑起点或切入点，它与审计效率、审计质量、审计风险、审计目标等共同构成贯穿整个审计理论与实务的逻辑主线，并进而由其形成审计这种形式或活动的面与体。

（3）本章所述相关内容是相互联系的整体。审计组织作用于审计客体及其经济活动，需要依照审计准则，遵循审计职业道德，保持应有的职业谨慎，在经济监督系统中通过其特有的职能发挥独立的、具有权威性的监督作用。

 关键词汇

两权分离（separation of the two rights）　经济监督（economic supervision）
所有权监督（ownership of supervision）　经管权监督（management right of supervision）
法人所有权（corporate property right）　终极所有权（ultimate ownership）
审计（audit）　独立性（independence）
国家审计（government audit）　内部审计（internal audit）
民间审计（folk audit）　财务审计（financial audit）
法纪审计（audit on disciplines）　效益审计（performance audit）
全部审计（complete audit）　局部审计（limited audit）
专项审计（special audit）　事前审计（pre-audit）
事后审计（post-audit）　事中审计（auditing objective）
报送审计（documentary audit）　就地审计（field audit）
审计主体（audit subject）　审计对象（audit object）
合伙制（partnership system）　公司制（corporate system）
独资式（sole proprietorship）　监督（supervision）
监察（inspection）　签证（attestation）
评价（evaluation）　审计效率（auditing efficiency）
审计质量（audit quality）　审计风险（audit risk）
审计目标（auditing objective）

 思考题

1. 你认为本章引例中四位同学对审计基本性质所发表的观点哪个更正确？
2. 何谓"两权分离"，其主要内容包括哪些？
3. 为什么说审计监督具有所有权监督的特征？
4. 我国国家审计实行行政式，现在是否应当即刻进行改革，实行立法式或其他适当模式？

5. 审计目标的关键内容是什么？真实性如何在审计目标的表述中得到恰当体现？

6. 如何辩证地理解审计的独立性和权威性？

 案例讨论题

2018 年 6 月，某省 7 名注册会计师欲发起设立有限合伙会计师事务所，由全体合伙人共同签署的合伙协议约定，其中 5 名注册会计师属于对会计师事务所的债务承担无限连带责任，2 名注册会计师属于对会计师事务所的债务仅以出资额为限承担有限责任的有限合伙人。该省财政部门受理并审核该 7 名注册会计师的设立申请及其合伙协议等材料后认为，根据现行《注册会计师法》的规定，会计师事务所可以采取合伙制或有限责任公司制组织模式，并没有规定可以采取有限合伙会计师事务所的组织形式，因此，该 7 名注册会计师的申请没有法律依据。于是，省财政部门在受到设立申请之日起的 30 日内作出了不予批准的决定。

该 7 名注册会计师收到省财政部门的不予批准的决定后，认为省财政部门作出的决定没有法律依据，侵犯了当事人审理有限合伙会计师事务所的权益，遂向人民法院提起行政诉讼，请求人民法院判定该省财政部门的不予批准决定违法。

在审理该案件过程中，有两种不同观点，一种是设立有限责任合伙制会计师事务所符合《注册会计师法》；另一种是设立有限责任合伙制的会计师事务所不符合《注册会计师法》。

根据上述背景材料，请分析：我国有关法规对会计师事务所组织模式的规定是怎样的？上述两种观点，你同意哪一种？为什么？

 简答题

1. 关于审计产生与发展的客观基础有多种观点，如会计监督论、经济监督论、受托责任观，应该说都能自圆其说。请回答：

（1）各种观点是否存在相悖关系？

（2）你认为审计产生与发展的客观基础是什么？

2. 关于审计职能有多种观点，如单一职能论，多职能论，多职能论中又包括多种看法。随着社会经济的发展，审计的地位和作用会越来越重要。

请回答：

（1）审计职能会不会随着社会经济的发展而变化？

（2）你认为审计的具体职能是什么？

3. 关于国家审计组织模式，我国实行行政式，美英等西方国家很多实行立法式，还有些国家实行司法式，个别国家实行"独立式"。

请回答：

（1）各种模式的特点或优缺点是什么？

（2）我国是否需要改"行政式"为"立法式"或其他模式？如果要改革，需要具备什么环境和条件？

4. XYZ 公司是一家专营商品零售的股份公司。ABC 会计师事务所在接受其审计委托后，委派 L 注册会计师担任该审计的项目外勤负责人，并将签署审计报告。经过审计预备调查，L 注册会计师确定存货项目为重点审计领域，同时决定根据会计报表认定确定存货项目的具体审计目标，并选择相应的具体审计程序以保证审计目标的实现。

下列第一张表格中的具体审计目标已经被 L 注册会计师选定，请分析 L 注册会计师应当确定的与各具体审计程序分别是什么？（根据表后列示的会计报表认定及审计程序，分别选择一项，并将选择结果的编号填入第二张表格中。对每项会计报表认定和审计程序，可以选一次、多次或不选）

会计报表认定	审计程序
（1）完整性 （2）存在或发生 （3）表达和披露 （4）权利和义务 （5）估价或分摊	（6）检查现行销售价目表 （7）审阅会计报表 （8）在监盘存货时，选择一定样本，确定其是否包括在盘点表内 （9）选择一定样本量的存货会计记录，检查支持记录的购货合同和发票 （10）在监盘存货时，选择盘点表内一定样本量的存货记录，确定存货是否在库 （11）测试直接人工费用的合理性

会计报表认定	具体审计目标	审计程序序号
	公司对存货均拥有所有权	
	记录的存货数量包括了公司所有的在库存货	
	已按成本与可变现净值孰低法调整期末存货价值	
	存货成本计算准确	
	存货的主要类别和计价基础已在会计报表恰当披露	

自测题

单项选择题	多项选择题	判断题
自学自测  扫描此码	自学自测 扫描此码	自学自测 扫描此码

本章推荐阅读材料

1. 中国注册会计师协会. 审计[M]. 北京：中国财政经济出版社，2020.

2. 王爱国，史维. 论审计的独立性[J]. 审计研究，2004（4）.

3. 刘家义. 国家审计是国家治理的重要组成部分[M]. 中国审计学会第三次理事论坛讲话，2011.

4. 章轲. 基于国家产权理念的国家审计本质研究[J]. 审计研究，2012（6）.

5. 蔡春，刘静，黄昊. 新时代审计理论研究创新发展的思考[J]. 审计研究，2018（5）.

| 第二章 |

审计规范体系

 学习提要与目标

　　审计规范是指导和规范审计人员科学、合理执行审计业务的标准，是衡量和制约审计工作效率与质量的依据。从不同层面分析，它包括法律层面、规章层面和准则等层面的内容。法律层面的审计规范是由国家制定或认可的、由国家强制力保证实施的调整各种审计监督关系的行为规则，如《审计法》《注册会计师法》等。规章层面的内容是依据相关审计法律制定的，如《审计案例》，准则等层面的内容包括审计准则、审计职业道德、审计职业谨慎、审计依据等。这里主要介绍和分析准则等层面的内容，在此基础上，研究审计法律责任问题。本章的学习目标是：

　　（1）了解审计人员职业谨慎及其内容；

　　（2）明确审计依据、审计职业道德及其内容；

　　（3）理解与掌握审计规范体系；

　　（4）掌握并思考审计法律责任的诸多问题。

 引例

美国山登(Cendant)公司案件

　　山登公司是由 CUC 公司与 HFS 公司在 1997 年 12 月合并而成的。合并后，山登公司主要从事旅游服务、房地产服务和联盟营销（affiliate marketing）三大业务。舞弊丑闻曝光前，山登公司拥有 35 000 名员工，经营业务遍布 100 多个国家和地区，年度营业收入 50 多亿美元。

　　山登公司成立后第一任首席执行官 Silverman 决定，财务报告的编制改由 HFS 公司的首席会计官 Scott Forbes 负责合并报表的编制。在双方共同商讨 1997 年度合并报表的编制事宜时，山登公司的前董事长兼首席执行官 Walter Forbes 和前首席运营官 Kirk Shelton 要求将公司合并中计提的 5.56 亿美元"重组准备"中的 1.65 亿美元转回，作为 1997 年度的利润，并声明这种做法是 CUC 公司沿用已久的惯例，且安永的注册会计师一直认可这种做法。这一有悖于公认会计准则的做法使 Scott 对 CUC 公司过去的经营业绩产生怀疑，并责成立即对重组准备账户展开全面调查，并聘请德勤会计师事务所协助。调查结果表明，为了迎合华尔街的盈利预期，CUC 公司主要通过无端转回合并准备，虚构当期收益；随意改变收入确认标准，夸大会员费收入等六种伎俩进行财务舞弊。通过这些造假手段，CUC 公司在 1995 年至 1997 年期间，共虚构了 15.77 亿美元的营业

收入、超过 5 亿美元的利润总额和 4.39 亿美元的净利润，虚假净利润占对外报告净利润的 56%。

1999 年 12 月 7 日，美国新泽西州法官 William H.Walls 判令山登公司向其股东支付 28.3 亿美元的赔款。这项判决创下了证券欺诈赔偿金额的世界纪录，12 月 17 日，负责山登公司审计的安永会计师事务所同意向山登公司的股东支付 3.35 亿美元的赔款，也创下了迄今为止审计失败的最高赔偿纪录。山登舞弊案不仅因赔偿金额巨大而闻名于世，随之而来的刑事责任追究也令人侧目。2000 年 6 月，山登舞弊案的三名直接责任人 Cosmo Corigliano（前首席财务官，曾任安永的注册会计师）、Anne Pember（前主计长，曾任安永的注册会计师）和 Casper Sabatino（会计报告部副总裁，会计师）对财务舞弊供认不讳。2001 年 2 月，新泽西州联邦大陪审团除了对他们三人提出舞弊起诉外，还对山登公司的前董事长兼首席执行官 Walter Forbes 和前首席运营官 Kirk Shelton 提出证券舞弊、财务舞弊和内幕交易等多项指控，若罪名成立，他们将面临 10 年至 20 年的铁窗生涯。2002 年 11 月，新泽西州检察官宣布对安永的两名主审合伙人 Marc Rabinowitz 和 Ken Wilchfort 以及一位审计经理提出舞弊起诉，指控他们严重渎职，对舞弊视而不见，并为山登公司的舞弊行径提供了便利。2003 年 4 月 24 日，SEC 对安永的这两名主审合伙人作出禁入裁决，禁止他们在 4 年内为上市公司提供审计服务。

山登公司会计造假影响范围之广、判决程度之严，在美国上市公司财务舞弊史上堪称一绝。安永的注册会计师连续多年为山登公司的前身 CUC 公司严重失实的财务报表出具无保留意见的审计报告，构成了重大的审计失败。

（摘编自《中国注册会计师》2003 年第 10 期黄世忠、李树华/文）

导致安永会计师事务所构成重大审计失败的原因是什么？安永的注册会计师在对山登公司的审计中违反了职业道德哪些方面的规定？

第一节　审　计　准　则

一、审计准则的特性

审计准则主要规范审计人员在具体审计工作中应遵守的操作规范，为审计人员如何进行审计提供指导。与审计规章的区别在于它是业务活动的规范，后者是行政管理活动的规范。国家审计的行政模式决定了与之有关的国家审计准则也具有了行政规章的某些形式，但审计准则偏重于审计工作的技术问题。

二、审计准则的内容

（一）国家审计准则

我国国家审计准则由审计署颁布实施，其规范层次比审计规章要低。国务院发布的审计行政规章，比审计准则具有更大的权威性。审计署根据《审计法》于 1996 年 12 月 6 日发布了《中华人民共和国国家审计基本准则》，并于 1997 年 1 月 1 日正式施行。在此基础上，2000 年 1 月审计署重新颁布实施了《中华人民共和国国家审计基本准则》，并据其陆续颁布实施了相关具体准则，形成了国家审计准则体系。该体系由《中华人民共和国国家审计基本准则》、通用审计准则和专业审计准则、审计指南三个层次组成。在国家审计准则体系中，基本准则起着重要的指导与基础作用。基本准则主要包括总则、一般准则、作业准则、报告准则、审计报告处理准则和附则等六个部分的内容。2010 年 9 月，审计署在之前审计准则的基础上，修订颁布了《中华人民共和国国家审计准则》。此次准则修订参照美国等国审计机关的做法，制定单一的国家审计准则，修订后的审计准则共七章，200条，包括总则、审计机关和审计人员、审计计划、审计实施、审计报告、审计业务质量控制与责任和附则。

（二）内部审计准则

我国内部审计准则是中国内部审计工作规范体系的重要组成部分，由内部审计基本准则、内部审计具体准则、内部审计实务指南三个层次组成。内部审计基本准则是内部审计准则的总纲，是内部审计机构和人员进行内部审计时应当遵循的基本规范，是制定内部审计具体准则、内部审计实务指南的基本依据。2003 年 6 月 1 日，中国内部审计协会颁布实施了《内部审计基本准则》，其内容包括总则、一般准则、作业准则、报告准则、内部管理准则和附则。《内部审计具体准则》是依据内部审计基本准则制定的，是内部审计机构和人员在进行内部审计时应当遵循的具体规范，如《内部审计具体准则第 1 号——审计计划》《内部审计具体准则第 2 号——审计通知书》《内部审计具体准则第 3 号——审计证据》等。《内部审计实务指南》是依据《内部审计基本准则》《内部审计具体准则》制定的，为内部审计机构和人员进行内部审计提供的具有可操作性的指导意见，如《内部审计实务指南第 1 号——建设项目内部审计》和《内部审计实务指南第 2 号——物资采购审计》等。

（三）注册会计师审计准则

1995 年 12 月，由中国注册会计师协会起草制定，财政部、审计署批准颁布了第一批中国注册会计师审计准则（当时称为独立审计准则），之后又陆续颁布了两批审计准则并对原来的审计准则进行了修订。2006 年 2 月 15 日，我国基于审计国际趋同的要求以及规范注册会计师执业的需要，在对原审计准则修订、补充与完善的基础上，颁布了《中国注册会计师执业准则》，2010 年 11 月，对其进行了修订，2016 年 12 月又印发了 12 项审计准则，其中涉及新颁布的内容，也涉及修订原来的准则。

我国注册会计师执业准则体系包括鉴证业务准则、相关服务准则和质量控制准则三大部分。质量控制准则是注册会计师执业各类业务均应当执行的，而鉴证业务准则和相关服务准则是按照注册会计师所从事业务是否具有鉴证职能、是否需要提出鉴证结论加以区分的。其中，鉴证业务准则又分为审计准则、审阅准则和其他鉴证业务准则三类。

（1）鉴证业务准则。《中国注册会计师执业准则》中的《中国注册会计师鉴证业务基本准则》对鉴证业务做了基本规定。鉴证业务是指注册会计师对鉴证对象信息提出结论，以增强除责任方之外的预期使用者对鉴证对象信息信任程度的业务。鉴证对象信息是按照标准对鉴证对象进行评价和计量的结果。如责任方按照会计准则和相关会计制度（标准）对其财务状况、经营成果和现金流量（鉴证对象）进行确认、计量和列报（包括披露）而形成的财务报表（鉴证对象信息）。

鉴证对象信息应当恰当反映既定标准运用于鉴证对象的情况。如果没有按照既定标准恰当反映鉴证对象的情况，鉴证对象信息可能存在错报，而且可能存在重大错报。

鉴证业务分为基于责任方认定的业务和直接报告业务。在基于责任方认定的业务中，责任方对鉴证对象进行评价或计量，鉴证对象信息以责任方认定的形式为预期使用者获取。如在财务报表审计中，被审计单位管理层（责任方）对财务状况、经营成果和现金流量（鉴证对象）进行确认、计量和列报（评价或计量）而形成的财务报表（鉴证对象信息）即为责任方的认定，该财务报表可为预期报表使用者获取，注册会计师针对财务报表出具审计报告。这种业务属于基于责任方认定的业务。

在直接报告业务中，注册会计师直接对鉴证对象进行评价或计量，或者从责任方获取对鉴证对象评价或计量的认定，而该认定无法为预期使用者获取，预期使用者只能通过阅读鉴证报告获取鉴证对象信息。如在内部控制鉴证业务中，注册会计师可能无法从管理层（责任方）获取其对内部控制有效性的评价报告（责任方认定），或虽然注册会计师能够获取该报告，但预期使用者无法获取该报告，注册会计师直接对内部控制的有效性（鉴证对象）进行评价并出具鉴证报告，预期使用者只能通过阅读该鉴证报告获得内部控制有效性的信息（鉴证对象信息）。这种业务属于直接报告业务。

鉴证业务的保证程度分为合理保证和有限保证。合理保证的鉴证业务的目标是注册会计师将鉴证业务风险降至该业务环境下可接受的低水平，以此作为以积极方式提出结论的基础，如在历史财务信息审计中，要求注册会计师将审计风险降至可接受的低水平，对审计后的历史财务信息提供高水平保证（合理保证），在审计报告中对历史财务信息采用积极方式提出结论。这种业务属于合理保证的鉴证业务。

有限保证的鉴证业务的目标是注册会计师将鉴证业务风险降至该业务环境下可接受的水平，以此作为以消极方式提出结论的基础，如在历史财务信息审阅中，要求注册会计师将审阅风险降至该业务环境下可接受的水平（高于历史财务信息审计中可接受的低水平），对审阅后的历史财务信息提供低于高水平的保证（有限保证），在审阅报告中对历史财务信息采用消极方式提出结论。这种业务属于有限保证的鉴证业务。

鉴证业务涉及的三方关系人包括注册会计师、责任方和预期使用者。责任方与预期使用者可能是同一方，也可能不是同一方。如果鉴证业务涉及的特殊知识和技能超出了注册会计师的能力，注册会计师可以利用专家协助执行鉴证业务。在这种情况下，注册会计师应当确信包括专家在内的项目组整体已具备执行该项鉴证业务所需的知识和技能，并充分参与该项鉴证业务和了解专家所承担的工作。

责任方是指下列组织或人员：在直接报告业务中，对鉴证对象负责的组织或人员；在基于责任方认定的业务中，对鉴证对象信息负责并可能同时对鉴证对象负责的组织或人员。责任方可能是鉴证业务的委托人，也可能不是委托人。

注册会计师通常提请责任方提供书面声明，表明责任方已按照既定标准对鉴证对象进行评价或计量，无论该声明是否能为预期使用者获取。在直接报告业务中，当委托人与责任方不是同一方时，注册会计师可能无法获取此类书面声明。 预期使用者是指预期使用鉴证报告的组织或人员。责任方可能是预期使用者，但不是唯一的预期使用者。注册会计师可能无法识别使用鉴证报告的所有组织和人员，尤其在各种可能的预期使用者对鉴证对象存在不同的利益需求时。注册会计师应当根据法律法规的规定或与委托人签订的协议识别预期使用者。在可行的情况下，鉴证报告的收件人应当明确为所有的预期使用者。

在可行的情况下，注册会计师应当提请预期使用者或其代表，与注册会计师和责任方（如果委托人与责任方不是同一方，还包括委托人）共同确定鉴证业务约定条款。无论其他人员是否参与，注册会计师都应当负责确定鉴证业务程序的性质、时间和范围，并对鉴证业务中发现的、可能导致对鉴证对象信息作出重大修改的问题进行跟踪。

当鉴证业务服务于特定的使用者，或具有特定目的时，注册会计师应当考虑在鉴证报告中注明该报告的特定使用者或特定目的，对报告的用途加以限定。

鉴证对象与鉴证对象信息具有多种形式，主要包括：当鉴证对象为财务业绩或状况时（如历史或预测的财务状况、经营成果和现金流量），鉴证对象信息是财务报表；当鉴证对象为非财务业绩或状况时（如企业的运营情况），鉴证对象信息可能是反映效率或效果的关键指标；当鉴证对象为物理特征时（如设备的生产能力），鉴证对象信息可能是有关鉴证对象物理特征的说明文件；当鉴证对象为某种系统和过程时（如企业的内部控制或信息技术系统），鉴证对象信息可能是关于其有效性的认定；当鉴证对象为一种行为时（如遵守法律法规的情况），鉴证对象信息可能是对法律法规遵守情况或执行效果的声明。

鉴证对象具有不同特征，可能表现为定性或定量、客观或主观、历史或预测、时点或期间。这些特征将对按照标准对鉴证对象进行评价或计量的准确性和证据的说服力产生影响。鉴证报告应当说明与预期使用者特别相关的鉴证对象特征。

适当的鉴证对象应当同时具备下列条件：鉴证对象可以识别；不同的组织或人员对鉴证对象按照既定标准进行评价或计量的结果合理一致；注册会计师能够收集与鉴证对象有关的信息，获取充分、适当的证据，以支持其提出适当的鉴证结论。

（2）相关服务准则。 注册会计师业务除鉴证业务外，还包括相关服务，如对财务信息执行商定程序、代编财务信息等。《中国注册会计师执业准则》包括《中国注册会计师相关服务准则第 4101 号——对财务信息执行商定程序》和《中国注册会计师相关服务准则第 4111 号——代编财务信息》。

对财务信息执行商定程序的目标，是注册会计师对特定财务数据、单一财务报表或整套财务报表等财务信息执行与特定主体商定的具有审计性质的程序，并就执行的商定程序及其结果出具报告，但仅报告执行的商定程序及其结果，并不提出鉴证结论。报告使用者自行对注册会计师执行的商定程序及其结果作出评价，并根据注册会计师的工作得出自己的结论。 商定程序业务报告仅限于参与协商确定程序的特定主体使用，以避免不了解商定程序的人对报告产生误解。

代编业务的目标是注册会计师运用会计而非审计的专业知识和技能，代客户编制一套完整或非完整的财务报表，或代为收集、分类和汇总其他财务信息。注册会计师执行代编业务使用的程序并不旨在、也不能对财务信息提出任何鉴证结论。在任何情况下，如果注册会计师的姓名与代编的财务信息相联系，注册会计师应当出具代编业务报告。

（3）质量控制准则。审计质量是指审计工作及其结果的优劣程度，审计质量控制是指由审计的业务管理机构或部门对审计的各种业务活动或行为进行有计划的监督、综合和协调的一种活动或行为。国际会计师联合会和美国注册会计师协会都专门制定了审计质量控制准则。中国注册会计师协会于 1996 年 12 月颁布了《中国注册会计师质量控制基本准则》，2012 年施行了《中国注册会计师审计准则第 1121 号——对财务报表审计实施的质量控制》和《质量控制准则第 5101 号——会计师事务所对执行财务报表审计和审阅、其他鉴证和相关服务业务实施的质量控制》。审计署于 2004 年 4 月 1 日实行了《审计机关审计项目质量控制办法（试行）》。内部审计协会也颁布实施了相关内部审计质量控制准则。

 国际视野

美国注册会计师同业复核制度

　　美国注册会计师同业复核制度是美国独立审计质量控制的重要措施之一。从历史发展的角度来看，以同业复核为核心的美国注册会计师行业自律监管体制的确立、发展都与资本市场息息相关。同业复核制度的核心内容由美国注册会计师协会同业复核委员会所制定的《同业复核实施与报告准则》规定。根据准则，同业复核制度被定位于帮助教育。根据复核对象和规模不同，同业复核被分为系统复核、业务复核和报告复核三种类型。系统复核主要针对被复核事务所质量控制系统的设计及运作情况发表意见，主要采取事务所互查和联合检查的方式进行。复核人员需要通过实施各种必要的复核程序，包括控制测试等，对发现的各种错漏问题的性质进行职业判断，最终形成标准无保留、保留意见和否定意见类型的复核报告，如有必要，复核人员还要提供有关的管理建议书。业务复核主要针对鉴证等特定业务是否符合相应准则。复核过程与系统复核类似，也需要提交不同意见类型的复核报告以及必要的管理建议书。报告复核主要针对报表编制业务，最终报告只需要列举所有的复核意见和建议。如果被复核事务所拒绝与复核人员合作，或者拒绝某些业务被复核，则有可能导致丧失参与同业复核的注册资格。同业复核工作由美国注册会计师协会的同业复核委员会负责，在美国注册会计师协会的证交会业务部（SECPS）注册的事务所必须在三年内参加一次同业复核。

　　安然事件引发的系列财务欺诈案导致了整个会计师行业监管体制的重大变化，同业复核受到质疑。美国注册会计师协会着手对同业复核制度进行修订，增加了关于事务所责任方面的规定，以增强同业复核的权威性和威慑力。

第二节　审计职业道德

一、审计职业道德的概念

　　会计信息的质量高低直接影响着国家宏观经济决策的正确性和社会资源配置的有效性，审计行业是保证会计信息质量的重要环节，诚信是审计行业的立身之本，如果审计行业没有诚信，就失去了存在的基础，审计人员诚信的重要体现就是遵守职业道德规范。

　　审计职业道德规范是审计人员在审计工作中形成的、具有审计职业特征的道德准则和行为规范，是所有审计人员坚持依法独立审计、保证审计职业水平的重要因素，是审计职业规范体系的重要组成部分。审计职业道德规范的核心内容是独立性、客观公正以及与此密切相关的认真负责、清正廉洁的工作作风和诚实谨慎的职业态度。保持应有的职业谨慎，严格遵守职业道德规范，是审计人员树立良好形象、保持良好信誉的重要措施，也是充分发挥审计职能的必要条件。

在我国，审计职业道德是指审计人员的职业品德、职业纪律、执业能力及职业责任等内容的总称。其中，职业品德是指审计人员应具备的职业品格和道德行为，它是职业道德体系的核心部分，其基本要求是独立、客观和公正；职业纪律是指约束审计人员职业行为的法纪，一般指审计人员应当遵循的职业准则及国家其他相关法规；执业能力是指审计人员应当具备胜任其专业审计职责的能力；职业责任是指审计人员对客户、同行及社会公众应履行的责任。

注册会计师的职业性质决定了其所承担的是对社会公众的责任。注册会计师服务的对象从本质上讲是广大的社会公众，这就决定了注册会计师从诞生的那一天起就应当承担起对社会公众的责任。为确保注册会计师能为社会公众提供高质量的、可信赖的专业服务，在社会公众中树立良好的职业形象和职业信誉，就必须大力加强对注册会计师的职业道德教育、强化道德意识、提高道德水准，注册会计师的道德水平如何是关系到整个行业能否生存和发展的大事。

二、审计职业道德的内容

无论是国家审计人员、内部审计人员，还是民间审计人员，都应遵循其职业道德。审计人员的职业道德是其在承办审计业务、从事会计咨询和会计服务业务过程中所应遵守的行为准则与道德规范。在现代社会中，任何一种职业的存在和发展，都离不开社会对其的理解与支持，特别是当这种职业的特殊性使外界无法对其实施过程予以评价时，通过制定和实施自身约束机制来取得外界对该职业的理解与支持，就显得尤为重要。审计作为一种所有权监督形式，其审查过程和结果应能满足财产所有者或审计委托者的要求，它是一种特殊性较强的职业，因为审计行为不像医生对病人那样形成一对一的职业关系，而是直接或间接地影响着多方面使用审计报告的团体和个人；另外，由于审计对象的复杂性和审计方法的局限性，会容许审计结果存在一定的失误风险。这样，如何分清审计人员是在保持了应有的职业谨慎情况下出现的可容许误差，还是其故意舞弊，一般人是无法判断的；还有，审计人员的日常行为和工作态度也会给审计过程与结果带来问题。因此，促使审计职业界制定和执行职业道德标准，借以约束审计人员的职业行为，提高审计工作质量，以最大限度地满足财产所有者或审计委托者对审计结果的要求就显得相当重要与必要。1996年12月中国注册会计师协会印发了《中国注册会计师职业道德基本准则》，2002年6月25日制定并颁布了《中国注册会计师职业道德规范指导意见》。2011年修订的《中国注册会计师审计准则第1121号——对财务报表审计实施的质量控制》和《质量控制准则第5101号——会计师事务所对执行财务报表审计和审阅、其他鉴证和相关服务业务实施的质量控制》都规定了注册会计师的职业道德规范。审计署颁布实施了《审计机关审计人员职业道德准则》。内部审计协会颁布实施了《内部审计人员职业道德规范》。下面主要对我国注册会计师《中国注册会计师职业道德基本准则》和《中国注册会计师职业道德规范指导意见》的基本内容加以介绍。

（一）《中国注册会计师职业道德基本准则》

《中国注册会计师职业道德基本准则》共分七章三十二条，包括总则、一般原则、专业胜任能力与技术规范、对客户的责任、对同行的责任、其他责任和附则。总则部分明确了制定职业道德准则的目的和依据，界定了注册会计师职业道德的含义，规定了准则的实施范围。附则规定了准则的解释权在中国注册会计师协会，其他五章是基本准则的主体内容。

1. 一般原则

注册会计师应当恪守独立、客观、公正的原则，这是注册会计师职业道德中的三个重要概念，也是对注册会计师职业道德的最基本要求，职业道德规范的其他规定大多由此引申而来。

（1）独立原则。独立原则是指注册会计师在执行审计或其他鉴证业务时，应当在实质上和形式上独立于委托单位、被审计单位和其他机构。

注册会计师接受委托单位的委托执行业务，而且要向委托单位收取费用，是有偿服务，但注册会计师所承担的却是对整个社会公众的责任，由此决定了注册会计师必须与委托单位和其他机构之间保持一种超然独立的关系，这种关系即为独立性。独立性是注册会计师执行鉴证业务的灵魂，注册会计师只有具备独立性，才可能保持客观、公正，独立原则是客观、公正原则的基础。

独立原则包含两层含义：实质上的独立和形式上的独立。实质上的独立又称精神上的独立，是指注册会计师在审计或其他鉴证业务过程中应当不受任何个人和外界因素的约束、影响和干扰，保持独立的精神态度和意志。形式上的独立，又称表面上的独立，是指注册会计师必须在第三方面前呈现出一种独立于客户的身份，注册会计师和客户之间不应存在直接或重大的间接财务利益关系，也即在其他局外人看来注册会计师是独立的。形式上的独立是实质上独立的前提，如果在外界人士看来，注册会计师连形式上的独立都未保持，即使真正保证了实质上的独立也无法让人相信。注册会计师只有保持了实质上的独立，才能够做到以客观、公正的心态发表审计意见。注册会计师对其出具的鉴证报告负法律责任，因此不论是业务的承接、执行，还是报告的形成和提交，注册会计师均应依法执业，独立自主，不依附于其他机构和组织，不受其干扰和影响。

《中国注册会计师职业道德基本准则》对独立性的具体要求包括：①会计师事务所如与客户存在可能损害独立性的利害关系，不得承接其委托的审计或其他鉴证业务；②执行审计或其他鉴证业务的注册会计师如与客户存在可能损害独立性的利害关系，应当向所在会计师事务所声明，并实行回避；③注册会计师不得兼营或兼任与其执行的审计或其他鉴证业务不相容的其他业务或职务。

 相关案例

形式独立不可偏废

美国山登公司舞弊案的一个显著特点是，主要造假责任人与安永有着千丝万缕的联系。已认罪的三位主要财务负责人中有两人在加盟 CUC 公司之前都是安永的注册会计师，参与造假的其他两位财务主管也都来自安永。山登公司董事会特别调查小组提交的报告表明，CUC 公司的关键财务岗位有六个，其中首席财务官、主计长、财务报告主任、合并报表经理均由来自安永的注册会计师把持，也正是这四位前安永注册会计师占据了 CUC 公司关键的财务岗位，直接策划和组织实施了财务舞弊。这四名造假者熟悉安永的审计套路，了解安永对 CUC 公司的审计重点和审计策略，更具隐蔽性和欺骗性。山登舞弊案表明，注册会计师不仅应保持实质上的独立性，还应当重视形式上的独立性。形式独立的缺失，甚至会导致审计失败，山登舞弊案及安永的审计失败就是最好的例证。

（2）客观原则。客观原则是指注册会计师执行业务时，应当实事求是，不为他人所左右，也不得因个人好恶影响分析、判断的客观性。客观原则要求注册会计师对有关事项的调查、判断和意见的表述，应当基于客观的立场，以客观事实为依据，实事求是，不掺杂个人的主观意愿，也不受外部因素所影响和控制，不为他人的意见所左右。在分析问题、处理问题时，不能以个人的感情、推测或偏见行事。注册会计师应当力求公正，不因成见或偏见、利益冲突和他人影响而损害其客观性。注册会计师在许多领域提供专业服务，在不同情况下均应表现出其客观性。

（3）公正原则。公正原则是指注册会计师执行业务时，应当正直、诚实，不偏不倚地对待有关利益各方，不以牺牲一方利益为条件而使另一方受益。注册会计师提供专业服务时，应当坦率、诚实，保证公正。公正不仅指诚实，还有公平交易和真实的含义。无论提供何种服务、担任何种职务，注册会计师都应维护其专业服务的公正性，并在判断中保持客观性。

独立、客观、公正原则三者是相辅相成、密不可分的，超然独立的立场是保持客观、公正心态的前提条件，客观、公正心态又是独立性的本质要求。

2. 专业胜任能力

注册会计师要向社会公众提供高质量的专业服务，除必须具备良好的职业品德外，还必须保持和提高专业胜任能力，遵守审计准则等执业规范，合理运用会计准则及国家其他相关技术规范。因此，专业胜任能力是注册会计师职业道德的一项重要内容。

注册会计师应当具有专业知识、技能或经验，能够胜任承接的工作。专业胜任能力既要求注册会计师具有专业知识、技能或经验，又要求其经济、有效地完成客户委托的业务。把专业胜任能力提高到职业道德的层次是因为，注册会计师如果不能保持和提高专业胜任能力，就难以完成客户委托的业务。尽管注册会计师依法取得了执业证书，表明在该领域具备了一定的知识，但一个合格的注册会计师不仅应充分认识自己的能力，还必须清醒认识到自己在专业胜任能力方面的不足，不承接自己不能胜任的业务。如果注册会计师不能认识到这一点，承接了难以胜任的业务，就可能给客户乃至社会公众带来危害。

（1）不得承办不能胜任的业务。职业道德准则要求会计师事务所和注册会计师不得承办不能胜任的业务。尽管社会公众很难对注册会计师的业务质量高低作出评价，但认为注册会计师是能够合格胜任的。注册会计师接受了委托业务，就意味着他具有足够的业务能力完成受托的业务。注册会计师对有关业务形成结论或提出建议时，应当以充分、适当的证据为依据，不得以其职业身份对未审计或其他未鉴证事项发表意见，也不得对未来事项的可实现程度作出保证。

（2）保持应有的职业谨慎。职业谨慎要求注册会计师履行专业职责时应具备一丝不苟的责任感并保持应有的慎重态度。注册会计师应以高度的责任感去理解经济业务的性质和内容，完成审计任务。

（3）对业务助理人员和其他人员的责任。注册会计师从事的大部分业务都需要业务助理人员的参与，一些特殊领域还需要其他专业人士，如工程师、律师、精算师等的协助完成，而审计报告则由注册会计师签章，注册会计师要对发表的意见负责，也即要求注册会计师对助理人员的工作结果负责，对专家的专业服务负最终责任，因此，注册会计师在执行业务时，应当妥善规划，对业务助理人员的工作进行指导、监督和复核，采取措施确保专家了解相应的道德要求，进行适当的指导和监督。

（4）接受后续教育。在中国申请注册会计师执业资格，必须具备两个基本条件，一是参加注册会计师全国统一考试成绩合格，二是在会计师事务所从事两年以上的审计工作，申请获得批准注册即表明注册会计师已经具有较高的业务能力。但注册会计师在具体工作中，会遇到各种新问题，业务领域会不断拓展，新制度、新法规会不断涌现，这些都要求注册会计师不能满足于已掌握的知识和经验，为保持和提高其专业胜任能力与执业水平，就要接受后续教育，更新和提高专业知识，熟悉现行的各种规定。

《中国注册会计师职业后续教育基本准则》规定，执业会员接受职业后续教育的时间3年累计不得少于180学时，其中每年接受职业后续教育的时间不得少于40学时；接受脱产教育的时间3年累计不得少于120学时，其中每年接受脱产职业后续教育的时间不得少于20学时。

3. 对客户的责任

注册会计师应当遵守职业道德准则，履行相应的社会责任，维护社会公众利益。但注册会计师对社会公众履行责任的同时，也对客户承担着特殊的责任，主要包括以下几种。

（1）注册会计师应当在维护社会公众利益的前提下，竭诚为客户服务。

（2）注册会计师应当按照业务约定履行对客户的责任。

（3）注册会计师应当对执行业务过程中知悉的商业秘密保密，并不得利用其为自己或他人谋取利益。

（4）除有关法规允许的情形外，会计师事务所不得以或有收费形式为客户提供鉴证服务。

山登舞弊案说明：密切的客户关系既可提高审计效率，亦可导致审计失败，密切的客户关系可能是一把双刃剑。辩证地看，与客户保持一种长期稳定的密切关系，有助于对客户所处行业和经营业务的了解，有利于注册会计师判断客户的高管人员和内部控制是否值得信赖，进而提高审计效率。但是，密切的客户关系可能淡化注册会计师应有的职业怀疑态度，可能使注册会计师偏离超然独立的立场，如 CUC 公司存在着数百笔没有任何原始凭证支持的会计分录，安永的注册会计师竟然一笔也没有发现；又如，安永的主审合伙人居然为 CUC 公司将合并准备转作利润的做法进行辩护。职业道德准则要求会计师事务所

与客户的股东和高管人员保持一定的距离，否则，独立审计就失去意义。

4. 对同行的责任

对同行的责任是指会计师事务所、注册会计师在处理与其他会计师事务所、注册会计师相互关系中所应遵循的道德标准，包括以下几点。

（1）注册会计师应当与同行保持良好的工作关系，配合同行工作。

（2）注册会计师不得诋毁同行，不得损害同行利益。

（3）会计师事务所不得雇用正在其他会计师事务所执业的注册会计师，注册会计师不得以个人名义同时在两家或两家以上的会计师事务所执业。

（4）会计师事务所不得以不正当手段与同行争揽业务。

5. 其他责任

能否争取到业务、拥有较多的客户，关系到一家会计师事务所的生存和发展。因而在业务承接环节也最易发生败坏职业声誉的行为。因此，注册会计师应当维护职业形象，不得有损害职业形象的行为，包括以下几点。

（1）注册会计师应当维护职业形象，不得有可能损害职业形象的行为。

（2）注册会计师及其所在会计师事务所不得采用强迫、欺诈、利诱等方式招揽业务。

（3）注册会计师及其所在会计师事务所不得对其能力进行广告宣传以招揽业务。

（4）注册会计师及其所在会计师事务所不得以向他人支付佣金等不正当方式招揽业务，也不得向客户或通过客户获取服务费之外的任何利益。

（5）会计师事务所、注册会计师不得允许他人以本所或本人的名义承办业务。

（二）《中国注册会计师职业道德规范指导意见》

为了加强注册会计师行业的诚信建设，规范注册会计师职业道德行为，提高注册会计师职业道德水准，保护社会公众利益，中国注册会计师协会于 2002 年 6 月 25 日制定并颁布了《中国注册会计师职业道德规范指导意见》。该指导意见分九章五十一条，包括总则，独立性，专业胜任能力，保密性，收费与佣金，与执行鉴证业务不相容的工作，接任前任注册会计师的审计业务，广告、业务招揽和宣传，附则。《中国注册会计师职业道德规范指导意见》以基本准则为基础，对注册会计师执业活动中如何遵循职业道德的要求加以具体指导，对一些重点内容做了具体规定，执业注册会计师应遵照指导意见的规定，加强自律，规范自身的执业行为。

1. 独立性

前已述及，注册会计师在执行鉴证业务时，应保持实质上和形式上的独立，不得因任何利害关系影响其客观、公正的立场。可能损害独立性的因素包括经济利益、自我评价、关联关系和外界压力等。会计师事务所和注册会计师应当采取必要的措施以消除损害独立性因素的影响，当所采取的措施不足以消除影响或将其降至可接受水平时，会计师事务所应当拒绝承接业务或解除业务约定。

2. 专业胜任能力

注册会计师如果不能保持和提高专业胜任能力，就难以完成客户委托的业务，也就从根本上无法满足社会公众对注册会计师行业的需求。专业胜任能力可分为两个独立的阶段，一是专业胜任能力的获取，二是专业胜任能力的保持。

（1）注册会计师应当通过教育、培训和执业实践保持与提高专业胜任能力。

（2）注册会计师不得宣称自己具有本不具备的专业知识、技能或经验。

（3）注册会计师不得提供不能胜任的专业服务。

（4）在提供专业服务时，注册会计师可以在特定领域利用专家协助其工作。

（5）在利用专家工作时，注册会计师应当对专家遵守职业道德的情况进行监督和指导。

3. 保密性

注册会计师能否与客户维持正常的关系，有赖于双方能否自愿而又充分进行沟通和交流，不掩盖任何重要的事实和情况。只有这样，注册会计师才能有效地完成工作。如果注册会计师受到客户的严重限制，不能充分了解情况，就无法发表审计意见。另外，注册会计师与客户的沟通，必须建立在为客户保密的基础上。因此，注册会计师在签订业务约定书时，应当书面承诺对在执行业务过程中获知的客户信息保密。这里所说的客户信息，通常是指商业秘密，一旦商业秘密被泄露或被利用，往往对客户造成损失。因此，许多国家规定，在公众领域执业的注册会计师，不能在没有取得客户同意的情况下，泄露任何客户的秘密信息。

（1）注册会计师应当对在执业过程中获知的客户信息保密，这一保密责任不因业务约定的终止而终止。

（2）注册会计师应当采取措施，确保业务助理人员和专家遵守保密原则。

（3）注册会计师不得利用在执业过程中获知的客户信息为自己或他人谋取不正当的利益。

注册会计师对于所掌握的委托单位的资料和情况，应当严格保守秘密，当然，保密责任不能成为注册会计师拒绝按专业标准要求揭示有关信息的借口，也不能成为拒绝出庭做证或拒绝主管机关对其进行检查的借口。注册会计师在以下情况下可以披露客户的有关信息：取得客户的授权；根据法规要求，为法律诉讼准备文件或提供证据，以及向监管机构报告发现的违反法规行为；接受同业复核以及注册会计师协会和监管机构依法进行的质量检查。

4. 收费与佣金

收费问题，不仅会直接影响注册会计师的业务竞争，而且往往会影响注册会计师的执业质量。在注册会计师行业，低价争揽业务会使注册会计师不得不缩减必要的审计程序，甚至缩小审计范围，减少必要审查，降低审计质量。

因此，《中国注册会计师职业道德规范指导意见》规定会计师事务所在确定收费时，应当考虑以下因素，以客观反映为客户提供专业服务的价值。

（1）专业服务所需的知识和技能。

（2）所需专业人员的水平和经验。

（3）每一专业人员提供服务所需的时间。

（4）提供专业服务所需承担的责任。

在专业服务得到良好的计划、监督及管理的前提下，收费通常以每一专业人员适当的小时费用率或日费用率为基础计算。收费依据、收费标准及收费结算方式与时间应在业务约定书中予以明确。除法规允许外，会计师事务所不得以或有收费方式提供鉴证服务，收费与否或多少不得以鉴证工作结果或实现特定目的为条件。会计师事务所和注册会计师不得为招揽客户而向推荐方支付佣金，也不得因向第三方推荐客户而收取佣金。会计师事务所和注册会计师不得因宣传他人的产品或服务而收取佣金。

5. 与执行鉴证业务不相容的工作

注册会计师应当就其向鉴证客户提供的非鉴证服务与鉴证服务是否相容作出评价。如果注册会计师正在或将要提供的服务与其提供的鉴证服务所需要的独立性发生冲突，就产生了不相容的工作。注册会计师不得从事有损于或可能有损于其独立性、客观性、公正性或职业声誉的业务、职业或活动。例如以下几种情况。

（1）会计师事务所不得为上市公司同时提供编制会计报表和审计服务。

（2）会计师事务所的高级管理人员或员工不得担任鉴证客户的董事（包括独立董事）、经理或其他关键管理职务。

（3）会计师事务所为同一家上市公司提供资产评估和审计服务。

（4）会计师事务所为上市公司代编财务报表，或会计师事务所的高级管理人员或员工曾为鉴证客户的高级管理人员。

6. 接任前任注册会计师的审计业务

委托单位频繁变更会计师事务所往往出于不正当原因，如会计师事务所之间为争揽业务造成不合理竞争，前任注册会计师可能与客户在重大会计、审计问题上存在分歧，注册会计师拒绝出具客户希望得到的意见。因此，《指导意见》要求以下几点。

（1）后任注册会计师在接任前任注册会计师的审计业务时不得蓄意侵害前任注册会计师的合法权益。

（2）在接受审计业务委托前，后任注册会计师应当向前任注册会计师询问审计客户变更会计师事务所的原因，并关注前任注册会计师与审计客户之间在重大会计、审计等问题上可能存在的意见分歧。

（3）如果后任注册会计师发现前任注册会计师所审计的会计报表存在重大错报，应当提请审计客户告知前任注册会计师，并要求审计客户安排三方会谈，以便采取措施进行妥善处理。

7. 广告、业务招揽和宣传

《注册会计师法》规定，会计师事务所和注册会计师不得对其能力进行广告宣传以招揽业务，在《指导意见》中有如下具体规定。

（1）注册会计师应当维护职业形象，在向社会公众传递信息时，应当客观、真实、得体。

（2）会计师事务所不得利用新闻媒体对其能力进行广告宣传，但刊登设立、合并、分立、解散、迁址、名称变更、招聘员工等信息以及注册会计师协会为会员所做的统一宣传不在此限。

（3）会计师事务所和注册会计师不得采用强迫、欺诈、利诱或骚扰等方式招揽业务。

会计师事务所和注册会计师在招揽业务时不得有以下行为：暗示有能力影响法院、监管机构或类似机构及其官员；作出自我标榜的陈述，且陈述无法予以证实；与其他注册会计师进行比较；不恰当地声明自己是某一特定领域的专家；作出其他欺骗性的或可能导致误解的声明。

第三节　审计职业谨慎

为了提高审计工作质量，最大限度地满足财产所有者或审计委托者对审计结果的要求，规范与规避审计责任，审计人员应遵循审计的职业道德，同时，还应具备另一个要求——职业谨慎。对于审计职业谨慎，有一个程度问题，即不能谨慎过度，保持"应有的职业谨慎"。这里，我们以注册会计师为审计的行为主体，来说明这些问题。

一、"应有的职业谨慎"的概念形成及含义界定

财务报表审计作为注册会计师审计业务的一个主要类型，其目标是验证财务报表的真实性和公允性，但对于没有发现被审计人的重大舞弊行为，注册会计师是否负有法律责任？这在职业界和法律界一直存有不同看法。对此负有完全的法律责任和不负有任何责任，是历史上两种极端的看法和做法。这两种看法和做法对这一职业造成了不利影响。为了克服这两种偏向，职业界和法律界逐渐形成了应有的职业谨慎概念。

根据以往的案件可以看到，注册会计师应是否对未能发现被审计人已存在的重大舞弊行为负法律责任，要根据其在审计工作中是否保持了应有的职业谨慎。在 1895 年伦敦大众案中，法官首次运用了应有的职业谨慎概念，认为注册会计师不是被审计人财务报表的保险人，如果没有能引起注册会计师值得怀疑的情况或线索，注册会计师简单询问，就可视为保持了应有的职业谨慎；否则，注册会计师只有进行详细、认真的审查，才被视为保持了应有的职业谨慎。在 1900 年的爱尔兰毛纺公司案中，法官认为，注册会计师没有保持应有的职业谨慎，理由是如果注册会计师运用了相应的审计技术，本可以发现这桩舞弊事件，然而，结果是没有发现并对原告造成了经济损失。在这里我们需要强调的是，审计技术必须是"相应的"，因为就某一项审计技术而言，在早期不被认为是必须运用的（如对往来账项进行函证），由此未发现被审计人的重大舞弊行为也就不被视为未保持应有的职业谨慎；而在后来，则被要求必须运用，否则，一旦由此未能发现被审计人的重大舞弊行为，便认定注册会计师未保持应有的职业谨慎。

应有的职业谨慎概念在 20 世纪初的美国也出现了，至 20 世纪中叶已将其体现在审计依据中。美国注册会计师协会（AICPA）通过审计程序委员会分别于 1947 年和 1957 年发表了《审计准则说明草案——其公认的意义和范围》与《公认审计依据——其意义和范围》，在这两个"审计依据"中有一条很重要的条款，那就是执业会计师"在实施审计和编制审计报告时，应尽到应有的职业关注"。随着各国独立审计准则的相继问世，"无论是美国还

是日本、澳大利亚、加拿大等国的一般审计依据都要求审计人员在执行审计业务、编写审计报告中具有应有的职业谨慎"。"关注"与"谨慎"，表述虽有差异，但其基本含义应是一致的。

 相关链接

经典著作对相关概念的解释

美国的罗伯特·K.莫茨和侯赛因·A.夏拉夫在《审计理论结构》中谈道："我们主张形成一个职业关注概念（a concept of professional care），它以特定的术语表明了审计人员在实施检查时予以考虑的事项。如果审计人员的检查按这个概念所要求的关注进行，那么，他将能发现若干类应被发现的舞弊和差错。这样，审计人员就既不会被免去发现全部舞弊和差错的责任，也不会为追索全部舞弊和差错而大范围地进行检查。应有的审计关注概念的形成可以分成两个部分：第一，要求确立慎重的实务家的概念；第二，要求指明审计人员在不同情况下，进行审计工作时持有哪些应有的关注。"台湾安侯协和会计师事务所和毕马威华振会计师事务所编译的《审计手册》写道：注册会计师"尽专业上应有的注意"。尽专业上应有的注意，是指派具有充分知识、技能及经验的适任人员从事查核工作，并于过程中给予适当督导。

我国注册会计师审计准则提出了"职业怀疑"的概念。《中国注册会计师审计准则第1101号——注册会计师的总体目标和审计工作的基本要求》规定：职业怀疑，是指注册会计师执行审计业务的一种态度，包括采取质疑的思维方式，对可能表明由于错误或舞弊导致错报的迹象保持警觉，以及对审计证据进行审慎评价。

对于应有的职业谨慎，我们可以得到以下几点认识：一是在不同的历史时期，应有的职业谨慎具体内容是有所不同的。二是应有的职业谨慎基于审计准则，但又高于审计准则，是注册会计师在审计执业时必须体现的敬业精神，是保证审计质量、降低审计风险、避免或解除注册会计师的法律责任的前提条件。三是职业谨慎应适度，"应有的"便表明了这一特性。因为"过度谨慎"将会提高审计成本，降低审计效益；而"谨慎不足"则不能保证审计质量，会使注册会计师承担过大的审计风险。四是应有的职业谨慎需体现在整个审计过程中，而且必须由具有公认学识水平和业务能力的注册会计师或由其督导的业务助手为行为主体。

二、"应有的职业谨慎"在审计业务中的体现

注册会计师应有的职业谨慎体现在审计执业的整个过程中，并有诸多表现形式。

1. 应有的职业谨慎与保持高度的责任感和风险意识

注册会计师在整个审计过程中应时刻想到，工作稍有不慎或不公正，就可能发生审计过失，就可能被推向被告席并承担特定形式的法律责任。为此，必须保持高度的责任感和

风险意识，培养职业谨慎者所应具备的品质，严格遵循专业标准和职业道德，谨慎、认真而又警惕地处理审计过程中的每一步骤及其具体业务，以保持应有的职业谨慎。

2. 应有的职业谨慎与制订并实施周密的审计工作方案

在进驻被审计单位前，审计人员应根据审计项目，制订审计计划；进驻后，应根据审计计划制订详细的审计工作方案，并在审计的实施阶段针对具体情况对其进行适当修正，以保证审计工作的有序性与有效性，体现应有的职业谨慎的精神。

3. 应有的职业谨慎与制度基础审计

制度基础审计是现代审计的重要标志之一，它可以在一定程度上使注册会计师确定审查的范围和重点，即确定注册会计师对审计对象在多大范围及哪些重点内容上予以职业谨慎。注册会计师"应对内部控制进行适当的研究和评价，以作为信赖内部控制的基础，并据以确定测试范围和由此而用的审计程序"，这体现了应有的职业谨慎。

4. 应有的职业谨慎与对期后事项的关注

期后事项是被审计单位资产负债表日至审计外勤工作结束日期间所发生的影响被审计单位审计期间的财务状况、经营成果和资金变动情况的有关事项。期后事项很可能会改变注册会计师对被审计单位财务报表公允性的意见，而这类事项往往会被注册会计师所疏忽，所以，注册会计师注重对期后事项的审查是应有的职业谨慎的要求。

5. 应有的职业谨慎与提出审计报告

审计报告是审计工作的结果。应有的职业谨慎要求审计报告中的审计意见类型是恰当的、审计范围界定是清楚的、会计责任和审计责任是明确的、文字表达是准确的。

另外，我们在上述就注册会计师避免法律责任诉讼的途径中提到了审慎地选择审计客户、签订合理、有效的审计协议书和强化审计质量控制。应该说，这些也是注册会计师应有职业谨慎的具体体现。

第四节　审　计　依　据

审计依据是鉴证业务中不可或缺的一项要素。运用职业判断对鉴证对象作出评价或计量离不开适当的依据。如果没有适当的依据提供指引，任何个人的解释甚至误解都可能对结论产生影响，结论必然缺乏可信性。也就是说，依据是对所要发表意见的鉴证对象进行"度量"的一把"尺子"，责任方和注册会计师可以根据这把"尺子"对鉴证对象进行"度量"。

一、审计依据的含义和分类

为了正确地使用审计依据，首先明确审计依据的含义、内容及分类。

（一）审计依据的含义

审计依据是指用于评价或计量鉴证对象的基准，当涉及列报时，还包括列报的基准。依据可能是由法律法规规定的，或由政府主管部门或国家认可的专业团体依照公开、适当的程序发布的，也可能是专门制定的。

依据应当能够为预期使用者获取，以使预期使用者了解鉴证对象的评价或计量过程。依据可以通过下列方式供预期使用者获取：公开发布；在陈述鉴证对象信息时以明确的方式表述；在鉴证报告中以明确的方式表述；常识理解，如计量时间的依据是小时或分钟。

如果确定的依据仅能为特定的预期使用者获取，或仅与特定目的相关，鉴证报告的使用也应限于这些特定的预期使用者或特定目的。

（二）审计依据的内容及分类

经济业务的复杂性决定了审计依据的多样性。在不同的审计目标下，审计依据也不一样。审计依据包括国家法律、法规、政策、规章制度、预算、计划、经济合同、业务规范、技术经济标准、会计制度和会计准则等。

审计依据有不同的分类方法，按照审计依据的来源，审计依据可分为正式审计依据和非正式审计依据，按照审计依据衡量的对象，审计依据可分为财务审计依据和经济效益审计依据。

1. 正式审计依据和非正式审计依据

审计依据可以是正式的规定，如编制财务报表所使用的会计准则和相关会计制度；也可以是某些非正式的规定，如单位内部制定的行为准则或确定的绩效水平。

正式的规定通常是一些"既定的"依据，是由法律法规规定的，或是由政府主管部门或国家认可的社会团体依照公开、适当的程序发布的。对于公开发布的依据，注册会计师通常不需要对依据的"适当性"进行评价，而只需评价该依据对具体业务的"适用性"。例如，在我国会计准则由国家统一制定并强制执行。注册会计师无须评价会计准则是否适当，只需要判断责任方采用的准则是否适用于被鉴定单位即可。

非正式的规定通常是一些"专门制定的"依据，是针对具体的业务项目"量身定做"的，包括企业内部制定的行为准则、确定的绩效水平或内部管理的行为要求等。对于专门制定的依据，注册会计师首先要对这些依据本身的"适当性"加以评价，否则，注册会计师连自己用的"尺子"是否适当都无法判断，又如何用这把"尺子"去"度量"要发表意见的审计对象。

2. 财务审计依据和经济效益审计依据

财务审计是注册会计师对鉴证对象信息提出结论，以增强除责任方之外的预期使用者对鉴证对象信息信任程度的业务。财务审计依据主要是国家相关的法律法规、会计准则和制度等。

经济效益审计依据是衡量、考核、评价审计对象绩效高低、优劣的尺度。经济效益审计的目标是评价被审计对象经济活动的有效性，在内容上主要包括历史数据、预算、技术指标、同行业先进水平等。

二、审计依据的特性

注册会计师在运用职业判断对鉴证对象作出合理一致的评价或计量时，需要有适当的依据。适当的依据应当具备下列所有特征。

1. 相关性

审计依据的相关性是指审计依据要同审计结论相关联，审计人员可以利用审计依据提出审计意见和建议，并作出审计结论。审计依据的相关性是由审计工作的本质特性所决定的，因为审计工作的目的，是对被审计单位所承担的受托经济责任作出的评价，确定或解除被审计单位的受托经济责任，如果审计依据不利于审计人员评价受托经济责任，与审计结论无关，审计依据就失去了意义。因此，审计人员选用审计依据一定要与作出的审计结论和提出的审计意见与建议密切相关。

2. 完整性

审计依据的完整性是指对被审计单位的评价依据要根据审计目标的要求考虑周全，不能仅突出某一方面，以保证评价结论的正确；同时完整的审计依据不应忽略业务环境中可能影响得出结论的相关因素，当涉及列报时，还包括列报的基准。

3. 可靠性

审计依据的可靠性是指其具有权威、公认的特征，这些依据可以是国家已经公布的法律、法规，行业认可的标准等。可靠的标准能够使能力相近的注册会计师在相似的业务环境中，对鉴证对象作出合理一致的评价或计量。

4. 中立性

审计依据的中立性是指依据本身不带有倾向性，只有中立的依据才能保证审计结论的客观、公正。

5. 可理解性

可理解性的审计依据有助于得出清晰、易于理解、不会产生重大歧义的结论。

注册会计师基于自身的预期、判断和个人经验对鉴证对象进行的评价与计量，不构成适当的标准。

第五节　审计法律责任

审计责任是审计作为一种独立的经济监督形式，其行为主体对审计委托者及其他各方应承担的责任。这里，我们从注册会计师审计的角度，研究其法律责任产生的背景、特性、确立注册会计师承担法律责任的内在逻辑和规避以及解除注册会计师法律责任的主要措施。

一、审计法律责任产生的背景

随着企业规模的扩大和企业经营管理过程的复杂化，所有者及其他利益相关主体对企业的监控更多地采取间接监控手段，会计信息也越发成为这些信息使用者对企业经营者受托经营情况进行监督以及做决策的主要依据。而注册会计师则要受托对企业会计信息进行鉴证，向信息使用者提供会计信息可信度的信息。

从信息使用者的角度看，注册会计师似乎成为他们花钱雇来的"经济警察"，他们当然希望能用钱换来他们据以决策的会计信息的可靠性。随着信息使用者对被审计单位控制权的弱化及因此而引起的风险增加，他们开始把注册会计师当成风险分摊者，从而将自己的风险转嫁于注册会计师。西方学者把这种理解形象地称为"深口袋"理论。具体讲，信息使用者期望注册会计师通过预防、查证和纠正公司财务和会计中的舞弊问题，保证财务报告的准确性，只要发现自己因受不准确的会计信息误导而利益受损，他们就往往要把注册会计师推上被告席。在被告席上，法官的判决于注册会计师往往不利。

事实上，复杂的企业经营管理过程使经济事项不可避免地存在不确定性，这种不确定性使得注册会计师不可能绝对保证经审计的会计信息准确无误；同时，注册会计师作为一种职业，要面对众多的客户，成本和效益原则使得他们不可能奢求对每一个被审计事项都做到事无巨细。由此，注册会计师难以在结果上向信息需求者提供会计信息准确无误的保证，而只能期望做到过程上的公正和谨慎。由此，审计业界认为，注册会计师承担的只是"合理地保证责任"，并不承诺经过审计的会计信息没有任何错误；对于遵循了职业准则，却未能揭示出的错弊，他们不应承担责任。由此，信息使用者和注册会计师之间就形成了对审计作用期望上的差距。所谓审计期望差距，就是指会计信息的使用者，或社会公众对民间审计应起的作用的理解与审计人员行为结果及注册会计师职业界自身对审计绩效的看法之间的差异。根据国际会计师联合会 1995 年对其 36 个国家 47 个成员组织（代表全球 90%的注册会计师）的调查，注册会计师和会计信息使用者之间的期望差距是造成诉讼泛滥的重要原因，而许多国家不利于注册会计师的相关法律规定，或者未对注册会计师审计的法律责任进行明确的界定，也助长了诉讼风潮。从我国的情况看，自实行注册会计师审计制度以来，注册会计师行业发生了震惊全社会的深圳原野、长城机电、海南新华、琼民源等重大审计事件，从近年的发展看，对审计责任的界定有扩大的倾向，致使注册会计师在许多诉讼案例中处于很不利的地位。

在诉讼中，信息需求者往往以民商法的有关规定，强调注册会计师必须对审计结果负责，即只要他们据以作出决策的已审会计信息存在偏差，就要求追究注册会计师的责任。注册会计师则以审计准则为依据对抗信息使用者，认为只要自己在过程上严格遵循了审计准则，就不应承担责任。但是，法官往往不具备会计专业知识，而且，审计准则的权威性和使用范围的固有局限使注册会计师往往难以以之对抗信息使用者。其结果是注册会计师往往在应诉时处于被动地位。

当然，审计组织不断膨胀的经济压力、内部控制审计和抽样审计的内在局限性、某些注册会计师职业素质低下等原因使得注册会计师审计风险不断增加，审计结果偏离了客观事实，这种情况下，注册会计师理应承担其应有法律责任。

 相关案例

"银广夏"案件中的审计责任

1994 年 6 月 17 日，广夏（银川）实业股份有限公司（以下简称"银广夏"）以"银广夏 A"的名字在深圳交易所上市。开始时公司的主要业务为软磁盘生产，然后便逐渐进入了全面多元化投资的阶段。"天津广夏"是银广夏集团于 1994 年在天津成立的控股子公司。天津广夏公司于 1996 年以后通过德国西·伊利斯公司进口了一套由德国伍德公司生产的 500 立升×3 二氧化碳超临界萃取设备。

1998 年，天津广夏公司接到了来自德国诚信贸易公司的关于购买萃取产品的第一张订单。这张订单给天津广夏公司带来了 7 000 多万元的收入。1999 年，银广夏利润总额 1.58 亿元，其中 76%来自天津广夏公司。在银广夏 1999 年年报中公布的每股盈利为 0.51 元，并实行了历史上首次 10 转赠 10 的分红方案。2001 年 3 月，银广夏公布了 2000 年年报，在股本扩大一倍的情况下，每股收益增长超过 60%，达到每股 0.827 元，盈利能力之强，令人瞠目结舌。

银广夏集团的利润绝大部分来自天津广夏公司：银广夏全年主营业务收入 9.1 亿元，净利润 4.18 亿元。银广夏 2000 年 1 月 19 日公告称，当年天津广夏公司向德国诚信贸易公司出口 2.1 亿马克的姜油精等萃取产品。实际执行了 1.8 亿马克。按 1999 年年报提供的萃取产品利润率 66%推算，天津广夏 2000 年创造的利润为 4.7 亿元。

天津广夏公司萃取产品的如此之高的产量、如此之高的价格，经过多方面的证实是不可能的。《财经》杂志的记者对此事进行了多方面的调查，最后查明：与天津广夏公司签订订单的德国诚信贸易公司仅是一个注册资金为 10 万元的小公司，它根本就没有能力与天津广夏公司签订如此大额的订单；另从天津海关取得的证据表明，天津广夏公司提供的报关单根本就不存在。至此已经真相大白了：银广夏通过伪造购销合同、伪造出口报关单、虚开增值税专用发票、伪造免税文件和伪造金融票据等手段，虚构主营业务收入，虚构巨额利润。

事实真相是由《财经》杂志的记者揭露的。其间，也有很多小股民或其他普通人士对银广夏的"传奇业绩"深表怀疑。但是，对此集团进行年度报表审计的深圳中天勤会计师事务所却对银广夏集团提供的财务数据深信不疑，在年度利润和每股收益高得不合常理的情况下，却为该集团 1999 年与 2000 年的年报签署了无保留意见的审计报告。

在事情真相大白之后，银广夏集团崩溃，进入了"PT"公司的行列。深圳中天勤会计师事务所也由于此案件的影响，信誉全失，签字注册会计师刘加荣、徐林文被吊销注册会计师资格；事务所的执业资格被吊销，其证券、期货相关业务许可证也被吊销，同时，深圳中天勤会计师事务所的负责人也被追究责任。经过此事件之后，深圳中天勤这个全国最大的会计师事务所实际上已经解体了。证监会已依法将李有强等七人移送公安机关追究其刑事责任。

二、审计法律责任规范

注册会计师审计的法律责任是指注册会计师在承办业务过程中由于未能履行合同条款，或者未能保持应有的职业谨慎，或者故意不做充分披露、出具不实的报告，致使审计报告的使用者遭受损失所应承担的责任。注册会计师审计的法律责任主要包括行政责任、民事责任和刑事责任三种。行政责任是指注册会计师违反法律法规，发生过失或舞弊行为并对有关方面造成经济等损害后，由政府部门或自律组织（如注册会计师协会）对其所追究的具有行政性质的责任，包括给予警告、暂停执业和吊销证书等；民事责任是由法院判决的、令注册会计师承担的具有民事性质的责任，主要包括注册会计师停止侵害委托人或其他利害关系人的经济利益并赔偿所造成的经济损失；刑事责任也是由法院判决的、令注册会计师承担的具有刑事性质的责任，主要包括管制、拘役、判刑、剥夺政治权利和没收财产等。法律责任根据其轻重等情形不同，分为违约责任、过失责任和欺诈责任，其中过失责任又有普通过失责任、重大过失责任之分。

我国颁布的法律、法规中，对会计师事务所和注册会计师的法律责任作出专门规定的，主要有《注册会计师法》《公司法》《中华人民共和国证券法》（以下简称《证券法》）及《中华人民共和国刑法》等。

1. 民事责任

（1）《注册会计师法》的规定。1993 年 10 月 31 日颁布，1994 年 1 月 1 日起实施的《注册会计师法》在第六章"法律责任"中规定了注册会计师行政、刑事和民事责任。其中关于民事责任的条款是第四十二条"会计师事务所违反本法规定，给委托人、其他利害关系人造成损失的，应当依法承担赔偿责任"。

（2）《证券法》的规定。2005 年 12 月 29 日新修订的《证券法》第一百七十三条规定"证券服务机构为证券的发行、上市、交易等证券业务活动制作、出具审计报告、资产评估报告、财务顾问报告、资信评级报告或者法律意见书等文件，应当勤勉尽责，对所依据的文件资料内容的真实性、准确性、完整性进行核查和验证。其制作、出具的文件有虚假记载、误导性陈述或者重大遗漏，给他人造成损失的，应当与发行人、上市公司承担连带赔偿责任，但是能够证明自己没有过错的除外"。

（3）《公司法》的规定。2005 年 12 月 29 日新修订的《公司法》第二百零七条第三款规定"承担资产评估、验资或者验证的机构因其出具的评估结果、验资或者验证证明不实，给公司债权人造成损失的，除能够证明自己没有过错之外，在其评估或者证明不实的金额范围内承担赔偿责任。"

2. 行政责任和刑事责任

（1）《注册会计师法》的规定。《注册会计师法》第三十九条规定："会计师事务所违反本法第二十条、第二十一条规定的，由省级以上人民政府财政部门给予警告，没收违法所得，可以并处违法所得一倍以上五倍以下的罚款；情节严重的，并可以由省级以上人民政府财政部门暂停其经营业务或者予以撤销。注册会计师违反本法第二十条、第二十一条规定的，由省级以上人民政府财政部门给予警告；情节严重的，可以由省级以上人民政府财政部门暂停其执行业务或者吊销注册会计师证书。会计师事务所、注册会计师违反本法第二十条、第二十一条的规定，故意出具虚假的审计报告、验资报告，构成犯罪的，依法追究刑事责任。"

（2）《证券法》的规定。《证券法》第二百零一条规定："为股票的发行、上市、交易出具审计报告、资产评估报告或者法律意见书等文件的证券服务机构和人员，违反本法第四十五条的规定买卖股票的，责令依法处理非法持有的股票，没收违法所得，并处以买卖股票等值以下的罚款。"

《证券法》第二百零七条规定："违反本法第七十八条第二款的规定，在证券交易活动中作出虚假陈述或者信息误导的，责令改正，处以三万元以上二十万元以下的罚款；属于国家工作人员的，还应当依法给予行政处分。"

《证券法》第二百二十三条规定："证券服务机构未勤勉尽责，所制作、出具的文件有虚假记载、误导性陈述或者重大遗漏的，责令改正，没收业务收入，暂停或者撤销证券服务业务许可，并处以业务收入一倍以上五倍以下的罚款。对直接负责的主管人员和其他直接责任人员给予警告，撤销证券从业资格，并处以三万元以上十万元以下的罚款。"

《证券法》第二百二十五条规定："上市公司、证券公司、证券交易所、证券登记结算机构、证券服务机构，未按照有关规定保存有关文件和资料的，责令改正，给予警告，并处以三万元以上三十万元以下的罚款；隐匿、伪造、篡改或者毁损有关文件和资料的，给予警告，并处以三十万元以上六十万元以下的罚款。"

《证券法》第二百三十一条规定："违反本法规定，构成犯罪的，依法追究刑事责任。"

（3）《公司法》的规定。《公司法》第二百零七条规定："承担资产评估、验资或者验证的机构提供虚假材料的，由公司登记机关没收违法所得，处以违法所得一倍以上五倍以下的罚款，并可以由有关主管部门依法责令该机构停业、吊销直接责任人员的资格证书，吊销营业执照。承担资产评估、验资或者验证的机构因过失提供有重大遗漏的报告的，由公司登记机关责令改正，情节较重的，处以所得收入一倍以上五倍以下的罚款，并可以由有关主管部门依法责令该机构停业、吊销直接责任人员的资格证书，吊销营业执照。"

《公司法》第二百一十五条规定："违反本法规定，构成犯罪的，依法追究刑事责任。"

（4）《刑法》的规定。《刑法》第二百二十九条规定："承担资产评估、验资、验证、会计、审计、法律服务等职责的中介组织的人员故意提供虚假证明文件，情节严重的，处五年以下有期徒刑或者拘役，并处罚金。"

三、审计人员法律责任的特性

从法律的角度界定注册会计师审计法律责任的意义在于协调双方的期望差异。在公众期望和业界期望中，公众期望是需求性的，是注册会计师为之奋斗的最终目标，随着公众对注册会计师行业了解的深入，公众期望会有缓慢下调的趋势；业界期望是约束性的，随着审计技术的不断发展，以及注册会计师行业抗风险能力的提高，这一期望有上升的趋势。这两种趋势使得审计期望差异有自发弥合的趋势。但是，这种趋势是一个缓慢的趋势，由于信息不对称问题总存在于被审计单位、注册会计师和委托者之间，审计期望差异不可能完全弥合。界定注册会计师审计的法律责任，应关注以下几个要点。

1. 法律对注册会计师审计法律责任的规定应以公众期望为上限、以业界期望为下限的区间内寻求最佳风险分担点

对法律责任这种折中性的界定，实际上体现了注册会计师和信息使用者对风险的分摊：注册会计师执行审计业务时必须承担检查风险，而因被审计单位企业经营不善、内部控制不利而产生的风险则主要应由信息使用者承担。

2. 注册会计师所应承担的法律责任呈不断增强之势

这主要基于两方面原因：其一，满足公众期望是注册会计师为之努力的方向，对注册

会计师法律责任起着指导性作用，而公众期望的下调趋势是十分缓慢的，在现实中是相对稳定的；业界期望由于上述原因是不断上升的。因此，审计责任总体上呈不断上升之势。其二，界定注册会计师法律责任的不断上升也是技术性的策略。注册会计师行业的发展和抗风险能力的提高是一个渐进的过程，在注册会计师行业发展的初期，考虑到维护行业发展的需要，在界定法律责任时应主要考虑业界期望的约束。随着行业的发展和注册会计师抗风险能力的提高，对法律责任的界定应不断向公众期望倾斜。

3. 民事责任应逐渐成为主要的法律责任形式

随着审计市场的不断完善，注册会计师与信息使用者之间的民事关系将不断明确，因此更多地用民事责任来规范民事关系将成为必然的趋势。审计责任的渐进增强主要源于民事责任的增加，而行政责任和刑事责任具有相对稳定性。

四、审计法律责任的归责原则

注册会计师审计法律责任的归责原则是指对注册会计师在审计过程中所应承担法律责任的认定与归结的指导思想。在理论界，根据对审计者、被审计者和委托者在审计过程中所形成审计责任关系的不同理解，存在着注册会计师法律责任的过错责任归责原则和无过错责任归责原则的分歧。

（一）过错责任归责原则与无过错责任归责原则

（1）过错责任归责原则。过错责任归责原则是指以存在主观过错为必要条件、以"无过错，即无责任"为基本出发点的认定和归结法律责任的原则。过错责任归责原则应用于注册会计师法律责任中具有以下基本特征：一是注册会计师必须对自己的过错行为负责。注册会计师在执业过程中实施某一行为时，必须明白或预知该行为可能产生的后果，并应当对该后果负责。二是注册会计师的过错大小同应负的责任呈正比关系，即过错大则责任大，过错小则责任小。这里的过错大小概念不仅指注册会计师主观过错程度，还包括过错行为所造成的危害程度。在衡量其大小时必须将二者有机地结合起来。

（2）无过错责任归责原则。无过错责任归责原则是指不以主观过错的存在为必要条件而认定和归结法律责任的原则。在现代社会，无过错的合法行为，同样可以产生损害。例如审计人员在审计过程中即使严格按照遵循了审计程序和审计原则，却仍然出现审计结果不实，这便是因无过错行为需承担的一种无过错责任。一般来说，无过错责任不适用于刑法。无过错责任归责原则一般不考虑受害人的过错，要求法律对适用对象和范围予以特别规定，将其与过错责任归责原则的适用范围分开。

注册会计师审计法律责任的过错责任归责原则和无过错责任归责原则所体现的思路与着眼点是完全不同的。在认定和归结注册会计师法律责任时，审计界与法律界存在截然不同的两种观点。

（二）审计界与法律界的分歧

注册会计师严格遵循了独立审计准则执业，但仍会出具与客观事实不符的审计报告。

在这种过程合规结果有误的情况下，注册会计师要不要负法律责任？审计职业界的回答是否定的。他们认为，注册会计师对审计后的财务报表只起合理保证责任，不是绝对保证经审计的财务报表真实公允。注册会计师关注的是审计过程是否合乎执业规范，审计结果是在审计过程的基础上导出的，过程无问题便结果无问题。认定和归结注册会计师法律责任基本考虑是注册会计师于主观是否严格遵循独立审计准则与有关执业规范。可见，审计职业界认定和归结注册会计师法律责任的依据是过错责任归责原则。尽管经修订的有关注册会计师审计准则已淡化或删除了注册会计师对审计报告负责的具体内容，但并没有减弱其作为注册会计师执业所应遵循的作用效力，也就没有否定注册会计师法律责任的过错归责原则。

法律界有着完全不同的观点和主张。他们认为，审计准则对"程序"规定得再详细，也不可能解决在特定单位审计过程中出现的问题，同时，现有审计准则由于其与社会发展、特定条件、公众意识的不适应性不能作为判定注册会计师是否承担民事责任的依据。退一步讲，即使将审计准则和有关执业规范作为判断注册会计师应是否承担法律责任的依据，那么，注册会计师遵循了审计准则及有关执业规范也不等于必定会导出无问题的审计报告或其他相关审计结果。《中华人民共和国民法通则》尽管并没有明确规定审计业务的无过错责任，但从最高人民法院有关的司法解释及法院的相关判例看，只要注册会计师为被审计单位出具的审计报告与被审计单位的实际情况不相符，因此遭受损失的利害关系人即可就不实部分追诉该注册会计师，从而使注册会计师对第三者的民事责任归责原则为无过错责任归责原则。

（三）我国宜用过错推定归责原则

研究证明，注册会计师审计制度从产生至今，其他各国从未运用过无过错责任归责原则，也未采用过单纯的过错责任归责原则。从各国立法来看，美国、日本 "证券交易法"均采用过错推定归责原则。

所谓过错推定归责原则，就是实行举证责任倒置，不要求原告（第三者）去寻求行为人在主观上存在主观过错的证明，不必举证，而是从损害事实的客观要件以及它与违法行为之间的因果关系中，推定行为人主观上有过错；如果行为人认为自己在主观上没有过错，则需自己举证，证明自己没有过错；证明成立者，推翻过错推定，否认行为人的侵权责任；证明不足或不能证明者，则推定过错成立，行为人应当承担侵权民事责任。

面对审计界与法律界的分歧，从民法的基本原理出发，充分考虑审计界的生存空间，借鉴国际通行做法，我们认为注册会计师审计法的法律责任的认定与归结宜采用过错推定归责原则。注册会计师的责任从本质上说是一种信息公开担保责任，是对一种可能出现的具有侵权行为性质的信息公开违法行为承担法律责任的担保。因此，在为特定信息公开行为担保时，要有一个对担保行为的性质进行认定的问题。如果事先发现信息公开文件有虚假内容，注册会计师可以在纠正与退出信息公开活动、维持与放任信息违法行为之间作出选择。实行过错推定归责原则有利于注册会计师作出合理选择，发挥对注册会计师违法行为的预防作用。另外，实行这一原则，有利于保护信息活动中弱势群体利益。运用过错责任归责原则，举证责任是"谁主张，谁举证"，即提出赔偿主张的受害人，就加害人的过错举证，否则不能获得赔偿。但注册会计师与第三者（受害人）在诉讼举证中，由于注册会计师在信息公开活动中处于主导或优势地位，投资者只是被动地了解公开信息，第三者因专业知识限制对注册会计师是否有过错难以举证。因此，为了保护信息弱势群体的利益，在认定和归结注册会计师法律责任时，适宜运用过错推定归责原则。

五、确立注册会计师承担法律责任的内在逻辑

判断注册会计师应是否承担法律责任以及承担的具体形式，应从两个层面的结合点上考虑问题：一个层面是审计结果，另一个层面是审计过程。每一个层面又由具有递进关系的不同具体情形所构成。

（一）以审计结果为基础的层面

这一层面上的含义是说，根据注册会计师已审计的会计信息及所提供的审计报告是否存在偏差，以及信息使用者是否因此而遭受损失来判断和确定注册会计师是否承担法律责任以及承担法律责任的具体形式。这一层面又由下列具有递进关系的不同情况所构成。

（1）审计结果无较大偏差，且信息使用者未受损失。

（2）审计结果无较大偏差，但信息使用者因不当使用会计信息而造成损失。如注册会计师已在审计报告中指明了会计信息中存在的错弊或难以确认的事项，但信息使用者仍以完全信任会计信息为基础作出决策而造成损失。

（3）审计结果存在较大偏差，信息使用者也存在受损的客观事实，但损失不是直接源于审计结果的偏差。如已审会计信息中含有未被注册会计师指明或纠正的会计错弊或难以确认的事项，信息使用者也因失误决策造成了损失，但损失与会计信息失真无直接关系。

（4）信息使用者存在损失，且直接源于审计结果的偏差。如已审会计信息中含有未被注册会计师指明或纠正的会计错弊或难以确认的事项，信息使用者因使用这些会计信息而造成了损失。

（二）以审计过程为基础的层面

这一层面上的含义是说，根据注册会计师在审计过程中是否保持了应有的客观、独立、公正的态度，以及是否依照独立审计准则的要求，执行了有关审计程序来判断和确定其应是否承担法律责任以及承担法律责任的具体形式。这一层面又由下列具有递进关系的不同情况所构成。

（1）注册会计师主观上具备了独立、公正的态度，并严格依照独立审计准则的要求执行了有关审计程序。

（2）注册会计师保持了独立、公正的态度，但没有严格依照独立审计准则的要求执行有关审计程序。如注册会计师因自身职业判断能力不足或未保持应有的职业谨慎而没有对被审计单位的应收账款进行恰当的函证。

（3）注册会计师在形式上较为严格地依照独立审计准则的要求执行了有关审计程序，但是，在主观上不具备独立、公正的态度。如注册会计师虽然较为严格地执行了独立审计准则所要求的审计程序，但因与被审计单位存在着某种直接的经济利害关系，而在审计报告中未做恰当的信息披露。

（4）注册会计师未保持独立、公正的主观态度，并且也没有严格依照独立审计准则的要求执行有关审计程序。例如注册会计师因与被审计单位之间存在直接经济利害关系，因此而有意省略了一些应有的审计程序。

由上述两个层面相互结合，构成了综合判断和确定注册会计师应是否承担法律责任以及承担的具体形式的基础与模式，如表 2-1 所示。

表 2-1　注册会计师审计法律责任判定矩阵

结果\过程	A	B	C	D
（1）	不承担责任	行政责任	行政责任	行政责任
（2）	不承担责任	行政责任	行政责任	行政责任
（3）	民事责任	民事责任、行政责任	民事责任、行政责任	民事责任、行政责任
（4）	民事责任	民事责任、行政责任	民事责任、行政责任（刑事责任）	民事责任、行政责任（刑事责任）

综合以上两个层面的分析，我们做以下总结。

（1）民事责任追究与否与以结果为依据的判断直接相关。首先，注册会计师应对其审计结果负责。只要审计结果存在较大偏差，就应承担民事责任。其次，如果审计结果存在的较大偏差对信息使用者造成了损失，注册会计师应就这一损失承担民事赔偿责任。此时，应强调会计责任和审计责任的分割：对于会计信息失真对信息使用者造成的损失，会计信息提供者应首先承担会计责任，注册会计师作为会计信息的鉴证者应承担补充责任。最后，应强调注册会计师的民事责任具有相对独立性，审计过程的无缺陷（主观上保持独立、公正的态度或形式上执行了较为严格的审计程序）不能对抗注册会计师因审计结果不当所应承担的民事责任。

（2）行政责任追究与否与以过程为依据的判断直接相关。首先，注册会计师应对其审计过程负责，如果注册会计师在审计过程中存在形式上或主观上的缺陷，就应承担行政责任。其次，应强调实质重于形式原则，重点考察注册会计师在审计过程中的主观状态，划分过失责任与舞弊责任，不能以形式上的合规性对抗主观上的缺陷。最后，应强调审计的行政责任具有相对独立性，结果的无缺陷（无较大偏差或偏差未给信息使用者带来损失）不能对抗因注册会计师审计过程的不当所应承担的行政责任。

（3）刑事责任追究与否有赖于结果和过程的双重判断。一般而言，只有当审计结果的偏差给信息使用者带来了较大损失，并且审计过程存在较为严重的缺陷时，注册会计师才承担刑事责任。追究刑事责任的意义在于其警示作用，目的是给注册会计师未来的执业带来"可信的威胁"。

 相关案例

安然事件中的法律责任

安然公司成立于 1930 年，于 1985 年以 24 亿美元收购了另外一家公司，并改名为安然公司。安然公司 1996 年的收入是 133 亿美元，到 2 000 年时总收入是 1 008 亿美元。

它几乎是美国收入最多的一家公司；2000 年《财富》500 强中安然排名第 16 位；连续四年获《财富》杂志"美国最具创新精神的公司"称号。但好景不长，2001 年 10 月 16 日，安然公司宣布第三财季亏损达 63 800 万美元。安然公司还称，部分由财务长安德鲁·法斯托运营的合伙企业，公司股东持有的公司市值缩减了 12 亿美元。

在安然公司宣布巨额亏损后，证管会开始对此事进行正式调查。如前所述，安然公司的收入在美国几乎是最多的一个公司。但它的利润增长幅度远远没有收入增长得这么快，1996 年它的总利润是 5.84 亿元，1998 年是 7.03 亿元，2000 年是 9.79 亿元。可见其利润并没有太多的增长。通过分析可以看到，安然公司的利润率每年都下降很多。年初的利润率只有 1.2%左右。这个事情在 2000 年 10 月、11 月之前就引起了很多人的争议，很多投资管理公司对安然公司提出了质疑。

上市公司上市容易，但上市后面临的压力也很大。到 2000 年底，安然公司的股价一直是直线上涨的。2000 年底，美国加州出现了能源危机，2001 年年初能源价格跌了很多，使得安然公司利润很快就下降了，偏离了市场对其的预期。2001 年 11 月 8 日，安然公司被迫公布虚报了盈利，其股价跌到 10 美元以下，安然公司已经意识到自己的危险。想把公司出卖了。2001 年 11 月 28 日，安然公司有 6 亿美元的债务到期，但当时安然公司已经没有钱还了。就在同时，美国的标准普尔公司宣布给安然公司降级，此时的安然公司已无力回天。安然公司的股价已经跌到 60 美分，只好宣布破产。

在安然公司宣布破产之后，众多投资者怨声载道，因为至申请破产时，安然公司的账面总资产不过 498 亿美元，等到破产清算时，其价值肯定还要大打折扣。这点钱够谁分的，投资者的损失可想而知。同时，对安然公司进行审计的安达信会计师事务所（以下简称"安达信"）也是被指责得最多的一个。虽说事务所与被审计单位是两个独立的个体，但实际上它们是一荣俱荣、一损俱损的关系。安然公司的破产直接造成了安达信的名誉扫地——而这恰恰是事务所最重要的东西。安达信被起诉，要求被赔偿损失。

在该事件中，安然公司存在着多种财务造假手段。首先，利用"特别目的实体"高估利润、低估负债。安然公司不恰当地利用"特别目的实体"（按照美国现行会计惯例，如果非关联方在一个"特别目的实体"权益性资本的投资中超过 3%，即使该"特别目的实体"的风险主要由上市公司承担，上市公司也可不将该"特别目的实体"纳入合并报表的编制范围）。符合特定条件可以不纳入合并报表的会计惯例，将本应纳入合并报表的三个"特别目的实体"排除在合并报表编制范围之外，导致 1997 年至 2000 年期间高估了 4.99 亿美元的利润、低估了数亿美元的负债。此外，以不符合"重要性"原则为由，未采纳安达信的审计调整建议，导致 1997 年至 2000 年期间高估净利润 0.92 亿美元。其次，通过空挂应收票据，高估资产和股东权益。安然公司于 2000 年设立了四家"特别目的实体"，为安然公司的投资的市场风险进行套期保值。为了解决这四家公司的资本金问题，安然公司于 2000 年第一季度向它们发行了价值为 1.72 亿美元的普通股。在没有收到认股款的情况下，安然公司仍将其记录为股本的增加，同时增加了应收票据，这一操作使安然公司同时虚增资产和所有者权益 1.72 亿美元。但如果按照公认会计准则，这笔交易应视为股东欠款，作为股东权益的减项。此外，2001 年第一季度，安然公司与这四家公司签订了若干份远期合同，根据这些合同的要求，安然公司在未来应向它们发行 8.28 亿美元的普通股，以此交换这四家公司出具的应付票据。安然公司按上述方式将这些远期合同记录为股本和应收票据的增加，又虚增资产和股东权益 8.28 亿美元。上述两项合计，安然公司共虚增资产和股东权益 10 亿美元。最后，通过设立众多的有限合伙企业，通过自我交易等手段，操纵利润。安然公司通过在世界各地设立由其控制的有限合伙企业进行筹资、避税或避险。它设立了约 3 000 家合伙企业和子公司，其中 900 家设在海外的避税地区。为了某些特定目的，安然公司与这些公司进行了不少关联交易，尽管交易价格严重偏离公允价值，但并未将其列入合并报表进行抵销。这些交易使安然公司虚增了很多资产和利润。

在该事件中，安达信在审计过程中存在着严重问题。安然公司存在这么明显的财务欺骗，但作为资深审计机构的安达信却仍然为其出具了带说明段的无保留的审计意见，从而造成了众多投资者的投资失误，安达信作为安然的财务审计公司自然难辞其咎。虽然目前的资料尚不能确定安达信是否与安然公司串通舞弊，但根据目前已披露的资料，安达信在安然事件中，至少存在以下严重问题：首先，安达信出具了严重失实的审计报告和内部控制评价报告。安然公司自 1985 年成立以来，其财务报表一直由安达信审计。2000 年度，安达信为安然公司出具了两份报告，一份是无保留意见加解释性说明段（对会计政策变更的说明）的审计报告，另一份是对安然公司管理当局声称其内部控制能够合理保证其财务报告可靠性予以认可的评价报告。但实际上，安然公司经安达信审计的财务报表并不能公允地反映其经营业绩财务状况和现金流量，得到安达信认可的内部控制也不能确保安然公司财务报表的可靠性，安达信的报告所描述的财务状况和内部控制的有效性，严重偏离了安然公司的实际情况。其次，安达信对安然公司的审计缺乏独立性。安达信在审计安然公司时，是否保持独立性，受到美国各界的广泛质疑。从美国国会等部门初步调查所披露的资料和新闻媒体的报道看，安达信对安然公司的审计至少缺乏形式上的独立性，主要表现为，安达信不仅为安然公司提供审计鉴证服务，而且提供收入不菲的咨询业务，甚至帮助安然公司代理记账；安然公司的许多高层管理人员为安达信的前雇员，他们之间的密切关系至少有损安达信形式上的独立性。再次，安达信在已察觉安然公司会计问题的情况下，未采取必要的纠正措施。在安达信内部的一封电子邮件中，安达信的资深合伙人早在 2001 年 2 月就已经在讨论是否解除与安然公司的业务关系，理由是安然公司的会计政策过于激进。而这个时间是在安达信为安然公司出具 2000 年度的审计报告（2001 年 2 月 23 日）之前。故可以证明，安达信在出具审计报告时就已经觉察到安然公司存在的会计问题，否则，合伙人是不可能在 2 月讨论是否辞聘的问题。最后，销毁审计工作底稿，妨碍司法调查。2000 年 10 月，安达信主审计师大卫·邓肯销毁了数以千计的关于安然公司的重要审计资料，这是对会计职业道德的公然挑衅。事发后，安达信迅速开除了大卫·邓肯，但这并不能说明任何问题。而邓肯在接受司法部、联邦调查局的问讯时，拒不承认是擅自做主销毁审计工作底稿，而坚称此举只是遵从了安达信内部律师的指示。此事尚未定论，但如果邓肯说法属实，那安达信的麻烦就大了。这等于把事件的矛头从个别会计师的审计失败移至整个安达信的职业操守，事件的性质也从普通的民事领域跃升为刑事案件。

六、审计人员审计法律责任的防范

随着社会主义市场经济的发展，审计人员在经济生活中发挥的作用愈发重要，因此，强化审计人员的责任意识、严格审计人员的法律责任，以保证其职业道德和执业质量，其意义就显得愈加重大。我国颁布的不少重要的法律、法规中，都有专门规定审计人员及审计机构法律责任的条款，如《审计法》专设"法律责任"一章，对政府审计人员的法律责任作出的具体规定集中体现在第五十二条中，"审计人员滥用职权、徇私舞弊、玩忽职守或者泄露所知悉的国家秘密、商业秘密的，依法给予处分；构成犯罪的，依法追究刑事责任。"《审计署关于内部审计工作的规定》第二十九条对内部审计人员的法律责任做了相关规定。以下主要介绍会计师事务所和注册会计师法律责任的规范及防范措施的内容。

要避免和减轻注册会计师承担的法律责任，必须通过政府、法律界、审计行业、企业界以及社会公众的共同努力，建立一个健全、良好的审计环境。而审计职业界应该采取积极态度，勇于承担责任，寻求有效的措施，减轻自己所面临的法律责任风险，尽量避免法律诉讼的发生。注册会计师要避免法律诉讼，就必须在执行审计业务时尽量减少过失行为，防止欺诈行为。从注册会计师自身而言，防范法律诉讼的具体措施，可以概括为以下几点。

1. 严格遵循职业道德和专业标准的要求

注册会计师是否应当对财务报表中的错报事项承担法律责任，关键在于其是否有过失或欺诈行为。而判断是否具有过失的关键在于注册会计师是否遵照专业标准的要求执行。因此，保持良好的职业道德，严格遵循专业标准的要求执业和出具报告，对于避免法律诉讼或在提起的诉讼中保护注册会计师具有重要意义。

2. 建立健全会计师事务所质量控制制度

质量管理是会计师事务所各项管理工作的核心，如果一个会计师事务所质量管理不严，很有可能因为一个人或一个部门的原因导致整个会计师事务所遭受灭顶之灾。因此，会计师事务所必须建立健全一套严密、科学的内部质量控制制度，并把这套制度推行到每一个人、每一个部门和每一项业务，确保注册会计师按照专业标准的要求执业，保证会计师事务所的工作质量。

3. 与委托人签订恰当合理的业务约定书

注册会计师承办业务，会计师事务所应与委托人签订恰当合理的业务约定书。业务约定书具有法律效力，它是确定注册会计师和委托人的责任的一个重要文件。会计师事务所无论承办何种业务，都要按照业务约定书准则的要求与委托人签订约定书，以尽量减少在发生法律诉讼时双方的口舌之争。

4. 谨慎选择被审计单位

很多审计失败的案例说明，注册会计师如欲避免法律诉讼，必须谨慎选择被审计单位。一是选择正直的被审计单位。会计师事务所接受委托之前，一定要对被审计单位的情况进行了解，评价被审计单位的品格，弄清委托的真正目的。如果被审计单位对顾客、政府部门或其他方面没有正直的品格，也必然会蒙骗注册会计师。二是对陷入财务和法律困境的被审计单位要特别注意。中外历史上绝大部分涉及注册会计师的诉讼案，都集中在宣告破产的被审计单位。

5. 深入了解被审计单位的业务

很多时候，注册会计师之所以未能发现错误，一个重要原因就是他们不了解被审计单位所处行业的情况及被审计单位的业务。会计是经济活动的综合反映，不熟悉被审计单位的经济业务和生产经营实务，仅局限于对有关会计资料的审查，就可能发现不了某些错误。

6. 投保充分的职业责任保险

在西方国家，投保充分的职业责任保险是会计师事务所的一项重要保护措施，尽管保险不能避免可能遭受到的法律诉讼，但能防止或减少诉讼失败时会计师事务所发生的财务损失。我国《注册会计师法》也规定了会计师事务所应当建立职业风险基金，办理职业保险。

 **本章小结**

综合本章所述，可以明确：

首先，审计人员接受委托者的委托，对其指定的被审计单位进行审计，享有一定的审计权利，同时要履行双方所约定的义务，尤其要承担相应的审计责任。审计责任的内容与确立既体现着审计委托者对审计机构和审计人员的要求与制约，因为委托者要借此要求与制约审计人员实现审计目标；同时也反映着审计人员进行自我约束的内在需要，因为审计人员也可以借此明确自己的责任范围。审计委托者与受托者处在不同的利益角度考虑同样一个责任问题，其根本出发点是一致的。审计责任的内容及其确立，是以审计规范、审计依据、审计职业道德为前提的，同时与审计人员的职业谨慎也是密切相联的。可见，这一存在内在联系的审计责任体系体现了审计产生发展于所有权监督的需要的基本理论。

其次，审计机构和审计人员无论是从完成委托者交托的审计任务角度讲，还是从自身经济与业务发展的角度分析，都需要尽量提高审计效率，保证审计质量，降低、控制和防范审计风险，而这些与审计责任有着密切的关系。因为审计责任的内容及其确立，从其根本点上，便体现和反映了提高审计效率、保证审计质量、控制和防范审计风险是对审计机构与审计人员的责任要求，没有审计责任的内容，就没有提高审计效率和审计质量、控制和防范审计风险的内在需要与动力。

最后，审计产生与发展于所有权监督的需要理论以及由此在审计监督活动中所产生并需规范的审计责任关系、审计效率与审计风险要素及其理论模式等，构成了贯穿于本书的一条主线。本章内容本身就是审计责任问题，它直接构成了这一主线的部分内容，并又与构成这一主线的其他内容形成统一整体。

 **关键词汇**

审计规范（audit norm） 　　　　　　　　　审计准则（auditing standards）

审计依据（audit standard）　　　　　　　　　审计质量（audit quality）

审计职业道德（auditing professional ethics）

审计应有的职业谨慎（the professional prudence of audit）

审计责任（auditing responsibility）　　　　　过错责任归责原则（fault liability）

无过错责任归责原则（no-fault liability）

过错推定归责原则（the presumption of fault liability principle）

思考题

1. 从约束对象角度分析，审计准则和审计依据之间关系是怎样的？
2. 从约束力角度分析，审计准则和审计职业道德之间的关系是怎样的？
3. 审计法律责任涉及哪些行为主体？他们之间是什么关系？
4. 界定和判定注册会计师法律责任时，其执业过程和执业结果哪个更应受到关注？
5. 审计人员如何做好审计法律责任的防范？
6. 本章各节内容之间是什么逻辑关系？

案例讨论题

万通公司是一家国有大型企业。2016 年 12 月，公司总经理针对公司效益下滑、面临亏损的情况，电话请示正在外地出差的董事长。董事长指示把财务会计报告做得漂亮一些，总经理把这项工作交给公司总会计师，要求按董事长意见办。总会计师按公司领导意图，对当年度的财务会计报告进行了技术处理，虚拟了若干笔无交易的销售收入，从而使公司报表由亏变盈。经诚信会计师事务所审计后，公司财务会计报告对外报出。

在《中华人民共和国会计法》执行情况检查中，当地财政部门发现该公司存在重大会计作假行为，依据《中华人民共和国会计法》及相关法律、法规、制度，拟对该公司董事长、总经理、总会计师等相关人员进行行政处罚，并分别下达了行政处罚告知书。万通公司相关人员接到行政处罚告知书后，均要求举行听证会。

在听证会上，公司董事长称："我前一段时间出差在外，对公司情况不太了解，虽然在财务会计报告上签名并盖章，但只是履行会计手续，我不能负任何责任。具体情况可由公司总经理予以说明。"公司总经理称："我是搞技术出身的，主要抓公司的生产经营，对会计我是门外汉，我虽在财务会计报告上签名并盖章，那也只是履行程序而已。以前也是这样做的，我不应承担责任。有关财务会计报告情况应由公司总会计师解释。"公司总会计师称："公司对外报出的财务会计报告是经过诚信会计师事务所审计的，它们出具了无保留意见的审计报告。诚信会计师事务所应对本公司财务会计报告的真实性、完整性负责，承担由此带来的一切责任。"

请根据我国会计法律、法规、制度规定，分析公司董事长、总经理、总会计师及诚信会计师事务所应是否承担相应的法律责任？

 简答题

1. 王学民是一家公司的承包经营负责人，在承包经营二年期结束之后，他请了当地一家会计师事务所对其经营期内的财务报表进行了审计。该会计事务所经过审计，出具了无保留意见的审计报告，即认为该公司在承包经营期内的财务报表已公允地反映其财务状况。不久，检察机关接到举报，有人反映王学民在承包经营期内，勾结财务经理与出纳，暗自收受回扣，侵吞国家财产。为此，检察机关传讯了王学民，王学民到了检察机关后，手持会计师事务所的审计报告，振振有词地说："会计师事务所已出具了审计报告，证明我没有经济问题。如果不信，你们可以去问注册会计师。"

请简答：

（1）王学民的话是否有道理，如果有错，错在哪里？

（2）如果你是上述会计师事务所的负责人，你将如何处理这一问题？

2. TCL 会计师事务所首次接受委托，承办 A 公司 2019 度财务报表审计业务。2020 年年初该会计师事务所与 A 公司签订审计业务约定书。假定存在以下情况：

（1）在签订审计业务约定书后，TCL 会计师事务所的 H 注册会计师受聘担任 A 公司独立董事。按照原定审计计划，H 注册会计师为该审计项目的外勤负责人。为保持独立性，TCL 会计师事务所在执行该审计业务前，将 H 注册会计师调离审计项目组。

（2）TCL 会计师事务所聘用律师协助开展工作，要求该律师书面承诺按照中国注册会计师职业道德规范的要求提供服务。

（3）TCL 会计师事务所的 K 注册会计师的妻子一直在 A 公司担任主要财务人员。

（4）审计项目组负责人 F 注册会计师把执业过程中知悉的商业秘密告诉了好朋友以指导其购买股票，但没有为自己谋取利益。

（5）前任注册会计师对 A 公司 2018 年财务报表出具了标准无保留意见审计报告，TCL 会计师事务所在审计过程中发现该财务报表可能存在重大错报，因其认为事实已经非常清楚，所以决定不再提请 A 公司与前任注册会计师联系。

（6）A 公司在某国设有分支机构，该国允许会计师事务所通过广告承揽业务，因此，TCL 会计师事务所委托该分支机构在该国媒体进行广告宣传，以招揽该国在中国设立企业的审计业务。相关广告费用已由 TCL 会计师事务所支付。

（7）TCL 会计师事务所向 A 公司和其他机构散发了印有宣传 TCL 会计师事务所具备证券期货业务审计资格、业务能力、人员能力等方面资格和能力的精美小册子。

（8）根据公司章程的规定，TCL 会计师事务所的前合伙人 W 注册会计师退休后继续享受该事务所的福利待遇。W 注册会计师目前担任 A 公司的常年会计顾问。

请简答：

TCL 会计师事务所的做法是否符合中国注册会计师职业道德规范和相关准则的要求？

3. 甲会计师事务所具有执行证券、期货业务资格，乙会计师事务所于一年前设立，不具备证券、期货业务许可证，其主任会计师两年前曾担任 A 公司财务总监，乙会计师事务所与 A 公司签署了相关协议，协议内容包括：A 公司的年度财务报表审计业务由乙会计师

事务所负责审计；乙会计师事务所向 A 公司租用 100 平方米的办公场所，三年内免收租金。一年后，A 公司改组上市成立了股份有限公司，其财务报表审计业务需改聘甲事务所。因此乙事务所与甲事务所签订了一份《业务合作协议》，并已按协议约定履行相关条款。该协议中部分条款如下：

（1）甲事务所与乙事务所建立长期业务合作关系，双方可分别以对方名义招揽、承接业务。相互介绍业务成功后，承接方应向介绍方支付该项业务净收入 20% 的介绍费。

（2）已将审计业务变更至甲事务所的 A 公司，在三年内仍由乙事务所审计，由甲事务所负责相关复核，并以甲事务所名义出具审计报告，审计收费甲事务所占 40%，乙事务所占 60%，乙事务所不再收取业务介绍费。

（3）由于乙事务所没有能力对其已承接的 B 企业集团编制的合并财务报表实施审计，甲事务所应委派一名合伙人对参与审计的人员无偿进行合并财务报表业务的专项培训，并予以必要的指导和复核。

（4）乙事务所两名通过考试取得执行证券、期货业务资格的注册会计师的执业资格证放在甲事务所，但仍在乙事务所工作。

请简答：

乙事务所与 A 公司签署的相关协议，以及与甲事务所签订的《业务合作协议》的内容在哪些方面违反了相关规定？

自测题

单项选择题	多项选择题	判断题
自学自测 扫描此码	自学自测 扫描此码	自学自测 扫描此码

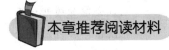

本章推荐阅读材料

1. 中国注册会计师协会. 审计[M]. 北京：中国财政经济出版社，2020.

2. 审计署.中华人民共和国国家审计准则，2010.

3. 赵保卿，谢志华. 注册会计师审计法律责任[M]. 北京：人民出版社，2006.

4. 谢志华. 审计职业判断、审计风险与审计责任[J].审计研究，2000（6）.

5. 屈茂辉，陈艳，罗才红. 国家审计法律责任规范的构造与优化[J]. 审计研究，2017（5）.

| 第三章 |

审计计划与审计重要性

 学习提要与目标

　　本章主要介绍了审计计划，包括怎样在初步业务活动中签订审计业务约定书、如何确定审计总体策略、确定审计范围、在制订具体审计计划过程中涉及哪些审计程序等。本章还详细阐述了审计重要性，包括什么是审计重要性、如何确定审计重要性水平、审计重要性在不同审计阶段的应用等。本章的学习目标是：

　　（1）掌握审计的前提条件、审计业务条款的变更、财务报表整体的重要性、实际执行的重要性、明显微小错报的临界值以及错报等知识点；

　　（2）理解重要性的含义，特定类别交易、账户余额或披露的重要性水平以及审计过程中修改重要性；

　　（3）了解初步业务活动，总体审计计划和具体审计计划。

 **引例**

华安股份有限公司审计案例

　　华安股份有限公司是医疗器械行业的公司，2013 年在上海上市成功。受国家政策扶持，业绩非常不错。上市当年的每股收益为 0.52 元，然而，一年后，公司业绩开始下滑，每股收益达到 0.31 元。公司目前在准备 2017 年的审计，打算聘请信泽会计师事务所进行年度审计。信泽会计师事务所在接受该公司委托前了解到如下情况。

　　华安股份有限公司 2015 年、2016 年的业绩非常不理想，每股收益分别为 0.25 元和 0.19 元。2017 年未经审计的中期报表每股收益为 0.17 元。2017 年 12 月 11 日发布了其进行资产重组的公告。2015 年和 2016 年对其进行年度财务报表审计的事务所为华信会计师事务所。公司在 2017 年 2 月 20 日宣布组建生物制药有限公司，并处于控股地位。

　　问题：

　　1. 假如你是该项目的负责人，在接受委托前如何处理？

　　2. 如果接受该委托，在编制审计计划时应采用何种手段防范因上述信息可能带来的风险？

第一节　审　计　计　划

一、初步业务活动

（一）初步业务活动的目的与内容

1. 初步业务活动的目的

在本期审计业务开始时，注册会计师需要开展初步业务活动，以实现以下三个主要目的：①具备执行业务所需的独立性和能力；②不存在因管理层诚信问题而可能影响注册会计师保持该项业务的意愿的事项；③与被审计单位之间不存在对业务约定条款的误解。

2. 初步业务活动的内容

注册会计师应当开展下列初步业务活动：①针对保持客户关系和具体审计业务实施相应的质量控制程序；②评价遵守相关职业道德要求的情况；③就审计业务约定条款达成一致意见。

针对保持客户关系和具体审计业务实施质量控制程序，并且根据实施相应程序的结果作出适当的决策是注册会计师控制审计风险的重要环节。《中国注册会计师审计准则第1121号——对财务报表审计实施的质量控制》及《质量控制准则第5101号——会计师事务所对执行财务报表审计和审阅、其他鉴证和相关服务业务实施的质量控制》含有与客户关系和具体业务的接受与保持相关的要求，注册会计师应当按照其规定开展初步业务活动。

评价遵守相关职业道德要求的情况也是一项非常重要的初步业务活动。质量控制准则含有包括独立性在内的有关职业道德要求，注册会计师应当按照其规定执行。虽然保持客户关系及具体审计业务和评价职业道德的工作贯穿审计业务的全过程，但是这两项活动需要安排在其他审计工作之前，以确保注册会计师已具备执行业务所需要的独立性和专业胜任能力，且不存在因管理层诚信问题而影响注册会计师保持该项业务的意愿等情况。在连续审计的业务中，这些初步业务活动通常是在上期审计工作结束后不久或将要结束时就已经开始了。

在作出接受或保持客户关系及具体审计业务的决策后，注册会计师应当按照《中国注册会计师审计准则第1111号——就审计业务约定条款达成一致意见》的规定，在审计业务开始前，与被审计单位就审计业务约定条款达成一致意见，签订或修改审计业务约定书，以避免双方对审计业务的理解产生分歧。

（二）审计前提

1. 财务报告编制基础

承接鉴证业务的条件之一是《中国注册会计师鉴证业务基本准则》中提及的标准适当，且能够为预期使用者获取。标准是指用于评价或计量鉴证对象的基准，当涉及列报时，还包括列报与披露的基准。适当的标准使注册会计师能够运用职业判断对鉴证对象作出合理一致的评价或计量。就审计准则而言，适用的财务报告编制基础为注册会计师提供了用以审计财务报表的标准。如果不存在可接受的财务报告编制基础，管理层就不具有编制财务报表的恰当基础，注册会计师也不具有对财务报表进行审计的适当标准。

（1）确定财务报告编制基础的可接受性。在确定编制财务报表所采用的财务报告编制基础的可接受性时，注册会计师需要考虑下列相关因素：第一，被审计单位的性质（例如，被审计单位是商业企业、公共部门实体还是非营利组织）；第二，财务报表的目的（例如，编制财务报表是用于满足广大财务报表使用者共同的财务信息需求，还是用于满足财务报表特定使用者的财务信息需求）；第三，财务报表的性质（例如，财务报表是整套财务报表还是单一财务报表）；第四，法律法规是否规定了适用的财务报告编制基础。

按照某一财务报告编制基础编制，旨在满足广大财务报表使用者共同的财务信息需求的财务报表，称为通用目的财务报表。按照特殊目的编制基础编制的财务报表，称为特殊目的财务报表，旨在满足财务报表特定使用者的财务信息需求。对于特殊目的财务报表，预期财务报表使用者对财务信息的需求，决定适用的财务报告编制基础。《中国注册会计师审计准则第 1601 号——对按照特殊目的编制基础编制的财务报表审计的特殊考虑》规范了如何确定旨在满足财务报表特定使用者财务信息需求的财务报告编制基础的可接受性。

（2）通用目的编制基础。如果财务报告准则由经授权或获得认可的准则制定机构制定和发布，供某类实体使用，只要这些机构遵循一套既定和透明的程序（包括认真研究和仔细考虑广大利益相关者的观点），则认为财务报告准则对于这类实体编制通用目的财务报表是可接受的。这些财务报告准则主要有：国际会计准则理事会发布的国际财务报告准则、国际公共部门会计准则理事会发布的国际公共部门会计准则和某一国家或地区经授权或获得认可的准则制定机构，在遵循一套既定和透明的程序（包括认真研究和仔细考虑广大利益相关者的观点）的基础上发布的会计准则。

在规范通用目的财务报表编制的法律法规中，这些财务报告准则通常被界定为适用的财务报告编制基础。

2. 就管理层的责任达成一致意见

按照审计准则的规定执行审计工作的前提是管理层已认可并理解其承担的责任。审计准则并不超越法律法规对这些责任的规定。然而，独立审计的理念要求注册会计师不对财务报表的编制或被审计单位的相关内部控制承担责任，并要求注册会计师合理预期能够获取审计所需要的信息（在管理层能够提供或获取的信息范围内）。因此，管理层认可并理解其责任，这一前提对执行独立审计工作是至关重要的。

（1）按照适用的财务报告编制基础编制财务报表，并使其实现公允反映（如适用大多数财务报告编制基础包括与财务报表列报相关的要求，对于这些财务报告编制基础，在提到"按照适用的财务报告编制基础编制财务报表"时，编制包括列报。实现公允列报的报告目标非常重要，因而在与管理层达成一致意见的执行审计工作的前提中需要特别提及公允列报，或需要特别提及管理层负有确保财务报表根据财务报告编制基础编制并使其实现公允反映的责任。

（2）设计、执行和维护必要的内部控制，以使财务报表不存在由于舞弊或错误导致的重大错报。由于内部控制的固有限制，无论其如何有效，也只能合理保证被审计单位实现其财务报告目标。注册会计师按照审计准则的规定执行的独立审计工作，不能代替管理层维护编制财务报表所需要的内部控制。因此，注册会计师需要就管理层认可并理解其和内部控制有关的责任与管理层达成共识。

（3）向注册会计师提供必要的工作条件，包括：允许注册会计师接触与编制财务报表相关的所有信息（如记录、文件和其他事项），向注册会计师提供审计所需要的其他信息，允许注册会计师在获取审计证据时不受限制地接触其认为必要的内部人员和其他相关人员。

3. 确认的形式

按照《中国注册会计师审计准则第 1341 号——书面声明》的规定，注册会计师应当要求管理层就其已履行的某些责任提供书面声明。因此，注册会计师需要获取针对管理层责任的书面声明、其他审计准则要求的书面声明，以及在必要时需要获取用于支持其他审计证据（用以支持财务报表或者一项或多项具体认定）的书面声明。注册会计师需要使管理层意识到这一点。

如果管理层不认可其责任，或不同意提供书面声明，注册会计师将不能获取充分、适当的审计证据。在这种情况下，注册会计师承接此类审计业务是不恰当的，除非法律法规另有规定。如果法律法规要求承接此类审计业务，注册会计师可能需要向管理层解释这种情况的重要性及其对审计报告的影响。

（三）审计业务约定书

审计业务约定书是指会计师事务所与被审计单位签订的，用以记录和确认审计业务的委托与受托关系、审计目标和范围、双方的责任以及报告的格式等事项的书面协议。会计师事务所承接任何审计业务，都应与被审计单位签订审计业务约定书。

1. 审计业务约定书的基本内容

审计业务约定书的具体内容和格式可能因被审计单位的不同而不同，但应当包括以下主要内容。

（1）财务报表审计的目标与范围。

（2）注册会计师的责任。

（3）管理层的责任。

（4）指出用于编制财务报表所适用的财务报告编制基础。

（5）提及注册会计师拟出具的审计报告的预期形式和内容，以及对在特定情况下出具的审计报告可能不同于预期形式和内容的说明。

2. 审计业务约定书的特殊考虑

（1）考虑特定需要。如果情况需要，注册会计师还应当考虑在审计业务约定书中列明下列内容。

①详细说明审计工作的范围，包括提及适用的法律法规、审计准则，以及注册会计师协会发布的职业道德守则和其他公告。

②对审计业务结果的其他沟通形式。

③说明由于审计和内部控制的固有限制，即使审计工作按照审计准则的规定得到恰当的计划和执行，仍不可避免地存在某些重大错报未被发现的风险；说明对注册会计师责任可能存在的限制。

④计划和执行审计工作的安排，包括审计项目组的构成。

⑤管理层确认将提供书面声明，管理层同意向注册会计师及时提供财务报表草稿和其他所有附带信息，以使注册会计师能够按照预定的时间表完成审计工作；管理层同意告知注册会计师在审计报告日至财务报表报出日之间注意到的可能影响财务报表的事实；管理层确认收到审计业务约定书并同意其中的条款；注册会计师与被审计单位之间需要达成进一步协议的事项。

⑥收费的计算基础和收费安排，在某些方面对利用其他注册会计师和专家工作的安排；在首次审计的情况下，与前任注册会计师（如存在）沟通的安排；对审计涉及的内部审计人员和被审计单位其他员工工作的安排；向其他机构或人员提供审计工作底稿的义务。

（2）组成部分的审计。如果母公司的注册会计师同时也是组成部分注册会计师，需要考虑下列因素，决定是否向组成部分单独致送审计业务约定书。

①组成部分注册会计师的委托人。

②是否对组成部分单独出具审计报告。

③与审计委托相关的法律法规的规定。

④母公司占组成部分的所有权份额。

⑤组成部分管理层相对于母公司的独立程度。

（3）连续审计。对于连续审计，注册会计师应当根据具体情况评估是否需要对审计业务约定条款作出修改，以及是否需要提醒被审计单位注意现有的条款。

注册会计师可以决定不在每期都致送新的审计业务约定书或其他书面协议。然而，下列因素可能导致注册会计师修改审计业务约定条款或提醒被审计单位注意现有的业务约定条款。

①有迹象表明被审计单位误解审计目标和范围。

②需要修改约定条款或增加特别条款。

③被审计单位高级管理人员近期发生变动。

④被审计单位所有权发生重大变动。

⑤被审计单位业务的性质或规模发生重大变化。

⑥法律法规的规定发生变化。

⑦编制财务报表采用的财务报告编制基础发生变更。

⑧其他报告要求发生变化。

（4）审计业务约定条款的变更。

A. 变更审计业务约定条款的要求。在完成审计业务前，如果被审计单位或委托人要求将审计业务变更为保证程度较低的业务，注册会计师应当确定是否存在合理理由予以变更。

下列原因可能导致被审计单位要求变更业务：①环境变化对审计服务的需求产生影响；②对原来要求的审计业务的性质存在误解；③无论是管理层施加的还是其他情况引起

的审计范围受到限制。上述①和②通常被认为是变更业务的合理理由，但如果有迹象表明该变更要求与错误的、不完整的或者不能令人满意的信息有关，注册会计师不应认为该变更是合理的。

如果没有合理的理由，注册会计师不应同意变更业务。如果注册会计师不同意变更审计业务约定条款，而管理层又不允许继续执行原审计业务，注册会计师应当：①在适用的法律法规允许的情况下，解除审计业务约定；②确定是否有约定义务或其他义务向治理层、所有者或监管机构等报告该事项。

B. 变更为审阅业务或相关服务业务的要求。在同意将审计业务变更为审阅业务或相关服务业务前，接受委托按照审计准则执行审计工作的注册会计师，除考虑上述 A 中提及的事项外，还需要评估变更业务对法律责任或业务约定的影响。

如果注册会计师认为将审计业务变更为审阅业务或相关服务业务具有合理理由，截至变更日已执行的审计工作可能与变更后的业务相关，相应地，注册会计师需要执行的工作和出具的报告会适用于变更后的业务。为避免引起报告使用者的误解，对相关服务业务出具的报告不应提及原审计业务和在原审计业务中已执行的程序。只有将审计业务变更为执行商定程序业务，注册会计师才可在报告中提及已执行的程序。

二、总体审计策略与具体审计计划

审计计划分为总体审计策略和具体审计计划两个层次。注册会计师应当针对总体审计策略中所识别的不同事项，制订具体审计计划，并考虑通过有效利用审计资源以实现审计目标。值得注意的是，虽然制定总体审计策略的过程通常在具体审计计划之前，但是两项计划具有内在紧密联系，对其中一项的决定可能会影响甚至改变对另外一项的决定。

（一）总体审计策略

1. 审计范围

在确定审计范围时，需要考虑下列具体事项。

（1）编制拟审计的财务信息所依据的财务报告编制基础，包括是否需要将财务信息调整至按照其他财务报告编制基础编制。

（2）特定行业的报告要求，如某些行业监管机构要求提交的报告。

（3）预期审计工作涵盖的范围，包括应涵盖的组成部分的数量及所在地点。

（4）母公司和集团组成部分之间存在的控制关系的性质，以确定如何编制合并财务报表；除为合并目的执行的审计工作之外，对个别财务报表进行法定审计的需求。

（5）由组成部分注册会计师审计组成部分的范围；拟审计的经营分部的性质，包括是否需要具备专门知识。

（6）外币折算，包括外币交易的会计处理、外币财务报表的折算和相关信息的披露。

（7）内部审计工作的可获得性及注册会计师拟信赖内部审计工作的程度，与被审计单位人员的时间协调和相关数据的可获得性。

（8）被审计单位使用服务机构的情况，及注册会计师如何取得有关服务机构内部控制设计和运行有效性的证据。

（9）对利用在以前审计工作中获取的审计证据（如获取的与风险评估程序和控制测试相关的审计证据）的预期；信息技术对审计程序的影响，包括数据的可获得性和对使用计算机辅助审计技术的预期。

（10）协调审计工作与中期财务信息审阅的预期涵盖范围和时间安排，以及中期财务信息审阅所获取的信息对审计工作的影响。

2. 报告目标、时间安排及所需沟通的性质

为计划报告目标、时间安排和所需沟通，需要考虑下列事项。

（1）被审计单位对外报告的时间表，包括中间阶段和最终阶段。

（2）与管理层和治理层举行会谈，讨论审计工作的性质、时间安排和范围。

（3）与管理层和治理层讨论注册会计师拟出具的报告的类型与时间安排以及沟通的其他事项（口头或书面沟通），包括审计报告、管理建议书和向治理层通报的其他事项。

（4）与管理层讨论预期就整个审计业务中审计工作的进展进行的沟通。

（5）与组成部分注册会计师沟通拟出具的报告的类型和时间安排，以及与组成部分审计相关的其他事项。

（6）项目组成员之间沟通的预期性质和时间安排，包括项目组会议的性质和时间安排，以及复核已执行工作的时间安排。

（7）预期是否需要和第三方进行其他沟通，包括与审计相关的法定或约定的报告责任。

3. 审计方向

总体审计策略的制定应当包括考虑影响审计业务的重要因素，以确定项目组工作方向，包括确定适当的重要性水平，初步识别可能存在较高的重大错报风险的领域，初步识别重要的组成部分和账户余额，评价是否需要针对内部控制的有效性获取审计证据，识别被审计单位、所处行业、财务报告要求及其他相关方面最近发生的重大变化等。

在确定审计方向时，注册会计师需要考虑下列事项。

（1）重要性方面。其具体包括以下几点。

①为计划目的确定重要性。

②为组成部分确定重要性且与组成部分的注册会计师沟通。

③在审计过程中重新考虑重要性。

④识别重要的组成部分和账户余额。

（2）重大错报风险较高的审计领域。

（3）评估的财务报表层次的重大错报风险对指导、监督及复核的影响。

（4）项目组人员的选择（在必要时包括项目质量控制复核人员）和工作分工，包括向重大错报风险较高的审计领域分派具备适当经验的人员。项目预算，包括考虑为重大错报风险可能较高的审计领域分配适当的工作时间。

（6）如何向项目组成员强调在收集和评价审计证据过程中保持职业怀疑的必要性。

（7）以往审计中对内部控制运行有效性进行评价的结果，包括所识别的控制缺陷的性质及应对措施。对内部控制重要性的重视程度。管理层重视设计和实施健全的内部控制的相关证据，包括这些内部控制得以适当记录的证据。业务交易量规模，以基于审计效率的考虑确定是否依赖内部控制。

（8）影响被审计单位经营的重大发展变化，包括信息技术和业务流程的变化，关键管理人员变化，以及收购、兼并和分立。重大的行业发展情况，如行业法规变化和新的报告规定。会计准则及会计制度的变化。其他重大变化，如影响被审计单位的法律环境的变化。

4. 审计资源

注册会计师应当在总体审计策略中清楚地说明审计资源的规划和调配，包括确定执行审计业务所必需的审计资源的性质、时间安排和范围。

（1）向具体审计领域调配的资源，包括向高风险领域分派有适当经验的项目组成员，就复杂的问题利用专家工作等。

（2）向具体审计领域分配资源的多少，包括分派到重要地点进行存货监盘的项目组成员的人数，在集团审计中复核组成部分注册会计师工作的范围，向高风险领域分配的审计时间预算等。

（3）何时调配这些资源，包括是在期中审计阶段还是在关键的截止日期调配资源等。

（4）如何管理、指导、监督这些资源，包括预期何时召开项目组预备会和总结会，预期项目合伙人和经理如何进行复核，是否需要实施项目质量控制复核等。

（二）具体审计计划

注册会计师应当为审计工作制订具体审计计划。具体审计计划比总体审计策略更加详细，其内容包括为获取充分、适当的审计证据以将审计风险降至可接受的低水平，项目组成员拟实施的审计程序的性质、时间安排和范围。可以说，为获取充分、适当的审计证据，而确定审计程序的性质、时间安排和范围是具体审计计划的核心。具体审计计划应当包括风险评估程序、计划实施的进一步审计程序和其他审计程序。

1. 风险评估程序

具体审计计划应当包括按照《中国注册会计师审计准则第1211号——通过了解被审计单位及其环境识别和评估重大错报风险》的规定，为了充分识别和评估财务报表重大错报风险，注册会计师计划实施的风险评估程序的性质、时间安排和范围。

2. 计划实施的进一步审计程序

具体审计计划应当包括按照《中国注册会计师审计准则第1231号——针对评估的重大错报风险采取的应对措施》的规定，针对评估的认定层次的重大错报风险，注册会计师计划实施的进一步审计程序的性质、时间安排和范围。进一步审计程序包括控制测试和实质性程序。

需要强调的是，随着审计工作的推进，对审计程序的计划会一步步深入，并贯穿于整个审计过程。例如，计划风险评估程序通常在审计开始阶段进行，计划进步审计程序则需要依据风险评估程序的结果进行。因此，为达到制订具体审计计划的要求，注册会计师需要完成风险评估程序，识别和评估重大错报风险，并针对评估的认定层次的重大错报风险，计划实施进一步审计程序的性质、时间安排和范围。

通常，注册会计师计划的进一步审计程序可以分为进一步审计程序的总体方案和拟实施的具体审计程序（包括进一步审计程序的具体性质、时间安排和范围）两个层次。进一步审计程序的总体方案主要是指注册会计师针对各类交易、账户余额和披露决定采用的总体方案（包括实质性方案和综合性方案）。拟实施的具体审计程序则是对进一步审计程序的总体方案的延伸和细化，它通常包括控制测试和实质性程序的性质、时间安排和范围。在实务中，注册会计师通常单独制定一套包括这些具体程序的"进一步审计程序表"，待具体实施审计程序时，注册会计师将基于所计划的具体审计程序，进一步记录所实施的审计程序及结果，并最终形成有关进一步审计程序的审计工作底稿。

另外，完整、详细的进一步审计程序的计划包括对各类交易、账户余额和披露实施的具体审计程序的性质、时间安排和范围，包括抽取的样本量等。在实务中，注册会计师可以统筹安排进一步审计程序的先后顺序，如果对某类交易、账户余额或披露已经作出计划，则可以安排先行开展工作，与此同时再制定其他交易、账户余额和披露的进一步审计程序。

3. 其他审计程序

具体审计计划应当包括根据审计准则的规定，注册会计师针对审计业务需要实施的其他审计程序。计划的其他审计程序可以包括上述进一步程序的计划中没有涵盖的、根据其他审计准则的要求注册会计师应当执行的既定程序。

在审计计划阶段，除了按照《中国注册会计师审计准则第 1211 号——通过了解被审计单位及其环境识别和评估重大错报风险》进行计划工作，注册会计师还需要兼顾其他准则中规定的、针对特定项目在审计计划阶段应执行的程序及记录要求。例如，《中国注册会计师审计准则第 1141 号——财务报表审计中与舞弊相关的责任》《中国注册会计师审计准则第 1324 号——持续经营》《中国注册会计师审计准则第 1142 号——财务报表审计中对法律法规的考虑》及《中国注册会计师审计准则第 1323 号——关联方》等准则中对注册会计师针对这些特定项目在审计计划阶段应当执行的程序及其记录作出了规定。当然，由于被审计单位所处行业、环境各不相同，特别项目可能也有所不同。例如，有些企业可能涉及环境事项、电子商务等，在实务中注册会计师应根据被审计单位的具体情况确定特定项目并执行相应的审计程序。

（三）审计过程中对计划的更改

计划审计工作并非审计业务的一个孤立阶段，而是一个持续的、不断修正的过程，贯穿于整个审计业务的始终。由于未预期事项、条件的变化或在实施审计程序中获取的审计证据等原因，在审计过程中，注册会计师应当在必要时对总体审计策略和具体审计计划作出更新与修改。

审计过程可以分为不同阶段，通常前面阶段的工作结果会对后面阶段的工作计划产生一定的影响，而后面阶段的工作过程中又可能发现需要对已制订的相关计划进行相应的更新和修改。通常来讲，这些更新和修改可能涉及比较重要的事项。例如，对重要性水平的修改，对某类交易、账户余额和披露的重大错报风险的评估与进一步审计程序（包括总体方案和拟实施的具体审计程序）的更新和修改等。一旦计划被更新和修改，审计工作也就应当进行相应的修正。

例如，如果在制订审计计划时，注册会计师基于对材料采购交易的相关控制的设计和执行获取的审计证据，认为相关控制的设计合理并得以执行，因此未将其评价为高风险领域并且计划执行控制测试。但是在执行控制测试时获得的审计证据与审计计划阶段获得的审计证据相矛盾，注册会计师认为该类交易的控制没有得到有效执行，此时，注册会计师可能需要修正对该类交易的风险评估，并基于修正的评估风险修改计划的审计方案，如采用实质性方案。

如果注册会计师在审计过程中对总体审计策略或具体审计计划作出重大修改，应当在审计工作底稿中记录作出的重大修改及其理由。

（四）指导、监督与复核

注册会计师应当制订计划，确定对项目组成员的指导、监督以及对其工作进行复核的性质、时间安排和范围。项目组成员的指导、监督以及对其工作进行复核的性质、时间安排和范围主要取决于下列因素。

（1）被审计单位的规模和复杂程度。

（2）审计领域。

（3）评估的重大错报风险。

（4）执行审计工作的项目组成员的专业素质和胜任能力。

注册会计师应在评估重大错报风险的基础上，计划对项目组成员工作的指导、监督与复核的性质、时间安排和范围。当评估的重大错报风险增加时，注册会计师通常会扩大指导与监督的范围，增强指导与监督的及时性，执行更详细的复核工作。在计划复核的性质、时间安排和范围时，注册会计师还应考虑单个项目组成员的专业素质和胜任能力。

 相关案例

企业财务舞弊行为及审计策略研究——以欣泰电气为例

2016年7月8日，中国证监会对丹东欣泰电气股份有限公司（以下简称"欣泰电气"）欺诈发行正式作出行政处罚，启动强制退市程序，包括不得重新上市，冻结或限制发行人减持，承销商兴业证券先行赔付等措施。欣泰电气成为中国证券市场第一家因欺诈发行被启动强制退市程序的创业板上市公司，且在退市后不能重新上市，它为何会走到这般田地？其财务舞弊背后的根源是什么？我们应通过何种方法防患于未然？

一、欣泰电气简介

欣泰是辽宁欣泰股份有限公司的控股子公司，公司位于丹东鸭绿江畔，坐落在辽宁欣泰股份有限公司的电力电子科技产业园区内。公司成立于1999年3月23日，注册资本为1.72亿元人民币，于2014年1月27日于创业板上市，发行数量2 144.5万股，发行价格16.31元，主承销商为兴业证券，目前停牌价格为14.55元。

二、欣泰电气财务舞弊事件

回顾中国证监会查明，欣泰电气的《2013年年度报告》《2014年半年度报告》《2014年年度报告》中存在虚假记载。2013年12月至2014年12月，欣泰电气在上市后继续通过外部借款或者伪造银行单据的方式，在年末、半年末等会计期末冲减应收款项，大部分在下一会计期初冲回，导致其披露的相关年度和半年度报告财务数据存在虚假记载。公司存在"经营性现金流为负""应收账款余额较大"等问题，在2013年之后的四份财务报告中，"自制"银行单据的做法频频出现。金额较大的是2013年1月至6月，欣泰电气直接通过伪造银行进账单的方式虚构收回应收账款近1.29亿元。另外，欣泰电气实际控制人温德乙以员工名义从公司借款供其个人使用，截至2014年12月31日，占用欣泰电气6 388万元。欣泰电气在《2014年年度报告》中未披露该关联交易事项，导致《2014年年度报告》存在重大遗漏。

三、欣泰电气财务舞弊的经济后果

2015年7月14日，欣泰电气公告收到中国证监会立案调查通知，自此欣泰电气开始定期发布存在暂停上市风险提示信息；2015年11月27日，公司公告承认财务造假，从2011年到2014年，持续四年，六期财务报告，每期虚构收回应收账款从7 000多万元到近2亿元不等。事实上，早在2012年7月3日欣泰电气IPO（首次公开募股）成功过会之时，就曾有业内人士指出欣泰电气在上市前涉嫌虚增利润，约为其报表显示净利润的40%以上，且负债居高不下，涉嫌严重财务造假。2016年7月8日，欣泰电气公布了证监会的行政处罚，公司以及相关人员被罚款1 900余万元，公司董事长温德乙、总会计师刘明胜被处以终身证券市场禁入处罚，终身不得从事证券业务或担任上市公司董事、监事、高级管理人员职务。此外，欣泰电气承销商兴业证券及相关责任人也被罚没近5 800万元，相关会计师事务所、律所、评估公司也被立案调查。

四、企业舞弊的形成原因

除了产权模糊、责任虚置，现行的制度导向审计理论存在缺陷外，就外部审计而言，实质性程序失灵，分析程序不够也是重要原因。

绝大部分的舞弊采取虚构经济业务的方式，实行一条龙造假，针对目前的监管政策或审计手段进行精心设计，具有很强的隐蔽性和欺骗性。实务中，不少被审计单位聘用了原会计师事务所的从业人员，这使得他们对事务所的审计流程、审计手段、重要性水平等有了更进一步的了解。如果未能充分、合理地运用分析程序，没有站在战略和经营角度对被审计单位所处的行业发展前景及公司前景进行分析，没有对被审计单位的财务情况从行业、会计、财务和市场前景等多个角度进行分析，对可疑的线索视为当然，就不能深入探求真相，查错防弊。由于商业经营的复杂性及管理层的自利性，要想彻底消除舞弊是不可能的。但是，审计人员如果能够秉持专业怀疑态度，保持应有的职业谨慎，并熟悉各种可能的舞弊迹象，则必然能够增加揭示财务报表虚饰的可能性。

五、针对企业财务舞弊的审计策略

结合上述财务舞弊的行为特征和成因，可以发现：财务造假不是"一锤子买卖"，欣泰电气为了圆上市前的一个谎而延续了四年的造假路，最终付出了沉重代价，所有准备上市和已经上市的企业都应该引以为戒。审计是现代社会创造的控制系统的组成部分，旨在管理和控制公司权力的实施。

（一）制订周密的审计计划

审计人员在实施舞弊审计时，应当明确并切实履行其审计职责，尤其要对内部控制系统进行有目的的审查与评价，以便经济、有效地完成舞弊审计任务并降低审计风险。审计人员既要了解过去有关的事件及被审计组织或被审者的诸多表现，如管理层的工作态度、责任心及诚实品质等，又要警惕可能出现的不正当行为，尤其要重视那些容易产生错弊的资产情况，还要进行风险分析和控制评价。

在编制审计计划时，考虑到导致会计报表严重失实的错误与舞弊存在的可能性，除内部控制的固有限制外、被审计单位管理人员的品行或能力存在问题、被审计单位管理人员遭受异常压力、被审计单位存在异常交易、审计人员难以获取充分、适当的审计证据等情况会增加舞弊的可能性。

（二）通过了解企业财务状况以识别财务舞弊

有关财务舞弊征兆的研究表明，陷入财务困境的公司的管理层为了掩饰其财务困难，更有可能舞弊。因而，注册会计师与投资者应该对财务状况以及盈利质量差、面临巨大财务压力的公司的财务舞弊情况给予高度关注。财务分析的内容主要有短期偿债能力分析、长期偿债、能力分析、资产营运效率分析、获利能力分析、投资报酬分析、现金流动分析。对于企业的财务状况，可以从资产质量、偿债能力以及营运能力等方面来分析。

（三）谨慎选择客户

会计师事务所在接受客户前，应先做好征信调查，而且要评估自己有无能力提供此项鉴证服务。此外，会计师事务所在甄别客户时必须高度关注客户是否存在经营失败、客户管理当局是否存在重大欺诈行为的迹象。如果对于该客户管理阶层的诚信存有重大疑虑，应有勇气坚持立场，必要时尽早抛弃。事实上，选择优质客户，远离不良客户，已经成为会计师事务所提高审计质量、防范审计失败的重要环节。

资料来源：周涛. 企业财务舞弊行为及审计策略研究——以欣泰电气为例[J]. 当代经济，2016（26），有改动.

第二节　审计重要性

一、错报

（一）错报的定义

错报，是指某一财务报表项目的金额、分类、列报或披露，与按照适用的财务报告编制基础应当列示的金额、分类、列报或披露之间存在的差异；或根据注册会计师的判断，为使财务报表在所有重大方面实现公允反映，需要对金额、分类、列报或披露作出的必要调整。错报可能是由于错误或舞弊导致的。

错报可能由下列事项导致。

（1）收集或处理用以编制财务报表的数据时出现错误。

（2）遗漏某项金额或披露。

（3）由于疏忽或明显误解有关事实导致作出不正确的会计估计。

（4）注册会计师认为管理层对会计估计作出不合理的判断或对会计政策作出不恰当的选择和运用。

（二）累积识别出的错报

注册会计师可能将低于某一金额的错报界定为明显微小的错报，对这类错报不需要累积，因为注册会计师认为这些错报的汇总数明显不会对财务报表产生重大影响。"明显微小"不等同于"不重大"。明显微小错报的金额的数量级，与按照《中国注册会计师审计准则第1221号——计划和执行审计工作时的重要性》确定的重要性的数量级相比，是完全不同的（明显微小错报的数量级更小）。这些明显微小的错报，无论单独或者汇总起来，无论从规模、性质或其发生的环境来看都是明显微不足道的。如果不确定一个或多个错报是否明显微小，就不能认为这些错报是明显微小的。

注册会计师需要在制订审计策略和审计计划时，确定一个明显微小错报的临界值，低于该临界值的错报视为明显微小的错报，可以不累积。《中国注册会计师审计准则第1251号——评价审计过程中识别出的错报》第十六条规定，注册会计师应当在审计工作底稿中记录设定的某一金额，低于该金额的错报视为明显微小。确定该临界值需要注册会计师运用职业判断。在确定明显微小错报的临界值时，注册会计师可能考虑以下因素。

（1）以前年度审计中识别出的错报（包括已更正错报和未更正错报）的数量和金额。

（2）重大错报风险的评估结果。

（3）被审计单位治理层和管理层对注册会计师与其沟通错报的期望。

（4）被审计单位的财务指标是否勉强达到监管机构的要求或投资者的期望。

注册会计师对上述因素的考虑，实际上是在确定审计过程中对错报的过滤程度。注册会计师的目标是要确保不累积的错报（即低于临界值的错报）连同累积的未更正错报不会汇总成为重大错报。如果注册会计师预期被审计单位存在数量较多、金额较小的错报，可能考虑采用较低的临界值，以避免大量低于临界值的错报积少成多构成重大错报。如果注册会计师预期被审计单位错报数量较少，则可能采用较高的临界值。

注册会计师可能将明显微小错报的临界值确定为财务报表整体重要性的3%~5%，也可能低一些或高一些，但通常不超过财务报表整体重要性的10%，除非注册会计师认为有必要单独为重分类错报确定一个更高的临界值。如果注册会计师不确定一个或多个错报是否明显微小，就不能认为这些错报是明显微小的。

为了帮助注册会计师评价审计过程中累积的错报的影响以及与管理层和治理层沟通错报事项，将错报区分为事实错报、判断错报和推断错报可能是有用的。

（1）事实错报。事实错报是毋庸置疑的错报。这类错报产生于被审计单位收集和处理数据的错误，对事实的忽略或误解，或故意舞弊行为。例如，注册会计师在审计测试中发现购入存货的实际价值为15 000元，但账面记录的金额却为10 000元。因此，存货和应付账款分别被低估了5 000元，这里被低估的5 000元就是已识别的对事实的具体错报。

（2）判断错报。由于注册会计师认为管理层对会计估计作出不合理的判断或不恰当地选择和运用会计政策而导致的差异。这类错报产生于两种情况：一是管理层和注册会计师对会计估计值的判断差异。例如，包含在财务报表中的管理层作出的估计值超出了注册会计师确定的一个合理范围，导致出现判断差异。二是管理层和注册会计师对选择与运用会计政策的判断差异，由于注册会计师认为管理层选用会计政策造成错报，管理层却认为选用会计政策适当，导致出现判断差异。

（3）推断错报。注册会计师对总体存在的错报作出的最佳估计数，涉及根据在审计样本中识别出的错报来推断总体的错报。推断错报通常是指通过测试样本估计出的总体的错报减去在测试中发现的已经识别的具体错报。例如，应收账款年末余额为 2 000 万元，注册会计师测试样本发现样本金额有 100 万元的高估，高估部分为样本账面金额的 20%，据此注册会计师推断总体的错报金额为 400 万元（即 2 000×20%），那么上述 100 万元就是已识别的具体错报，其余 300 万元即推断误差。

（三）对审计过程识别出的错报的考虑

错报可能不会孤立发生，一项错报的发生还可能表明存在其他错报。例如，注册会计师识别出由于内部控制失效而导致的错报，或被审计单位广泛运用不恰当的假设或评估方法而导致的错报，均可能表明还存在其他错报。

抽样风险和非抽样风险可能导致某些错报未被发现。审计过程中累积错报的汇总数接近按照《中国注册会计师审计准则第 1221 号——计划和执行审计工作时的重要性》的规定确定的重要性，则表明存在比可接受的低风险水平更大的风险，即可能未被发现的错报连同审计过程中累积错报的汇总数，可能超过重要性。

注册会计师可能要求管理层检查某类交易、账户余额或披露，以使管理层了解注册会计师识别出的错报的产生原因，并要求管理层采取措施以确定这些交易、账户余额或披露实际发生错报的金额，以及对财务报表作出适当的调整。

二、重要性的定义

财务报告编制基础通常从编制和列报财务报表的角度阐释重要性概念。财务报告编制基础可能以不同的术语解释重要性，但通常而言，重要性概念可从下列方面进行理解。

如果合理预期错报（包括漏报）单独或汇总起来可能影响财务报表使用者依据财务报表作出的经济决策，则通常认为错报是重大的；对重要性的判断是根据具体环境作出的，并受错报的金额或性质的影响，或受两者共同作用的影响；判断某事项对财务报表使用者是否重大，是在考虑财务报表使用者整体共同的财务信息需求的基础上作出的。由于不同财务报表使用者对财务信息的需求可能差异很大，因此不考虑错报对个别财务报表使用者可能产生的影响。

在审计开始时，就必须对重大错报的规模和性质作出一个判断，包括确定财务报表整体的重要性和特定交易类别、账户余额和披露的重要性水平。当错报金额高于整体重要性水平时，就很可能被合理预期将对使用者根据财务报表作出的经济决策产生影响。

注册会计师使用整体重要性水平（将财务报表作为整体）的目的有：决定风险评估程

序的性质、时间安排和范围；识别和评估重大错报风险；确定进一步审计程序的性质、时间安排和范围。

在整个业务过程中，随着审计工作的进展，注册会计师应当根据所获得的新信息更新重要性。在形成审计结论阶段，要使用整体重要性水平和为了特定交易类别、账户余额和披露而确定的较低金额的重要性水平来评价已识别的错报对财务报表的影响与对审计报告中审计意见的影响。

 国际视野

美国审计准则中的重要性

2010 年 4 月，美国公众公司会计监督委员会（PCAOB）发布了第 312 条款——《执行审计时的风险和重要性》。这一条款明确指出，对于按照一般公认会计原则（GAAP）编制的财务报表的公允表达而言，有些事项是重要的，有些事项则是不重要的。而审计师要做的就是，在对财务报表进行审计的过程中，根据 GAAP 的要求，凭借掌握的审计证据，判断报表的整体内容是否因有重要的事项存在而影响了它的公允表达，之后再对判断的结果予以报告。由于条款中出现了"重要"一词，因此条款的附注部分还特意就"重要性"一词的概念做了说明：重要性也运用于规范财务报表编制的 GAAP 中。GAAP 对"重要性"做了如下界定："在具体环境下会计信息出现错报、漏报的程度。上述错报或漏报很可能会影响或改变依赖该会计信息的理性个人的判断。"

由此可以看出，美国审计准则中所提到的"重要性"与财务会计中所说的"重要性"是同一个词。由上述定义可以看出，所谓重要性，就是财务报表中存在错报、漏报的程度，而且当错报、漏报的程度影响到理性个人的判断时，就说明导致错报、漏报产生的情况是重要的；否则就不重要。

资料来源：张学军，刘诚. 财务报表审计"重要性"概念辨析[J]. 财会月刊，2014（3），有改动.

三、重要性水平的确定

在计划审计工作时，注册会计师应当确定一个合理的重要性水平，以发现在金额上重大的错报。注册会计师在确定计划的重要性水平时，需要考虑对被审计单位及其环境的了解、审计的目标、财务报表各项目的性质及其相互关系、财务报表项目的金额及其波动幅度。

（一）财务报表整体的重要性

由于财务报表审计的目标是注册会计师通过执行审计工作对财务报表发表审计意见，因此，注册会计师应当考虑财务报表整体的重要性。只有这样，才能得出财务报表是否公允反映的结论。注册会计师在制定总体审计策略时，应当确定财务报表整体的重要性。

确定多大错报会影响财务报表使用者所做决策，是注册会计师运用职业判断的结果。很多注册会计师根据所在会计师事务所的惯例及自己的经验，考虑重要性。

确定重要性需要运用职业判断。通常先选定一个基准，再乘以某一百分比作为财务报表整体的重要性。在选择基准时，需要考虑的因素包括以下几点。

（1）财务报表要素（如资产、负债、所有者权益、收入和费用）。

（2）是否存在特定会计主体的财务报表使用者特别关注的项目（如为了评价财务业绩，使用者可能更关注利润、收入或净资产）。

（3）被审计单位的性质、所处的生命周期阶段以及所处行业和经济环境。

（4）被审计单位的所有权结构和融资方式（例如，如果被审计单位仅通过债务而非权益进行融资，财务报表使用者可能更关注资产及资产的索偿权，而非被审计单位的收益）。

（5）基准的相对波动性。

适当的基准取决于被审计单位的具体情况，包括各类报告收益（如税前利润、营业收入、毛利和费用总额），以及所有者权益或净资产。对于以营利为目的的实体，通常以经常性业务的税前利润作为基准。如果经常性业务的税前利润不稳定，选用其他基准可能更加合适，如毛利或营业收入。就选定的基准而言，相关的财务数据通常包括前期财务成果和财务状况、本期最新的财务成果和财务状况、本期的预算和预测结果。当然，本期最新的财务成果和财务状况、本期的预算和预测结果需要根据被审计单位情况的重大变化（如重大的企业并购）和被审计单位所处行业和经济环境情况的相关变化等作出调整。例如，当按照经常性业务的税前利润的一定百分比确定被审计单位财务报表整体的重要性时，如果被审计单位本年度税前利润因情况变化出现意外增加或减少，注册会计师可能认为按照近几年经常性业务的平均税前利润确定财务报表整体的重要性更加合适。

在通常情况下，对于以营利为目的的企业，利润可能是大多数财务报表使用者最为关注的财务指标，因此，注册会计师可能考虑选取经常性业务的税前利润作为基准。但是在某些情况下，例如，企业处于微利或微亏状态时，采用经常性业务的税前利润为基准确定重要性可能影响审计的效率和效果。注册会计师可以考虑采用以下方法确定基准。

（1）如果微利或微亏状态是由宏观经济环境的波动或企业自身经营的周期性所导致，可以考虑采用过去3~5年经常性业务的平均税前利润作为基准。

（2）采用财务报表使用者关注的其他财务指标作为基准，如营业收入、总资产等。

注册会计师要注意的是，如果被审计单位的经营规模较上年度没有重大变化，通常使用替代性基准确定的重要性不宜超过上年度的重要性。

注册会计师为被审计单位选择的基准在各年度中通常会保持稳定，但是并非必须保持一贯不变。注册会计师可以根据经济形势、行业状况和被审计单位具体情况的变化对采用的基准作出调整。例如，被审计单位处在新设立阶段时注册会计师可能采用总资产作为基准，被审计单位处在成长期时注册会计师可能采用营业收入作为基准，被审计单位进入经营成熟期后注册会计师可能采用经常性业务的税前利润作为基准。

为选定的基准确定百分比需要运用职业判断。百分比和选定的基准之间存在一定的联系，如经常性业务的税前利润对应的百分比通常比营业收入对应的百分比要高。例如，对以营利为目的的制造行业实体，注册会计师可能认为经常性业务的税前利润的5%是适当的；而对非营利组织，注册会计师可能认为总收入或费用总额的1%是适当的。百分比无论是高一些还是低一些，只要符合具体情况，都是适当的。

在确定百分比时，除了考虑被审计单位是否为上市公司或公众利益实体外，其他因素也会影响注册会计师对百分比的选择，这些因素包括但不限于以下几种情况。

（1）财务报表使用者的范围。

（2）被审计单位是否有集团内部关联方提供融资或是否有大额对外融资（如债券或银行贷款）。

（3）财务报表使用者是否对基准数据特别敏感（如具有特殊目的财务报表的使用者）。

注册会计师在确定重要性水平时，不需考虑与具体项目计量相关的固有不确定性。例如，财务报表含有高度不确定性的大额估计，注册会计师并不会因此而确定一个比不含有该估计的财务报表更高或更低的财务报表整体重要性。

（二）特定类别交易、账户余额或披露的重要性水平

根据被审计单位的特定情况，下列因素可能表明存在一个或多个特定类别的交易、账户余额或披露，其发生的错报金额虽然低于财务报表整体的重要性，但合理预期将影响财务报表使用者依据财务报表作出的经济决策。

（1）法律法规或适用的财务报告编制基础是否影响财务报表使用者对特定项目（如关联方交易、管理层和治理层的薪酬）计量或披露的预期。

（2）与被审计单位所处行业相关的关键性披露（如制药企业的研究与开发成本）。

（3）财务报表使用者是否特别关注财务报表中单独披露的业务的特定方面（如新收购的业务。

在根据被审计单位的特定情况考虑是否存在上述交易、账户余额或披露时，了解治理层和管理层的看法与预期通常是有用的。

（三）实际执行的重要性

实际执行的重要性，是指注册会计师确定的低于财务报表整体重要性的一个或多个金额，旨在将未更正和未发现错报的汇总数超过财务报表整体的重要性的可能性降至适当的低水平。如果适用，实际执行的重要性还指注册会计师确定的低于特定类别的交易、账户余额或披露的重要性水平的一个或多个金额。

仅为发现单项重大的错报而计划审计工作将忽视这样一个事实，即单项非重大错报的汇总数可能导致财务报表出现重大错报，更不用说还没有考虑可能存在的未发现错报。确定财务报表整体的实际执行的重要性（根据定义可能是一个或多个金额），旨在将财务报表中未更正和未发现错报的汇总数超过财务报表整体的重要性的可能性降至适当的低水平。

与确定特定类别的交易、账户余额或披露的重要性水平相关的实际执行的重要性，旨在将这些交易、账户余额或披露中未更正与未发现错报的汇总数超过这些交易、账户余额或披露的重要性水平的可能性降至适当的低水平。

确定实际执行的重要性并非简单机械的计算，需要注册会计师运用职业判断，并考虑下列因素的影响：对被审计单位的了解（这些了解在实施风险评估程序的过程中得到更新）；前期审计工作中识别出的错报的性质和范围；根据前期识别出的错报对本期错报作出的预期。

通常而言，实际执行的重要性通常为财务报表整体重要性的50%~75%。

如果存在下列情况，注册会计师可能考虑选择较低的百分比来确定实际执行的重要性：首次接受委托的审计项目；连续审计项目，以前年度审计调整较多；项目总体风险较高，如处于高风险行业、管理层能力欠缺、面临较大市场竞争压力或业绩压力等；存在或预期存在值得关注的内部控制缺陷。

如果存在下列情况，注册会计师可能考虑选择较高的百分比来确定实际执行的重要性：连续审计项目，以前年度审计调整较少；项目总体风险为低等到中等，如处于非高风险行业、管理层有足够能力、面临较低的市场竞争压力和业绩压力等；以前期间的审计经验表明内部控制运行有效。

审计准则要求注册会计师确定低于财务报表整体重要性的一个或多个金额作为实际执行的重要性，注册会计师无须通过将财务报表整体的重要性平均分配或按比例分配至各个报表项目的方法来确定实际执行的重要性，而是根据对报表项目的风险评估结果，确定如何确定一个或多个实际执行的重要性。例如，根据以前期间的审计经验和本期审计计划阶段的风险评估结果，注册会计师认为可以以财务报表整体重要性的75%作为大多数报表项目的实际执行的重要性；与营业收入项目相关的内部控制存在控制缺陷，而且以前年度审计中存在审计调整，因此考虑以财务报表整体重要性的50%作为营业收入项目的实际执行的重要性，从而有针对性地对高风险领域执行更多的审计工作。

（四）审计过程中修改重要性

由于存在下列原因，注册会计师可能需要修改财务报表整体的重要性和特定类别的交易、账户余额或披露的重要性水平（如适用）：审计过程中情况发生重大变化（如决定处置被审计单位的一个重要组成部分）；获取新信息；通过实施进一步审计程序，注册会计师对被审计单位及其经营所了解的情况发生变化。例如，注册会计师在审计过程中发现，实际财务成果与最初确定财务报表整体的重要性时使用的预期本期财务成果相比存在着很大差异，则需要修改重要性。

 相关链接

审计重要性的变化及其对审计工作的影响

审计重要性是审计理论和实务的重要概念，重要性概念的运用贯穿于整个审计过程。正确认识审计重要性对于注册会计师设计有效的审计程序，获取充分、适当的审计证据至关重要。为了方便审计人员理解和运用审计重要性，体现与国际接轨的原则，2010年中国注册会计师协会重新修订了与重要性相关的审计准则。

2010年的新准则将原来的《中国注册会计师审计准则第1221号——重要性》拆分，修订为《中国注册会计师审计准则第1221号——计划和执行审计工作时的重要性》与《中国注册会计师审计准则第1251号——评价审计过程中识别出的错报》两个准则。第1221号和第1251号这两个准则的核心变化体现在如何确定计划审计工作时的重要性以及审计实施阶段的重要性。

一、审计计划阶段确定实际执行的重要性

在审计开始时，即在编制总体审计策略时就必须对重大错报的规模和性质作出一个判断，包括制定财务报表层次的重要性和特定交易类别、账户余额和披露的重要性水平，以发现金额上的重大错报。当错报金额低于整体重要性水平时就很可能被合理预期，并将对使用者根据财务报表作出的经济决策产生影响。

新准则的重要变化体现在：注册会计师在制定总体审计策略时，应当根据被审计单位的特定情况，如果存在一个或多个特定类别的交易、账户余额或披露，其发生的错报金额虽然低于财务报表整体的重要性，但合理预期可能影响财务报表使用者依据财务报表作出的经济决策，注册会计师还应当确定适用于这些账户余额或披露的一个或多个重要性水平。而在 2006 年的重要性准则中，要求注册会计师在审计计划阶段除了确定财务报表整体的重要性水平外，硬性规定必须确定各类交易、账户余额或披露认定层次的重要性水平，即确定"可容忍错报"。在实务中的做法是可以将财务报表层次的重要性分配给各类交易或账户余额，也可以不分配。而在 2010 年的重要性准则中就没有这一硬性规定。

例如，某一企业是国家认可的高新技术企业，法律法规规定：其开发支出必须达到净利润的 3%。假设该企业的年末净利润是 500 万元，其研发支出至少要达到 15 万元，否则有可能被取消"高新技术企业"的称号。与开发支出相关的账户和交易就是财务报表使用者特别关注的项目与交易，注册会计师就有必要确定"开发支出"账户的重要性水平。特别是管理层在认定开发支出与 15 万元很接近时，显示管理层很可能有错报的倾向。对"开发支出"账户的计划重要性水平往往确定得很低，以期在实施审计测试时发现开发支出上的错报，因为，如果该账户存在高估的错报，很可能被国家取消"高新技术企业"的称号，从而丧失很多政策上的优惠。

二、审计实施阶段确定实际执行的重要性

在审计实施阶段，注册会计师应当确定实际执行的重要性。在新准则中，首次提出"实际执行的重要性"的概念，同时，实际执行的重要性在审计测试中的确定以及对审计工作的具体要求和原来相比也不一样。实际执行的重要性是指：注册会计师确定的低于财务报表整体重要性的一个或多个金额，旨在将未更正错报和未发现错报的汇总数超过财务报表整体重要性的可能性降至适当的低水平。

通常而言，实际执行的重要性通常为财务报表整体重要性的 50%~75%。接近财务报表整体重要性 50%的情况：非经常性审计，以前年度审计调整较多、项目总体风险较高；接近财务报表整体重要性 75%的情况：经常性审计，以前年度调整较少、项目总体风险较低。确定实际执行的重要性的主要作用是帮助注册会计师判断某账户或交易是否重要或重大的标准。例如，当注册会计师确定的财务报表整体重要性水平为 150 万元，那么确定的实际执行的重要性是 150 万元×50%=75 万元。假设某账户的金额为 80 万元，由于 80 万元＞75 万元，说明该账户是重要的账户。再考虑与该账户相关的固有风险（该账户是否是由很多类别构成、代表的实物是否容易陈旧过时、是否容易遭受失窃、金额确定的难易程度等因素）和控制风险的高低，进一步确定该账户是否为重大的账户。如

果该账户的固有风险和控制风险较高，说明该账户应该被确定为重大的账户；相反，即使某一账户的金额高于实际执行的重要性，如果固有风险和控制风险较低，发生错报的可能性并不高，可以将该账户仅仅确定为重要的账户而非重大的账户即可。

资料来源:刘安兵. 审计重要性的变化及其对审计工作的影响[J]. 中国注册会计师,2012(5),有改动.

四、重要性水平在确定审计意见报告类型时的运用

（一）错报未达到重要性水平

财务报表中存在错报，但不会影响理智使用者的决策，这种错报是不重要的错报，注册会计师出具的审计报告就可以是无保留意见的。某企业的预付保险费在以前年度都是以资产入账的，但是在当期却被全部记入了费用，公司管理当局没有遵循一般公认会计原则，但是如果这部分的金额非常小，就属于不重要的错误，审计人员就可以签发标准无保留意见的审计报告。

（二）错报达到重要性水平，但不影响财务报表整体

当财务报表中有重大错报，而且这种错报会影响报表使用者做决策，但是财务报表整体仍然是公允表达的，仍然是有用的，这时就存在第二个层次的重要性水平。在大额固定资产已经抵押的情况下，固定资产中若出现大额错报，就会影响报表使用者如银行给公司提供贷款的意愿。

当注册会计师在判断错报是否重要时，要对影响财务报表的所有相关因素进行评价。因为存货项目上的错报会对其他报表项目有影响，有时甚至影响财务报表整体，审计人员如果不能就存货是否公允表达得出令他满意的结论，他就应当考虑错报的存货对存货项目、流动资产总额、所得税、应交税金、流动负债总额、销货成本、税前净利，以及税后净利等的综合影响。当注册会计师得出结论错报是重要的，但是没有对财务报表整体产生影响，那么他就可以出具保留意见的审计报告。

（三）错报达到重要性水平，并且影响了财务报表整体的公允表达

如果报表使用者依赖财务报表作出了错误的决策，此时就存在重要性水平的第三个层次——最高层次。如果财务报表中的存货项目金额最大，那么存货错报就很可能非常重要，以至于影响整体财务报告的公允表达。当存在最高层次的重要性水平时，注册会计师出具的审计报告必须是无法表示意见或否定意见的，具体是哪种审计意见，取决于存在哪种具体情形。

在确定例外事项错报的重要程度时，审计人员应当考虑相关事项对财务报表影响程度大小，即牵涉性的问题。如果是将现金和应收账款分类弄混，影响的仅是现金和应收账款这两个项目的金额，影响面较小。如果漏记了重要的销售收入，就不仅会影响销售收入，还会涉及应收账款、所得税费用、应交税金和留存收益，转而影响流动资产、总资产、流动负债、总负债、所有者权益、毛利和营业收入，牵涉面很大。当错报牵涉性很广时，注

册会计师就应当考虑是否出具否定意见的审计报告。若他在现金和应收账款的错误分类问题上只是出具了保留意见的审计报告，那么对于漏记销售收入问题，即使金额是相同的，因为它的牵涉面很大，他就会出具否定意见的审计报告。

 **本章小结**

（1）明确审计的前提条件：①确定管理层在编制财务报表时采用的财务报告编制基础是否可接受；②就管理层认可并理解其责任与管理层达成一致意见。

（2）审计业务条款的变更原因：①环境变化对审计服务的需求产生影响；②对原来要求的审计业务的性质存在误解；③无论是管理层施加的还是其他情况引起的审计范围受到限制。

（3）掌握确定财务报表整体重要性的方法：选定一个基准，再乘以某一百分比。明确在选择基准时需要考虑的因素。

（4）学会如何确定明显微小错报的临界值，明确确定临界值时应考虑的因素。

 **关键词汇**

审计的前提条件（prerequisites for auditing） 重要性（materiality） 错报（misstatement）

 思考题

1. 蓝天会计师事务所首次接受委托，审计 A 公司 2017 年度财务报表，A 公司处于新兴行业，面临较大的竞争压力，目前侧重于抢占市场份额，审计工作底稿中与重要性和错报评价相关的部分内容摘录如下。

（1）考虑到 A 公司所处市场环境，财务报表使用者最为关心收入指标，审计项目组将营业收入作为确定财务报表整体重要性的基准。

（2）经与前任注册会计师沟通，审计项目组了解 A 公司以前年度内部控制运行良好、审计调整较少，因此，将实际执行的重要性确定为财务报表整体重要性的 75%。

请问：审计项目组的上述做法是否恰当？如不恰当，请说明理由。

2. 甲公司是 ABC 会计师事务所的常年审计客户，主要从事海产品的加工和销售。A 注册会计师负责审计甲公司 2017 年度财务报表，确定财务报表整体的重要性为 100 万元。审计报告日为 2018 年 4 月 20 日。在审计底稿中记录了重大事项的处理情况：审计过程中累积的错报合计 200 万元。因管理层已全部更正，A 注册会计师认为错报对审计工作和审计计划没有影响。

请问：A 注册会计师的做法是否恰当？如不恰当，请说明理由。

3. 上市公司甲是星海会计师事务所的常年审计客户，A 注册会计师负责审计甲公司 2015 年的财务报表。假设财务报表整体重要性水平为 80 万元，税前会计利润为 50 万元。审计工作底稿中与确定重要性和评估错报相关的部分内容摘录如下。

甲公司 2015 年年末非流动负债余额中包括一年内到期的长期借款 2 500 万元，占非流动负债总额的 50%，A 注册会计师认为，该错报对利润表没有影响，不属于重大错报，同意管理层不予调整。

请问：A 注册会计师的做法是否恰当？如不恰当，请说明理由。

4. 云顶公司是新化会计师事务所的常年审计客户，李明是新化会计师事务所的注册会计师，负责云顶公司 2017 年财务报表的审计工作。假设财务报表整体重要性水平为 70 万元，税前会计利润为 40 万元。审计工作底稿中相关记录如下。

李明发现一项影响利润表的错报，即管理费用少计 60 万元，他认为，该错报金额小于财务报表整体的重要性，不属于重大错报，同意管理层不予调整。

请问：李明的做法是否恰当？如不恰当，请说明理由。

5. ABC 会计师事务所首次接受委托，负责审计上市公司甲的 2017 年度财务报表，并委派 A 注册会计师担任审计项目合伙人。在签署审计报告前，A 注册会计师授权 ABC 会计师事务所另一合伙人 C 注册会计师复核了所有审计工作底稿，并就重大事项与其进行了讨论。

针对上述事项，指出 ABC 会计师事务所及审计项目组成员存在哪些可能违反审计准则和质量控制准则的情况，并简要说明理由。

练习题

甲公司是 ABC 会计师事务所的常年审计客户。A 注册会计师负责审计甲公司 2015 年度财务报表，确定财务报表整体重要性 100 万元。审计报告日为 2016 年 4 月 20 日。注册会计师 A 在工作底稿中记录了审计计划：拟实施的进一步审计程序的范围是，金额高于实际执行的重要性的财务报表项目；金额低于实际执行的但存在财务舞弊风险的财务报表项目。

请问：注册会计师 A 的做法是否恰当？如不恰当，请说明理由。

案例讨论题

瑞达公司为扩大业务发展急需资金，需向银行贷款。银行要求其出具审计报告方可作出给其发放贷款的决定。于是瑞达公司决定聘请华信会计师事务所对其进行审计，瑞达公司此前并未进行过审计。

注册会计师林晓刚到瑞达公司就发现了诸多问题，会计账册不齐、账未平等。林晓用了一周的时间帮助瑞达公司整理会计账簿，但瑞达公司会计人员向部门经理反映注册会计师过于苛刻，影响其正常工作。第二周，林晓向会计人员索要客户资料，以便进行函证，会计人员以涉及公司机密为由拒绝提供相关资料。接着，林晓又要求瑞达公司在年末这一天停止生产，以便对存货进行盘点。瑞达公司以生产任务重为由，再次拒绝。

林晓只得将此情况向华信会计师事务所合伙人汇报。合伙人王礼立刻与瑞达公司总经理进行接洽，告知如果无法进行函证和盘点，华信会计师事务所将对其出具无法表示意见的审计报告。总经理闻言，十分生气。不但命令注册会计师林晓立即离开瑞达公司，还拒绝支付其前两周的审计费用。合伙人王礼也非常生气，严肃地告知总经理，除非瑞达公司付清所有的审计费用，否则，前两周由林晓代编的会计账簿将不予归还。

试问：华信会计师事务所的做法是否妥当？从审计前是否与客户妥善会谈、是否与客户签订了业务委托书、是否制订了审计计划等方面进行考虑。

 **简答题**

1、ABC 会计师事务所承接上市公司甲公司 2020 年度财务报表审计业务，甲公司所在的行业、规模和主要业务性质与 ABC 的常年审计客户丙公司相类似，ABC 会计师事务所在制定总体审计策略和具体审计计划时，做出下列判断：

（1）由于甲公司与常年审计客户丙公司所在的行业、规模和业务性质相似，因此确定的重要性水平与丙公司相同。

（2）总体审计策略不受具体审计计划的影响。

（3）由于甲公司的情况和丙公司的相似，所以认为可以不进行风险评估，直接进行进一步审计程序。

（4）审计项目组认为无须对金额低于明显微小错报的财务报表项目实施进一步审计程序。

（5）在制订具体审计计划之前制定总体审计策略。

（6）注册会计师应当合理设计审计程序的性质、时间、安排和范围，并有效执行审计程序，以控制重大错报风险。

要求：针对上述第（1）～（6）项，逐项指出注册会计师的做法是否恰当。如不恰当，简要说明理由。

2、ABC 会计师事务所首次接受委托审计甲公司 2020 年度财务报表，甲公司处于新兴行业，市场竞争较为激烈，目前侧重于抢占市场份额。审计工作底稿中与重要性和重大错报风险评价相关的部分内容摘录如下：

（1）考虑到甲公司所处的市场环境是新兴行业，市场竞争比较激烈，财务报表使用者最为关注的是收入指标，所以审计项目组将营业收入作为确定财务报表重要性的基准。

（2）基准一经确定后，应当在以后的各年度保持一致。

（3）经过与前任注册会计师沟通，审计项目组考虑到甲公司以前年度审计中识别出的错报的数量和金额，故将明显微小错报的临界值确定为财务报表整体重要性的 5%，该临界值也适用于重分类错报。

（4）具体审计计划的核心是确定审计的范围和审计方案。

（5）在总体审计策略中确定了风险评估程序和进一步审计程序的性质、时间安排和范围。

（6）A 注册会计师在审计过程中未提出审计调整建议，已审财务报表与未审财务报表一致，因此认为无须在临近审计结束时运用分析程序对财务报表进行总体复核。

要求：针对上述第（1）～（6）项，逐项指出注册会计师的做法是否恰当。如不恰当，简要说明理由。

3、ABC 会计师事务所承接上市公司甲公司 2020 年度财务报表审计业务，甲公司处于新兴的市场行业，行业竞争非常激烈，本年度甲公司面临较大的市场竞争压力。 ABC 会计师事务所在确定财务报表重要性时选择基准、基准百分比以及实际执行的重要性水平，做出了下列判断：

（1）注册会计师充分考虑被审计单位的性质、生命周期和重大错报风险，选取适当的基准。

（2）基准可以是前期的财务成果和财务状况，也可以是本期财务数据的预算和预测结果。

（3）注册会计师在确定实际执行的重要性水平时，综合考虑了财务报表整体的重要性、风险评估程序的结果、被审计单位管理层和治理的预期、项目整体风险的高低等因素。

（4）重要性水平取决于具体环境下对错报金额和性质的判断。

（5）经过与前任注册会计师的沟通，审计项目组了解到甲公司以前年度内部控制运行良好，因此，将实际执行的重要性确定为财务报表整体重要性的75%。

（6）拟实施的进一步审计程序的范围是：金额高于实际执行的重要性的财务报表项目，金额低于实际执行的重要性但存在的舞弊风险的财务报表项目。

要求：针对上述第（1）～（6）项，逐项指出注册会计师的做法是否恰当。如不恰当，简要说明理由。

自测题

单项选择题	多项选择题	判断题
自学自测　扫描此码	自学自测　扫描此码	自学自测　扫描此码

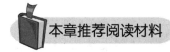
本章推荐阅读材料

1. 刘志耕. 加强审计计划阶段主审与助审沟通的几点建议[J]. 财务与会计，2017（11）.

2. 吴向民，师璇，邓芳. 集团企业审计计划模型优化设计与应用——基于项目组合选择视角[J]. 财会通讯，2018（10）.

3. 白永平. 审计项目计划管理的思考[J]. 中国审计，2001（7）.

4. 聂曼曼，沈铖. 审计项目计划管理的原则和内容[J]. 财会通讯，2005（9）.

5. 杨玉新. 重要性概念及其在审计中的运用[J]. 财会通讯，2010（10）.

6. 方宝璋. 试论审计重要性水平[J]. 审计研究，2004（4）.

7. 孙小红. 审计重要性水平探讨[J]. 财会通讯，2010（4）.

8. 蔡立新. 影响审计重要性水平判断的因素分析及相关建议[J]. 财会月刊，2010（16）.

9. 张学军，刘诚. 财务报表审计"重要性"概念辨析[J]. 财会月刊，2014（3）.

10. 王信平. 重要性水平与审计报告价值[J]. 财会月刊，2011（22）.

| 第四章 |

内部控制审计

 学习提要与目标

内部控制经历了较长的发展阶段。内部控制的目标是合理保证企业经营管理合法合规、资产安全、财务报告及相关信息真实完整，提高经营效率和效果，促进企业实现发展战略。内部控制由五个要素构成。内部控制存在固有局限性，无论如何设计和执行，只能对财务报告的可靠性提出合理的保证。控制测试的设计主要涉及控制测试的性质、时间和范围。内部控制评价包括评价内部控制设计和运行的有效性。

本章的学习目标是：

（1）了解内部控制的定义和局限性；

（2）理解内部控制的目标和构成要素；

（3）掌握注册会计师了解与评价内部控制的程序和方法；

（4）掌握控制测试的内涵、性质、时间和范围。

 引例

中航油期货投机巨额亏损

中国航油公司（以下简称"中航油"）通过国际石油贸易、石油期货等衍生金融工具的交易，其净资产已经从1997年的16.8万美元增加到2004年1.35亿美元，增幅高达800倍。但在2004年11月，中航油因误判油价走势，在石油期货投机上亏损5.5亿美元。这一事件被认为是著名的"巴林银行悲剧"的翻版：10年前，在新加坡期货市场上，欧洲老牌的巴林银行因雇员违规投机操作，令公司损失13亿美元并导致被一家荷兰银行收购。曾经在7年间实现资产增值800倍的海外国企中航油，缘何短短几个月内就在期货投机市场上背负5.5亿美元的巨债？

1993年成立的中航油，由中央直属大型国企中国航空油料控股公司控股，总部和注册地位于新加坡。陈久霖接任董事长后，公司垄断了中国国内航空油品市场的采购权，2003年中航油净资产超过1亿美元，总资产达到30亿美元。2001年中航油在新加坡上市，转型为包含实业、工程与贸易的多元化投资公司。

中航油的内控形同虚设。按中航油规定，管理层每周会收到来自贸易部门、风险控制员和风险管理委员会主任的《周报》，而在2004年年中以前，这三份《周报》都没有提及期权投机情况。开展石油期权业务后，中航油并未对期权本身权高的市场风险给予

足够重视，未对风险管理制度加以完善，缺乏针对期权的风险管理规定。对期权交易风险管理在意识和制度上的欠缺导致管理层一意孤行，技术失误被数倍扩大。管理层个人影响力在企业内过度膨胀，内控不力，忽略风险的行为未能得到有效监督与纠正。陈久霖董事长为所欲为，违规从事场外石油指数期权交易。越权批准超限额交易，擅自决定对可控期权交易挪盘和挪用备用信用证。隐瞒期权交易的真实潜亏情况及出售 15%股权的法律风险并伪造文书。

中航油内部控制失败的案例启示我们：要完善企业的内部控制，要有明确的内控主体和控制目标，要有先进的管理控制防范和高素质的管理人才。

第一节　内部控制的内涵

一、内部控制的概念

（一）内部控制的定义

内部控制是由企业董事会、监事会、经理层和全体员工实施的、旨在实现控制目标的过程。具体地说，内部控制系统是指一个单位的董事会、监事会和经理层，为了实现其发展战略，提高经营活动的效率，确保信息的正确可靠，保护财产的安全完整，遵循相关的法律法规，利用单位内部因分工而产生的相互制约、相互联系的关系，形成一系列具有控制职能的方法、措施和程序，并予以规范化和系统化，使之组成一个较为完整的体系。

可以从以下几个方面来理解内部控制的概念。

1. 内部控制是一个动态的过程

内部控制是一个动态的过程，这一过程不仅包括控制制度、程序和标准，还将理念、价值观、员工胜任能力和管理风格融入其中。只有将内部控制作为一个集控制制度、控制程序、控制环境为一体的动态化过程来把握，才有可能取得理想的效果。

2. 内部控制贯穿于企业的各个层面

企业涉及公司层和业务层两个层面，无论是公司的治理层和管理层，还是各业务层，都必须实施内部控制。企业实施内部控制必须避免两类片面性：重公司层内部控制而轻业务层内部控制，或者重视业务层内部控制而忽视公司层内部控制。

3. 内部控制贯穿于企业各单元

企业经营与管理涉及采购、生产、营销、研究与开发、人力资源、财务与会计、审计等单元，这些单元都必须构建和实施内部控制。也就是说，按照基本规范的要求，不仅财务与会计、审计等管理单元需要完善内部控制，采购、生产、营销、研究与开发、人力资源等管理单元也必须按基本规范的要求构建和运行内部控制。

4. 内部控制包括五个相互交叉的目标

内部控制的目标包括合理保证企业经营管理合法合规、资产安全、财务报告及相关信息真实完整，提高经营效率和效果，促进企业实现发展战略。上述五个目标是相互交织在一起的，我们不能将其当作彼此孤立的目标来对待。例如，经营管理合法合规和财务报告及相关信息真实完整是两个方面的目标，对内部控制的设计有不同的侧重点，但是这两个方面是相互交织的，因为如果企业财务报告及相关信息违背了真实完整的要求，这本身就是经营管理的违法违规。

5. 内部控制能够为目标的实现提供合理保证

完善的内部控制能够促进企业完成上述五个目标，为目标实现提供合理保证。但是由于内部控制具有自身局限性，不能提供绝对保证。内部控制是实现目标的必要条件，而不是充分条件。内部控制必须嵌入整个公司的治理和管理，与其他治理和管理手段相结合，才能确保目标的实现。

（二）内部控制的发展进程

内部控制经历了较长的发展阶段，逐步形成了科学的体系。

1. 内部牵制阶段

在 20 世纪 40 年代前，人们习惯使用内部牵制这一概念。内部牵制主要通过职责划分、业务流程、簿记系统等来完成，其目标主要是防止组织内部的错误和舞弊，通过保护组织财产的安全来保障组织运转的有效性。主要特点是：任何个人或部门不能单独控制任何一项或一部分业务权力的方式进行组织的责任分工。在现代内部控制理论中，内部牵制仍占有重要地位，成为有关组织机构控制和职务分离控制的基础。

2. 内部控制阶段

20 世纪 40 年代末至 70 年代，内部控制这一概念得到了重视。1949 年美国注册会计师协会的审计程序委员会在《内部控制：一种协调制度要素及其对管理当局和独立注册会计师的重要性》的报告中，对内部控制首次作出权威性定义："内部控制包括一个企业内部为保护资产，审核会计数据的正确性和可靠性，提高经营效率，坚持既定管理方针而采用的组织计划，以及各种协调方法和措施。"这一范围广泛的定义在当时被普遍认为是对理解内部控制这一概念的重大贡献，在此之前内部控制概念从未受到如此的重视。

1953 年 10 月，美国审计程序委员会对上述定义进行了第一次修正，在《审计程序公告第 19 号》"广义地说，内部控制按其热点可以划分为会计控制和管理控制。这就是内部控制的制度二分法"。

3. 内部控制结构阶段

20 世纪 80 年代至 90 年代初，西方会计审计界研究的重点逐步从内部控制一般含义向具体内容深化。1988 年美国注册会计师协会发布《审计准则公告第 55 号》，首次以"内部控制结构"代替"内部控制"，指出"企业的内部控制结构包括为提供取得企业特定目标的合理保证而建立的各种政策和程序"。内部控制结构是指为了对实现特定公司目标提供合理保证而建立的一系列政策和程序构成的有机整体，包括控制环境、会计系统及控制程序三个要素。

控制环境，反映董事会、经理层、业主和其他人员对控制的态度与行为。其具体包括管理哲学和经营作风、组织结构、董事会及审计委员会的职能、人事政策和程序、确定职权和责任的方法、经理层监控和检查工作时所用的控制方法。

会计制度规定各项经济业务的确认、归集、分类、分析、登记和编报方法。一个有效的会计系统包括以下内容：鉴定和登记一切合法的经济业务；对各项经济业务进行适当分类，作为编制财务报表的依据；计量经济业务的价值以使其货币价值能够在财务报表中记录；确定经济业务发生的时间，以确保它记录在适当的会计期间；在财务报表中恰当地表述经济业务及有关内容。

控制程序，指经理层制定的政策和程序，以保证达到一定的目的。它包括：经济业务和活动的批准权；明确各员工的职责分工；充分的凭证、账单设置和记录；资产和记录的接触控制；业务的独立审核等。

4. 内部控制整合框架阶段

进入 20 世纪 90 年代，人们对内部控制的研究进入了一个全新的阶段。1992 年 9 月，美国反对虚假财务报告委员会下属的由美国会计学会、美国注册会计师协会、美国国际内部审计师协会、美国财务经理协会和美国管理会计师学会等组织参与的发起组织委员会发布报告《内部控制——整合框架》，即"COSO 报告"，该报告具有广泛的适用性，并于 2003 年进行了增补。这份报告提出了内部控制的三项目标和五大要素。在这一时期，世界各国相继颁布内部控制框架。

 相关链接

《萨班斯—奥克斯利法案》的诞生与影响

安然公司、施乐公司和世界通信公司等上市公司财务造假丑闻的连续发生引发了整个美国社会对上市公司的信任危机，导致美国股市的持续下跌。为拯救美国的资本市场，恢复投资者的信心，2002 年 7 月，美国国会颁布了《2002 年公众公司会计改革与投资者保护法案》，由于此项法案是由参议院民主党议员萨班斯和众议院共和党议员奥克斯利共同提出的，又称《萨班斯—奥克斯利法案》（简称《萨班斯法案》），该法案于 2002 年 7 月 30 日正式生效。

美国总统布什在签署《萨班斯法案》时称，"这是自罗斯福总统以来对美国商业者影响最为深远的改革法案"。《萨班斯法案》提出了多项改革措施，其中最主要的是对企业内部控制、内部控制审计提出了新的更严苛的要求，对企业内部控制体系的缺失提出了严厉的处罚。该法案强制要求上市公司建立内部控制体系，由注册会计师验证并出具审计报告。

资料来源：根据中国注册会计师协会翻译的《萨班斯法案》等相关资料整理。

5. 内部控制整合框架——风险管理阶段

2004 年 4 月，美国 COSO（发起人委员会）在广泛吸收各国理论界和实务界研究成果的基础上，颁布了《企业风险管理框架》。该框架在 1992 年 COSO 的内部控制整合框架报告的基础上建立企业风险管理框架，将企业管理的重心由内部控制转向风险管理。相对于内部控制整合框架而言，新的 COSO 报告增加了一个观念即风险组合观，一个目标即战略目标，两个概念即风险偏好和风险容忍度，三个要素即目标制订、事项识别和风险反应。企业风险管理包括八个相互关联的要素，贯穿在企业的管理过程之中。2017 年版本的风险管理框架对风险和风险的定义进行了更新。

我国从 20 世纪 90 年代开始，加大了推行企业内部控制的力度。1996 年 12 月财政部发布《独立审计具体准则第 9 号——内部控制与审计风险》规定了注册会计师对被审计单位内部控制的审查责任。在 2000 年 7 月实施的《中华人民共和国会计法》中，以法律形式对我国企业和单位的内部控制提出了明确的要求。作为《中华人民共和国会计法》的配套规章，2001 年 6 月，财政部颁布了《内部会计控制规范——基本规范（试行）》及相关具体内部控制规范。2006 年 7 月 15 日财政部联合有关部门成立了企业内部控制标准委员会，全面启动了我国企业内部控制标准建设工作。2008 年 6 月 28 日，为了加强和规范企业内部控制，提高企业经营管理水平和风险防范能力，促进企业可持续发展，财政部会同证监会、审计署、银监会、保监会等部门发布了《企业内部控制基本规范》。为推动《企业内部控制基本规范》的应用，2010 年 4 月 26 日，财政部又会同证监会、审计署、国资委、银监会、保监会等部门发布了《企业内部控制配套指引》，包括《企业内部控制应用指引》《企业内部控制评价指引》和《企业内部控制审计指引》。上述《企业内部控制配套指引》与《企业内部控制基本规范》，共同建立起我国的企业内部控制规范体系。

2006 年 2 月 15 日财政部发布，2007 年 1 月 1 日实施，2010 年 11 月 1 日修订的《中国注册会计师执业准则》，其中《中国注册会计师审计准则第 1211 号——通过了解被审计单位及其环境识别和评估重大错报风险》和《中国注册会计师审计准则第 1231 号——针对评估的重大错报风险采取的应对措施》两项准则对注册会计师如何了解、评价和测试被审计单位的内部控制等内容作出了规范。2011 年 10 月 11 日，财政部会同中国注册会计师协会发布了《企业内部控制审计指引实施意见》，从审计工作的业务流程角度，对内部控制审计工作提出了具体要求。注册会计师内部控制审计法规的颁布、中国注册会计师执业准则体系的建立，将新的内部控制理论框架引入了注册会计师审计领域，强调注册会计师在实施风险评估程序时必须了解内部控制，考虑和应对内部控制被凌驾的重大错报风险，它标志着我国已进入全面风险导向审计模式的建立与发展阶段。

二、内部控制的目标

内部控制的目标是合理保证企业经营管理合法合规、资产安全、财务报告及相关信息真实完整，提高经营的效率和效果，促进企业实现发展战略。

（一）企业经营管理合法合规

组织的董事会和经理层有责任确保遵守相关的法律和法规。不遵守相关的法律和法规可能导致行政处罚与罚款，这会损失组织运营的重要资源。

（二）资产安全

资产的稀缺性客观上要求组织通过有效的内部控制系统确保其安全和完整。组织应保护各种有形与无形的资产，确保这些资产不被损害和流失；确保对资产的合理使用和必要的维护。

（三）财务报告及相关信息真实完整

组织的董事会和经理层有责任编制可靠的财务报告，包括中期和简明的财务报告，以及经财务报表挑选出来的财务数据，如已经公开发布的盈利报告等。

（四）提高经营的效率和效果

提高经营的效率和效果对组织未来的成功是非常重要的。在最近几年，不同国家的管理者开始认识到一些组织没有理解效果和效率的重要性，并开始要求组织建立企业治理的政策和程序。

（五）促进企业实现发展战略

战略是一个组织长期发展的方向和范围，它通过在不断变化的环境中调整资源配置来取得竞争优势，从而实现利益相关者的期望。因此，不管是战略执行的内在要求还是内部控制的发展方向，战略与内部控制的有机结合是其发展的必然要求。

三、内部控制的要素

借鉴国外内部控制框架，根据《中国注册会计师执业准则》的规范，我国企业内部控制可分为下列五个构成要素。

（一）内部环境

内部环境是企业实施内部控制的基础，一般包括治理结构、机构设置及权责分配、内部审计、人力资源政策、企业文化等。内部环境提供企业纪律与架构，塑造企业文化，并影响企业员工的控制意识，是所有其他内部控制组成要素的基础。内部环境的好坏直接决定着企业其他内部控制能否实施及实施的效果，它既可以增强，也能够削弱特定控制的有效性。

（二）风险评估

风险评估是企业及时识别、系统分析经营活动中与实现内部控制目标相关的风险，合理确定风险应对策略。每个企业都面临来自内部和外部的不同风险，这些风险都必须加以评估。评估风险的先决条件是制订目标。其具体包括目标、风险、环境变化后的管理等。企业的目标以经营目标为主有多种表现形式。

与企业财务报告相关的经营风险受到不断变化的内部因素和外部因素的影响，其中内部影响因素主要包括：人员变动；新旧信息处理系统的转换；组织管理职责与权限的变化；组织或业务的快速增长；新技术、新业务、新产品、新作业流程；企业重组；国外业务的拓展等。外部影响因素主要包括：企业经营环境的变化；顾客的需求变化；外部竞争；新的会计法规和政策的变化；自然灾害等。

（三）控制活动

控制活动是企业根据风险评估结果，采用相应的控制措施，将风险控制在可承受范围之内。企业经理层辨识风险，然后应该针对这种风险发出必要的指令。控制活动是确保管理层的指令得以执行的政策及程序，如复核营业绩效、保障资产安全及职务分工等。控制活动在企业内核准、授权、验证、调节、复核营业绩效、保障资产安全及职务分工等。控制活动在企业内的经理层和职能部门之间都会出现，主要包括：经理人员对企业绩效进行分析、相关部门进行管理、对信息处理的控制、实体控制、绩效指标的比较、分工。

（四）信息与沟通

信息与沟通是企业及时、准确地收集、传递与内部控制相关的信息，确保信息在企业内部、企业与外部之间进行有效沟通。企业在其经营过程中，需按某种形式辨识、取得确切的信息，并进行沟通，以使员工能够履行其责任。信息系统不仅处理企业内部所产生的信息，同时也处理与企业外部的事项、活动及环境等有关的信息。企业所有员工必须从管理层清楚地获取承担控制责任的信息，而且必须有向上级部门沟通重要信息的方法，并与外界顾客、供应商、政府主管机关和股东等做有效的沟通。

（五）内部监督

内部监督是企业对内部控制建立与实施情况进行监督检查，评价内部控制的有效性，发现内部控制缺陷，应当及时加以改进。内部控制系统需要监督。内部监督活动由持续监控、个别评估所组成，可确保企业内部控制能持续有效地运作。内部控制的监督活动一般由持续性监督和独立评价组成，监督的目的是保证企业内部控制系统持续有效地运作。

上述五要素是围绕控制目标构成的一个密不可分的整体。内部环境是内部控制的基础，主要解决两个问题：实施内部控制的企业具备了哪些控制条件，根据现有的控制条件适合建立什么样的控制系统；哪些内部环境可以改善和优化，以便在此基础上实施更加有效的内部控制。风险评估主要解决控制什么的问题，该要素要求企业识别自身面临的风险、风险发生的可能性以及影响程度，并提出相应的应对策略。控制活动则是在确定应对策略的基础上解决如何控制的问题，即采取哪些措施控制企业面临的风险。信息与沟通主要解决控制中的协调问题，即通过信息的传递、沟通与反馈使内部控制各要素之间、各层次及各业务单元之间步调一致，共同完成内部控制的目标。内部监督主要是通过持续监督和改进来保证内部控制的有效性。

四、内部控制的局限性

内部控制存在固有局限性，无论如何设计和执行，只能对财务报告的可靠性提出合理的保证。内部控制存在的固有局限性主要包括：一方面，在决策时人为判断可能出现错误和由于人为失误而导致内部控制失效。例如，被审计单位信息技术工作人员没有完全理解系统如何处理销售交易，为使系统能够处理新型产品的销售，可能错误地对系统进行更改；

或者对系统的更改是正确的，但是程序员没能把更改转化为正确的程序代码。另一方面，可能由于两个或以上人员串通或者管理层凌驾于内部控制之上而被规避。例如，管理层可能与客户签订背后协议，对标准的销售合同作出变动，从而导致确认收入发生错误。

此外，小型被审计单位拥有的员工通常较少，限制了其职责分离的程度。业主凌驾于内部控制之上的可能性较大，审计师应当考虑一些关键领域是否存在有效的内部控制，包括考虑小型被审计单位总体的控制环境，特别是业主对于内部控制及其重要性的态度、认识和措施。

 相关案例

神户制钢造假反映出的内部控制问题

2017 年 10 月 8 日，日本神户制钢所（以下简称"神钢"）发布公告称，该公司铝、铜事业部门通过更改检验证书数据的方式，向客户提供了不合格产品。

公司发言人表示，此次数据造假事件是神钢在对铝、铜事业部门进行内查时发现并主动披露的。一般情况下，产品质量出现问题，神钢完全可以在及时通知客户后，协商好更换获赔偿事宜即可，没有自曝家丑的必要。此次自曝家丑，说明造假影响之大，很难向外界隐瞒，纸已经包不住火了。

事实的确如此。神钢此次造假生产的问题产品涉及丰田、三菱、日产等日本知名企业，被使用在包括汽车、新干线列车、飞机、火箭、军工装备等多种产品的制造当中。其中部分产品，自 10 多年前就一直使用篡改后的数据，且篡改数据也并非个别员工所为，而是获得了管理层的默许。也就是说，造假行为乃企业内部有组织地进行，反映出的是企业整体性的问题，神钢内部控制出现了严重缺陷。内部控制是企业健康发展、合规运营的基础。企业危机通常来源于内部，打败自己的通常是自己，唯有建设好内部控制体系，才能杜绝舞弊。

资料来源：首席审计官．

第二节 内部控制审计

一、内部控制的了解与描述

（一）了解被审计单位的内部控制

内部控制的某些要素（如控制环境）更多地对被审计单位整体层面产生影响，而其他要素（如信息系统与沟通、控制活动）则可能更多地与特定业务流程相关。在实务中，注册会计师应当从被审计单位整体层面和业务流程层面分别了解与评价被审计单位的内部控制。整体层面的控制（包括对管理层凌驾于内部控制之上的控制）和信息技术一般控制通常在所有业务活动中普遍存在。业务流程层面控制主要是对工薪、销售和采购等交易的控制。整体层面的控制对内部控制在所有业务流程中得到严格的设计和执行具有重要影响。整体层面的控制较差甚至可能使最好的业务流程层面的控制失效。例如，被审计单位可能有一个有效的采购系统，但如果会计人员不胜任，仍然会发生大量错误，且其中一些错误可能导致报表存在重大错报。而且，管理层凌驾于内部控制之上也是不好的公司行为中的普遍问题。

初步计划审计工作时，注册会计师需要确定在被审计单位财务报表中可能存在重大错报风险的重大账户及其相关认定。为实现此目的，通常采取下列步骤：确定被审计单位的重要业务流程和重要交易类别；了解重要交易流程，并记录获得的了解；确定可能发生错报的环节；识别和了解相关控制；执行穿行测试，证实对交易流程和相关控制的了解；进行初步评价和风险评估；对财务报告流程的了解。上述步骤可能同时进行。例如，在询问相关人员的过程中，同时了解重要交易的流程和相关控制。

1. 确定被审计单位的重要业务流程和重要交易类别

将被审计单位的整个经营活动划分为几个重要的业务循环，有助于注册会计师更有效地了解和评估重要业务流程及相关控制。通常，对制造业企业，可以划分为销售与收款循环、采购与付款循环、生产与存货循环、人力资源与工薪循环、投资与筹资循环等。重要交易类别是指可能对被审计单位财务报表产生重大影响的各类交易。重要交易类别应与相关账户及其认定相联系。例如，对于一般制造业企业，销售收入和应收账款通常是重大账户，销售和收款都是重要交易类别。除了一般所理解的交易以外，对财务报表具有重大影响的事项和情况也应包括在内。例如，计提资产的折旧或摊销，考虑应收款项的可回收性和计提坏账准备等。

2. 了解重要交易流程，并记录获得的了解

在确定重要业务流程和重要交易类别后，注册会计师便可着手了解每一类重要交易在信息技术或人工系统中生成、记录、处理及在财务报表中报告的程序，即重要交易流程。这是确定在哪个环节或哪些环节可能发生错报的基础。

交易流程通常包括一系列工作：输入数据的核准与修订，数据的分类与合并，进行计算、更新账簿资料和客户信息记录，生成新的交易，归集数据，列报数据。而与注册会计师了解重要交易相关的流程通常包括生成、记录、处理和报告交易等活动。例如，在销售循环，这些活动包括输入销售订购单、编制货运单据和发票、更新应收账款信息记录等。相关的处理程序包括通过编制调整分录，修改并再次处理以前被拒绝的交易，以及修改被错误记录的交易。

会计师要注意记录以下信息：输入信息的来源；所使用的重要数据档案，如客户清单及价格信息记录；重要的处理程序，包括在线输入和更新处理；重要的输出文件、报告和记录；基本的职责划分，即列示各部门所负责的处理程序。

会计师通常只是针对每一年的变化修改记录流程的工作底稿，除非被审计单位的交易流程发生重大改变。然而，无论业务流程与以前年度相比是否有变化，注册会计师每年都要考虑上述注意事项，以确保被审计单位的了解是最新的，并已包括被审计单位交易流中相关的重大变化。

3. 确定可能发生错报的环节

注册会计师需要确认和了解被审计单位应在哪些环节设置控制，以防止或发现并纠正各重要业务流程可能发生的错报。注册会计师所关注的控制，是那些能通过防止错报的发生，或者通过发现和纠正已有错报，从而确保每个流程中业务活动的具体流程（从交易的发生到记录于账目）能够顺利运转的人工或自动化控制程序。

尽管不同的被审计单位会为确保会计信息的可靠性而对业务流程设计和实施不同的控制，但设计控制的目的是实现某些控制目标。实际上，这些控制目标与财务报表重大账户的相关认定相联系。但注册会计师在此时通常不考虑列报认定，而在审计财务报告流程时将考虑该认定。

4. 识别和了解相关控制

通过对被审计单位的了解，包括在被审计单位整体层面对内部控制各要素的了解，以及在上述程序中对重要业务流程的了解，注册会计师可以确定是否有必要进一步了解在业务流程层面的控制。在某些情况下，注册会计师之前的了解可能表明被审计单位在业务流程层面对某些重要交易流程所设计的控制是无效的，或者注册会计师并不打算信赖控制，这时注册会计师没有必要进一步了解在业务流程层面的控制。特别需要注意的是，如果认为仅通过实质性程序无法将认定层次的检查风险降至可接受的水平，或者针对特别风险，注册会计师应当了解和评估相关的控制活动。

如果注册会计师计划对业务流程层面的有关控制进行进一步的了解和评价，那么针对业务流程中容易发生错报的环节，注册会计师应当确定被审计单位是否建立了有效的控制，以防止或发现并纠正这些错报；被审计单位是否遗漏了必要的控制；是否识别了可以最有效测试的控制。

业务流程中的控制划分为预防性控制和检查性控制。预防性控制通常用于正常业务流程的每一项交易，以防止错报的发生。在流程中防止错报是信息系统的重要目标。预防性控制可能是人工的，也可能是自动化的。建立检查性控制的目的是发现流程中可能发生的错报（尽管有预防性控制还是会发生错报）。被审计单位通过检查性控制，监督其流程和相应的预防性控制是否有效地发挥作用。检查性控制通常是管理层用来监督实现流程目标的控制。检查性控制可以由人工执行，也可以由信息系统自动执行。

如果确信存在以下情况，那么就可以将检查性控制作为一个主要的手段，合理保证某特定认定发生重大错报的可能性较小。控制所检查的数据是完整、可靠的；控制对于发现重大错报足够敏感；发现的所有重大错报都将被纠正。

业务流程中对重要交易类别的有效控制通常同时包括预防性控制和检查性控制。缺乏有效的预防性控制增加了错报的风险，因此，需要建立更为敏感的检查性控制。通常，注册会计师在识别检查性控制的同时，也记录重要的预防性控制。

注册会计师并不需要了解与每一控制目标相关的所有控制活动。在了解控制活动时，注册会计师应当重点考虑一项控制活动单独或连同其他控制活动，是否能够以及如何防止或发现并纠正各类交易、账户余额和披露存在的重大错报。如果多项控制活动能够实现同一目标，注册会计师不必了解与该目标相关的每项控制活动。当然，如果在之后的穿行测试和评价中，注册会计师发现已识别的控制实际并未得到执行，则应当重新针对该项控制目标识别是否存在其他的控制。

5. 执行穿行测试，证实对交易流程和相关控制的了解

了解各类重要交易在业务流程中发生、处理和记录的过程，注册会计师通常会执行穿行测试。执行穿行测试可获得下列方面的证据：确认对业务流程的了解；确认对重要交易的了解是完整的，即在交易流程中所有与财务报表认定相关的可能发生错报的环节都已识别；确认所获取的有关流程中的预防性控制和检查性控制信息的准确性；评估控制设计的有效性；确认控制是否得到执行；确认之前所做的书面记录的准确性。

如果不拟信赖控制，注册会计师仍需要执行适当的审计程序，以确认业务流程及可能发生错报环节了解的准确性和完整性。会计师将穿行测试的情况记录于工作底稿时，记录的内容包括穿行测试中查阅的文件、穿行测试的程序以及注册会计师的发现和结论。

6. 进行初步评价和风险评估

对控制的初步评价。在识别和了解控制后，根据执行上述程序及获取的审计证据，注册会计师需要评价控制设计的合理性并确定其是否得到执行。

注册会计师对控制的评价结论可能是：设计的控制单独或连同其他控制能够防止或发现并纠正重大错报，并得到执行；控制本身的设计是合理的，但没有得到执行；控制本身的设计就是无效的或缺乏必要的控制。

由于对控制的了解和评价是在穿行测试完成后但又在测试控制运行有效性之前进行的，因此，上述评价结论只是初步结论，可能随控制测试后实施实质性程序的结果而发生变化。

注册会计师对控制的评价，进而对重大错报风险的评估，需考虑以下因素：账户特征及已识别的重大错报风险。如果已识别的重大错报风险水平为高（例如，复杂的发票计算或计价过程增加了开票错报的风险；经营的季节性特征增加了旺季发生错报的风险），相关的控制应有较高的敏感度，即在错报率较低的情况下也能防止或发现并纠正错报；对被审计单位整体层面控制的评价。注册会计师应将对整体层面获得的了解和结论，同在业务流程层面获得的有关重大交易流程及其控制的证据结合起来考虑。

在评价业务流程层面的控制要素时，考虑的影响因素可能包括：管理层及执行控制的员工表现出来的胜任能力及诚信度；员工受监督的程度及员工流动的频繁程度；管理层凌驾的潜在可能性；缺乏职责划分，包括信息技术系统中自动化的职责划分的情况；内部审计人员或其他监督人员测试控制运行情况的程度；业务流程变更产生的影响，如变更期间控制程序的有效性是否受到了削弱；在被审计单位的风险评估过程中，所识别的与某项控制运行相关的风险，以及对于该控制是否有进一步的监督。注册会计师同时也考虑其识别出针对某控制的风险，被审计单位是否也识别出该风险，并采取了适当的措施降低该风险。

除非存在某些可以使控制得到一贯运行的自动化控制，注册会计师对控制的了解和评价不能够代替对控制运行有效性的测试。例如，注册会计师获得了某一人工控制在某一时点执行的审计证据，但这并不能证明该控制在被审计期间内的其他时点也得到有效执行。

7. 对财务报告流程的了解

注册会计师还需要进一步了解有关信息从具体交易的业务流程过入总账、财务报表以及相关列报的流程，财务报告流程及其控制。这一流程和控制与财务报表的列报认定直接相关。

财务报告流程包括：将业务数据汇总记入总账的程序，即如何将重要业务流程的信息与总账和财务报告系统相连接；在总账中生成、记录和处理会计分录的程序；记录对财务报表常规调整和非常规调整的程序，如合并调整、重分类等；草拟财务报表和相关披露的程序。

被审计单位的财务报告流程包括：相关的控制程序，以确保按照适用的会计准则和相关会计制度的规定收集、记录、处理、汇总所需要的信息，并在财务报告中予以充分披露。例如，关联方交易、分部报告等。

在了解财务报告流程的过程中，注册会计师应当考虑对以下方面作出评估：主要的输入信息、执行的程序、主要的输出信息；每一财务报告流程要素中涉及信息技术的程度；管理层的哪些人员参与其中；记账分录的主要类型，如标准分录、非标准分录等；适当人员（包括管理层和治理层）对流程实施监督的性质和范围。

（二）描述内部控制的方法

注册会计师在审计中，需要用适当的方法将上述了解被审计单位内部控制的详细内容描述出来，一方面用于制订和修改审计计划与程序，另一方面供日后查考之用。调查描述内部控制的方法通常有三种，即文字表述法、调查表法和流程图法。

1. 文字表述法

文字表述法是指注册会计师对被审计单位内部控制制度健全程度和执行情况的文字叙述。一般按照不同的循环环节，分别写明各个职务所完成的各工作、办理业务时所经历的各种手续等，同时还应阐明各项工作的负责人，经办人员以及由他们编写和记录的文件凭证等。

文字表述法的优点是比较灵活，可以对被审计单位内部控制制度的各个环节作出比较深入和具体的描述，不受任何限制。但也有缺点：对内部控制制度的描述，有时很难用简明易懂的语言来详细说明各个细节，显得比较冗赘，不利于有效地进行内部控制评估和控制风险评估提供直接的依据。主要适用于内部控制制度不甚健全的企业或内部控制程序比较简单、容易描述的小型企业。表 4-1 是对某企业产成品收发环节的内部控制所做的文字表述。

表 4-1 某企业产成品收发环节的内部控制

产成品仓库由王师傅负责。产成品入库时，仓库会同质量检验处根据生产车间入库单数量、等级验收产成品，并由仓库填写产成品验收入库单。验收入库单一式三联：第一联由仓库留存登记产成品卡片；第二联交销售处登记产成品明细账；第三联连同生产车间的入库单会计处登记总账。各产成品销售部门均由专人负责签发出库单。产成品发出时，由销售部门制出库单，凭一式三联的出库单向仓库要求发出产成品。仓库发出产成品后，将第一联出库、留存登记产成品卡片；第二联交销售处登记产成品明细账；第三联交会计处登记产成品总账明细账。

成品的收发采用永续盘存制记录，按计划成本计价。

销售处每月编制产成品收发存月报，并报送会计处。经管产成品明细账的会计员黄明根据销售处送来的收发存月报，与产成品明细账核对，并编制产成品收发汇总表。黄明根据产成品明细账登记产成品总账，并据以结转产品销售成本。发出产成品和库存产成品的成本差异按月进行调整。

评价：产成品收发的内部控制系统不够健全。出库单的传递不尽合理，据以登记产成品总账和明细账的都是出库单的第三联，无法起到总账对明细账的驾驭作用。产成品总账和明细账都是由同一人登记，不相容职务未进行分离。

以上两点，说明产成品收发的内部控制系统存在着明显的缺陷。

审计员：×××

2020 年 7 月 9 日

2. 调查表法

调查表法是将那些与保证会计记录的正确性和可靠性以及与保证财产物资的完整密切关系的事项列作调查对象，由注册会计师设计成标准化的调查表，通过征询方式来了解内部控制制度强弱程度的方法。

采用调查表法，注册会计师根据内部控制的基本原理及其应达到的目的和要求，把被审计单位各经营环节的关键控制点及其主要问题，预先编制一套标准格式的调查表。在调查表中，为每个问题分设"是""否""不适用"和"备注"四栏。其中"是"表示肯定；"否"表示否定；"不适用"表示该问题在被审计单位不适用；还可在"否"这一栏中根据存在问题的轻重程度，再细分为"较轻"和"较重"两栏；"备注"栏用于记录回答问题的资料来源和对有关问题的说明。

调查表法的最大优点：简便易行，即使没有较高的专业知识和专业技能的人员也能操作；能对所调查的对象提供一个概括的说明，有利于注册会计师做进一步分析评估；编制调查表省时省力，可在审计项目初期就较快地编制完成，节省注册会计师的工作量；调查表"否"栏集中反映内部控制制度存在的问题，能引起注册会计师的高度重视。

但是，调查表法也有一定的缺陷，主要是对被审计单位某一环节的内部控制制度只能按所提问题分别考查，而难以提供一个完整的、系统的和全面的分析评估；由于调查表格式固定，缺乏弹性，因而对于不同行业的被审计单位或特殊情况，往往"不适用"栏填得太多，而使调查表法失去了适用性；此外，调查人员机械地照表提问，往往会使被调查人员漫不经心，易流于形式，也会失去调查表的实际意义。内部控制调查表如表 4-2 所示。

3. 流程图法

流程图法是指用特定的符号和图形，将内部控制制度中各种业务处理手续，以及各种文件或凭证的传递流程，用图解的形式直观地表现内部控制制度的实际情况。

表 4-2　内部控制调查表

被审计单位：某某股份有限公司　　　　审计人员：　　　　　　编号：

调查内容：现金支出业务的内部控制制度　　被调查人：　　　调查日期：2020 年 1 月 1 日

调查事项	调查结果				备注
	是	否		不适用	
		较轻	严重		
1. 各支款业务部门报销人员填制的各种费用的原始单据是否签章？	√				
2. 各业务部门负责人是否根据计划或有关规定对这些原始凭证进行审批之后签字或盖章并送交财会部门？	√				
3. 财会主管或专设审核人员是否根据财务制度规定审核各业务部门送交的待报销原始凭证之后签章？		√			
4. 出纳人员是否根据财会主管或专设审核人员审核批准的原始凭证付款，并在原始凭证上加盖"现金付讫"戳记？	√				
5. 出纳人员付款后是否根据付款原始凭证及时填制内部转账通知单一式两份。一份留存，另一份交业务部门？		√			
6. 出纳人员付款后是否根据付款原始凭证及时填制付款记账凭证并连同内部转账通知单一份送交财会主管或专设审核人员复核？	√				
7. 出纳人员是否根据经复核的付款记账凭证登记现金日记账并签章？	√				
8. 专设会计人员是否在汇总已复核付款凭证的基础上，编制记账凭证汇总表，之后据以登记现金总账？	√				
9. 出纳人员是否在每日终了结出现金日记账余额，并将库存现金实存数额与现金日记账余额相互核对？			√		
10. 出纳人员对发现的长短款情况是否及时报告财会负责人？		√			
11. 财会主管或专设审核人员每月是否对出纳人员所做库存现金账实核对工作进行不定期的抽查至少两次？		√			
12. 财会主管或专设审核人员按月将现金日记账余额长短款情况及时进行了妥善处理？	√				

　　现代化企事业内部各个部门与人员的职责分工明确，协作紧密，按其职责分工，分别从事各自的业务活动，并根据经合法审批的文件或凭证执行。这些文件、凭证在各部门人员之间的传递，既反映了各项业务的处理过程，又协调了各项业务活动，从而形成一种连续不断的流转过程。用特定的符号和图形，将这种过程以图解的方式描述出来，就是流程图，一般是按每个主要经营环节绘制一张流程图，然后再将各个经营环节的流程图合并起来，就构成了整个企业经营的流程图。

　　绘制流程图仅是手段，而不是目的。其目的在于评估被审计单位的内部控制。评估的方法有两种：用特别符号或特殊颜色将应有而未予设置的控制弱点在图上标明；用文字在图的下端，对控制弱点加以说明。下面仍以某某股份有限公司现金支出业务为例，根据其内部控制调查情况绘制成流程图，如图 4-1 所示。

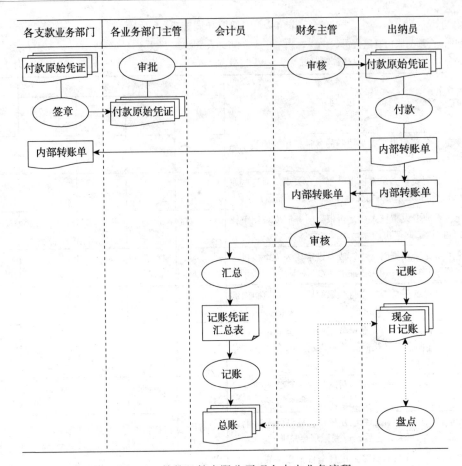

图 4-1　某某股份有限公司现金支出业务流程

流程图法主要优点有：从整体的角度，以简明的形式描绘内部控制制度的实际情况，便于较快地检查出内部控制制度逻辑上的薄弱环节，也便于评审；便于表达内部控制制度的特征，同时便于修改，在下次评审时，只要根据修改后的内部控制制度实际情况，稍微变动几根线条、几个符号，就能更新整个流程图。当然，流程图法也有其不足之处：编制流程图需要具备较娴熟的技术和较丰富的工作经验，同时颇费时间；流程图法不能将内部控制制度中的控制弱点，明显地标示出来，往往需要与其他方法相结合。

描述内部控制制度的三种方法并不相互排斥，而是相互依赖和相互补充的。在描述某一单位内部控制制度时，可对不同业务环节使用不同的方法，也可同时结合使用两种或三种方法，结合使用往往比采用仅仅某一种方法效果更好。

二、内部控制测试

（一）控制测试的内涵和种类

1. 控制测试的内涵

控制测试是指用于评价内部控制在防止或发现并纠正认定层次重大错报方面的运行

有效性的审计程序。测试控制运行的有效性与确定控制是否得到执行所需获取的审计证据是不同的。在实施风险评估程序以获取控制是否得到执行的审计证据时，注册会计师应当确定某项控制是否存在，被审计单位是否正在使用。

在测试控制运行的有效性时，注册会计师应当从下列方面获取关于控制是否有效运行的审计证据：控制在所审计期间的相关时点是如何运行的；控制是否得到一贯执行；控制由谁或以何种方式执行。

这三个方面来看，控制运行有效性强调的是控制能够在各个不同时点按照既定设计得以一贯执行。因此，在了解控制是否得到执行时，注册会计师只需抽取少量的交易进行检查或观察某几个时点。但在测试控制运行的有效性时，注册会计师需要抽取足够数量的交易进行检查或对多个不同时点进行观察。

下面举例说明两者之间的区别。某被审计单位针对销售收入和销售费用的业绩评价控制下：财务经理每月审核实际销售收入（按产品细分）和销售费用（按费用项目细分）；预算数和上年同期数比较，对于差异金额超过 5%的项目进行分析并编制分析报告；销售审阅该报告并采取适当跟进措施。注册会计师抽查了最近 3 个月的分析报告，并看到上述管理人员在报告上签字确认，证明该控制已经得到执行。然而，注册会计师在与销售经理的讨论中发现他对分析报告中明显异常的数据并不了解其原因，也无法作出合理解释，从而显示该控制并未得到有效的运行。

测试控制运行的有效性与确定控制是否得到执行所需获取的审计证据虽然存在差异，但两者也有联系。为评价控制设计和确定控制是否得到执行而实施的某些风险评估程序并非专门为控制测试而设计，但可能提供有关控制运行有效性的审计证据，注册会计师可以考虑在评价控制设计和获取其得到执行的审计证据的同时测试控制运行有效性，以提高审计效率；同时注册会计师应当考虑这些审计证据是否足以实现控制测试的目的。

例如，被审计单位可能采用预算管理制度，以防止或发现并纠正与费用有关的重大错报风险。通过询问管理层是否编制预算，观察管理层对月度预算费用与实际发生费用的比较，并检查预算金额与实际金额之间的差异报告，注册会计师可能获取有关被审计单用预算管理制度的设计及其是否得到执行的审计证据，同时也可能获取相关制度运行有效性的审计证据。当然，注册会计师需要考虑所实施的风险评估程序获取的审计证据是否能够充分、适当地反映被审计单位费用预算管理制度在各个不同时点按照既定设计得以一贯执行。

2. 控制测试的种类

注册会计师可在计划阶段和实施阶段执行控制测试。在主要证实法下可能执行同步控制测试和追加控制测试。在较低的控制风险估计水平法下，必须执行计划控制测试。

（1）同步控制测试。它是注册会计师在了解内部控制的同时执行的测试。例如，注册会计师在了解被审计单位的预算制度是否存在的同时询问了有关预算报告以及管理层对预算差异的处理等情况。注册会计师通过了解获得了预算制度存在并有效执行的证据。不管注册会计师是否有意设计，其获得的证据由于是在计划阶段获取的，其证据本身并不能证明某项控制政策或程序在整个被审计年度均经授权和一贯地加以应用，但其好处是经济划算，还能减少注册会计师稍后可能执行的追加控制测试的范围。

（2）追加控制测试。这种测试是在实施阶段中执行的。在主要证实法下，执行追加控制测试是为了进一步降低注册会计师对控制风险的估计水平，即只有当执行这种测试能够获得额外的证据支持注册会计师进一步降低对控制风险的最初估计水平时，执行这种测试才是必要的。

（3）计划控制测试。这种测试也是在实施阶段中执行的。如果注册会计师在一开始就决定选用较低的控制风险估计水平审计策略，在此前提下拟进行的控制测试，当然就是计划控制测试。目的是证实注册会计师评价的控制风险为中（或低）水平的观点是正确的，同时也支持注册会计师对实质性测试所做的计划。

（二）控制测试的性质

控制测试的性质是指控制测试所使用的审计程序的类型及其组合。控制测试的性质的主要决定因素是计划从控制测试中获取的保证水平。计划的保证水平越高，对有关控制运行有效性证据的可靠性要求越高。当拟实施的进一步计划程序主要以控制测试为主，尤其是仅实施实质性程序获取的审计证据无法将认定层次重大错报风险降至可接受的低水平时，注册会计师应当获取有关控制运行有效性的更高的保证水平。

控制测试程序的类型包括以下几种。

（1）询问。注册会计师可以向被审计单位员工询问，获取与内部控制运行情况相关的信息。尽管询问是一种有用的手段，但它必须和其他测试手段结合使用才能发挥作用。

（2）观察。观察是测试不留下书面记录的控制是否运行的有效方法。例如，观察实物盘点控制的执行情况。通常情况下，注册会计师通过观察直接获取的证据比间接获取的证据更可靠。

（3）检查。检查程序对那些运行中留有书面证据的控制，尤为有效。被审计单位复核时留下的记号，或其他记录在偏差报告中的标志都可以作为检查对象，被当作控制运行情况的证据。例如，检查出库单否有复核人员签字等。

（4）重新执行。通常只有当询问、观察和检查程序结合在一起无法获得充分证据时，注册会计师才考虑通过重新执行来证实控制是否有效运行。但是，如果需要进行大量的重新执行，注册会计师就要考虑通过实施控制测试以缩小实质性程序的范围是否有效率。

（5）穿行测试。穿行测试是通过追踪交易在财务报告信息系统中的处理过程，来证实注册会计师对控制的了解、评估控制设计的有效性以及控制是否得到执行。穿行测试不是单独的一种程序，而是将多种程序按特定审计程序结合运用的方法。

（三）控制测试的范围

控制测试的范围是指某项控制活动的测试次数。注册会计师应当设计控制测试，以获取控制在整个拟信赖的期间有效运行的充分、适当的审计证据。

当针对控制运行的有效性需要获取更具说服力的审计证据时，可能需要扩大控制测试的范围。在确定控制测试的范围时，除了考虑对控制的信赖程度外，注册会计师还可能考虑以下因素。

在拟信赖期间，被审计单位执行控制的频率。控制执行的频率越高，控制测试的范围越大。

在所审计期间，注册会计师拟信赖控制运行有效性的时间长度。拟信赖控制运行有效性的时间长度不同，在该时间长度内发生的控制活动次数也不同。注册会计师需要根据拟信赖控制的时间长度确定控制测试的范围。拟信赖期间的时间越长，控制测试的范围越大。

控制的预期偏差。预期偏差可以用控制未得到执行的预期次数占控制应当得到执行次数的比率加以衡量（也可称为预期偏差率）。考虑该因素，是因为在考虑测试结果是否可以得出控制运行效性的结论时，不可能只要出现任何控制执行偏差就认定控制运行无效，所以需要确定一个合理水平的预期偏差率。控制的预期偏差率越高，需要实施控制测试的范围越大。如果控制的预期偏差率过高，注册会计师应当考虑控制可能不足以将认定层次的重大错报风险降至可接受的低水平，从而针对某一认定实施的控制测试可能是无效的。

通过测试与认定相关的其他控制获取的审计证据的范围。针对同一认定，可能存在不同的控制。当针对其他控制获取审计证据的充分性和适当性较高时，测试该控制的范围可适当缩小。

（四）控制测试的时间

控制测试的时间包含两层含义：何时实施控制测试，测试所针对的控制适用的时点或期间。如果测试特定时点的控制，注册会计师仅得到该时点控制运行有效性的审计证据；如果测试某一期间的控制，注册会计师可获得内部控制在该期间有效运行的审计证据。注册会计师应当根据控制测试的目的确定控制测试的时间。如果需要获取控制在某一期间有效运行的审计证据，仅获取与时点相关的审计证据或将多个不同时点运行有效性的审计证据做简单累加均是不充分的，注册会计师应当辅以其他控制测试，包括测试被审计单位对控制的监督。而所谓的"其他控制测试"应当具备的功能是，能提供相关控制在所有相关时点都运行有效的审计证据；被审计单位对控制的监督起到的就是一种检验相关控制在所有相关时点是否有效运行的作用，因此，注册会计师测试这类活动能够有助于获取控制在某期间运行有效性的充分、适当的审计证据。

注册会计师在期中实施控制测试具有积极的作用。如果注册会计师已获取有关控制在期中运行有效性的审计证据，并拟利用该证据，他应当实施下列审计程序：首先，获取这些控制在剩余期间变化情况的审计证据；其次，确定针对剩余期间还需获取的补充审计证据。上述两项审计程序中，第一项是针对期中已获取过审计证据的控制，注册会计师应考察这些控制在剩余期间的变化情况：如果这些控制在剩余期间没发生变化，注册会计师可能决定信赖期中获取的审计证据；如果这些控制在剩余期间发生了变化，注册会计师需要了解并测试控制的变化对期中审计证据的影响。第二项是针对期中证据以外的、剩余期间的补充证据。

内部控制中的诸多要素相对于被审计单位的具体交易、账户余额和列报往往是相对稳定的，因此注册会计师在本期审计时可以适当利用以前审计获取的有关控制运行有效性的审计证据；然而，内部控制在不同期间可能发生重大变化，注册会计师需要格外慎重，充分考虑拟信赖的以前审计中测试的控制在本期审计是否发生变化。值得注意的情况包括：如果拟信赖的控制自上次测试后已发生变化，注册会计师应当在本期审计中测试这些控制的运行有效性。如果拟信赖的控制自上次测试后未发生变化，且不属于旨在减轻特别风险的控制，注册会计师应当运用职业判断确定是否在本期审计中测试其运行的有效性，以及本次测试与上次测试的时间间隔，但两次测试的时间间隔不得超过两年。如果确定评估的认定层次重大错报风险是特别风险，并拟信赖旨在减轻特别风险的控制，注册会计师不应依赖以前审计获取的审计证据，而应在本期审计中测试这些控制的运行有效性。图 4-2 体现了注册会计师是否在本审计期间测试某项控制的决策过程。

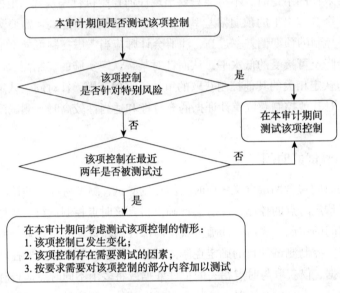

图 4-2　本审计期间测试某项控制的决策过程

三、内部控制评价

注册会计师评价内部控制的最终目的，在于确定被审计单位内部控制的健全性和有效性及其风险水平，从而决定对它的信赖程度，确定采用抽查还是详查，以及抽取样本的规模和数量。

（一）评价内部控制设计的有效性

注册会计师在了解内部控制以后，应对内部控制进行初步评价。初步评价内部控制实际上就是评价内部控制的健全性。所谓内部控制的健全性，就是指企业每一项内部控制是否健全，手续是否严密，环环紧扣，设计的措施和方法能否真正起到事先控制的作用。一般而言，健全的内部控制，能预防错误和弊端的发生，即使发生了错误和弊端，也容易及时发觉和纠正。

评价内部控制是否健全的标志是：各项内部控制是否符合内部控制的基本原则，关键控制点是否进行了控制，所有的控制目标是否已经达到。所谓关键控制点，就是指未加控制就容易产生错弊的业务环节。

每个业务循环的内部控制中应该有多少"关键控制点"，如何判断，有无标准？这是审查评价内部控制健全性的一个很重要的问题。过去主要由注册会计师凭经验来判断，由于经验不同，看法难免有差异，缺乏一致的判断标准。目前，很多国家的民间审计组织，开始探索制定若干个主要业务循环的"内部控制模型"，作为评价其内部控制是否健全的依据。为使内部控制模型符合实际，应按企业不同的生产类型、主要业务循环来分别确定控制环节，指出"关键控制点"。

一般来说，对企业内部控制健全性的评价，主要包括以下内容。

（1）生产、经营、管理部门是否健全？责、权、利是否明确？不相容职务是否分离？分工能否起到应有的相互制约作用？

（2）会计信息及相关经济信息的报告制度是否健全？会计信息及相关经济信息的记录、传递程序是否都有明确规定？

（3）用来证明经济业务的凭证制度是否健全？凭证的填制、传递和保管是否有严格的程序？凭证是否做到了顺序编号？

（4）企业的员工是否具备了必要的知识水平和业务技能？有无定期的职务轮换制度？企业员工是否经常接受必要的培训？

（5）对财产物资是否建立了定期盘点制度？对重要的业务活动是否建立了事后核对制度？并有无将盘点和核对后的信息及时反馈给相关部门？

（6）企业是否建立了严格的经济责任制和岗位责任制？责任是否落实？是否严格执行了奖惩制度？

（7）企业是否对各项业务活动的程序作出明确规定？有无清晰的流程图交由有关人员严格执行？

（8）企业各个业务循环中的各关键控制点是否都设有控制措施？各项控制措施是否经济？是否切实可行？

（9）企业是否建立了内部审计制度？对查错揭弊、改进管理、提高效率是否发挥了作用？

（10）与上年度的内部控制评价结果相比，是否有了较大的改进？评价结果指出的控制弱点，目前是否已经加强？

注册会计师针对上述十个方面进行评价后，就能对被审计单位内部控制的健全性作出合理的判断，判断哪些方面的内部控制设计较严密、科学，有较强的内部控制功能；哪些方面的内部控制还存在着控制弱点，控制作用不明显，或者根本没有控制作用。注册会计师针对被审计单位内部控制的控制弱点，应决定追加哪些审计程序；针对被审计单位内部控制比较健全的方面，应决定可以减少审计程序，以提高审计工作的效率。

注册会计师在对被审计单位内部控制的健全性进行评审后，若被审计单位内部控制比较健全，则应进一步对内部控制系统进行控制测试，以获取被审计单位内部控制是否有效地发挥其功能的证据。然后，注册会计师再根据获取的证据，对被审计单位内部控制的风险水平作出评价。

（二）评价内部控制运行的有效性

评价内部控制运行的有效性，注册会计师根据对被审计单位内部控制健全性的评价，决定全部或部分地信赖内部控制，就必须对内部控制的执行情况进行详细检查，确定每项具体控制程序的执行是否有效。因为被审计单位设置了内部控制并不意味着一定执行了内部控制，达到了预期的控制目的。所以注册会计师要判断被审计单位建立的内部控制是否在起作用？是否被严格执行？这实质上是对被审计单位的内部控制的有效性进行评价。这种评价工作是通过对控制测试来实现的。

四、内部控制审计报告

注册会计师应当对获取的审计证据进行评价，形成对内部控制有效性的意见。注册会计师在完成内部控制审计工作后，应当出具内部控制审计报告。

注册会计师应根据对内部控制有效性的审计结论，出具下列内部控制审计意见之一的审计报告：无保留意见，带强调事项段的无保留意见，否定意见；无法表示意见。

在内部控制审计意见中没有保留意见，主要是保留意见的信息含量较低，且与否定意见的区分度不清晰，所以在国际上都没有保留意见的内部控制审计报告。

（一）无保留意见的内部控制审计报告

符合下列所有条件的，注册会计师应当对财务报告内部控制出具无保留意见的内部控制审计报告：企业按照《企业内部控制基本规范》《企业内部控制应用指引》《企业内部控制评价指引》以及企业自身内部控制制度的要求，在所有重大方面保持了有效的内部控制。注册会计师已经按照《企业内部控制审计指引》的要求计划和实施审计工作，在审计过程中未受到限制。

【例 4-1】 无保留意见的内部控制审计报告

A 股份有限公司全体股东：

按照《企业内部控制审计指引》及中国注册会计师执业准则的相关要求，我们审计了 A 股份有限公司（以下简称"A 公司"）2017 年 12 月 31 日的财务报告内部控制的有效性。

一、企业对内部控制的责任

按照《企业内部控制基本规范》《企业内部控制应用指引》《企业内部控制评价指引》的规定，建立健全和有效实施内部控制，并评价其有效性是企业董事会的责任。

二、注册会计师的责任

我们的责任是在实施审计工作的基础上，对财务报告内部控制的有效性发表审计意见，并对注意到的非财务报告内部控制的重大缺陷进行披露。

三、内部控制的固有局限性

内部控制具有固有局限性，存在不能防止和发现错报的可能性。此外，由于情况变化可能导致内部控制变得不恰当，或对控制政策和程序遵循的程度降低，根据内制审计结果推测未来内部控制的有效性具有一定风险。

四、财务报告内部控制审计意见

我们认为，A 公司按照《企业内部控制基本规范》和相关规定在所有重大方面保持了有效的财务报告内部控制。

五、非财务报告内部控制的重大缺陷

在内部控制审计过程中，我们注意到，A 公司未来三年"再造一个公司"发展计划只是 A 公司董事长个人提出来的设想，未经 A 公司战略委员会和董事会讨论和审议，也不符合 A 公司所在行业的发展趋势。由于存在上述非财务报告内部控制的大缺陷，我们提醒本报告使用者注意相关风险。需要指出的是，我们并不对 A 公司的非财务报告内部控制发表意见或提供保证。本段内容不影响对财务报告内部控制有效性发表的审计意见。

A 会计师事务所　　　　　　　　　中国注册会计师：A（签名并盖章）

（盖章）　　　　　　　　　　　　中国注册会计师：B（签名并盖章）

中国北京市　　　　　　　　　　　2018 年 3 月 2 日

（二）带强调事项段的无保留意见的内部控制审计报告

注册会计师认为财务报告内部控制虽不存在重大缺陷，但仍有一项或者多项重大事项需要提请内部控制审计报告使用者注意的，应当在内部控制审计报告中增加强调事项段予以说明。注册会计师应当在强调事项段中指明，该段内容仅用于提醒内部控制审计报告使用者关注，并不影响对财务报告内部控制发表的审计意见。

【例 4-2】 带强调事项段的无保留意见的内部控制审计报告

B 股份有限公司全体股东：

按照《企业内部控制审计指引》及中国注册会计师执业准则的相关要求，我们审计了 B 股份有限公司（以下简称"B 公司"）2017 年 12 月 31 日的财务报告内部控制的有效性（"一、企业对内部控制的责任"至"五、非财务报告内部控制的重大缺陷"参见内部控制审计报告相关段落表述）。

强调事项

我们提醒内部控制审计报告使用者关注，B 公司有 60%的会计人员未经过系统的学习与培训，未取得会计人员资格证书，这有可能会影响内部控制和会计信息质量。本段内容不影响已对财务报告内部控制发表的审计意见。

B 会计师事务所　　　　　　　　　中国注册会计师：A（签名并盖章）

（盖章）　　　　　　　　　　　　中国注册会计师：B（签名并盖章）

中国重庆市　　　　　　　　　　　2018 年 2 月 28 日

（三）否定意见的内部控制审计报告

会计师认为财务报告内部控制存在一项或多项重大缺陷的，除非审计范围受到限制，应当对财务报告内部控制发表否定意见。注册会计师出具否定意见的内部控制审计报告，还应当包括下列内容：重大缺陷的定义，重大缺陷的性质及其对财务报告内部控制的影响程度。

【例 4-3】 否定意见的内部控制审计报告

C 股份有限公司全体股东：

按照《企业内部控制审计指引》及中国注册会计师执业准则的相关要求，我们审计了 C 股份有限公司（以下简称 C 公司）2017 年 12 月 31 日的财务报告内部控制的有效性。（"一、企业对内部控制的责任"至"三、内部控制的固有局限性"参见无保留意见内部控制审计报告相关段落表述）。

一、导致否定意见的事项

重大缺陷，是指一个或多个控制缺陷的组合，可能导致企业严重偏离控制目标。我们在内部控制审计中发现，C公司对外投资业务较多，投资金额达到 34 256 万元，但缺乏相关的内部控制，从投资立项到资金投入都由总经理负责实施和审批，未按规定实施。另外，C公司产品对外销售的折扣审批缺乏相关的制度，C公司总经理、I总经理可以随意审批。这些现象的存在，使C公司的投资和销售业务缺乏监督，难以保证内部控制发挥作用。有效的内部控制能够为财务报告及相关信息的真实完整提供合理保证，而上述重大缺陷使C公司内部控制失去这一功能。

二、财务报告内部控制审计意见

我们认为，由于存在上述重大缺陷及其对实现控制目标的影响，C公司未能按照《企业内部控制基本规范》和相关规定在所有重大方面保持有效的财务报告内部控制。

C会计师事务所　　　　　　　　　　　　中国注册会计师：A（签名并盖章）

（盖章）　　　　　　　　　　　　　　　中国注册会计师：B（签名并盖章）

中国广州市　　　　　　　　　　　　　　2018 年 3 月 15 日

（四）无法表示意见的内部控制审计报告

注册会计师审计范围受到限制的，应当解除业务约定或出具无法表示意见的内部控制审计报告，并就审计范围受到限制的情况，以书面形式与董事会进行沟通。注册会计师出具无法表示意见的内部控制审计报告时，应当在内部控制审计报告中指明审计范围受到限制，无法对内部控制的有效性发表意见。

【例 4-4】 无法表示意见的内部控制审计报告

D股份有限公司全体股东：

我们接受委托，对D股份有限公司（以下简称"D公司"）2017 年 12 月 31 日的财务报告内部控制进行审计（删除注册会计师的责任段，"一、企业对内部控制的责任"和"二、内部控制的固有局限性"参见无保留意见内部控制审计报告相关段落表述）。

一、导致无法表示意见的事项

在内部控制审计过程中，D公司拒绝提供相关资料，致使我们无法取得D公司原材料采购、成本费用计算、采用会计政策与会计估计等方面的制度，也无法取得D公司董事、总经理办公会的会议记录。

二、财务报告内部控制审计意见

由于审计范围受到上述限制，我们未能实施必要的审计程序以获取发表意见所需充分、适当的证据，因此，我们无法对D公司财务报告内部控制的有效性发表审计意见。

D会计师事务所　　　　　　　　　　　　中国注册会计师：A（签名并盖章）

（盖章）　　　　　　　　　　　　　　　中国注册会计师：B（签名并盖章）

中国成都市　　　　　　　　　　　　　　2018 年 4 月 8 日

 国际视野

根据 COSO 内部控制整合框架，内部控制有三个目标：财务报告的可靠性，遵守适用的法律法规，运营富有效率和效果。相应地，围绕这三个目标的实现都有相应的内部控制。那么内部控制审计的范围是什么呢？围绕这个问题，有两种观点：一种观点认为审计范围应当全面，涵盖这三个目标的内部控制，这样才能通过审计推动企业建立和完善全面的内部控制；另一种观点认为审计应限于与合理保证财务报告的真实可靠有关的内部控制，即财务报告内部控制。萨班斯法案将内部控制审计的范围界定为财务报告内部控制。在法案出台的过程中似乎并没有关于审计范围的争论。但在 1992 年 COSO 出台内部控制整合框架的过程中，曾讨论过企业管理层对外提供的内部控制报告应当涵盖的范围问题，并决定对外提供的内部控制报告应当只包括财务报告内部控制。讨论中提出的理由基本上也适用于确定内部控制审计范围的决策。之所以将内部控制审计的范围界定为财务报告内部控制，其原因在于：从投资者角度看，财务报告内部控制攸关公众利益，是监管的重点和优先领域，也最为投资者关心。安然、世通等公司财务报告舞弊案件直接推动了萨班斯法案的出台，该法案首先要解决公司财务报告的可靠性问题，这才有了对保证财务报告可靠性的内部控制进行审计的要求，即 404 条款。可靠的财务信息是资本市场正常运行的基础，离开了真实可靠的财务信息，投资者的决策就会受到误导，资源配置效率和效果就无从谈起。社会公众和监管机构可以容忍公司经营低效率或亏损的发生，但不能容忍虚假财务信息的发生。正是在这个意义上，财务报告内部控制是立法机构和监管者关注的重点与优先领域，攸关公众利益。从信息经济学的角度看，信息是否提供要符合"成本效益原则"，内部控制审计给被审计单位带来了巨大的配合成本，也需要会计师事务所大量的审计投入。鉴于成本考虑，美国于 2012 年通过了《中华人民共和国中小企业促进法》，对年营业收入在 10 亿美元以下的公众公司豁免财务报告内部控制审计要求。如果对非财务报告内部控制也需要审计，则成本与工作量会大增。从会计师事务所看，对非财务报告内部控制审计的技术与方法没有财务报告内部控制审计成熟。

资料来源：唐建华，杨汉明，万寿琼. 美国企业内部控制审计的定位[J]. 审计研究，2016（4），有改动.

本章小结

内部控制是由企业董事会、监事会、经理层和全体员工实施的、旨在实现控制目标的过程。内部控制经历了较长的发展阶段，包括内部牵制阶段、内部控制阶段、内部控制结构阶段、内部控制整合框架阶段和风险管理阶段。内部控制的目标是合理保证企业经营管理合法合规、资产安全、财务报告及相关信息真实完整、提高经营的效率和效果、促进企业实现发展战略。内部控制五要素包括内部环境、风险评估、信息与沟通、控制活动和内部监督。了解审计单位内部控制可分为：确定被审计单位的重要业务流程和重要交易类别；了解重要交易流程，并记录获得的了解；确定可能发生错报的环节；识别和了解相关控制；执行穿行测试，证实对交易流程和相关控制的了解；进行初步评价和风险评估；对财务报告流程的了解。对了解的内部控制情况进行描述的方法有三种：调查表法、文字表述法与流程图法。控制测试的设计主要涉及控制测试的性质、时间和范围。内部控制评价包括评价内部控制设计和评价内部控制运行的有效性。

 **关键词汇**

内部控制（internal control）　　　　控制环境（controlled environment）

风险评估（risk evaluation　　　　　　控制活动（control activity）

信息与沟通（information and communication　　监督（supervision）

内部控制要素（internal control element　　控制测试（control test）

 思考题

1. 什么是内部控制，内部控制有哪些局限性？

2. 内部控制的目标和要素是什么？

3. 内部控制的发展过程经历哪些阶段？

4. 描述内部控制的方法有哪些？

5. 简述内部控制的评价。

6. 什么是控制测试？控制测试的基本内容包括哪些？

 **案例讨论题**

安然（Enron）公司与安达信会计公司

安达信自安然公司成立伊始就为它做审计，已经做了 16 年。除了单纯的审计外，安达信还提供内部审计和咨询服务。2001 年 11 月，安然公司重新公布了 1997—2000 年的年度财务报表，结果与以往相比，累积利润减少了 5.91 亿美元，而债务却增加了 6.28 亿美元。该公司称，原因在于公司在股权交易中，公司发行股权换取了应收票据。这些应收票据在公司的账本上记录为资产，发行的股票记录为股东权益。按照会计原理，在没有收到现金前不能记录权益的增加，而安达信却这样做了。

在国会的一次听证会上，首席执行官布鲁迪诺承认，他的公司犯了一个判断错误，但是他同时指出，安然公司并未提供有关这笔股权交易的信息，而且安达信对此进行了反驳，称其不仅发现和汇报了有关信息，而且安达信在同一时刻还有主要财务票据的审计程序。如果安达信真的提出过什么建议，作为一家专业的会计师事务所，它是很难对存在的问题避而不谈的。美国证券交易委员会正调查安达信在安然公司的审计工作，同时也在提出针对安达信的诉讼。但是已经有观察家质疑，在目前这种情况下，安达信能否过关。2001 年，美国证券交易委员会对安达信曾罚款 700 万美元，因为它在处理一家废品管理公司的账务中所使用的结算方法误导了投资者。在 2000 年春天，安达信因为替一家即将破产的公司做假账，被罚了 1.1 亿美元。

作为安然公司的财务审计公司，安达信因涉嫌为安然公司提供不实的审计意见而接受了美国证券交易委员会的调查。而 2002 年 1 月 10 日，安达信发表简短声明，首次承认曾经毁坏过一些关于安然公司的重要文件，这些被毁资料包括电子文本、书信和文档文件。在 10 日发布的简短声明中，安达信承认公司雇员在近几个月中曾经"丢失删除了关于安然公司的大量文件"，但具体数目仍不清楚。消息一经传出，美国业界表示震惊。许多专家对安达信的说法表示了怀疑：会计师一向以善于保存各种记录而著称，怎么可能销毁文件。

安达信称，邓肯在 2001 年 10 月 23 日得知美国证券交易委员会向安达信要安然公司的账目做调查之用，于是他立即删除了数千封电子邮件，并且销毁了很多文件。安达信称，它们将解雇所有参与销毁安然公司账目的员工。

2002 年 6 月 15 日上午，美国休斯敦城一个联邦陪审团裁定，曾是美国五大会计事务所的安达信会计师事务所在销毁安然公司文件一案中的妨碍司法罪成立，从而使这家美国著名会计公司面临倒闭的危险。由 12 人组成的陪审团认为，安达信销毁安然公司的审计文件，试图逃避美国证券交易委员会的调查。这一裁决虽然出乎人们的预料，但仍然引起了美国各家媒体的极大关注。几小时后，美国证券交易委员会发表声明说，安达信"自愿"于 8 月底结束对上市公司的审计业务。这实际上是宣告安达信"89 年的生命结束了！"

根据上述案例资料，请分析：

1. 安然公司的内部控制存在哪些漏洞？

2. 评价安达信公司对安然公司的审计。

简答题

1. 注册会计师负责对甲公司 2020 年的内部控制进行审计，在审计工作底稿中记录了内部控制审计的一些情况，有关内容摘录如下：

（1）为提高内部控制审计的效率，直接利用企业内部审计人员、内部控制评价人员和其他相关人员的工作。

（2）在实施审计工作时，将企业层面控制和业务层面控制的测试结合进行。

（3）与企业沟通审计过程中识别的所有控制缺陷，对于其中的重大缺陷，以书面的形式与董事会和经理层沟通。

（4）审计师完成审计工作后，要求企业提供书面证明，但是企业以其他不当理由回避书面声明，因此审计时发表了否定意见的内部控制审计报告。

要求：

针对上述事项逐项指出注册会计师的做法是否恰当，如不恰当，请简要说明理由。

2. A 注册会计师负责委托审计多家公司。2020 年度内部控制 B 注册会计师是项目合伙人，审计工作底稿的部分内容摘录如下：

（1）甲公司的内部控制执行审计后，B 注册会计师认为甲公司只有一项内部控制存在重大缺陷，在审计范围未受到影响的情况下，B 注册会计师对其内部控制发表了保留意见的审计报告。

（2）由于乙公司的内部控制存在一项重大缺陷，在同时进行的对乙公司财务报表执行的审计工作中，B注册会计师因为该控制的缺陷，同时对公司的财务报表发表了保留意见的审计报告。

（3）丙公司某项财务报告内部控制存在重大缺陷，且不存在审计范围受限，B注册会计师据此对被审计单位财务报告内部控制发表了否定意见。

要求：

针对上述事项逐项指出注册会计师的做法是否恰当，如不恰当，请简要说明理由。

 自测题

单项选择题	多项选择题	判断题

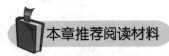

本章推荐阅读材料

1. 阿伦斯，埃尔德，比斯利. 审计学:一种整合方法[M]. 谢盛纹，译. 15版. 北京：中国人民大学出版社，2017.

2. 赵保卿. 审计学[M]. 4版. 北京：经济科学出版社，2014.

3. 杨有红. 企业内部控制[M]. 北京：北京大学出版社，2019.

4. 阎达五，杨有红. 内部控制框架的构建[J]. 会计研究，2001（2）.

5. 刘明辉，张宜霞. 内部控制的经济学思考[J]. 会计研究，2002（8）.

6. 吴秋生. 内部控制审计有关问题探讨[J]. 中国注册会计师，2010（4）.

7. 余榕. 根植于内部控制审计的战略管理框架研究[J]. 审计研究，2013（6）.

8. 张龙平，陈作习. 财务报告内部控制审计的历史回顾[J]. 审计月刊，2008（9）.

9. 陈汉文. 审计[M]. 第4版. 北京：人民大学出版社，2020.

10. 中国注册会计师协会. （2020）审计[M]. 北京：中国财政经济出版社，2020.

| 第五章 |

审计风险评估与应对

 学习提要与目标

　　审计人员实施审计的目标是对财务报表不存在由于错误或舞弊导致的重大错报获取合理保证。风险导向审计是当今主流的审计方法，它要求审计人员识别和评估重大错报风险，设计和实施进一步审计程序以应对评估的错报风险，并根据审计结果出具恰当的审计报告。本章介绍了什么是审计风险，如何对重大错报风险进行识别、评估和应对，并最终将审计风险降至可接受的低水平。本章的学习目标是：

　　（1）了解被审计单位及其环境；
　　（2）掌握审计风险及其内涵；
　　（3）掌握针对认定层次重大错报风险的进一步审计程序；
　　（4）掌握控制测试的性质、时间和范围；
　　（5）掌握实质性测试的性质、时间和范围。

 引例

电脑杀毒与风险导向审计

　　一台电脑里存储了大量的文件，现在需要对存储的文件进行检查，看是否感染了病毒。如果我们不管三七二十一，一上来就一个一个文件的逐一检查有没有感染病毒。这种做法一是工作量很大，文件多如牛毛，审计人员一下就淹没在文件的汪洋大海中；二是没有方向。就如同挖井一样，如果你不知道哪里能挖出水来，没有方向胡乱挖，那只能挖一个地方没出水就再换一个地方挖，结果可能无功而返。如果你知道某个地方很可能有水，就在这个地方一直往下挖，挖不出水誓不罢休，这样可能如愿以偿。审计也是一样，在浩如烟海的会计资料中，如果没有方向和指引，很容易走马观花、无功而返。因此，在检查电脑文件有没有被病毒感染这件事上，我们可以从外部环境着手，先不要急着动手，首先抬头看看周围的环境，了解一下目前病毒活跃情况，特别是要了解电脑是否安装了杀毒软件以及杀毒软件是否有效、是否及时升级，这就是所谓的了解被审计单位及其环境。通过了解外部病毒活跃情况和电脑本身的情况，可以评估出电脑中文件是否存在被病毒感染的风险，哪些文件被感染的风险大，被哪种病毒感染等。这样我们就可以有针对性地对相关文件进行检查，做到有的放矢，不查出问题誓不罢休，这就是风险导向审计的基本理念。

第一节　审计风险的内涵

一、审计风险的概念

审计风险，是指当财务报表存在重大错报时，审计人员发表不恰当审计意见的可能性。审计风险实际上包括两个方面的含义：一是审计人员认为公允的财务报表，但实际上却是错误的，即已经证实的财务报表实际上并未按照会计准则的要求公允反映被审计单位的财务状况、经营成果和财务状况变动情况，或以被审计单位或审查范围中显示的特征表明其中存在着重要错误而未被审计人员察觉的可能性；二是审计人员认为的错误的会计报表，但实际上是公允的。一方面由于审计所处的环境日益复杂；另一方面审计成本效益原则，决定了审计过程中存在审计风险的客观性。

二、审计风险的构成要素

审计风险取决于重大错报风险和检查风险。公式表示为：

$$审计风险 = 重大错报风险 \times 检查风险$$

（一）重大错报风险

重大错报风险是指财务报表在审计前存在重大错报的可能性。重大错报风险与被审计单位的风险相关，且独立于财务报表审计而存在。在设计审计程序以确定财务报表整体是否存在重大错报时，审计人员应当从财务报表层次和各类交易、账户余额和披露认定层次方面考虑重大错报风险。

1. 两个层次的重大错报风险

财务报表层次重大错报风险与财务报表整体存在广泛联系，可能影响多项认定。此类风险通常与控制环境有关，但也可能与其他因素有关，如经济萧条。此类风险难以界定于某类交易、账户余额和披露的具体认定；相反，此类风险增大了任何数目的不同认定发生重大错报的可能性，审计人员考虑由舞弊引起的风险特别相关。

审计人员同时考虑各类交易、账户余额和披露认定层次的重大错报风险，考虑的结果直接有助于审计人员确定认定层次上实施的进一步审计程序的性质、时间安排和范围。审计人员在各类交易、账户余额和披露认定层次获取审计证据，以便能够在审计工作完成时，以可接受的低审计风险水平对财务报表整体发表审计意见。

2. 固有风险和控制风险

认定层次的重大错报风险又可以进一步细分为固有风险和控制风险。

（1）固有风险。固有风险是指在考虑相关的内部控制之前，某类交易、账户余额或披露的某一认定易于发生错报（该错报单独或连同其他错报可能是重大的）的可能性。

某些类别的交易、账户余额和披露及其认定，固有风险较高。例如，复杂计算比简单计算更可能出错；受重大计量不确定性影响的会计估计发生错报的可能性较大。产生经营风险的外部因素也可能影响固有风险。例如，技术进步可能导致某项产品陈旧，进而导致存货易于发生高估错报（计价认定）。被审计单位及其环境中的某些因素还可能与多个甚至所有类别的交易、账户余额和披露有关，进而影响多个认定的固有风险。

（2）控制风险。控制风险是指某类交易、账户余额或披露的某一认定发生错报，该错报单独或连同其他错报是重大的，但没有被内部控制及时防止或发现并纠正的可能性。控制风险取决于与财务报表编制有关的内部控制的设计和运行的有效性。由于控制的固有局限性，某种程度的控制风险始终存在。

（二）检查风险

检查风险是指如果存在某一错报，该错报单独或连同其他错报可能是重大的，注册会计师为将审计风险降至可接受的低水平而实施程序后没有发现这种错报的风险。检查风险取决于审计程序设计的合理性和执行的有效性。由于审计人员通常并不对所有的交易、账户余额和披露进行检查，以及其他原因，检查风险不可能降低为零。其他原因包括审计人员可能选择了不恰当的审计程序、审计过程执行不当，或者错误解读了审计结论。这些因素可以通过适当计划、在项目组成员之间进行恰当的职责分配、保持职业怀疑态度以及监督、指导和复核项目组成员执行的审计工作得以解决。

三、审计风险模型及分析

（一）重大错报风险和检查风险分析

检查风险与重大错报风险的反向关系用数学模型表示如下：

$$审计风险＝重大错报风险×检查风险$$
$$检查风险＝审计风险／重大错报风险$$

在既定的审计风险水平下，可接受的检查风险水平与认定层次重大错报风险的评估结果呈反向关系。评估的重大错报风险越高，可接受的检查风险越低；评估的重大错报风险越低，可接受的检查风险就越高。审计人员应当合理设计审计程序的性质、时间安排和范围，并有效执行审计程序，以控制检查风险。

（二）审计风险与审计证据的关系

审计风险与审计证据之间的关系表现为以下几个方面：一是审计风险与审计证据数量之间呈反向变动关系；二是评估的重大错报风险与审计证据数量之间呈正向变动关系；三是检查风险与审计证据数量之间呈反向变动关系。

第二节　审计风险评估

在风险导向审计模式下，审计人员以重大错报风险的识别、评估和应对为审计工作的主线，最终将审计风险控制在可接受的低水平。风险的识别和评估是审计风险控制流程的起点。风险的识别和评估，是指审计人员通过实施风险评估程序，识别和评估财务报表层次与认定层次的重大错报风险。其中，风险识别是指找出财务报表层次和认定层次的重大错报风险；风险评估是指对重大错报发生的可能性和后果严重程度进行评估。

一、风险评估程序

审计人员了解被审计单位及其环境，目的是识别和评估财务报表层次重大错报风险。根据定义为了解被审计单位及其环境而实施的程序称为"风险评估程序"。审计人员应当依据实施这些程序所获取的信息来评估重大错报风险。审计人员应当实施下列风险评估程序，以了解被审计单位及其环境：①询问被审计单位管理层和内部其他相关人员；②分析程序；③观察和检查。

除了采用上述程序从被审计单位内部获取信息以外，如果根据职业判断认为从被审计单位外部获取的信息有助于识别重大错报风险，审计人员应当实施其他审计程序以获取这些信息。例如，询问被审计单位聘请的外部法律顾问、专业评估师、投资顾问和财务顾问等。

项目组内部的讨论在所有业务阶段都非常必要，可以保证所有事项得到恰当的考虑。通过安排具有较多经验的成员（如项目合伙人）参与项目组内部的讨论，其他成员可以分享其见解和以往获取的被审计单位的经验。《中国注册会计师审计准则第 1211 号——通过了解被审计单位及其环境识别和评估重大错报风险》要求项目合伙人和项目组其他关键成员应当讨论被审计单位财务报表存在重大错报的可能性，以及如何根据被审计单位的具体情况运用适用的财务报告编制基础。

二、了解被审计单位及其环境

审计人员应当从下列方面了解被审计单位及其环境：①相关行业状况、法律环境和监管环境及其他外部因素；②被审计单位性质方面的信息；③被审计单位对会计政策的选择和运用信息；④被审计单位的目标、战略以及可能导致重大错报风险的相关经营风险信息；⑤被审计单位财务业绩的衡量和评价信息；⑥被审计单位的内部控制。

（一）相关行业状况、法律环境和监管环境及其他外部因素

1. 相关行业状况

了解所在行业状况有助于审计人员识别与被审计单位所处行业有关的重大错报风险。

审计人员应当了解被审计单位的行业状况，主要包括：①所处行业的市场供求与竞争；②生产经营的季节性和周期性；③产品生产技术的变化；④能源供应与成本；⑤行业的关键指标和统计数据。

2. 法律环境和监管环境

了解法律环境和监管环境的主要原因在于：①某些法律法规或监管要求可能对被审计单位经营活动有重大影响，如不遵守将导致停业等严重后果；②某些法律法规或监管要求（如环保法规等）规定了被审计单位某些方面的责任和义务；③某些法律法规或监管要求决定了被审计单位需要遵循的行业惯例和核算要求。

审计人员应当了解被审计单位所处的法律环境和监管环境，主要包括：①适用的会计

准则、会计制度和行业特定惯例；②对经营活动产生重大影响的法律法规及监管活动；③对开展业务产生重大影响的政府政策，包括货币、财政、税收和贸易等政策；④与被审计单位所处行业和所从事经营活动相关的环保要求。

3. 其他外部因素

审计人员应当了解影响被审计单位经营的其他外部因素，主要包括：①宏观经济的景气度；②利率和资金供求状况；③通货膨胀水平及币值变动；④国际经济环境和汇率波动。

（二）被审计单位性质方面的信息

被审计单位性质方面的信息可以从六个方面进行了解。具体内容如表 5-1 所示。

表 5-1　关于被审计单位性质方面的信息

性质因素	作　用	内　容
所有权结构	对被审计单位所有权结构的了解有助于审计人员识别关联方关系并了解被审计单位的决策过程	审计人员应当了解所有权结构以及所有者与其他人员或单位之间的关系，考虑关联方关系是否已经得到识别，关联方交易是否得到恰当核算
治理结构	良好的治理结构可以对被审计单位的经营和财务运作实施有效的监督，从而降低财务报表发生重大错报的风险	审计人员应当了解被审计单位的治理结构。例如，董事会的构成情况、董事会内部是否有独立董事；治理结构中是否设有审计委员会或监事会及其运作情况
组织结构	因为复杂的组织结构可能导致某些特定的重大错报风险	审计人员应当了解被审计单位的组织结构，考虑复杂组织结构可能导致的重大错报风险，包括财务报表合并、商誉减值以及长期股权投资核算等问题
经营活动	了解被审计单位经营活动有助于审计人员识别预期在财务报表中反映的主要交易类别、重要账户余额和列报	审计人员应当了解被审计单位的经营活动。其主要包括：主营业务的性质（主营业务是制造业还是商品批发与零售）；与生产产品或提供劳务相关的市场信息；业务的开展情况；联盟、合营与外包情况；从事电子商务的情况；地区与行业分布；生产设施、仓库的地理位置及办公地点；关键客户；重要供应商等
投资活动	了解被审计单位投资活动有助于审计人员关注被审计单位在经营策略和经营方向上的重大变化	审计人员应当了解被审计单位的投资活动，如近期拟实施或已实施的并购活动于资产处置情况，包括业务重组和某些业务的终止；证券投资和委托贷款的处置；资本性投资活动；不纳入合并范围的投资活动等
筹资活动	了解被审计单位筹资活动有助于审计人员评估被审计单位在融资方面的压力，并进一步考虑被审计单位在可预见未来的持续经营能力	审计人员应当了解被审计单位的筹资活动，主要包括：债务结构和相关条款，包括担保情况及表外融资；固定资产的租赁；通过融资租赁方式进行的筹资活动；关联方融资；衍生金融工具的运用等

（三）被审计单位对会计政策的选择和运用信息

为了更好地了解被审计单位对会计政策的选择和运用信息，审计人员应当了解以下事项（如表 5-2 所示）。

表 5-2　被审计单位对会计政策的选择和运用信息

会计政策名称	相 关 内 容	工 作 要 求
重要项目的会计政策和行业惯例	重要项目的会计政策包括收入确认方法,存货的计价方法,投资的核算,固定资产的折旧方法,坏账准备、存货跌价准备和其他资产减值准备的确定,借款费用资本化方法,合并财务报表的编制方法等。除会计政策以外,某些行业可能还存在一些行业惯例,审计人员应当熟悉这些行业惯例	当被审计单位采用与行业惯例不同的会计处理方法时,审计人员应当了解其原因,并考虑采用与行业惯例不同的会计处理方法是否适当
重大和异常交易的会计处理方法	本期发生的企业合并的会计处理方法。某些被审计单位可能存在与其所处行业相关的重大交易	审计人员应当考虑对重大的和不经常发生的交易的会计处理方法是否适当
在缺乏权威性标准或共识的领域,采用重要会计政策产生的影响	了解新领域和缺乏权威性标准或共识的领域	审计人员应当关注被审计单位选用了哪些会计政策,为何选用这些会计政策以及选用这些会计政策产生的影响
会计政策的变更	被审计单位的会计确认和计量方面政策发生的若干变化	审计人员应当考虑变更的原因及其适当性,即考虑:①会计政策变更是否是法律、行政法规或者适用的会计准则和相关会计制度要求的变更;②会计政策变更是否能够提供更可靠、更相关的会计信息。除此之外,审计人员还应当关注会计政策的变更是否得到充分披露
会计准则和相关会计制度的应用情况	被审计单位何时采用以及如何采用新颁布的会计准则和相关会计制度	审计人员应考虑被审计单位是否已按照新会计准则的要求,做好衔接调整工作,并收集执行新会计准则需要的信息资料
被审计单位其他与会计政策运用相关的情况	审计人员还应对:①是否采用激进的会计政策、方法、估计和判断;②财会人员是否拥有足够的运用会计准则的知识、经验和能力;③是否拥有足够的资源支持会计政策的运用,如人力资源及培训、信息技术的采用、数据和信息的采集等	审计人员应当考虑,被审计单位是否按照适用的会计准则和相关会计制度的规定恰当地进行了列报,并披露了重要事项。列报和披露的主要内容包括:财务报表及其附注的格式、结构安排、内容,财务报表项目使用的术语,披露信息的明细程度,项目在财务报表中的分类以及列报信息的来源等。审计人员应当考虑被审计单位是否已对特定事项做了适当列报和披露

(四) 被审计单位的目标、战略以及可能导致重大错报风险的相关经营风险信息

目标是企业经营活动的指针。战略是企业管理层为实现经营目标采用的总体层面的策略和方法。经营风险源于对被审计单位实现目标和战略产生不利影响的重大情况、事项、环境和行动,或源于不恰当的目标和战略。不同的企业可能面临不同的经营风险,这取决于企业经营的性质、所处行业、外部监管环境、企业的规模和复杂程度。

经营风险与财务报表重大错报风险是既有联系又相互区别的两个概念。前者比后者范围更广。审计人员了解被审计单位的经营风险有助于其识别财务报表重大错报风险。但并非所有的经营风险都与财务报表相关，但多数经营风险最终都会产生财务后果，从而影响财务报表。说明经营风险可能对各类交易、账户余额以及列报认定层次或财务报表层次产生直接影响。

（五）被审计单位财务业绩的衡量和评价信息

审计人员主要可从单位内部和单位外部两方面来了解被审计单位财务业绩的衡量和评价信息的。一是被审计单位管理层经常会衡量和评价关键业绩指标（包括财务和非财务的）、预算及差异分析、分部信息和分支机构、部门或其他层次的业绩报告以及与竞争对手的业绩比较。二是外部机构也会衡量和评价被审计单位的财务业绩，如咨询机构分析师的报告和信用评级机构的报告。

审计人员了解被审计单位财务业绩的衡量与评价信息的目的是考虑管理层是否面临实现某些关键财务业绩指标的压力。这些压力既可能源于需要达到市场分析师或股东的预期，也可能产生于达到获得股票期权或管理层和员工奖金的目标。受压力影响的人员可能是高级管理人员（包括董事会），也可能是可以操纵财务报表的其他经理人员，如子公司或分支机构管理人员可能为达到奖金目标而操纵财务报表。

在评价管理层是否存在歪曲财务报表的动机和压力时，审计人员还应当考虑可能存在的其他情形。例如，企业或企业的一个主要组成部分是否有可能被出售；管理层是否希望维持或增加企业的股价或盈利走势而热衷于采用过度激进的会计方法；基于纳税的考虑，股东或管理层是否有意采取不适当的方法使盈利最小化；企业是否持续增长和接近财务资源的最大限度；企业的业绩是否急剧下降，可能存在终止上市的风险；企业是否具备足够的可分配利润或现金流量以维持目前的利润分配水平；如果公布欠佳的财务业绩，对重大未决交易（如企业合并或新业务合同的签订）是否可能产生不利影响等。

了解被审单位及其环境的最后一项内容就是了解其内部控制的设计与运行情况，具体内容见本书相关内容。

三、评估重大错报风险

审计人员在对被审计单位及其环境进行了解之后，应该及时对被审计单位可能存在的重大错报风险进行评估（如图 5-1 所示）。

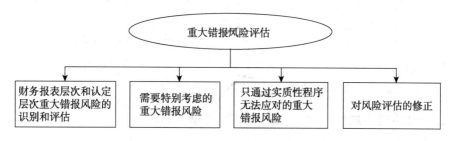

图 5-1　重大错报风险评估的主要内容

（一）财务报表层次和认定层次重大错报风险的识别和评估

在对重大错报风险进行识别和评估后，审计人员应当确定两个层次的重大错报风险，即识别的重大错报风险是与特定的某类交易、账户余额、列报的认定相关，还是与财务报表整体广泛相关，进而影响多项认定。

财务报表层次的重大错报风险很可能源于薄弱的控制环境。薄弱的控制环境带来的风险可能对财务报表产生广泛影响，难以限于某类交易、账户余额、列报，审计人员应当采取总体应对措施。例如，被审计单位治理层、管理层对内部控制的重要性缺乏认识，没有建立必要的制度和程序；这类缺陷源于薄弱的控制环境，可能对财务报表产生广泛影响，需要审计人员采取总体应对措施。

审计人员应当考虑识别的各类交易、账户余额和列报认定层次的重大错报风险予以汇总与评估，以确定进一步审计程序的性质、时间和范围。表 5-3 给出了评估认定层次的重大错报风险汇总表的示例。

表 5-3　评估认定层次的重大错报风险汇总表

重 大 账 户	认 定	识别的重大错报风险	风险评估结果	审 计 方 案
列示重大账户。例如，应收账款	列示相关的认定。例如，存在、完整性	汇总实施审计程序识别出的与该重大账户的某项认定相关的认定	评估该项认定的重大错报风险水平（应考虑控制设计是否合理，是否得到执行）	列示审计方法： 1. 检查应收账款总账和明细账 2. 进行特定账户函证

（二）需要特别考虑的重大错报风险

特别风险即特别考虑的重大错报风险的简称，作为风险评估的一部分，审计人员应当运用职业判断，确定识别的风险哪些是需要特别考虑的重大错报风险。

特别风险通常与重大的非常规交易和判断事项有关。与重大的非常规交易相关的特别风险可能导致更高的重大错报风险。

与重大判断事项相关的特别风险可能导致更高的重大错报风险。判断事项通常包括作出的会计估计。如资产减值准备金额的估计、需要运用复杂估值技术确定的公允价值计量等。

了解与特别风险相关的控制，有助于审计人员制订有效的审计方案予以应对。对特别风险，审计人员应当评价相关控制的设计情况，并确定其是否已经得到执行。由于与重大非常规交易或判断事项相关的风险很少受到日常控制的约束，审计人员应当了解被审计单位是否针对该特别风险设计和实施了控制。如果管理层未能实施控制以恰当应对特别风险，审计人员应当认为内部控制存在重大缺陷，并考虑其对风险评估的影响。在此情况下，审计人员应当就此类事项与治理层沟通。

（三）只通过实质性程序无法应对的重大错报风险

作为风险评估的一部分，如果认为仅通过实质性程序获取的审计证据无法将认定层次的重大错报风险降至可接受的低水平,审计人员应当评价被审计单位针对这些风险设计的控制,并确定其执行情况。

在被审计单位对日常交易采用高度自动化处理的情况下,审计证据可能仅以电子形式存在,其充分性和适当性通常取决于自动化信息系统相关控制的有效性,审计人员应当考虑仅通过实施实质性程序不能获取充分、适当审计证据的可能性。

(四)对风险评估的修正

审计人员对认定层次重大错报风险的评估应以获取的审计证据为基础,并可能随着不断获取审计证据而作出相应的变化。例如,审计人员对重大错报风险的评估可能基于预期控制运行有效这一判断,即相关控制可以防止或发现并纠正认定层次的重大错报。但在测试控制运行的有效性时,审计人员获取的证据可能表明相关控制在被审计期间并未有效运行。同样,在实施实质性程序后,审计人员可能发现错报的金额和频率比在风险评估时预计的金额和频率要高。说明如果通过实施进一步审计程序获取的审计证据与初始评估获取的审计证据相矛盾,审计人员应当修正风险评估结果,并相应修改原计划实施的进一步审计程序。

因此,评估重大错报风险与了解被审计单位及其环境一样,也是一个连续和动态地收集、更新与分析信息的过程,贯穿于整个审计过程的始终。

第三节　审计风险应对

《中国注册会计师审计准则第 1231 号——针对评估的重大错报风险采取的应对措施》规范了审计人员针对评估的重大错报风险确定总体应对措施,设计和实施进一步审计程序。因此,审计人员应当针对评估的重大错报风险实施程序,即针对评估的财务报表层次重大错报风险确定总体应对措施,并针对评估的认定层次重大错报风险设计和实施进一步审计程序,以将审计风险降至可接受的低水平。

一、针对财务报表层次重大报错风险的总体应对措施

在财务报表重大错报风险的评估过程中,审计人员应当确定,识别的重大错报风险是与特定的某类交易、账户余额和披露的认定相关,还是与财务报表整体广泛相关,进而影响多项认定。如果是后者,则属于财务报表层次的重大错报风险。

审计人员应当针对评估的财务报表层次重大错报风险确定下列总体应对措施。

(1)向项目组强调保持职业怀疑的必要性。

(2)指派更有经验或具有特殊技能的审计人员,或利用专家的工作。由于各行业在经营业务、经营风险、财务报告、法规要求等方面具有特殊性,审计人员的专业分工细化成为一种趋势。审计项目组成员中应有一定比例的人员曾经参与过被审计单位以前年度的审计,或具有被审计单位所处特定行业的相关审计经验。必要时,要考虑利用信息技术、税务、评估、精算等方面的专家的工作。

(3)提供更多的督导。对于财务报表层次重大错报风险较高的审计项目,审计项目组

的高级别成员，如项目合伙人、项目经理等经验较丰富的人员，要对其他成员提供更详细、更经常、更及时的指导和监督并加强项目质量复核。

（4）在选择拟实施的进一步审计程序时融入更多的不可预见的因素。被审计单位人员，尤其是管理层，如果熟悉审计人员的审计套路，就可能采取种种规避手段，掩盖财务报告中的舞弊行为。因此，在设计拟实施审计程序的性质、时间安排和范围时，为了避免既定思维对审计方案的限制，避免对审计效果的人为干涉，从而使得针对重大错报风险的进一步审计程序更加有效，审计人员要考虑使某些程序不被审计单位管理层预见或事先了解。

在实务中，审计人员可以通过以下方式提高审计程序的不可预见性：①对某些未测试过的低于设定的重要性水平或风险较小的账户余额和认定实施实质性程序；②调整实施审计程序的时间，使被审计单位不可预期；③采取不同的审计抽样方法，使当期抽取的测试样本与以前有所不同；④选取不同的地点实施审计程序，或预先不告知被审计单位所选定的测试地点。

（5）对拟实施审计程序的性质、时间安排或范围作出总体修改。财务报表层次的重大错报风险很可能源于薄弱的控制环境。薄弱的控制环境带来的风险可能对财务报表产生广泛影响，难以限于某类交易、账户余额和披露，审计人员应当采取总体应对措施。相应地，审计人员对控制环境的了解也影响其对财务报表层次重大错报风险的评估。有效地控制环境可以使审计人员增强对内部控制和被审计单位内部产生的证据的信赖程度。如果控制环境存在缺陷，审计人员在对拟实施审计程序的性质、时间安排和范围作出总体修改时应当考虑以下几点。

①在期末而非期中实施更多的审计程序。控制环境的缺陷通常会削弱期中获得的审计证据的可信赖程度。

②通过实施实质性程序获取更广泛的审计证据。良好的控制环境是其他控制要素发挥作用的基础。控制环境存在缺陷通常会削弱其他控制要素的作用，导致审计人员可能无法信赖内部控制，而主要依赖实施实质性程序获取审计证据。

③增加拟纳入审计范围的经营地点的数量。

审计人员评估的财务报表层次重大错报风险以及采取的总体应对措施，对拟实施进一步审计程序的总体审计方案具有重大影响。拟实施进一步审计程序的总体审计方案包括实质性方案和综合性方案。其中，实质性方案是指审计人员实施的进一步审计程序以实质性程序为主；综合性方案是指审计人员在实施进一步审计程序时，将控制测试与实质性程序结合使用。当评估的财务报表层次重大错报风险属于高风险水平（并相应采取更强调审计程序不可预见性以及重视调整审计程序的性质、时间安排和范围等总体应对措施）时，拟实施进一步审计程序的总体方案往往更倾向于实质性方案。

二、针对认定层次重大错报风险的进一步审计程序

进一步审计程序相对于风险评估程序而言，是指审计人员针对评估的各类交易、账户余额和披露认定层次重大错报风险实施的审计程序，包括控制测试和实质性程序。

审计人员应当针对评估的认定层次重大错报风险设计和实施进一步审计程序，包括审计程序的性质、时间安排和范围。审计人员设计和实施的进一步审计程序的性质、时间安

排和范围，应当与评估的认定层次重大错报风险具备明确的对应关系。审计人员实施的审计程序应具有目的性和针对性，有的放矢地配置审计资源，有利于提高审计效率和审计效果。

（一）进一步审计程序的性质

进一步审计程序的性质是指进一步审计程序的目的和类型。其中，进一步审计程序的目的包括通过实施控制测试以确定内部控制运行的有效性，通过实施实质性程序以发现认定层次的重大错报；进一步审计程序的类型包括检查、观察、询问、函证、重新计算、重新执行和分析程序。

在确定进一步审计程序的性质时，审计人员首先需要考虑的是认定层次重大错报风险的评估结果。因此，审计人员应当根据认定层次重大错报风险的评估结果选择审计程序。

（二）进一步审计程序的时间

进一步审计程序的时间安排是指审计人员何时实施进一步审计程序，或审计证据适用的期间或时点。因此，当提及进一步审计程序的时间安排时，在某些情况下指的是审计程序的实施时间，在另一些情况下是指需要获取的审计证据适用的期间或时点。

有关进一步审计程序的时间安排问题：第一个层面是审计人员选择在何时实施进一步审计程序的问题，第二个层面是选择获取什么期间或时点的审计证据的问题。第一个层面的选择问题主要集中在如何权衡期中实施审计程序与期末实施审计程序的关系；第二个层面的选择问题分别集中在如何权衡期中审计证据与期末审计证据的关系、如何权衡以前审计获取的审计证据与本期审计获取的审计证据的关系。这两个层面的最终落脚点都是如何确保获取审计证据的效率和效果。

（三）进一步审计程序的范围

进一步审计程序的范围是指实施进一步审计程序的数量，包括抽取的样本量、对某项控制活动的观察次数等。在确定进一步审计程序的范围时，审计人员应当考虑下列因素。

（1）确定的重要性水平。确定的重要性水平越低，审计人员实施进一步审计程序的范围越广。

（2）评估的重大错报风险。评估的重大错报风险越高，对拟获取审计证据的相关性、可靠性的要求越高，因此，审计人员实施的进一步审计程序的范围也越广。

（3）计划获取的保证程度。计划获取的保证程度，是指审计人员计划通过所实施的审计程序对测试结果可靠性所获取的信心。计划获取的保证程度越高，对测试结果可靠性要求越高，审计人员实施的进一步审计程序的范围越广。

随着重大错报风险的增加，审计人员应当考虑扩大审计程序的范围。但是，只有当审计程序本身与特定风险相关时，扩大审计程序的范围才是有效的。

三、控制测试

控制测试是为了获取关于控制防止或发现并纠正认定层次重大错报的有效性而实施

的测试。审计人员应当选择为相关认定提供证据的控制进行测试。

（一）控制测试的含义

控制测试是指用于评价内部控制在防止或发现并纠正认定层次重大错报方面的运行有效性的审计程序，这一概念需要与"了解内部控制"进行区分。"了解内部控制"包含两层含义：一是评价控制的设计；二是确定控制是否得到执行。控制测试运行的有效性与确定控制是否得到执行所需获取的审计证据是不同的。

在实施风险评估程序以获取控制是否得到执行的审计证据时，审计人员应当确定某项控制是否存在，被审计单位是否正在使用。

在测试控制运行的有效性时，审计人员应当从下列方面获取关于控制是否有效运行的审计证据。

（1）控制在所审计期间的相关时点是如何运行的。

（2）控制是否得到一贯执行。

（3）控制由谁或以何种方式执行。

从这三个方面来看，控制运行有效性强调的是控制能够在各个不同时点按照既定设计得以一贯执行。因此，在了解控制是否得到执行时，审计人员只需抽取少量的交易进行检查或观察某几个时点。但在测试控制运行的有效性时，审计人员需要抽取足够数量的交易进行检查或对多个不同时点进行观察。

（二）控制测试的要求

作为进一步审计程序的类型之一，控制测试并非在任何情况下都需要实施。当存在下列情形之一时，审计人员应当实施控制测试：①在评估认定层次重大错报风险时，预期控制的运行是有效的；②仅实施实质性程序并不能够提供认定层次充分、适当的审计证据，

如果在评估认定层次重大错报风险时预期控制的运行是有效的，审计人员应当实施控制测试，就控制在相关期间或时点的运行有效性获取充分、适当的审计证据。

审计人员通过实施风险评估程序，可能发现某项控制的设计是存在的，也是合理的，同时得到了执行。在这种情况下，出于成本效益的考虑，审计人员可能预期，如果相关控制在不同时点都得到了一贯执行，与该项控制有关的财务报表认定发生重大错报的可能性就不会很大，也就不需要实施很多的实质性程序。为此，审计人员可能会认为值得对相关控制在不同时点是否得到了一贯执行进行测试，即实施控制测试。这种测试主要是出于成本效益的考虑，其前提是审计人员通过了解内部控制以后认为某项控制存在着被信赖和利用的可能。因此，只有认为控制设计合理、能够防止或发现和纠正认定层次的重大错报，审计人员才有必要对控制运行的有效性实施测试。

如果认为仅实施实质性程序获取的审计证据无法将认定层次重大错报风险降至可接受的低水平，审计人员应当实施相关的控制测试，以获取控制运行有效性的审计证据。

（三）控制测试的性质

控制测试的性质是指控制测试所使用的审计程序的类型及其组合。控制测试采用审计

程序有询问、观察、检查和重新执行。审计人员应当根据特定控制的性质选择所需实施审计程序的类型。

控制测试的目的是评价控制是否有效运行；细节测试的目的是发现认定层次的重大错报。尽管两者目的不同，但审计人员可以考虑针对同一交易同时实施控制测试和细节测试，以实现双重目的。例如，审计人员通过检查某笔交易的发票可以确定其是否经过适当的授权，也可以获取关于该交易的金额、发生时间等细节证据。

（四）控制测试的时间

控制测试的时间包含两层含义：一是何时实施控制测试；二是测试所针对的控制适用的时点或期间。一个基本的原理是，如果测试特定时点的控制，审计人员仅得到该时点控制运行有效性的审计证据；如果测试某一期间的控制，审计人员可获取控制在该期间有效运行的审计证据。因此，审计人员应当根据控制测试的目的确定控制测试的时间，并确定拟信赖的相关控制的时点或期间。

关于根据控制测试的目的确定控制测试的时间，如果仅需要测试控制在特定时点的运行有效性（如对被审计单位期末存货盘点进行控制测试），审计人员只需要获取该时点的审计证据。如果需要获取控制在某一期间有效运行的审计证据，仅获取与时点相关的审计证据是不充分的，审计人员应当辅以其他控制测试，包括测试被审计单位对控制的监督。

（五）控制测试的范围

对于控制测试的范围，其含义主要是指某项控制活动的测试次数。审计人员应当设计控制测试，以获取控制在整个拟信赖的期间有效运行的充分、适当的审计证据。

当针对控制运行的有效性需要获取更具说服力的审计证据时，可能需要扩大控制测试的范围。在确定控制测试的范围时，除考虑对控制的信赖程度外审计人员还可能考虑以下因素。

（1）在拟信赖期间，被审计单位执行控制的频率。控制执行的频率越高，控制测试的范围越大。

（2）在所审计期间，审计人员拟信赖控制运行有效性的时间长度。拟信赖控制运行有效性的时间长度不同，在该时间长度内发生的控制活动次数也不同。审计人员需要根据拟信赖控制的时间长度确定控制测试的范围。拟信赖期间越长，控制测试的范围越大。

（3）控制的预期偏差。预期偏差可以用控制未得到执行的预期次数占控制应当得到执行次数的比率加以衡量（也可称为预期偏差率）。控制的预期偏差率越高，需要实施控制测试的范围越大。如果控制的预期偏差率过高，审计人员应当考虑控制可能不足以将认定层次的重大错报风险降至可接受的低水平，从而针对某一认定实施的控制测试可能是无效的。

（4）通过测试与认定相关的其他控制获取的审计证据的范围。针对同一认定，可能存在不同的控制。当针对其他控制获取审计证据的充分性和适当性较高时，测试该控制的范围可适当缩小。

（5）拟获取的有关认定层次控制运行有效性的审计证据的相关性和可靠性。

四、实质性程序

（一）实质性程序的含义

实质性程序是指用于发现认定层次重大错报的审计程序，包括对各类交易、账户余额和披露的细节测试以及实质性分析程序。

（二）实质性程序的要求

由于审计人员对重大错报风险的评估是一种判断，可能无法充分识别所有的重大错报风险，并且由于内部控制存在固有局限性，无论评估的重大错报风险结果如何，审计人员都应当针对所有重大类别的交易、账户余额和披露实施实质性程序。

（三）实质性程序的性质

实质性程序的性质，是指实质性程序的类型及其组合。前已述及，实质性程序的两种基本类型包括细节测试和实质性分析程序。

（1）细节测试。细节测试是对各类交易、账户余额和披露的具体细节进行测试，目的在于直接识别财务报表认定是否存在错报。细节测试被用于获取与某些认定相关的审计证据，如存在、准确性、计价等。

（2）实质性分析程序。实质性分析程序从技术特征上讲仍然是分析程序，主要是通过研究数据间关系评价信息，只是将该技术方法用作实质性程序，即用以识别各类交易、账户余额和披露及相关认定是否存在错报。实质性分析程序通常更适用于在一段时间内存在可预期关系的大量交易。

由于细节测试和实质性分析程序的目的与技术手段存在一定差异，因此，各自有不同的适用领域。审计人员应当根据各类交易、账户余额和披露的性质选择实质性程序的类型。细节测试适用于对各类交易、账户余额和披露认定的测试，尤其是对存在或发生、计价认定的测试；对在一段时期内存在可预期关系的大量交易，审计人员可以考虑实施实质性分析程序。

（四）实质性程序的时间

实质性程序的时间选择与控制测试的时间选择有共同点，也有很大差异。共同点在于：两类程序都面临着对期中审计证据和对以前审计获取的审计证据的考虑。两者的差异在于：①在控制测试中，期中实施控制测试并获取期中关于控制运行有效性审计证据的做法更具有一种"常态"；而由于实质性程序的目的在于更直接地发现重大错报，在期中实施实质性程序时更需要考虑其成本效益的权衡。②在本期控制测试中拟信赖以前审计获取的有关控制运行有效性的审计证据，已经受到了很大的限制；而对于以前审计中通过实质性程序获取的审计证据，则采取了更加慎重的态度和更严格的限制。

审计人员在考虑是否在期中实施实质性程序时应当考虑以下因素。

（1）控制环境和其他相关的控制。控制环境和其他相关的控制越薄弱，审计人员越不宜在期中实施实质性程序。

（2）实施审计程序所需信息在期中之后的可获得性。如果实施实质性程序所需信息在期中之后可能难以获取（如系统变动导致某类交易记录难以获取），审计人员应考虑在期中实施实质性程序；但如果实施实质性程序所需信息在期中之后的获取并不存在明显困难，该因素不应成为审计人员在期中实施实质性程序的重要影响因素。

（3）实质性程序的目的。如果针对某项认定实施实质性程序的目的就包括获取该认定的期中审计证据（从而与期末比较），审计人员应在期中实施实质性程序。

（4）评估的重大错报风险。审计人员评估的某项认定的重大错报风险越高，针对该认定所需获取的审计证据的相关性和可靠性要求也就越高，审计人员越应当考虑将实质性程序集中于期末（或接近期末）实施。

（5）特定类别交易或账户余额以及相关认定的性质。例如，某些交易或账户余额以及相关认定的特殊性质（如收入截止认定、未决诉讼）决定了审计人员必须在期末（或接近期末）实施实质性程序。

（6）针对剩余期间，能否通过实施实质性程序或将实质性程序与控制测试相结合，降低期末存在错报而未被发现的风险。如果针对剩余期间审计人员可以通过实施实质性程序或将实质性程序与控制测试相结合，较有把握地降低期末存在错报而未被发现的风险，审计人员可以考虑在期中实施实质性程序；但如果针对剩余期间审计人员认为还需要消耗大量审计资源才有可能降低期末存在错报而未被发现的风险，甚至没有把握通过适当的进一步审计程序降低期末存在错报而未被发现的风险，审计人员就不宜在期中实施实质性程序。

（五）实质性程序的范围

评估的认定层次重大错报风险和实施控制测试的结果是审计人员在确定实质性程序的范围时的重要考虑因素。因此，在确定实质性程序的范围时，审计人员应当考虑评估的认定层次重大错报风险和实施控制测试的结果。审计人员评估的认定层次的重大错报风险越高，需要实施实质性程序的范围越广。如果对控制测试结果不满意，审计人员可能需要考虑扩大实质性程序的范围。

 **本章小结**

审计风险是指当财务报表存在重大错报时，审计人员发表不恰当审计意见的可能性。审计风险取决于重大错报风险和检查风险。重大错报风险是指财务报表在审计前存在重大错报的可能性。重大错报风险分为财务报表层次和各类交易、账户余额和披露认定层次。财务报表层次重大错报风险与财务报表整体存在广泛联系，可能影响多项认定。认定层次重大错报风险又可以进一步细分为固有风险和控制风险。固有风险是指在考虑相关的内部控制之前，某类交易、账户余额或披露的某一认定易于发生错报（该错报单独或连同其他错报可能是重大的）的可能性。控制风险取决于与财务报表编制有关的内部控制的设计和运行的有效性。检查风险是指如果存在某一错报，该错报单独或连同其他错报可能是重大的，审计人员为将审计风险降至可接受的低水平而实施程序后没有发现这种错报的风险。检查风险取决于审计程序设计的合理性和执行的有效性。

风险评估是指审计人员在审计实施阶段通过了解被审计单位及相关环境与评价内部控制状况等内容，从而准确地评估审计工作所面临风险水平或程度，便于采取针对性的风险应对措施所设计的一系列必经程序和活动。审计人员应当从下列方面了解被审计单位及其环境：①相关行业状况、法律环境和监管环境及其他外部因素；②被审计单位性质方面的信息；③被审计单位对会计政策的选择和运用信息；④被审计单位的目标、战略以及可能导致重大错报风险的相关经营风险；⑤被审计单位财务业绩的衡量和评价信息；⑥被审计单位的内部控制。

审计人员在对被审计单位及其环境进行了解之后，应该及时对被审计单位可能存在的重大错报风险进行评估。审计人员应当针对评估的重大错报风险实施程序，即针对评估的财务报表层次重大错报风险确定总体应对措施，并针对评估的认定层次重大错报风险设计和实施进一步审计程序，以将审计风险降至可接受的低水平。

 **关键词汇**

检查风险（detection risk） 重大错报风险（risk of material misstatement in audit report）
风险评估（risk evaluation）控制测试（control test）
报表层次重大错报（material misstatement on level of financial statement）
认定层次重大错报（material misstatement on level of assertion）
实质性程序（substantial procedures）

 思考题

1. 风险导向审计与审计理论框架的关系是什么？
2. 审计风险模型的基本原理及对审计实务的指导作用是什么？
3. 了解被审计单位及其环境的内在逻辑框架是什么？
4. 控制测试与实质性测试之间的内在联系是什么？
5. 实质性分析程序的作用与局限性是什么？

 练习题

甲注册会计师杨莉负责对长江公司 2017 年度财务报表进行审计。相关资料如下：

资料一：长江公司主要从事 A 产品的生产和销售，无明显产销淡旺季。产品销售采用赊销方式，正常信用期为 20 天。

在 A 产品生产成本中，a 原材料成本占很大比重。a 原材料在 2017 年的年初、年末库存均为零。a 原材料的发出计价采用移动加权平均法。

资料二：2017 年度，长江公司所处行业的统计资料显示，生产 A 产品所需 a 原材料主要依赖进口，汇率因素导致 a 原材料采购成本大幅上涨；替代产品使 A 产品的市场需求减少，市场竞争激烈，导致销售价格明显下跌。

资料三：长江公司 2017 年度未经审计财务报表及相关账户记录反映如下。

（1）产品 2016 年度和 2017 年度的销售记录

产品名称	2017 年度（未审数）			2016 年度（已审数）		
	数量/吨	营业收入/万元	营业成本/万元	数量/吨	营业收入/万元	营业成本/万元
A 产品	900	50 000	40 000	800	40 000	34 000

（2）a 原材料 2017 年度收发存记录

日期及摘要	入库			出库			库存		
	数量/吨	单价/万元	金额/万元	数量/吨	单价/万元	金额/万元	数量/吨	单价/万元	金额/万元
年初余额							0	0	0
入库	80	60	4 800				80	60	4 800
出库				70	60	4 200	10	60	600
入库	80	55	4 400				90	55.56	5 000
……（略）……									
出库				75	52	3 900	75	52	3 900
入库	75	48	3 600				150	50	7 500
出库				150	50	7 500	0	0	0
年末余额							0	0	0

（3）与销售 A 产品相关的应收账款变动记录

日期及摘要	借方/万元	贷方/万元	余额/万元
2017 年年初余额			3 000
2017 年 1 月 2 日收款		2 700	300
2017 年 1 月 4 日赊销	5 000		5 300
2017 年 11 月 30 日收款		2 500	600
2017 年 12 月 9 日赊销	9 000		9 600
2017 年年末余额			9 600
2018 年年初余额			9 600
2018 年 1 月 25 日赊销	3 000		12 600
2018 年 1 月 31 日余额			12 600

要求：根据上述资料一至资料三，假定不考虑其他条件，对长江公司 2017 年度财务报表进行风险评估，确定存在重大错报风险的报表项目和具体认定，并列示分析过程。

案例讨论题

2017 年 6 月 5 日，中国证监会印发了《会计监管风险提示第 6 号——新三板挂牌公司审计》指出了新三板挂牌公司存在的审计问题。其中了解被审计单位及其环境的相关问题

如下：根据《中国注册会计师审计准则第 1211 号——通过了解被审计单位及其环境识别和评估重大错报风险》的要求，注册会计师应当通过实施询问、分析等风险评估程序，了解被审计单位及其环境，从而为识别和评估财务报表层次和认定层次的重大错报风险提供基础。注册会计师在新三板挂牌公司审计项目中实施风险评估程序时，应结合被审计单位的具体情况，重点考虑可能存在高风险的领域。

（一）常见问题

注册会计师在新三板挂牌公司审计项目中实施风险评估程序时，通常存在以下问题。

一是在了解被审计单位及其环境时，实施的风险评估程序流于形式，导致未全面和充分地了解被审计单位及其环境。

二是在了解内部控制并识别和评估重大错报风险时，未恰当识别由于管理层凌驾于内部控制之上从而规避控制所导致的重大错报风险。

（二）会计监管关注事项

在会计监管工作中，应关注注册会计师在实施风险评估程序时是否恰当应用职业判断以识别和评估重大错报风险。

一是在了解被审计单位及其环境时，应针对性地重点了解以下方面。

（1）相关行业状况和监管环境。对属于新兴高新技术行业的被审计单位，除了需要了解行业的基本情况和发展现状以外，还应重点关注行业的稳定性、发展趋势、竞争程度和特有风险（如政策风险等）。

（2）被审计单位的性质，包括是否存在特殊的业务模式、所有权和治理结构是否清晰、筹资和投资活动是否存在重大限制、是否存在超出被审计单位正常经营过程的重大关联方交易及资金占用情况等。

（3）对会计政策的选择和运用，特别是某些新兴行业可能涉及的在缺乏权威性标准或共识、有争议的或新兴领域采用的重要会计政策。

（4）经营风险，如对于成立时间较短、处于发展或成长期的被审计单位，可能存在开发新产品或提供新服务失败或者业务扩张失败等导致的经营风险。

（5）了解被审计单位是否存在由于融资、分层调整、首次公开发行股票及对赌等原因产生的粉饰财务报表的压力和动机。如果存在这种情况，注册会计师应当考虑提高对尚未发现和更正的错报风险的预期。

二是在了解与财务报表相关的内部控制时，由于部分被审计单位可能存在内部控制系统较为简单，缺少正式的风险评估过程，或者股东、治理层和管理层高度重合等情况，注册会计师应当保持职业怀疑态度并恰当实施风险评估程序，以识别这些内部控制特点可能导致的管理层凌驾于内部控制之上的重大错报风险，并采取恰当的措施应对该等由舞弊导致的重大错报风险。

资料来源：中国证监会，《会计监管风险提示第 6 号——新三板挂牌公司审计》，2017 年 6 月 5 日。

思考：

1. 了解新三板挂牌公司被审计单位及其环境与主板公司的差异是什么？

2. 管理层凌驾于内部控制之上的重大错报风险如何识别与防范？

 简答题

1. 练习审计风险模型的运用。

要求：请将下表填写完整，并分析哪种情况应获取较多的审计证据。

风险类别	情况一	情况二	情况三	情况四
可接受的审计风险	4%	（　　）	6.3%	3.2%
重大错报风险	80%	45%	（　　）	（　　）
检查风险	（　　）	10%	20%	40%

2. 上市公司甲公司是乙会计师事务所的常年审计客户，主要从事智能手机的生产和销售，K 注册会计师负责审计甲公司 2020 年度财务报表，确定财务报表整体的重要性为 700 万元，明显微小错报的临界值为 35 万元。K 注册会计师在审计工作底稿中记录了所了解的甲公司情况及其环境，部分内容摘录如下：

（1）为了激励管理人员，甲公司股东大会年初批准了一项奖励计划，如果 2020 年甲公司的营业收入达到 2 亿元，甲公司管理层将获得 500 万元的奖励。

（2）2019 年 12 月，甲公司聘请 ABC 评估公司对其拥有的一项知识产权进行评估，并据此计提资产减值准备 50 万元，2020 年 12 月，甲公司聘请 DEF 评估公司对该知识产权进行评估，结果表明上年评估的金额偏低，管理层因此冲回资产减值准备 30 万元。

（3）甲公司长期借款账户中列示了一项 2018 年 6 月借入的 1 000 万元的三年期借款。

（4）甲公司早在多年前就在企业园区内执行严格的垃圾分类。2020 年 12 月，甲公司首次获得 100 万元政府补助。相关文件规定，该补助用于补偿历年累计发生的垃圾分类支出。

（5）为了满足销售的需要，甲公司 2020 年 4 月初在原有的基础上又在主要商圈新租入了 6 个店铺。每个店铺的月租金为 5 万元，租期 1 年。

（6）K 注册会计师在审计工作底稿中记录了甲公司的财务数据，部分内容摘录如下：

单位：万元

项目	未审数 2020 年	已审数 2019 年
营业收入	20 010	11 080
营业成本	19 820	9082
应付职工薪酬——管理层奖励	500	0
资产减值损失	20	50
长期借款	2 100	1 800
管理费用——垃圾分类	75	50
销售费用——租赁费	550	500
其他收益——政府补助	100	0

要求：

针对资料一第（1）～（5）项，结合资料二，假定不考虑其他条件，逐项指出资料一所列事项是否可能表明存在重大错报风险。如果认为可能表明存在重大错报风险，简要说明理由，并说明该风险主要与哪些财务报表项目的哪些认定相关（不考虑税务影响）。

自测题

单项选择题	多项选择题	判断题
自学自测 扫描此码	自学自测 扫描此码	自学自测 扫描此码

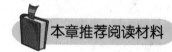本章推荐阅读材料

1. 中国注册会计师协会. 审计[M]. 北京：中国财政经济出版社，2018.

2. 叶陈云，余中福，夏宁. 审计学[M]. 北京：中国电力出版社，2016.

3. 宋常. 审计学[M]. 北京：中国人民大学出版社，2018.

4. 秦荣生. 审计学[M]. 北京：中国人民大学出版社，2017.

5. 阿伦斯，埃尔德，比斯. 审计学：一种整合方法：英文版·第 15 版[M]. 谢盛纹，译，北京：中国人民大学出版社，2017.

6. 陈毓圭. 对风险导向审计方法的由来及其发展的认识[J]. 会计研究，2004（2）.

7. 谢荣，吴建友. 现代风险导向审计理论研究与实务发展[J]. 会计研究，2004（4）.

8. 谢荣. 论审计风险的产生原因、模式演变和控制措施[J]. 审计研究，2003（4）.

9. 谢志华，崔学刚. 风险导向审计：机理与运用[J]. 会计研究，2006（7）.

| 第六章 |

审计证据与审计工作底稿

 **学习提要与目标**

　　审计证据是审计中的一个核心概念，要实现审计目标，形成审计结论和意见，必须收集和评价审计证据；审计工作底稿是审计工作全过程的如实记录。审计人员通过编制审计工作底稿，将收集到的审计证据和其他相关资料进行分析与整理最终形成审计意见并出具审计报告。一定程度上说，审计过程就是收集和整理审计证据的过程，而审计工作底稿是审计证据的载体。两者是构成审计工作的重要部分。本章将系统地介绍审计证据的种类和特性、审计证据的获取方法及审计证据的综合分析；审计工作底稿的常用格式、编制方法及要求、审计工作底稿的归档管理等内容。本章的学习目标是：

　　（1）理解审计证据、审计工作底稿的概念；

　　（2）了解审计工作底稿的主要类别和基本填制方法；

　　（3）掌握审计证据的特征和收集证据的方法。

 引例

出纳贪污 7 年没被发现最终靠自首暴露

　　2018 年 4 月，一名名叫云朵的女子来到南通市公安局崇川分局称要投案自首。经询问，该女子是南通某知名快餐连锁企业的出纳，从 2011 年开始侵占公司钱款，7 年来侵占总额已过千万元。虽然公司没发现，但她越来越不安，良心发现选择投案自首。

　　为何 7 年侵占 1 000 多万元居然没人察觉？公司没有内部控制和审计监督吗？

　　2007 年云朵被安排到南通分公司负责人力资源管理和出纳工作，每年经手数千万款项。看着公司每年支出这么多钱，自己每个月的工资却只有两千多元，她不甘心。发现公司对申请金额比较宽松，2011 年开始，云朵以各种名目向总公司多申请资金，除去公司正常开支，其他钱都用于自己花销。

　　2011 年开始作案时，云朵发现每个月单位会计都会审核银行的对账单，为了掩饰账目，真的对账单一拿到手，她会马上用软件重做一份，然后把真的那份毁掉。假的对账单上，除了云朵自己花掉的记录被删除，余额相应修改，其余支出流水都和真的对账单无二。

　　2012 年开始，总公司委托会计师事务所进行每年一次的询证，即专业财务审计，云朵还是有办法蒙骗过关。收到会计师事务所寄来的询证函后，她发现第一张纸上有公司支出账户应有的余额，而银行只在询证函的最后一页上盖章。于是，她将询证函的第一页换成自己制作的，等去银行核对确认盖章后再把第一页换回来，然后回寄给会计师事务所。

2014 年开始，会计师事务所不再把询证函寄给单位出纳，而是直接寄到银行。起初云朵有些慌，不过发现在邮寄询证函给银行前，会计师事务所会把询证函寄到云朵所在的分公司，让会计和出纳盖章后再寄回去，于是云朵又有了操作空间。她推算出会计师事务所将询证函寄到银行的时间，然后找到银行工作人员说："今天有个快递会从我们公司寄过来，但是内容有误需要拿回去更改，之后会再发一份给银行。"因为云朵经常跑银行，快递细节说得比较翔实，银行工作人员都会把会计师事务所寄来的信退还给她。拿到信后，云朵按老办法换掉第一张纸，再以会计师事务所的名义寄到银行，不过她把会计师事务所和联系方式全部改掉，让银行寄到指定地址。银行的询证函一拿到手，她再把正确的询证函第一张纸换上去，重新以银行为发件人寄给会计师事务所。就这样，云朵从容辗转在会计师事务所、银行和单位三方之间，几乎没露出什么破绽。

通过上述案例，请同学们思考会计师事务所在对该餐饮连锁企业进行专业财务审计过程中存在哪些问题？银行函证作为重要的审计证据，正确的取得方式是什么？

第一节　审 计 证 据

审计证据是形成审计意见的基础，审计证据在数量上应满足充分性要求；在质量上应满足相关性和可靠性要求。在审计过程中运用各种方法获取证据，并对获取的审计证据进行综合的整理、分析和评价，以确保审计证据能满足审计目标的要求，形成客观正确的审计结论。因此，审计证据是审计的一个核心概念，收集、整理和评价审计证据是审计工作的核心过程或行为。

一、审计证据的含义

我国注册会计师执业准则中的《中国注册会计师审计准则第 1301 号——审计证据》对审计证据的定义为："审计证据，是指注册会计师为了得出审计结论和形成审计意见而使用的信息。审计证据包括构成财务报表基础的会计记录所含有的信息和从其他来源获取的信息。"通俗地讲，审计证据就是审计人员在审计过程中通过设计的审计程序，利用各种审计方法，所获取的反映被审计单位经济活动真实情况，从而作为审计意见形成基础的各种凭据资料。

西方审计学者把审计证据通过等式的形式进行表述，具体如下：

$$审计证据 = 会计基础数据 + 确证性资料$$

其中，会计基础数据包括会计凭证、会计账簿资料、会计规程、有关成本分摊、计算和调整的工作底稿等。确证性资料包括：原始凭证（如支票、发票、合同、正式会议记录等）；函证资料或其他书面陈述；询问、观察、调查和实物清点所获取的资料；由审计人员取得或加工后的其他资料。

由上式可见，审计证据是由会计基础数据和确证性资料共同构成的。其中，会计基础数据是提供财务报表有关项目是否正确的信息，而确证性资料则进一步提供有关会计基础数据是否正确的证据。可见，审计过程实际上是一个审计证据的收集与评价的过程。这些审计证据不仅来源于会计资料，还来源于反映被审计单位经济活动情况的各种凭据、资料及其证实其本身真实性的验证资料。但是，从成本—效益原则考虑，审计人员没有必要收集所有的会计基础数据和确证性资料。应该以审计目标为中心，确定相关的审计范围，实施检查，在检查过程中围绕审计目标有针对性地收集有关会计基础数据和确证性资料。

在理解审计证据这一概念时，应分清审计证据、会计基础数据与确证性资料之间的关系。单凭会计基础数据本身并不足以形成有效的审计证据，经验证是真实的信息，才能生成与一定的审计具体目标相对应的审计证据。从公式可见，审计证据包括会计基础数据，但反过来，并不是所有的会计基础数据都是审计证据。此外，从审计证据的形成过程也可明确区分这一点。

审计证据的形成过程如图 6-1 所示。

图 6-1　审计证据的形成过程

所以，只有与审计目标直接相关，为特定的审计目标服务，且被证实为真实资料才能构成审计证据。

二、审计证据的种类

审计证据是复杂多样的，而且各种证据的证明力也不同。为了使审计人员分门别类地收集证据，提高审计效率，应对审计证据进行科学分类，使审计证据系统化、条理化。审计证据可以按照不同的标准进行分类。

（一）按审计证据的外形特征划分

按审计证据的外形特征，审计证据可分为实物证据、书面证据、口头证据、环境证据。

1. 实物证据

实物证据是指通过实际观察或清点所获取的、用以确定某些实物资产是否实际存在的证据。例如，通过监盘存货来验证存货的存在性和存货的数量；实物证据通常适合库存现金、有价证券、应收票据、存货和固定资产的核实。

实物证据是证明实物资产是否存在非常有说服力的证据。一般而言，实物检查是认定资产的数量和规格的一种客观手段，但也不能过分地依赖实物证据。实物证据有其自身的局限性。

（1）实物证据只能有效地证明实物资产的存在性，而不能保证资产的所有权归被审计单位所有，如盘点固定资产可以确定固定资产的数量，但却不能认定其是否全部归被审计单位所有，可能有些固定资产属于租赁的或寄存的。这样必须配合收集其他类型的审计证据来证明其所有权问题。

（2）实物证据可以证明实物资产的数量，但却难以确保其质量，如对存货的盘点可以确定其数量，来支持对存货项目的认定，但其中可能存在残次品或过期商品；同时也不能根据实物的存在来确定存货计价是否恰当。再如对有价证券的盘点只能证明其最初购买时存在的历史成本，不能判定其现实的价值。因此，实物证据通过观察、监盘可以确定实物资产的数量，但对资产所有权、质量和价值的认定必须通过其他各类证据做补充才可以确定。

2. 书面证据

书面证据又称文件证据，是指审计人员获取的各种以书面文件为形式的一类证据。它包括与审计有关的会计证据，如原始凭证、会计记录（记账凭证、会计账簿和各种明细表）及其他相关的非会计证据，如各种会议记录和文件、合同、声明书、通知书、报告书及函件等。书面证据是审计证据中最重要的证据，审计意见的发表主要依靠大量的书面证据支持。所以，书面证据也称为基本证据。

3. 口头证据

口头证据是指被审计单位的有关人员对审计人员提出的问题所做的口头答复所形成的证据。它包括视听资料、证人证词，有关人员的口头陈述、意见、说明、答复等。通常在审计过程中审计人员会向被审计单位的有关人员询问会计记录、文件存放地点，采用特别会计政策和方法的原因、逾期应收款的可能性、固定资产折旧和报废等有关问题。对于所问问题的口头答复就构成了口头证据。一般而言，口头证据不能构成基本证据，本身不足以证明事实的真相，但往往可以通过口头证据发掘一些重要的线索，为进一步的调查提供帮助。

审计人员对获取的口头证据应及时做成书面记录，并注明何人、何时、在何种情况下所做的口头陈述。必要时还应获得被询问者的签名确认。口头证据做成书面记录后，仍然是口头证据，而不是书面证据。相对而言，口头证据的证明力较弱，但当不同人员对同一问题所做的口头答复相互吻合时，则具有较高的可靠性。

4. 环境证据

环境证据是指对被审计单位产生影响的各种环境事实。它包括被审计单位内部经济环境和外部经济环境。

（1）内部环境经济。

内部经济环境包括内部控制情况、管理人员的素质、各种管理条件和管理水平。如果被审计单位有良好的内部控制制度，相应地提高了会计数据的正确性和可靠性；管理人员的素质越高，其所提供证据发生差错的可能性越小；各种管理条件和管理水平也是影响其所提供证据可靠性的一个重要因素。

（2）外部环境经济。

外部经济环境也是重要的环境证据。如社会经济环境状况及其变化趋势、客户所处的行业状况、客户的社会公众形象等。

环境证据不属于基本证据，其证明力较弱。不能直接对某一具体的审计事项、某一具体的审计目标提供支持，它只是有助于审计人员了解被审计单位的总体经济状况和所处的环境，是审计人员进行判断时必须掌握的资料。

（二）按来源的不同划分

按来源的不同，审计证据可分为外部证据和内部证据。

1. 外部证据

外部证据是由被审计单位以外的机构或人士所编制的证据。它一般具有较强的证明力。这种外来证据又可细分为三类。

第一类是不经被审计单位人员之手而直接寄交审计人员的证据，如应收账款的函证回函，被审计单位律师与其他独立的专家关于被审计单位资产所有权和或有负债等的证明函件，保险公司、证券机构的证明书等。由于这种证据不仅由完全独立于被审计单位的外界组织或人员提供，而且未经被审计单位有关职员之手，排除了伪造、更改凭证或业务记录的可能性，因而其证明力最强。

第二类是由被审计单位以外的机构或人士编制，但为被审计单位持有并留存的书面证据，如银行对账单、购货发票、应收票据、顾客订购单、有关的契约、合同等。由于此类证据已经经过被审计单位的职工之手，存在着被涂改或伪造的可能性，故在评价其可靠性时，应考虑文件被涂改或伪造的难易程度及其被涂改的可能性。虽然这类外部证据的可靠性不如第一类外部证据，但相对于内部证据而言，它仍具有较高的可靠性。

第三类是审计人员自行编制的审计证据，如审计人员通过分析性复核后所做的各种计算表、分析表等。这类证据在评价其可靠性时，也高于内部证据，但由于审计人员是根据被审计单位提供的资料进行相应的计算、分析，因此第三类证据的可靠性一定程度上取决于资料本身是否真实。

2. 内部证据

内部证据是指由被审计单位内部编制和提供的证据。其包括被审计单位的各类会计记录、被审计单位管理当局声明书及其他内部文件。会计记录包括各种自制的原始凭证、记账凭证、账簿记录以及各种试算表和汇总表等；被审计单位管理当局声明书是注册会计师从被审计单位管理当局所获取的书面声明，其主要内容是以书面形式确认被审计单位在审计过程中所做的各种重要的陈述或保证。被审计单位管理当局声明书属于可靠性较低的内部证据，不可替代注册会计师实施其他必要的审计程序。其他书面文件包括董事会及股东大会会议记录、重要的计划与合同资料等。

内部证据一般由被审计单位编制，其可靠性要比外部证据低。但书面证据中许多为内部证据，在考虑其可靠性时也要分具体情况区别对待。首先，内部证据经过外部流转，并获得其他单位或个人的承认，则具有较强的可靠性，如已经付款的支票、销货发票等。其次，被审计单位内部自制自用的内部凭证，其可靠程度需视内部控制制度的强弱而定。内部控制制度健全有效，并一贯得到执行的，则内部证据有相对较强的可靠性，如领料单经过仓库、车间、经手人等签字，并有相应的审核手续，由计算机系统进行系统登记和记账，且账证一致，而且所有领料单都有连续编号，则此领料单有较强的可靠性。相反，若被审计单位的内部控制不健全，审计人员就不能过分地信赖其内部自制的书面证据。此外，内部证据若能与其他资料相互印证则该证据具有较高的可靠性。

（三）按审计证据的证明力划分

按审计证据的证明力，审计证据可分为基本证据和辅助证据。

基本证据是指本身能够用来直接证实被审事项的重要证据，具有较强的证明力，是审计证据的主要部分。辅助证据是指仅对基本证据起辅助证明作用的证据。一般将实物证据和书面证据称为基本证据。将口头证据和环境证据称为辅助证据。

此外，审计证据还有其他分类标准，如根据审计证据的形成过程，审计证据可分为自然证据和加工证据；按审计证据的相关程度，审计证据可分为直接证据和间接证据等。无论采用何种分类方法，都是为了使审计人员根据审计目标的要求，来收集充分适当的审计证据，提高审计工作的效率和质量。

三、审计证据的特征要求

审计证据作为形成审计意见的基础，必须有合理的数量和质量保证。审计证据的特征是对审计证据的基本要求。《中国注册会计师审计准则第 1301 号——审计证据》第九条："注册会计师的目标是，通过恰当的方式设计和实施审计程序，获取充分、适当的审计证据，以得出合理的结论，作为形成审计意见的基础。"这里的充分和适当正是审计证据的两大特性。

（一）审计证据的充分性

充分性又称为足够性，是指审计证据的数量足以满足审计人员形成审计意见。也就是说要支持审计意见的形成，审计证据的规模至少要达到某一数量水平，它是对审计证据数量的最低要求。审计证据的充分性，是对审计证据数量的衡量。审计人员需要获取的审计证据的数量受其对重大错报风险评估的影响，并受审计证据质量的影响。

客观公正的审计意见必须建立在有足够数量的审计证据的基础之上，但是这并不是说审计证据的数量越多越好。在某些情况下，由于时间、空间或成本的限制，注册会计师不能获取最为理想的审计证据时，可考虑通过其他的途径或用其他的审计证据来替代。针对某一具体审计对象，审计人员要通过职业判断来决定审计证据是否满足数量。影响审计证据充分性的因素有以下几种。

1. 审计风险

审计风险由重大错报风险和检查风险两部分组成。审计人员在判断审计证据的充分性时主要考虑的是重大错报风险。若对被审计单位重大错报风险估计较高，则该单位的内部控制和人员素质等方面不容乐观，会计资料出错的可能性较高，在审计时应收集较多的审计证据；反之，则可以适当减少证据的数量。

2. 具体审计项目的重要性程度

具体审计项目的重要性程度越高，其对审计证据数量的要求也越多。对于重要的审计项目，一旦出现判断错误，就会影响审计人员对审计对象整体的判断，导致错误的审计结论，所以对于重要的审计项目必须获取较多的审计证据，来支持审计结论。

3. 审计人员的审计经验

审计人员的审计经验越丰富，对审计证据数量的依赖程度就越低，经验丰富的审计人员可以根据相对较少的审计证据发现被审计单位是否存在舞弊行为；而缺乏审计经验的审计人员只能通过大量的审计证据才能作出判断。

4. 审计证据的类型和来源

由于不同类型与不同获取途径的审计证据，其可靠程度不同，进而对审计证据数量的要求产生影响。审计证据的可靠性越高，对审计证据的数量要求相对越低。相反，若审计证据绝大多数为内部证据和口头证据，其可靠性较低，对审计证据的需要量较多。

5. 审计过程中是否发现错误或舞弊

在已完成的审计程序中是否发现有错误或舞弊行为，对后续的审计有重大影响。一旦发现被审计单位存在错误或舞弊行为，其审计风险就会加大，在后续的审计过程中，就应增加审计证据的数量，以确保作出恰当的审计结论。

6. 成本与效益原则

在确定审计证据数量规模时，也应考虑成本与效益原则。审计工作本身也受审计成本的制约，尽管它不是主要因素，但在审计过程中也需要考虑。如果审计人员增加时间和成本以后，却未能带来相应的效益，就应考虑采取其他的替代程序来收集高质量的、足够的审计证据。注册会计师可以考虑获取审计证据的成本与所获取信息的有用性之间的关系，但不应以获取审计证据的困难和成本为由减少不可替代的审计程序。

此外，在确定审计证据的数量规模时，还应遵从审计抽样技术确定的样本规模。

（二）审计证据的适当性

审计证据的适当性是对审计证据质量的衡量，即审计证据在支持审计意见所依据的结论方面具有的相关性和可靠性。适当性包括相关性与可靠性两方面。

1. 审计证据的相关性

审计证据的相关性是指所收集的审计证据应与审计认定及目标相关联，即所收集的审计证据能用于证明所要判断的审计事项，如为了证明存货是否存在、短缺及毁损，就需要通过对存货的现场检查来获取实物证据，只有存货的实物证据与存货是否存在这一审计目标相关，但存货的实物证据却不能证明存货的计价是否恰当。不相关的审计证据与审计目标之间无内在联系，无法证明审计目标，而且它会分散审计人员的注意力，甚至误导审计人员作出错误的审计结论。

在确定审计证据的相关性时，注册会计师应当考虑：①特定的审计程序可能只为某些认定提供相关的审计证据，而与其他认定无关。②针对同一项认定可以获取不同来源或不同性质的审计证据；如果针对某项认定从不同来源获取的审计证据或不同性质的审计证据能够相互印证，则与该项认定相关的审计证据具有更强的说服力。③只与某项认定相关的审计证据并不能替代与其他认定相关的审计证据。

2. 审计证据的可靠性

审计证据必须真实可靠，客观反映事实的真相才具有强有力的证明力。审计证据的可靠性受到审计证据的来源、证据的性质的影响，并取决于获取审计证据的具体环境。对不同类别和不同类型证据可靠性的判别标准可参照以下规则进行：①从外部独立来源获取的审计证据比从其他来源获取的审计证据更可靠；②内部控制有效时内部生成的审计证据比内部控制薄弱时内部生成的审计证据更可靠；③直接获取的审计证据比间接获取或推论得出的审计证据更可靠；④以文件记录形式（无论是纸质、电子或其他介质）存在的审计证据比口头形式的审计证据更可靠；⑤从原件获取的审计证据比从复印、传真或通过拍摄、数字化或其他方式转化成电子形式的文件获取的审计证据更可靠。

（三）审计证据的充分性与适当性密切相关

注册会计师所需获取的审计证据的数量不仅受到重大错报风险的影响，还受到审计证据质量的影响。重大错报风险越高，需要的审计证据可能越多；审计证据质量越高，需要的审计证据可能越少，但仅仅获取更多的审计证据可能难以弥补其质量上的缺陷。在审计过程中，审计人员对审计证据的收集、整理与评价贯穿整个审计过程。对审计证据的考虑，一方面要从数量的角度，根据上述影响因素来决定是否满足充分性要求；另一方面要从证据质量的角度，分析所收集的审计证据是否与所要证明的审计目标相关，证据的可靠性如何。只有在审计过程中获取充分适当的审计证据才能得出客观真实的审计结论。

四、获取审计证据的程序与方法

审计的核心过程就是收集审计证据，并进行综合整理和分析评价，据以形成审计意见和审计结论的过程。注册会计师获取审计证据的程序区分为总体程序和具体方法，总体程序包括风险评估程序、控制测试和实质性程序，具体方法包括检查记录和文件、检查有形资产、观察、询问、函证、重新计算、重新执行和分析性程序。

（一）获取审计证据的程序

1. 风险评估程序

审计人员应当从行业状况、监管环境、被审计单位性质、目标、战略和经营风险、内部控制等方面了解被审计单位及其环境，以便合理地评估其会计报表层次和认定层次的重大错报风险，在此基础上，设计下一步的具体审计程序。该程序是审计人员必须要执行的程序。在风险评估实施过程中，将收集到的审计证据一一记录在审计工作底稿。但风险评估程序本身并不足以为发表审计意见提供充分、适当的审计证据，审计人员还应当实施进一步审计程序，包括必要时决定测试内部控制实施的控制测试，以及实施的实质性程序。

2. 控制测试程序

测试内部控制在防止或发现并纠正认定层次重大错报方面的运行有效性。该程序不是必须执行的程序，只有在审计人员拟信赖被审计单位的内部控制或有其他原因认为必要的情况下，才会实施。控制测试的结果在一定程度上决定了实质性测试程序的性质、时间和范围。当存在下列情形之一时，控制测试是必要的。

（1）在评估认定层次重大错报风险时，预期控制的运行是有效的，审计人员应当实施控制测试以支持评估结果。

（2）仅实施实质性程序不足以提供认定层次充分、适当的审计证据，审计人员应当实施控制测试，以获取内部控制运行有效性的审计证据。

3. 实质性测试与分析程序

审计人员对重大错报风险的评估是一种判断，并且内部控制存在固有局限性，因此无论评估的重大错报风险结果如何，审计人员都应当针对重大的各类交易、账户余额、列报与披露实施实质性程序，以获取充分、适当的审计证据。实质性测试是每次会计报表审计都必须执行的程序。

实质性测试程序包括以下两部分。

（1）交易和余额的详细测试。

（2）对会计信息和非会计信息应用的分析程序。交易的实质性测试是为了审定某类或某项交易认定的恰当性；余额的详细测试是为了审定某账户余额认定的恰当性；分析程序可为证实会计报表数据、非财务数据的有关关系是否合理提供证据，并对财务等相关信息作出评价。

（二）获取审计证据的方法

1. 检查记录或文件

检查记录或文件是指审计人员对被审计单位内部或外部生成的，以纸质、电子或其他介质形式存在的记录或文件进行检查。检查记录或文件可提供可靠程度不同的审计证据，审计证据的可靠性取决于记录或文件的来源和性质。

检查包括审阅与复核。审阅会计记录时，既要审阅其形式，更要审查其内容是否真实、合法。对会计资料的审阅包括凭证、账簿和财务报告资料，对不同类别的资料关注的核心不同，如对原始凭证审核时，应注意有无涂改或伪造现象，其记载的经济业务是否合法，是否有业务负责人和有关经办人员的签章等；审阅记账凭证时，应注意其账户对应关系是否合理，是否与会计准则和会计制度的要求一致；审阅会计报表时，应注意会计报表的编制是否符合国家颁布的《企业会计准则》和相关会计制度的规定，以及会计报表附注是否对应于揭示的重大问题做了充分的披露。

复核是对存在核对关系的会计记录和其他书面文件进行核对，以检查其正确性和完整性，以及各种书面文件相关内容是否一致。具体复核的内容有：证证复核，即记账凭证与所附原始凭证、记账凭证与汇总记账凭证等的复核；凭证内部各有关栏目的复核，如原始凭证上的数量、单价、金额及其合计数是否正确；账证复核，即账户记录与记账凭证或原始凭证之间的复核，主要复核账户记录与所据以登账的凭证是否一致；账账复核，即总账与所属明细账是否一致，日记账与总账是否一致；账表复核，即复核账簿记录与有关报表项目是否一致；表表复核，即根据报表之间的钩稽关系进行相互核对，书面文件相关内容之间是否前后表述一致。

2. 检查有形资产

检查有形资产是指审计人员对资产实物进行检查。检查有形资产可为其存在性提供可靠的审计证据，但不一定能够为权利和义务或计价认定提供可靠的审计证据。检查有形资产程序主要适用于存货和现金，也适用于有价证券、应收票据和固定资产。通过检查有形资产，可获得实物证据，可确定实物财产是否真实存在，并验证账面数量，现场检查的同时审计人员还可以了解到被审计单位有形资产保管措施的执行情况、资产的实际状况有无毁损、残次。但是，检查有形资产不一定能够为权利和义务或计价认定提供可靠的审计证据。

基于责任的划分、审计效率的提高等因素的考虑，一般对实物资产的检查，应由被审计单位负责组织，审计人员只进行现场监督；对于重要的物资，审计人员进行抽查和复点，以保证检查结果的准确性。

3. 观察

观察是指审计人员查看被审计单位相关人员正在从事的活动或执行的程序。观察提供的审计证据仅限于观察发生的时点，并且在相关人员已知被观察时，相关人员从事活动或执行程序可能与日常的做法不同，从而影响审计人员对真实情况的了解。因此，审计人员有必要获取其他类型的佐证证据。观察的内容包括被审计单位的管理状况、管理人员的管理素质与水平、内部控制制度的执行情况、有形资产保管情况等。这种审计方法会贯穿于现场审计的整个过程之中，获取的审计证据往往是环境证据。有些重要的控制，如职责分离，只能由直接观察来核实。

4. 询问

询问是指审计人员以书面或口头方式，向被审计单位内部或外部的知情人员获取财务信息和非财务信息，并对答复进行评价的过程。一般口头查询的可靠性低于书面查询，在可能的情况下应尽量使用书面查询。询问可获得口头证据，其证明力较弱，而且审计人员应考虑到被询问者可能存在与询问目标相抵触的个人目的。

知情人员对询问的答复可能为审计人员提供尚未获悉的信息或佐证证据，也可能提供与已获悉信息存在重大差异的信息，审计人员可以根据询问结果考虑修改审计程序或追加审计程序。询问通常不足以发现认定层次存在的重大错报，也不足以测试内部控制运行的有效性，审计人员还应当实施其他审计程序获取充分、适当的审计证据。在确定被询问者时，审计人员应考虑询问对象的层次性、多样性、与询问内容的相关性，被询问者包括领导层、管理人员、财务人员以及普通员工。

5. 函证

函证是指审计人员为了获取影响财务报表或相关披露认定的项目的信息，通过直接来自第三方的对有关信息和现存状况的声明，获取和评价审计证据的过程。获取的询证函提供了有关报表项目的存在或发生、权利与义务以及估价的书面证据，询证函的证明力来源于其独立性，因为询证函是直接由审计人员从被审计单位以外的第三方取得的，不经过被审计单位员工之手，舞弊和篡改的可能性低。因此，审计人员对函证过程的控制是保证其证明力的关键，要求审计人员必须亲自写函、发函、收函。例如银行存款询证函，由被审计单位的出纳书写，交到开户行确认，盖章之后交给注册会计师，函证过程存在缺陷，注册会计师为此就要承担相应的责任。

函证有两种方式，即肯定式和否定式。肯定式函证要求函证对象无论所列金额是否相符均须回函；否定式函证则只在所列金额有差错时才回复。

适用函证方式的审计项目很多，如应收款、应付款、银行存款、长短期借贷款、应收票据、应付票据、长期投资、委托贷款以及或有事项等。

6. 重新计算

重新计算是指审计人员以人工方式或使用计算机辅助审计技术，对记录或文件的数据计算的准确性进行核对。重新计算通常包括计算销售发票和存货的总金额，加总日记账和明细账，检查折旧费用和预付费用的计算，检查应纳税额的计算等。审计人员进行重新计算的目的是验证数据的正确性，在计算原理许可的条件下，计算时应尽可能选择其他的计算形式和步骤进行。

7. 重新执行

重新执行是指审计人员以人工方式或使用计算机辅助审计技术，对被审计单位内部控制组成部分的程序或控制重新独立执行。

8. 分析程序

分析程序是指审计人员通过研究财务数据之间、非财务数据之间以及财务数据与非财务数据之间的内在关系，对财务信息作出评价。分析程序还包括调查识别出的、与其他相关信息不一致或与预期数据严重偏离的波动和关系。在设计实质性分析程序时，审计人员应当考虑下列事项：对既定的认定使用实质性分析程序的适当性，数据之间是否存在某种预期关系，如果不存在预期关系，不应运用分析程序；对已记录的金额或比率进行预期时，所依据的内部数据或外部数据的可靠性；在计划的保证水平上，作出的预期是否足以准确识别重大错报；已记录金额与预期值之间可接受的差异额。分析程序常采用简易比较法、比率分析法、结构百分比法和趋势分析法。审计证据的获取程序与获取方法之间的对应关系如图 6-2 所示。

五、审计证据的整理、分析与评价

为了使分散的个别的审计证据结合起来形成具有充分证明力的证据，有效地评价被审计单位的财务状况、经营成果和现金流量，得出正确的审计意见和结论，必须对收集到的初始审计证据按一定的方法进行科学的加工整理，才能形成恰当的整体审计意见。

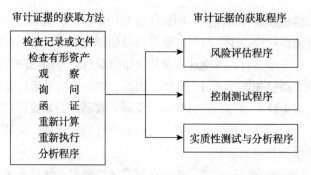

图 6-2　审计证据的获取程序与获取方法之间的对应关系

（一）审计证据的整理与分析

在审计过程中，运用上述取证方法获取的各种审计证据是一种原始状态的证据，证据的形式复杂多样，各审计项目的证据彼此之间互相独立，且凌乱无序，只有按一定的目的和方法对其进行整理分析后，才能使其成为系统化、有序的、彼此联系的审计证据。而且通过审计人员的分析、研究，可能产生一些有价值的新的证据，从而对被审计单位作出较为恰当的结论。审计证据的收集与整理、分析并非互不相关的、独立的环节，相反，它们经常是交叉进行的。

对审计证据的整理与分析的方法因审计目的的不同、审计证据的种类不同，其整理与分析的方法也不同。通常使用的方法有以下几种。

（1）分类，是指将各种审计证据按其与审计目标的关系是否直接，或按其证明力的强弱等分门别类排列成序。

（2）计算，是指按照一定的方法对数据方面的审计证据进行计算，并从计算中得出所需的新的证据。

（3）比较，是指对各种审计证据进行反复比较分析，从中发现可能存在的问题，因有时单个证据不能说明问题，但对经过分类后的证据进行比较后，就容易发现可能隐含的问题。审计人员应当考虑获取的所有相关的审计证据，包括能够印证会计报表认定的审计证据和与之相矛盾的审计证据。

（二）审计证据的评价

在对审计证据进行整理和分析过程中，还应时刻进行审计证据的评价。审计证据的评价是对证据的客观性及价值进行分析研究，辨别真伪，确定其证明力，从而确保形成正确的审计意见。

在审计证据的评价过程中，审计人员应坚持职业谨慎、合理怀疑和实事求是原则。因为在审计过程中收集到的证据不可能与客观事实全部吻合，在评价过程中，坚持合理怀疑，对可能存在的伪证要进行去伪存真；同时坚持以客观事实为依据的原则，以科学假设为前提，以因果分析为方法，以逻辑推理为过程，对审计证据进行科学评价。

1. 审计证据的取舍

审计人员不必也不可能把审计证据所反映内容全部都包括到审计报告之中。在审计终结阶段，审计人员必须把反映不同内容的审计证据做适当的取舍，只选择那些具有代表性的、典型的审计证据在审计报告中加以反映。审计证据取舍的标准大体有两个：一是金额大小。对于金额较大、足以对被审计单位财务状况和经营成果产生重大影响的证据，应当作为重要的审计证据。二是问题性质的严重程度。有的审计证据本身所揭露问题的金额也许并不大，但这类问题的性质较严重，它可能导致其他重要问题的产生或与其他可能存在的问题有关，这类也属于应反映的重要的审计证据，如被审计单位的集体舞弊、滥用会计政策等问题，性质则较严重，可能影响其他财务数据的可信度。

2. 分清事实的现象与本质，排除伪证

某些审计证据所反映的可能只是一种假象，审计人员应分清真象与假象，要做到透过现象看本质，不被假象所迷惑，审计人员随时保持应有的职业谨慎，以质疑的态度评价所获取审计证据的有效性。如果从某一来源获取的审计证据与从另一来源获取的不一致，或者对用作审计证据的信息的可靠性存有疑虑，存在上述情形之一的，应当确定需要修改或追加哪些审计程序予以解决，并考虑存在的情形对审计其他方面的影响。

3. 灵活运用审计证据

随着信息技术的高速发展和社会经济管理制度的逐步健全，可查阅和利用的信息量大量增加，审计师在符合"相关性和可靠性"的原则指引下，同样也可以灵活地选择和运用这些信息作为相关审计证据使用。以我国查询和利用网络信息为例，目前各地工商行政管理部门和其他政府部门都有自己的网站，如全国范围内工商部门的红盾网，一般情况下都会向会员开放，提供公司登记信息。企业包括会计师事务所都可以成为其会员，借助该网查询企业的出资人、注册资本及高级管理人员。由此可以确定或排除关联方，了解所产生的债权债务是否可信，可以帮助了解应收账款的安全性等。由于以上证据或资料都为政府部门所控制或拥有，不易篡改，具有公信力，且均属于外部证据，因此也可以通过适当的记载或固定于相应载体保存下来。

总之，审计证据的综合，是审计过程的重要环节，没有这一过程，很难根据零星分散的审计证据形成客观真实的审计结论。在审计证据的综合过程中，审计人员应坚持客观公正的原则和应有的职业谨慎，尽可能避免失误的出现，降低审计风险，以确保客观真实的审计结论的形成。在形成审计意见时，审计人员应当确定已经获取充分、适当的审计证据，如果对重大会计报表认定不能获取充分、适当的审计证据，审计人员应当发表保留意见或无法表示意见。

 相关链接

万福生科造假流水线曝光：一个 U 盘撕开隐秘账簿

万福生科 2012 年半年报显示预付账款增加了 2 632 万元，余额达到 1 亿多元。作为一家粮食精加工企业，万福生科采购的生产原材料是稻谷。通常来讲，这类企业与农户进行结算时采取现结方式，而财报中出现那么大数额的预付账款，便显得十分不合常理。预付账款成为万福生科第一个很大的财务疑点。

另据湖南证监局在巡查中了解到的情况，万福生科在2012年上半年期间曾经停产。企业在停产的同时，还能产生高余额预付账款，引起稽查部门的关注。

除了预付账款外，另一个财务疑点是在建工程款余额。2012年上半年，万福生科在建工程科目的账面余额从8 675万元增加至180亿元，这个过于巨大的数字，与万福生科往年的经营活动规模相比，越发令人不解。

整个调查的突破口，来自一次现场突击调查。那天稽查人员"突袭"万福生科财务处办公室，打了对方一个措手不及。稽查组负责人表示，"当时我们看到屋子里的人露出紧张和小心翼翼的表情，仿佛藏着什么秘密。所以，我想或许真能找到些什么。"稽查组负责人注意到，有一位工作人员站在电脑前，好像试图在遮挡着什么东西。"虽然不知道那里有什么，但还是让其闪开。终于看到那台试图被挡住的电脑主机上插着一个U盘。打开U盘发现，里面藏着的正是我们之前苦苦寻觅的万福生科2012年的真实销售流水台账！"稽查人员在另一台电脑中，还找到万福生科分配造假额度的电子表格，每个月计划造假多少笔，造假多少额度。

拨开云雾：万福生科如何"玩转"9亿假账？

历经4年半的时间，虚增收入9亿多元、虚增利润2亿多元。如此疯狂的造假，万福生科到底是如何做到的？稽查人员扫过真实台账中一个个零碎的数字，逐步拼接出万福生科的造假链条：利用公司自有资金进行体外循环，假冒交易，用以虚增收入和利润。

万福生科在财务造假中，首先借用农户的身份证，为他们开立个人银行账户，但这些账户却是由万福生科来控制。公司将自有资金打到这些个人账户中，冒充为"预付给农户的收购款"；而后，再将资金从农户的个人账户上打回给公司，冒充为"客户销售回款"。为使从农户账户打回公司的资金显示为"客户销售回款"，万福生科又动了手脚：伪造大量银行回单，包括自刻假冒的银行业务章。

如果称资金流水为间接证据的话，那么实物成交记录便是货真价实的直接证据了。外调组同时调查了万福生科的销售客户和采购农户，目的是了解其真实的销售数额与原材料收购规模。

在外调过程中，稽查人员共走访调查50多家客户，发现两类问题客户：一类是万福生科曾经的客户，交易发生时间不在万福生科上市发行期内；另一类根本就是不存在的客户，包括一些几年前就已注销或关闭的小公司，万福生科居然把其生生搬来冒充成自己的客户。

造假之路：集系统性、隐蔽性、独立性于一身

首先，造假系统性强。万福生科造假遍及进、存、产、销各个经营环节，参与造假的人员很多。

其次，造假隐蔽性强。稽查负责人感叹道："调查中直接发现问题的难度很大。"因为账中资金流水与银行的资金流水在日期、金额上逐笔一一对应，但问题却在于名称的造假，这个过程中能演变出许多不同的形式。例如，原本是由张某通过银行打回的款项，但对应的银行回单上的账户名称却被改成了万福生科的某客户名称。"如果只查对流水是对不出问题的，这就需要深度追查这个资金究竟从哪里来的。形式上很逼真，但内容的确是假的。"

再次，造假的独立性是很高的。稽查组负责人说，"不能说万福生科的造假有多高明，但的确它把所有东西都做全了。"从购销合同到入库单、检验单、生产单、销售通知单以及采购销售发票等，这些单据凭证由专人开具。"由于万福生科对应的粮食收购方都为农户或粮食经纪人，不能开具发票，因此采购发票也由万福生科开具，这样就能把所有的单据凭证全部自己解决，而不依赖外部的力量，具有很高的造假独立性。"稽查负责人称。

最后，造假过程采取了成本倒算制。因为整个公司财务是按计划去造假，而非真实情况。所以财务人员会根据虚增后的各产品销售收入、毛利率以及生产消耗率直接倒算相关生产财务成本，达到了产销平衡。真假业务混淆交织在一起。

六、审计目标、审计程序与审计证据之间的关系

在审计过程中，为了实现众多的具体审计目标，审计人员要计划并实施相应的审计程序，实施的结果是获取相应的证据，最终得出审计结论。这个关系链可以用图 6-3 表示。

被审计单位认定　⟶　具体审计目标　⟶　审计程序　⟶　审计证据　⟶　审计结论

图 6-3　审计过程关系链

例如，通过实施检查有形资产的方法，盘点存货，可以获得实物证据，与存货的存在认定直接相关；通过向被审计单位开户行发函询证银行存款报表日金额，收回函证且内容无异常，则可以获得书面证据，而且是证明力较强的外部证据，该证据与银行存款的存在认定和估价认定相关。

可见，审计程序同审计证据并不是一一对应关系。通常，一种审计程序可产生多种审计证据，而要获得某些证据也可选用多种审计程序。而且，在特定情形下执行某程序的方式也可能会影响与某证据有关的认定的项数。例如，运用"检查有形资产"这一审计程序查证实物资产时，若程序执行较全面，那么还可能发现资产损坏或过时等情况，因此获得的实物证据还与"完整性"和"估价"有关。

 国际视野

GAAS 的相关要求

GAAS 要求注册会计师在了解被审计单位经营业务和相关内部会计控制的基础上，恰当地编制审计计划，据以合理制定和实施能够发现导致财务报表重大错报漏报的错误与舞弊的审计程序。GAAS 特别强调注册会计师在编制审计计划前，应当了解可能对财务报表产生重大影响的交易、事项、程序和惯例。GAAS 明确指出，注册会计师应当获取充分适当的审计证据，作为其对财务报表发表审计意见的依据。管理当局的声明不能

作为注册会计师实施必要实质性测试程序以获取充分适当审计证据的替代。记账凭证及其原始凭证、总账和明细账记录、成本费用归集分配表、银行存款调节表以及其他相关会计资料均构成支持财务报表的证据。如果没有获取支持财务报表的基础会计资料并对这些资料的恰当性和准确性进行测试，注册会计师就不应当对财务报表发表意见。

第二节　审计工作底稿

审计工作底稿是注册会计师在审计过程中形成的审计工作记录和获取的资料。它形成于审计过程，也反映整个审计过程。审计人员所取得的审计证据需以书面形式记录下来，并进行整理、分析、评价，妥善保管，用以形成审计结论和发表审计意见，而审计工作底稿就是审计证据的"载体"。本节主要以民间审计机构采用的审计工作底稿的相关内容为主进行介绍。

一、审计工作底稿的含义

为保证审计工作质量，一方面，要重视审计证据的收集和评价；另一方面，对审计证据的"载体"审计工作底稿的内容、种类、作用、编制以及保管也应给予足够重视。

（一）内涵

审计工作底稿，是指注册会计师对制订的审计计划、实施的审计程序、获取的相关审计证据以及得出的审计结论作出的记录。审计工作底稿的含义体现在以下两点。

（1）审计工作底稿形成于审计工作全过程。从会计师事务所承接审计业务开始，历经审计前期准备阶段、审计计划阶段、实施阶段，到完成全部约定事项签发审计报告为止，任何一个过程中都会形成一系列的审计工作底稿。

（2）审计工作底稿的记录内容应能全面反映审计实际工作过程。审计工作底稿应该能反映出审计思路和审计轨迹，使人们通过审计工作底稿能够看到：审计工作经历哪些环节，某个环节上审计人员从哪些方面进行测试，被测试事项的实际面貌如何，审计人员如何发表意见，等等。

审计工作底稿可以以纸质、电子或其他介质形式存在。审计工作底稿通常包括总体审计策略、具体审计计划、分析表、问题备忘录、重大事项概要、询证函回函、管理层声明书、核对表、有关重大事项的往来信件（包括电子邮件），以及对被审计单位文件记录的摘要或复印件等。此外，审计工作底稿通常还包括业务约定书、管理建议书、项目组内部或项目组与被审计单位举行的会议记录、与其他人士（如其他注册会计师、律师、专家等）的沟通文件及错报汇总等。

审计人员编制的审计工作底稿，应当使得未曾接触该项审计工作的有经验的专业人士清楚了解：按照审计准则的规定实施的审计程序的性质、时间和范围；实施审计程序的结果和获取的审计证据；就重大事项得出的结论。

（二）作用

审计工作底稿的作用体现在以下方面。

（1）审计工作底稿是联结全部审计工作的纽带。一项审计工作是由多个审计人员及助理人员协同完成，最终发表审计意见，签署审计报告的人并不会参与全部审计取证的过程，离开了审计工作底稿，审计证据就无法清晰地呈现在最终发表审计意见、签署审计报告的注册会计师面前，这必然会影响审计工作的质量。审计工作底稿把不同人员的审计工作有机联结起来，更有利于注册会计师对整体会计报表发表意见。

（2）审计工作底稿是评价审计责任、专业胜任能力和工作业绩的依据。审计工作底稿体现和衡量审计人员是否实施了必要的审计程序，审计程序的选择是否合理、专业判断是否准确，因此必要时可以减轻或解脱注册会计师的审计责任、评价或考核注册会计师的专业能力和工作业绩。

（3）审计工作底稿为审计质量控制与质量检查提供了基础依据。注册会计师协会或其他有关单位依法对事务所进行审计质量控制检查时，也会将审计工作底稿作为审查对象。

（4）审计工作底稿具有参考价值。由于审计工作的连续性特点，同一被审计单位前后年度的审计业务具有众多联系和共同点，因此，审计工作底稿对以后年度审计业务具有很大的参考或备查作用。

二、审计工作底稿的格式、要素和种类

（一）审计工作底稿的格式

在确定审计工作底稿的格式、要素和范围时，应当考虑下列因素。

（1）被审计单位的规模和复杂程度。通常来说，对大型被审计单位进行审计形成的审计工作底稿，通常比对小型被审计单位进行审计形成的审计工作底稿要多；对业务复杂的被审计单位进行审计形成的审计工作底稿，通常比对业务简单的被审计单位进行审计形成的审计工作底稿要多。

（2）拟实施审计程序的性质。通常，不同的审计程序会产生不同性质的审计证据，由此可能会编制不同的审计工作底稿。例如，注册会计师编制的有关函证程序的审计工作底稿（包括询证函及回函、有关不符事项的分析等）和存货监盘程序的审计工作底稿（包括盘点表、审计人员对存货的测试记录等）在内容、格式及范围方面是不同的。

（3）识别出的重大错报风险。识别和评估的重大错报风险水平的不同可能导致注册会计师实施的审计程序与获取的审计证据不尽相同。例如，如果注册会计师识别出应收账款存在较高的重大错报风险，而其他应收款的重大错报风险较低，则注册会计师可能对应收账款实施较多的审计程序并获取较多的审计证据，因而对测试应收账款的记录会比针对测试其他应收款记录的内容多且范围广。

（4）已获取的审计证据的重要程度。审计人员通过执行多项审计程序可能会获取不同的审计证据，有些审计证据的相关性和可靠性较高，有些质量则较差，需要区分不同的审计证据进行有选择性的记录，因此，审计证据的重要程度也会影响审计工作底稿的格式、

内容和范围。

（5）识别出的例外事项的性质和范围。在执行审计程序时可能会发现例外事项，由此可能导致审计工作底稿在格式、内容和范围方面的不同。例如，某个函证的回函表明存在不符事项，如果在实施恰当的追查后发现该例外事项并未构成错报，注册会计师可能只在审计工作底稿中解释发生该例外事项的原因及影响；相反，如果该例外事项构成错报，审计人员可能需要执行额外的审计程序并获取更多的审计证据，由此编制的审计工作底稿在内容和范围方面可能有很大不同。

（6）当从已执行审计工作或获取审计证据的记录中不易确定结论或结论的基础时，记录结论或结论基础的必要性。在某些情况下，特别是在涉及复杂的事项时，仅将已执行的审计工作或获取的审计证据记录下来，并不容易使其他有经验的审计人员通过合理的分析，得出审计结论或结论的基础。此时审计人员应当考虑是否需要进一步说明并记录得出结论的基础（即得出结论的过程）及该事项的结论。

（7）审计方法和使用的工具。审计方法和使用的工具可能影响审计工作底稿的格式、内容和范围。例如，如果使用计算机辅助审计技术对应收账款的账龄进行重新计算，通常可以针对总体进行测试，而采用人工方式重新计算时，则可能会针对样本进行测试，由此形成的审计工作底稿会在格式、内容和范围方面有所不同。

考虑以上因素有助于确定审计工作底稿的格式、内容和范围是否恰当。在考虑以上因素时需注意，根据不同情况确定审计工作底稿的格式、内容和范围均是为达到审计准则中所述的编制审计工作底稿的目的，特别是提供证据的目的。

（二）审计工作底稿的要素

审计工作底稿内容形式各样，但一般来讲，每张工作底稿必须同时包括以下基本内容。

（1）被审计单位名称。审计工作底稿首先是按不同被审计单位进行分类管理的，因此每一张审计工作底稿都应写明被审计单位名称。公司名称可写全称，亦可写简称，但一家被审计单位的审计工作底稿应公司名称统一。

（2）审计项目名称。每张审计工作底稿都应写明审计的内容，即某一会计报表项目或某一审计程序及实施对象的名称。表6-1就是某一被审计单位的"管理费用审定表"。

（3）审计项目时点或期间。在审计工作底稿上应写明审计内容的时点或期间。若是资产负债类项目，则注明时点，若为损益类项目，则注明期间。

（4）审计过程记录。审计人员应将其实施审计程序而达到审计目标的过程记录在审计工作底稿上。每张审计工作底稿都要体现审计轨迹、实施的审计程序。

（5）审计结论。审计人员恰当地记录审计结论非常重要，审计人员需要根据所实施的审计程序及获取的审计证据得出结论，并以此作为对财务报表形成审计意见的基础。在记录审计结论时需注意，在审计工作底稿中记录的审计程序和审计证据是否足以支持所得出的审计结论。

（6）审计标识及其说明。在审计工作底稿上可以用审计标识。审计标识是指在编制审计工作底稿时，为了节省时间、提高效率、方便阅读，采用的一些简洁的用来代表某种审计含义的符号。例如，用G代表"与总账金额核对相符"含义，这样在审计工作底稿列示

表 6-1 A 会计师事务所管理费用审定表 　　　　　索引号：

客户：甲公司 　　　　　查验人员：张三 　　　　　日期：20×9 年 3 月 3 日

截止日：20×8 年 12 月 31 日 　　复核人员：李四 　　　日期：20×9 年 3 月 3 日 　　单位：元

索引号	项目	未审数	调整数	审定数	备注
	管理费用合计	5 200 800	11 110	5 211 910	
	其中：				
	工资	1 420 000		1 420 000	
	福利费	224 000		224 000	
	折旧	276 800	6 350	283 150	
	工会经费	79 000	68 260	147 260	
	业务招待费	120 000		120 000	
	职工教育经费	15 000		15 000	
	无形资产摊销				
	办公费	193 200	（－）63 500	129 700	
	社会保险费	1 000 000		1 000 000	
	住房公积金	75 000		75 000	
	坏账损失	（－）25 000		（－）25 000	
	房产税	180 000		180 000	
	土地使用税	87 000		87 000	
	印花税	800		800	
	差旅费	500 000		500 000	
	低值易耗品				
	其他	1 055 000		1 055 000	

审计说明及调整分录：

1. 办公费中应计入固定资产项目 63 500 元；因固定资产增加，应补提折旧 6 350 元。调整分录如下。

　　借：固定资产　　　　　　　　　　　　　　　　　　　　　　63 500

　　　　贷：管理费用——办公费　　　　　　　　　　　　　　　　　　63 500

　　借：管理费用——折旧　　　　　　　　　　　　　　　　　　6 350

　　　　贷：累计折旧　　　　　　　　　　　　　　　　　　　　　　　6 350

2. 应补提工会经费 68 260 元，调整分录如下。

　　借：管理费用——工会经费　　　　　　　　　　　　　　　　68 260

　　　　贷：应付职工薪酬——工会经费　　　　　　　　　　　　　　　68 260

3. 按标准检查业务招待费超支 45 000 元，应调整纳税所得额 45 000 元

审计结论：

　　经上述调整后，审定数额 5 211 910 元可以确认

的金额如果已与总账金额核对相符，则只要在该金额旁标记"G"就表示已"与总账金额核对相符"，既简洁又省事。审计标识应前后一致以及整个会计师事务所一致。在统一的审计标识表中已有的标识，审计人员不能自作主张另订一套应用。但如果某张工作底稿上需应用某些特殊的标识，即统一的审计标识表中没有的标识，则必须在附注中对其含义作出说明。

（7）索引号及顺序编号。通常，审计工作底稿需要注明索引号及顺序编号，相关审计

工作底稿之间，应保持清晰的钩稽关系，相互引用时，应交叉注明索引号。审计工作底稿编号也称审计索引号。一张审计工作底稿的编制可能要引用另一张审计工作底稿的数字或内容，而这张工作底稿的数字和金额也可能被其他工作底稿引用，引用和被引用都要注明来龙去脉，以便核对查考。同样，如果都用文字来写既费时又费力，很不方便，因此给每一张工作底稿一个编号，按其所属大类进行编号，如用"Z"表示"综合类工作底稿"，"Z1"表示"审计报告书"、"Z2"表示"管理建议书"；用"A"表示"资产类工作底稿"，"A1"表示"货币资金"、"A2"表示"短期投资"等。这样一来，引用或过入另一张工作底稿只要注明索引号即可。会计师事务所可以自己编定索引号，每一审计项目在形成的一整套审计工作底稿前，应附有一张可使用的审计工作底稿索引号目录，页次是指在同一索引号下不同的审计工作底稿的顺序编号。

（8）编制者姓名及编制日期。审计工作底稿的编制者必须在其编制的审计工作底稿上签名和注明编制日期。

（9）复核者姓名及复核日期。审计工作底稿的复核者必须在复核过的审计工作底稿上签名和注明复核日期。如果有多级复核，每级复核者均应签名和注明复核日期。

（10）其他应说明事项。在众多审计工作底稿中，有相当一部分是由被审计单位或其他第三者提供的资料或代为编制的，审计人员应在上面注明其来源，并实施必要的审计程序，并按照审计工作底稿要求的基本内容，记录在审计工作底稿上。此外，其他应说明的事项还包括审计人员认为需要在审计工作底稿上说明的其他相关事项。可以列示在表 6-1 "备注"栏。

（三）审计工作底稿的种类

审计工作底稿一般分为综合类工作底稿、业务类工作底稿和备查类工作底稿。

1. 综合类工作底稿

综合类工作底稿是指注册会计师在审计计划和审计报告阶段，为规划、控制和总结整个审计工作，并为最终发表审计意见所形成的审计工作底稿。

综合类工作底稿包括：①审计业务约定书；②审计计划；③审计总结；④未审计会计报表；⑤试算平衡表；⑥审计差异调整表；⑦审计报告底稿；⑧管理建议书；⑨被审计单位声明书；⑩其他审计人员对整个审计工作进行组织管理的记录和资料。

2. 业务类工作底稿

业务类工作底稿是指注册会计师在审计实施阶段执行具体审计程序所形成的审计工作底稿。其主要包括注册会计师对某一审计循环或审计项目进行控制测试或实质性测试所做的记录和资料，如各业务循环控制测试工作底稿，各资产、负债、权益、损益类项目实质性测试工作底稿，需关注的期后事项工作底稿，等等。业务类工作底稿可以清楚地展示审计人员执行审计计划、实施审计程序、收集审计证据的具体情况。

3. 备查类工作底稿

备查类工作底稿是指注册会计师在审计过程中形成的，对审计工作仅具有备查作用的工作底稿。这类工作底稿一般具有较长期的效力，但也需要随被审计单位有关情况的变化而不断更新。通常，备查类工作底稿是由被审计单位或第三者提供或代为编制的，审计人员应对所取得的文件资料注明其来源。

备查类工作底稿包括：①被审计单位的设立批准文件；②被审计单位的营业执照；③被审计单位的合同、协议和章程；④被审计单位的组织机构及管理层人员结构图；⑤被审计单位的董事会会议纪要；⑥被审计单位的重要经济合同；⑦被审计单位的相关内部控制及其调查和评价记录报告等资料的复印件或摘录。

三、审计工作底稿的编制与复核

（一）审计工作底稿的编制

审计工作底稿应当内容完整、格式规范、标识一致、记录清晰、结论完整。如前所述，由于审计工作底稿不仅是形成审计结论的依据，而且是评价审计人员业绩、控制和监督审计质量的基础，因此，对于审计工作底稿的编制应认真对待。具体来讲，审计工作底稿的编制应符合以下要求。

（1）内容完整。由于审计工作底稿上所记录的就是审计证据，它将作为发表审计意见的依据，因此，记录的内容首先必须是真实的，必须注明资料的来源并且可以核实，否则会导致错误的审计结论；其次要求要素齐全，每张审计工作底稿都必须按照前述审计工作底稿的基本内容完整填列。

（2）格式规范。审计工作底稿分为编制的和取得的。如果注册会计师自己编制的工作底稿，一般都应用会计师事务所统一规定的格式，以达到格式规范的要求。如果是被审计单位或第三者提供的资料，格式不一定规范，只能在实施审计程序时，尽可能做到规范。

（3）标识一致。每张审计工作底稿上用的同一审计标识，应该做到含义一致。一般都是按照各会计师事务所自己制定的审计标识表统一使用标识符号。

（4）记录清晰。审计工作底稿上的记录要完整，文字要端正，层次要清楚，计算要正确，便于他人阅读。

（5）结论明确。审计工作底稿既然是审计证据的载体，必须要有明确的结论。因此，审计人员按审计程序对审计项目实施审计后，应对该项目明确表达其最终的专业判断意见，如某一业务循环的内部控制是否齐全，是否可以信赖；某一审计事项的发生额或余额是否可确认等。

（二）审计工作底稿的复核

会计师事务所应当建立审计工作底稿复核制度。各复核人在复核审计工作底稿时，应作出必要的复核记录，书面表示复核意见并签名签署日期。审计工作底稿编制完成后，必须根据各个会计师事务所制定的审计工作底稿复核制度进行复核。所谓审计工作底稿复核制度，就是指会计师事务所就审计工作底稿应当进行复核及如何进行复核所做的具体规定。

1. 审计工作底稿复核工作的要点

一张审计工作底稿往往由一名专业人员独立完成。由于个人的专业知识的局限性和判断能力的有限性，难免对有关资料的引用、对有关事项的判断、对会计数据的加计复算等出现差错，加之被审计单位内部控制的复杂性和风险性，在审计工作底稿编制完成后，对其的复核就显得十分必要。一般来讲，对审计工作底稿进行复核可以减少或消除人为的审计误差，以降低审计风险，提高审计质量；可以及时发现和解决问题，保证审计计划顺利执行，并能够不断地协调审计进度、节约审计时间、提高审计效率；同时便于上级管理人员对审计人员进行审计质量监控和工作业绩考评。

审计工作底稿复核是一项重要的、必不可少的审计程序。为了搞好复核工作，应注意以下几点。

（1）复核人员是编制人的上级或同级人员。对所复核审计工作底稿的内容应当非常熟悉，并且具有一定的实务经验。如果采取多级复核制度，复核人的级别或专业经验应依次提高。

（2）复核人应明确复核要点，有的放矢。复核不是再次做审计，不可能按照审计程序重做一回，因此不能泛泛地复核，而应当有明确的复核要点和目标。若是多级复核，每一级复核的要点应有所不同。

（3）复核人应做复核记录，并书面表示复核意见。复核记录和复核意见是对审计工作底稿的完善与补充，是审计结论的依据之一。因此，复核人应当留下复核记录和复核意见，并归入审计工作底稿。复核记录和复核意见可反映在被复核的审计底稿上，或另纸反映。

（4）复核人应督促编制人对审计工作底稿中存在的问题予以答复、处理并形成相应的复审记录。复核人对审计工作底稿上存在的问题，有些可自己处理，有些需要追加和补充审计，可能还需要别人去处理。这时复核人应督促编制人对存在的问题及时修正，并记录在审计工作底稿上。

（5）复核人应当签名和注明复核日期。签名一方面表示某一级复核已经实施；另一方面便于分清审计责任。

2. 审计工作底稿的三级复核制度

目前，会计师事务所一般都实行三级复核制度。所谓审计工作底稿的三级复核制度，就是会计师事务所制定的以负责合伙人、部门经理和项目经理为复核人，对审计工作底稿进行逐级复核的一种复核制度。三者的关系如图6-4所示。

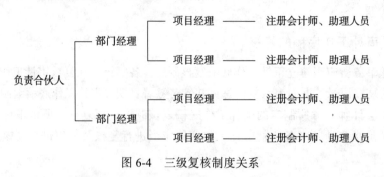

图6-4　三级复核制度关系

项目经理（或项目负责人）复核是三级复核制度中的第一级复核，称为详细复核或全面复核。一般在审计现场完成。它要求项目经理对下属审计助理人员形成的审计工作底稿含所附审计证据、依据逐张复核，主要复核所取得资料是否齐备、主要审计程序是否执行，及时发现问题并指出，督促审计人及时修改完善。

部门经理（或签字注册会计师）是三级复核制度中的第二级复核，称为一般复核。部门经理主要复核以下内容：重点项目的审计证据是否充分、恰当；审计检查范围是否充分；计划确定的重要审计程序是否适当，是否已良好执行且实现了审计目标；审计调整事项和未调整审计差异的处理是否恰当；工作底稿的重要钩稽关系是否正确；已注意到审计中发现的问题及其对会计报表和审计报告的影响，除尚待研究处理问题外，其余所有问题是否均已做恰当处理；已审会计报表的总体性复核是否合理、可信。部门经理复核既是对项目经理复核的一种再监督，也是对重要审计事项的重点把关。

合伙人复核是三级复核中的最后一级复核，又称重点复核。它是对审计过程中的重大会计审计问题、重大审计调整事项及重要的审计工作底稿所进行的最终原则性复核。合伙人复核主要复核以下内容：重要审计程序的制定实施是否恰当，审计目的是否已经达到；重要审计证据是否充分、恰当；重要审计领域的测试是否充分；重要调整事项和未调整审计差异事项的处理是否恰当；已审会计报表总体复核是否发现明显不合理之处，是否已做处理，复查中发现的问题是否已妥善处理；关联事项、或有事项、期后事项及其他重要事项是否已适当处理；审计结论和采用的报告类型是否恰当，审计报告及所附会计报表及其附注的表述是否规范等。合伙人复核既是对前面两级复核的再监督，也是对整个审计工作的计划、进度和质量的重点把关。

四、审计工作底稿的管理

《质量控制准则第 5101 号——会计师事务所对执行财务报表审计和审阅、其他鉴证和相关服务业务实施的质量控制》和《中国注册会计师审计准则第 1131 号——审计工作底稿》对审计工作底稿的归档作出了具体规定，涉及归档工作的性质和期限、审计工作底稿保管期限等方面。

（一）审计工作底稿的归档

在审计报告日后将审计工作底稿归整为最终审计档案是一项事务性的工作，不涉及实施新的审计程序或得出新的结论。

根据《中国注册会计师审计准则第 1131 号——审计工作底稿》第十七条：注册会计师应当在审计报告日后及时将审计工作底稿归整为审计档案，并完成归整最终审计档案过程中的事务性工作。审计工作底稿的归档期限为审计报告日后六十天内。如果注册会计师未能完成审计业务，审计工作底稿的归档期限为审计业务中止后的六十天内。

如果针对客户的同一财务信息执行不同的委托业务，出具两个或多个不同的报告，会计师事务所应当将其视为不同的业务，根据会计师事务所内部制定的政策和程序，在规定的归档期限内分别将审计工作底稿归整为最终审计档案。

（二）审计工作底稿的变动

在审计报告日后将审计工作底稿归整为最终审计档案是一项事务性的工作，不涉及实施新的审计程序或得出新的结论。对于审计工作底稿的变动，以归档日为时间基准点，分为归档前和归档后进行规范。

1. 审计工作底稿归档前

如果在归档期间对审计工作底稿作出的变动属于事务性的，注册会计师可以作出变动，主要包括：①删除或废弃被取代的审计工作底稿；②对审计工作底稿进行分类、整理和交叉索引；③对审计档案归整工作的完成核对表签字认可；④记录在审计报告日前获取的、与审计项目组相关成员进行讨论并取得一致意见的审计证据。

2. 审计工作底稿归档后

在完成最终审计档案的归整工作后，注册会计师不得在规定的保存期届满前删除或废弃审计工作底稿。

在出具审计报告前，注册会计师已实施了必要的审计程序，取得了充分、适当的审计证据并得出了恰当的审计结论，但审计工作底稿的记录不够充分的，注册会计师可以修改现有审计工作底稿或增加新的审计工作底稿。

在审计报告日后，发现例外情况要求注册会计师实施新的或追加审计程序，或导致注册会计师得出新的结论。例外情况主要是指审计报告日后发现与已审计财务信息相关，且在审计报告日已经存在的事实，该事实如果被注册会计师在审计报告日前获知，可能影响审计报告。例如，注册会计师在审计报告日后才获知法院在审计报告日前已对被审计单位的诉讼、索赔事项作出最终判决结果。例外情况可能在审计报告日后发现，也可能在财务报表报出日后发现，注册会计师应当按照《中国注册会计师审计准则第 1332 号——期后事项》有关"财务报表报出后发现的事实"的相关规定，对例外事项实施新的或追加的审计程序。同时，注册会计师应当对以下事项进行记录：①遇到的例外情况；②实施的新的或追加的审计程序，获取的审计证据以及得出的结论；③对审计工作底稿作出变动及其复核的时间和人员。

如果发现有必要修改现有审计工作底稿或增加新的审计工作底稿，无论修改或增加的性质如何，注册会计师均应当记录下列事项：①修改或增加审计工作底稿的时间和人员，以及复核的时间和人员；②修改或增加审计工作底稿的具体理由；③修改或增加审计工作底稿对审计结论产生的影响。

（三）审计工作底稿的保存

1. 审计工作底稿保管的要求

审计工作底稿的保管就是对审计工作底稿进行分类整理，形成审计档案。会计师事务所应建立审计档案保管制度，以确保审计档案的安全、完整。

会计师事务所必须对审计工作底稿妥善保管，主要是因为审计工作底稿是明确注册会计师审计责任的重要依据。注册会计师出具的审计报告可能在若干年后又会被人提出不同意见，这时就需要取出原来的审计工作底稿来确认审计责任；同时也因为当年的审计工作底稿可以为以后年度审计业务提供参考，有利于提高注册会计师工作效率和保证审计工作的质量。从这个意义上讲，审计工作底稿是会计师事务所的宝贵财富。

审计工作底稿保管的要求，一是要安全，注意防火、防水、防潮、防霉，即使几年后取出来也能看得清；二是要便于查阅，在大量的底稿中能很快地取出需要查阅的底稿。

2. 审计工作底稿的保管期限

根据审计档案的内容和作用，审计档案可分为永久性档案和当期档案。永久性档案是指那些记录内容相对稳定，具有长期使用价值，并对以后审计工作具有重要影响和直接作用的审计档案。例如，被审计单位的组织结构、批准证书、营业执照、各种章程、重要的法律性文件、合同及协议等。如果永久性档案中的某些内容已经发生变化，注册会计师应当及时予以更新。永久性档案中被替换下来的资料一般也需要保留，以便保持资料的完整性，给日后查阅历史资料提供便利，如被审计单位因增加注册资本而变更了营业执照等法律文件，可以将被替换的旧营业执照等文件汇总在一起，与其他有效的资料分开，作为单独部分归整在永久档案中。当期档案是指那些记录内容经常变化，主要供当期审计使用和下期审计参考的审计档案。当期档案主要由业务工作底稿组成，如内部控制测试工作底稿、具体会计款项实质性程序的工作底稿等。目前，尽管大部分会计师事务所仍然既保留电子版又保留纸质的审计档案，但是由于以电子形式保留审计工作底稿的使用越来越普及，故而一些大型国际会计师事务所不再区分永久性档案和当期档案。

有关审计档案的保管年限的规定是：会计师事务所应当自审计报告日起，对审计工作底稿至少保存 10 年。如果注册会计师未能完成审计业务，会计师事务所应当自审计业务中止日起，对审计工作底稿至少保存 10 年。

在完成最终审计档案的归整工作后，注册会计师不应在规定的保存期届满前删除或废弃任何性质的审计工作底稿。

（四）审计工作底稿的保密和查阅

1. 审计工作底稿的保密

对被审计单位的商业秘密保密，是对注册会计师职业道德的基本要求。审计工作底稿中涉及被审计单位的大量的、重要的商业秘密，如果将其随意泄露出去必将对被审计单位造成不应有的损害。因此，审计工作底稿准则强调会计师事务所需要建立审计工作底稿保密制度，对审计工作底稿严加保密。

但是，保密并不等于审计工作底稿不让任何人接触。在下面几种情况下，他人查阅审计工作底稿不属于泄密。

（1）法院、检察院及其他部门因工作需要依法查阅，并办理了必要的查阅手续。这里其他部门依法查阅是指国家有关法律允许的这些部门查阅。

（2）注册会计师协会进行业务检查时查阅。

（3）其他会计师事务所的注册会计师因审计业务的需要在几种特定情况下查阅。这些特定情况是：被审计单位更换会计师事务所，后任审计人员调阅前任审计人员的工作底稿；审计合并会计报表，母公司的注册会计师可以查阅子公司的会计师事务所的审计工作底稿；实行联合审计，允许参与审计的单位共同查阅和使用审计工作底稿；会计师事务所认为合理的其他情况。

2. 审计工作底稿的查阅

如上所述,审计工作底稿允许有关部门查阅。查阅前有关双方应认真协商,在所有重大方面达成一致意见,才能进行查阅。一般来讲,查阅工作底稿应注意以下几点。

（1）会计师事务所可根据审计工作底稿的内容及性质决定是否允许查阅者复印或摘录其中内容。

（2）查阅者应在会计师事务所指定的地点查阅,而不能将审计工作底稿擅自带离会计师事务所。

（3）会计师事务所应为查阅者提供必要的条件,在双方协商一致的基础上,可以收取一定的费用。

（4）查阅者因对所查阅的审计工作底稿使用不当所引起的不良后果与会计师事务所无关。

本章小结

综合本章所述,可以明确:审计证据和审计工作底稿都是所有权监督的重要组成部分。首先,审计证据和审计工作底稿的存在不仅是所有权主体维护自身权益的需要,而且是审计主体、审计客体证实受托审计责任和受托经济责任的履行过程与结果,解除受托审计责任与受托经济责任的需要;其次,审计证据与审计工作底稿既有区别又有联系,要实现审计目标,形成审计结论和意见必须收集与评价审计证据,审计人员在审计工作过程中,将收集到的审计证据和其他相关资料落实到审计工作底稿中,通过对审计证据进行分析和整理最终形成审计意见并出具审计报告,即审计工作底稿是审计证据的"载体";最后,审计证据表明审计客体的行为和结果,用来说明经营者对所有者经济责任的履行情况,而审计工作底稿则可以证明受托经济责任的履行情况。

关键词汇

审计证据（audit evidence）　　　　　三级复核制（three-step checking system）

审计工作底稿（audit working paper）　实物证据（physical evidence）

口头证据（oral evidence）　　　　　　环境证据（environmental evidence）

书面证据（documentary evidence）　　永久性档案（permanent audit documentation）

当期档案（current audit documentation）

审计证据的充分性和适当性（adequacy and appropriateness of audit evidence）

思考题

1. 影响审计证据充分性的因素有哪些?

2. 审计证据的特征有哪些?

3. 审计证据与审计工作底稿的关系是怎样的?

4. 试述审计工作底稿的三级复核制。

5. 审计工作底稿的作用是什么?

 练习题

1. 注册会计师在对某客户审计过程中，收集到下列四组审计证据。

（1）销货发票副本与购货发票。

（2）审计助理人员监盘存货的记录与客户自编的存货盘点表。

（3）审计人员收回的应收账款函证回函与询问客户应收账款负责人的记录。

（4）银行存款余额调节表与银行函证的回函。

要求：请分别说明每组审计证据中的哪项审计证据更为可靠？为什么？

2. 甲注册会计师对 H 公司 20×7 年度财务报表出具审计报告的日期为 20×8 年 2 月 15 日，H 公司对外报出财务报表的日期为 20×8 年 2 月 20 日。在完成审计档案的归整工作后，有下面几种情况发生。

（1）20×8 年 5 月 5 日，H 公司发生火灾，烧毁一个生产车间，导致生产全部停工。

（2）20×8 年 5 月 10 日，法院对 H 公司涉讼的专利侵权案作出最终判决，H 公司赔偿原告 1 000 万元。20×7 年 12 月 31 日，该案件尚在审理过程中，由于无法合理估计赔偿金额，H 公司在 20×7 年度财务报表中对这一事项做了充分披露，未确认预计负债。

（3）20×8 年 5 月 15 日，甲注册会计师知悉 H 公司 20×7 年 12 月 31 日已存在的、可能导致修改审计报告的舞弊行为。

要求：

请分别说明上述三种情况下，在完成审计档案的归整工作后，是否可以变动审计工作底稿？为什么？

 案例讨论题

20×8 年 11 月 30 日，某审计小组对某市抽纱工艺品进出口公司总经理进行了离任审计，查处了该公司从 20×0 年 5 月至 20×7 年 8 月，长达 7 年之久的大额"小金库" 1 970 万元，偷漏税费 98 万元的违纪行为。

审前，审计人员首先与该公司的有关人员召开了座谈会，认真地听取了财务人员汇报经理任期内的资产、负债和损益等情况。通过离任经理的述职报告，了解了其任期内的业绩及政绩。在该公司，审计人员注意到接任经理和离任经理都分别乘坐豪华轿车。

随后，审计人员对该公司的库存现金、存货、固定资产等实物进行了盘点，并对有关会计资料进行了审计。审计过程中，结合听汇报和观察工作环境及条件，审计人员发现"固定资产"账内没有两个经理乘坐的高级轿车，查看历年的"固定资产"明细账，从未有过购建职工宿舍等业务。那么，高级轿车和职工宿舍是怎么来的呢？凭着多年的审计经验，

审计人员敏感地认为公司有账外账。

为查清上述疑点，审计人员采取跟踪追击的方法，多次追问财务科长是否还有另一套账。财务科长说自己才任职 3 个月，所有的会计资料都提交给审计人员了。于是审计人员找到了前任财务科长，争取得到他们的配合，以便了解账外资金的来源和使用情况，但他们均以各种理由回避审计问题，审计陷入了困境。

此时，审计人员一方面继续做好本审计单位有关人员的政治思想工作，解决他们的认识问题；另一方面加大内外调查力度。采取多种方式与职工交谈，经过详查和内调、外调，审计人员终于掌握了大量购买固定资产的原始资料。 最后，审计人员向该公司有关人员进行法制宣传教育，反复向他们讲明"账外账"的危害性和审计查处的决心，消除了他们的疑虑，使他们打消了继续隐瞒事实的念头，将营造 7 年之久的"小金库"账簿和凭证和盘托出。

经过反复审查核实，离任经理在任职期间，为小团体的利益，将商品出口组织费收入等其他收入 1 970 万元，不入正规财务收支经营账，而作为"小金库"随意耗用。其中：购置固定资产 1 155 万元（职工宿舍 747 万元，汽车 385 万元，其他资产 23 万元）；奖金及职工福利支出 559 万元；招待费支出 53 万元；其他各项支出 203 万元。

请结合案情分析审计人员的取证方法和获取的审计证据的种类。

简答题

1. 甲注册会计师对 H 公司年度会计报表审计时，可采用不同的审计方法获取充分、适当的审计证据。

要求：

（1）请问甲注册会计师获取审计证据的审计方法有哪些？

（2）请问审计证据按外形特征可分为哪几类？

2. 注册会计师对某客户审计过程中，收集到下列几组审计证据：

（1）银行存款日记账与银行对账单

（2）销货发票副本与购货发票

（3）审计助理人员盘点存货的记录与客户自编的存货盘点表

（4）审计人员收回的应收账款函证回函与询问客户应收账款负责人的记录

要求：

请分别说明每组审计证据中的哪项审计证据更为可靠？为什么？

3. 甲注册会计师对 H 公司 2018 年度财务报表出具审计报告的日期为 2019 年 2 月 15 日，H 公司对外报出财务报表的日期为 2019 年 2 月 20 日。在完成审计档案的归整工作后，有下面几种情况发生：

（1）2019 年 5 月 5 日，H 公司发生火灾，烧毁一个生产车间，导致生产全部停工。

（2）2019 年 5 月 10 日，法院对 H 公司涉讼的专利侵权案做出最终判决，H 公司赔偿原告 1 000 万元。2018 年 12 月 31 日，该案件尚在审理过程中，由于无法合理估计赔偿金额，H 公司在 2018 年度财务报表中对这一事项作了充分披露，未确认预计负债。

（3）2019 年 5 月 15 日，甲注册会计师知悉 H 公司 2018 年 12 月 31 日已存在的、可能导致修改审计报告的舞弊行为。

要求：

请分别说明上述三种情况下，在完成审计档案的归整工作后，是否可以变动审计工作底稿？为什么？

自测题

单项选择题	多项选择题	判断题
自学自测　扫描此码	自学自测　扫描此码	自学自测　扫描此码

本章推荐阅读材料

1. 中国注册会计师审计准则第 1301 号——审计证据，财政部（财会〔2016〕24 号）。

2. 中国注册会计师审计准则第 1131 号——审计工作底稿，财政部（财会〔2016〕24 号）。

3. 中国注册会计师协会.《中国注册会计师审计准则第 1131 号——审计工作底稿》应用指南，2017 年 2 月 28 日。

4. 中国注册会计师协会. 审计：最新版[M]. 北京：经济科学出版社，2019.

5. 武恒光. 审计证据、审计风险及不规则关系研究——基于一个舞弊博弈模型的分析[J]. 审计与经济研究，2010（4）.

6. 陈太辉，杨明月. 审计取证的思维流程与思维要素研究[J]. 审计研究，2011（6）.

7. 王素梅，王会金. 治理导向下国家审计取证模式的选择[J]. 财经问题研究，2014（1）.

8. 斯米利奥斯卡斯等. 论审计证据与审计风险[J]. 南京审计学院学报，2013（3）.

9. 程铖，李睿. 电子数据审计取证模式研究[J]. 审计研究，2016（5）.

10. 农行审计局武汉分局课题组. 提升审计工作底稿质量的方法和路径[J]. 中国内部审计，2015（7）.

11. 耿建新，朱友干. 与公允价值确认相关的审计证据研究[J]. 审计研究，2008（5）.

| 第七章 |

审 计 抽 样

 学习提要与目标

　　审计抽样方法作为连接审计主体和审计客体的中介，对于完善审计理论、指导审计实践都有重要意义。本章从介绍审计抽样方法的演变过程入手，说明判断抽样法和统计抽样法的一般程序和方法，并在此基础上，对于符合性测试中的属性抽样和实质性测试中的变量抽样，重点阐述其操作过程。本章的学习目标是：

　　（1）理解审计抽样风险的含义

　　（2）掌握统计抽样法的基本环节

　　（3）掌握符合性测试中的属性抽样

　　（4）掌握实质性测试中的变量抽样

 引例

厄特马斯公司对道奇与尼文会计师事务所诉讼案

　　斯特公司设在纽约市，主要经营橡胶进口和销售，因缺乏营运资金而不得不向多家银行和金融机构贷款。1924 年 3 月，斯特公司向厄特马斯公司申请贷款 10 万美元。厄特马斯公司要求斯特公司出具一份经过审计的资产负债表，以决定是否发放贷款。道奇与尼文会计师事务所对斯特公司 1923 年的资产负债表进行了审计，并签署了无保留审计意见报告。斯特公司出具的经审计过的资产负债表显示，它的总资产已超过了 250 万美元，且有近 100 万美元净资产。在看了这份资产负债表和审计报告后，厄特马斯公司向斯特公司提供贷款 10 万美元。随后，厄特马斯公司又向斯特公司发放了两笔总计 65 000 美元的贷款。1925 年 1 月，斯特公司宣告破产。法庭证词表明，就在资产负债表报告斯特公司拥有 100 万美元净资产的 1923 年年底，公司已处于资不抵债状态。斯特公司的会计人员罗姆伯格以虚构公司巨额会计分录的方法，向审计人员隐瞒了公司濒临破产的事实。其中虚构最大的一笔会计分录：是将超过 70 万美元的虚假销售收入，记入应收账款的借方。斯特公司破产后，厄特马斯公司为追回经济损失，起诉了道奇与尼文会计师事务所。

　　厄特马斯公司对道奇与尼文会计师事务所的诉讼案在纽约地方法院进行审理。厄特马斯公司的律师认为：审计人员应该很轻易地查出斯特公司在 1923 年 12 月 31 日的资

产负债表中，虚增了 70 多万美元的应收账款项目这一事实。这个虚构事项如果被纠正的话，将使斯特公司报告的净资产减少近 70%。那么厄特马斯公司也就不可能贷给斯特公司如此大额的款项。道奇与尼文会计师事务所的律师认为：审计主要是"抽样测试"，而不是对所有账目进行详细检查。这 17 张假发票并未包含在被检查的 200 多张发票之内是不足为奇的。法庭裁决指出：虽然通常审计工作是建立在以抽样为基础的原则上的，但鉴于罗姆伯格登记的 12 月大额销售收入性质可疑，会计师事务所有责任对其进行特别检查。"对于在日常商业过程中记入账簿的账户来说，用抽样和测试的方式来进行查账就已经足够了。然而，由于环境所决定，被告必须对 12 月份的应收账款进行详细的审查。"

通过引例可以看出，审计抽样有风险，为了降低这种风险，需要正确运用审计抽样，需要对抽样技术有一个深刻了解。抽样技术和方法运用于审计工作，是审计理论和实践的重大突破。

第一节　审计抽样及其一般程序与方法

审计的历史明确告诉我们，审计的发展是以其技术方法不断改进、发展与完善为重要标志的。早期的审计监督，其方法是详查法，后来逐渐演变为抽样法。抽样法在审计工作中的应用，在保证审计质量相对可靠的前提下，大大提高了审计工作效率，从而满足了社会经济发展对审计工作提出的新的要求。从这种意义上说，审计抽样法的出现与运用，是审计方法的一次重大变革。

一、审计抽样方法的演变过程

在审计历史上，先后出现了任意抽样法、判断抽样法和统计抽样法三种类型。

1. 任意抽样法

任意抽样法是审计从详查法向抽查法演变时最先运用的一种抽样方法。审计人员运用这种抽样方法只是为了减少审计工作量，而对于抽样的规模、技术和内容等均无规律可循。由于任意抽样法是任意地抽取样本，故其审查结果缺乏科学性和可靠性，审计人员也承担较大的审计风险。因此，该方法不久就被判断抽样法所替代。

2. 判断抽样法

判断抽样法是根据审计人员的经验判断，有目的地从特定审计对象总体中抽查部分样本进行审查，并以样本的审查结果来推断总体的抽样结果。同任意抽样法相比，判断抽样法前进了一大步。但由于该方法是审计人员在总结自身经验的基础上形成的，因此，其成效取决于审计人员的经验和判断能力，即判断得正确，就会有成效；判断不准，缺乏客观性，就会影响审计工作的效果。因此，现代审计常用统计抽样法。

3. 统计抽样法

统计抽样法是审计人员运用概率论原理，遵循随机原则，从审计对象总体中抽取部分样本进行审查，然后以样本的审查结果来推断总体的抽样方法。该方法之所以科学的理论依据有以下几方面：一是充分的数学依据。统计抽样法要利用高等数学方法。抽查时，如选择样本适当，那么根据审查样本的结果，运用概率论的原理，可以通过抽取的样本推断总体。二是健全的内部控制制度依据。企业具有健全的内部控制制度，会减少发生错误和弊端的可能性，或迅速地发现错误和弊端。三是合理的经济依据。现代企业机构庞大，业务频繁，如采用详查法，既费时间又耗精力，审计费用增大。因此，用抽查法代替详查法。四是统计抽样允许审计人员计算样本的可靠性及其风险（这是统计抽样与非统计抽样的主要区别）；允许审计人员在他们愿意接受的风险程度下用数学的方法确定最优的样本容量，以避免夸大或缩小审计。

统计抽样法的主要优点表现在：能够科学地确定抽样规模，做到抽查适度的样本数量，防止主观的判断，便于实行审计工作规范化；花费较少的时间，取得较好的效果，提高了审计工作效率；审计结果更加客观和可靠；等等。尽管统计抽样法有上述优点，但其运用难度大，要求审计人员有较高的数学水平；而且它不是任何场合都适用，即对资料残缺不全的被审计单位以及揭露贪污舞弊的财经法纪审计来说，不适宜采用统计抽样法。

二、审计抽样过程

审计抽样法的运用是一个复杂的过程。因此，就必须注意研究其适用的基本程序问题，即研究运用审计抽样法需经过哪些环节，采取怎样的步骤与方式以及步骤与方式是怎样的相互关系，以便使其得以科学运用。

（一）判断抽样法

任意抽样法本身的不科学性，决定了运用的基本程序也是不科学的和不规范的。审计人员只是随意地决定抽取多少样本、怎样抽取样本以及如何评价样本的审查结果。判断抽样法和统计抽样法则大大不同。由于判断抽样法决定了审计人员需要根据自己的工作经验并遵循一定的原则确定抽取规模和选择方式，所以，它的适用程式的科学与否直接影响着审计样本代表审计总体的强弱，以及整个审计工作质量的好坏。一般来讲，判断抽样法由确定抽样范围、确定抽样数量、选取样本、审查样本、分析样本的审查结果几个环节以及每个环节中的具体步骤组成其基本程式。

1. 确定抽样对象

抽样对象确定得准确与否，直接影响所选样本数量和样本质量的准确性。一般来讲，确定抽样对象需考虑以下几个因素。

（1）审计目标。审计目标是指审计人员本次审计工作所要达到的目的，抽查要做到有的放矢，如审计目标是查明企业亏损的原因，应以产品成本水平、产品质量、销售业务等作为抽查对象；如审计目标是了解被审计单位固定资产的利用效果，则应以固定资产实物、反映固定资产的会计资料以及有关情况作为抽样对象等等。

（2）内部控制制度的建立健全情况。被审计单位内部控制制度的建立与健全程度以及执行情况直接影响着会计资料和经济业务的真实与准确程度。因此，对一些内部控制制度不健全或虽健全但未得到很好执行的经济业务和会计资料，就需作为抽样对象。

（3）项目的重要性。重要的项目在很大程度上反映出总体的特征。因此，抽样对象应选择那些重要的、关键的项目。项目重要与否因经济业务性质不同而不同。一般根据其时间先后、价值高低、数量多少、用途大小、性质大小来决定，如对库存商品的审查，应抽查那些价值大、数量多、用途广、保管差、收发频繁的商品。

（4）发生错弊的可能性。经济业务或项目有些容易发生错弊，有些则不然，如结算账户、待摊预提费用账户、材料成本差异账户、残料废料等销售业务、期初期末的销售业务等账户或业务容易发生错弊。因此，审计人员应将容易发生错弊的项目作为抽查对象。

2. 确定抽样数量

审计人员确定了抽样对象以后，应确定抽样数量。抽样数量必须恰当。否则，样本过少，难以代表总体的特征，影响审计结论的正确性；样本过多，则造成审计成本过高，影响审计工作效率。一般可综合考虑下列两个因素来确定样本数量。

（1）总体规模。总体规模较大，抽样数量应相对较多；总体规模较小，抽样数量可相对较少。一般可抽查总体的 20%～30%。

（2）重点抽样对象。对于前述确定的抽样对象，可根据其重要程度来划分若干层次。重要程度越高，抽样项目占全部抽样项目的比重就应越大。这一因素与总体规模是相互对应的。

3. 选取样本

确定了抽样对象和抽样数量，可据以从中选取样本。由于判断抽样法主要特点是判断，所以，用其选择的样本难免带有主观色彩，易与实际情况发生背离。因此，审计人员选样时，首先要分析了解抽样对象的内容构成，即对抽样对象反映的业务可能出现的错弊及有关情况进行分析、研究、预测、估计，以便在选样时做到有的放矢。然后审计人员根据不同的审计内容在分析、判断的基础上选出所需要审查的审计样本，如审查销售业务时，可多选取年末年初的销售账簿、凭证等会计资料作为审计样本。因为此时容易发生隐匿销售收入或以移动销售收入的入账时间来达到多提多留利润的目的。对于其他时间的销售业务的会计资料可从中少选取审计样本。

4. 审查样本并根据其结果推断有关情况

样本选出后，审计人员运用审计的基本方法对其进行详细审查。审查后，若发现有错弊的样本占全部样本的比重较高，或有严重错弊的样本，则说明总体出现错弊的比重较大或问题较严重，这时，可考虑扩大审查的样本范围和数量，甚至在必要时可进行详细审查，以便把问题彻底审查清楚；若发现有错弊的样本占全部样本的比重较小或未发现样本中有较严重的错弊问题，这时，则不必扩大抽查样本的范围和数量，可直接根据对样本的审查结果作出审计结论。

如何根据对样本的审查结果作出审计结论？这是一个值得认真研究的问题。从理论上讲，采用审计抽样法，样本能够（或应该）代表总体特征，可以根据样本的审查结果推断总体，如可使样本的差错率作为总体的差错率。但在判断抽样法中，由于审计人员是有重点地选取样本，故并不能一概根据样本的审查结果来推断总体，因为这样推断的结果往往夸大被审计对象存在的问题。倘若审计目标是证明被审单位财产价值的真实情况，可根据没有发现有错弊或错弊较少且较轻的审查结果，作出没有问题或问题较少、较轻的审计结论。倘若审计目标是查证舞弊行为，由于审计人员在抽取样本是充分考虑了项目的重要性、出现错弊的可能性等对审计目标有较大影响的因素，所以，抽取的样本中往往包含着总体中大部分或最重要的问题（如上述年末年初销售业务中存在的错弊大大多于其他时期销售业务存在的错弊）。因此，这时就不能以样本的差错率推断为总体的差错率。我们只能以样本审查结果来说明总体概况，以样本的问题来代表总体的问题，而不能加以推广。正因为如此，在实际中，我们所写的审计报告只能列示已查出的、有事实根据的问题作出审查的结果，未查出的或没有事实依据或事实依据不充分的问题不列入（也无法列入）审计报告中。

（二）统计抽样法

基本程式的研究使判断抽样法的应用建立在较为科学的基础上；但由于它未能科学地确定抽取样本的数量和确定科学的选样方式，故运用这种方法仍然难以消除影响审计结论的主观因素。而统计抽样法的基本程序恰好弥补了这一缺陷。统计抽样法的基本程序由以下步骤和环节构成。

1. 确定抽取样本的数量

在统计抽样法中，要使样本特征尽可能反映总体特征，就需运用概率论原理和数理统计知识科学地确定样本的最佳数量。所谓最佳数量，就是既不会因为样本数量少而影响审计结论的准确性，也不会因为样本数量多而增大审计成本进而降低审计效率。

2. 确定抽取样本的方式

（1）随机数表也称乱数表。它是以 0 到 9 的数字随机组成的数表。每个数字在表上出现的次数大致相同。下附表 7-1 随机数表（部分）。

表 7-1　随机数表（部分）

行＼栏	1	2	3	4	5	6	7	8	9	10
1	32044	69037	29655	92114	81034	40582	01584	77184	85762	46505
2	23821	96070	82592	81642	08971	07411	09037	81530	56195	98425
3	82383	94987	66441	28677	95961	78346	37916	09416	42438	48432
4	68310	21792	71635	86089	38157	95620	96718	79554	50209	17705
5	94856	76940	22165	01414	01413	37231	05509	37489	56459	52983
6	95000	61958	83430	98250	70030	05436	74814	45978	09277	13827
7	20764	64638	11359	32556	89822	02713	81293	52970	25080	33555
8	71401	17964	50940	95753	34905	93566	36318	79530	51105	26952
9	38464	75707	16750	61371	01523	69205	32122	03436	14489	02086
10	59442	59247	74955	82835	98378	83513	47870	20795	01352	89906

栏 行	1	2	3	4	5	6	7	8	9	10
11	11818	40951	99279	32222	75433	27397	46214	48872	26536	41042
12	65785	06387	96483	00230	58220	09756	00533	17614	98144	82427
13	05933	69834	57402	35168	84138	44850	11527	05692	84810	44109
14	31722	97334	77178	70361	15819	35037	46319	21085	37957	05102
15	95118	88373	26934	42991	00142	90852	14199	93593	76028	23664

运用随机数表抽取样本，应建立总体项目与表中数字的对应关系。如果总体中各项目已连续编号，则可直接运用随机数表查到应抽查的审计样本的编号，并将其所代表的审计项目取出。有时，需要对总体各项目重新编号，然后，运用随机数表确定应抽查的审计样本。

【**例 7-1**】 审计人员检查应收款时，可将所有应收款明细账户作为审计总体，并将其连续编号（假设自 001 号编至 300 号，审计人员确定的样本数量为 30），然后可根据上表选取审计样本。由于审计总体最多为三位数，所以，我们可以采用上表中数字的前三位（也可后三位数或中三位数）。假定从随机数表的第 1 栏自上而下的选择，有 238、207、118、059，其他的 320、823、683、948、950、714、384、594、657、317、951 由于大于 300，故不符合要求，最后再转栏，直至选够 30 个符合要求的数码。选出的数码所代表的账户即为审计样本。

（2）系统选择取样方式。系统选择取样也称等距选样，它是以任意一随机出发点从总体中每隔几项选择一项为样本的选择方式。

【**例 7-2**】 审计人员从 10 000 张付款凭证中抽查 200 张，可从某一出发点每 50 张（每隔 49 张）选择一张作为审计样本。如以第 137 号付款凭证为出发点，则选中的样本的号码为 37（137－50－50）、87（137－50）、137、187（137＋50）、237（137＋50＋50）等。这种方法使用方便；但是，在总体特性均匀分布总体中时，样本才具有代表性。事实上，大多数情况下并非如此，这就使样本误差增大。所以，为解决这一缺陷，分层选择应运而生。

（3）分层选择方式。根据总体所包含的不同特性，将其划分为若干个小总体的方法即分层，分层后再根据每层的特点运用上述两种方法中的任何一种进行取样。这种方法即分层选择方式。

 相关链接

注册会计师使用分层方法的指南

《中国注册会计师执业准则应用指南 2010》指出，在考虑总体的特征时，注册会计师可能认为使用分层比较适当。以下内容为注册会计师使用分层提供了指引。

（1）注册会计师对总体进行分层，即将总体分成有识别特征的各个子总体，可以提高审计效率。分层的目标是减少每一层中项目的变异性，从而在不增加抽样风险的情况下减少样本规模。

（2）在实施细节测试时，注册会计师通常根据金额对总体进行分层。这使注册会计师能够将更多审计资源投向金额较大的项目，而这些项目最有可能包含高估错报。同样，注册会计师也可以根据表明更高错报风险的特定特征对总体分层。例如，在测试应收账款计价中的坏账准备时，注册会计师可以根据账龄对应收账款余额进行分层。

（3）对层内样本项目实施审计程序的结果只能推断至构成该层的项目。如果要对整个总体得出结论，注册会计师需要考虑与构成整个总体的其他层有关的重大错报风险。例如，占总体数量20%的项目，其金额可能占账户余额的90%。注册会计师可能决定从这20%的项目中选取样本进行检查。然后，注册会计师评价样本结果，并对这90%的金额单独得出结论。对剩余10%的金额，注册会计师可以另外选取样本或使用其他获取审计证据的方法，或者认为剩余10%的金额不重要。

（4）如果注册会计师将某类交易或账户余额分成不同的层，需要对每层分别推断错报。在考虑错报对该类别的所有交易或账户余额的可能影响时，注册会计师需要综合考虑每层的推断错报。

【例7-3】 为函证应收账款，根据企业的实际情况，将应收账款账户按其金额的重要性分为若干层，然后分别采用适当的方法确定函证对象。如某企业根据其实际情况，将应收账款账户按其金额的重要性分为三层，即账户金额在10 000元以上的，账户金额为5 000元至10 000元的，账户金额在5 000元以下的。对应收账款账户在10 000元以上的账户应进行全部函证。对账户金额在10 000元以下的分层分别采用随机数表或系统选样法。

（4）整群选择方式。其就是先将总体项目按某一标志分成若干群，然后再运用随机数表或系统选样方式，整群地抽取样本项目的一种方法。

【例7-4】 将全年的付款凭证按月划分为12群，现要从中抽取出3个月的进行审查。假设从随机数表中选出5、9、11三个随机数，那么样本就由第5、9、11三个月的付款凭证所组成。

整群选样和系统选择取样方式运用起来都较为方便，但样本的代表性稍差。在需要抽取的样本项目较多的情况下，可运用这两种方法抽取样本，以便提高工作效率；反之，则可直接运用随机数表取样方式。

3. 审计样本的处理

一定数量的审计样本选出以后，需要运用审计的基本方法对其进行详细审查，然后再根据审查结果推断审计总体。如果样本的实际差错率在设定的误差范围以内，其他情况又不严重时，则可以样本的审查结果推断审计总体特征；如果样本的实际差错率超出设定的误差范围，则应以样本的实际差错率代替预计的差错率，运用求样本量公式扩大抽查样本的数量，并以其审查结果推断审计总体的特征。经过一次或几次扩大抽查后，若样本实际差错率有不断增高的趋势，则应进行一次全面审计；如果样本的实际差错率虽在误差范围以内，但错误的性质严重，金额较大，则应将样本数量扩大一倍或若干倍重新抽样，并以审查结果推断审计总体的特征；如果样本错弊严重、金额较大，若有必要和条件允许，可进行全面审计，以防止漏掉对有关重大违法违纪问题的查证。

三、审计抽样与审计风险

审计人员在运用抽样技术进行审计时，有两方面的不确定性因素，其中一方面的因素直接与抽样相关，而另一方面的因素却与抽样无关。前者为抽样风险，后者为非抽样风险。

（一）抽样风险

根据《中国注册会计师审计准则第 1314 号——审计抽样》第 8 条的规定，抽样风险是指注册会计师根据样本得出的结论，可能不同于如果对整个总体实施与样本相同的审计程序得出的结论的风险。抽样风险与样本量成反比，样本量越大，抽样风险越低。在审计实务中，抽样风险主要体现在符合性测试与实质性测试中。

1. 符合性测试中的抽样风险

（1）信赖不足风险是指抽样结果使审计人员没有充分信赖实际上应予信赖的内部控制的可能性。

（2）信赖过度风险是指抽样结果使审计人员对内部控制的信赖超过了其实际上可予信赖的可能性。

2. 实质性测试中的抽样风险

（1）误拒风险是指抽样结果表明账户余额存在重大错误而实际上并不存在重大错误的可能性。

（2）误受风险是指抽样结果表明账户余额不存在重大错误而实际上存在重大错误的可能性。

信赖不足风险与误拒风险一般会导致审计人员执行额外的审计程序，降低审计效率，但其效果一般都能保证。信赖过度风险与误受风险很可能导致审计人员形成不正确的审计结论，因此，对于审计人员来说，是最危险的风险，因为它使审计无法达到预期的效果。

（二）非抽样风险

根据《中国注册会计师审计准则第 1314 号——审计抽样》第 9 条的规定，非抽样风险是指注册会计师由于任何与抽样风险无关的原因而得出错误结论的风险。产生这种风险的原因很多，如未能找出样本文件中的错误等；错误解释样本结果，等等。非抽样风险无法量化，但是，审计人员应当通过对审计工作的适当的计划、指导和监督，以坚持质量控制标准，力争有效地降低非抽样风险。非抽样风险对审计工作的效率和效果都有一定影响。

 国际视野

美国审计准则公告第 39 号——审计抽样

《美国审计准则公告第 39 号——审计抽样》中规定：审计抽样就是对账户余额和交

易类别中部分项目应用审计程序，审计抽样的目的是评估这些账户余额及交易类别的属性。这一定义暗示了审计抽样的许多特性。两个尤其重要的特性是抽样风险和关注属性。

《美国审计准则公告第 39 号——审计抽样》将审计抽样风险产生的原因解释为：当审计抽样测试受到限制时，审计师依据样本而得出的结论可能会与采用同样方法对所有账户余额和交易类别中的项目都进行测试而得出的结论不同，这时就会产生抽样风险，即如果审计师对每一个项目都应用审计程序，而不是只针对样本实施审计程序，就不会产生抽样风险。然而，即使对所有项目都进行检查，也不能消除检查风险。当审计师未能发现包含在所检查的项目中的错报时，或为达到特定目的而采用的程序无效时，就会产生非抽样风险方面的检查风险。通常，审计师可通过充分的计划、监督和适当的质量控制政策与程序，使这类非抽样检查风险降低到可忽略的水平。

审计师在余额的直接测试中应用抽样时，关注属性就是余额中的货币性误差，尤其是货币性误差是否超过了重要性水平的余额。审计师在交易类别测试中应用抽样时，关注属性通常是内部控制结构政策或程序的偏差率，即审计师所关注的是既定政策或程序的偏差率，尤其是该偏差率是否超过审计师可接受的误差率。

《美国审计准则公告第 39 号——审计抽样》指出：审计抽样有两种一般的测试方法，非统计的和统计的。两种测试方法都要求在计划、执行、样本评估……过程中采用职业判断。

第二节　符合性测试中的属性抽样

统计抽样在审计工作中的具体运用方法，主要有属性抽样和变量抽样两种。符合性测试中所采用的审计抽样通常称为属性抽样。属性抽样主要有固定样本量抽样、停—走抽样、发现抽样三种抽样方法。下面分别介绍三种抽样方法的操作过程。

一、固定样本量抽样

固定样本量抽样是一种最为广泛使用的属性抽样，常用于估计审计对象总体中某种误差发生的比例，用"多大比例"来回答问题。例如，用这种方法估计重复支付的单据数，审计人员最后得出的结论一般是："95%的可信赖程度说明重复支付的单据数占总体的2%～6%。"下面举例说明固定样本量抽样的基本步骤。

（一）确定审计目的

假定审计人员打算审查企业是否只有在将验收报告与进货发票相核对之后，才核准支付采购货款这一内部控制程序，并进行抽样的符合性测试。于是审计人员对该程序操作的准确性，以及进货发票与验收报告相核对的控制程序给予关注。

（二）定义误差

对于每张发票及有关的验收单据，若发现下列情形之一者，即可定义为"误差"。

（1）未附验收单据的任何发票。

（2）发票虽附有验收单据，但该单据却属于其他发票。

（3）发票与验收单据所记载的数量不符。

（三）定义审计对象总体

假如企业对每笔采购业务均采用连续编号的凭单，每张凭单上要附有验收报告及发票，因此，抽样单位是个别的凭单。若此项测试是期中执行的，则假设审计对象总体包括审计年度前 10 个月内购买原材料的××张凭单。

（四）确定样本选取方法

因为凭单是连续编号的，所以审计人员决定采用随机选样法来选取样本。

（五）确定样本量

假设从前 3 年的审计中，审计人员得知上述所描述的内部控制制度发生的误差率为 0.5%、0.9% 及 0.7%，误差不呈逐年减少的趋势，因此，基于稳健原则的因素，可将预期总体误差率定为 1%。审计人员依赖其专业判断，确定可容忍误差率为 4%，信赖过度风险为 5%。

为简化工作，审计人员根据已制定出的控制测试统计样本量表（表 7-2），查出可容忍误差率为 4%，预期总体误差率为 1% 时，应选取的样本量为 156 项，样本中的预期误差数为 1。若在样本中发现两个或两个以上的误差，就说明抽样结果不能支持审计人员对内部控制的预期信赖程度。

表 7-2　95% 的可信赖程度下控制测试样本量

预期总体误差(%)	可容忍误差率										
	2%	3%	4%	5%	6%	7%	8%	9%	10%	15%	20%
0.00	149(0)	99(0)	74(0)	59(0)	49(0)	42(0)	36(0)	32(0)	29(0)	19(0)	14(0)
0.25	236(1)	157(1)	117(1)	93(1)	78(1)	66(1)	58(1)	51(1)	46(1)	30(1)	22(1)
0.50	*	157(1)	117(1)	93(1)	78(1)	66(1)	58(1)	51(1)	46(1)	30(1)	22(1)
0.75	*	208(1)	117(1)	93(1)	78(1)	66(1)	58(1)	51(1)	46(1)	30(1)	22(1)
1.00	*	*	156(1)	93(1)	78(1)	66(1)	58(1)	51(1)	46(1)	30(1)	22(1)
1.25	*	*	156(1)	124(2)	78(1)	66(1)	58(1)	51(1)	46(1)	30(1)	22(1)
1.50	*	*	192(3)	124(2)	103(2)	88(2)	77(2)	51(1)	46(1)	30(1)	22(1)
1.75	*	*	227(4)	153(3)	103(2)	88(2)	77(2)	51(1)	46(1)	30(1)	22(1)
2.00	*	*	*	181(4)	127(3)	88(2)	77(2)	68(2)	46(1)	30(1)	22(1)
2.25	*	*	*	208(5)	127(3)	88(2)	77(2)	68(2)	61(2)	30(1)	22(1)
2.50	*	*	*	*	150(4)	109(3)	77(2)	68(2)	61(2)	30(1)	22(1)
2.75	*	*	*	*	173(5)	109(3)	95(3)	68(2)	61(2)	30(1)	22(1)
3.00	*	*	*	*	195(6)	129(4)	95(3)	84(3)	61(2)	30(1)	22(1)
3.25	*	*	*	*	*	148(5)	112(4)	84(3)	61(2)	30(1)	22(1)

预期总体误差(%)	可容忍误差率										
	2%	3%	4%	5%	6%	7%	8%	9%	10%	15%	20%
3.50	*	*	*	*	*	167(6)	112(4)	84(3)	76(3)	30(1)	22(1)
3.75	*	*	*	*	*	185(7)	129(5)	100(4)	76(3)	40(2)	22(1)
4.00	*	*	*	*	*	146(6)	100(4)	89(4)	40(2)	22(1)	
5.00	*	*	*	*	*	*	158(8)	116(6)	40(2)	30(2)	
6.00	*	*	*	*	*	*	*	179(11)	50(3)	30(2)	
7.00	*	*	*	*	*	*	*	*	68(5)	37(3)	

（六）选取样本并进行审查

审计人员按随机选样法选取 156 张凭单，并按所定义的"误差"审查每张凭单及附件。

（七）评价抽样结果

审计人员在评价抽样结果时，不仅需要考虑误差的次数，而且也需要考虑误差的性质。若审计人员通过抽样查出的误差数为 1，且没有发现有欺诈舞弊或逃避内部控制的情况，由于发现的误差数不超过预期误差数，所以，审计人员可以得出结论：总体误差率不超过 4%的可信赖程度为 95%。若审计人员通过抽样查出的误差数为 3，且没有发现有欺诈舞弊或逃避内部控制的情况，由于发现的误差数超过预期误差数 1，并且从表中可看出，这种情况下符合审计人员要求的样本量增至 192 个，预期总体误差率为 1.5%。因此，审计人员不能以 95%的可信赖程度保证总体的误差率不超过 4%。这时，审计人员应减少对这一内部控制的可信赖程度，实施其他审计程序，如扩大实质性测试范围，增加样本量，或不再进行抽样审计，代之以详细审计，等等。若审计人员在审查样本时发现有欺诈舞弊或逃避内部控制的情形发生，不论其误差率是高还是低，均应采用其他审计程序。

二、停—走抽样

停—走抽样是固定样本量抽样的一种特殊形式。采用固定样本量抽样时，若预期总体误差大大高于实际误差，其结果将是选取了过多的样本，降低了审计工作效率。停—走抽样从预期总体误差为零开始，通过边抽样边评价来完成抽样审计工作。这种方法能够有效地提高工作效率，降低审计费用。采用停—走抽样，首先，要确定可容忍误差和风险水平，如 5%的可容忍误差，5%的风险水平。其次，确定初始样本量，如根据以上步骤要求查表 7-3 得出最小的样本量为 60。

最后，进行停—走抽样决策。如审计人员在 60 个项目中找出一个误差，则总体误差在 5%风险水平下为 8%（查表 7-4，风险系数除以样本量即 4.8÷60），这比可容忍误差 5%大，因此，审计人员需增加 36 个样本。样本扩大到 96 个（系数除以可容忍误差即 4.8÷0.05），如果对增加的 36 个样本审计后没有发现误差，则审计人员可以有 95%的把握确信总体误差不超过 5%。如首次对 60 个样本审计后发现了两个误差，则总体误差率为 10.5%（6.3÷60×100%），这比可容忍误差大很多，因此审计人员应决定增加 66（6.3÷0.05 − 60）

个样本。如对增加的 66 个样本审计后没有找到误差，审计人员同样可以有 95%的把握确信总体误差不超过 5%。如果又发现了一个误差，则总体误差为 6.2%（7.8÷126），这时他应该决定是再扩大样本量至 156（7.8÷0.05）个，还是将上述过程得出的结果作为选用固定样本量抽样的预期总体误差而改变抽样方法。一般来讲，样本量不宜扩大到初始样本量的 3 倍。

表 7-3　停—走抽样初始样本量（预期总体误差为零）

可容忍误差 \ 样本量 \ 风险水平	10%	5%	2.5%
10%	24	30	37
9%	27	34	42
8%	30	38	47
7%	35	43	53
6%	40	50	62
5%	48	60	74
4%	60	75	93
3%	80	100	124
2%	120	150	185
1%	240	300	370

表 7-4　停—走抽样样本量扩展及总体误差评估

发现的错误数 \ 风险系数 \ 风险水平	10%	5%	2.5%
0	2.4	3.0	3.7
1	3.9	4.8	5.6
2	5.4	6.3	7.3
3	6.7	7.8	8.8
4	8.0	9.2	10.3
5	9.3	10.6	11.7
6	10.6	11.9	13.1
7	11.8	13.2	14.5
8	13.0	14.5	15.8
9	14.3	16.0	17.1
10	15.5	17.0	18.4
11	16.7	18.3	19.7
12	18.0	19.5	21.0
13	19.0	21.0	22.3
14	20.2	22.0	23.5
15	21.4	23.4	24.7

续表

风险系数 \ 发现的错误数 \ 风险水平	10%	5%	2.5%
16	22.6	24.3	26.0
17	23.8	26.0	27.3
18	25.0	27.0	28.5
19	26.0	28.0	29.6
20	27.1	29.0	31.0

三、发现抽样

发现抽样是在既定的可信赖程度下，在假定误差以既定的误差率存在于总体之中的情况下，至少查出一个误差的抽样方法。发现抽样主要用于查找重大非法事件，它能够以极高的可信赖程度（如 99.5%以上）确保查出误差率仅在 0.5%～1%之间的误差。使用发现抽样时，当发现重大的误差，如欺诈的凭据时，无论发生次数多少，审计人员都可能放弃一切抽样程序，而对总体进行全面彻底的检查。若发现抽样未发现任何例外，审计人员可得出下列结论：在既定的误差率范围内没有发现重大误差。

使用发现抽样时，审计人员需首先确定可信赖程度及可容忍误差。然后，在预期总体误差为 0%的假设下，参阅适当的属性抽样表，即可得出所需的样本量。例如，以虚构进货交易而达到支付现金的目的。为确定此种舞弊是否存在，审计人员必须在企业的已付凭单中找出一组不实的单据。假设审计人员设定：如果总体中包含 2%或 2%以上的欺诈性项目，那么在 95%的可信赖程度下，样本将显示出不实的凭单。查表 7-2，审计人员发现在预期总体误差为 0%及可容忍误差为 2%时，所需的样本量为 149 个。经审计人员选取并检查 149 个凭证后，未发现有不实情况，则审计人员有 95%的把握确信总体中的不实凭单不超过 2%。

第三节　实质性测试中的变量抽样

在实质性测试中采用的审计抽样通常称为变量抽样。它包括传统变量抽样和概率比例规模抽样（probability-proportional-to-size sampling，简称 PPS 抽样）。其中，传统变量抽样主要有单位平均估计抽样、比率估计抽样和差额估计抽样。下面分别介绍这几种方法的操作过程。

一、单位平均估计抽样

单位平均估计抽样是通过抽样检查确定样本的平均值，再根据样本的平均值推断总体的平均值和总值的方法。这种方法适用范围十分广泛，无论被审计单位提供的数据是否完整、可靠，甚至在被审计单位缺乏基本的经济业务或事项账面记录的情况下，都可以使用该方法。下面举例说明单位平均估计抽样的具体步骤。

（一）确定审计目的

审计目的为：确定期末应收账款的账面价值。

（二）确定审计对象总体

根据被审计单位实际情况，审计对象总体为 1 000 个应收账款账户。

（三）确定样本量

使用单位平均估计抽样时，样本量可以通过以下公式计算得出

$$n' = \left(\frac{\text{Ur} \cdot S \cdot N}{\text{Pa}}\right)^2$$

$$n = \frac{n'}{1 + \dfrac{n'}{N}}$$

式中：Ur——可信赖程度系数；

　　　S——估计的总体标准离差；

　　　Pa——计划的抽样误差；

　　　n'——放回抽样的样本量；

　　　n——不放回抽样的样本量（一般地讲，审计抽样为不放回抽样）；

　　　N——总体项目个数。

其中，可信赖程度系数可按表 7-5 确定。

本例中，考虑到内部控制和抽样风险的可接受水平，确定误受风险为 5%，可信赖程度为 95%，查表 7-5 可知，可信赖程度系数为 1.96。假设审计人员估计总体的标准离差为 120 元，确定计划抽样误差为 ±50 000 元。确定样本量，计算如下：

$$n' = \left(\frac{1.96 \times 120 \times 1\,000}{50\,000}\right)^2 \approx 22 \text{（取整数）}$$

$$n = \frac{22}{1 + \dfrac{22}{1\,000}} \approx 22 \text{（取整数）}$$

（四）确定样本选取方法

审计人员采用随机选样法，从应收账款明细账中选取 22 个单位做样本。

（五）选取样本并进行审计

审计人员对选取的 22 个单位发出函证，函证结果表明，样本平均值为 3 500 元，样本标准离差为 112 元。这时，审计人员必须推断实际抽样误差和总体误差。实际抽样误差可根据以下公式计算确定：

表 7-5 可信赖程度系数

可信赖程度/%	可信赖程度系数
80	1.28
85	1.44
90	1.65
95	1.96
99	2.58

$$P_1 = \text{Ur} \cdot \frac{S_1}{\sqrt{n}} \cdot N \cdot \sqrt{1 - \frac{n}{N}}$$

式中：P_1——实际抽样误差；

S_1——样本标准离差。

在本例中，实际抽样误差是 $P_1 = 1.96 \times \frac{112}{\sqrt{22}} \times 1\,000 \times \sqrt{1 - \frac{22}{1\,000}} = 46\,284$ 元，推断的总体金额为 $3\,500 \times 1\,000 = 3\,500\,000$ 元，假定被审计单位应收账款账面价值为 $3\,455\,000$ 元，则推断的总体误差为 $3\,500\,000 - 3\,455\,000 = 45\,000$ 元。由于实际抽样误差小于计划抽样误差（$50\,000$），于是，审计人员可以作出这样的结论：有 95% 的把握可以保证 $1\,000$ 个应收账款账户的真实总体金额落在 $3\,500\,000$ 元±$46\,284$ 元之间，即 $3\,546\,284 \sim 3\,453\,716$ 元之间。

（六）评价抽样结果

根据以上抽样结果，被审计单位应收账款的账面价值 $3\,455\,000$ 元处于 $3\,546\,284 \sim 3\,453\,716$ 元之间，则其应收账款金额并无重大误差。这时，审计人员应将估计的总体金额 $3\,500\,000 \sim 3\,455\,000$ 元之间的差额视为审计差异，并在对会计报表发表意见时予以考虑。

样本评价时，若实际抽样误差大于计划抽样误差，应考虑增加样本量以降低实际抽样误差，提高抽样结论的可靠性。

如抽样结果表明被审计单位应收账款的账面价值没有落入 $3\,546\,284 \sim 3\,453\,716$ 元之间，则审计人员应要求被审计单位详细检查其应收账款，并加以调整。

二、比率估计抽样

比率估计抽样是以样本实际价值与账面价值之间的比率关系来估计总体实际价值与账面价值之间的比率关系，然后再以这个比率去乘以总体的账面价值，从而求出总体实际价值的估计金额的一种抽样方法。当误差与账面价值呈比率关系时，通常运用比率估计抽样。其计算公式如下：

$$\text{预计错报} = \frac{\text{样本错报额之和}}{\text{样本账面价值之和}} \times \text{总体账面价值}$$

【例 7-5】 审计人员在审查光明公司的甲产品账户时，发现该公司今年共生产了该产品 $1\,200$ 批，入账成本为 $6\,800\,000$ 元。审计人员选取了 180 批样本，账面价值共计 $700\,000$ 元。经与有关凭证及附件核对，发现 180 批中共有 48 批成本错误。将错误调整后，样本的确定价值为 $651\,000$ 元。

使用比率估计抽样时，样本错报额之和与样本账面价值之和的比率为 0.07（$49\,000 \div 700\,000$），因此，预计错报为 $476\,000$ 元（$6\,800\,000 \times 0.07$）。由于预计错报显示为一项多报金额，所以推算总体已审价值，应从账面价值中减去这个差额。

推算的总体已审价值 = $6\,800\,000 - 476\,000 = 6\,324\,000$（元）

三、差额估计抽样

差额估计抽样是以样本实际价值与账面价值的平均差额来估计总体实际价值与账面价值之间的平均差额，然后再以这个平均差额乘以总体项目个数，从而求出总体实际价值与账面价值差额的一种抽样方法。当误差与账面价值不成比例时，通常运用差额估计抽样。其计算公式如下：

$$平均差额 = \frac{样本实际价值与账面价值的差额}{样本量}$$

$$估计的总体差额 = 平均差额 \times 总体项目个数$$

【**例 7-6**】仍用上例资料，使用差额估计抽样时，平均差额为 $-272\left(\dfrac{651\,000 - 700\,000}{180}\right)$ 元，估计的总体差额为 326 400（$-272 \times 1\,200$）元，因此，估计的总体成本为 6 473 600（6 800 000 − 326400）元。

四、PPS 抽样

PPS 抽样是一种运用属性抽样原理对货币金额而不是对发生率得出结论的统计抽样方法，也称金额加权选样、货币单元抽样、累计货币金额抽样及综合属性变量抽样等。在该方法下，项目金额越大，被选中的概率就越大，有助于注册会计师将审计重点放在较大的余额或交易。

下面举例说明 PPS 抽样的主要步骤和方法。

假定注册会计师在审计光明公司时，使用 PPS 抽样方法测试光明公司 2012 年 12 月 31 日的存货余额。2012 年 12 月 31 日光明公司的存货账户余额为 3 000 000 元。用 BV 表示总体账面金额，则有 BV = 3 000 000 元。注册会计师确定的可接受误受风险（SR）为 5%，可容忍错报（TM）为 60 000 元，预计总体错报（E*）为 0。拟测试的存货账面金额由 50 000 个明细账组成，即总体中实物单元的数量 N = 50 000。

我们使用样本规模公式来确定所需的样本规模，即

$$样本规模（n）= \frac{总体账面价值 \times 风险系数}{可容忍错报 - （预计总体错报 \times 扩张系数）}$$

在上述公式中，总体账面价值（即账面金额 BV）、可容忍错报（TM）和预计总体错报（E*）已经确定。我们用 R 表示误受风险的风险系数（由表 7-6 查取），用 r 表示预计总体错报的扩张系数（由表 7-7 查取），则样本规模就是：

$$n = \frac{R \times BV}{TM - (E* \times r)} = \frac{3.00 \times 3\,000\,000}{60\,000 - 0 \times 1.60} = 150$$

在本例中，假设所有的存货明细账余额都小于 20 000 元，即没有超过抽样间隔的实物单元。如果有实物单元超出抽样间隔，应当对这些实物单元进行 100% 的检查。注册会计师运用系统选样法选出所需的 150 个样本并对与其相关的实物单元进行测试后，在样本中发现了 2 个错报。第一个错报是账面金额为 1 000 元的项目有 500 元的高估错报；第二个错报是账面金额为 2 000 元的项目有 1 600 元的高估错报。用 t 表示错报比率，它等于该实

物单元中的错报金额除以该实物单元的账面金额。注册会计师将错报比例从大到小排序，则有：

t_1 = 错报金额/项目账面金额 = 1 600/2 000 = 0.8

t_2 = 错报金额/项目账面金额 = 500/1 000 = 0.5

表 7-6　PPS 抽样风险系数（适用于高估）

高估错报数量	误受风险								
	1%	5%	10%	15%	20%	25%	30%	37%	50%
0	4.61	3.00	2.31	1.90	1.61	1.39	1.21	1.00	0.70
1	6.64	4.75	3.89	3.38	3.00	2.70	2.44	2.14	1.68
2	8.41	6.30	5.33	4.72	4.28	3.93	3.62	3.25	2.68
3	10.05	7.76	6.69	6.02	5.52	5.11	4.77	4.34	3.68
4	11.61	9.16	8.00	7.27	6.73	6.28	5.90	5.43	4.68
5	13.11	10.52	9.28	8.50	7.91	7.43	7.01	6.49	5.68
6	14.57	11.85	10.54	9.71	9.08	8.56	8.12	7.56	6.67
7	16.00	13.15	11.78	10.90	10.24	9.69	9.21	8.63	7.67
8	17.41	14.44	13.00	12.08	11.38	10.81	10.31	9.68	8.67
9	18.79	15.71	14.21	13.25	12.52	11.92	11.39	10.74	9.67
10	20.15	16.97	15.41	14.42	13.66	13.02	12.47	11.79	10.67
11	21.49	18.21	16.60	15.57	14.78	14.13	13.55	12.84	11.67
12	22.83	19.45	17.79	16.72	15.90	15.22	14.63	13.89	12.67
13	24.14	20.67	18.96	17.86	17.02	16.32	15.70	14.93	13.67
14	25.45	21.89	20.13	19.00	18.13	17.40	16.77	15.97	14.67
15	26.75	23.10	21.30	20.13	19.24	18.49	17.84	17.02	15.67
16	28.03	24.31	22.46	21.26	20.34	19.58	18.90	18.06	16.67
17	29.31	25.50	23.61	22.39	21.44	20.66	19.97	19.10	17.67
18	30.59	26.70	24.76	23.51	22.54	21.74	21.03	20.14	18.67
19	31.85	27.88	25.91	24.63	23.64	22.81	22.09	21.18	19.67
20	33.11	29.07	27.05	25.74	24.73	23.89	23.15	22.22	20.67

表 7-7　预计总体错报的扩张系数

扩张系数	误受风险								
	1%	5%	10%	15%	20%	25%	30%	37%	50%
	1.90	1.60	1.50	1.40	1.30	1.25	1.20	1.15	1.00

注册会计师利用样本错报的相关信息和下面的公式计算总体错报上限的估计值，即总体错报上限=基本界限+第 1 个错报所增加的错报上限+第 2 个错报所增加的错报上限。

其具体计算过程如下：

$$基本界限 = BV \times \frac{MF0}{n} \times 1 = 3\ 000\ 000 \times 3.00 / 150 \times 1 = 60\ 000（元）$$

第 1 个错报所增加的错报上限 $= \mathrm{BV} \times \dfrac{\mathrm{MF1} - \mathrm{MF0}}{n} \times t_1 = 3\,000\,000 \times (4.75 - 3.00)/150 \times$ $0.8 = 28\,000$（元）

第 2 个错报所增加的错报上限 $= \mathrm{BV} \times \dfrac{\mathrm{MF2} - \mathrm{MF1}}{n} \times t_2 = 3\,000\,000 \times (6.30 - 4.75)/150 \times$ $0.5 = 15\,500$（元）

总体错报上限 $= 60\,000 + 28\,000 + 15\,500 = 103\,500$（元）

最后，注册会计师将计算的总体错报上限与可容忍错报比较，决定是否接受账面金额。在本例中，由于计算的总体错报上限 103 500 元超过了可容忍错报（60 000 元），注册会计师决定不接受账面金额，并扩大样本规模进行进一步检查。

 本章小结

综合本章所述，可以明确：所有权监督的目的和对象决定了审计方法。进一步讲，必须确定经管者经管财产的应存量，通过查账确定应存量的真实性，以真实的应存量与实存量的核对，就可以确定实存量的真实性，实存量只能通过财产清查才能证实。在确认实存量真实的基础上，以期末实存和期初实存进行比较，就可以判明所有者的财产是否保值增值和怎样保值增值的。因此，进行审计必然要查账和财产清查，这是审计不变的方法。从历史的发展看，怎样对全部资产进行财产清查和全部账目进行查账，又经历了从详细审查阶段到抽样审查阶段。抽审阶段的特征是以抽取的资产和账目样本，判断企业的全部资产或账目是否存在错弊。在长期的审计实践中，人们发现审计抽样技术的运用能够提高审计工作效率，又有助于判断企业的财产和会计记录中存在的错弊。但是由于这种判断是随机的，也可能抽取的样本没有问题，而事实存在错弊，因而人们采取了扩大样本率和对样本总体进行分类的方法，以解决样本抽取的缺陷，以致形成了不同的抽样审计，即审计抽样在符合性测试和实质性测试中的不同运用。其中，符合性测试中所采用的审计抽样被称为属性抽样，它主要有固定样本量抽样、停—走抽样、发现抽样三种抽样方法。在实质性测试中采用的审计抽样被称为变量抽样，它包括传统变量抽样和概率比例规模抽样。其中传统变量抽样主要有单位平均估计抽样、比率估计抽样和差额估计抽样。

关键词汇

审计抽样（audit sampling）　　　　　判断抽样法（judgmental sampling）

统计抽样法（statistical sampling method）属性抽样（attributes sampling）

变量抽样（variables sampling）　　　　抽样风险（sampling risk）

信赖不足风险（risk of assessing control risk too high）

信赖过度风险（risk of assessing control risk too low）

误拒风险（risk of incorrect rejection）　误受风险（risk of incorrect acceptance）

总体（population）　　　　　　　　　样本（sample）

分层（stratification） 可容忍误差（tolerable misstatement）
固定样本量抽样（fixed sample size sampling）
停—走抽样（stop-or-go sampling） 发现抽样（discovery sampling）
单位平均估计抽样（mean-per-unit estimation sampling）
比率估计抽样（ratio estimation sampling）
差额估计抽样（difference estimation sampling）
概率比率规模抽样（probability-proportional-to-size sampling）

思考题

1. 信息技术的发展给审计抽样带来了哪些影响？
2. 审计人员如何界定和选择代表性样本？
3. 使用非统计抽样来进行控制测试与交易实质性测试的目的是什么？
4. 放回选样和不放回选样有什么区别？审计人员通常使用哪种方法？
5. 审计人员如何降低抽样风险和非抽样风险？

练习题

福运公司有关应收账款资料如下：公司的应收账款有 80 000 户顾客，总账面价值为 5 360 000 美元。假定样本规模为 225，审计师抽取的应收账款样本如下。

样本项目编号	客户名称	账面价值	已审价值	差额
001	A 公司	66.44	66.44	0.00
002	B 公司	44.96	43.00	1.96
003	C 公司	92.16	92.16	0.00
004	D 公司	72.12	68.50	3.62
005	E 公司	65.00	65.00	0.00
⋮	⋮	⋮	⋮	⋮
224	M 公司	82.50	82.50	0.00
225	N 公司	99.20	92.00	7.20
总价值（样本）		15 000.00	14 550.00	450.00

如果你是审计师，对该公司的已入账应收账款的存在性和总计价声明进行测试，通过函证一定样本量的账户审查应收账款的账面价值。说明如何用比率估计抽样和差额估计抽样方法推算总体已审价值。

讨论题

判断抽样法是根据审计人员的经验判断，有目的地从特定审计对象总体中抽查部分样本进行审查，并以样本的审查结果来推断总体的抽样结果。但由于该方法是审计人员在总结自身经验的基础上形成的，因此，其成效取决于审计人员的经验和判断能力，即判断得正确，就会有成效；判断不准，缺乏客观性，就会影响审计工作的效果。因此，有人认为现代审计应采用统计抽样法；统计抽样法最终将替代判断抽样法。

试分组讨论这种观点是否正确，并举例说明。

 简答题

1. 审计人员对红星公司 2020 年第四季度编号为 001～100 的应收账款进行审计,决定从中抽取 5 张进行函证。

要求：（1）采用随机数表抽样法（从随机数表第 1 栏第 1 行自上而下查，选用后 3 位数），抽取 5 张作为函证对象。（2）采取等距抽样法（选取第一个随机起点为 5）抽取 5 张为样本进行函证。

随机数表（部分）

栏 行	1	2	3	4	5	6
1	32044	69037	29655	92114	81034	40582
2	23821	96070	82592	81642	08971	07411
3	82383	94987	66441	28677	95961	78346
4	68310	21792	71635	86089	38157	95620
5	94856	76940	22165	01414	01413	37231
6	95000	61958	83430	98250	70030	05436
7	20764	64638	11359	32556	89822	02713
8	71401	17964	50940	95753	34905	93566
9	38464	75707	16750	61371	01523	69205
10	59442	59247	74955	82835	98378	83513

2. 审计人员在审计某公司的产成品账户时，发现该公司今年共生产了 2 000 批产品，入账成本为 5 900 000 元。审计人员选取了 200 批样本，账面价值共计 600 000 元。经与有关凭证及附件核对，发现 200 批中共有 52 批成本错误。经将错误调整后，样本的确定价值为 582 000 元。

要求：运用下列方法，估算产品的总成本。

（1）比率估计法

（2）差额估计法

3. 注册会计师在针对销售费用的发生认定实施细节测试时,采用传统变量抽样方法实施统计抽样,相关事项如下：

（1）注册会计师将总体分成两层，使每层的均值大致相等。

（2）注册会计师在确定样本规模时不考虑销售费用账户的可容忍错报。

（3）注册会计师采用系统选样的方式选取样本项目进行检查。

（4）在对选中的一个样本项目进行检查时，注册会计师发现所附发票丢失，于是另选一个样本项目代替。

要求：针对上述（1）～（4）项，逐项指出注册会计师的做法是否存在不当之处。如果存在，简要说明理由。

 自测题

单项选择题	多项选择题	判断题

本章推荐阅读材料

1. 中国注册会计师协会. 审计：最新版[M]. 北京：中国财政经济出版社，2020.

2. 杨桂花，王莉莉. 国家审计全覆盖实现路径研究——基于审计抽样法[J]. 财会通讯，2016（6）.

3. 孙玥璠，宋迪. 大数据环境下基于孤立点分析的审计抽样方法[J]. 财务与会计，2015（7）.

4. 孙艳萍. 论审计抽样风险及其控制[J]. 会计之友，2014（3）.

5. 朱佳俊，李金兵，唐红珍. 基于混合博弈的扩展审计抽样研究[J]. 统计与决策，2014（7）.

6. 周立云. 浅谈信息化条件下审计抽样方法在内部审计中的应用[J]. 中国内部审计，2013（4）.

7. 范丽. 浅析审计中的特别风险与审计抽样[J]. 财会研究，2012（9）.

第八章

货币资金审计

学习提要与目标

货币资金主要包括库存现金、银行存款及其他货币资金。本章在介绍货币资金的特点以及其与业务循环之间关系的基础上,介绍了货币资金的内部控制目标、要素及其控制测试,并明确了货币资金的重大错报风险和评估应对。最后分别阐述现金、银行存款和其他货币资金的实质性程序。

本章的学习目标是:

（1）了解货币资金内部控制的目标和要素;

（2）理解货币资金内部控制测试;

（3）掌握货币资金业务重大错报风险评估与应对。

引例

自然科学基金委员会会计卞中贪污挪用公款

2004 年 10 月,根据北京市检察机关查实,在过去 8 年间,犯罪嫌疑人在担任国家自然科学基金委员会（以下简称"基金委"）财务局经费管理处会计期间,利用掌管国家自然科学研究的专项资金下拨权,采用谎称支票作废、偷盖印鉴、削减拨款金额、伪造银行进账单和信汇凭证、编造银行对账单等手段贪污、挪用公款人民币 2 亿余元。被判死刑,缓期两年执行。

卞中于 1962 年×月×日出生在北京市一个知识分子家庭,他的父亲是我国一位贡献卓著的科学家,母亲是某科学院的研究员。卞中在家里排行老小,哥哥、姐姐从小都非常优秀,姐姐大学毕业后很快成为单位里的骨干,哥哥在加拿大一所名牌大学工作。而卞中却只是在北京第一商业局干部学校读了一个大专。1992 年 7 月,已经 29 岁的卞中毕业后到国家自然科学基金委员会当了会计。

2003 年春节刚过,基金委财务局经费管理处刚来的大学生小李去定点银行拿对账单,以往这一工作由会计卞中负责。一笔金额为 2 090 万元的支出引起小李的注意,他从来没听说过这一开支。小李问卞中,卞中谎称他把钱借给了自己的朋友。小李向领导举报了他。

案发前基金委对此没有丝毫的察觉。基金委是国家自然科学基金的管理者和发放者。它面向的资助群体是中国从事基础科研的科研机构和高校。每年国家对自然科学基金的拨款达 20 多亿元。

卞中的作案手段包括退汇重拨和伪造进账单。

1999 年 1 月，浙江大学因科研项目撤销向基金委退回一笔 25 万元的项目拨款。

2001 年 4 月，卞中以退汇重拨名义，伪造给云南地理所的银行汇款信汇凭证。

2002 年 12 月，卞中通过伪造银行对账单直接将 6 000 万元的巨款挪用。

最多时卞中一次伪造出 25 家受资助单位。2002 年 4 月，他分两批将基金委批准拨出的项目经费 1 135 万元占为己有。当受资助单位打电话催款，他要么说手续没到财务，要么通过倒账先打一部分钱过去救急。

卞中在他的忏悔书中写道：今天想到我的母亲、姐姐、哥哥及我心爱的外甥女、侄儿，想到我娇惯的女朋友，我心如刀割。当命运即将掌握在别人手中时，生命也就没有意义。我生在知识分子家庭，父亲和母亲在各自的领域都很有威望，我无法描述我堕落到今天的地步给父母造成的伤害。天上人间，阴阳殊途，有谁想到字里行间难于言表的感情竟然会成为我终生的痛楚，这痛中包含着我对所有人的伤害，为满足我个人的虚荣，伤害到国家的利益，以及由此造成的难以弥合的、毁灭性的人生。

资料来源：网络整理

货币资金是企业资产的重要组成部分，是企业资产中流动性最强的一种资产，是企业进行生产经营必不可少的物质条件。企业的生产经营过程，实质上就是货币资金的垫支、支付过程和货币资金的回收、分配过程的结合。任何企业进行生产经营活动都必须拥有一定数额的货币资金，持有货币资金是企业生产经营活动的基本条件，可能关乎企业的命脉。货币资金主要来源于股东投入、债权人借款和企业经营累积，主要用于资产的取得和费用的结付。企业的全部经营活动都可以通过货币资金表现出来。货币资金是不法分子盗窃、贪污和挪用的重要对象。只有保持健康的、正向的现金流，企业才能够继续生存。如果出现现金流逆转迹象，产生了不健康的、负向的现金流，长此以往，企业陷入财务困境，并导致对企业的持续经营能力产生疑虑。

根据货币资金存放地点及用途的不同，货币资金分为库存现金、银行存款及其他货币资金。货币资金涉及的凭证和会计记录主要有现金盘点表、银行对账单、银行存款余额调节表。有关科目的记账凭证（如现金收付款凭证、银行收付款凭证）。有关会计账簿（如现金日记账、银行存款日记账）。

货币资金与各业务循环中的业务活动存在着密切的关系。一些最终影响货币资金的错误只有在对销售与收款、购货与付款、生产与费用、投资与筹资的业务循环的审计测试中才会被发现。例如，未给顾客开票、未按销售额开票、两次支付卖方发票或支付未经验收的货物或劳务等，在现金余额测试中都不会被发现。但是限制货币资金款和货币资金收款的错误可能在货币资金的业务测试中被发现，或通过对其进行余额测试程序发现。

第一节　货币资金的内部控制及测试

由于货币资金较容易发生舞弊，因此，货币资金审计的风险较高，需要花费的时间相对较长，审计的范围相对较广。

一、货币资金的内部控制目标

由于货币资金是企业流动性最强的资产，企业必须加强对货币资金的管理，建立良好的货币资金内部控制，以确保全部应收取的货币资金均能收取，并及时正确地予以记录；全部货币资金支出是按照经批准的用途进行的，并及时正确地予以记录；库存现金、银行存款报告正确，并得以恰当保管；正确预测企业正常经营所需的货币资金收支额，确保企业有充足但不过剩的货币资金余额。

在实务中，库存现金、银行存款和其他货币资金的转换比较频繁，三者的内部控制目标、内部控制制度的制定与实施大致相似，因此，先统一对货币资金的内部控制做一个概述，各自内部控制的特点以及控制测试将在后面分述。一般而言，一个良好的货币资金内部控制应该达到以下几点：货币资金收支与记账的岗位分离。货币资金收支要有合理、合法的凭据。全部收支及时准确入账，并且资金支付应严格执行审批、复核制度。控制现金坐支，当日收入现金应及时送存银行。按月盘点现金，编制银行存款余额调节表，以做到账实相符。对货币资金进行内部审计。

注册会计师通常实施以下程序，以了解与货币资金相关的内部控制：询问参与货币资金业务活动的被审计单位人员，如销售部门、采购部门和财务部门的员工与管理人员。观察货币资金业务流程中特定控制的执行，如观察被审计单位的出纳人员如何进行现金盘点。检查相关文件和报告，如检查银行余额调节表是否恰当编制以及其中的调节项是否经过会计主管的恰当复核等。

实施穿行测试，即追踪货币资金业务在财务报告信息系统中的处理过程。穿行测试通常综合了询问、观察、检查、重新执行等多种程序。通过实施穿行测试，注册会计师通常能获取充分的信息以评价控制测试的设计和执行。例如，选取一笔已收款的银行借款，追踪该笔交易从借款预算审批直至收到银行借款的整个过程。

二、货币资金内部控制要素

为了保证货币资金的安全完整，保证货币资金核算与管理的正确性、合规性，企业必须建立健全各项内部控制。良好的货币资金内部控制一般应包括以下内容。

（一）岗位分工制度和轮换制度

企业应当建立货币资金业务的岗位责任制，明确相关部门和岗位的职责权限，确保办理货币资金业务的不相容岗位相互分离、制约和监督。会计部门是主管货币资金的职能部门，应配备专职出纳人员和有关核算人员，负责货币资金的收支、保管和核算工作。在货币资金核算和管理工作中，应贯彻内部牵制的组织原则，实行钱账分管，即管钱的人不管账，管账的人不管钱。负责货币资金收支和保管的出纳人员，除了登记现金和银行存款日记账，不得兼作收入、费用、负债账簿以及总账的登记工作。出纳人员不得兼任稽核、会计档案保管和收入、支出、费用、债权债务账目的登记工作。企业不得由一人办理货币资金业务全过程。这是企业货币资金内部控制的一项最基本的要求。

（二）授权审批制度

（1）企业应当对货币资金业务建立严格的授权审批制度，明确审批人对货币资金业务的授权批准方式、权限、程序、责任和相关控制措施，规定经办人办理货币资金业务的职责范围和工作要求。审批人应当根据货币资金授权批准制度的规定，在授权范围内进行审批，不得超越审批权限。经办人应当在职责范围内，按照审批人的批准意见办理货币资金业务。对于审批人超越授权范围审批的货币资金业务，经办人员有权拒绝办理，并及时向审批人的上级授权部门报告。

（2）企业对于重要货币资金支付业务，应当实行集体决策和审批，并建立责任追究制度，防范贪污、侵占、挪用货币资金等行为。

（3）严禁未经授权的机构或人员办理货币资金业务或直接接触货币资金。

（三）按照规定的程序办理货币资金支付业务

（1）支付申请。企业有关部门或个人用款时，应当提前向审批人提交货币资金支付申请，注明款项的用途、金额、预算、支付方式等内容，并附有效经济合同或相关证明。

（2）支付审批。审批人根据其职责、权限和相应程序对支付申请进行审批，审核付款业务的真实性、付款金额的准确性，以及申请人提交票据或者证明的合法性，严格监督资金支付。对不符合规定的货币资金支付申请，审批人应当拒绝批准。

（3）支付复核。财务部门收到经审批人审批签字的相关凭证或证明后，应再次复核业务的真实性、金额的准确性，以及相关票据的齐备性、相关手续的合法性和完整性，并签字认可。复核无误后，交由出纳人员办理支付手续。

（4）办理支付。出纳人员应当根据复核无误的支付申请，按规定办理货币资金支付手续，及时登记库存现金和银行存款日记账。

（四）现金和银行存款管理制度

（1）企业应当加强现金库存限额的管理，超过库存限额的现金应及时存入银行。

（2）企业必须根据《现金管理暂行条例》的规定，结合本企业的实际情况，确定本企业现金的开支范围。不属于现金开支范围的业务应当通过银行办理转账结算。

（3）企业现金收入应当及时存入银行，不得从企业的现金收入中直接支付（即坐支）。因特殊情况需坐支现金的，应事先报经开户银行审查批准，由开户银行核定坐支范围和限额。企业借出款项必须执行严格的授权批准程序，严禁擅自挪用、借出货币资金。

（4）企业取得的货币资金收入必须及时入账，不得私设"小金库"，不得账外设账，严禁收款不入账。

（5）企业应当严格按照《支付结算办法》等国家有关规定，加强银行账户的管理，严格按照规定开立账户，办理存款、取款和结算。银行账户的开立应当符合企业经营管理实际要求，不得随意开立多个账户，禁止企业内设管理部门自行开立银行账户。企业应当定期检查、清理银行的开立及使用情况，发现问题应及时处理。企业应当加强对银行结算凭证的填制、传递及保管等环节的管理与控制。

（6）企业应当严格遵守银行结算纪律，不准签发没有资金保证的票据或远期支票，套取银行信用；不准签发、取得和转让没有真实交易与债权债务的票据，套取银行和他人资金；不准违反规定开立和使用银行账户。

（7）企业应当指定专人定期核对银行账户（每月至少核对一次），编制银行存款余额调节表，使银行存款账面余额与银行对账单调节相符。如调节不符，应查明原因，及时处理。

出纳人员一般不得同时从事银行对账单的获取、银行存款余额调节表的编制工作。确需出纳人员办理上述工作的，应当指定其他人员定期进行审核、监督。

实行网上交易、电子支付等方式办理资金支付业务的企业，应当与承办银行签订网上银行操作协议，明确双方在资金安全方面的责任与义务、交易范围等。操作人员应当根据授权和密码进行规范操作。使用网上交易、电子支付方式的企业办理资金支付业务，不因支付方式的改变而随意简化、变更所必需的授权审批程序。企业在严格实行网上交易、电子支付操作人员不相容岗位相互分离控制的同时，应当配备专人加强对交易和支付行为的审核。

（8）企业应当定期和不定期地进行现金盘点，确保现金账面余额与实际库存相符。发现不符，及时查明原因并作出处理。

（五）票据及有关印章的管理

企业应当加强与货币资金相关的票据的管理，明确各种票据的购买、保管、领用、转让、注销等环节的职责权限和程序，并专设登记簿进行记录，防止空白票据的遗失和被盗用。

企业因填写、开具失误或者其他原因导致作废的法定票据，应当按规定予以保存，不得随意处置或销毁。对超过法定保管期限、可以销毁的票据，在履行审核手续后进行销毁，但应当建立销毁清册并由授权人员监销。企业应当加强银行预留印鉴的管理。财务专用章应由专人保管，个人名章必须由本人或其授权人员保管。严禁一人保管支付款项所需的全部印章。规定需要有关负责人签字或盖章的经济业务，必须严格履行签字或盖章手续。

（六）监督检查制度

（1）企业应当建立对货币资金业务的监督检查制度，明确监督检查机构或人员的职责权限，定期和不定期地进行检查。企业还应当不定期地组织检查小组，对货币资金的收支进行抽查。降低货币资金管理的风险，企业的内部审计部门应加强对货币资金收支业务的审计。

（2）货币资金监督检查的内容主要包括以下几方面。

①货币资金业务相关岗位及人员的设置情况。重点检查是否存在货币资金业务不相容岗位职责未分离的现象。

②货币资金授权批准制度的执行情况。重点检查货币资金支出的授权批准手续是否健全，是否存在越权审批行为。

③付款项印章的保管情况。重点检查是否存在办理付款业务所需的全部印章交由一人保管的现象。

④票据的保管情况。重点检查票据的购买、领用、保管手续是否健全，票据保管是否存在漏洞。

⑤对监督检查过程中发现的货币资金内部控制中的薄弱环节，应当及时采取措施，加以纠正和完善。

三、货币资金内部控制测试

如果在评估认定层次重大错报风险时预期控制的运行是有效的，或仅实施实质性程序不能够提供认定层次充分、适当的审计证据，注册会计师应当实施控制测试，就与认定相关控制在相关期间或时点的运行有效性获取充分、适当的审计证据。如果根据注册会计师的判断，决定对货币资金采取实质性审计方案，在此情况下，无须实施本节所述的测试内部控制运行有效性的程序。注册会计师对货币资金内部控制进行控制测试的主要程序有以下几方面。

（一）了解货币资金的内部控制

注册会计师可以根据实际情况采用不同的方法实现对货币资金内部控制的了解。一般而言，注册会计师可以采用编制流程图的方法。编制货币资金内部控制流程图是货币资金控制测试的重要步骤。注册会计师在编制之前应通过询问、观察等调查手段收集必要的资料，然后根据所了解的情况编制流程图。对中小企业，也可采用编写货币资金内部控制说明的方法。若年度审计工作底稿中有以前年度的流程图，注册会计师可根据调查结果加以修正，以供本年度审计之用。了解货币资金内部控制时，注册会计师应当注意检查货币资金内部控制是否建立并严格执行。

（二）抽取收款凭证，核对货币资金收入的有关记录

如果货币资金收款的内部控制不强，很可能会发生贪污舞弊或挪用等情况。例如，在一个小企业中，出纳员若同时记应收账款明细账，则有可能发生循环挪用的情况。为测试货币资金收款的内部控制，注册会计师应选取一定数量的货币资金收款凭证，做如下的检查。

（1）核对收款凭证与存入银行账户的日期和金额是否相符。

（2）核对银行存款日记账的收入金额是否正确。

（3）核对收款凭证与银行对账单是否相符。

（4）核对收款凭证与应收账款等相关明细账的有关记录是否相符。

（5）核对实收金额与销货发票等相关凭据是否一致。

（三）抽取付款凭证，核对货币资金支出的有关记录

为测试货币资金付款的内部控制，注册会计师应选取一定数量的货币资金付款凭证，做如下检查。

（1）检查付款的授权批准手续是否符合规定。

（2）核对银行存款日记账的付出金额是否正确。

（3）核对付款凭证与银行对账单是否相符。

（4）核对付款凭证与应付账款等相关明细账的有关记录是否一致。

（5）核对实付金额与购货发票等相关凭据是否相符。

（四）抽取一定期间的现金、银行存款日记账与总账核对

首先，注册会计师应抽取一定期间的现金、银行存款日记账，检查其有无计算错误，加总是否正确无误。如果检查中发现问题较多，说明被审计单位货币资金的会计记录不够可靠。其次，注册会计师应根据银行存款日记账提供的线索，核对总账中的现金、银行存款、应收账款、应付账款等有关账户的记录。

（五）抽取部分库存现金盘点表和银行存款余额调节表

抽取一定期间银行存款余额调节表，查验其是否按月正确编制并经复核。为证实银行存款记录的正确性，注册会计师必须抽取一定期间的银行存款余额调节表，与银行对账单、银行存款日记账及总账进行核对，确定被审计单位是否按月正确并复核银行存款余额调节表。

（六）评价货币资金的内部控制

注册会计师在完成上述程序之后，即可对货币资金的内部控制进行评价。评价时，注册会计师应首先确定货币资金的内部控制可依赖程度以及存在的薄弱环节和缺点，然后据以确定在货币资金实质性测试中哪些环节可以适当减少审计程序，哪些环节应增加审计程序，以减少审计风险。

第二节　货币资金业务重大错报风险及评估应对

货币资金主要包括库存现金、银行存款及其他货币资金。库存现金包括企业的人民币现金和外币现金。现金是企业流动性最强的资产，尽管其在企业资产总额中的比重不大，但企业发生的舞弊事件大多与现金有关，因此，注册会计师应该重视库存现金的审计。银行存款是指企业存放在银行或其他金融机构的各种款项。按照国家有关规定，凡是独立核算的企业都必须在当地银行开设账户。企业在银行开设账户以后，除按核定的限额保留库存现金外，超过限额的现金必须存入银行；除了在规定的范围内可以用现金直接支付款项外，在经营过程中所发生的一切货币收支业务，都必须通过银行存款账户进行结算。

一、货币资金业务的可能发生错报环节

与货币资金相关的财务报表项目主要为库存现金、银行存款、应收（付）款项、短（长）期借款、财务费用、长期投资等。以一般制造业为例，与库存现金、银行存款相关的交易和余额的可能发生错报环节通常包括（括号内为相应的认定）：被审计单位资产负债表的货币资金项目中的库存现金和银行存款在资产负债表日存在。（存在）被审计单位所有应当记录的现金收支业务和银行存款收支业务未得到完整记录，存在遗漏。（完整性）被

审计单位的现金收款通过舞弊手段被侵占。（完整性）记录的库存现金和银行存款不是为被审计单位所拥有或控制。（权利和义务）库存现金和银行存款的金额未被恰当地包括在财务报表的货币资金项目中。相关的计价调整未得到恰当记录。（计价和分摊）库存现金和银行存款未按照企业会计准则的规定在财务报表中作出恰当列报（列报）。

二、识别应对可能发生错报环节的内部控制

评估与货币资金的交易、余额和列报相关的认定的重大错报风险，注册会计师应了解与货币资金相关的内部控制，这些控制主要是为防止、发现并纠正相关认定发生重大错报的固有风险（即可能发生错报环节）而设置的。注册会计师可以通过审阅以前年度审计工作底稿、观察内部控制执行情况、询问管理层和员工、检查相关的文件和资料等方法对这些控制进行了解，此外，对相关文件和资料进行检查也可以提供审计证据，如通过检查财务人员编制的银行余额调节表，可以发现差错并加以纠正。

需要强调的是，在评估与货币资金的交易、余额和列报相关的认定的重大错报风险时，注册会计师之所以需要充分了解被审计单位对货币资金的控制活动，目的在于使得计划实施的审计程序更加有效。也就是说，注册会计师必须恰当评估被审计单位的重大错报风险，在此基础上设计并实施进一步审计程序，才能有效应对重大错报风险。

1. 库存现金内部控制

由于现金是企业流动性最强的资产，加强现金管理对于保护企业资产安全完整具有重要的意义。在良好的现金内部控制下，企业的现金收支记录应及时、准确、完整；全部现金支出均按经批准的用途进行；现金得以安全保管。一般而言，一个良好的现金内部控制应该达到以下几点：现金收支与记账的岗位分离。现金收支要有合理、合法的凭据。全部收入及时准确入账，并且现金支出应严格履行审批、复核制度。控制现金坐支，当日收入现金应及时送存银行。按月盘点现金，以做到账实相符。对现金收支业务进行内部审计。

注册会计师通常通过内部控制流程图来了解企业对现金的内部控制。编制现金内部控制流程图是了解企业对库存现金内部控制的重要步骤。注册会计师在编制之前应通过询问、观察、检查、重新执行等程序收集必要的资料，然后根据所了解的情况编制流程图。对中小企业，也可采用编写现金内部控制说明的方法。

若以前年度审计时已经编制了现金内部控制流程图，注册会计师可根据本年了解的情况以前年度的内部控制流程图加以更新，以供本年度审计之用。一般地，了解现金内部控制，注册会计师应当注意检查库存现金内部控制的建立和执行情况，重点包括：库存现金的收支是否按规定的程序和权限办理；是否存在与被审计单位经营无关的款项收支情况；出纳与会计的职责是否严格分离；库存现金是否妥善保管，是否定期盘点、核对，等等。

以下举例说明几种常见的库存现金内部控制以及注册会计师相应可能实施的内部控制测试程序。

（1）现金付款的审批和复核。例如，被审计单位针对现金付款审批作出以下内部控制要求：部门经理审批本部门的付款申请，审核付款业务是否真实发生、付款金额是否准确，以及后附票据是否齐备，并在复核无误后签字认可。财务部门在安排付款前，财务经理再

次复核经审批的付款申请及后附相关凭据或证明，如核对一致，进行签字认可并安排付款。针对该内部控制，注册会计师可以在选取适当样本的基础上实施以下控制测试程序：询问相关业务部门的部门经理和财务经理其在日常现金付款业务中执行的内部控制，以确定其是否与被审计单位内部控制政策要求保持一致。观察财务经理复核付款申请的过程，是否核对了付款申请的用途、金额及后附相关凭据，以及在核对无误后是否进行了签字确认。重新核对经审批及复核的付款申请及其相关凭据，并检查是否经签字确认。

（2）现金盘点。注册会计师针对被审计单位的现金盘点实施的现金监盘可能涉及：检查现金以确定其是否存在，并检查现金盘点结果。观察执行现金盘点的人员对盘点计划的遵循情况，以及用于记录和控制现金盘点结果的程序的实施情况。获取有关被审计单位现金盘点程序可靠性的审计证据。现金监盘程序是用作控制测试还是实质性程序，取决于注册会计师对风险评估结果、审计方案和实施的特定程序的判断。注册会计师可以将现金监盘同时用作控制测试和实质性程序。如被审计单位库存现金存放部门有两处或两处以上的，应同时进行盘点。

例如，被审计单位针对现金盘点作出了以下内部控制要求：会计主管指定应付账款会计每月末的最后一天对库存现金进行盘点，根据盘点结果编制库存现金盘点表，将盘点余额与现金日记账余额进行核对，并对差异调节项进行说明。会计主管复核库存现金盘点表，如盘点金额与现金日记账余额存在差异金额超过 2 万元，需查明原因并报财务经理批准后进行财务处理。针对该内部控制，注册会计师可以在选取适当样本的基础上实施以下控制测试程序：在月末最后一天参与被审计单位的现金盘点，检查是否由应付账款会计进行现金盘点。观察现金盘点程序是否按照盘点计划的指令和程序执行，是否编制了现金盘点表并根据内部控制要求经财务部相关人员签字复核。检查现金盘点表中记录的现金盘点余额是否与实际盘点金额保持一致、现金盘点表中记录的现金日记账余额是否与被审计单位现金日记账中余额保持一致。针对调节差异金额超过 2 万元的调节项，检查是否经财务经理批准后进行财务处理。

如果被审计单位的现金交易比例较高，注册会计师可以考虑在了解和评价被审计单位现金交易内部控制的基础上，针对相关控制运行的有效性获取充分、适当的审计证据。

2. 银行存款内部控制

一般而言，一个良好的银行存款的内部控制同库存现金的内部控制类似，应达到以下几点：银行存款收支与记账的岗位分离；银行存款收支要有合理、合法的凭据；全部收支及时准确入账，全部支出要有核准手续；按月编制银行存款余额调节表，以做到账实相符；加强对银行存款收支业务的内部审计。

按照我国现金管理的有关规定，超过规定限额以上的现金支出一律使用支票。因此，企业应建立相应的支票申领制度，明确申领范围、申领批准及支票签发、支票报销等。

对于支票报销和现金报销，企业应建立报销制度。报销人员报销时应当有正常的报批手续、适当的付款凭据，有关采购支出还应具有验收手续。会计部门应对报销单据加以审核，出纳员见到加盖核准戳记的支出凭据后方可付款。付款应及时登记入账，相关凭证应按顺序或内容编制并作为会计记录的附件。

注册会计师对银行存款内部控制的了解一般与了解现金的内部控制同时进行。注册会计师应当注意的内容包括：银行存款的收支是否按规定的程序和权限办理。银行账户的开立是否符合《银行账户管理办法》等相关法律法规的要求。银行账户是否存在与本单位经营无关的款项收支情况。是否存在出租、出借银行账户的情况。出纳与会计的职责是否严格分离。是否定期取得银行对账单并编制银行存款余额调节表等。

以下举例说明几种常见的银行存款内部控制以及注册会计师相应可能实施的控制测试程序。

（1）银行账户的开立、变更和注销。例如，被审计单位针对银行账户的开立、变更和注销作出了以下内部控制要求：会计主管根据被审计单位的实际业务需要就银行账户的开立、变更和注销提出申请，经财务经理审核后报总经理审批。针对该内部控制，注册会计师可以实施以下控制测试程序：询问会计主管被审计单位本年开户、变更、注销的整体情况。取得本年度账户开立、变更、注销申请项目清单，检查清单的完整性，并在选取适当样本的基础上检查账户的开立、变更、注销项目是否已经报财务经理和总经理审批。

（2）银行付款的审批和复核。例如，被审计单位针对银行付款审批作出以下内部控制要求：部门经理审批本部门的付款申请，审核付款业务是否真实发生、付款金额是否准确，以及后附票据是否齐备，并在复核无误后签字认可。财务部门在安排付款前，财务经理再次复核经审批的付款申请及后附相关凭据或证明，如核对一致，进行签字认可并安排付款。针对该内部控制，注册会计师可以在选取适当样本的基础上实施以下控制测试程序：询问相关业务部门的部门经理和财务经理在日常银行付款业务中执行的内部控制，以确定其是否与被审计单位内部控制政策要求保持一致。观察财务经理复核付款申请的过程，是否核对了付款申请的用途、金额及后附相关凭据，以及在核对无误后是否进行了签字确认。重新核对经审批及复核的付款申请及其相关凭据，并检查是否经签字确认。

（3）编制银行存款余额调节表。例如，被审计单位为保证财务报表中银行存款余额的存在性、完整性和准确性作出了以下内部控制要求：每月末，会计主管指定应收账款会计核对银行存款日记账和银行对账单，编制银行存款余额调节表，使银行存款账面余额与银行对账单调节相符。如存在差异项，查明原因并进行差异调节说明。会计主管复核银行存款余额调节表，对需要进行调整的调节项目及时进行处理，并签字确认。针对该内部控制，注册会计师可以实施以下控制测试程序：询问应收账款会计和会计主管，以确定其执行的内部控制是否与被审计单位内部控制政策要求保持一致，特别是针对未达账项的编制及审批流程。针对选取的样本，检查银行存款余额调节表，查看调节表中记录的企业银行存款日记账余额是否与银行存款日记账余额保持一致、调节表中记录的银行对账单余额是否与被审计单位提供的银行对账单中的余额保持一致。针对调节项目，检查是否经会计主管的签字复核。针对大额未达账项进行期后收付款的检查。

三、与货币资金相关的重大错报风险

在评价货币资金业务的交易、账户余额和列报的认定层次的重大错报风险时，注册会计师通常运用职业判断，依据因货币资金业务的交易、账户余额和列报的具体特征而导致重大错报风险的可能性（即固有风险），以及风险评估是否考虑了相关控制（即控制风险），形成对与货币资金相关的重大错报风险的评估，进而影响进一步审计程序。

货币资金业务交易、账户余额和列报的认定层次的重大错报风险可能包括：被审计单位存在虚假的货币资金余额或交易，因而导致银行存款余额的存在性或交易的发生存在重大错报风险。被审计单位存在大额的外币交易和余额，可能存在外币交易或余额未被准确记录的风险。例如，对于有外币现金或外币银行存款的被审计单位，企业有关外币交易的增减变动年底余额可能因未采用正确的折算汇率而导致计价错误（计价和分摊／准确性）。银行存款的期末收支存在大额的截止性错误（截止）。例如，被审计单位期末存在金额重大且异常的银付企未付，企收银未收事项。被审计单位可能存在未能按照企业会计准则的规定对货币资金作出恰当披露的风险。例如，被审计单位期末持有使用受限制的大额银行存款，但在编制财务报表时未在财务报表注中对其进行披露。

在实施货币资金审计的过程中，如果被审计单位存在以下事项或情形，注册会计师需要保持警觉：被审计单位的现金交易比例较高，并与其所在的行业常用的结算模式不同；库存现金规模明显超过业务周转所需资金；行账户开立数量与企业实际的业务规模不匹配；在没有经营业务的地区开立银行账户；企业资金存放于管理层或员工个人账户；货币资金收支金额与现金流量表不匹配；不能提供银行对账单或银行存款余额调节表；存在长期或大量银行未达账项；银行存款明细账存在非正常转账的"一借一贷"；违反货币资金存放和使用规定（如上市公司未经批准开立账户转移募集资金、未经许可将募集资金转作其他用途等）；存在大额外币收付记录，而被审计单位并不涉足外贸业务；被审计单位以各种理由不配合注册会计师实施银行函证。

除上述与货币资金项目直接相关的事项或情形外，注册会计师在审计其他财务报表项目时，还可能关注到其他一些也需保持警觉的事项或情形。例如，存在没有具体业务支持或与交易不相匹配的大额资金往来；长期挂账的大额预付款项；存在大额自有资金的同时，向银行高额举债；付款方账户名称与销售客户名称不一致、收款方账户名称与供应商名称不一致；开具的银行承兑汇票没有银行承兑协议支持；银行承兑票据保证金余额与应付票据余额比例不合理。

被审计单位存在以上事项或情形时，可能表明存在舞弊风险。注册会计师基于以上识别的重大错报风险评估结果，制订实施进一步审计程序的总体方案（包括综合性方案和实质性方案），继而实施控制测试和实质性审计程序，以应对识别出的重大错报风险。注册会计师通过综合性方案或实质性方案获取的审计证据应足以应对识别的认定层次的重大错报风险。

第三节　现　金　审　计

企业的库存现金是企业根据现金管理制度规定留用的现款。我国对企业支付、收取和留存现金都有明确的规定，要求企业严格遵守。库存现金审计是对库存现金及其收付业务和保管情况的真实性、合法性进行的审查和核实。由于现金流动性大，收付业务繁多，容易被不法分子侵吞，因此，必须把它列为审计的重点。库存现金审计，巩固和严格现金管理制度，维护结算纪律，揭露错误与舞弊，保护库存现金的安全，具有十分重要的意义。

出纳员每日对库存现金自行盘点，编制现金报表，计算当日现金收入、支出及结余额，并将结余额与实际库存额进行核对，如有差异及时查明原因。会计主管不定期检查现金日报表。月末，会计主管指定出纳员以外的人员对现金进行盘点，编制库存现金盘点表，将盘点金额与现金日记账余额进行核对。对冲抵库存现金的借条、未提现支票、未做报销的原始票证，在库存现金盘点报告表中予以注明。会计主管复核库存现金盘点表，如果盘点金额与现金日记账余额存在差异，需查明原因并报经财务经理批准后进行财务处理。

库存现金的审计目标一般包括：确定被审计单位资产负债表中的现金在财务报表日是否确实存在，是否为被审计单位所拥有；确定被审计单位在特定期间内发生的现金收支业务是否均已记录完毕，有无遗漏；确定现金余额是否正确；确定现金在财务报表中的披露是否恰当。

会计师对库存现金的实质性测试程序一般包括以下几方面。

一、核对现金日记账与总账余额是否相符

注册会计师测试现金余额的起点，是核对现金日记账与总账的余额是否相符。如果不相符，应查明原因，并建议作出适当调整。

二、监盘现金

盘点库存现金是证实资产负债表所列现金是否存在的一项重要程序。对被审计单位现金盘点实施的监盘程序是用作控制测试还是用作实质性程序，取决于注册会计师对风险评估结果、审计方案和实施的特定程序的判断。如果注册会计师可能基于风险评估的结果判断无须对现金盘点实施控制测试，仅实施实质性程序。

盘点库存现金通常包括对已收到但未存入银行的现金、零用金、找换金等的盘点。盘点库存现金的时间和人员应视被审计单位的具体情况而定，但必须有出纳员和被审计单位会计主管人员参加，并由注册会计师进行监督。盘点库存现金的步骤方法有：制定库存现金盘点程序，实施突击性的检查。时间最好选择在上午上班前或下午下班后进行，盘点的范围一般包括企业各部门存放的现金。在进行现金盘点前，应出纳员将现金集中起来存入保险柜。必要时可封存，然后由出纳员把已办妥现金收付手续的收付款凭证登入现金日记账。如企业现金存放部门有两处或两处以上者，应及时进行盘点。审阅现金日记账并与现金收付凭证进行核对。一方面检查日记账的记录与凭证内容和金额是否相符；另一方面了解凭证日期与日记账日期是否相符或接近。由出纳员根据现金日记账进行加计、累计数额，结出现金结余额。盘点保险柜的现金实存额，同时编制库存现金盘点表，分币种、面值列示盘点金额。资产负债表日后进行盘点时，应调整至资产负债表日的金额。将盘点金额与现金日记账余额进行核对，如有差异，应查明原因，并作出记录适当调整。有冲抵库存现

金的借条、未提现支票、未做报销的原始凭证，应在库存现金盘点表中注明或作出必要的调整。库存现金盘点表如表 8-1 所示。

表 8-1　库存现金盘点表

客户：　　　　　　编制人：　　　　　日期：　　　　　　　索引号：
项目：库存现金监盘　复核人：　　　　　日期：　　　　　　　页次：
会计期间：
盘点日期：　　　　　　　　　　　　　年　　　　　月　　　　　日

检查盘点记录					实有现金盘点记录						
项目	项次	人民币	美元	某外币	面额	人民币		美元		某外币	
						张	金额	张	金额	张	金额
上一日账面库存余额	1				1 000						
盘点日未记账传票收入金额	2				500						
盘点日未记账传票支出金额	3				200						
盘点日账面应有余额	4 = 1 + 2 - 3				100						
盘点实有现金数额	5				50						
盘点日应有与实有差异	6 = 4 - 5				20						
差异原因分析	白条抵库（张）				10						
					5						
					2						
					1						
					0.50						
					0.25						
					0.20						
	报表日至查账日现金付出总额				0.10						
					0.05						
	报表日至查账日现金收入总额				0.02						
					0.01						
	报表日库存现金应有总额				其他						
					合计						
	报表日账面汇率										
	报表日余额折合本位币金额				情况说明及审计结论						
	本位币合计										

三、抽查大额现金收支

注册会计师应抽查大额现金收支的原始凭证是否齐全，内容是否完整，有无授权批准，记账凭证与原始凭证是否相符，账务处理是否正确，是否记录于恰当的会计期间等项内容。并核对相关账户的进账情况，如有与被审计单位生产经营业务无关的收支事项，应查明原因，并做相应的记录。

四、审查现金收支的正确截止日期

被审计单位资产负债表上的现金数额，应以结账数额为准。因此，注册会计师必须验证现金收支的正确截止日期。通常，注册会计师可以对结账日前后一段时期内现金收支凭证进行审计，以确定是否存在跨期事项。

五、检查外币现金的折算是否正确合规

对于有外币现金的被审计单位，注册会计师应检查被审计单位对外币现金的收支是否按所规定的汇率折合为记账本位金额；外币现金期末余额是否按期末市场汇率折合为记账本位币金额；外币折合差额是否按规定记入相关账户。

【例 8-1】 2020 年 1 月 20 日，注册会计师王英、李强在对某企业 2019 年 12 月 31 日资产负债表审计中，查得"货币资金"项目中的库存现金为 1 062.10 元。1 月 21 日上午 8 时，王英、李强对该企业出纳员张华所经管的现金进行了清点。该企业 1 月 20 日现金记账余额是 832.10 元，清点结果如下。

（1）现金实有数 627.34 元。

（2）在保险柜中有下列单据已收、付款但未入账。

①职工 6 月 4 日预借差旅费 200 元，已经领导批准。

②职工借据一张，金额 140 元，未经批准，也没有说明用途。

③保险柜中，有已收款但未记账的凭证共 4 张，金额 135.24 元。

④银行核定该企业现金限额为 800 元。

⑤经核对 1 月 1 日—20 日的收付款凭证和现金日记账，核实 1 月 1—20 日收入现金数为 2 350 元、支出现金数为 2 580 元正确无误。

要求：根据以上资料，编制库存现金盘点表，核实库存现金实有数，并核实 2019 年 12 月 31 日资产负债表所列数字是否正确，对现金收支、留存管理的合法性提出审计意见。

【解答】 该企业的库存现金盘点如表 8-2 所示。

表 8-2　该企业的库存现金盘点表

××企业编制：王英　　　　　　　　　　　　　　　日期：2020 年 1 月 21 日
复核：李强　　　　　　　　　　　　　　　　　　　日期：2020 年 1 月 22 日
币种：人民币　　　　　　　　2020 年 1 月 21 日　　　　　　　（单位：元）

项目		工作底稿	金额	备注
实点库存现金金额			627.34	
加：已付讫未入账的支出凭证	1 份		200	
加：白条抵库数	1 份		140	
减：已收入未入账的收入凭证	4 份		135.24	
减：代保管现金情况	份			
库存现金实际占用额			832.10	
库存现金账面金额（2020 年 1 月 20 日）			832.10	
银行核定库存现金金额			800.00	

现金管理人：张华　　　　会计主管：牟民

据表 8-2 资料可知:

(1)该企业库存现金没有发生短缺。账面余额应为 767.34 元(832.10＋135.24－200);现金实有数为 627.34 元,加上白条抵库数(应由出纳员退回)140 元,与账面相符。

(2)2019 年 12 月 31 日库存现金应有数为 997.34 元(767.34－2 350＋2 580),与 2020 年度资产负债表中"货币资金"项目的库存现金数 1 062.10 元不相符,说明该库存现金数 1 062.10 元是不正确的,建议调整为 997.34 元。

(3)该企业库存现金收支、留存中存在不合法现象:一是有白条抵库数 140 元,违反现金管理制度;二是超现金限额留存现金,2019 年 12 月 31 日超限额 197.34 元,违反现金限额的有关规定。

【例 8-2】 甲公司是 ABC 会计师事务所的常年审计客户,在对甲公司 2019 年度财务报表进行审计时,A 注册会计师负责审计货币资金项目。甲公司在总部和营业部均设有出纳部门。2020 年 2 月 3 日 A 注册会计师对甲公司的库存现金进行监盘,为顺利监盘库存现金,A 注册会计师在监盘前一天已通知甲公司会计主管人员做好监盘准备。考虑到出纳日常工作安排,对总部和营业部库存现金的监盘时间分别定在上午十点和下午三点。监盘时,会计主管人员没有参加,由出纳全权负责,出纳把现金放入保险柜,并将已办妥现金收付手续的交易登入现金日记账,结出现金日记账余额;然后,A 注册会计师当场盘点现金,在与现金日记账核对后填写"库存现金监盘表",并在签字后直接形成审计工作底稿。

要求:

(1)请指出上述库存现金监盘工作中有哪些不当之处,并提出改进建议。

(2)假定甲公司盘点金额与库存现金日记账余额存在差异,A 注册会计师应采取哪些措施。

【解答】

针对要求(1):

①提前通知甲公司会计主管人员做好监盘准备的做法不恰当。最好实施突击性检查。

②没有同时监盘总部和营业部库存现金的做法不当。A 注册会计师应组织同时监盘总部和营业部的库存现金,若不能同时监盘,则应对后监盘的库存现金实施封存。

③甲公司会计主管人员没有参与盘点的做法不当。盘点人员应包括出纳、会计主管人员和注册会计师。

④现金盘点操作程序不当。库存现金应由出纳盘点,由注册会计师监盘。

⑤"库存现金监盘表"签字人员不当。"库存现金监盘表"应由被审计单位相关人员和注册会计师共同签字。

⑥未调整得出资产负债表日的金额。在非资产负债表日进行盘点和监盘时,应调整至资产负债表日的金额。

针对要求(2):

存在差异,应要求甲公司查明原因,必要时应提请甲公司作出调整;如果无法查明原因,应要求甲公司按管理权限批准后作出调整。

容易发生的错弊现象包括以下几种情况。

（一）截留各种现金收入

取得现金收入不入账，而是转入"小金库"，形成体外循环。如将投资、联营所得转移、存放于外单位，或隐匿回扣、佣金和好处费，隐瞒企业的各项罚没款收入、出售账外废旧物资款，或少列收入、虚列支出，截留各种现金收入。

（二）虚报冒领，涂改凭证，重复报销，贪污公款

贪污公款，是指出纳或其他人员利用职务之便将公款窃为己有，并在会计账务或会计凭证上做虚假处理的行为。例如，收入现金不开发票或收据，或用假发票、假收据；涂改、变造、伪造或撕毁发票或收据；用凭证副本重复报销或用白条虚报支出，私列折扣或故列呆账，私人购物用公款报销，公款私存等等。

（三）公款私用，延迟入账，挪用现金

挪用现金是指通过推迟记录现金收入来掩盖现金的短缺。例如，将现金收入暂不入账或将本来应发放的现金暂不发放，或挪用公款炒股。

（四）库存现金超额存放和白条抵库

库存现金超额存放是指未将超过库存限额的现金全部、及时地送存银行。而白条是指以单位或个人名义开具的、不符合财务手续和会计凭证要求的字条或单据。白条抵库是指以白条抵充库存现金的行为。由于白条未经办有关的审批手续，因此白条还往往被有关人员利用来挪用公款、贪污现金。

（五）超出规定范围收付现金或未经批准坐支坐收

超出规定范围收付现金或未经批准坐支坐收即企业不遵守银行有关现金管理规定，将本应通过银行办理转账结算的业务用现金进行结算。坐支是指将销售产品等取得的现金直接用于现金支出。坐支现金一方面不便于银行加强对现金的调控和管理；另一方面也容易发生差错，且发生差错后也不容易查找，使一些不法分子有机可乘，浑水摸鱼。

（六）巧立名目，私分现金

有些企业为了给职工"谋福利"，巧立名目，从银行提取现金后发放给职工。

第四节　银行存款审计

银行存款是企业存入银行和其他非金融机构的各种存款。企业收入的款项，除国家另有规定外，都应在当日解缴银行。企业一切支出，除规定可以用现金支付外，都必须通过银行办理转账结算。银行存款较之现金，其业务涉及面广，内容复杂，金额较大，收付款凭证数量较多，因而是货币资金审计的重要组成部分。

银行存款的审计目标主要包括：确定被审计单位资产负债表中的银行存款在财务负债表日是否确实存在，是否为被审计单位所拥有；确定被审计单位在特定期间内发生银行存

款收支业务是否均已记录完毕，有无遗漏；确定银行存款的余额是否正确；银行存款在财务报表中的披露是否恰当。

　　银行存款管理的内容包括：一是银行账户管理。企业的银行账户的开立、变更或注销须经财务经理审核，报总经理审批。二是编制银行存款余额调节表。每月末，会计主管指定出纳员以外的人员核对银行存款日记账和银行对账单，编制银行存款余额调节表，使银行存款账面余额与银行对账单调节相符。如调节不符，查明原因。会计主管复核银行存款余额调节表，对需要进行调整的调节项目及时进行处理。三是票据管理。财务部门设置银行票据登记簿，防止票据遗失或盗用。出纳员登记银行票据的购买、领用、背书转让及注销等事项。空白票据存放在保险柜中。每月末，会计主管指定出纳员以外的人员对空白票据、未办理收款和承兑的票据进行盘点，编制银行票据盘点表，并与银行票据登记簿进行核对。会计主管复核库存银行票据盘点表，如果存在差异，需查明原因。四是印章管理。企业的财务专用章由财务经理保管，办理相关业务中使用的个人名章由出纳员保管。

　　根据重大错报风险的评估和从控制测试（如实施）中所获取的审计证据与保证程度，注册会计师就银行存款实施的实质性程序可能包括以下几方面。

一、审查核对银行存款日记账与总账的余额是否相符

　　注册会计师在审查银行存款额时，首先应做的是获取银行存款余额明细表，复核加计是否正确，并核对银行存款日记账余额与总账余额是否相符，检查非记账本位币银行存款的折算汇率及折算金额是否正确。如果不相符，应查明原因，将其作为继续审查银行存款余额的基础，必要时应建议作出适当调整。

　　如果对被审计单位银行账户的完整性存有疑虑。例如，当被审计单位可能存在账外账或资金体外循环时，注册会计师可以考虑额外实施以下实质性程序：注册会计师亲自到中国人民银行或基本存款账户开户行查询并打印《已开立银行结算账户清单》，以确认被审计单位账面记录的银行人民币结算账户是否完整。结合其他相关细节测试，关注原始单据中被审计单位的收（付）款银行账户是否包含在注册会计师已获取的开立银行账户清单内。

二、执行实质性分析程序

　　注册会计师应比较银行存款余额的本期实际数与预算数以及与上年度账户的差异变动，对本期实际数与上期实际数或本期预算数的异常差异或显著变动必须进一步追查原因，确定审计重点。尤其应注意银行存款中定期存款所占的比，以确定企业是否存在高息资金拆借。如存在高息资金拆借，应进一步分析拆出资金的安全性。

三、取得或编制并检查银行存款余额调节表

　　注册会计师还可以考虑对银行款账户的发生额实施以下程序：分析不同账户发生银行日记账漏记银行交易的可能性，获取相关账户相关期间的全部银行对账单。对被审计单位银行对账单的真实性存有疑虑，注册会计师可以在被审计单位协助下亲自到银行获取银行对账单。在获取银行对账单时，注册会计师要全程关注银行对账单的打印过程。从银行对

账单中选取交易的样本与被审计单位银行日记账记录进行核对；从被审计单位银行存款日记账上选取样本，核对至银行对账单。浏览银行对账单，选取大额异常交易，如银行对账单上有一收一付相同金额，或分次转出相同金额等，检查被审计单位银行存款日记账上有无该项收付金额记录。

取得并检查银行对账单和银行存款余额调节表是证实资产负债表中所列银行存款是否存在的重要程序。银行存款余额调节表通常应由被审计单位根据不同的银行账户及货币种类分别编制，其格式如表 8-3 所示。具体测试程序通常包括：取得被审计单位加盖银行印章的银行对账单，注册会计师应对银行对账单的真实性保持警觉，必要时，亲自到银行获取对账单，并对获取过程保持控制；将获取的银行对账单余额与银行日记账余额进行核对，如存在差异，获取银行存款余额调节表；被审计单位资产负债表日的银行对账单与银行询证函回函核对，确认是否一致。审查结算日银行存款余额调节表是证实资产负债所列货币资金中银行存款是否存在的一个重要方法。

表 8-3　银行存款余额调节表

年　　月　　日

编制人：　　　　　　　　　日期：　　　　　　　　索引号：

复核人：　　　　　　　　　日期：　　　　　　　　页次：

币别：

户别：

项　　目
银行对账单余额（　　年　　月　　日）
加：企业已收、银行尚未入账金额
其中：1. _____元
2. _____元
减：企业已付、银行尚未入账金额
其中：1. _____元
2. _____元
调整后银行对账单金额
企业银行对账单余额（　　年　　月　　日）
加：银行已收、企业尚未入账金额
其中：1. _____元
2. _____元
减：银行已付、企业尚未入账金额
其中：1. _____元
2. _____元
调整后企业银行存款日记账金额

　　经办会计人员：（签字）　　　　　　　　　　　　会计主管：（签字）

注册会计师对银行存款余额调节表的审计主要包括以下几方面。

1. 核实调节表数据计算的正确性

注册会计师对银行存款余额调节表数据计算正确性的核实，主要应从以下几个方面来进行：核实银行对账单、银行存款余额调节表上的列示是否正确；将银行对账单记录与银行日记账逐笔核对，核实银行存款余额调节表上各调节项目的列示是否真实完整，任何漏记、多记调节项目的现象都应引起注册会计师的高度警惕；在核对银行存款日记账账面余额和银行对账单余额的基础上复核，复核上述未达账项及其加减调节情况，并验证调节后两者的余额计算是否正确、是否相符，如不相符，应说明其中一方或双方存在记账差错，并要进一步追查原因，扩大测试范围。

2. 调查未达账项的真实性

调查未达账项的真实性主要包括以下几个方面：列示未兑现支票清单，注明开票日期和收款人姓名或单位，并调查金额较大的未兑现支票、可提现的未兑现支票以及注册会计师认为较为重要的未兑现支票；追查截止日银行对账单上的在途存款，并在银行存款余额调节表上注明存款日期；审查至截止日银行已收、被审计单位未收的款项的性质及其款项来源；审查至截止日银行付、被审计单位未付款项的性质及其款项来源。

对于未达账项（包括银行方面和被审计单位方面的），一般应追查至此年初的银行对账单，查明年终的银行对账单，查明年终的未达账项，并从日期上进一步判断业务发生的真实性，注意有无利用未达账项来掩饰某种舞弊行为。

一般而言，银行存款余额调节表应由被审计单位编制并向注册会计师提供，但在某些情况下（如被审计单位内部控制比较薄弱），注册会计师也可亲自编制银行存款余额调节表。

四、函证银行存款余额

函证是指注册会计师在执行审计业务过程中，需要以被审计单位名义向有关单位发函询证，以验证被审计单位的银行存款是否真实、合法、完整。注册会计师在执行审计业务时，可以被审计单位的名义向有关单位发函询证。各商业银行、政策性银行、非银行金融机构要在收到询证函之日起 10 个工作日内，根据函证的具体要求，及时回函并可按照国家的有关规定收取询证费用；各有关企业或根据函证的具体要求回函。

函证银行存款余额是证实资产负债表所列银行存款是否存在的重要程序。通过向往来银行的函证，注册会计师不仅可以了解被审计单位资产的存在，同时可以了解其欠银行的债务。函证还可用于发现被审计单位未登记的银行借款。

函证时，注册会计师应向被审计单位在本年存过款（含外埠存款、银行汇票存款、银行本票存款、信用证存款）的所有银行发函，其中包括被审计单位存款账户已结清的银行，因为有可能存款账户已结清，但仍有银行借款或其他负债存在。同时，虽然注册会计师已直接从某一银行取得了银行对账单和所有已付支票，但仍应向该银行进行函证。以下表 8-4 列示的是审计业务银行询证函（通用格式）。

表 8-4　审计业务银行询证函（通用格式）

编号：

××（银行）：

本公司聘请的××会计师事务所正在对本公司年度（或期间）的财务报表进行审计，按照中国注册会计师审计准则的要求，应当询证本公司与贵行相关的信息。下列第 1～14 项信息出自本公司的记录。

续表

（1）如与贵行记录相符，请在本函"结论"部分签字、签章。

（2）如有不符，请在本函"结论"部分列明不符项目及具体内容，并签字和签章。

本公司谨授权贵行将回函直接寄至××会计师事务所，地址及联系方式如下。

回函地址：

联系人：　　　　　　电话：　　　　　传真：　　　　　　邮编：

电子邮箱：

本公司谨授权贵行可从本公司××账户支取办理本询证函回函服务的费用。

截至＿＿＿＿＿年＿＿＿＿＿月＿＿＿＿＿日，本公司与贵行相关的信息列示如下。

1. 银行存款

账户名称	银行账号	币种	利率	账户类型	余额	起止日期	是否用于担保或存在其他使用限制	备注

除上述列示的银行存款外，本公司并无在贵行的其他存款。

注："起止日期"一栏仅适用于定期存款，如为活期或保证金存款，可只填写"活期"或"保证金"字样。"账户类型"列明账户性质，如基本户、一般户等。

2. 银行借款

借款人名称	银行账号	币种	余额	借款日期	到期日期	利率	抵（质）押品／担保人	备注

除上述列示的银行借款外，本公司并无在贵行的其他借款。

注：如存在本金或利息逾期未付行为，在"备注"栏中予以说明。

3. 自　　年　　月　　日起至　　年　　月　　日期间内注销的账户

账户名称	银行账户	币种	注销账户日

除上述列示的注销账户外，本公司在此期间并未在贵行注销其他账户。

4. 本公司作为贷款方的委托贷款

账户名称	银行账号	资金借入方	币种	利率	余额	贷款起止日期	备注

除上述列示的委托贷款外，本公司并无通过贵行办理的其他委托贷款。

注：如资金借入方存在本金或利息逾期未付行为，在"备注"栏中予以说明。

5. 本公司作为借款方的委托贷款

账户名称	银行账号	资金借出方	币种	利率	本金	利息	贷款起止日期	备注

除上述列示的委托贷款外，本公司并无通过贵行办理的其他委托贷款。

注：如存在本金或利息逾期未付行为，在"备注"栏中予以说明。

6. 担保（包括保函）

（1）本公司为其他单位提供的、以贵行为担保受益人的担保。

被担保人	担保方式	担保金额	担保到期日	担保事由	担保合同编号	备注

除上述列示的担保外，本公司并无其他以贵行为担保受益人的担保。

注：如采用抵押或质押方式提供担保的，应在备注中说明抵押物或质押物情况。如被担保方存在本金或利息逾期未付行为，在"备注"栏中予以说明。

（2）贵行向本公司提供的担保。

被担保人	担保方式	担保金额	担保到期日	担保合同编号	备注

除上述列示的担保外，本公司并无贵行提供的其他担保。

7. 本公司为出票人且由贵行承兑而尚未支付的银行承兑汇票

银行承兑汇票号码	承兑银行名称	结算账户账号	票面金额	出票日	到期日

除上述列示的银行承兑汇票外，本公司并无由贵行承兑而尚未支付的其他银行承兑汇票。

8. 本公司向贵行已贴现而尚未到期的商业汇票

商业汇票号码	付款人名称	承兑人名称	票面金额	出票日	到期日	贴现日	贴现率	贴现净额

除上述列示的商业汇票外，本公司并无向贵行已贴现而尚未到期的其他商业汇票。

9. 本公司为持票人且由贵行托收的商业汇票

商业汇票号码	承兑人名称	票面金额	出票日	到期日

除上述列示的商业汇票外，本公司并无由贵行托收的其他商业汇票。

10. 本公司为申请人、由贵行开具的、未履行完毕的不可撤销信用证

信用证号码	受益人	信用证金额	到期日	未使用金额

除上述列示的不可撤销信用证外，本公司并无由贵行开具的、未履行完毕的其他不可撤销信用证。

11. 本公司与贵行之间未履行完毕的外汇买卖合约

类别	合约号码	买卖币种	未履行的合约买卖金额	汇率	交收日期

除上述列示的外汇买卖合约外，本公司并无与贵行之间未履行完毕的其他外汇买卖合约。

12. 本公司存放于贵行的有价证券或其他产权文件

有价证券或其他产权文件名称	产权文件编号	数量	金额

除上述列示的有价证券或其他产权文件外，本公司并无存放于贵行的其他有价证券或其他产权文件。

13. 本公司购买的由贵行发行的未到期银行理财产品

产品名称	产品类型	认购金额	购买日	到期日	币种

除上述列示的银行理财产品外，本公司并无购买其他由贵行发行的理财产品。

14. 其他

注：此项应填列注册会计师认为重大且应予函证的其他事项，如欠银行的其他负债或者或有负债、除外汇买卖外的其他衍生交易、贵金属交易等。

（预留印鉴） 年 月 日

经办人：

职务：

电话：

结论：

经本行核对，所函证项目与本行记载信息相符。特此函复。 　　　　　　　　　　　　　年　月　日 经办人：　　职务：　　电话： 　　　　　　　　　复核人：　　职务：　　电话： 　　　　　　　　　　　　　　　　　　（银行盖章）
经本行核对，存在以下不符之处。 　　　　　　　　　　　　　年　月　日 经办人：　　职务：　　电话： 　　　　　　　　　复核人：　　职务：　　电话： 　　　　　　　　　　　　　　　　　　（银行盖章）

说明：

（1）本询证函（包括回函）中所列信息应严格保密，仅用于注册会计师审计目的。

（2）注册会计师可根据审计的需要，从本函所列第1～14项中选择所需询证的项目，对于不适用的项目，应当将该项目中的表格用斜线划掉。

（3）本函应由被审计单位加盖骑缝章。

五、审查大额银行存款收支业务

注册会计师应抽查大额现金收支、银行存款（含外埠存款、银行汇票存款、银行本票存款、信用证存款）收支的原始凭证内容是否完整，有无授权批准，并核对相关账户的进账情况。如有与被审计单位生产经营业务无关的收支事项，应查明原因并做相应的记录。

六、检查一年以上定期存款或指定用途存款

一年以上定期存款或指定用途存款，不属于企业的流动资产，应列于其他资产类下。对此，注册会计师应查明，并作出相应的记录。

七、审查银行存款收支的正确截止

被审计单位资产负债表中的现金数额应以结算日实有数额为准。因此，注册会计师必须验证现金收支的截止日期。通常，注册会计师可以对结账日前后一段时期内现金收支凭证进行审计，以确定是否存在跨期事项。

企业资产负债表中银行存款数字应当包括当年最后一天收到的所有存放在银行的，而不得包括其后收到的款项；同样，企业年终前开出的支票，不得在年后入账。为了确保银行存款收付的正确截止，注册会计师应当在清点支票及支票存根时，确定银行账户最后一张支票的号码，同时查实该号码之前的所有支票均已开出。在结账未开出的支票及其后开出的支票，均不得作为结账日的存款收付入账。

八、检查外币银行存款的折算是否正确

对于有外币银行存款的被审计单位，注册会计师应检查被审计单位对外币银行存款的

收支是否按规定的汇率折合为记账本位币金额；外币银行存款期末余额是否按期末市场汇率折合为记账本位币金额；外币折算差额是否按规定记入相关账户。

【例 8-3】 注册会计师 A 和注册会计师 B 对 C 股份有限公司 2019 年 12 月 31 日的资产负债表进行审计。在审查资产负债表"货币资金"项目时，发现该公司 2017 年 12 月 31 日的银行存款数额为 33 500 元，银行存款账面余额为 35 000 元。审计助理人员向开户银行获取对账单一张，2019 年 12 月 31 日的银行存款余额为 42 000 元。另外，查有下列未达账款和记账差错。

（1）12 月 23 日公司送存转账支票 5 800 元，银行尚未入账。

（2）12 月 24 日公司开出转账支票 5 300 元，持票人尚未到银行办理转账手续。

（3）12 月 25 日委托银行收款 10 300 元，银行已收妥入账，但收款通知尚未到达公司。

（4）12 月 30 日银行代付水费 3 150 元，但银行付款通知单尚未到达该公司。

（5）12 月 15 日收到银行收款通知单金额 3 850 元，公司入账时将银行存款增加数记成 3 500 元。

要求：根据上述资料，编制银行存款余额调节表，核实 2019 年 12 月 31 日资产负债表中"货币资金"项目中银行存款数额的正确性。

【解答】 银行存款余额调节表如表 8-5 所示。

表 8-5　银行存款余额调节表

单位：C 股份有限公司　　　　　　　　2019 年 12 月 31 日　　　　　　　　（单位：元）

项目	金额	项目	金额
公司银行存款账面余额	35 000	开户银行对账单余额	42 000
加：银行已收，公司未收的款项	10 300	加：公司已收，银行未收的款项	5 800
减：银行已付，公司未付的款项	3 150	减：单位已付，银行未付的款项	5 300
加：企业记账差错数	350		
调节后的存款余额	42 500	调节后的存款余额	42 500

审计主管：李华　　　审计员：黄明　　　会计主管：熊瑛　　　会计员：张小平

从银行存款余额调节表可以看出，C 股份有限公司 2019 年 12 月 31 日银行存款的数额双方都为 42 500 元，从而证明公司银行存款账面余额 35 000 元基本属实。可见，资产负债表上的"货币资金"项目中的银行存款数 33 500 元的真实性程度较差，建议应加以调整。

【例 8-4】 ABC 会计师事务所接受 X 股份有限公司（以下简称"X 公司"）董事会委托，对 X 公司 2019 年度财务报表进行审计。审计工作底稿中记载的有关 X 公司货币资金的部分内容摘录如下。

（1）为加强货币资金支付管理，货币资金支付审批实行分级管理办法：单笔付款金额在 10 万元以下的，由财务部经理审批；单笔付款金额在 10 万元以上、50 万元以下的，由财务总监审批；单笔付款金额在 50 万元以上的，由总经理审批。

（2）为统一财务管理、提高会计核算水平，设置内部审计部，与财务部一并由财务总监分管。内部审计部的主要职责是对公司内部控制的健全、有效，会计及相关信息的真实、合法、完整，资产的安全、完整，经营绩效以及经营合规性进行检查、监督和评价。

（3）为保证公司投资业务的不相容岗位相互分离、制约和监督，投资业务分由不同部门或不同职员负责，其中：投资部的甲职员负责对外投资预算的编制；投资部的乙职员负责对外投资项目的分析论证及其评估；财务部负责对外投资业务的相关会计记录。

（4）在结合已有银行账户清单对X公司银行存款进行审计时，项目组分析被审计单位可能存在账外账时，要求X公司管理层重新提供了一份《已开立银行结算账户清单》。

（5）针对大额款项的支出，项目组根据评估结果考虑漏记的风险较大，从银行存款日记账追查至相关原始凭证加以确认。

（6）鉴于X公司存在大额已质押的定期存款，项目组要求检查定期存单，X公司只提供了相应的复印件并做了解释，项目组表示合理，检查了定期存单复印件，并与相应的质押合同核对。

要求：针对上述事项（1）～（6）项，逐项指出是否存在不当之处。如果存在，简要提出改进建议。

【解答】

（1）存在。对公司总经理的货币资金支付审批，也应设定上限，超过规定的权限，应由管理层集体决策和审批。

（2）存在。因为审计部是对财务部的监督，二者属于不相容职责，应当分开管理，而不应由一人分管。

（3）存在。投资不相容岗位设计不完整，应当补充规定，投资业务由高层管理机构核准后授权财务经理负责具体的股票或债券的买卖业务，设置专人保管股票或债券；对外投资项目的分析论证及其评估是两个不相容职责，应进行分离。

（4）存在。注册会计师应亲自到人民银行或基本存款账户开户行查询并打印《已开立银行结算账户清单》，以确认被审计单位账面记录的银行人民币结算账户是否完整。

（5）存在。应进行"顺查"，从相关原始凭证追查至银行存款日记账。

（6）不存在。

容易发生的错弊现象包括：一是化整为零，套取现金，由于我国对银行结算的起点作出了明确的规定，企业为了套取现金，往往巧立名目，化整为零。二是从银行提取现金后，挪作他用。企业在签发现金支票时应列明支取现金的用途，企业必须按规定的用途使用现金。但有些企业往往先假借某种名义从银行套取现金，然后改变其用途去从事不合理、不合法的业务。三是出租出借银行账号，收取好处。一些单位常常将银行账号出租出借给其他单位或个人办理结算业务，既违反了国家的财经纪律和有关法规，也歪曲了企业银行存款的发生额和余额。四是涂改、变造银行对账单。企业出纳人员为了掩盖银行存款日记账和银行对账单的不符，故意涂改、变造银行对账单。五是故意错记、漏记、重复登记，以贪污现金。一些不法分子常常利用企业内部控制不完善，假存或少存多记或少记、漏记银行存款收入，少报折扣或重复登记银行存款支出，以达到其中饱私囊的目的。六是违反规定开立"黑户"，私设账外账，截留存款。七是非法集资或违规出借资金。

第五节 其他货币资金审计

其他货币资金包括企业到外地进行临时或零星采购而汇往采购地银行开立采购专户的款项所形成的外埠存款、企业为取得银行汇票按照规定存入银行的款项所形成的银行汇票存款、企业为取得银行本票按照规定存入银行的款项而形成的银行本票存款、在途货币资金和信用证存款等。

其他货币资金的审计目标主要包括：确定被审计单位资产负债表中的其他货币资金在财务报表日是否确实存在，是否为被审计单位所拥有；确定被审计单位在特定期内发生的其他货币资金收支业务是否均已记录完毕，有无遗漏；确定其他货币资金的金额是否正确；确定其他货币资金在财务报表中的披露是否恰当。

注册会计师对其他货币资金的实质性测试程序主要包括以下几方面。

一、核对各明细账期末合计数与总账数是否相符

注册会计师可以核对外埠存款、银行汇票存款、银行本票存款、在途货币资金等各明细账期末合计数与总账数是否相符。

二、函证存款户期末余额

注册会计师应该函证外埠存款户、银行汇票存款户、银行本票存款户期末余额。

三、抽查原始凭证进行测试

注册会计师应该抽查一定样本量的原始凭证进行测试，检查其经济内容是否完整，有无适当的审批授权，并且核对相关账户的进账情况。

四、抽取资产负债表日后的大额收支凭证进行截止测试

注册会计师应该抽取资产负债表日后的大额收支凭证进行截止测试，如过发现有跨期收支事项，应当作出适当调整。

（一）如果被审计单位有定期存款，注册会计师可以考虑实施以下审计程序

（1）向管理层询问定期存款存在的商业理由并评估其合理性。

（2）获取定期存款明细表，检查是否与账面记录金额一致，存款人是否为被审计单位，定期存款是否被质押或限制使用。

（3）在监盘库存现金的同时，监盘定期存款凭据。如果被审计单位在资产负债表日有大额定期存款，基于对风险的判断考虑选择在资产负债表日实施监盘。

（4）对未质押的定期存款，检查开户证实书原件，以防止被审计单位提供的复印件是未质押（或未提现）前原件的复印件。在检查时，还要认真核对相关信息，包括存款人、

金额、期限等，如有异常，需实施进一步审计程序。

（5）对已质押的定期存款，检查定期存单复印件，并与相应的质押合同核对。对于质押借款的定期存单，关注定期存单对应的质押借款有无入账，对于超过借款期限但仍处于质押状态的定期存款，还应关注相关借款的偿还情况，了解相关质权是否已被行使；对于为他人担保的定期存单，关注担保是否逾期及相关质权是否已被行使。

（6）函证定期存款相关信息。

（7）结合财务费用审计测算利息收入的合理性，判断是否存在体外资金循环的情形。

（8）在资产负债表日后已提取的定期存款，核对相应的兑付凭证等。

（9）关注被审计单位是否在财务报表附注中对定期存款给予充分披露。

（二）除定期存款外，注册会计师对其他货币资金实施审计程序时，通常可能特别关注以下事项

（1）保证金存款的检查，检查开立银行承兑汇票的协议或银行授信审批文件。可以将保证金账户对账单与相应的交易进行核对，根据被审计单位应付票据的规模合理推断保证金数额，检查保证金与相关债务的比例和合同约定是否一致，特别关注是否存在保证金发生而被审计单位无对应保证事项的情形。

（2）对于存出投资款，跟踪资金流向，并获取董事会决议等批准文件、开户资料、授权操作资料等。如果投资于证券交易业务，通常结合相应金融资产项目审计，核对证券账户名称是否与被审计单位相符，获取证券公司交易结算资金账户的交易流水，抽查大额的资金收支，关注资金收支的财务账面记录与资金流水是否相符。

【例8-5】ABC会计师事务所负责审计甲公司2019年度财务报表，审计项目组认为货币资金的存在和完整性认定存在舞弊导致的重大错报风险，审计工作底稿中与货币资金审计相关的部分内容摘录如下。

（1）2020年2月2日，审计项目组要求甲公司管理层于次日对库存现金进行盘点，2月3日，审计项目组在现场实施了监盘，并将结果与现金日记账进行了核对，未发现差异。

（2）因对甲公司管理层提供的银行账户清单的完整性存有疑虑，审计项目组前往当地中国人民银行查询并打印了甲公司已开立银行结算账户清单，结果满意。

（3）因对甲公司提供的银行对账单的真实性存有疑虑，审计项目组要求甲公司管理层重新取得了所有银行账户的对账单，并现场观察了对账单的打印过程，未发现异常。

（4）审计项目组未对年末余额小于10万元的银行账户实施函证，这些账户年末余额合计小于实际执行的重要性，审计项目组检查了银行对账单原件和银行存款余额调节表，结果满意。

（5）针对年末银行存款余额调节表中企业已开支票银行尚未扣款的调节项，审计项目组通过检查相关的支票存根和记账凭证予以确认。

（6）审计项目组发现×银行询证函回函上的印章与以前年度的不同，甲公司管理层解

释×银行于 2019 年中变更了印章样式，并提供了×银行的收款回单，审计项目组通过比对印章样式，认可了甲公司管理层的解释。

要求：

针对上述第（1）～（6）项，逐项指出审计项目组的做法是否恰当，如不恰当，提出改进建议。

【解答】

（1）不恰当。改进建议：对库存现金的监盘最好实施突击性检查，时间最好选择在上午上班前或下午下班时。

（2）恰当。

（3）不恰当。改进建议：如果对甲公司提供的银行对账单的真实性存有疑虑，注册会计师可以在被审计单位的协助下亲自到银行获取银行对账单。在获取银行对账单时，注册会计师要全程关注银行对账单的打印过程。

（4）不恰当。改进建议：审计项目组应当对银行存款账户（包括零余额账户和在本期内注销的账户）实施函证程序，除非有充分证据表明某一银行存款对财务报表不重要且与之相关的重大错报风险很低。

（5）不恰当。改进建议：针对年末银行存款余额调节表中企业已开支票银行尚未扣款的调节项，审计项目组不仅应通过检查相关的支票存根和记账凭证予以确认，还应取得期后银行对账单，确认未达账项是否存在，银行是否已于期后入账。

（6）不恰当。改进建议：不能仅通过甲公司的解释（即口头证据）和提供的收款回单（被审计单位内部提供），而不实施其他审计程序，审计项目组应实施其他审计程序，如亲自到银行进行核实等。

 **本章小结**

货币资金具有很强的流动性，属于高风险资产。货币资金与企业生产经营活动的各个循环有着密切的关系，涉及的账户和凭证比较多，在企业生产经营中起着重要的作用，因此，货币资金审计是企业财务审计的重要内容之一。本章在介绍货币资金的特点以及其与业务循环之间关系的基础上，介绍了货币资金的内部控制及其控制测试，并明确了货币资金的审计目标，重点阐述货币资金项目中库存现金、银行存款审计的程序、内容和方法。

 **关键词汇**

货币资金（monetary funds）　　　　岗位分工（division of labor）

现金（cash）　　　　授权审批（authorization and approval）

银行存款（bank deposits）　　　　票据（bill）

思考题

1. 货币资金内部控制目标和要素是什么？
2. 简述货币资金内部控制测试的主要内容。
3. 货币资金业务重大错报风险及评估应对。
4. 描述现金审计的实质性程序。
5. 描述银行存款审计的实质性程序。
6. 描述其他货币资金审计的实质性程序。

简答题

1. A 注册会计师负责审计甲公司 2020 年度财务报表与货币资金审计相关的部分事项如下：

（1）A 注册会计师认为库存现金重大错报风险很低，因此未测试甲公司财务主管每月月末盘点库存现金的控制。A 注册会计师于 2019 年 12 月 31 日实施了现金监盘，现金监盘结果满意。

（2）对于账面余额存在差异的银行账户，A 注册会计师获取了银行存款余额调节表，检查了调节表中的加计数是否正确，并检查了调节后的银行存款日记账余额和银行对账单余额是否一致，据此认可该银行存款余额调节表。

（3）因对甲公司管理层提供的银行对账单的真实性存在疑虑，A 注册会计师在出纳陪同下前往银行获取银行对账单，在银行柜台人员打印对账单时，A 注册会计师前往该银行其他部门实施了银行函证。

（4）甲公司有一笔 2019 年 10 月存入的期限为两年的大额定期存款，A 注册会计师在 2019 年度财务报表审计中检查了开户证书原件，并实施了函证，结果满意，因此未在 2020 年度审计中实施审计程序。

要求：

针对上述事项逐项指出 A 注册会计师的做法是否恰当，如不恰当简要说明理由。

2. 在进行年度财务报表审计时，B 注册会计师负责审计货币资金项目。被审计单位在总部和营业部均设有出纳部门，为顺利监盘库存现金，B 注册会计师在监盘前一天通知公司会计主管人员做好监盘准备。考虑到出纳日常工作安排，对总部和营业部库存现金的监盘时间分别定在上午 10 点和下午 3 点。监盘时，出纳把现金放入保险柜，并将已办妥现金收付手续的交易记入库存现金日记账，结出现金日记账余额，然后注册会计师当场盘点现金，并在与库存现金日记账核对后，填写库存现金监盘表，并在签字后形成审计工作底稿。

要求：

请指出上述库存现金监盘工作中有哪些不当之处，并提出改进建议。

自测题

单项选择题	多项选择题	判断题

自学自测　　扫描此码

本章推荐阅读材料

1. 秦荣生，卢春泉. 审计学[M]. 10 版. 北京：中国人民大学出版社，2019.

2. 中国注册会计师协会. 审计[M]. 北京：中国财政经济出版社，2020.

3. 王振林，陈希晖. 货币资金审计[M]. 北京：中国时代经济出版社，2004.

4. 胡春元. 货币资金审计[M]. 北京：中国时代经济出版社，2004.

5. 袁银辉. 如何通过货币资金审计查处财务舞弊[J]. 中国审计，2008（13）.

6. 中国内部审计协会. 货币资金审计中需要关注的几个问题.

7. 吴晋芳. 应用审计软件对南宁骏业货币资金进行审计的研究[J]. 中国总会计师，2016（6）.

销售与收款循环审计

 第九章

学习提要与目标

　　销售与收款循环包括从接受客户订单到收款、坏账处理等多项活动，是企业业务经营中非常关键的业务环节。该循环审计的基本内容包括：首先对销售与收款循环的内部控制进行了解和测试；根据控制测试的证据对销售业务内部控制的健全性和有效性作出评价，并在此基础上重新评估控制风险水平；以控制风险评估为基础对销售与收款循环进行实质性测试，包括营业收入审计，应收账款以及应交税费、税金及附加、销售费用等相关项目的审计。本章的学习目标是：

　　（1）了解销售与收款循环的主要凭证、账户及主要业务活动；
　　（2）掌握与销售交易有关的内部控制及关键控制测试程序；
　　（3）掌握营业收入、应收账款的实质性测试程序；
　　（4）理解应交税金、销售费用等相关项目的实质性测试程序。

引例

万福生科舞弊案

　　2013 年 9 月 24 日，《中国证券监督管理委员会行政处罚决定书》（〔2013〕47 号）指出，万福生科（300268.SZ）的《首次公开发行股票并在创业板上市招股说明书》披露，公司 2008 年、2009 年、2010 年的营业收入分别为 22 824 万元、32 765 万元、43 359万元，营业利润分别为 3 265 万元、4 200 万元、5 343 万元，净利润分别为 2 566 万元、3 956 万元、5 555 万元。经查，万福生科为了达到公开发行股票并上市条件，由董事长兼总经理龚永福决策，并经财务总监覃学军安排人员执行，2008 年至 2010 年分别虚增销售收入 12 262 万元、14 966 万元、19 074 万元，虚增营业利润 2 851 万元、3 857 万元、4 590 万元。扣除上述虚增营业利润后，万福生科 2008 年至 2010 年扣除非经常性损益的净利润分别为–332 万元、–71 万元、383 万元。

　　万福生科 2012 年 4 月 16 日公告《2011 年年度报告》，披露公司 2011 年营业收入为55 324 万元。经查，万福生科 2011 年虚增销售收入 28 681 万元。

　　万福生科 2012 年 8 月 23 日公告《2012 年半年度报告》，披露公司上半年营业收入为 26 991 万元。经查，万福生科 2012 年上半年虚增销售收入 16 549 万元。

　　2013 年 10 月 8 日，《中国证券监督管理委员会行政处罚决定书》（〔2013〕52 号）

指出，2011 年 7 月 26 日，中磊会计师事务所有限责任公司就万福生科上市前三个年度（2008 年度、2009 年度、2010 年度）和最近一期（2011 年上半年）财务报表出具标准无保留意见的审计报告。经查明，中磊会计师事务所有限责任公司及其注册会计师在审计万福生科 IPO 财务报表过程中，未能勤勉尽责，出具的审计报告存在虚假记载。

资料来源：中国证券监督管理委员会网站（http://www.csrc.gov.cn/）

销售是工商企业的主要经营活动之一，而销售又与收取货款过程密切相关。一个企业的销售与收款循环是由同客户交换商品或劳务，以及收到现金收入等有关业务活动组成的。销售与收款循环的审计，通常可以相对独立于其他业务循环而单独进行。根据会计报表项目与业务循环的相关程度，销售与收款循环涉及的会计报表项目主要包括应收票据、应收账款、合同负债、应交税费、营业收入、销售费用、税金及附加、营业外收入、现金及银行存款等。

第一节　销售与收款循环的内部控制及测试

一、主要业务活动和关键内部控制环节

典型的销售与收款循环所涉及的主要业务活动及适当的内部控制应包括九方面内容。

（一）接受客户订货单

客户提出订货要求是整个销售与收款循环的起点。客户的订货单只有在符合管理当局的授权标准时，才能被接受。销售部门收到订货单后，应首先进行登记，再审核其内容和数量，以确定是否能够如期供货。订货单批准后，需编制一式多联的销售单。销售单是证明管理当局对有关销售交易的"存在或发生"认定的凭据，也是此笔销售交易轨迹的起点。

（二）批准赊销

批准赊销是由信用管理部门根据管理当局的赊销政策和对每个客户已授权的信用额度来进行的。信用部门收到销售单后，应将销售单与该客户已被授权的赊销信用额度以及至今尚欠的账款余额加以比较。对每个新客户，信用部门应进行信用调查，包括获取信用评审机构对客户信用等级的评定报告，从而决定能否批准赊销。批准赊销控制的目的是为了降低坏账风险，因此，这些控制与应收账款净额的"估价或分摊"认定有关。

（三）发货

经过信用部门批准的销售单将传递到仓储部门，仓储部门根据批准的销售单发货。该项控制程序的目的是防止仓库在未经授权的情况下擅自发货。

（四）装运货物

将按批准的销售单发货与按销售单装运货物职责相分离，有助于避免运输部门人员在未经授权的情况下装运产品。运输部门人员在装运之前，必须独立验证从仓库提取的货物

是否都附有经批准的销售单，且所装运的货物是否与销售单一致，若符合要求，应填制装运凭证。装运凭证提供了商品确实已装运的证据，因此，它是证实销售交易"存在或发生"认定的另一种形式的凭据。

（五）向客户开发票

开发票包括编制和向客户寄送事先连续编号的销售发票。发票一般由会计部门开具，通常设立以下控制程序：开票职员在编制每张销售发票之前，应核对订货单、经批准的销售单和装运凭证，如完全相符，则根据已授权批准的商品价目表编制销售发票，并独立检查销售发票计价和计算的正确性，最后将装运凭证上的货物总数与相应销售发票上的货物总数进行核对。上述的这些控制与销售交易的"存在或发生""完整性"以及"估价或分摊"的认定有关。

（六）记录销售业务

记账人员根据销售发票等原始凭证编制转账凭证，登记应收账款、销售收入明细账和相应的总账，以及库存商品明细账和总账，并独立检查已处理销售发票上的销售金额同会计记录金额的一致性，定期检查应收账款明细与总账的一致性。此外，还应定期向客户寄送应收账款对账单，与客户核对账面记录，如有差异要及时查明原因，并向未涉及执行或记录销售交易循环的会计主管报告。以上这些控制与销售交易的"存在或发生""完整性"以及"估价或分摊"认定有关。

（七）记录收款业务

这项业务涉及货款的收回，现金、银行存款的记录以及应收账款减少等。处理这项业务最重要的是要保证全部货款必须如数、及时地记入现金、银行存款日记账以及应收账款明细账和总账，并如数、及时地将现金存入银行。

（八）办理和记录销售退回、销售折扣与折让

发生此类事项时，必须经授权批准，并应确保与办理此事有关的部门和职员各司其职，分别控制实物流和会计记录。在这方面，应严格控制贷项通知单的使用。

（九）坏账处理

对于确实无法收回的应收账款，应该获取货款无法收回的确凿证据，并经管理当局批准后方可作为坏账，进行相应的账务处理。已经冲销的应收账款应在备查簿中登记控制，以免以后收回时被有关人员贪污。

对于通过应收票据进行销售的业务，其内部控制除以上内容外，还应包括：保管应收票据的人员不得经办会计记录；票据的接受、贴现和换新须经保管票据以外的主管人员书面批准后，方可办理，并定期向出票人函证，以加强控制；对违约票据的冲销必须按规定的程序批准，已冲销的票据应严格置于会计部门的控制之下，并在以后采取有效的追踪措施；对票据到期只支付部分款项的应收票据，应在票据背面登记有关内容，并在票据备查

簿上进行适当记录。

二、主要凭证和账户

在内部控制比较健全的企业，处理销售和收款业务通常需要使用很多单据与会计记录。典型的销售和收款循环所涉及的主要单据与会计记录有以下几种（不同被审计单位的单据名称可能不同）。

（一）客户订购单

客户订购单即客户提出的书面购货要求。企业可以通过销售人员或其他途径，如采用电话、信函、邮件和向现有的及潜在的客户发送订购单等方式接受订货，取得客户订购单。

（二）销售单

销售单是列示客户所订商品的名称、规格、数量以及其他与客户订购单有关信息的凭证，作为销售方内部处理客户订购单的凭据。

（三）发运凭证

发运凭证即在发运货物时填制的，用以反映发出商品的规格、数量和其他有关内容的凭据。发运凭证的一联留给客户，其余联（一联或数联）由企业保留，通常其中有一联由客户在收到商品时签署并返还给销售方，用作销售方确认收入及向客户收取货款的依据。

（四）销售发票

销售发票通常包含已销售商品的名称、规格、数量、价格、销售金额等内容。以增值税发票为例，销售发票的两联（抵扣联和发票联）寄送给客户，一联由企业保留。销售发票也是在会计账簿中登记销售交易的基本凭证之一。

（五）商品价目表

商品价目表是列示已经授权批准的、可供销售的各种商品的价格清单。

（六）贷项通知单

贷项通知单是一种用来表示由于销售退回或经批准的折让而导致应收货款减少的单据，其格式通常与销售发票的格式类似。

（七）应收账款账龄分析表

通常，应收账款账龄分析表按月编制，反映月末应收账款总额的账龄区间，并详细反映每个客户月末应收账款金额和账龄。它也是常见的计提应收账款坏账准备的重要依据之一。

（八）应收账款明细账

应收账款明细账是用来记录每个客户各项赊销、还款、销售退回及折让交易的明细账。

（九）主营业务收入明细账

主营业务收入明细账是一种用来记录销售交易的明细账。它通常记载和反映不同类别商品或服务的营业收入的明细发生情况与总额。

（十）折扣与折让明细账

折扣与折让明细账是一种用来核算企业销售商品时，按销售合同规定为了及早收回货款而给予客户的销售折扣和商品品种、质量等原因而给予客户的销售折让情况的明细账企业也可以不设置折扣与折让明细账，而将该类业务直接记入主营业务收入明细账。

（十一）汇款通知书

汇款通知书是一种与销售发票一起寄给客户，由客户在付款时再寄回销售单位的凭证。这种凭证注明了客户名称、销售发票号码、销售单位开户银行账号以及金额等内容。

（十二）现金日记账和银行存款日记账

现金日记账和银行存款日记账是用来记录应收账款的收回或现销收入以及其他各种现金、银行存款收入和支出的日记账。

（十三）坏账核销审批表

坏账核销审批表是一种用来批准将无法收回的应收款项作为坏账予以核销的单据。

（十四）客户对账单

客户对账单是一种定期寄送给客户的用于购销双方核对账目的文件。客户对账单上通常注明应收账款的期初余额、本期销售交易的金额、本期已收到的货款、贷项通知单的金额以及期末余额等内容。对账单可能是月度、季度或年度的，取决于企业的经营管理需要。

（十五）转账凭证

转账凭证是指记录转账业务的记账凭证。它是根据有关转账业务（即不涉及现金、银行存款收付的各项业务）的原始凭证编制的。企业记录赊销交易的会计凭证即为一种转账凭证。

（十六）现金和银行凭证

现金和银行凭证是指分别用来记录现金和银行存款收入业务和支付业务的记账凭证。销售与收款循环相关凭证汇总表如表9-1所示。

表 9-1   销售与收款循环相关凭证汇总表

交易类别	相关财务报表项目	主要业务活动	常见主要凭证和会计记录
销售	营业收入 应收账款	接受客户订购单 批准赊销信用 按销售单编制发运凭证并发货 向客户开具发票 记录销售（赊销、现金销售等） 办理和记录销售退回、销售折扣与销售折让	客户订购单 销售单 发运凭证 销售发票 商品价目表 客户对账单 主营业务收入明细账 转账凭证 贷项通知单 折扣与折让明细账
收款	货币资金 应收账款（含原值及坏账准备） 资产减值损失	办理和记录现金、银行存款收入 提取坏账准备 坏账核销	应收账款账龄分析表 应收账款明细账 汇款通知书 现金日记账和银行存款日记账 客户对账单 收款凭证 坏账核销审批表 转账凭证

三、销售与收款循环重大错报风险评估

审计人员基于销售与收款循环重大错报风险评估结果，制订实施进一步审计程序的总体方案（包括综合性方案和实质性方案）（表 9-2），继而实施控制测试和实质性程序，以应对识别出的认定层次的重大错报风险。审计人员通过控制测试和实质性程序获取的审计证据综合起来应足以应对识别出的认定层次的重大错报风险。

表 9-2   销售与收款循环重大错报风险和进一步审计程序的总体方案

重大错报风险描述	相关财务报表项目及认定	是否信赖控制	进一步审计程序的总体方案	拟从控制测试中获取的保证程度	拟从实质性程序中获取的保证程度
销售收入可能未真实发生	收入：发生 应收账款：存在	是	综合性方案	高	中
销售收入记录可能不完整	收入/应收账款：完整性	否	实质性方案	无	低
期末收入交易可能未计入正确的期间	收入：截止 应收账款：存在/完整性	否	实质性方案	无	高
发生的收入交易未能得到准确记录	收入：准确性 应收账款：计价和分摊	是	综合性方案	部分	低
应收账款坏账准备的计提不准确	应收账款：计价和分摊	否	实质性方案	无	中

审计人员根据重大错报风险的评估结果初步确定实施进一步审计程序的具体审计计划，因为风险评估和审计计划都是贯穿审计全过程的动态的活动，而且控制测试的结果可能导致审计人员改变对内部控制的信赖程度，因此，具体审计计划并非一成不变，可能需要在审计过程中进行调整。

四、销售与收款循环内部控制测试

（一）了解和记录销售业务内部控制

审计人员一般可通过查阅被审计单位的有关规章制度、文件资料，向有关人员口头查询或现场调查等方式，了解被审计单位销售业务的内部控制，并用适当的方法将了解的情况记录于审计工作底稿。常用的方法有编写内部控制说明、设计内部控制调查表和绘制内部控制流程图。销售业务内部控制调查表如表 9-3 所示。

表 9-3　销售业务内部控制调查表

调查问题	回答			备注
	是	否	不适用	
1. 销售部门与信用部门是否分离？				
2. 是否将客户订货单与已批准客户清单核对？				
3. 对每张已接受的客户订货单是否都编制销售单？				
4. 是否在每次销售前检查老客户的信用额度？				
5. 是否对所有新客户执行信用调查？				
6. 所有发货是否都有经批准的销售单？				
7. 是否独立检查发运的货物同已批准的销售单的一致性？				
8. 每次装运货物是否都编制了装运凭证？				
9. 销售单、装运凭证是否预先连续编号？				
10. 每次开发票是否有相应的装运凭证和已批准的销售单？				
11. 是否独立检查销售发票计价和计算的正确性？				
12. 销售发票是否预先连续编号？				
13. 销售退回、折让与折扣、坏账注销是否都经过授权批准？				
14. 是否独立检查已处理销售发票上的销售金额同会计记录金额的一致性？				
15. 是否定期独立检查应收账款明细账与总账的一致性？				
16. 是否每月给客户寄出对账单？				
17. 销售业务是否及时、正确地记入明细账和总账？				

企业销售过程的各项业务如果都有健全的内部控制程序和内部控制目标，才能正确处理销售收入和应收账款，保证各种有关记录的真实可靠。审计人员应通过对内部控制的了解，来确定销售过程的各项业务存在哪些关键的内部控制及控制目标，并对每一控制目标的控制风险作出初步评估，以便制订对哪些控制实施控制测试的计划。而对与这些控制目标有关的金额错误方面的交易实质性测试程序，则大体上应根据对控制风险的初步评估和计划实施的控制测试加以确定。

（二）销售业务关键内部控制测试

销售业务关键内部控制测试内容如下。

（1）明确的职责分工。为了保证销售业务处理的有效性和可靠性，防止各种有意或无意的错误，应按各相关业务环节进行明确分工。例如，接受客户订货单、填制销售单、批准赊销、发运货物、结算开票、收取货款、会计记录及账目核对等，必须由不同的职能部门或人员负责办理；营业收入应由记录应收账款之外的人员独立登记，并由另一位不负责账簿记录的人员定期核对总账和明细账；负责登记营业收入账和应收账款账的人员不得经手货币资金等。职责分工是否明确，一般可由审计人员通过观察有关人员的活动，以及与这些人员进行讨论来测试。

（2）适当的授权审批。销售业务必须经过适当的授权审批。审计人员应主要关注三个关键点上的审批程序：①在发货之前，客户的赊销要经过授权批准，目的在于防止企业财产因向虚构的或者无力支付货款的客户发货而导致坏账损失；②销售价格、付款条件、销售退回、折让与折扣等的确定必须经有关部门或人员批准，目的的在于保证销售业务按照企业政策规定的价格开票收款；③对确实无法收回的应收账款，必须按规定程序批准后方可作为坏账处理，目的是防止通过注销应收账款掩饰贪污行为。审计人员通过审查凭证在上述关键点上是否经过批准，可以很容易地测试出授权审批方面的内部控制的效果。

（3）充分的凭证和记录。企业应尽可能采用在销售发生时开具销售发票的控制方法，以保证所有发运的货物均已开具发票，从而避免漏开账单的情况。审计人员采用的控制测试程序是从全年的发运凭证中抽取部分样本，与相关的销售发票核对，以审查是否有尚未开具销售发票的发货。此外，对相关凭证预先进行编号，既可以防止销售后忘记向客户开具发票或登记入账，也可以防止重复开票或重复记账。对这种控制常用的控制测试程序是清点各种凭证。例如，从发运凭证抽取部分样本与销售发票核对时，应特别注意发运凭证是否连续编号，作废的发运凭证是否盖章注销并予以存档；从营业收入明细账中选出销售发票的存根，看其是否连续编号，有无不正常的缺号发票和重号发票等。这种测试程序可同时提供有关真实性和完整性目标的证据。

（4）按月寄出对账单。由出纳、记录销售和应收账款账以外的人员按月向客户寄送对账单，能促使客户在发现应付账款余额不正确后及时作出说明，因而是一项有用的控制。审计人员可通过观察指定人员寄送对账单和审查客户复函档案等控制测试程序，测试被审计单位是否按月向客户寄出对账单。

（5）独立复核程序。由内部审计人员或其他独立人员复核销售过程各项业务的记录和各种凭证，是实现内部控制目标所不可缺少的一项控制措施。审计人员可以采用审查内部审计人员的报告或其他独立复核人员在他们核查的凭证上的签字等方法来实施控制测试。

根据上述测试所取得的证据，审计人员应该对销售业务内部控制的健全性和有效性作出评价，并在此基础上重新评估控制风险水平。审计人员根据重新评估的结果，确定哪些属于存在重大缺陷的部分，需要实施详细的审计程序；哪些属于健全的部分，可以减少审计程序。通过对销售业务内部控制的测试和评价，就可确定实质性测试可以依赖的程度。

第二节　营业收入审计

营业收入是指企业在从事销售商品、提供劳务和让渡资产使用权等日常经营业务过程中所形成的经济利益的总流入。其分为主营业务收入和其他业务收入。营业收入审计是收入审计的一项重要内容。

一、营业收入的审计目标

营业收入的审计目标一般包括：确定利润表中记录的营业收入是否已发生，且与被审计单位有关（发生认定）；确定所有应当记录的营业收入是否均已记录（完整性认定）；确定与营业收入有关的金额及其他数据是否已恰当记录，包括对销售退回、销售折扣与销售折让的处理是否适当（准确性认定）；确定营业收入是否已记录于正确的会计期间（截止认定）；确定营业收入是否已按照企业会计准则的规定在财务报表中作出恰当的列报。营业收入包括主营业务收入和其他业务收入，下面分别介绍这两部分的实质性程序。

二、营业收入的实质性测试程序

营业收入的实质性测试程序一般包括如下内容。

（一）获取或编制营业收入明细表

审计人员应首先获取或编制营业收入明细表以及折扣和折让明细表，复核加计是否正确，并与报表数、总账余额和明细账余额合计数核对相符。执行这一程序的目的一是检验利润表上的营业收入数额是否与明细记录的每一个项目相一致，二是作为实质性测试的起点。营业收入明细表可向被审计单位索取或由审计人员自行编制。在审计时，审计人员必须将明细表上的数额汇总，并与总分类账和明细账相核对，如不符，应查明原因并作出相应的调整。

（二）实施分析程序

审计人员为了在总体上对营业收入的真实性作出初步判断，一般还应采用分析性复核程序，检查营业收入是否存在异常变动或重大波动。审计人员应根据营业收入明细表，编制营业收入分析表，并做如下比较分析：①将本年度营业收入与上年度进行比较，分析产品销售结构和价格的变动是否正常；②比较本年度各月份营业收入的波动情况，分析其变动趋势是否正常；③比较本年度各月份销售利润率，并与企业历史数据和行业平均水平进行比较。如果发现异常现象和重大波动，应查明原因。

审计人员应特别注意年末前若干月份的收入变动情况，因为被审计单位管理当局为了调剂本期和下期的盈利或为保持既定的盈利水平而操纵年末收入的可能性比较大。所以，对年末前若干月份的收入显著减少或增加必须重点审查，以核实是否存在漏记、隐瞒或虚记收入等情况。

【例 9-1】甲注册会计师负责对 XYZ 公司 2017 年度财务报表进行审计。相关资料如下。

资料一：XYZ 公司主要从事 A 产品的生产和销售，无明显产销淡旺季。2017 年替代产品面市使 A 产品的市场需求减少，市场竞争激烈，导致销售价格明显下跌。

资料二：A 产品 2016 年度和 2017 年度的销售记录如表 9-4 所示。

表 9-4　A 产品 2016 年度和 2017 年度的销售记录

产品名称	2017 年度（未审数）			2016 年度（已审数）		
	数量/吨	营业收入/万元	营业成本/万元	数量/吨	营业收入/万元	营业成本/万元
A 产品	900	50 000	40 000	800	40 000	34 000

【解析】A 产品 2016 年的售价＝40 000/800＝50（万元/吨）

A 产品 2017 年的售价＝50 000/900＝55.56（万元/吨）

A 产品价格 2017 年比 2016 年还要高，与了解到的情况"销售价格明显下跌"不符。

（三）检查主营业务收入确认方法是否符合企业会计准则的规定

根据《企业会计准则第 14 号——收入》收入确认计量按照五步法模型进行处理，包括识别与客户订立的合同、识别合同中的单项履约义务、确定交易价格、将交易价格分摊至各单项履约义务以及履行每一单项履约义务时确认收入五个步骤。

审计人员通常对所选取的交易，追查至原始的销售合同，通过了解销售合同中的相关条款来评价收入确认方法是否符合企业会计准则的规定。

【例 9-2】2017 年度，甲公司销售各类商品共计 60 000 万元（不包括客户使用奖励积分购买的商品），授予客户奖励积分共计 60 000 万分，假设奖励积分的公允价值为每分 0.01 元。客户使用奖励积分共计 30 000 万分。2017 年末，甲公司估计 2017 年度授予的奖励积分将有 80%使用。则企业 2017 年度确认了 59 775 万元的收入。

【解析】第一步，识别与客户订立的合同。

第二步，识别合同中的单项履约义务。销售商品和奖励积分。

第三步，确定交易价格。交易价格为 60 000 万元。

第四步，将交易价格分摊至各单项履约义务。

销售商品单独售价 60 000 万元

奖励积分单独售价 60 000×0.01×80%＝480（万元）

销售商品分摊交易价格＝60 000×60 000/(60 000＋480)＝59 523.81（万元）

奖励积分分摊交易价格＝60 000×480/(60 000＋480)＝476.19（万元）

第五步，履行每一单项履约义务时确认收入。

2017 年收入＝销售商品确认收入＋2017 年奖励积分分摊的交易价格＝59 523.81＋30 000×476.19/(60 000×80%)＝59 821.43（万元）。

（四）审查营业收入的会计处理是否正确

在审查营业收入时，应认真审查其会计处理过程。审计人员应抽取企业被审计期间内一定数量的销售发票，进行从原始凭证到记账凭证、营业收入明细账的全过程审查。审计人员应核实有关记录、过账、加总是否正确，并将抽取的收入与应收账款明细、现金或银行存款日记账、库存商品明细账相核对，以进一步确定发货日期、销售数量、品名、单价、金额等是否相符，从而证实营业收入会计处理的正确性、真实性和完整性。同时，还应审查销售退回、折扣和折让的数额计算及会计处理是否正确。

（五）测试销售截止的正确性

截止测试是广泛运用于货币资金、往来款项、存货、投资、营业收入和期间费用等诸多会计报表项目审计的一种实质性测试技术，其中在营业收入和存货项目中的运用最为典型。

虚增本年销售收入和应收账款的一个常用手段就是将下期的销售收入提前至本期予以确认，其目的是粉饰财务报告。因此，为防止销售记录截止的错误，审计人员应将资产负债表日前后若干天记录的销售业务与销售发票和发运凭证进行核对，这就是销售截止测试，其目的是确定被审计单位营业收入会计记录的归属期是否正确，是否有将营业收入提前至本期或推迟至下期记账的情况。审计人员在审计中，应该关注三个与营业收入确认有着密切关系的日期：一是开具发票日期或者收款日期，二是记账日期，三是发货日期。营业收入截止测试的关键就是检查三者是否归属于同一会计期间。

（六）确定营业收入是否在利润表上恰当披露

审计人员应审查利润表上的营业收入金额是否与审定数相符，营业收入确认所采用的会计政策是否已在会计报表附注中披露。

第三节　应收账款审计

应收账款是企业因销售商品、产品或提供劳务而应向购货单位或接受劳务单位收取的款项或代垫运杂费，是企业在销售业务中所形成的各种债权性资产。企业的应收账款是在销售交易或提供劳务过程中产生的。因此，应收账款的审计应结合销售交易来进行。一方面，收入的"发生"认定直接影响应收账款的"存在"认定；另一方面，由于应收账款代表了尚未收回货款的收入，通过审计应收账款获取的审计证据也能够为收入提供审计证据。

一、应收账款的审计目标

应收账款的审计目标一般包括：确定资产负债表中记录的应收账款是否存在（存在认定）；确定所有应当记录的应收账款是否均已记录（完整性认定）；确定记录的应收账款是否由被审计单位拥有或控制（权利和义务认定）；确定应收账款是否可收回，坏账准备的计提方法和比例是否恰当，计提是否充分（计价和分摊认定）；确定应收账款及其坏账准备是否已按照企业会计准则的规定在财务报表中作出恰当列报。

二、应收账款的实质性测试程序

应收账款的实质性测试程序一般包括以下内容。

（一）获取或编制应收账款明细表

审计人员首先应获取或编制应收账款明细表，复核加计是否正确，并与应收账款总账余额和明细账余额合计数核对相符。审计人员应抽取部分应收账款，追查至明细账及会计凭证，对明细账中的借、贷方发生额及余额加以验算，并查明账证是否一致。

（二）实施分析性复核

审计人员可从以下两方面对应收账款进行分析性复核：①将本年度应收账款与上年度进行比较；②利用比率分析，计算应收账款周转率、应收账款与流动资产的比率等，并将本期的各项比率与企业历史数据和行业平均水平进行比较。如果发现异常现象和重大波动，应查明原因。

（三）向债务人函证应收账款

证实应收账款账户余额的真实性和正确性的有效方法是函证，即直接向被审计单位的债务人发函，要求核实被审计单位应收账款的记录是否正确。通过函证，可以有力地证明债务人的存在以及被审计单位记录的可靠性，并可以发现和揭露被审计单位及其有关人员在销售业务中发生的差错或舞弊行为。函证的审计程序一般包括以下步骤。

1. 确定函证范围和对象

审计人员不需要对被审计单位所有的应收账款进行函证，只需抽查其中的一部分。审计人员应根据以下原则确定函证样本数量的大小及范围：第一，如果应收账款在全部资产中所占的比重较大，则函证的范围应相应大一些。第二，如果内部控制比较健全，则可以相应减少函证量。第三，若以前期间函证中发现过重大差异，或欠款纠纷较多，则函证范围应相应扩大一些。第四，若采用肯定式函证，则可以相应减少函证量；若采用否定式函证，则要相应增加函证量。

通常情况下，审计人员应选择以下项目作为函证对象：金额较大的项目；账龄较长的项目；可能存在争议以及产生重大错误或舞弊的交易；重大关联方交易；重要客户；交易频繁但期末余额较小或余额为零的项目；重大或异常的交易项目等。

2. 选择函证方式和函证时间

应收账款函证方式有积极式函证和消极式函证两种。

（1）积极式函证。积极式函证又称正面式、肯定式函证，是指向债务人发出询证函，要求被询证者在所有情况下必须回函，确认询证函所列示信息是否正确或填列询证函要求的信息。通常对欠款金额较大的项目、不寻常的项目，以及有理由相信欠款可能会存在争议或差错的项目等采用积极式函证。积极式企业询证函参考格式如表 9-5 所示。

表 9-5 积极式企业询证函参考格式

编号：

公司：

本公司聘请的××会计师事务所正在对本公司会计报表进行审计，按照中国注册会计师独立审计准则的要求，应当询证本公司与贵公司的往来账项等事项。下列数据出自本公司账簿记录，如与贵公司记录相符，请在本函下端"数据证明无误"处签章证明；如有不符，请在"数据不符"处列明不符金额。回函请直接寄至××会计师事务所。

通信地址：

邮编： 电话： 传真：

①本公司与贵公司的往来账项列示如下。

截止日期	贵公司欠	欠贵公司	备注

②其他事项：

本函仅为复核账目之用，并非催款结算。若款项在上述日期之后已经付清，仍请及时函复为盼。

（公司签章）（日期）

结论：1. 数据证明无误

（签章）（日期）

2. 数据不符，请列明不符金额

（签章）（日期）

（2）消极式函证。消极式函证又称反面式、否定式函证，是指向债务人发出询证函，审计人员只要求被询证者仅在不同意询证函列示信息的情况下才予以回函。与积极式函证相比，消极式函证提供的审计证据通常可靠性较低。消极式函证通常适用于符合以下条件的债务人：相关的内部控制是有效的；预计差错率较低；欠款金额小的债务人数量很多；被函证者能认真对待询证函，并对不正确的情况予以反馈。

为了充分发挥函证的作用，审计人员应恰当选择函证的发送时间。发函的最佳时间应是与资产负债表日接近的时间，并考虑对方复函的时间，尽可能做到在审计工作结束前取得函证的全部资料。

3. 对函证过程加以控制

审计人员应当直接控制询证函的发送和回收，不能经过被审计单位。询证函应由审计人员根据被审计单位提供的应收账款明细账户名称及地址正确填写，且一定要由审计人员亲自寄发，以保证复函直接寄到审计人员手中。对退回的信函要进行分析，查明是由于债务人地址迁移、差错，还是被审计单位利用虚假地址来掩盖虚假应收账款。对于没有收到复函的肯定式函证，应发送第二次乃至第三次询证函，如果仍得不到回复，审计人员应考虑采用必要的替代审计程序。替代审计程序包括：检查与销售有关的文件，如销售合同、订货单、销售发票副联及发运凭证等，以验证这些应收账款的真实性；检查资产负债表日后的银行存款日记账，确定是否有收回客户欠款的记录。

根据函证结果，审计人员应编制函证结果汇总表如表 9-6 所示。

表 9-6　函证结果汇总表

函证编号	债务人名称	债务人地址	函证日期		账面金额	函证结果	差异金额及说明	审定金额
			第一次	第二次				

4. 对函证结果进行总结和评价

审计人员应将函证的过程和情况记录在工作底稿中，并据以总结和评价应收账款情况。如果函证结果表明没有审计差异，则审计人员可据此合理地推论，全部应收账款余额总体是正确的。如果函证结果表明存在审计差异，则审计人员首先应当对此进行分析，寻找差异的原因，必要时可与债务人直接联系，做进一步核实，并要求被审计单位做适当调整。产生函证差异的原因主要有三方面：一是购销双方登记入账的时间不同，二是其中一方或双方记账错误，三是弄虚作假或舞弊而虚列应收账款。审计人员应当估算应收账款总额中可能出现的累计差错，如超过重要性水平，则需提请被审计单位予以调整。

（四）审查未函证应收账款和已收回应收账款

对于未函证的应收账款，审计人员应抽查有关原始凭证，如销售合同、订货单、销售发票副联及发运凭证等，以验证这些应收账款的真实性。

审计人员应提请被审计单位协助，在应收账款明细表上标出至审计时已收回的应收账款金额，并对已收回金额较大的款项进行常规检查，如核对收款凭证、银行对账单、销售发票等，注意凭证发生日期的合理性。

（五）确定应收账款在资产负债表上是否恰当披露

审查时，应注意应收账款项目的数额是否根据"应收账款"和"预收账款"账户所属明细账户的期末借方余额合计，减去"坏账准备"账户中有关应收账款计提的坏账准备期末余额后的金额填列，坏账的确认标准、坏账准备的计提方法和计提比例的说明及相应的重点说明事项是否已在会计报表附注中披露。

第四节　坏账准备审计

企业会计准则规定，企业应当在期末对应收款项进行检查，并合理预计可能产生的坏账损失。应收款项包括应收票据、应收账款、预付款项、其他应收款和长期应收款等。坏账准备的实质性审计程序包括以下几方面。

（1）取得坏账准备明细表，复核加计是否正确，与坏账准备总账数、明细账合计数核对是否相符。

（2）将应收账款坏账准备本期计提数与资产减值损失相应明细项目的发生额核对是否相符。

（3）检查应收账款坏账准备计提和核销的批准程序，取得书面报告等证明文件，结合应收账款函证回函结果，评价计提坏账准备所依据的资料、假设及方法。

对于单项金额重大的应收账款，企业应当单独进行减值测试，如有客观证据证明其已发生减值，应当计提坏账准备。对于单项金额不重大的应收账款，可以单独进行减值测试，或包括在具有类似信用风险特征的应收账款组合中（如账龄分析）进行减值测试。此外，单独测试未发生减值的应收账款，应当包括在具有类似信用风险特征的应收账款组合中（如账龄分析）再进行减值测试。

采用账龄分析法时，收到债务单位当期偿还的部分债务后，剩余的应收账款，不应改变其账龄，仍应按原账龄加上本期应增加的账龄确定；在存在多笔应收账款且各笔应收账款账龄不同的情况下，收到债务单位当期偿还的部分债务，应当逐笔认定收到的是哪一笔应收账款；如果确实无法认定的，按照先发生先收回的原则确定，剩余应收账款的账龄按上述同一原则确定。

在确定坏账准备的计提比例时，企业应当在综合考虑以往的经验、债务单位的实际财务状况和预计未来现金流量（不包括尚未发生的未来信用损失）等因素，以及其他相关信息的基础上作出合理估计。

【例9-3】 甲公司会计政策规定，对应收账款采用账龄分析法计提，应收账款余额及计提比例如表9-7所示。

表9-7 应收账款余额及计提比例 元

账龄客户名称	1年以内 10%计提	1~2年 30%计提	2~3年 50%计提	3年以上 80%计提
应收账款——a公司	35 150 000	500 000	932 000	
应收账款——b公司	2 000 000	15 100 000	54 000	
应收账款——c公司	600 000		25 000	
应收账款——d公司	9 500 000	-12 000 000		
应收账款——e公司				68 000
小计	47 250 000	3 600 000	1 011 000	68 000

2017年12月31日甲公司未经审计的应收账款余额为51 929 000元，相应的坏账准备余额6 364 900元。

要求：判断甲公司坏账准备计提是否正确，如不正确作出相应的调整。

【解答】 注册会计师应提请甲公司进行报表重分类调整分录。

借：应收账款——d公司　　　　　　　　　　　　　　　　12 000 000

贷：预收账款——d公司　　　　　　　　　　　　　　　　12 000 000

甲公司应按账龄分析法补提应收账款坏账准备,补提数=12 000 000×30%=3 600 000元注册会计师应提请该公司进行审计调整分录。

借:信用减值损失　　　　　　　　　　　　　　　　　　　　3 600 000

　　贷:应收账款——坏账准备　　　　　　　　　　　　　　　　　　3 600 000

(4)实际发生坏账损失的,检查转销依据是否符合有关规定,会计处理是否正确。对于被审计单位在被审计期间内发生的坏账损失,审计人员应检查其原因是否清楚,是否符合有关规定,有无授权批准,有无已做坏账处理后又重新收回的应收账款,相应的会计处理是否正确。对有确凿证据表明确实无法收回的应收账款,如债务单位已撤销、破产、资不抵债、现金流量严重不足等,企业应根据管理权限,经股东(大)会或董事会,或经理(厂长)办公会或类似机构批准作为坏账损失,冲销提取的坏账准备。

(5)已经确认并转销的坏账重新收回的,检查其会计处理是否正确。

(6)确定应收账款坏账准备的披露是否恰当。企业应当在财务报表附注中清晰地说明坏账的确认标准、坏账准备的计提方法和计提比例。

第五节　其他相关内容审计

销售与收款循环还包括应收票据、预收账款、应交税金、税金及附加以及销售费用等项目的实质性审计。

一、应收票据审计

(一)应收票据的审计目标

应收票据是以书面形式表现的债权资产,其款项具有一定的保证,经持有人背书后还可以提交银行贴现,具有较大的灵活性。企业通过应收票据进行销售时,一般要进行销货、收取票据、计息、贴现、收款等活动,在此过程中涉及的凭证和账簿都是应收票据的审计范围。

应收票据的审计目标一般包括:确定应收票据是否存在;确定应收票据是否归被审计单位所有;确定应收票据增减变动的记录是否完整;确定应收票据期末余额是否正确;确定应收票据在会计报表上的披露是否恰当。

(二)应收票据的实质性测试程序

应收票据的实质性测试程序一般包括以下内容。

1. 获取或编制应收票据明细表

审计人员首先应获取或编制应收票据明细表,复核加计是否正确,并与报表数、总账余额和明细账余额合计数核对是否相符。应收票据明细表通常包括出票人姓名、出票日、到期日、票面金额和利率等资料。审计人员在复核加计正确及与上述有关数额核对相符的基础上,抽查部分票据,并追查相关文件资料,以检查其内容是否正确及有无应转应收账款的逾期应收票据等。

2. 监盘库存应收票据

审计人员对应收票据进行监督盘点，并与应收票据备查簿核对。盘点时应注意票据的种类、号数、出票日期、票面金额、票面利率、合同交易号、付款人、承兑人、背书人姓名或单位名称、到期日、背书转让日、贴现日期、贴现率、收款日期、收回金额等是否与应收票据备查簿的记录相符，是否存在已做抵押的票据和银行退回的票据。

3. 函证应收票据

在必要时，如对应收票据有疑问，可抽取部分票据向出票人函证，以证实应收票据的存在性和可收回性，并编制函证结果汇总表。

4. 审查应收票据的利息收入

主要审查应收票据的利息收入是否正确、合理。审计人员可独立计算应计利息，并与账面所列金额对比。如果两者不符，则应加以分析，特别要对"财务费用——利息收入"账户中那些与应收票据账户中所列任何票据均不相关的贷方金额加以注意，因为这些贷项可能代表据以收取利息的应收票据未入账。

5. 审查已贴现应收票据

对于已贴现的应收票据，审计人员应通过独立计算并与被审计单位的数额相核对，以确定贴现净额与贴现息的计算是否正确。通过审查相关凭证，确定贴现的会计处理是否恰当。

6. 确定应收票据在会计报表上的披露是否恰当

审计人员应检查被审计单位资产负债表中应收票据项目的数额是否与审定数相符，是否剔除了已贴现票据，已贴现的商业承兑汇票是否在会计报表附注中单独披露。

二、应交税费审计

（一）应交税费的审计目标

企业在一定时期内取得的营业收入和实现的利润，要按规定向国家交纳各种税金，如增值税、消费税、所得税、资源税、土地增值税、城市维护建设税、房产税、土地使用税、车船税等。这些应交的税金要依附于企业的营业收入和利润，并按权责发生制预提记入有关账户，在尚未交纳前就形成了企业的一项负债。

应交税费审计目标一般包括：①确定应交和已缴税金的计算是否正确、记录是否完整；②确定应交税费的期末余额是否正确；③确定应交税费在会计报表上的披露是否恰当。

（二）应交税费的实质性测试程序

应交税费的实质性测试程序一般包括以下内容。

（1）获取或编制应交税费明细表，复核加计数是否正确，并与报表数、总账和明细账的余额核对相符。

（2）查阅被审计单位纳税鉴定或纳税通知及征、免、减税的批准文件，了解被审计单位适用的税种、计税基础、税率，以及征、免、减税的范围与期限，确认其在被审计期间内的应纳税项目具体内容。

（3）取得税务部门汇算清缴或其他确认文件、有关政府部门的专项检查报告、税务代理机构的专业报告、企业纳税申报有关资料等，分析其有效性，并与上述明细表及账面情况进行核对。

（4）检查应缴增值税。

①获取或编制应交增值税明细表，复核加计的正确性，并与明细账核对相符。

②将"应交增值税明细表"与"企业增值税纳税申报表"核对，检查进项、销项的入账与申报期间是否一致，金额是否相符，企业增值税纳税申报表是否经税务机关认定。

③复核国内采购货物、进口货物、购进的免税农产品、接受投资或捐赠、接受应税劳务等应计的进项税额的计算是否正确，是否按规定进行了会计处理。

④复核存货销售，或将存货用于投资、无偿馈赠他人、分配给股东（或投资者）应计的销项税额，以及将自产、委托加工的产品用于非应税项目应计的销项税额的计算是否正确，是否按规定进行了会计处理。

⑤复核因存货改变用途或发生非常损失应计的进项税额转出数的计算是否正确，是否按规定进行了会计处理；检查出口货物退税的计算是否正确，是否按规定进行了会计处理。

（5）检查应缴消费税。结合税金及附加等项目，根据审定的应税消费品销售额（或数量），检查消费税的计税依据是否正确，适用税率（或单位税额）是否符合税法规定，是否按规定进行了会计处理，并分项复核本期应交数。

（6）结合所得税项目，确定应纳税所得额及所得税税率，复核应缴所得税的计算是否正确，是否按规定进行了会计处理。

（7）检查除上述税项外的其他税项，如应缴城市维护建设税、资源税、土地增值税、车船税、房产税，以及代扣税项的计算是否正确，是否按规定进行了会计处理。

（8）检查有关账簿记录和缴税凭证，确认本期已缴税款和期末未缴税款。

（9）确定应交税金是否已在资产负债表上做恰当披露。

三、税金及附加审计

（一）税金及附加的审计目标

税金及附加是指企业由于经营主要业务而应由其负担的税金及附加，包括消费税、资源税、土地增值税、城市维护建设税和教育费附加等。对税金及附加的实质性测试，应在查明被审计单位应交纳的税种基础上结合"税金及附加"总账、明细账与有关原始凭证，以及与该账户对应的"应交税费"等账户进行审查，必要时，应向有关部门、单位和人员进行查询。

税金及附加的审计目标一般包括：①确定税金及附加的计算是否正确；②确定税金及附加的会计处理是否完整；③确定税金及附加在会计报表上的披露是否恰当。

（二）税金及附加的实质性测试程序

税金及附加的实质性测试程序一般包括以下内容。

（1）取得或编制税金及附加明细表，复核加计是否正确，并与报表数、总账和明细账的余额核对相符。

（2）确定被审计单位的纳税范围与税种是否符合国家规定。

（3）根据审定的当期应税消费品销售额（或数量）或应税资源税产品的课税数量，按规定的适用税率或适用单位税额计算、复核本期应纳消费税税额或资源税税额。

（4）检查城市维护建设税、教育费附加等项目的计算依据是否正确，并按规定适用的税率或费率计算、复核本期应纳税费额。

（5）复核各项税费与应交税费、其他应交款等项目的钩稽关系。

（6）确定被审计单位减免税的项目是否真实，理由是否充分，手续是否完备。

（7）确定税金及附加是否已在利润表上恰当披露。

四、销售费用审计

（一）销售费用的审计目标

销售费用是指企业在销售商品过程中发生的费用，包括企业销售商品过程中发生的运输费、装卸费、包装费、保险费、展览费和广告费，以及为销售本企业商品而专设的销售机构（含销售网点、售后服务网点等）的职工工资及福利费、类似工资性质的费用、业务费等经营费用。商品流通企业在购买商品过程中发生的进货费用也包括在内。

销售费用的审计目标一般包括：①确定销售费用的内容是否完整，计算是否正确；②确定销售费用的分类、归属和会计处理是否正确；③确定销售费用在会计报表上的披露是否恰当。

（二）销售费用的实质性测试程序

销售费用的实质性测试程序一般包括以下内容。

（1）获取或编制销售费用明细表，复核加计是否正确，并与报表数、总账余额及明细账余额合计数核对相符，同时检查其明细项目的设置是否符合规定的核算内容与范围。

（2）确定销售费用的项目设置和开支标准是否符合有关规定，查明其项目设置是否划清了销售费用与其他费用的界限，有关费用支出是否按规定标准列支。

（3）将本期销售费用与上期销售费用进行比较，并将本期各个月份的销售费用进行比较，如有重大波动和异常情况应查明原因。

（4）选择重要或异常的销售费用，检查其原始凭证是否合法、会计处理是否正确。必要时，对销售费用实施截止测试，检查有无跨期入账的现象，对于重大跨期项目应建议做必要调整。

（5）确定销售费用的结转是否正确、合规，查明有无多转、少转或不转销售费用，人为调节利润的情况。

（6）确定销售费用是否已在利润表上恰当披露。

本章小结

典型销售与收款循环所涉及的主要业务活动包括接受客户订货单、批准赊销、发货、装运货物、向客户开发票、记录销售业务、记录收款业务、办理和记录销售退回、销售折扣与销售折让、坏账处理十方面内容。涉及的主要凭证包括客户订购单、销售单、发运凭证、销售发票、商品价目表、贷项通知单、应收账款账龄分析表、应收账款明细账、主营业务收入明细账、折扣与折让明细账、汇款通知书、现金日记账和银行存款日记账、坏账核销审批表、客户对账单、转账凭证、现金和银行凭证等。

审计人员基于销售与收款循环的重大错报风险评估结果，制订实施进一步审计程序的总体方案（包括综合性方案和实质性方案），继而实施控制测试和实质性程序，以应对识别出的认定层次的重大错报风险。

销售与收款循环内部控制测试包括了解和记录销售业务内部控制和销售业务关键控制测试。了解和记录销售业务内部控制一般可通过查阅被审计单位的有关规章制度、文件资料，向有关人员口头查询或现场调查等方式，了解被审计单位销售业务的内部控制，并用适当的方法将了解的情况记录于审计工作底稿。常用的方法有编写内部控制说明、设计内部控制调查表和绘制内部控制流程图。销售业务关键内部控制的测试内容包括明确的职责分工、适当的授权审批、充分的凭证和记录、按月寄出对账单、独立复核程序等。根据内部控制测试所取得的证据，审计人员应该对销售业务内部控制的健全性和有效性作出评价，并在此基础上重新评估控制风险水平。通过对销售业务内部控制的测试和评价，就可确定实质性测试可以依赖的程度。

销售与收款循环的实质性测试是以控制风险评估为基础进行的，它包括营业收入、其他业务收入和营业外收入审计，应收账款、应收票据，以及应交税费、税金及附加、销售费用等相关项目的审计。

关键词汇

销售与收款循环（sales and cash receipts cycle）客户订货单（customer order）

销售单（sales order）　　　　　　提货单（bill of lading）

销售发票（sales invoice）　　　　客户月末对账单（customer monthly statement）

积极式函证（positive confirmation）　消极式函证（negative confirmation）

销售截止测试（sales cut-off test）

思考题

1. 在销售与收款循环审计中，如何运用风险导向审计的相关理念？

2. 收入准则规定按照收入确认和计量的五步法,在客户取得相关商品控制权时确认收入。新的收入确认和计量条件对销售与收款审计的影响有哪些?

3. 根据金融工具准则应收账款按照预期信用损失法进行减值处理,该方法对应收账款减值准备审计的影响有哪些?

4. 关联方之间的销售和收款审计需要注意哪些事项?

练习题

1. 甲公司主要从事电子消费品的生产和销售,产品销售以甲公司仓库为交货地点。甲公司日常交易采用自动化信息系统(以下简称"系统")和手工控制相结合的方式。A 注册会计师是甲公司 2017 年度财务报表审计业务的项目合伙人。

资料一: A 注册会计师在审计工作底稿中记录了所了解的甲公司及其环境的情况,部分内容摘录如下。

(1)甲公司财务总监已为甲公司工作超过 6 年,于 2017 年 9 月劳动合同到期后被甲公司的竞争对手高薪聘请。由于工作压力大,甲公司会计部门人员流动频繁,除会计主管服务期超过 4 年外,其余人员的平均服务期少于 1 年。

(2)2017 年 12 月 31 日,甲公司将所有库存的 X 产品出售给了乙公司,双方协商一致确定了 2 个月的退货期限。甲公司无法根据过去的经验估计该批产品的退货率。

(3)2017 年 9 月 1 日,甲公司与丙公司签订协议,自当月起,由丙公司为甲公司于 2017 年第 4 季度投放市场的一款新产品——Y 产品提供为期 12 个月的广告服务。甲公司于 2017 年 9 月 1 日向丙公司预付 6 个月基本广告服务费,每月 10 万元。另外,按照协议约定,甲公司于每月末按当月 Y 产品销售收入的 5%向丙公司另行支付追加广告服务费。

(4)自 2017 年 11 月起,甲公司将主要产品交货方式由在甲公司仓库交货,改为运至客户指定交货地点交客户签收,但客户需承担甲公司因此而发生运费的 80%。

(5)甲公司从 2014 年起将一项非专利技术的研究开发工作提上日程,至 2017 年年末该非专利技术的研发工作正式完成。甲公司因该非专利技术确认了无形资产 500 万元,并拟短期内出售该无形资产。但是受国家政策影响,市场对该非专利技术并无需求。

资料二: A 注册会计师在审计工作底稿中记录了所获取的甲公司财务数据,部分内容摘录如表 9-8 所示。

表 9-8　甲公司财务数据部分内容摘录　　　　　(金额单位:万元)

	未审数		已审数	
	2017 年		2016 年	
	Y 产品	X 产品	Y 产品	X 产品
营业收入	3 000	6 000	0	5 000
营业成本	2 000	5 100	0	4 600

存货	未审数		已审数	
	2017 年		2016 年	
	Y 产品	X 产品	Y 产品	X 产品
账面余额	180	600	0	500
减：存货跌价准备	0	0	0	0
账面价值	180	600	0	500
预付款项				
基本广告服务费	20		0	
追加广告服务费	100		0	
年末余额	120		0	
无形资产				
年末余额	500		0	

资料三：A 注册会计师在审计工作底稿中记录了针对销售交易实施的控制测试，部分内容摘录如表 9-9 所示。

表 9-9 销售交易实施的控制测试部分内容摘录

事项序号	控　　制	控制测试
（1）	财务人员将经过审批的销售单、发运凭证和销售发票核对一致后，编制记账凭证（附上述单据）并签字确认	抽取了 25 份记账凭证，检查是否经财务人员签字
（2）	装运部门职员在装运货物之前，独立验证从仓库提取的商品都附有经批准的销售单，并且所提商品的内容与销售单一致	观察相关人员是否进行独立验证
（3）	计算机系统在打印销售发票前，通过检查定价主文档版本序号，确定正确的文档版本已经被上传	通过检查信息系统的一般控制确定生成发票的定价主文档版本是否为正确的版本
（4）	每月末向客户寄送对账单，并对客户提出的意见做专门调查	询问相关财务人员是否寄发对账单

资料四：A 注册会计师在审计工作底稿中记录了实施的实质性程序，部分内容摘录如下。

（1）甲公司年末应付账款余额为 1 000 万元。A 注册会计师选取前十大供货商实施函证，均收到回函。回函显示一笔 5 万元的差异，管理层同意调整。因回函总额占应付账款余额的 70%，错报明显微小且已更正，A 注册会计师没有对剩余总体实施其他审计程序。

（2）2017 年，甲公司以 8 000 万元的价格向关联方购买一条生产线。A 注册会计师认为该交易超出甲公司正常经营过程，很可能不存在相关的内部控制，直接实施了实质性程序。

（3）甲公司财务人员手工编制了应收账款账龄分析表。A 注册会计师了解了相关控制，

认为控制设计有效，并就应收账款账龄分析表中账龄结构变化较大的项目询问了相关人员。A 注册会计师基于该应收账款账龄分析表测试了坏账准备中按账龄法计提的部分。

要求：

（1）针对资料一（1）至（5）项，结合资料二，假定不考虑其他条件，逐项指出资料一所列事项是否可能表明存在重大错报风险。如果认为存在，简要说明理由，并分别说明该风险属于财务报表层次还是认定层次。如果认为属于认定层次，指出相关事项主要与哪些财务报表项目的哪些认定相关。

（2）针对资料三第（1）至（4）项，假定不考虑其他条件，逐项指出所列控制测试是否恰当。如不恰当，提出改进建议。

（3）针对资料四第（1）至（3）项，假定不考虑其他条件，逐项指出所列实质性程序是否恰当。如不恰当，简要说明理由。

2. A 注册会计师是甲公司 2017 年度财务报表审计业务的项目合伙人。A 注册会计师了解和测试了甲公司与应收账款相关的内部控制，并将控制风险评估为高水平。A 注册会计师取得 2017 年 12 月 31 日的应收账款明细账，并于 2018 年 1 月 15 日采用肯定式函证方式对所有重要客户寄发了询证函。A 注册会计师将与函证结果相关的重要异常情况汇总于表 9-10。

表 9-10　与函证结果相关的重要异常情况

情况编号	异常函证	客户名称	询证金额/元	回函日期	回函内容
（1）	22	X	300 000	2018 年 1 月 22 日	购买甲公司货款属实，但款项已于 2017 年 12 月 25 日用支票支付
（2）	56	Y	500 000	2018 年 1 月 19 日	因产品质量不符合要求，根据购货合同，于 2017 年 12 月 28 日将货物退回
（3）	64	Z	640 000	2018 年 1 月 19 日	2017 年 12 月 10 日收到甲公司委托本公司代销的货物 640 000 元，尚未销售
（4）	134	E	600 000	因地址错误，被邮局退回	

要求：针对上述各种异常情况，请问 A 注册会计师应分别相应实施哪些重要审计程序？

案例讨论题

鞍山重型矿山机器股份有限公司（以下简称"鞍重股份"，002667.SZ）重组浙江九好办公服务集团有限公司（以下简称"九好集团"）是证监会认定的一起典型的"忽悠式重组"案例，标的公司九好集团的财务数据存在严重的造假行为。

一、基本情况

九好集团 2013 年、2014 年和 2015 年分别虚增收入 17 269 096.11 元、87 556 646.91 元、160 646 712 元。2015 年虚构 3 亿元银行存款，且未披露借款 3 亿元并质押的事实。

2016 年 4 月 21 日，利安达出具审计报告，对九好集团 2013 年至 2015 年度财务报表发表了标准无保留意见。利安达合计收取审计服务费 150 万元。

二、利安达对九好集团 2013 年至 2015 年度财务报表审计时，未勤勉尽责，出具的审计报告存在虚假记载

（一）对银行存款审计程序不到位

利安达对九好集团在兴业银行杭州分行 3 亿元定期存款的审计中，实施了函证程序，截至 2016 年 4 月 21 日审计报告出具日未收到回函。

在浙江证监局提示过关注 3 亿元定期存单的情况下，利安达未执行有效审计程序，审计结论仍为"未见异常情况"，未能发现虚增 3 亿元银行存款及 3 亿元定期存单质押的事实。

2016 年 6 月 2 日收到银行回函，6 月 7 日才对兴业银行杭州分行进行访谈，已晚于审计报告出具日。

（二）对函证审计程序不到位

1. 未按拟定的选样标准进行发函

利安达审计项目组对应收账款函证发函的选取标准定为 10 万元以上全部发函，10 万元以下随机抽取。但在实施函证程序的过程中，审计人员未严格执行拟定的发函标准，对部分 10 万元以上的供应商未进行函证。

2. 未保持对函证的有效控制

（1）利安达实施函证程序时，在九好集团总部安排九好集团工作人员与审计项目组成员一起填写询证函快递单并寄出，而九好集团各子公司的询证函则由审计人员制好询证函，由九好集团下属子公司在各地自行寄出。

（2）审计人员要求九好集团将发函的快递底联全部寄回杭州并由九好集团转交利安达，或由九好集团子公司直接寄回利安达北京总部。此外，还存在九好集团工作人员直接回函的情况。

上述发函工作自始至终均有九好集团人员参与，且在子公司层面失去对函证的控制。从回函情况看，大量回函的快递单存在连号或号码接近、发函与回函快递单号接近的情形。

3. 未充分关注函证回函的疑点

（1）询证函回函供应商确认盖章不符。部分询证函回函供应商确认盖章用印为另一家供应商。

（2）数家供应商回函均留有同样的邮寄信息。

（3）不同供应商回函由同一快递员收件。

（4）询证函发函与回函地址不是同一个城市。

（三）对收入的审计程序不到位

（1）利安达在审计时，对九好集团提供的与营业收入相关的合同、用印及收入证据不足等疑点，未予以充分关注。

（2）部分供应商和客户签订合同的日期或合同履约日期不在九好集团与供应商托管合同期限内。

（3）合同条款自相矛盾或用印错误。

（4）同一控制下的两家企业间的异常业务被九好集团确认为收入。

（5）九好集团据以确认收入的供应商收入确认函、供应商与客户的合同等资料部分缺失。

（6）利安达在未取得充分的供应商与客户实际交易情况确认资料，缺少客户销货合同、发票、发货单、收款凭证等证明供应商收入的相关证据，且取得的部分证据存在明显异常的情况下，未发现九好集团确认收入的真实性存在问题。

（四）利安达对供应商和客户的现场走访工作存在瑕疵与矛盾

（1）利安达在九好集团总部审计工作底稿内收录了对 69 家供应商的现场走访记录，大部分由西南证券或中联资产评估公司人员走访签字，审计项目组人员很少签字，经核对底稿中访谈现场照片，确定利安达对九好集团总部的供应商走访 11 家。

（2）利安达审计工作底稿收录的部分供应商存在两份不同的访谈记录，违背常理。在接受调查过程中，签字注册会计师表示未关注到该事项。

资料来源：中国证监会行政处罚决定书〔2017〕85 号，2017 年 09 月 20 日

思考：

1. 九好集团在资产重组中财务数据严重造假的动机是什么？

2. 九好集团财务数据造假的方式有哪些？

3. 注册会计师对九好集团审计过程中应当如何进行风险评估、控制测试以及实质性审计程序？

4. 鞍重股份、九好集团以及中介机构（证券公司、会计师事务所等）应当承担哪些法律责任？

 简答题

1. 注册会计师张同在预备调查阶段，通过问卷形式对 B 公司的销售与收款循环进行了了解，并将其记入"销售与收款循环备忘录"，如表。

销售与收款循环备忘录

被审计单位名称：B 公司　　编制者：张同　　日期：2020 / 2 / 15　　页次：
会计截止日：2019 / 12 / 31　　复核者：李名　　日期：2020 / 2 / 15　　索引号：X6—1

对销售与收款循环的描述	可能存在的缺陷	建议改进措施
1. 销售部门收到顾客的订单后，由销售部经理就品种、规格、数量、价格、付款条件，结算方式等详加审核，在顾客定单上签章，然后交仓库办理发货手续。		
2. 仓库发运任何商品出库，均必须由管理员李治根据经批准的订单，填制一式四联的销货单。在各联上签章后，第一联代包装发运单，由工作人员依单配货、包装，随货交顾客；第二联送会计部；第三联送应收账款专管员王华；第四联则由李治按编号顺序连同订单一并归档，长期保存，作为盘存的依据。		

续表

对销售与收款循环的描述	可能存在的缺陷	建议改进措施
3. 会计科收到销货单后，根据销货单所列的资料，开具一式两联的销货发票，其中第一联寄送顾客，第二联交王华，作为记账和收款的凭证。		
4. 应收账款专管员王华收到销货发票第二联后，将其与销货单第三联核对，如果无错误，即据以登记销货客户明细账，然后将两者一并按顾客姓名顺序归档，长期保存。		

要求：

（1）根据上述情况，指出可能存在的缺陷与改进措施（将你的回答填入上表）。

（2）张雷是否需要对 B 公司销售与收款循环进行符合性测试，并说明理由。

2. 天天公司于 2020 年 12 月 1 日委托中正会计师事务所对公司 2020 年度的会计报表进行审计。注册会计师张云任该项目的负责人，决定在决算日前实施某些审计程序，包括对截至 2020 年 11 月 30 日的应收账款进行函证。复函中有 6 户顾客提出了以下意见：（1）本公司资料处理系统无法复核贵公司的对账单。（2）所欠余额 50 000 元于 2020 年 11 月 10 日付讫。（3）大体一致。（4）经查贵公司 11 月 30 日的第 2222 号发票（金额为 25 000 元）系目的地交货，本公司收货日期为 12 月 7 日，因此询证函所称 11 月 30 日欠贵公司账款之事与事实不符。（5）本公司曾于 10 月份预付货款 5 000 元，足以抵付对账单中所列两张发票的金额 4 000 元。（6）所购货物从未收到。

注册会计师针对顾客复函中提出的意见，应当采取何种步骤进行处理？

 自测题

单项选择题	多项选择题	判断题

自学自测 扫描此码　　自学自测 扫描此码　　自学自测 扫描此码

 本章推荐阅读材料

1. 中国注册会计师协会. 审计[M]. 北京：中国财政经济出版社，2018.

2. 叶陈云，余中福，夏宁. 审计学[M]. 北京：中国电力出版社，2016.

3. 宋常. 审计学[M]. 北京：中国人民大学出版社，2018.

4. 秦荣生. 审计学[M]. 北京：中国人民大学出版社，2017.

5. 阿伦斯，埃尔德，比斯. 审计学：一种整合方法：英文版[M]. 谢盛纹，译. 15 版. 北京：中国人民大学出版社，2017.

6. 耿建新，刘松青，黄胜. 审计学[M]. 北京：中国人民大学出版社，2017.

7. 陈晓刚. 上市公司收入舞弊分析及审计对策研究[J]. 中国注册会计师，2014（10）.

第十章

购货与付款循环审计

学习提要与目标

从本章开始将以股份公司业务循环为总体结构，以审计理论和方法为指导，介绍审计实务的具体审查内容、程序和方法。一般而言，在审计实务中，可将审计内容划分为购货与付款循环、销售与收款循环、生产与费用循环、筹资与投资循环四个方面。货币资金的增减变动与上述多个业务循环均密切相关，故对其审计分别体现在以上四个业务循环中，对货币资金结存的内部控制测试与实质性程序专门安排一章进行介绍。第四章介绍了内部控制测试的一般程序和方法，本章实务审计将分别围绕不同的业务循环分析其内部控制的目标、关键控制点及测试程序和方法，以及实质性程序的具体程序和方法。购货与付款是相互联系的两个方面。购货既包括商品、材料等存货的购进活动，也包括固定资产购进业务；购进存货与固定资产便相应发生了付款业务。购货与付款循环是企业资金周转的关键环节，只有及时组织好资产的采购、验收业务，才能保证生产、销售业务的正常运行。本章在阐述购货与付款内部控制及其测试后，根据该循环所涉及的主要报表项目，介绍其实质性程序与方法。本章的学习目标是：

（1）了解购货与付款业务循环中内部控制的关键控制点；
（2）明确并理解购货与付款环节控制测试的程序与方法；
（3）掌握该业务循环的实质性程序以及具体业务的审计过程。

引例

材料成本差异长期挂账牵出偷税大案

审计人员在审查一家国有中型纺织企业时，了解到该企业的原材料采用计划成本核算。审查初始，厂长汇报情况时说："虽然原材料价格在被检查年度的上半年大涨了30%，但由于我们厂此前已购进了大量原材料，所以，原材料价格上涨对我们厂影响不大。"事实果真如此吗？待审查后却发现该企业的利润还是下降了20%多，遂询问财务处长为何不一致。财务处长说原材料价格上涨怎么能不对利润产生影响呢？财务处长认为厂长不懂财务，此问题还是以财务处长的解释为准。问题果真如此简单？审计人员心里犯起了嘀咕，决定重点加强对原材料及材料成本差异账户的检查。

审计人员发现，原材料棉花在被检查年度期初的实际库存成本为3 200万元，其中计划成本为2 650万元，材料成本差异为借方余额550万元，而至被检查年度末，棉花的计划成本为950万元，材料成本差异为借方余额170万元，说明该厂全年度耗用了期初库存的低价棉花1 700万元（计划成本），即使按照棉花价格在被检查年度均衡上涨的情形估算（生产领用棉花也均衡），因使用低价棉花至少也应该给该厂产生300多万元利润。于是，审计人员又请财务处长予以解释。财务处长说，这虽是增利因素，但产品价格上涨滞后，产品价格的上涨幅度未能消化原材料价格的上涨，由此产生的减利因素不仅抵销了库存低价原材料带来的利润，而且下半年少数月份还出现了亏损，最终使得全年度利润也大幅下降。财务处长如此解释，似乎不存在问题。然而，审计人员继续分析后发现，该企业多年以来都是实际价格高于计划价格，材料成本差异也一直是借方余额，虽然被检查年度棉花的计划价格没有发生变化，但由于棉花的实际采购价格大幅上涨，所以，年末库存棉花的材料成本差异率应该是比年初的差异率更高才合乎情理。但是，棉花材料成本差异账户的核算情况反映其差异率并未提高，反而是由年初的20.75%（550万元/2 650万元）下降为年末的17.89%（170万元/950万元），这就又出现了矛盾。审计人员再次请财务处长予以解释，财务处长这次无言以对，只是搪塞了一句"可能是材料成本差异计算有误"。于是，审计人员对该企业包括棉花在内的三大原材料账户相应的材料成本差异按照逐月滚动加权平均的方法重新进行了计算，最终发现该企业的这三大原材料在被检查年度共多结转材料成本差异409万元。

最终查明，该企业针对原材料涨价的情况，按照留有余地、以丰补歉的思路，决定把低价库存原材料带来的利润留到以后年度慢慢消化，所以，在领用原材料时，没有按规定结转材料成本差异，而是在以账面按逐月滚动加权平均法计算的差异率结转材料成本差异的同时，每月再故意多结转一部分借方差异，最终使得账面的差异率不但没有因原材料价格的上涨而提高，反而逐月下降，最终形成多转原材料成本借方差异409万元，不但虚增了企业产品的生产成本和销售成本，同时还降低了被审查年度企业的会计利润和计税所得额，并且偷逃了企业所得税。（案例来源：财会信报2010年5月3日）

材料成本差异如何影响财务成果？材料成本差异及相关内容的审计程序与方法是怎样的？本章将结合购货与付款循环业务中的特点，重点讨论包括原材料、材料成本差异、应付账款等内容的控制测试以及实质性程序。

第一节　购货与付款的控制测试

审计人员在审计过程中，需要了解被审计单位及其环境，并评估重大错报风险。了解被审计单位及其环境的内容包括行业状况、法律状况与监督状况以及其他外部环境、被审计单位的性质。被审计单位对会计政策的选择和运用，被审计单位的目标、战略以及相关经营风险，被审计单位财务业绩的衡量和评价，被审计单位的内部控制。这其中既有外部环境，又有内部因素，还体现了内部与外部相结合的要素。这些因素是相互联系和互为影响的。内部控制是需要了解的被审计单位及其环境基本内容。购货与付款控制测试就是根据内部控制及其审计的基本理论与方法，针对购货与付款循环的业务特点，阐述、分析购货与付款内部控制的目标、关键控制点，在此基础上研究被审计单位购货与付款内部控制制度的调查、了解、描述、观察、测试和评价等程序与方法。

一、购货与付款内部控制的目标

企业建立健全购货与付款内部控制，是有其具体目标的。审计人员需要对其进行了解，以便进一步调查、测试与评价内部控制制度。一般而言，购货与付款内部控制的目标包括以下几个方面。

（1）保证购进货物与生产、销售的要求相一致。购进原料、商品的品种、数量、质量和价格在某种程度上决定了企业未来生产和销售的成败与盈亏。购货环节内部控制应使购货活动与生产和销售的要求相一致，防止不恰当购进和舞弊行为的发生。

（2）保证资金支付后获得相应的货物或劳务。购进环节中资金支付应以获得相应的原料、物品商品或劳务为条件。内部控制应保证一切购进活动在这一条件下进行，防止错计和被篡改实物或劳务的数量和金额，保证账面记录的数字与实际获得的物品或劳务相一致。

（3）保证应付账款的真实与合理。购货与付款内部控制应防止交易活动发生后，应付账款被少计或漏列，避免企业财务实力的虚假增大。

（4）合理揭示企业所享有的折扣、折让。供应商提供的折扣是整个买卖交易活动的一个组成部分，购货与付款内部控制应合理地揭示企业已享有的各种折扣和折让，合理地冲销相应的应付账款，防止有人将企业享有的折扣或折让隐匿起来。

（5）保证应计负债的合理计算。购货与付款内部控制应将应计负债的确定依据合理化，监督在各会计期间企业许诺并可合理确定的费用计算是否合理，保证其及时记录在应计账款账户上，保证应计负债的冲减是在款项偿还后成立。

（6）保证代理债务的处理符合法规的规定。国家要求企业向其顾客代扣或代收税款是一种强制性的规定，企业应依照法规规定进行处理。购货与付款内部控制应保证向国家缴纳的各种代扣和代收款项及时取得并被合理记录在有关账户上，保证代扣款计算正确，缴纳及时。

二、购货与付款内部控制的关键控制点

被审计单位每个业务循环中的内部控制措施都体现在该业务循环的各个方面，但从控制的主要角度与主要目的方面讲，又都存在着关键控制点。审计人员首先需要明确并了解被审计单位各个业务循环中所应存在的关键控制点，然后才能有目的地、从关键角度测试和评价整个与分项内部控制的有效性与健全性。购货与付款内部控制的关键控制点主要有以下几个方面。

（一）购货与付款业务中不相容职务的分离

购货业务环节中所需处理的主要业务有确定生产和销售的需要，寻求能满足这些需要的供应商和最低的价格，向供应商发出购货订单，检验收到的货物，确定是否接受货物，向供应商退回货物，储存或使用货物，进行会计记录，核准付款等。在这些业务中，需要进行职务分离的有：生产和销售对原料、物品和商品的需要必须由生产部门或销售部门提出，采购部门采购；付款审批人和付款执行人不能同时办理寻求供应商和索价业务；货物的采购人不能同时担任货物的验收工作；货物的采购人、储存人和使用人不能担任账务的记录工作；接受各种劳务的部门或主管这些业务的人应适当地同账簿记录人分离；审核付

款的人应同付款人职务分离；记录应付账款的人不能同时担任付款业务。

购货与付款业务中不相容职务分离可以发挥重要的控制作用，但有关人员如果串通舞弊则会削弱这种控制作用。

（二）货物和劳务的请购

提出货物和劳务的需要是购买环节上的第一步，一个企业可以有若干不同的请购制度，对不同的需要有不同的确定和提出请购的方法。

（1）原材料或零配件购进。一般首先由生产部门根据生产计划或即将签发的生产通知单提出请购单。材料保管人员接到请购单后，应将材料保管卡上记录的库存数同生产部门需要的数量进行比较。当生产所需材料和仓储所需后备数量合计已超过库存数量时，则应同意请购。

（2）临时性物品的购进。通常由使用者而不需经过仓储部门直接提出，由于这种需要很难列入计划之中，因此，使用者在请购单上一般要对采购需要作出描述，解释其目的和用途。请购单须由使用者的部门主管审批同意。并须经资金预算的负责人员同意签字后，采购部门才能办理采购手续。

（3）由同一服务机构或公司提供某些经常性服务项目。例如，公用事业、期刊、保安等服务项目，请购手续的处理通常是一次性的，即当使用者最初需要这些服务时，应提出请购单，由负责资金预算的部门进行审批。

（4）确定特殊项目的需要。保险、广告、法律和审计服务等一般由企业最高负责人审批，可参照过去的服务质量和收费标准，由专人提出的需要内容，包括选定的广告商、事务所及费用水平等是否合理，经其批准后，这些特殊服务项目才能进行。

（三）订货的控制

无论何种需要的请购，购货部门在收到请购单后，在最终发出购货订单之前，都明确订购多少、向谁定购、何时购货等问题。

（1）关于订购多少问题。购货部门首先应对每一份请购单审查其请购数量是否在控制限额的范围内，其次是检查使用物品和获得劳务的部门主管是否在请购单上签字同意。对于需大量采购的原材料、零配件等，必须做各种采购数量对成本影响的成本分析，其内容是：将各种请购项目进行有效的归类，然后利用经济批量法来测算成本。

（2）关于向谁定购问题。购货部门在正式填制购货订单前，必须向不同的供应商（通常要求两家以上）索取供应物品的价格、质量指标、折扣和付款条件以及交货时间等资料，比较不同供应商所提供的资料，选择最有利于企业生产和成本最低的供应商，与供应商签订合同。

（3）关于何时购货问题。主要由存货管理部门运用经济批量法和分析最低存货点来进行，而不是在购货部门。当请购单已经提出，购货部门应对这些请购单的处理结果及时通知仓储和生产部门。

在上述三个方面的决定作出之后，购货部门应及时填制购货订单，并对其进行控制，主要是预先对每份订单进行编号；在购货订单向供应商发出前，必须由专人检查该订单是否得到授权人的签字；由专人复查购货订单的编制过程和内容；购货订单的副本应交提出请购部门、保管部门与会计部门等。

（四）购入货物的验收

购入货物的验收应由独立于请购部门、采购部门和会计部门的人员来承担，其控制责任是检验收到货物的数量和质量。

（1）对于数量。验收部门在货运单上签字之前，应通过计数、过磅或测量等方法来证明货运单上所列到的数量，并要求两个收货人在收货报告单上签字。

（2）对于质量。验收部门应检验有无因运输损失而导致的缺陷，在货物质量检验需要有较高的专业知识或者必须经过仪器或实验才能进行的情况下，收货部门应将部分样品送交专家和实验室对其质量进行检验。

每一项收到的货物必须在检验以后填制包括供应商名称、收货日期、货物名称、数量和质量以及运货人名称、原购货订单编号等内容的收货报告单，并将其及时报告请购部门、购货部门和会计部门。

（五）应付账款的控制

任何应付账款上的不正确记录和不按时偿还该债务，都会导致交易双方不必要的债务纠纷。对应付账款的控制有：应付账款的记录必须由独立于请购、采购、验收、付款的职员来进行；应付账款的入账还必须在取得和审核各种必要的凭证以后才能进行；对于有预付货款的交易，在收到供应商发票后，应将预付金额冲抵部分发票金额，来记录应付账款；必须分别设置应付账款的统驭账户和明细账；对于享有折扣的交易，应根据供应商发票金额扣去折扣金额的净额登记应付账款；每月应将应付账款明细账与客户的对账单进行核对。

（六）付款的控制

（1）支票准备。支票准备应独立于采购、付款确认和函征程序，所有付款都应使用事前编号的支票，对已签发的支票应将其原始凭证加盖"已付款"印章，以避免重复付款，尽可能使用有安全保障的支票书写器或电脑生成的支票，对于空白支票应安全存放，作废的支票立即注销等。

（2）支付。付款前，应复核客户发票上的数量、价格和合计数以及折扣条件等，核对支票的金额，采购和付款应有各自独立的签名，对支票应采取函寄或其他安全方式送交。

（3）会计处理。会计部门及时记录付款业务，定期核对总账和分类账以及日记账，审查应付账款的明细账和有关文件，以防失去可能的现金折扣。

三、购货与付款内部控制的测试

在明确与了解购货与付款循环内部控制的目标及关键控制点的基础上，审计人员应依照特定的程序与方法对该循环的内部控制的建立健全情况进行测试与评价。

（一）了解和描述购货与付款内部控制制度

了解和描述购货与付款内部控制是对被审计单位的购货与付款内部控制进行调查了解，并将调查了解到的情况或结果通过一定方式反映出来。审计人员可以通过询问、观察、审查被审计单位的会计凭证和审阅有关文件等程序，来了解被审计单位购货与付款内部控制的情况，通过调查表、文字描述或流程图等方式将其结果反映出来。对于不同的被审计单位，审计人员所设计和运用的购货与付款内部控制调查表中的具体内容有所不同，所形成的流程图也不一样。表 10-1 和图 10-1 是其一般内容与格式。这里调查表中只包括购货与付款内部控制主要控制措施，流程图也只是针对一般购货业务绘制的。

表 10-1 内部控制调查表

被审计单位：　　　　　　　审计人员：　　　　　　　编　号：
调查内容：购货与付款　　　被调查人：　　　　　　　调查日期：

调查问题	是	否	较弱	不适用	备注
一、购货与付款业务的职务分离					
1. 生产部门、销售部门、采购部门在货物购进方面是否实行分离？	√				
2. 采购人与验收人是否实行分离？	√				
3. 货物采购人、保管员、使用者与账务记录是否分离？	√				
4. 货物或劳务付款的审批与执行是否实行分离？	√				
5. 应付账款付款人与记录人是否实行分离？	√				
二、货物与劳务的请购控制					
1. 对不同的货物或劳务是否制定了不同的请购制度？	√				
2. 是否建立了请购的授权批准程序？		√			
3. 每笔购进业务是否都有经过批准的请购单？	√				
三、订货控制					
1. 购货部门是否审查请购数量的合理性？	√				
2. 购货部门是否审查请购单上有无主管签字？	√				
3. 购货部门是否确定供应商？	√				
4. 购货部门是否确定购货时间？		√			
5. 购货是否有采购计划并经资金管理部门审查？	√				
四、货物验收控制					
1. 验收部门是否正确验证货物数量和质量？	√				
2. 验收是否有内容齐全的收货报告单？		√			
3. 收货报告单是否及时报告购货部门和会计部门？	√				
五、应付账款控制					
1. 应付账款的记录是否由独立于请购、采购、验收、付款的职员来进行？	√				
2. 应付账款的入账是否在取得和审核各种必要的凭证以后才能进行？	√				
3. 对于有预付货款的交易，在收到供应商发票后，是否以预付金额冲抵部分发票金额来记录应付账款？	√				
4. 是否分别设置应付账款的统驭账户和明细账？			√		
5. 对于享有折扣的交易，是否根据供应商发票金额扣去折扣金额的净额登记应付账款？			√		
6. 每月是否将应付账款明细账与客户的对账单进行核对？			√		
六、付款控制					
1. 所有付款是否都使用事前编号的支票？	√				
2. 对已签发的支票是否将其原始凭证加盖"已付款"印章？	√				
3. 付款前，是否复核客户发票上的数量、价格和合计数以及折扣条件等内容？	√				
4. 会计部门是否及时记录付款业务并定期核对总账和分类账以及日记账？		√			

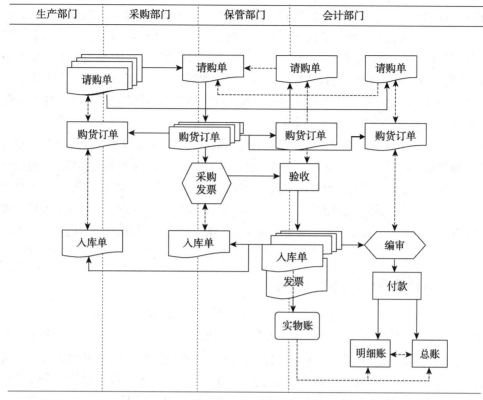

图 10-1　购货与付款内部控制流程

（二）测试购货与付款内部控制

测试购货与付款内部控制是在了解与描述的基础上，对其在实际业务中的执行与实施情况和过程进行检查和观察，以确定制定的内部控制与实际执行的是否相符与一致。应结合业务的关键控制点或控制环节进行测试。

（1）关于请购商品或劳务内部控制的测试。请购制度有助于对订货单和购货发票的控制，从而使得控制测试的结果为进一步信赖该制度提供有力证据。审计人员尤其关注对请购单的提出和核准的控制程序。对其进行控制测试时，应选择若干张请购单，检查摘要、数量及日期和相应文件的完整性，审核核准的证据手续的是否完整，有无核准人签字等。

（2）关于订购商品或劳务内部控制的测试。订货单是经核准的采购业务的执行凭证，审计人员通常更注意对订货单的填制和处理的控制，关注订货单是否准确处理和全部有效。进行测试时，应注意审查订货单的完整性，如编号、日期、摘要、数量、价格、规格、质量及运输要求等是否齐全，审查订货单是否附有请购单或其他授权文件。

（3）关于货物验收内部控制的测试。审计人员应确定购货发票是否与验收单一致，验收部门是否独立行使职责，并编制正确的验收单，查询并观察验收部门在收货时对货物的检查情况，检查按编号顺序处理的验收单的完整性，即验收单的内容填写是否完整，查阅货物质量检验单的内容和处理程序。

（4）关于应付账款内部控制的测试。审计人员应检查购货业务的原始凭证，包括每一张记录负债增加的记账凭证是否均附有订货单、验收单、购货发票，审核这些原始凭证的数量、单价、金额是否一致，原始凭证上的各项手续是否齐全。应注意现金折扣的处理是否由经授权的经办人按规定处理，测试中，可抽查部分购货发票，注意有关人员是否在现金折扣期限内按原发票价格支付货款，然后从供货方取得退款支票或现金，有无丧失了本应获得的折扣的问题。审计人员还应根据付款凭证记录的内容，分别追查应付账款和存货明细账与总账是否进行平行登记，金额是否一致。

（5）关于付款业务内部控制的测试。审计人员可通过查询、观察、检查以及重复执行内部控制等措施对资金支出是否存在进行测试，其步骤与方法是：检查支票样本，审核付款是否经过批准，支票是否与应付凭单一致，付款后是否注销凭单，支票是否由经过授权批准的人员签发；检查支票登记簿的编号次序，与相应的应付账款明细账和银行存款日记账核对，审查其金额是否一致；观察编制凭证和签发支票、签发支票与保管支票的职责分配是否符合内部牵制原则；检查付款支票样本，确定资金支付是否完整地记录在适当的会计期间。

（三）评价购货与付款内部控制

对购货与付款内部控制进行评价，是为了对购货与付款业务进行实质性程序前确定对购货与付款内部控制可依赖程度。审计人员在评价时应注意分析购货与付款业务中认定可能发生哪些潜在的错报或漏报，哪些控制可以防止或者发现并更正这些错报或漏报。通过比较必要的控制和现有控制，评价计划依赖的购货与付款业务内部控制的健全性与有效性。如果客户没有建立审计人员认为必要的内部控制，或者现有控制不足以防止或检查错报或漏报，那么审计人员应该考虑内部控制缺陷对审计的影响，确定是否扩大实质性程序的范围。

 相关案例

某企业购货与付款内部控制中的问题

某检察机关接到举报电话，反映某生物制品厂厂长刘某将大量的采购货款截留在代理出口单位甚至转移。接到举报后，检察机关即开展了调查，发现刘某通过多开发票的手段，截留贪污了销售款 400 多万元，并通过代理出口单位将贪污的货款转移到其私人开的企业。调查中还发现，该厂财务管理混乱为刘某贪污行为打开了方便之门：财务科根据刘某的指令开具采购发票，刘某说多少就是多少；仓库里没有库存明细账及货物进出库记录，采购成本按估算的毛利率计算；产成品因为只有总账，所以产品存货应该是多少，谁也说不清，以至于通过库存盘点，采购成本大大高出了实际成本和市场平均价格。也正是通过这个不正常现象，顺藤摸瓜，彻底查清了刘某多计采购款、贪污货款的事实。

本案例的舞弊手法非常简单，却因为采购业务内部会计控制的薄弱而发挥了作用，刘某利用职务之便故意多开采购货款发票，将资金转移后虚增采购商品的单位价格，达到贪污的目的，案例中采购业务内部会计控制的缺陷在于以下两点。

（1）控制环境很差。高层管理者的个人修养较低，而且企业的财务人员没有对厂长的行为进行制衡和分析，导致了内部控制的失效。

（2）会计信息系统处于"瘫痪"状态。企业的会计账簿管理混乱，连产品的明细账都无法提供，更不用谈什么采购商品成本和账簿核对了，这样就使刘某更加肆无忌惮地侵吞企业财产，导致了400多万元的损失。

通过这个反面案例，可以看出会计系统控制在购货与付款内部会计控制的作用，企业要利用购货、付款业务会计信息之间的内在联系经常审查有关的会计记录，对凭证、账簿和报表进行必要的审核，记录控制是内部会计控制不可或缺的组成部分。

第二节　应付账款审计

在上述对购货与付款进行控制测试的基础上，审计工作需更注重对购货与付款业务进行实质性审查。在购货与付款循环业务中，容易出现的重大错报包括：错误估计负债或相关资产准备，错误记录相关权利和义务，相关舞弊和盗窃行为等。应付账款是购货与付款循环中的一个重要会计报表项目，是企业在经营过程中，因购买材料、商品与接受劳务供应而应付给供应单位的款项。下面具体介绍对其实施实质性程序的要点。

一、获取或编制应付账款明细表

审计人员应从客户处取得或自己编制应付账款明细表，并进行复核有关数字的正确性，与报表数、总账数和明细账合计数进行核对，检查其是否一致，如果出现差异，应查明原因，并作出相应的调整。表10-2是应付账款明细表的格式。

表 10-2　应付账款明细表

被审计单位：×××公司　　　　编制人：　　　　日期：　　　　索引号：
截止日期：2018 年 12 月 31 日　　复核人：　　　　日期：　　　　页　次：

账户名称	期初余额		本期发生额		期末余额		备注
	借方	贷方	借方	贷方	借方	贷方	
明阳公司		2 000 000	2 500 000	3 000 000		2 500 000	
中原工厂		825 000	600 000	500 000		725 000	
大地公司		6 570 000	8 250 000	5 500 000		3 820 000	
宏太公司		50 000	126 000	200 000		124 000	
方明公司		260 000	250 000	260 000		270 000	
致远公司		3 700 000	3 000 000	2 000 000		2 700 000	
合计		13 405 000	14 726 000	11 460 000		10 139 000	

表10-2如果由被审计单位编制，审计人员应将期初余额、本期发生额和期末余额的合计数与应付账款明细账和总账进行核对，如若不符，应查明原因，并进行调整。

二、审查应付账款明细账

审计人员应从应付账款明细账中选择重点审阅所记录的摘要、日期、金额等内容，核对其是否与购货发票、订货单、验收报告等原始单据以及现金日记账、银行存款日记账的有关项目相符；运用分析程序，检查年度内某一应付账款明细账发生和偿还的负债金额是否正常，有无利用应付账款账户进行营私舞弊的问题。

【例 10-1】 利用应付账款隐匿销售收入。2019 年 2 月，审计人员对金扬公司进行了 2018 年度的会计报表审计。在分析、审阅应付账款明细账时，发现其中"华邦公司"账户 12 月发生的贷方记录，合计金额高达 500 万元，相当于前 11 个月合计数 1 000 万元的 50%，审计人员认为该月的应付账款记录不正常，于是，将 12 月账内每笔记录与有关凭证进行了核对，其中 12 月 28 日账内一笔记录金额为 350 万元，记账凭证中的会计分录如下。

借：银行存款 3 500 000
　　贷：应付账款——华邦公司 3 500 000

所附原始凭证为银行存款进账单回单和销售给华邦公司货物的销售发票。经询问被审计单位会计和出纳人员，证明该笔记录是一项销售业务，被审计单位为了转移或隐藏本年度的销售收入，采取了上述非法的账务处理。一般情况下，被审计单位会在第二年（2019年）将上述所隐藏的销售收入予以冲回，即借记"应付账款——华邦公司"账户，贷记"主营业务收入"账户。审计人员通过审阅被审计单位 2019 年的有关账户，尚未发现有冲回记录。对此，审计人员应调整被审计单位 2018 年度会计报表中有关项目。假设被审计单位属于一般纳税人，增值税税率为 17%，则应做账务调整如下。

借：应付账款——华邦公司 3 500 000
　　贷：主营业务收入 2 991 453
　　　　应交税费——应交增值税（销项税额） 508 547

三、函证应付账款

审计人员对年度内有大额购货交易的应付账款，不论其在报表日有无余额，都应进行函证。此外，还应向未寄对账单的供应商、异常交易账户、母子公司和资产担保负债的债权人发函询证，以确定其是否存在未入账的应付账款，对期末账面余额为零的重要供应商也要直接询证，这是揭示漏列负债的有效方法。函证应付账款是审查应付账款的程序和方法之一，但并不像函证应收账款那样重要，因为复核负债的最大目的存在于发现业已存在但未曾入账的债务，而函证已经入账的负债，并不能证明是否存在未曾列入账的债务。另外，与应收账款相比，委托人有卖方发票、对账单等外来证据，可以用来核实应付账款，而对应收账款，则没有类似的凭证予以证明。还有，决算日已经入账的大多数负债在下年度审计人员完成审核时已告付讫，付款行为进一步证实了已入账债务的可靠性。所以，一般情况下，应付账款不需要函证。但如果被审计该环节内部控制可信赖程度较低，发生重大错报可能性较大，某些应付账款明细账户金额较大或客户单位处于经济困难阶段，则应对这些应付账款进行函证。

进行函证时，审计人员应选择金额较大的债权人以及资产负债表日金额虽然不大甚至为零，但属于企业重要供货人的债权人作为函证对象。此外，还应考虑向上年度债权人进行函证。函证最好采用肯定形式，并具体说明应付金额。同应收账款函证一样，审计人员必须对函证的过程进行控制，并要求直接回函。根据回函情况，编制与分析函证结果汇总表，对未回函的客户决定是否再次函证。如果存在未回函的重大项目，审计人员应采用替代程序，确定其是否真实，其方法是可以检查报表日后应付账款明细账及现金和银行存款日记账，核实其是否已支付，同时检查该笔债务的相关凭证资料，核实交易事项的真实性。应付账款询证函格式如表 10-3 所示。

表 10-3 应付账款询证函格式

远航公司询证函

达海公司：

我们聘请的注册会计师正在审核本公司的财务报表。为此，谨请您将本公司于 2018 年 12 月 31 日结欠贵公司的金额填入下列表式的空白处。

另外，请一并附上说明未付款项金额的明细表，直接邮寄北京市×××路××号华信会计师事务所李明先生。

回函请用本函所附贴邮票并写明邮寄地址的信封。

谢谢合作

远航公司

（本函不做还款催讨依据，请勿
要求本会计师代催欠款）

2019 年 1 月 30 日

华信会计师事务所李明先生：

本公司记录表明远航公司 2018 年 12 月 31 日止结欠本公司 5 576 000 元，明细数字详见附表。

达海公司
会计主任（签字）
2019 年 2 月 5 日

附表：

达海公司欠款未付明细表

日期	发票号	金额/元
2018.10.19	1678	689 000
2018.11.12	2720	312 000
2018.12.20	3341	4 575 000

四、审查未入账的应付账款

对于应付账款，需要发现那些实际存在、金额较大且对企业财务报表有着重大影响的未入账应付账款。对此，审计人员可以依照下列程序和方法进行审查：应检查其资产负债表日未处理的不相符的购货发票（如抬头不符，与合同某项规定不符等）及有材料入库凭证但未收到购货发票的经济业务；审查结算日及结算日前两日的验收报告单，对照检查结算日后现金支出与结算日记录的交易，以查明是否存在购进商品已经验收并包含在年终之内，但却未列入审计年度负债之类的购货交易；检查资产负债表日后收到的购货发票，确认其入账时间是否正确；审查未入账的卖方发票，以查明其是否应包括在审计年度负债之内；检查资产负债表日后应付账款明细账贷方发生额的相应凭证，确认其入账时间是否正确；向会计部门和购货部门的有关负责人查询是否存在重大未入账的应付账款，可以结合查阅资本预算、工作通知单和基建合同来进行。

注册会计师在查找未入账的应付账款时，还应注意以下几种漏记应付账款的情况：货已收到，但未收到卖方发票；有卖方发票，但其他手续不齐；卖方发票与购货不符；结算日后收到卖方发票；结算日记入应付凭单登记簿的未付凭单。

通过对以上有关情况的审查，审计人员可能会发现某些应列入审计年度负债项目而未列入的应付账款。此外，还可能会发现各式各样未入账的应付账款，如结算日在建工程的未付承包商款或建筑费，未付律师或保险代理人费用等。对于未入账的应付账款，审计人员应将其详细记入审计工作底稿，然后根据其重要程度确定是否需建议客户单位进行相应的调整。所谓重要程度应视其对净收益及财务状况的影响而定。

【例 10-2】 某会计师事务所对拥有资产 1 000 万元的利华公司进行 2018 年度会计报表审计。该公司当年获净利 50 万元，财务状况良好。在对其结账日后半月交易进行审查时，发现下列未入账负债。

（1）2018 年 12 月 28 日的金额为 200 000 元的发票（交货以运出为条件）反映购货业务，该批货物于同日运出。利华公司于 1 月 8 日收到货物，于收货当日入账。

（2）2018 年 12 月 31 日收到货品一批，金额 380 000 元（交货以运出为条件），当日验收入库。发票在 2018 年 1 月 8 日收到，发票日期标明为 2018 年 12 月 29 日，利华公司记入 1 月交易中。

（3）所购 X 设备于 2018 年 12 月 31 日安装完毕，发票日期 12 月 31 日，金额 550 000 元。利华公司在 1 月 12 日付款方予入账。

（4）2018 年第四季度广告费 6 000 元（发票日期为 2018 年 12 月 31 日）。直到次年 1 月 13 日付款时方予入账。

对上述情况，审计人员可做如下分析。

（1）该项购货应于 2018 年 12 月 28 日通过"应付账款"科目入账，利华公司于 2019 年 1 月 8 日收到货物时入账便漏记了 2018 年的负债，该项漏列应予调整。

（2）此项漏列错误中，所购存货已包含在期末结存数中，而未通过"应付账款"反映 2018 年末的该项负债计入，结果使当期净利虚增 380 000 元，所有者权益虚增。同时，由于流动负债少列计 380 000 元，使营运资本增加，流动比率提高，粉饰了企业的财务状况。这种漏列所造成的影响显然是重要的，利华公司必须予以调整。

（3）该交易涉及资产负债科目，漏作分录对当期净利没有影响，但因少计流动负债，会使营运资本流动比率受到影响。故也应予以调整。

（4）此笔费用须调整入账，因其不仅影响当期损益，亦影响营运资金及流动比率。

由上例看出，事项对净利发生影响，是注册会计师做账务调整的首要原则，如净利不会发生变动，仅影响流动比率及营运资本，那么注册会计师可以根据其影响的大小决定是否调整。注册会计师应充分考虑这类差异的累计影响。因为大量不需调整的错误累积起来，可能会对企业财务报表产生重大影响。这时，注册会计师就必须对其进行调整。

第三节　固定资产审计

固定资产是指生产商品、提供劳务、出租或经营管理而持有的使用寿命超过一个会计年度的有形资产。不属于生产经营主要设备的物品，但单位价值在 2 000 元以上，并且使用期限超过两年的，也应当作为固定资产。固定资产在企业总资产中占有较大的比重，固定资产的安全与完整对企业生产经营活动有着重要影响。对固定资产实施审计，就是为了确定其结存、增减变化、折旧、减值准备等业务或内容是否真实、合法与公允。

一、索取或编制固定资产及累计折旧分类汇总表

固定资产及累计折旧分类汇总表，是分析固定资产账户余额变动情况的重要依据，是固定资产审计的重要工作底稿，其格式如表 10-4 所示。审计人员应注意验证固定资产明细账与控制账户的金额是否相符，如果不符，则应将明细分类账与有关的原始凭证进行核对，查出差异原因并予以更正。对各项固定资产的累计折旧，注册会计师也要加计汇总与总账核对，揭示并查明差异原因，予以更正。核对无误后，索取或编制固定资产及累计折旧分类汇总表。

表 10-4　固定资产及累计折旧分类汇总表

2018 年 12 月 31 日

被审计单位：胜利公司　　　　　编制：周仪　　　　日期：2019 年 1 月 15 日

　　　　　　　　　　　　　　　复核：张芳　　　　日期：2019 年 1 月 20 日　　　　单位：元

账户编号	固定资产类别	固定资产				累计折旧					
		期初余额	增加	减少	期末余额	折旧方法	折旧率	期初余额	增加	减少	期末余额
143	房屋建筑物	850 000			850 000√	直线法	5%	85 000	42 500		127 500√
144	机器设备	146 000	34 000∧		180 000√	直线法	10%	29 200	1 700		30 900√
145	运输工具	86 000	12 000∧		90 000√	直线法	20%	34 400	1 200	4 000∆	31 600√
146	办公设备	12 000	3 000∧	8 000∆	14 000√	直线法	20%	4 800	300		5 100√
	合计	1 094 000T	49 000T	8 000T	1 134 000T			153 400T	45 700T	4 000T	195 100T

注："∧"＝经核对与采购合同、所有权证书及发票相符

　　　"∆"＝经核对与固定资产报废通知单相符

　　　"√"＝已核对全部明细账或登记卡余额合计无误

　　　"T"＝已复核加总

本年新增办公设备 3 000 元没有计提折旧，调整分录：借：管理费用——折旧费　　　　200

　　　　　　　　　　　　　　　　　　　　　　　　　贷：累计折旧——办公设备　　　　200

假设表中新增固定资产从 7 月起计提折旧，报废固定资产发生在 12 月。

二、验证固定资产的所有权

审计人员应审阅产权证书、财产保险单、财产税单、抵押贷款的还款收据等合法书面文件，以确定所审查的固定资产是否确实为企业所拥有的合法财产。必要时，还可向保险公司、税收机构、银行等进行询证，以及从客户的律师处获得可信的证据，确定固定资产的所有权归属。针对不同固定资产类别，应侧重不同的审计程序：对各类固定资产，审计人员应获取、汇集不同的证据以确定其是否确归客户单位所有；对外购的机器设备等固定资产，通常经审核采购发票、购货合同等即可确定；对于房地产类固定资产，尚需查阅有关的合同、产权证明、财产税单、抵押贷款的还款凭据、保险单等书面文件；对融资租入

的固定资产，应验证有关租赁合同，证实其并非经营租赁；对汽车等运输设备，则应验证有关执照等；对受留置权限制的固定资产的审查，通常审核客户单位的有关负债项目即可证实，但注册会计师在验证固定资产所有权时，仍需查明是否确实存在此类固定资产。

在初次审计情况下，审计人员要获取客户财产的产权证书副本。但要知道拥有所有权证书不一定就能证明固定资产的所有权（如卖主可能持有已出售固定资产的旧产权证书），所以应进一步审计有关合同、发票、付款凭证，并与财产税单进行核对。财产税单上抬头名称应为被审计单位，关于财产的地点和描述应当与客户所拥有的财产吻合。此外，有没有租金支出项目、其他证明文件（如汽车的行驶执照）或律师的产权意见等也可提供所有权的证据。

【例 10-3】 固定资产所有权的确定。达信会计师事务所注册会计师张文 2019 年 2 月 5 日对新成立的石峰公司进行 2018 年度会计报表审计时，发现其固定资产账簿内有如下会计记录。

借：固定资产——甲仓库   30 000 000

    贷：应付票据——抵押票据   20 000 000

        长期股权投资——其他投资   10 000 000

经审查，张文发现石峰公司以转让其所持的属于非上市的太和公司的部分股份 1 000 万元给远翔公司，并承担远翔公司为建筑甲仓库的抵押借款 2 000 万元为条件，获得甲仓库，而甲仓库是某一建筑单位承建的。为了确定该项固定资产的所有权，张文实施了下列审计程序：审核抵押贷款合同及附件；审核该项固定资产的产权证明；审查甲仓库转让合同约定事项的具体内容以及是否已全部履行完毕；询问被审计单位会计人员及有关管理人员，了解此交易的发生背景和过程。

在验证固定资产所有权时，审计人员还要注意固定资产的租赁事项。企业在生产经营过程中，可能将闲置的固定资产租出；有时由于生产经营的需要，又需临时租用固定资产。这样企业之间就形成了固定资产租赁关系。租赁一般分为经营性租赁和融资性租赁，在这两种租赁方式下，租赁固定资产的所有权归属截然不同。

在经营性租赁中，租入固定资产的企业按合同约定，在规定的时间交付一定租金，享有固定资产的使用权，而固定资产的所有权仍属出租单位。因此，租入企业对经营租赁来的固定资产并不具有所有权，企业固定资产的价值没有增加，也不计提折旧。对临时租入的固定资产，租入企业不应在"固定资产"账户内核算，应另设立备查簿进行登记。租出固定资产的企业，仍继续提取折旧，同时取得租金收入。因此，对于经营性租赁的固定资产，应注意查明：固定资产租赁是否签订了合同、租约，手续是否完备，合同内容是否符合国家规定，是否有相关管理部门的批准；租入的固定资产是否确属企业必需，或出租的固定资产是否确属企业闲置不用，双方是否认真履行合同，其中是否有不正当的交易；租金收取是否合理，有无多收或少收现象；租入固定资产有无久占不用、浪费损坏的现象，租出的固定资产有无长期不收租金，无人过问，是否有变相馈送、转让等情况；租入的固定资产是否已登入备查簿，对于租赁固定资产的改良工程，在租赁合同中双方是否订有协议等。

在融资性租赁中，租入单位向租赁公司借款购买固定资产，分期归还本息，全部付清本息后，就取得了固定资产的所有权。因此，融资性租赁支付的租金，包括固定资产的价值和利息，并且这种租赁的结果是固定资产所有权归租入单位，故租入企业在租赁期间，对融资租入的固定资产应按企业的固定资产进行管理，计提折旧和进行维修。在审查融资性租赁时，除可参照经营性租赁固定资产的审查要点以外，要注意融资偿付的利息，其利率的计算是否与市场利率相当；融资租入固定资产的计价是否正确，是否进行了正确的账务处理等。

三、实地观察固定资产

实地观察固定资产，有助于审计人员深入了解、熟悉被审计单位的生产经营情况，验证固定资产增加、减少会计处理的正确性。当被审计单位固定资产内部控制较薄弱时，实地观察显得尤为必要。实地观察固定资产的范围、程序与方法如下所述。

（1）观察的重点。观察固定资产的实际存在主要是实地检视被审计年度内增加的主要固定资产项目，并不一定全面观察所有的固定资产。观察范围的确定需要依据客户单位内部控制的强弱、固定资产重要性和注册会计师的经验。这决定了审计人员对固定资产及累计折旧期初余额的信任程度。若信任程度高，则只需对期初固定资产抽检并检视该审计年度的主要增加项目；反之，需要实施全面盘点或其他类似程序，如审计人员在企业有关职能部门进行全面盘点时受邀到场观察或参盘，并进行抽检。实地观察过程中若发现可疑问题，应深入调查或扩展检视范围直至全面盘查。

在实地观察的过程中，注册会计师还应注意观察固定资产的保养和使用状况，运行是否正常。对于未使用的闲置固定资产，如果不是由于大修理或订货不足或季节性原因而暂时闲置，而是无法在未来期间继续使用的，应将其从固定资产中剔除，不再计提折旧（房屋、建筑物除外），同时将其账面价值注销至可变现净值。对确属暂时闲置的固定资产，应查明其账面价值能否在未来的企业运营中予以收回，据以确定该资产的期末价值。

（2）观察的路径。审计人员可以固定资产明细分类账为起点，进行实地追查，以证明会计记录中所列固定资产确实存在，并了解其目前的使用状况；也可以实地为起点，追查至固定资产明细分类账，以获取实际存在的固定资产是否均已入账的证据。

（3）观察中的问题处理。在查验有些行业企业的固定资产是否实际存在时，可能有一定困难，如运输行业、建筑行业等，这些行业企业的固定资产往往散布在许多地方或正在极为广泛的地区内流动使用，如运货卡车可能大部分正在运货途中，建筑机械正在某个远方城市的工地上。这时，审计人员可以实施替代性审计程序来查验，如通过审查产权证书、执照登记收据、投保设备详细说明的财产保险单，以及有关汽油等燃料的消耗和修理开支的明细记录等来确定运输工具的存在。对于建筑企业，审计人员则可抽检若干建筑工地，查明特定设备是否存在，以作出判断。

四、审查固定资产增加情况

固定资产增加如果核算有误，将对资产负债表和损益表产生较长时间的影响，因此，审查固定资产增加，是固定资产实质性程序中的重要内容。固定资产增加有购入、自制自建、投资人投入、融资租入、接受捐赠和盘盈等渠道。对其，应采取不同的审计程序进行审查。

（1）非购入和非自制自建固定资产的审查。对于非购入和非自制自建固定资产的审计，一般只需核对有关的会计记录、合同文件、验收报告等，并注意固定资产的计价是否符合规定。按我国企业会计准则规定，对固定资产应当按照成本进行初始计量。投资者投入固定资产的成本，应当按照合同、协议约定的价值确定；融资租入的固定资产，应当将租赁开始日租赁固定资产公允价值与最低租赁付款额现值两者中较低者作为租入固定资产的入账价值，将最低租赁付款额作为长期应付款的入账价值，其差额作为未确认融资费用。注册会计师应把重点放在购入和自制自建增加固定资产的审查上。

（2）购入固定资产审查。对于购入固定资产，应重点审查购入固定资产是否列入预算并经授权批准；审查所购入固定资产的计价是否正确。固定资产的购入成本包括购买价款、相关税费、使固定资产达到预定可使用状态前所发生的可归属于该项资产的运输费、装卸费、安装费和专业人员服务费等。以一笔款项购入多项没有单独标价的固定资产，应当按照各项固定资产公允价值比例对总成本进行分配，分别确定各项固定资产的成本。对于实际成本超预算幅度较大的资产项目，应追查原因；审阅产权证书或有关证明文件、购买合同或其他合法文件。固定资产采购业务比较复杂，金额较大，审计人员应根据对被审计单位固定资产内部控制风险程度的评价和重要性原则，确定审核采购发票等凭据的范围。对于从关联企业购进的固定资产，尚须注意其价格是否严重偏离正常市价；审核固定资产的验收报告，验证固定资产的所有权；对购入的固定资产进行实地观察，以确定其存在性。

（3）自制自建固定资产的审查。对于自制自建固定资产，应重点审查建设项目的批准文件，以查明是否经过适当授权批准；审查为建设项目而发生的所有直接材料和直接人工成本，以及间接费用的分摊；审查工作单上的有关计算和已完工项目的竣工决算单、验收报告等，确定已完工在建工程项目已全部转入固定资产账户且归类正确；如果是出包工程，审查有关工程建筑合同。如果建筑合同允许各期的一部分应付工程进度款被扣留直至工程完工和验收，则需查明这部分金额是否已计入工程成本并记录为客户的负债。

此外，对购入固定资产和自制自建固定资产的审查，审计人员还要将有关原始单证与固定资产登记卡核对，将实际购建成本与核定预算核对，查明其间差异是否经过分析和核准。审查固定资产的增加可以结合实地观察程序进行，如实地观察在建工程和购进的固定资产。

五、审查固定资产减少情况

审查固定资产的减少主要是为了查明被审计年度内各项固定资产的报废、毁损、向其他单位投资转出、出售、盘亏、以旧换新等处置是否适当入账。有的被审计单位会出现固定资产账存实无现象，审计人员应注意审查是否存在资产已处置而账面上尚未冲销的情况。

（1）审查减少固定资产授权批准文件。如批准报废通知单，以查明是否经适当授权批准。企业一般应建立处置核准制度，并采用多联式通知单，及时报请各职能部门或人员进行记录登账。

（2）查明企业是否已对所有处置完毕的固定资产作出及时、正确的会计记录。对此，审计人员应向管理当局或有关职员了解情况，核查主要固定资产增加是否用来替换已处置的资产，调查是否可能因企业布局或产品设计的主要变化而致使一些固定资产退废；审阅固定资产明细账并抽查部分固定资产以确定年终盘点时盘亏的固定资产已全部予以注销。

六、审查固定资产折旧情况

企业计提固定资产折旧，是为了把固定资产的成本分配于各个受益期，实现期间收入与费用的正确配比，折旧核算是一个成本分配过程。折旧计提和核算的正确性、合规性就成了固定资产审计中一项重要的内容。固定资产折旧的审查，就是为了确定固定资产折旧的计算、提取和分配是否合法与公允。

（1）编制或索取固定资产及累计折旧分类汇总表。审计人员应通过编制或索取固定资产及累计折旧分类汇总表总括了解被审计单位固定资产的折旧计提情况，在此基础上，对表内有关数字进行加计复核，并与报表数、总账和明细账进行核对。

（2）对固定资产累计折旧进行分析性复核。审计人员首先应对本期增加和减少固定资产、使用年限长短不一和折旧方法不同的固定资产做适当调整，然后，用应计提折旧的固定资产乘本期的折旧率，如果总的计算结果和被审计单位的折旧总额相近且固定资产及累计折旧内部控制较健全，则可以适当减少累计折旧和折旧费用的其他实质性程序工作量。

审计人员还应计算本期计提折旧额占固定资产原值的比率并与上期比较，分析本期折旧计提额的合理性和准确性；计算累计折旧占固定资产原值的比率，评估固定资产的老化率，并估计因闲置、报废等原因可能发生的固定资产损失。

（3）审查被审计单位固定资产折旧政策的执行情况。主要应检查折旧范围、折旧方法是否符合国家规定，如有无扩大或缩小固定资产折旧范围、随意变更折旧方法的问题。

（4）固定资产折旧计算和分配的审查。审计人员应审阅、复核固定资产折旧计算表，并对照记账凭证、固定资产卡片和固定资产分类表，通过核实月初固定资产原值、分类或个别折旧率，复算折旧额的计算是否正确，折旧费用的分配是否合理，分配方法与上期是否一致。

【例 10-4】 固定资产折旧范围及折旧计提。达信会计师事务所注册会计师法张文审计金铭公司"固定资产"和"累计折旧"项目时发现下列情况。

（1）"未使用固定资产"中有固定资产——A 设备已于本年度 7 月投入使用，该公司未按规定转入"使用固定资产"和计提折旧；

（2）对所有的"空调器"，按其实际使用的时间（5 月至 9 月）计提折旧；

（3）公司有融资租入的设备 2 台，租赁期为 3 年，尚可使用时间为 4 年，该公司确定的折旧期为 4 年；

（4）对已提足折旧继续使用的某设备，仍计提折旧；

（5）5 月购入吊车 1 辆，价值 65 万元，当月已投入使用并同时开始计提折旧；

（6）该公司采用年限平均法计提折旧，可于本年度 8 月改为工作量法，这一改变已经被股东大会或董事会批准，但未报财政及有关部门备案，也未在会计报表附注中予以说明。

张文注册会计师对此作出以下分析。

（1）根据规定，房屋、建筑物以外的未使用、不需用的固定资产不计提折旧，但如根据生产经营的需要重新投入使用，则应自投入的次月开始计提折旧。该公司应把 A 设备及时转入"使用固定资产"，并自 8 月开始计提折旧。

（2）固定资产使用年限是指固定资产的实际使用寿命，作为一种具有特殊性质的"空调器"，其性质属于"季节性停用的固定资产"，按照规定停用期间应照常计提折旧；如果停用期间不计提折旧，则使用期间所计提的折旧应当是折旧年限应提折旧全额。因此，该公司计提折旧的方法或按月份平均计提年折旧额的 1/12，或者是按实际使用月份平均分摊计提年折旧额。

（3）融资租入固定资产的折旧年限，应根据不同情况确定。若能合理确定租赁期届满时将取得租赁资产的所有权，则应在租赁资产尚可使用寿命内计提折旧；若无法合理确定租赁期届满时能否取得租赁资产的所有权，则应在租赁期与租赁资产尚可使用寿命内两个中较短的期间内计提折旧。该公司应区别不同情况，确定融资租赁固定资产的时间期，而不应不分情况一律在租赁资产尚可使用寿命内计提折旧。

（4）根据企业会计准则规定，已提足折旧继续使用的固定资产，不再计提折旧。该公司对其继续计提，造成多提折旧。

（5）根据企业会计准则规定，当月增加的固定资产从下月开始计提折旧。该公司的 65 万元的吊车应从 6 月开始计提折旧，而不是 5 月。

（6）固定资产折旧方法一经确定，不得随意变更；如需变更，应经股东大会或董事会，或经理（厂长）会议或类似机构批准，并报有关各方备案，并应在会计报表附注中予以说明。该公司变更折旧方法后，未按规定程序进行操作。

七、审查固定资产减值情况

企业会计准则规定，企业应当计提固定资产减值准备。审计人员应当采取特定措施审查被审计单位固定资产的减值情况。

（1）进行有关会计资料的核对。核对固定资产减值准备报表数、总账数与明细账合计数是否相符。如不符，应查明原因，做审计记录并进行审计调整。

（2）审查固定资产可能发生减值的认定标准是否正确。根据企业会计准则规定，企业应当在资产负债表日依据一定标准判断固定资产是否存在下列可能发生减值的迹象：资产的市价当期大幅度下跌，其跌幅明显高于因时间的推移或者正常使用而预计的下跌；企业经营所处的经济、技术或者法律等环境以及资产所处的市场在当期或者将在近期发生重大变化，从而对企业产生不利影响；市场利率或者其他市场投资报酬率在当期已经提高，从而影响企业计算资产预计未来现金流量现值的折现率，导致资产可收回金额大幅度降低；有证据表明资产已经陈旧过时或者其实体已经损坏；资产已经或者将被闲置、终止使用或者计划提前处置；企业内部报告的证据表明资产的经济绩效已经低于或者将低于预期，如资产所创造的净现金流量或者实现的营业利润（或者亏损）远远低于（或者高于）预计金额等。审计人员应依据上述标准审查被审计单位对固定资产减值的认定是否正确。

（3）审查固定资产可收回金额的计量是否正确。当固定资产存在减值迹象时，应当估计其可收回金额。可收回金额应当根据资产的公允价值减去处置费用后的净额与资产预计未来现金流量的现值两者之间较高者确定。处置费用包括与资产处置有关的法律费用、相关税费、搬运费以及为使资产达到可销售状态所发生的直接费用等。审计人员应审查其正确性。

（4）审查固定资产减值损失的确定是否正确。可收回金额的计量结果表明，资产的可收回金额低于其账面价值的，应当将资产的账面价值减记至可收回金额，减记的金额确认为资产减值损失，计入当期损益，同时计提相应的资产减值准备。资产减值损失确认后，减值资产的折旧或者摊销费用应当在未来期间做相应调整，以使该资产在剩余使用寿命内，系统地分摊调整后的资产账面价值（扣除预计净残值）。资产减值损失一经确认，在以后会计期间不得转回。审计人员应审查固定资产减值损失的确定是否符合上述规定。

（5）审查固定资产减值的披露是否正确。审计人员应审查对固定资产减值损失的信息披露内容是否完整。企业应当在附注中披露当期确认的固定资产减值损失金额，计提的固定资产减值准备累计金额，提供分部报告信息的，应当披露每个分部报告当期确认的减值损失金额。发生重大固定资产减值损失的，应当在附注中披露导致重大固定资产减值损失的原因和当期确认的重大固定资产减值损失的金额。对于重大固定资产减值，应当在附注中披露固定资产可收回金额的确定方法。审计人员应当审查固定资产减值的信息披露是否完整正确。

第四节　其他相关内容审计

对于购货与付款审计，除以上介绍的会计报表项目外，还有预付账款审计、应付票据审计、工程物资审计、在建工程审计等项目。这里分别介绍其审计的程序和方法。

一、预付账款审计

预付账款是企业按购货合同规定，预先支付给供货单位的货款，会计上通过"预付账款"或"应付账款"科目进行核算。预付账款是企业的一种流动资产，但它是企业在购货环节中产生的，因此，预付账款审计应结合购货与付款循环审计进行。

对预付账款审计，其目的是要确定预付账款是否存在，是否归被审计单位所有，其增减变动记录是否完整，期末余额是否正确。为此，审计人员应实施以下程序。

（1）获取或编制预付账款明细表。审计人员在核对预付账款明细账与总账的余额是否相符的基础上，获取或编制预付账款明细表，复核加计数额是否正确，同时请客户单位协助，在预付账款明细表上标出截止审计日已收到货物并冲销预付账款的项目。

（2）进行函证。审计人员应选择预付账款的重要项目，函证期末余额的正确性，并根据回函情况编制函证结果汇总表，回函金额不符的，要查明原因作出记录或适当调整，未回函的，可再次复询，如不复询可采用替代方法进行检查，根据替代检查结果判断其债权的真实性或出现坏账的可能性。对未发询证函的预付账款，应抽查有关原始凭证。

（3）审查预付账款明细账记录。审计人员应分析预付账款明细账余额，对于出现贷方余额的项目，应查明原因，还应查核有无重复付款或将同一笔已付清的账款在预付账款和应付账款两个账户同时挂账的情况。

二、应付票据审计

应付票据是企业购买材料、商品和接受劳务供应等而开出、承兑的商业汇票，包括银行承兑汇票和商业承兑汇票。对应付票据审计，主要应采取以下程序和方法。

（1）获取或编制应付票据明细表。随着商业活动的票据化，企业票据业务将越来越多，为了确定被审计单位应付票据账户、金额是否正确无误，本期应付利息是否正确，注册会计师在对应付票据账户进行审查时，应首先取得或编制应付票据明细表，并同有关明细账及总分类账相核对。一般地讲，应付票据明细表应列示票据类别及编号、出票日期、面额、到期日、收款人名称、利息率、付息条件、抵押品名称、数量、金额等。在进行核对时，注册会计师应注意被审计单位有无漏报或错报票据，有无漏列作为抵押的资产，有无属于应付账款的票据，有无漏计、多计或少计应付利息费用等情况。

（2）函证应付票据。进行函证时，审计人员可分票据种类进行。对于应付银行的重要票据，应结合银行存款余额一起函证。凡是当年度与客户单位有往来的银行均应成为函证的对象，因为可能某一银行的存款虽已结清，但客户开给的应付票据仍未销案。询证函也要求银行列示借款抵押券，如用有价证券、应收账款及其他资产做担保时，应在询证函中详细列明这些项目。应付其他债权人的重要票据，应以客户单位名义，由注册会计师直接向债权人发函。函证时，询证函应包括出票日、到期日、票面金额、未付金额、已付息期间、利息率以及票据的抵押担保品等项内容。

（3）检查逾期未付票据。审计人员应审查有关会计记录和原始凭证，检查被审计单位有关到期仍未偿付的应付票据。如有逾期未付票据，应查明原因，如有抵押的票据，应作出记录，并提请客户单位进行必要的披露。

三、工程物资审计

工程物资是企业为核算基建工程、更新改造工程和大修理工程准备的各种物资，对其进行审计是为了确定工程物资是否存在，工程物资是否归被审计单位所有，工程物资增减变动的记录是否完整，工程物资的期末余额是否正确等。审计人员应实施以下程序进行审计。

（1）获取或编制工程物资明细表。审计人员应获取或编制工程物资明细表并对有关数字进行复核，将其与报表数、总账数和明细账合计数进行核对，若不相符，应查明原因并进行调整。

（2）进行工程物资的监盘。通过监盘确定工程物资是否存在、账实是否相符，并观察有无呆滞、积压等情况。

（3）抽查工程物资采购的有关记录与资料。通过抽查工程物资采购的合同、发票、货物验收单等原始凭证，检查其内容是否齐全、有无得到授权批准、会计处理是否正确。

（4）审查被审计单位对工程物资处理的有关制度是否健全、有效。审计人员应主要审查工程物资的领用手续是否齐全，对工程物资有无定期盘点制度，对盘盈、盘亏、报废、毁损的，是否将减去保险公司和过失人的赔偿部分后金额，正确地冲减了在建工程成本或计入营业外支出。

四、在建工程审计

在建工程是企业进行基建工程、安装工程、技术改造工程、大修理工程等发生的实际支出，对其进行审计是为了确定在建工程是否存在、在建工程是否归被审计单位所有、在建工程增减变动的记录是否完整、在建工程减值准备的计提是否正确、在建工程的期末余额是否正确等。审计人员应实施以下程序进行审计。

（1）获取或编制在建工程明细表。审计人员应获取或编制在建工程明细表并对有关数字进行复核，将其与报表数、总账数和明细账合计数进行核对，若不相符应查明原因并进行适当处理。由于在建工程报表数是根据在建工程科目的期末余额减去在建工程减值准备科目的期末余额后的金额填列的，因此，其报表数应同在建工程总账数与各明细账合计数减去相应的在建工程减值准备总账数与各明细账合计数后的余额核对相符。

（2）检查在建工程的增减数额是否正确。如对于借款费用、工程管理费用资本化问题，应检查资本化的起止日的界定、计算方法、计算过程、会计处理等是否合理与正确；对于完工转销的在建工程，应检查转销额的计算是否正确，是否存在将已交付使用的固定资产仍挂在在建工程账上的问题等。

（3）实地观察在建工程项目。审计人员应实地观察在建工程的实际情况以确定在建工程是否存在，了解工程项目的实际完工进度，对在建工程累计发生额进行技术测定，并将其与账内数进行核对，检查其是否差距较大，判断其有无多计、虚计或少计、漏计工程费用的问题。

（4）检查在建工程减值准备的计提。主要应查明在建工程减值准备的计提方法是否符合制度规定，计提的数额是否正确，相关会计处理是否正确，如对长期停建并预计在未来3年内不会重新开工的在建工程、所建项目无论是在性能上还是在技术上已经落后并且给企业带来的经济利益具有很大不确定性的在建工程、其他足以证明已经发生减值的在建工程等是否计提了减值准备；已计提减值准备的在建工程价值得以恢复时，是否又做相应转回。

（5）确定在建工程在资产负债表上的披露是否恰当。如属于上市公司的被审计单位，则其会计报表附注中是否披露了在建工程本期的增减变动额、期末余额的组成及相应的资金来源与工程进度等内容；如果计提了在建工程减值准备，是否在会计报表附注中说明在建工程减值准备的确认标准和计提方法；在建工程存在抵押、担保的，是否在会计报表中做了必要披露。

本章小结

综合本章所述，可以明确：首先，审计机构和人员接受审计委托，对被审计单位的会计报表进行审计，需要采取特定的审计程序和审计方法。这些程序和方法从大的方面分析，就是控制测试与实质性程序。控制测试构成实质性程序的基础，需要为实质性程序确定测试的时间、性质和范围等；实质性程序要在控制测试的基础上，对被审计单位会计报表及其所反映的财务状况、经营成果及现金流量情况进行具体的审查活动。就实质性程序而言，其操作过程的介绍可以按照会计要素分类进行，也可以按照企业经营业务循环过程分类进行，二者各有优缺点。前者叙述较为方便和有针对性，但各部分缺乏有机的联系；后者叙述的内容相互联系，形成整体，但容易形成重复，也不易描述得很清晰。比较而言，按循环进行更能体现审计过程和审计方法的完整性与合理性。所以，我们按照业务循环安排了实质性程序的内容。就购货与付款循环的审计来讲，主要涉及资产和负债要素的审计，属于资产负债表大部分项目的审计，具体审计的项目包括很多，本章择其主要者进行介绍。可见，购货与付款循环构成整个业务循环的一个方面，它的审计与其他业务循环审计共同形成了会计报表审计工作。会计报表审计工作的开展，体现和反映了所有权监督的内容与方法的要求。

其次，控制测试和实质性程序两者相互联系的程序与方法从根本上体现了审计工作抓重点和问题的主要方面的思路，这是审计工作提高效率的基本要求；同时，还必须从科学角度设计测试样本及其抽取、审查与评价方式，这又是提高审计工作质量、控制和防范审计风险的基本要求。就购货与付款循环审计而言，购货与付款循环的内部控制及其测试程序和方法，以及在此基础上所进行的应付账款、应付票据、预付账款、固定资产、工程物资和在建工程等项目的实质性程序与方法，体现了提高购货与付款循环审计工作效率和质量、控制和防范购货与付款循环审计风险的基本要求。

最后，审计产生与发展于所有权监督的需要的理论以及由此在审计监督活动中所产生并需规范的审计责任关系、审计风险要素及其理论模式等，构成了贯穿于本书的一条主线。购货与付款循环审计的内容与方法作为会计报表审计实务的一部分内容，从其特定角度反映和体现了这一主线的基本要求与有关内容。

 关键词汇

购货与付款（purchasing and payment） 控制测试（control test）
不相容职务（incompatible positions） 内部控制调查表（internal control questionnaire）
应付账款明细表（schedule of account payable）

 思考题

1. 购货与付款循环的内部控制目标与其他几个业务循环有何不同？
2. 几个不同业务循环在内部控制关键控制点上有何区别？
3. 怎样对购货与付款内部控制进行评价？
4. 运用于购货与付款循环和销售与收款循环的函证方法，从操作程序上和回函可信度上有何不同？
5. 审查被审计单位固定资产所有权时，需要取得哪些重要的审计证据？

案例讨论题

　　黄斌注册会计师带着审计小组成员进驻被审单位进行年度财务报表审计。总经理向黄斌等人介绍了公司的情况，同时希望审计人员特别注意查明采购部在工作中是否存在损害公司利益的舞弊行为，因为有人举报采购部经理有贪污公款以及吃回扣的嫌疑。黄斌向总经理讲明财务报表审计的性质和目的，并且答应在完成对报表公允性审查的同时，会尽可能适当扩大审计程序，以期揭露弊端。据了解现任采购部经理担任该职位已有 4 年，有权签发 5 000 元以下的订货单，超过 5 000 元的采购订单须和分管供销的副经理会签。

　　请根据上述背景材料，思考和分析黄斌注册会计师考虑应追加哪些审计程序，以便能够收集到采购部经理在采购工作中有无舞弊的证据。

简答题

　　1. 某审计项目组对中英股份有限公司 2018 年度的会计报表进行了审计，在对该公司的固定资产有关业务进行分析性复核时，了解到下列情况和数据：该公司是一家从事钢铁生产与销售的上市公司，该行业是资本密集型行业，固定资产所占比重较大，往往达到实收资本的 70% 以上，相关的报表资料如下表所示：

中英股份有限公司主要财务指标　　　　　　　　　　单位：万元

项目	年度	
	2017	2018
固定资产总额	7 000	7 240
本年折旧额	400	300
累计折旧额	2 000	2 300
固定资产减值准备	100	0
在建工程	0	400
全年总产量（万吨）	1 000	1 200
净利润	350 000	500 000
固定资产修理费用	50	10
营业外收入	0	200
资本公积	100	100

注：2016 年累计折旧额为 1 500 万元

　　要求：请根据上述资料，思考和分析下列问题：

　　（1）对固定资产的分析性复核应从哪些方面进行？

　　（2）根据分析性复核的结果，推断该公司在固定资产方面可能存在哪些问题？

　　2. A 公司 2018 年度发生的相关交易和事项及其会计处理如下：

　　（1）2018 年年末，该公司全面清理往来款，判断无法支付的应付款项为 130 万元（其中 B 公司 50 万元，C 公司 80 万元），虽尚未经董事会批准，仍做了借记"应付账款"130万元、贷记"营业外收入"130 万元的会计处理。2019 年 3 月，董事会决议同意冲销对 B公司的应付账款，但认为对应付 C 公司账款的冲销理由不充分，应予以保留。A 公司据此在 2019 年的会计作了借记营业外收入 80 万元，贷记应付账款 80 万元的会计处理。

（2）A 公司会计政策规定，采取平均年限法计提固定资产折旧，每年年度终了对固定资产进行逐项检查，考虑是否计提固定资产减值准备。A 公司的办公大楼于 2017 年 1 月启用，原值 4 000 万元，预计使用年限为 20 年，预计净残值为 400 万元。2017 年 12 月 31 日经审计的该项固定资产的净值为 3 835 万元，该项固定资产的减值准备余额为 458 万元。由于自 2018 年 1 月起该项固定资产因故停用，A 公司因此未计提其 2018 年度的折旧，但已按规定计提了该项固定资产 2018 年度的减值准备并做了相应的会计处理。

（3）A 公司 2018 年 12 月 31 日应付账款账户余额为贷方余额 800 万元，其明细组成如下：

应付账款——B 公司	500 万元
应付账款——C 公司	350 万元
应付账款——D 公司	−150 万元
应付账款——E 公司	100 万元
合计	800 万元

（4）在建工程中有房屋建筑物 2 000 万元，2018 年 6 月已完工交付使用，但 A 公司未结转固定资产（该公司房屋建筑物的残值率为 3%，使用年限 30 年）。

要求：如果 X 会计师事务所的注册会计师于 2019 年 3 月对 A 公司 2018 年度的会计报表进行审计，并出具审计报告，假定不考虑 A 公司会计报表层次的重要性水平，针对上述交易事项，注册会计师应按年度分别提出何种审计处理建议？若应当建议作出审计调整的，请按年度直接列示全部相应的审计调整分录（包括重分类调整分录）。在编制审计调整分录时，不考虑调整分录对所得税和期末结转损益的影响。

自测题

单项选择题	多项选择题	判断题

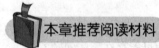
本章推荐阅读材料

1. 中国注册会计师协会. 审计[M]. 北京：中国财政经济出版社，2020.

2. 赵保卿. 假账甄别与防范[M]. 北京：中国审计出版社，1995.

3. 王明珠，等. 审计学教学案例[M]. 北京：中国审计出版社，2001.

4. 耿建新，刘松青，黄胜. 审计学[M]. 5 版. 北京：中国人民大学出版社，2018.

5. 赵保卿. 审计案例研究[M]. 3 版. 北京：中国广播电视大学出版社，2010.

| 第十一章 |

生产与存货循环审计

 学习提要与目标

　　生产与存货循环涉及的主要内容是存货的管理及生产成本的计算等，它由原材料转化为产成品的有关流动组成，其主要目标是生产出满足管理当局政策和计划要求的产品。本章将以产品制造企业为例介绍该循环审计，在阐述了生产与存货循环内部控制及其测试后，根据该循环所涉及的主要报表项目，介绍其实质性测试程序与方法。

　　本章的学习目标是：

　　（1）了解生产与存货循环的关键控制点及主要控制措施；

　　（2）理解并掌握存货审计的主要实质性测试程序；

　　（3）理解并掌握应付职工薪酬的主要实质性测试程序；

　　（4）理解并掌握存货成本及相关账户的实质性测试程序。

 引例

獐子岛 10 亿存货消失之谜

　　停牌半个月的獐子岛在 2014 年 10 月最后一天宣布，由于海洋牧场遭灾，公司对百余万亩价值逾 10 亿元的虾夷扇贝核销、减值。獐子岛将遭受损失的原因归结于天灾，但市场对此并不买账：公司当年是否真的投放了幼苗，公司对百余万亩养殖基地是否认真核查了，造成灾难的究竟是天灾还是人祸？

　　10 亿水产品遭遇"定点清除"

　　按照獐子岛的介绍，公司海洋牧场的底播虾夷扇贝确权底播面积约 340 万亩，由于持续监测难度大，根据虾夷扇贝在 4 月左右的繁殖期和 7—9 月的高温期后存量变化较大的规律，公司制度规定于每年 4—5 月和 9—10 月分别进行春季、秋季系统的存量抽测。

　　2014 年 9 月 15 日至 10 月 12 日，公司按制度进行秋季底播虾夷扇贝存量抽测，发现部分海域的底播虾夷扇贝存货异常，将造成重大损失。因此，公司股票申请自 10 月 14 日起停牌，直至如今公告结果，但股票依旧停牌。

　　同时，獐子岛也表示，虽然公司与中国人民财产保签订了保险合同，推出以风力指数作为承保理赔依据的创新型保险产品，但"目前中国农业类的相关保险承保的范围非

常有限，诸如寒潮、冷水团异常、故害繁衍等对公司经营造成重大损失的情形，均不在承保范围内。本次受灾海域不在保险范围内"。因此，此次全部损失只能由公司承担。

受此影响，獐子岛业绩大变脸。在 2014 年半年报中，獐子岛预计前三季度归属于上市公司股东的净利润为 4 412.86 万~7 564.91 万元，如今公司巨亏 8 亿元以上。

同一天，獐子岛公布三季报称，当季归属于上市公司股东的净利润为亏损 8.12 亿元，同比下降近 14 倍；同时，预计全年实现归属于上市公司股东的净利润为亏损 7.7 亿~8.6 亿元，上市以来连续盈利的纪录即将作古。

仓促出炉的结论

根据已经公开的信息，在没有充分调查的情况下，獐子岛就宣布因为冷水团导致 10 亿元存货消失，似乎过于仓促。

根据公告，獐子岛于 2014 年 9 月 15 日至 10 月 12 日进行了秋季底播虾夷扇贝存量抽测，抽测方法为拖网配合视频。

用了近 1 个月，獐子岛仅监盘面积不足 10 亩的海域，与超过百余万亩的海域面积相比，几乎可以忽略不计，但獐子岛根据这样的结果就作出了 10 亿元存货损失的结论，这就好比在百万亩海域中发现几个死亡个案就有了虾夷扇贝全部死亡的判断。

与獐子岛的监盘相比，大华会计师事务所的审计工作似乎是走过场。根据公告，大华会计师事务所监盘日期为 2014 年 10 月 18 日、20 日和 25 日，仅盘点 3 天，獐子岛一个月盘点面积尚且不足 10 亩，那么大华会计师事务所又盘点了多少呢？

不难看出，仅用 3 天时间，大华会计师事务所盘点将近 1 500 亩，盘点方法为拖网船下网。3 天时间就完成了近 200 倍于獐子岛近一个月时间的盘点工作，大华会计师事务所似乎更多的是为了印证獐子岛盘点的结果。显然，獐子岛盘点不足 10 亩海域尚且需要近一个月的时间，作为非专业人士，大华会计师事务所盘点上千亩海域所需时间可想而知。

"獐子岛"作为一家存货高企，其拥有的特殊水产品具有审计监督难度大、风险高的特征，因此在审计过程中如何对该类存货进行监督，可以采取哪些有效的程序和方法？

第一节　生产与存货循环的内部控制及测试

生产与存货循环控制测试就是根据内部控制及其审计的基本理论与方法，针对生产与存货循环的业务特点，阐述、分析生产与存货循环的主要业务活动、关键控制点，在此基础上研究被审计单位生产与存货循环内部控制制度的测试与评价的程序和方法。

一、生产与存货循环的主要业务活动

不同类型的企业有不同类型的存货管理模式，不同类型的存货也有不同的管理模式。根据企业的不同类型，存货管理业务流程可以分为制造类企业的存货业务流程和流通类企业的存货业务流程。以制造业为例，主要业务活动通常涉及以下部门：生产计划部门、仓库、生产部门、人事部门、销售部门、会计部门等。生产与存货主要业务流程具体包括取得、验收入库、仓储保管、生产加工、存货发出、盘点清查、存货处置等阶段，如图 11-1 所示。

1. 计划和安排生产

生产计划部门的职责是根据顾客订单或者对销售预测和产品需求的分析来决定生产授权，如决定授权生产，即签发预先编号的生产通知单。该部门通常应将发现的所有生产通知单编号并加以记录控制。此外，还需要编制一份材料需求报告，列示所需要的材料和零件及其库存。

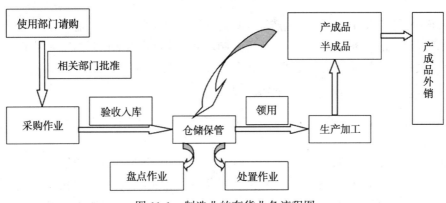

图 11-1　制造业的存货业务流程图

2. 发出原材料

仓库部门的责任是根据从生产部门收到的领料单发出原材料。领料单上必须列示所需的材料数量和种类，以及领料部门的名称。领料单可以一料一单，也可以多料一单，通常需一式三联。仓库发料后，将其中一联连同材料交给领料部门，其余两联经仓库登记材料明细账后，送会计部门进行材料收发核算和成本核算。

3. 生产产品

生产部门在收到生产通知单及领取原材料后，便将生产任务分解到每一个生产工人，并将所领取的原材料交给生产工人，据以执行生产任务。生产工人在完成生产任务后，将完成的产品交生产部门查点，然后转交检验员验收并办理入库手续；或是将所完工的产品移交下一个部门，做进一步加工。

4. 核算产品成本

为了正确核算并有效控制产品成本，必须建立健全成本会计制度，将生产控制和成本核算有机结合在一起。一方面，生产过程中的各种记录、生产通知单、领料单、计工单、入库单等文件资料都要汇集到会计部门，由会计部门对其进行检查和核对，了解和控制生产过程中存货的实物流转；另一方面，会计部门要设置相应的会计账户，会同有关部门对生产过程中的成本进行核算和控制。成本会计制度可以非常简单，只是在期末记录存货余额；也可以是完善的标准成本制度，它持续地记录所有材料处理、在产品和产成品，并形成对成本差异的分析报告。完善的成本会计制度应该提供原材料转为在产品，在产品转为产成品，以及按成本中心、分批生产任务通知单或生产周期所消耗的材料、人工和间接费用的归集与分配的详细资料。

5. 储存产成品

产成品入库，须由仓库部门先行点验和检查，然后验收。签收后，将实际入库数量通知会计部门。据此，仓库部门确立了本身应承担的责任，并对验收本部门的工作进行验证。除此之外，仓库部门还应根据产成品的品质特征分类存放，并填制标签。

二、生产与存货循环内部控制目标

对于一般制造型企业而言，生产和存货通常是重大的业务环节，需要在审计计划阶段了解该循环设计的业务活动及相关的内部控制。生产和存货内部控制的目的在于促进企业合理保证资产安全的前提下，提高资产的使用效能。其具体目的包括以下几点。

1. 保证资产管理的合法性，保护资产安全

资产对企业来说意义重大，是企业创造财富的源泉。为了实现对资产的有效管理，我国出台了许多有关资产管理的法律法规。国家有关资产管理的法律法规在各个企业的落实情况参差不齐，企业中目前仍然存在资产管理制度和规定不健全、资产管理混乱、常常账实不符、资产流失的现象。企业进行资产管理内部控制的重要任务之一就是要保证资产管理合法性，保护资产安全，防止资产流失。因此，企业要提高资产管理意识，遵循有关法律法规要求对资产取得、使用、注销建立严格的内部控制制度，保证国家有关资产管理的法律法规在本企业得到切实的贯彻执行，同时并以国家法律为基本原则和指导思想，结合企业的具体实际情况制订具体控制措施，应用先进的资产管理方法和手段，确保企业资产的安全，为企业的发展提供良好的基础和保障。

2. 增加资产的营运效益

资产的价值在于营利性，其价值大小取决于盈利能力。但资产的盈利能力则取决于企业对资产的管控水平。存货具有流动性强、周转速度较快的特点，通过存货控制力求做到存货合理占用和快速周转。存货的大量积压会占用过多的流动资金，并且会增加仓储费、维护费等各项开支，影响企业的资金周转速度，增加企业的经营成本。在不同的存货管理水平下，企业的平均资金占用水平差别是很大的，只有通过实施正确的存货管理方法，降低企业的平均资金占用水平，提高存货的流转速度和总资产周转率，才能最终提高企业的经济效益。

3. 增强财务报表的可靠性

财务报表是报表使用者决策的重要依据。存货在财务报表中占重要位置，存货核算的准确性关乎资产负债表中的资产事项和利润表中的成本事项，无论是对于报表内部使用者还是对于报表外部使用者来说都很重要。投资人通过资产总额和资产结构，了解企业的经营规模和经营潜力，进行正确的投资决策；债权人通过资产总额和资产结构，了解企业的偿债能力，进行正确的信贷决策；企业管理当局通过资产结构和资产规模，分析自身的投资分布和经管能力。通过建立科学的资产控制措施，为正确界定资产和费用、正确确认不同类别

的资产提供前提条件；同时为准确进行存货的初始计量和后续计量工作打下坚实的基础。

三、生产与存货循环内部控制要素

一个健全、有效的内部控制制度不仅对被审单位的管理至关重要，对审计工作的顺利进行也是非常有用的，从控制的主要角度与主要目的方面讲，存在着关键控制点。审计人员需要明确并了解被审计单位内部控制的目标和各个业务循环中应存在的关键控制点，然后才能有目的地、从关键角度测试与评价生产与存货循环内部控制的有效性与健全性。生产与存货循环的关键控制要素主要从以下内容考虑。

1. 关键环节的交易授权

生产指令的发出应经过授权批准；存货的领用应严格按照授权批准手续发货；存货入库应有严格的验收手续；存货的发出应按规定办理，杜绝不按规定发出存货的情况；企业还应建立员工人事档案、工时卡等，员工人事档案、工时卡应由经授权的有关人员进行管理等。

2. 关键环节的职责划分

存货的采购、验收、保管、运输、付款、记录等职责应严格分离；人事、考勤、工薪发放、记录等职务应相互分离等。

3. 凭证与记录控制

生产通知单、领发料凭证、产量工时记录、生产费用分配表应顺序编号。会计部门应根据生产部门传递来的领发料凭证审核填制记账凭证、登记账簿、成本计算；开立并登记存货明细账和总账、开立并登记生产成本明细账和总账，并对所有已发生的料、工、费的耗费及时准确计入生产成本中；建立并登记应付职工薪酬明细账和总账，计算并填写职工薪酬分配表、职工薪酬汇总表，职工薪酬分配表、职工薪酬汇总表应完整反映实际已发生的工薪支出。企业应建立库存保管账，仓库保管人员要及时记录，并定期与会计部门核对。

4. 资产接触与记录使用

仓库保管人员是经过授权批准能接近原材料和产成品等存货并对存货进行管理的人员，所以仓库保管人员应聘用称职的人员；应创造良好的仓储保管条件；代其他单位保管的材料物资应单独存放、记录要清晰；对生产与存货循环产生的所有凭证和记录进行实物安全保护等。

5. 独立稽核

对这一循环涉及的各种票证及账册应建立独立的稽核制度，定期和不定期稽核购销发票、领料单、生产成本计算单、工资计算单以及存货汇总表等凭证和记录的正确性等。

6. 定期盘点制度

企业应对各种存货建立定期盘点制度，对发生的盘盈、盘亏、毁损、报废、退回应及时按规定审批处理。

四、生产与存货循环内部控制测试

在明确和了解了生产与存货循环内部控制关键控制点的基础上，审计人员应依照特定的程序和方法对该循环的内部控制的建立健全情况进行测试与评价。

（一）了解和描述生产与存货循环内部控制制度

了解和描述生产与存货循环内部控制是对被审计单位的生产与存货循环的内部控制进行调查了解，并将调查了解到的情况或结果通过一定方式反映出来。审计人员可以通过询问、观察、审查被审计单位的会计凭证和审阅有关文件等程序，来了解被审计单位生产与存货循环内部控制的情况，通过调查表、文字描述或流程图等方式将其结果反映出来。表 11-1 是生产与存货循环内部控制调查表的内容和格式，图 11-2 是生产与存货循环内部控制流程示意图。

表 11-1　生产与存货循环内部控制调查表

被审计单位 A 公司＿＿＿＿＿＿

被审会计期间＿＿＿＿＿＿＿　审查人员＿＿＿＿＿＿＿　日期＿＿＿＿＿＿　查验项目＿＿＿＿＿＿

项目类型＿＿＿＿＿＿＿　复核人员＿＿＿＿＿＿＿　日期＿＿＿＿＿＿　索引号＿＿＿＿＿＿

调查内容	是	否	不适用	评价
1. 制订和批准生产计划				
（1）是否编制生产计划或进行预算控制，并经授权的主管批准				
（2）生产通知单是否由被授权人根据被批准生产计划签发				
（3）生产通知单是否连续编号				
2. 申领和发出物料				
（1）领料单是否依据经审批的生产通知单填制并经授权部门批准				
（2）物料存储部门发货是否均根据经批准的领料单或加工单进行				
（3）物料发出是否填写出库单				
3. 生产加工和成品入库				
（1）是否建立了目标成本管理制度，规定产品的材料、工时和费用消耗定额，定期检查实际发生额与定额的差异并采取措施				
（2）生产车间、班组是否建立了生产台账并填制生产进度表				
（3）生产车间与装配车间、基本生产车间与辅助生产车间、上道工序与下道工序之间是否有严格的交接手续				
（4）半成品及产成品入库前是否由独立于生产部门的员工进行检验并填制验收单				
4. 存储保管				
（1）是否设置独立的验收部门或岗位对所有存货进行入库前验收				
（2）是否设置独立的仓储部门或保管岗位对存货进行保管				
（3）存货入库前是否经保管人员点验并填制入库单				

续表

调查内容	是	否	不适用	评价
（4）所有重要存货是否有良好的仓储环境，如设置防火、防盗等防护措施				
（5）是否定期或不定期（每年至少一次）对存货进行实地盘点，并与存货明细账核对				
（6）实地盘存时是否有独立于保管、使用、记账职能的人员参加				
（7）存货账存和实地盘点记录之间差异是否进行调查、核准和审批后及时进行调整				
（8）企业是否在会计期末对存货进行全面清查，并根据存货的毁损、陈旧过时或销售价格低于成本等原因，按可变现净值低于成本的差异计提存货跌价准备				
5. 销售出库				
（1）仓库是否依据经批准的发货单或提货单发货				
（2）是否在审查核对发货数量、品种、规格后据实发货				
（3）存货发出的计价方法是否与上年一致				
6. 存货的报废核销				
（1）存货的报废是否填制"资产报废审批单"并经部门主管签字				
（2）报废审批单是否经"资产报废审核小组"类似机构审批				
（3）是否建立报废责任追究制度				
7. 成本核算和会计入账				
（1）存货是否采用永续盘存制，及时核算其他入、发出和结存				
（2）存货总账、明细账是否由不同的人管理并定期核对				
（3）存货计价方法是否经过批准并与上期一致				
（4）存货计价方法的变更是否经批准并加以适当的揭示				
（5）是否建立了费用归集的程序和分配的方法				
（6）费用支出是否实行归口分级管理				
（7）制造费用在各种产成品之间、在产成品与在产品之间的分摊标准和方法是否合理，是否与上年一致				
（8）是否正确划分直接成本和间接成本（料、工、费）、本期成本与上期成本、完工产品成本与未完工产品成本的界限				
（9）是否正确划清生产成本与资本性支出的界限				
（10）对于按计划成本或标准成本计价的材料，结转产品成本时是否及时据实调整材料成本差异				
（11）财会部门是否建立生产成本费用的定期分析制度				
调查结论（只能由审计人员填写）：				
1. 经调查和简易测试后，认为该循环内部控制可信赖程度为	高（　　　）	中（　　　）	低（　　　）	
2. 该循环是否需要进一步做符合性测试	是（　　　）	否（　　　）		

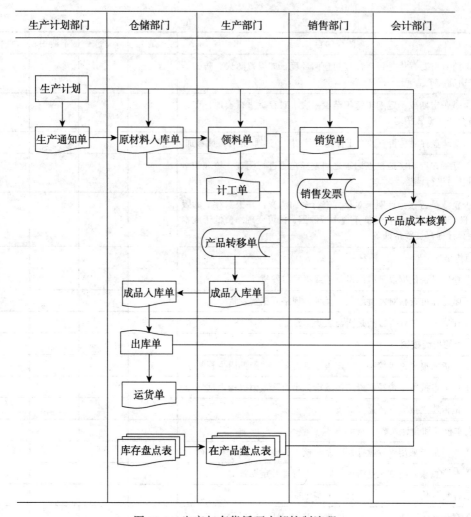

图 11-2　生产与存货循环内部控制流程

（二）测试生产与存货循环内部控制

测试生产与存货循环内部控制是在了解与描述的基础上，对其在实际业务中的执行与实施情况和过程进行检查和观察，以确定制定的内部控制和实际执行的是否相符与一致，即控制测试。进行控制测试，应结合业务的关键控制点或控制环节进行。

（1）检查存货的领用是否有授权批准手续，是否严格按照授权批准手续发货；检查存货入库是否有严格的验收手续，是否就名称、规格、型号、数量和价格与合同、原始单证进行核对；检查存货的发出是否按规定办理，有无不按规定发出存货的情况。

（2）询问和观察存货的盘点过程。

（3）询问和观察存货的保管程序，观察是否只有经过授权批准的人员才能接近原材料和产成品等存货。

（4）抽查记账凭证所附的原始凭证是否齐备、是否顺序编号。

（5）检查已经发生的存货购进、领用、发出的业务是否全部入账，有无没有入账的原始凭证。

（6）选取样本测试各费用项目的归集和分配以及成本核算是否按企业确定的成本核算流程和账务处理流程进行核算和账务处理。

（7）检查有关成本核算的记账凭证是否附有领发料凭证、产量工时记录、人工费用分配表、材料费用分配表、制造费用分配表等原始凭证，有无未附原始单证的记账凭证。

（8）检查是否所有已发生的料、工、费的耗费均已及时准确计入生产成本中，有无未入账的原始凭证。

（9）选取样本测试各种费用的归集和分配以及成本的计算是否按规定执行，料、工、费是否采用恰当方法进行记录，生产成本是否在完工产品和在产品之间恰当分配，核算方法是否前后期一致，完工产品发出后是否及时结转成本，核算方法是否前后期一致。

（10）检查员工人事档案、工时卡是否由经授权的有关人员进行管理；员工人事档案、工时卡是否及时准确记录有关工资、薪金或佣金、代扣款项等内容。

（11）检查记录的工薪是否为实际发生而非虚构的。

（12）检查当期实际已发生的工薪支出是否全部计入成本；工资分配表、工资汇总表是否完整反映实际已发生的工薪支出。

（13）选取样本测试工资费用的归集和分配是否按规定流程执行。

（14）询问和观察人事、考勤、工薪发放、记录等职务是否相互分离，各项职责的执行情况。

（三）评价生产与存货循环内部控制

对生产与存货循环内部控制进行评价，是为了对生产与存货循环进行实质性测试前确定对生产与存货循环内部控制确定可依赖程度。审计人员在评价时应注意分析生产与存货循环中可能发生哪些潜在的错报或漏报，哪些控制可以防止或者发现并更正这些错报或漏报。通过比较必要的控制和现有控制，评价计划依赖的生产与存货内部控制的健全性与有效性。如果客户没有建立审计人员认为必要的内部控制，或者现有控制不足以防止或检查错报或漏报，那么审计人员应该考虑内部控制缺陷对审计的影响，确定是否扩大进行实质性测试的范围。

A 会计师事务所审计甲股份公司 20×8 年年报时了解到该公司与生产和存货业务有关的内部控制程序如下。

仓库保管员负责登记存货明细账，以便对仓库中所有存货的收、发、存进行永续记录。平时各生产部门需要领取原材料，都可以填写未事先连续编号的领料单，仓库保管员根据领料单发出原材料。由于公司辅助材料的用量很少，因此领取辅助材料时不要求使用领料单。各生产部门经常有辅助材料剩余，这些材料由生产部门自行保管，无须通知仓库。如果仓库保管员有时间，偶尔也会对存货实施盘点。

请同学们根据上述情况分析 XYZ 公司内部控制存在的缺陷。

第二节　生产与存货循环业务重大错报风险及评估应对

一、生产与存货循环业务重大错报风险

以一般制造类企业为例，影响生产与存货循环业务重大错报风险因素可能包括以下几点。

（1）交易的数量和复杂性。制造类企业交易的数量庞大，业务复杂，这就增加了错误和舞弊的风险。

（2）成本核算的复杂性。制造类企业的成本核算比较复杂。虽然原材料和直接人工等直接成本的归集与分配比较简单，但间接费用的分配可能较为复杂，并且，同一行业中的不同企业也可能采用不同的认定和计量基础。

（3）产品的多元化。这可能要求聘请专家来验证其质量、状况或价值。另外，计算库存存货数量的方法也可能是不同的。例如，计量煤堆、筒仓里的谷物或糖、黄金或贵重宝石、化工品和药剂产品的存储量的方法都可能不一样。这并不是要求每次清点存货都需要专家配合，如果存货容易辨认、存货数量容易清点，就无须专家帮助。

（4）某些存货项目的可变现净值难以确定。例如价格受全球经济供求关系影响的存货，由于其可变现净值难以确定，会影响存货采购价格和销售价格的确定，并将影响对与存货计价和分摊认定有关的风险进行的评估。

（5）将存货存放在很多地点。大型企业可能将存货存放在很多地点，并且可以在不同的地点之间配送存货，这将增加商品途中毁损或遗失的风险，或者导致存货在两个地点被重复列示，也可能产生转移定价的错误或舞弊。

（6）寄存的存货。有时候存货虽然还存放在企业，但可能已经不归企业所有。反之，企业的存货也可能被寄存在其他企业。

由于存货与企业各项经营活动的紧密联系，存货的重大错报风险往往与财务报表其他项目的重大错报风险紧密相关。例如，收入确认的错报风险往往与存货的错报风险共存；采购交易的错报风险与存货的错报风险共存，存货成本核算的错报风险与营业成本的错报风险共存；等等。

二、生产与存货循环业务重大错报风险的评估和应对

风险评估和审计计划都是贯穿审计全过程的动态的活动，而且控制测试的结果可能导致审计人员改变对内部控制的信赖程度，因此需要根据重大错报风险的评估结果初步确定实施进一步审计程序的具体审计计划。

基于生产与存货循环的重大错报风险评估结果，制订实施进一步审计程序的总体方案，总体方案包括综合性方案和实质性方案（具体见表 11-2），继而实施控制测试和实质性程序，以应对识别出的认定层次的重大错报风险。无论是采用综合性方案还是实质性方案，获取的审计证据都应当能够从认定层次应对所识别的重大错报风险，直至针对该风险所涉及的全部相关认定均已获取了足够的保证程度。

表 11-2 生产和存货循环的重大错报风险和进一步审计程序的总体方案

重大错报风险	相关财务报表项目及认定	风险程度	是否信赖控制	进一步审计程序的总体方案	拟从控制测试中获取的保证程度	拟从实质性程序中获取的保证程度
存货实物可能不存在	存货：存在	特别	是	综合性	中	高
存货的单位成本可能存在计算错误	存货：计价和分摊营业成本：准确性	一般	是	综合性	中	低
已销售产品的成本可能没有准确结转至营业成本	存货：计价和分摊营业成本：准确性	一般	是	综合性	中	低
存货的账面价值可能无法实现	存货：计价和分摊	特别	否	实质性	无	高

第三节 存 货 审 计

存货是指企业在日常活动中持有以备出售的产成品或商品、处在生产过程中的在产品、在生产过程或提供劳务过程中耗用的材料和物料等。由于企业存货的品种、数量很多，收入支出频繁，存货金额在流动资产中占很大比重，存货的耗用又与产成品成本密切相关，所以存货审计是一项重要内容。一般来讲，存货审计的目标包括：确定存货是否存在；确定存货是否归被审计单位所有；确定存货增减变动的记录是否完整；确定存货的品质状况，存货跌价准备的计提是否合理；确定存货的计价方法是否恰当；确定存货余额是否正确；确定存货在会计报表的披露是否恰当。

一、存货的审计程序

存货在企业总资产中占有很高比重，资产负债表中"存货"一项由众多账户组成，如材料采购、原材料、包装物、低值易耗品、材料成本差异、自制半成品、库存商品、委托加工商品、委托代销商品、受托代销商品、分期收款发出商品、生产成本、制造费用等。作为构成"存货"项目，它们有相同之处，所以可以考虑一并审计；同时，每一个科目又有其单独的核算内容，所以若被审计单位有这些科目的核算内容，应考虑制定审计程序进行审计测试。具体来讲，存货相关账户的审计程序包括以下几点。

（1）应获取或编制存货相关账户明细表，复核加计是否正确，并与总账数、明细账合计数核对是否相符。

（2）进行分析性复核，对期末存货相关账户余额与上期期末余额进行比较，解释其波动原因，并对大额异常项目进行调查。

（3）对存货项目进行监盘和抽点，取得盘点资料和盘盈、盘亏报告表，做重点抽查，并注意查明账实不符原因，有关审批手续是否完备，账务处理是否正确；存放在外的库存材料，应现场查看或函询核实。

（4）检查存货购入和发出的入账基础与计价方法是否正确，是否前后期一致；抽查年末结存量较大的存货项目的计价是否正确，必要时进行复算，若原材料以计划成本计价，还应检查"材料成本差异"账项发生额、转销额是否计算正确。

（5）查阅资产负债表日前后若干天的存货增减变动的有关账簿记录和原始凭证，检查有无跨期现象，如有，则作作出记录，必要时做调整。

（6）对原材料的审计，应注意审核有无长期挂账原材料事项，如有应查明原因，必要时做调整；结合原材料的盘点，检查期末有无料到单未到情况，如有，应查明是否已暂估入账，其暂估价是否合理。

（7）对低值易耗品的审计，应检查低值易耗品与固定资产的划分是否符合规定，低值易耗品摊销方法是否正确，前后期是否一致。

（8）对材料成本差异的审计，应重点对每月材料成本差异率进行分析性复核、检查是否有异常波动，注意是否存在调节成本现象；抽查若干月发出材料汇总表，检查材料成本差异的分配是否正确，并注意分配方法前后期是否一致。

（9）对委托加工物资的审计，应重点检查若干份委托加工业务合同，抽查有关发料凭证、加工费、运费结算凭证，核对其计费、计价是否正确，会计处理是否及时、正确；抽查加工完成物资的验收入库手续是否齐全，会计处理是否正确；对委托加工物资的期末余额，应现场查看或函询核实；检查是否定期收到委托代销商品销售月结单（对账单），抽查若干月的销售月结单（对账单），验明会计处理是否及时、正确。

（10）对受托代销商品的审计，应重点检查若干份受托代销业务合同，抽查有关收货凭证，核对其会计处理是否及时、正确；检查是否定期发出受托代销商品销售月结单（对账单），抽查若干月的销售月结单（对账单），验明会计处理是否及时、正确；对受托代销商品的期末余额，应现场查看其是否存在。

（11）对分期收款发出商品的审计，应重点检查若干份分期收款业务协议、合同，抽查有关发货凭证，核对其会计处理是否及时、正确；结合库存商品审计、抽查分期收款发出商品的入账基础，是否与库存商品结转额核对相符；检查是否按合同约定时间分期收回货款，并复核其转销成本是否与约定收到货款比例配比，验明会计处理是否及时、正确；对分期收款发出商品的期末余额，必要时应函询核实。

以上即为存货审计程序，本章接下来对重点的存货审计程序做以详细的介绍。

二、运用分析性复核程序进行存货审计

分析性复核在存货审计中是经常用到的方法，因为在一般制造企业存货金额较大，并且流动频繁，在审计时很难做到全面确认和盘点，运用分析性复核方法可以大概分析出存货中是否存在巨额的高估或低估问题。在生产循环的分析性复核中，审计人员通常运用的方法有简单比较法和比率比较法两种。其中简单比较法主要进行以下分析。

（1）比较前后各期及本年度各个月份存货余额及其构成、存货成本差异率、生产成本总额及单位生产成本、直接材料成本、工资费用的发生额、制造费用、主营业务成本总额及单位销售成本等，以评价其总体合理性。

（2）将存货余额与现有的订单、资产负债表日后各期的销售额和下一年度的预测销售额进行比较，以评估存货滞销和跌价的可能性。

（3）将存货跌价损失准备与本年度存货处理损失的金额相比较，判断被审计单位是否

计提足额的跌价损失准备。

（4）将与关联企业发生存货交易的频率、规模、价格和账款结算条件，与非关联企业对比，判断被审计单位是否利用关联企业的存货交易虚构业务交易、调节利润。

在生产循环的分析性复核中，审计人员通常运用的比率主要是存货周转率和毛利率。存货周转率是用以衡量销售能力和存货是否积压的指标。利用存货周转率进行纵向比较或与其他同行企业进行横向比较时，要求存货计价持续一致。存货周转率的异常波动可能意味着被审计单位存在有意或无意地减少存货储备；存货管理或控制程序发生变动；存货成本项目或核算方法发生变动以及存货跌价准备计提基础或冲销政策发生变动等情况；毛利率是反映盈利能力的主要指标，用以衡量成本控制及销售价格的变化。毛利率的异常变动可能意味着被审计单位存在销售价格、销售产品总体结构、单位产品成本发生变动等情况。

【例 11-1】 甲企业 20×7 年实现利润总额 2 000 万元，20×8 年在对该企业上年度财务核算和纳税情况进行检查时，首先发现该企业 20×7 年毛利率有反常现象：10 月毛利率 15%，11 月毛利率 14%，12 月毛利率 4%。这三个月的销售收入变动不大，为什么 12 月份突然亏损？带着这个疑点，决定重点检查其主营业务成本。

审计人员检查了甲企业 20×7 年 12 月结转的主营业务成本，发现除正常转入的销售成本外，又在 12 月 31 日一笔转入 10 000 000 元，经查阅凭证，发现该笔金额是由"待处理财产损溢"账户转入的，属于火灾损失。其中有 6 000 000 元应由保险公司赔偿的损失也包括在转入的主营业务成本中。按规定，属于自然灾害等非正常原因造成的损失，应将扣除残料价值和保险公司赔款后的净损失，借"营业外支出——非常损失"科目，贷记"待处理财产损溢"科目。从财务检查中，多计入商品销售成本的应全部上交入库。

会计分录如下。

借：营业外支出　　　　　　　　　　　　　　　　　　　4 000 000

　　其他应收款　　　　　　　　　　　　　　　　　　　6 000 000

　　贷：主营业务成本　　　　　　　　　　　　　　　　　　　10 000 000

三、确定存货是否归被审单位所有

企业存货的确认通常以获得该项商品或物资的所有权为标志，如某项存货已经验收入库且可供企业支配，即使货款尚未支付，应该看作企业的存货；同样，购买某项货物的货款已经支付而商品或材料尚未运达企业，也应看作企业的存货。对于发出的存货，应以标志该存货所有权已经转移的事件是否发生或凭证是否取得来确认存货的所有权归属而不管款项是否已经收到，若上述事实已存在，则存货的所有权已经转移，存货已不归被审计单位所有，不管该存货是否仍存放在被审计单位的仓库。代人保存和来料加工的存货，其所有权不归被审计单位所有，不应计入存货余额中，而企业存放或寄销在外地的存货，因其所有权属于被审计单位，所以其金额和数量应列入被审计单位存货余额中。审计中应注意收集能证明存货所有权的文件和凭证，如购销合同、购销发票等。

四、存货监盘

存货监盘是指注册会计师现场观察被审计单位存货的盘点，并对已盘点的存货进行适当检查。可见，存货监盘有两层含义：一是注册会计师应亲临现场观察被审计单位存货的盘点；二是在此基础上，注册会计师应根据需要适当抽查已盘点存货。

期末存货的结存数量直接影响会计报表上的存货金额、期末存货数量的确定，是存货审计中的重要内容。1939年著名的迈克逊·罗宾斯案发生后，理论界和实务界都开始关注对实物资产实际存在的审计，这以后颁布的审计准则也都强调了对实物资产实际存在和实际量的正确性进行验证的必要。因此，职业界规定，除非出现无法实施存货监盘的特殊情况，注册会计师应当实施必要的替代程序，在绝大多数情况下都必须亲自观察存货盘点过程，实施存货监盘程序。注册会计师存货监盘的目的在于获取有关存货数量和状况的审计证据，以确证被审计单位记录的所有存货确实存在，已经反映了被审计单位拥有的全部存货，并属于被审计单位的合法财产。具体来讲，为了达到比较好的效果，存货监盘应做好盘点前的计划工作、盘点过程的监督工作以及盘点工作结束后的记录工作。

（一）存货监盘计划

1. 制订存货监盘计划的基本要求

应当根据被审计单位存货的特点、盘存制度和存货内部控制的有效性等情况，在评价被审计单位存货盘点计划的基础上，编制存货监盘计划，对存货监盘作出合理安排。在充分了解被审计单位存货的特点、盘存制度和存货内部控制的有效性等情况的基础上，并考虑获取、审阅和评价被审计单位预定的盘点程序。存货存在与完整性的认定具有较高的重大错报风险，而且审计人员通常只有一次机会通过存货的实地监盘对有关认定作出评价。根据计划过程所收集到的信息，有助于合理确定参与监盘的地点以及存货监盘的程序。

存货监盘程序主要包括控制测试与实质性程序两种方式。需要确定存货监盘程序以控制测试为主还是以实质性程序为主，哪种方式更加有效。如果只有少数项目构成了存货的主要部分，审计人员以实质性程序为主的审计方式获取与认定相关的证据更为有效。这时对于单位价值较高的存货项目，应实施100%的实质性程序，对于其他存货则视情况进行抽查。但在大多数审计业务中，审计人员会发现以控制测试为主的审计方式更加有效。如果审计人员采用以控制测试为主的审计方式，并准备依赖被审计单位存货盘点的控制措施与程序，则绝大部分的审计程序将限于询问、观察以及抽查。

2. 制订存货监盘计划应实施的工作

在编制存货监盘计划时，审计人员应当实施下列审计程序。

（1）了解存货的内容、性质、各存货项目的重要程度及存放场所。在评价存货项目的重要程度时，审计人员需要考虑存货与其他资产和净利润的相对比率及内在联系、各类存货占存货总数的比重、各存放地存货占存货总数的比重，这一评价直接关系到审计人员如何恰当地分配审计资源。

（2）了解与存货相关的内部控制。在制订存货监盘计划时，审计人员应当了解被审计单位与存货相关的内部控制，并根据内部控制的完善程度确定进一步审计程序的性质、时间和范围。被审计单位与存货实地盘点相关的充分内部控制通常包括：制订合理的存货盘点计划，确定合理的存货盘点程序，配备相应的监督人员，对存货进行独立的内部验证，将盘点结果与永续存货记录进行独立的调节，对盘点表和盘点标签进行充分控制。需要说明的是，与存货相关的内部控制涉及被审计单位供、产、销各个环节，包括采购、验收、仓储、领用、加工、装运出库等方面，还包括存货数量的盘存制度。

（3）评估与存货相关的重大错报风险和重要性。存货通常具有较高水平的重大错报风险，影响重大错报风险的因素具体包括：存货的数量和种类、成本归集的难易程度、陈旧过时的速度或易损坏程度、遭受失窃的难易程度，这些因素有的与不同行业不同生产过程有关，有的则与一些因素如技术进步等有关。在对存货错报风险的评估基础之上，审计人员应当合理确定存货项目审计的重要性水平。

（4）查阅以前年度的存货监盘工作底稿。审计人员可以通过查阅以前年度的存货监盘工作底稿，应充分关注存货盘点的时间安排、周转缓慢的存货的识别、存货的截止确认、盘点小组人员的确定以及存货多处存放等内容，以此了解被审计单位的存货情况、存货盘点程序以及其他在以前年度审计中遇到的重大问题。

（5）考虑实地察看存货的存放场所，特别是金额较大或性质特殊的存货。这有助于审计人员熟悉在库存货及其组织管理方式，也有助于审计人员在盘点工作进行前发现潜在问题，如存在难以盘点的存货、周转缓慢的存货、过时存货、残次品以及代销存货。

（6）考虑是否需要利用专家的工作或其他注册会计师的工作。对一些特殊行业的存货资产，注册会计师可能不具备其他专业领域专长与技能，则应考虑利用专家的工作。另外，被审计单位组成部分的财务信息由其他注册会计师审计并出具审计报告，这当然也包括了由其他注册会计师负责对被审计单位该组成部分的存货实施监盘。如果注册会计师计划利用其他注册会计师的工作，则应遵循《中国注册会计师审计准则第 1401 号——对集团财务报表审计的特殊考虑》的相关要求。

（7）复核或与管理层讨论其存货盘点计划。在复核或与管理层讨论其存货盘点计划时，注册会计师应从盘点的时间安排、存货盘点范围和场所、盘点人员的分工、存货的计量工具和方法、盘点期间存货移动的控制、盘点结果的汇总及分析等各个方面评价其能否合理确定存货的数量和状况，如果认为被审计单位的存货盘点计划存在缺陷，注册会计师应当提请被审计单位调整。

（二）存货监盘程序

1. 评价程序

评价管理层记录和控制存货盘点结果的指令与程序，在盘点过程中需要停止生产并关闭存货存放地点以确保停止存货的移动，以有利于保证盘点的准确性。但特定情况下，被审计单位可能由于实际原因无法停止生产或收发货物。这种情况下，可以根据被审计单位的具体情况考虑其无法停止存货移动的原因及其合理性。

此外，通过询问管理层以及阅读被审计单位的盘点计划等方式，了解被审计单位对存货移动所采取的控制程序和对存货收发截止影响的考虑。例如，如果被审计单位在盘点过程中无法停止生产，可以考虑在仓库内划分出独立的过渡区域，将预计在盘点期间领用的存货移至过渡区域、对盘点期间办理入库手续的存货暂时存放在过渡区域，以此确保相关存货只被盘点一次。

2. 观察程序

在被审计单位盘点存货前，注册会计师应当观察盘点现场，确定应纳入盘点范围的存货是否已经适当整理和排列，并附有盘点标识，防止遗漏或重复盘点。对未纳入盘点范围的存货，注册会计师应当查明未纳入的原因。对所有权不属于被审计单位的存货，注册会计师应当取得其规格、数量等资料，确定是否已分别存放、标明，且未被纳入盘点范围。

3. 检查程序

审计人员应当对已盘点的存货进行适当检查，将检查结果与被审计单位盘点记录相核对，并形成相应记录。可以从存货盘点记录中选取项目追查至存货实物，以测试盘点记录的准确性；也可以从存货实物中选取项目追查至存货盘点记录，以测试存货盘点记录的完整性。检查既可以是为了确定被审计单位的盘点计划得到适当的执行（控制测试），也可以是为了证实被审计单位的存货实物总额（实质性程序）。如果观察程序能够表明被审计单位的组织管理得当，盘点、监督以及复核程序充分有效，审计人员可据此减少所需检查的存货项目。在实施检查程序时，审计人员应尽可能避免让被审计单位事先了解将抽取检查的存货项目。检查的范围通常包括每个盘点小组盘点的存货以及难以盘点或隐蔽性较强的存货。

4. 需要特别关注的情况

（1）存货的移动情况。在对存货进行盘点时，如果被审计单位的生产经营持续进行，审计人员应通过实施必要的检查程序，确定被审计单位是否已经对此设置了相应的控制程序，确保在适当的期间对存货进行了准确记录，没有遗漏或重复盘点。

（2）存货的状况。审计人员应当特别关注存货的状况，观察被审计单位是否已经恰当区分所有毁损、陈旧、过时及残次的存货，并追查这些存货的处置情况。

（3）存货的截止。审计人员应当获取盘点日前后存货收发及移动的凭证，即获取存货验收入库、装运出库以及内部转移截止等信息，以检查库存记录与会计记录期末截止是否正确。审计人员可通过观察存货的验收入库地点和装运出库地点来执行截止测试，在存货入库和装运过程中采用连续编号的凭证时，应当关注截止日期前的最后编号，若没有使用连续编号的凭证，则应当列出截止日期以前的最后几笔装运和入库记录。

（4）对特殊类型存货的监盘。对某些特殊类型的存货而言，被审计单位通常使用的盘点方法和控制程序并不完全适用。这些存货通常或者没有标签，或者其数量难以估计，或者其质量难以确定，或者盘点人员无法对其移动实施控制。在这些情况下，审计人员需要运用职业判断，根据存货的实际情况，设计恰当的审计程序，对存货的数量和状况获取审计证据。

5. 存货监盘结束时的工作

在被审计单位存货盘点结束前，审计人员应当再次观察盘点现场，以确定所有应纳入盘点范围的存货是否均已盘点，并检查已填用、作废及未使用盘点表单的号码记录，确定其是否连续编号，查明已发放的表单是否均已收回，并与存货盘点的汇总记录进行核对。审计人员应根据自己在存货监盘过程中获取的信息对被审计单位最终的存货盘点结果汇总记录进行复核，并评估其是否正确地反映了实际盘点结果。如果存货盘点日不是资产负债表日，审计人员应当实施适当的审计程序，确定存货盘点日与资产负债表日之间存货的变动是否已做正确的记录。此外，如果被审计单位采用永续盘存制核算存货，审计人员应当关注永续盘存制下的期末存货记录与存货盘点结果之间是否一致。如果两者之间存在较大差异，应当实施追加的审计程序，查明原因并检查永续盘存记录是否已经进行适当调整，或者提请被审计单位重新盘点。

（三）特殊情况的处理

在存货盘点过程中，可能存在一些特殊情况导致无法到现场进行存货盘点，例如，无法现场实施存货监盘、由第三方保管或控制的存货等情况。

1. 无法现场实施存货监盘

如果存在由于存货的性质或位置较为特殊无法实施监盘程序，或者由于一些不可预见的因素导致无法在预定日期实施存货监盘等情况，审计人员应当考虑能否实施替代审计程序，获取有关期末存货数量和状况的充分、适当的审计证据。如果是首次接受委托进行审计，审计人员在已获取有关本期期末存货余额的充分、适当的审计证据基础上，还应当实施以下一项或多项审计程序，以获取有关本期期初存货余额的充分、适当的审计证据。

（1）查阅前任注册会计师工作底稿。

（2）复核上期存货盘点记录及文件。

（3）检查上期存货交易记录。

（4）运用毛利百分比法等进行分析。

值得注意的是，监盘程序主要是对存货的结存数量予以确认，它不能保证被审计单位对存货拥有所有权，也不能对该存货的价值提供审计证据。

2. 由第三方保管或控制的存货

如果由第三方保管或控制的存货对财务报表是重要的，应当实施下列一项或两项审计程序，以获取有关该存货存在和状况的充分、适当的审计证据。

（1）向持有被审计单位存货的第三方函证存货的数量和状况。

（2）实施检查或其他适合具体情况的审计程序。如果对第三方的诚信和客观性产生怀疑，则可以采取其他审计程序，用以证实存货的真实性和完整性。其他审计程序包括以下几方面。

①实施或安排其他注册会计师实施对第三方的存货监盘（如可行）。

②获取其他注册会计师或服务机构注册会计师针对用以保证存货得到恰当盘点和保管的内部控制的适当性而出具的报告。

③检查与第三方持有的存货相关的文件记录，如仓储单。

④当存货被作为抵押品时，要求其他机构或人员进行确认。

此外，可以考虑由第三方保管存货的商业理由的合理性，以进行存货相关风险（包括舞弊风险）的评估，并计划和实施适当的审计程序，如检查被审计单位和第三方所签署的存货保管协议的相关条款、复核被审计单位调查及评价第三方工作的程序等。

 国际视野

法尔莫的"水桶账户"

法尔莫公司是美国一家拥有 300 个连锁药店的药品销售公司，它所实施的经营策略是"强力购买"，即通过提供大比例折扣来销售商品。其创始人莫纳斯利用自己高超的作假手段实现公司的快速扩张。

莫纳斯是一名篮球运动员，但是因天资及身高所限，他没有机会到职业球队打球。然而，莫纳斯确实拥有一个所有顶级球员共有的特征，那就是他有一种无法抑制的求胜欲望。他首先设法获得了位于（美）俄亥俄州阳土敦市的一家药店，运用欺骗手段在随后的 10 年中他又收购了另外 299 家药店，从而组建了全美连锁的法尔莫公司。一时间，莫纳斯成为金融领域的风云人物，他的公司则在阳土敦市赢得了令人崇拜的地位，新闻媒体也对其大加赞赏。

莫纳斯和他的公司炮制虚假利润长达 10 年之久，在被发现时至少造成 5 亿美元损失。当时法尔莫公司的财务总监认为公司以低于成本的价格出售商品会招致严重的损失，但是莫纳斯认为通过"强力购买"，公司完全可以发展得足够大以使它能顺利地坚持它的销售方式。最终在莫纳斯的强大压力下，这位财务总监卷入这起舞弊案件。在随后的数年之中，他和他的几位下属保持两套账簿，一套用以应付注册会计师的审计，另一套用来反映糟糕的现实。

具体做法是他们先将所有的损失归入一个所谓的"水桶账户"，然后再将该账户的金额通过虚增存货的方式重新分配到公司的数百家成员药店中。他们伪造购货发票、制造增加存货并减少销售成本的虚假记账凭证、确认购货却不同时确认负债、多计和加倍计算存货的数量。财务部门之所以可以隐瞒存货短缺是因为注册会计师只对 300 家药店中的 4 家进行存货监盘，而且他们会提前数月通知法尔莫公司他们将检查哪些药店。管理人员随之将那 4 家药店堆满实物存货，而把那些虚增的部分分配到其余的 296 家药店。这样就使得其舞弊行为一直没被发现，但他们为此付出了昂贵的代价。这项审计失败使会计师事务所在民事诉讼中损失了 3 亿美元。那位财务总监被判 33 个月的监禁，莫纳斯本人则被判入狱 5 年。

影响与启示：

（1）从本案例中可见存货盘点的重要性。对于一般企业而言，存货数量巨大，不可能全面实施盘点，但如何进行盘点规划、控制盘点过程、运用分析性复核手段发现可能存在的舞弊等，是存货测试中重要的环节。

（2）为何法尔莫公司作假 10 年之久都未被注册会计师们发现？或许，他们可能太信任他们的客户了，他们从报纸上阅读到关于它的文章，从电视中看到关于莫纳斯努力奋斗的报道，从而为这种欺骗性的宣传付出了代价；他们也可能是在错误的假设下执行审计，即认为他们的客户没有进行会计报表舞弊的动机，因为它正在大把大把地赚钱。回顾整个事件，只要任何人问一下这样一个基本的问题，即"一个以低于成本出售商品的公司怎能赚钱"，注册会计师们或许就能够发现这起舞弊事件。可见在审计过程中的先入为主危害极大，必须收集客观证据，才可能得出恰当的结论。

（3）此案件给我们敲响了警钟，存货审计是如此的重要，也是如此的复杂，使得存货舞弊并非仅凭简单的监盘就可查出。不过，如果注册会计师能够弄清这些欺骗性操纵是如何进行的，对于发现这些舞弊将会大有帮助，这就意味着注册会计师必须掌握识别存货舞弊的技术。

（4）存货的价值确定涉及两个要素：数量和价格。确定现有存货的数量常常比较困难，因为货物总是在不断地被购入和销售；不断地在不同存放地点间转移以及投入生产过程之中。存货单位价格的计算同样可能存在问题，因为采用先进先出法、后进先出法、平均成本法以及其他的计价方法所计算出来的存货价值将不可避免地存在较大的差异。正因如此，复杂的存货账户体系往往成为极具吸引力的舞弊对象。

五、存货计价测试

存货监盘程序主要是对存货的数量进行测试。为验证财务报表上存货余额的真实性，还应当对存货的计价进行审计。存货计价测试包括两个方面：一是被审计单位所使用的存货单位成本是否正确，二是是否恰当计提了存货跌价损失准备。

在对存货的计价实施细节测试之前，通常先要了解被审计单位本年度的存货计价方法与以前年度是否保持一致。如发生变化，变化的理由是否合理，是否经过适当的审批。

（一）存货成本的计价测试

针对原材料的单位成本，通常基于企业的原材料计价方法（如先进先出法、加权平均法等），结合原材料的历史购买成本，测试其账面成本是否准确，测试程序包括核对原材料采购的相关凭证（主要是与价格相关的凭证，如合同、采购订单、发票等）以及验证原材料计价方法的运用是否正确。

针对产成品和在产品的单位成本，需要对成本核算过程实施测试，包括直接材料成本测试、直接人工成本测试、制造费用测试和生产成本在当期完工产品与在产品之间分配的测试四项内容，具体见本章第五节产品成本审计。

（二）存货跌价损失准备测试

存货的计价方法众多，企业可结合国家法规要求选择自身特点的方法。按照我国《企业会计准则》的规定，企业的存货应当在期末时按成本与可变现净值孰低计量，对可变现净值低于存货成本的差额，计提存货跌价准备。存货的估价由两大因素决定：质量和数量。实施存货的计价审计时，审计人员应该从已盘点的结存存货中（单价和总金额已经记入存货汇总表）选择要进行测试的样本。选择样本时应着重选择结存余额较大且价格变化比较频繁的项目，同时考虑样本的代表性。审计人员可以将存货按照单价和数量多少进行分层抽样。

审计人员除应了解掌握企业的存货的计价方法外，还应对计价方法的合理性和一贯性予以关注，没有足够理由计价方法在同一会计年度内不得变动。

企业应当定期或者至少于每年年度终了，对存货进行全面清查，当存在下列情况之一时，应当提取存货跌价准备：①市价持续下跌，并且在可预见的未来无回升的希望；②企业使用该项原材料生产的产品成本大于产品的销售价格；③企业因产品更新换代，原有库存原材料已不适应新产品的需要；④因企业所提供的商品或劳务过时或消费者偏好改变而使市场的需求发生变化，导致市场价格逐渐下降；⑤其他足以证明该项存货实质上已经发生减值的情形。

当存在以下一项或若干项情况时，应当将存货账面余额全部转入损益：①已霉烂变质的存货；②已过期不可退货的存货（主要指食品等）；③生产中已不再需要，并且已无转让价值的存货；④其他足以证明已无使用价值和转让价值的存货。

存货跌价准备应按单个存货项目的成本与可变现净值计量，如果某些存货具有类似用途并与在同一地区生产和销售的产品系列相关，且实际上难以将其与该产品系列的其他项目区别开来进行估价的存货，可以合并计量成本与可变现净值；对于数量繁多、单价较低的存货，可以按存货类别计量成本与可变现净值。

如果被审计单位认定其存货系高技术产品，审计人员可请求外界专家提供帮助。审计人员只有在对该专家的能力和超然独立性感到满意时，才能将使用专家的工作作为一种获取适当证据的审计程序。对于被审计单位的存货跌价损失准备，审计人员应检查被审计单位存货跌价损失准备计提和结转的依据、手续和会计处理是否正确，是否经过授权批准，前后各期是否一致。这项实质性测试与"估价或分摊"认定有关。

存货跌价准备审计的难点是计提的恰当性，计提资产减值准备是为了把公司的"水分"挤干，避免公司一方面存在大量的不良资产甚至潜亏，另一方面报表上又体现可观的利润。但除了坏账准备计提有明确的标准外，其余七项资产减值准备计提并无明确标准，大部分看起来似乎比较"灵活"。所以，审计人员既要关注计提的充分性，又要关注是否存在通过计提秘密准备来调节利润的现象。对于存货而言，审计人员可采取向采购部门和销售部门询问的方式，了解库存原材料和产成品的最近市场价格。

对于存货中存在的不良资产，审计人员还需要首先对存货进行盘点，确定存货的短缺、霉变毁损数量及金额；其次，对存货账面价值与市价进行比较，以确定存货账面价值高于实际价值的金额，对于其中人为高估利润而造成产成品、自制半成品、生产成本等存货的虚增，应与正常的市价下跌引起的存货减值加以区分，以确定问题性质，分清责任；最后，审查分期收款发出商品合同，检查货款回收情况，对未执行合同而长期挂账的分期收款发出商品，应通过查询及函证，对其可收回性进行评估，以确认其中包含的不良资产数额。

若原来使存货跌价的影响因素已经消失的，减记的金额应当予以恢复，并在原计提的存货跌价准备金额内转回，转回的金额计入当期损益。相应地，审计人员应当关注存货跌价准备的转回，判断转回金额及时间的依据是否合理，会计处理是否正确，相应的披露是否恰当。

20×8 年 12 月 10 日，ABC 会计师事务所首次接受委托审计甲公司 20×8 度财务报表，委派 A 注册会计师担任项目合伙人。甲公司为乳业企业，在全国各地设有 20 个养殖基地，20×8 年期初、期末存货余额占资产总额比重较大，存货主要包括奶牛和鲜奶品，液体奶制品采用桶存放，甲公司对存货采用永续盘存制核算。甲公司拟于 20×8 年 12 月 31 日起开始盘点存货，盘点工作由熟悉相关业务且具有独立性的人员执行。A 注册会计师编制的存货监盘计划摘录如下。

(1) 在风险评估过程中，发现与存货相关的内部控制比较有效，加之存货单位价值不高，将存货认定层次重大错报风险评估为低水平。

(2) 在对存货实施监盘程序时，采用观察以及检查相关的收、发、存凭证和记录的方法，确定存货的数量。

(3) 甲公司对存货的盘点计划时间是：20×8 年 12 月 31 日盘点北方地区的存货，20×9 年 1 月 4 日盘点南方地区的存货。监盘和盘点时间一致，都是同一天实施。

根据上述案例，请思考：

(1) 根据审计准则的要求，指出 A 注册会计师针对存货期初余额应当实施哪些审计程序。

(2) 针对上述存货监盘计划第 (1) 项至第 (3) 项，逐项判断存货监盘计划是否存在缺陷。如果存在缺陷，简要提出改进建议。

第四节　应付职工薪酬审计

职工薪酬是指企业为职工在职期间和离职后提供的全部货币性薪酬与非货币性福利，新会计准则下的"应付职工薪酬"包括"工资""职工福利"等科目，工资和职工福利是企业成本费用的重要构成项目，是生产与存货审计中十分重要的一项内容。

工资是企业支付给员工的劳动报酬，工资一般采用现金的形式支付，因而相对于其他业务，更容易发生错误或舞弊行为，如虚报冒领、重复支付和贪污等，但随着经营管理水平的提高和技术手段的发展，工资业务中进行舞弊及其掩饰的可能已经有所缩小。这是因为：有效的工资内部控制，可以及时地揭露错误和舞弊；使用计算机编制工资表和使用工资卡，提高了工资计算的准确性；通过有关机构，如税务部门、社会保障机构的复核，可相应防止工资计算的错误。然而，在一般企业中，职工薪酬在成本费用中所占比重较大，如果职工薪酬计算错误，就会影响成本费用和利润的正确性。所以，审计人员仍应重视职工薪酬业务的审计，首先应该根据管理当局认定和审计总目标，确定应付职工薪酬的审计目标，再运用实质性测试程序对应付职工薪酬进行审计。

应付职工薪酬的审计目标一般包括：确定期末应付职工薪酬是否存在；确定期末应付职工薪酬是否为被审计单位应履行的支付义务；确定应付职工薪酬计提和支出依据是否合

理、记录是否完整；确定应付职工薪酬期末余额是否正确；确定应付职工薪酬的披露是否恰当。

应付职工薪酬的审计流程包括：获取或编制应付职工薪酬明细表、实施实质性分析程序、审查应付职工薪酬计提项目以及审查应付职工薪酬的期后付款情况。

一、获取或编制应付职工薪酬明细表

应付职工薪酬明细表是为了反映企业全部工薪的结算情况，并据以进行工薪总分类核算和汇总整个企业工薪费用而编制的，它是企业进行工薪费用分配额依据。工薪费用分配表反映了各生产车间各产品应负担的生产工人工薪及福利费。

对应付职工薪酬进行审计，首先需要获取或编制应付职工薪酬明细表，复核加计正确，并与报表数、总账数和明细账合计数核对是否相符，计提依据是否合理。

二、实施实质性分析程序

（一）对本期应付职工薪酬费用的发生情况进行分析性复核

（1）检查各月职工薪酬费用的发生额是否有异常波动，若有，则要求被审计单位予以解释。

（2）将本期职工薪酬费用总额与上期进行比较，要求被审计单位解释其增减变动原因，或取得公司管理当局关于员工薪酬水平的决议。

（3）了解被审计单位本期平均职工人数，计算人均薪酬水平，与上期或同行业水平进行比较。

（二）检查本项目的核算内容

检查本项目的核算内容是否包括工资、职工福利、社会保险费、住房公积金、工会经费、职工教育经费、解除职工劳动关系补偿、股份支付等明细项目。外商投资企业按规定从净利润中提取的职工奖励及福利基金，也应在本项目核算。

三、审查应付职工薪酬计提项目

（一）审查应付职工薪酬的计量和确认

（1）国家有规定计提基础和计提比例的，应当按照国家规定的标准计提，如医疗保险费、养老保险费、失业保险费、工伤保险费、生育保险费、住房公积金、工会经费以及职工教育经费等；国家没有规定计提基础和计提比例的，如职工福利费等，应据实列支。

（2）被审计单位以其自身产品或外购商品作为非货币性福利发放给职工的，应根据受益对象，将该产品或商品的公允价值，计入相关的资产成本或当期损益，同时确认应付职工薪酬。

（3）被审计单位将其拥有的房屋等资产无偿提供给职工使用的，应当根据受益对象，将该房屋每期应计提的折旧计入相关的资产成本或当期损益，同时确认应付职工薪酬。

（4）被审计单位租赁住房等资产供职工无偿使用的，应当根据受益对象，将每期应付的租金计入相关的资产成本或当期损益，同时确认应付职工薪酬。

（5）对于外商投资企业，按税后利润的职工奖励及福利基金应以董事会决议为依据，并符合相关规定。

（6）审阅应付职工薪酬明细账，抽查应付职工薪酬各明细项目的支付和使用情况，检查是否符合有关规定，是否履行审批程序。

（二）审查应付职工薪酬的计提

审查应付职工薪酬的计提是否正确，分配方法是否与上期一致，并将"应付职工薪酬——工资"计提数与相关的成本、费用项目核对一致；同时结合"应付职工薪酬——工资"测试，检查按工资总额计提的"应付职工薪酬——职工福利"是否符合规定，计提金额是否正确。

四、审查应付职工薪酬的期后付款情况

（1）如果被审计单位是实行工效挂钩的，应取得有关主管部门确认的效益工资发放额的认定证明，并复核有关合同文件和实际完成的指标，检查其计提额、发放额是否正确，是否需要进行纳税调整。如果被审计单位实行计税工资制，应取得被审计单位平均人数证明并进行复核，计算可准予税前列支的费用额，对超支部分的工资及附加费进行纳税调整，对计缴的工会经费，未能提供《工会经费拨缴款专用收据》的，应提出纳税调整建议。

（2）检查应付职工薪酬期末余额中是否存在拖欠性质的职工薪酬，了解拖欠的原因，此外应检查被审计单位的辞退福利核算是否符合有关规定。

（3）确定应付职工薪酬的披露是否恰当。特别注意关注年末"应付职工薪酬"余额有无异常变动，如"应付职工薪酬"年末余额过大，应审查被审计单位是否通过多计工资调整"本年利润"，进而实现调整应交税金的目的。还应关注的是被审计单位有无将"应付职工薪酬"并入其他账户如"其他应付款"账户的情况。

第五节 产品成本审计

产品成本审计是指直接材料、直接人工、制造费用、生产成本、库存商品、自制半成品、主营业务成本的审计。我们注意到，计算营业成本的过程是一系列相互衔接的过程，对营业成本实施审计时，也应该注意到这一特点，如果由不同人员分别实施审计，应相互协作，避免不必要的重复性劳动，或者都以为其他的审计人员已经做了审计，自己不必在此"重复劳动"，而到头来忽略了非常重要的步骤，由此形成审计"死角"，造成无法挽回的审计风险。例如，作为执行资产负债表"存货"项目审计的人员，需要进行上述直接材料、直接人工、制造费用、生产成本等的审计，而作为执行利润表"主营业务成本"项目审计的人员，"生产成本""库存商品"等科目也是必审项目，如果双方各做各的审计，会产生很多重复劳动，既浪费时间，又浪费财力，而如果双方都以为对方会做相关审计，结果谁都未深入实施必要的审计测试，由此形成的审计"死角"的危害也许会很大。实务中的做法通常是一方审计人员采取"顺查法"，另一方审计人员采取"逆查法"；一方审计人

员从"直接材料"入手，另一方审计人员从"主营业务成本"入手进行测试，直到两方"会合"。

产品成本审计包括以下程序：获取或编制主营业务成本明细表、实施实质性分析程序、复核主营业务成本结转明细清单。

一、获取或编制主营业务成本明细表

主营业务成本核算企业因销售商品、提供劳务或让渡资产使用权等日常活动而发生的实际成本。它是由期初库存产品成本加上本期入库产品成本，再减去期末库存产品成本求得的。对产品销售成本粉饰的查证，应通过审阅主营业务成本明细账、库存商品明细账等记录，并核对有关的原始凭证和记账凭证进行。

二、实施实质性分析程序

（一）直接材料成本的审计

直接材料成本的审计一般应从审阅"材料"和"生产成本"明细账入手，抽查有关的费用凭证，验证企业产品直接耗用材料的数量单价和材料费用分配是否真实、合理。其主要审计程序包括以下几点。

（1）进行分析性复核，分析比较同一产品前后各年度的直接材料成本，如有重大波动应查明原因。

（2）检查直接材料耗用数量的真实性，有无将非生产用材料计入直接材料费用。

（3）抽查材料发出及领用的原始凭证，检查领料单的签发是否经过授权，材料发出汇总表是否经过适当的人员复核，材料单成本计价方法是否适当，是否正确及时入账。

（4）抽查产品成本计算单，检查直接材料成本的计算是否正确，材料费用的分配标准与计算方法是否合理和适当，是否与材料费用分配汇总表中该产品分摊的直接材料费用相符。

（5）对采用定额成本或标准成本的企业，应检查直接材料成本差异的计算、分配与会计处理是否正确，并查明直接材料的定额成本、标准成本在本年度内有无重大变更。

（二）直接人工成本的审计

直接人工成本的审计一般应从审阅"生产成本""制造费用"明细账和工资分配表、工资汇总表等，抽查有关的费用凭证，验证直接人工成本归集和分配是否真实、合理。其主要审计程序包括以下几点。

（1）进行分析性复核，将本年度直接人工成本与前期进行比较，查明其异常波动的原因；分析比较本年度各个月份的人工费用发生额，如有异常波动，应查明原因。

（2）抽查产品成本计算单，检查直接人工成本的计算是否正确，人工费用的分配标准与计算方法是否合理和适当、是否与人工费用分配汇总表中该产品分摊的直接人工费用相符。

（3）结合应付职工薪酬的检查，抽查人工费用会计记录及会计处理是否正确。

（4）对采用标准成本法的企业，应抽查直接人工成本差异的计算、分配与会计处理是否正确，并查明直接人工的标准成本在本年内有无重大变更。

（三）制造费用的审计

制造费用是指企业的车间管理部门为组织和管理生产所发生的各项费用。其主要包括工资和福利费用、折旧费、机物料消耗、劳动保护费、水电费、办公费、差旅费、运输费、保险费、季节性和修理期间的停工损失等项内容。制造费用的审计要点包括以下几点。

（1）获取或编制制造费用汇总表，并与明细账、总账核对相符；分析制造费用汇总表，如有波动应予查明。

（2）审阅制造费用明细账，检查其核算内容、范围是否正确，应注意是否存在异常会计事项，如有，则应追查至记账凭证及原始凭证，重点查明企业有无将不应列入成本费用的支出计入制造费用，如投资支出、被没收的财物、支付的罚款、违约金、技术改造支出等。

（3）检查制造费用的分配是否合理。重点查明制造费用的分配方法是否符合企业自身的生产技术条件，是否体现受益原则，分配方法一经确定，是否在相当时期内保持稳定。有无随意变更的情况，分配率和分配额的计算是否正确，有无以人为估计数代替分配数的情况。

（4）对于采用标准成本法的企业，应抽查标准制造费用的确定是否合理，计入成本计算单的数额是否正确，制造费用的计算、分配与会计处理是否正确，并查明标准制造费用在本年度内有无重大变动。对按预定分配率分配费用的企业，还应查明计划与实际差异是否及时调整。

【例 11-2】 审计人员在审查 A 单位 20×8 年 12 月"生产成本"明细账及有关账册凭证时，发现以下情况。

（1）与以前月份相比，产量虽未显著增加，12 月"直接材料"成本耗用却异常的高，于是进行了相关账册的核对，首先与材料明细账、总账、材料费用分配表进行核对，接着又审查了车间原始记录和存货盘点表，得知领而未用的材料年末结存 160 万元；审计人员查知该年末完工产品占 90%，入库产成品已销售的占完工入库产品的 90%，又知材料在整个生产过程中是被平均地耗用。据此，可以算出这笔以领代耗减少本年利润 1 296 000 元（1 600 000×90%×90%），若被审计单位该年除此笔外应纳所得税额已为正值，则 A 单位因此少交所得税 324 000 元（1 296 000×25%）。

（2）该企业 20×8 年 10 月至 12 月的工资费用较其他各月增长较多，而同期的"在建工程"账只有支付的各种工程物资款项，没有发生工资费用。进一步核对工资表等有关资料和与有关财会人员询问得知，该单位将从事安装人员的工资计入了生产成本。具体审查该企业"在建工程"明细账时发现，该企业的"在建工程"主要是被审计单位以自营方式购入一条需要安装的生产线，生产线的安装任务由本企业技术人员和招聘的数名临时工人共同负责完成，这些人员的工资共计 10 万元，应计入新上生产线的在建工程成本，而企业却将其工资费用全部计入了生产成本。

（3）审计人员在审查 A 单位"制造费用"明细账时，发现该单位 20×8 年 12 月"制造费用"较以前月份金额过大，属异常现象，进一步审查有关账、凭证后，查明该单位为了使实现的利润总额控制在预算指标之内，就采用了虚增修理费用的作弊手段，虚领 20 万元材料记作修理费用，记入"制造费用"账户，月份终了分配计入产品成本，该企业当月完工产品为 80%，全部销完，仅此一项作弊行为，就使本期利润减少 16 万元。

针对上述情况，审计人员建议做以下调整分录。

（1）针对领而未用的材料，账务处理如下。

借：原材料　　　　　　　　　　　　　　　　　　　1 600 000
　　贷：生产成本　　　　　　　　　　　　　　　　　　　304 000
　　　　主营业务成本　　　　　　　　　　　　　　　　1 296 000
借：所得税费用　　　　　　　　　　　　　　　　　　　324 000
　　贷：应交税金——应交所得税　　　　　　　　　　　　324 000

（2）针对新上生产线的在建工程工资费用，应从"生产成本"转入"在建工程"账户，账务处理如下。

借：在建工程　　　　　　　　　　　　　　　　　　　100 000
　　贷：生产成本　　　　　　　　　　　　　　　　　　　100 000

（3）针对制造费用虚列修理费用、调节成本利润的问题，应做以下调整分录。

借：原材料　　　　　　　　　　　　　　　　　　　200 000
　　贷：生产成本　　　　　　　　　　　　　　　　　　　40 000
　　　　主营业务成本　　　　　　　　　　　　　　　　160 000

（四）生产成本的审计

对直接材料、直接人工和制造费用审计的程序，都构成了"生产成本"审计的一部分内容，在对生产成本的料、工、费的归集进行审计后，"生产成本"账户还有一项重要的审计内容，那就是"生产成本"在产品和产成品之间分配的审计，审计人员在对该账户进行审计时，应关注被审计单位是否通过调整在产品和产成品成本，达到调整利润的目的。

【例 11-3】 某制造公司采用逐步结转分步法计算产品成本，为了控制下年利润下降幅度，以便在当年产品成本的结转上做文章，采取少留在产品成本、多转完工产品成本的粉饰手段，以压低当年利润的实现数额。其具体做法是：厂部指令一车间往二车间多结转半成品成本 160 万元；指令二车间往三车间多转 300 万元半成品成本；指令三车间在产品加工、组装完毕后，多转完工产品成本 500 万元。完工产品入库后，按合同规定已全部发出，期末结转的产品销售成本多计 500 万元，进而使当年少计利润 500 万元。

针对以上问题审计人员审阅了各车间的成本计算单，经查 3 个车间均有不按规定方法计算结转产品成本的情况。经询问有关人员，也证实了多转完工产品 500 万元的事实。审计人员又审查了产品销售成本明细账及有关账册凭证，发现产品销售成本的结转有疑点。经进一步检查，本期入库的产成品全部发给了用户，并按入库产成品的总成本如数结转了产品销售成本。期末"产品销售成本"账户全额转入"本年利润"账户，计入了当年亏损。审计人员询问了有关人员，得知公司这样做的目的是调减当年利润，以"改善"下年度经济效益下降的局面。

三、复核主营业务成本结转明细清单

（1）编制生产成本及主营业务成本倒轧表（参考格式见表 11-3），并与总账核对相符。

表 11-3 生产成本及主营业务成本倒轧表

客户：A 公司　　　　　　　　查验人员：张三　　　　　　日期：20×9 年 3 月 3 日

截止日期：20×8 年 12 月 31 日　　复核人员：李四　　　　日期：20×9 年 3 月 3 日　　　　单位：元

序号	项目内容	数据来源	账面金额	调整数	调整后金额
（1）	原材料期初余额	总账 "原材料" 账户期初余额			
（2）	其中：上期查账调整额	查账报告调整说明			
（3）	加：本期购入材料净额	"原材料" 借方购入额扣退货折让金额			
（4）	加：其他增加额	"原材料" 借方其他发生额			
（5）	减：期末材料余额	总账 "原材料" 账户期末余额			
（6）	减：其他发出额	"原材料" 贷方其他发生额			
（7）	直接材料成本	生产成本明细账			
（8）	直接人工成本	生产成本明细账			
（9）	制造费用	生产成本明细账			
（10）	其中：材料费用	"原材料" 转入 "制造费用" 借方金额			
（11）	专用工模具	生产成本明细账			
（12）	产品生产成本	"生产成本" 借方发生额			
（13）	加：在产品期初余额	"生产成本" 期初余额			
（14）	减：在产品期末余额	"生产成本" 期末余额			
（15）	产成品成本	"生产成本" 转入 "库存商品" 借方金额			
（16）	加：产成品期初余额	"库存商品" 账户期初余额			
（17）	加：产成品盘盈金额	"库存商品" 盘盈会计记录			
（18）	加：退货收回产成品成本	用户退货会计记录			
（19）	减：产成品期末余额	"库存商品" 账户期末余额			
（20）	减：自制自用产品成本	"库存商品" 转入 "生产成本" 借方金额			
（21）	减：内部领用产品成本	对 "在建工程" "销售费用" "管理费用" "营业外支出" 等科目借方发生额进行分析			
（22）	减：产成品折价、亏损	存货（产成品）折价、盘亏、毁损会计记录			
（23）	产品销售成本	"库存商品" 转入 "主营业务成本" 借方发生额			

计算说明：（7）=（1）+（3）+（4）-（5）-（6）；（12）=（7）+（8）+（9）+（11）；（15）=（12）+（13）-（14）

（23）=（15）+（16）+（17）+（18）-（19）-（20）-（21）-（22）

审计说明及调整分录：

审计结论：

倒轧表的基本等式包括：

原材料期初余额 + 本期购进额 - 原材料期末余额 - 其他发出额 = 直接材料成本

直接材料成本 + 直接人工成本 + 制造费用 = 本期生产成本

本期生产成本 + 在产品期初余额 - 在产品期末余额 = 本期完工产品成本

本期完工产品成本＋产成品期初余额－产成品期末余额＝本期产品销售成本

（2）分析比较本年度与上年度主营业务成本总额，以及本年度各月份的主营业务成本金额，如有重大波动和异常情况，应查明原因。

（3）结合生产成本的检查，抽查主营业务成本结转数额的正确性，并检查其是否与销售收入相配比。

【例11-4】B公司通过人为调节结转产品到主营业务成本的数量，从而达到少转成本、调节利润的目的。该公司主要产品为不锈钢，20×8年"主营业务收入——不锈钢"240万元、"主营业务成本——不锈钢"160万元。毛利率为25%，与行业毛利率23%差异不大。但经查，销售不锈钢数量为120吨，而企业结转成本的数量为100吨，少转成本数量20吨，从而调剂利润32万元。因此收入与成本的配比不仅要重视金额的配比而且要关注成本结转数量是否配比；同时注意加强异常产成品项目的盘点及收集销售、生产、入库、出库等相关原始资料及统计报表相互印证以分析是否存在异常现象。

①检查主营业务成本账户中重大调整事项（如销售退回、委托代销商品）是否有其充分理由。

②确定主营业务成本是否已在利润表上恰当披露。

 相关链接

大华会计所及3名CPA因佳电股份被罚没626万元

证监会于2018年8月发布了《中国证监会行政处罚决定书》（大华会计师事务所、张晓义、高德惠、谭荣）（〔2018〕70号），决定没收大华会计师事务所（以下简称"大华所"）业务收入150万元，并处以450万元的罚款；对4位签字注册会计师中的3人予以警告和罚款。其中张晓义（签字了3次）处以10万元的罚款；对高德惠、谭荣（各签字了1次）分别处以8万元的罚款。证监会对大华所进行上述处罚的理由如下。

第一，关于处罚所依据的事实。大华所在对佳电股份实施审计时，存在多项违反审计准则规定的情形，出具的审计报告存在虚假记载，证监会据此依法追究其审计责任。

第二，关于大华所及其签字注册会计师是否承担2015年审计责任。佳电股份在2015年度对2013年度和2014年度虚减的财务数据进行回调，客观上造成2015年度财务数据失真。大华所在对佳电股份2015年财务报告进行审计时，对主营业务成本、销售费用、存货跌价准备的审计程序执行不到位，未发现佳电股份在2015年年报中虚减利润1.98亿元的事实，依据审计准则应承担相应的审计责任。

第三，关于大华所及其签字注册会计师是否恪守执业准则及尽到勤勉尽责的义务。

（1）大华所对佳电股份2013年度财务报表审计时未勤勉尽责，出具的2013年度审计报告存在虚假记载：①佳电股份通过产值成本率结转当期营业成本，期初完工产品产值数据对于计算产值结转正确金额非常重要。经核对2012年和2013年的审计工作底稿，记录的2013年年初产品产值与2012年年末产品产值不一致。大华所的情况说明与审计工作底稿中记录的情况不符，注册会计师未执行对佳电股份提供的"期初产成品产值"金额的真实性、准确性的审计程序，违反了《中国注册会计师审计准则第1301号——

审计证据》第十三条的规定。②大华所未充分执行对佳电股份自行开发的成本核算信息系统进行测试的相关审计程序，违反了《中国注册会计师审计准则第 1211 号——通过了解被审计单位及其环境识别和评估重大错报风险》第二十一条的规定。③大华所在《关于佳木斯电机股份有限公司相关问题的补充说明》（大华特字〔2017〕003082 号）中称 2013 年度佳电股份网店兑现费分析差异中的 1 073 万元（高于当年的审计重要性水平），无法确认其金额，审计工作底稿中未见进一步的追查审计程序，未获取到充分、适当的审计证据。

（2）大华所对佳电股份 2014 年度财务报表审计时未勤勉尽责，出具的 2014 年度审计报告存在虚假记载：①调查过程中，经查验审计工作底稿并与注册会计师核实确认，审计中注册会计师未执行对佳电股份提供的"期初产成品产值"金额的真实性，准确性的审计程序，违反了《中国注册会计师审计准则第 1301 号——审计证据》第十三条的规定。②大华所未充分执行对佳电股份自行开发的成本核算信息系统进行测试的相关审计程序，违反了《中国注册会计师审计准则第 1211 号——通过了解被审计单位及其环境识别和评估重大错报风险》第二十一条的规定。③大华所未执行销售费用截止性测试审计程序，违反了《中国注册会计师审计准则第 1301 号——审计证据》第十三条的规定。④经核实，佳电股份 2014 年 12 月记入账面的销售费用存在明显波动，大华所在销售费用审计工作底稿中记录了各费用明细科目的各月发生额，但未见对费用波动情况进行风险评估的审计工作底稿。

（3）大华所对佳电股份 2015 年度财务报表审计时未勤勉尽责，出具的 2015 年度审计报告存在虚假记载：①审计中未对佳电股份提供的"期初产成品产值"金额的真实性、准确性的审计程序，违反了《中国注册会计师审计准则第 1301 号——审计证据》第十三条的规定。2014 年度审计工作底稿中记录的期末产值与 2015 年度审计工作底稿中记录的期初产值净差异巨大。②大华所未执行对佳电股份自行开发的成本核算信息系统进行测试的相关审计程序，违反了《中国注册会计师审计准则第 1211 号——通过了解被审计单位及其环境识别和评估重大错报风险》第二十一条的规定。③佳电股份 2015 年全年大部分月份均较往年有大幅度增加的销售费用，大华所在分析性程序中发现了上述情况。经大华所确认，审计工作底稿中未见对上述大幅增加的销售费用进行充分、适当的审计程序。④根据 2015 年度审计工作底稿的记录，审计工作底稿中未见对佳电股份计提存货跌价准备方法变更执行的相关审计程序。

第六节 其他相关内容审计

生产与存货循环涉及的主要内容是存货的管理及生产成本的计算，我们已经在前面的章节详细阐述，除此以外还有一些账户，虽然与生产与存货循环不直接相关，但这些账户的核算会影响存货及其相关账户。实务中经常出现被审计单位利用这些账户调低或调高成本费用，从而达到其调整利润的目的。这些账户主要包括管理费用、营业外收支、所得税等。

一、管理费用审计

管理费用核算企业为组织和管理企业生产经营所发生的管理费用，管理费用因其核算的内容繁多而成为审计的重点和难点。管理费用的审计目标包括确定管理费用的记录是否完整；确定管理费用的计算是否正确；确定管理费用的披露是否恰当。

（一）取得或编制管理费用明细表

管理费用审计，首先需要取得或编制管理费用明细表，与报表数、总账及明细账合计数核对相符，并检查其明细项目的设置是否符合规定的核算内容与范围。

将本期、上期管理费用各明细项目做比较分析，必要时比较年期各月份管理费用，对有重大波动和异常情况的项目应查明原因，必要时做适当处理。

（二）抽查大额管理费用

选择管理费用中数额较大，以及本期与上期相比变化异常的项目追查至原始凭证。审查管理费用在报表上恰当披露的情况，特别注意大额管理费用开支是否报经批准、有无通过管理费用账户调节产品成本和存货期末余额的情况、有无通过管理费用账户调节利润和税收的情况。

二、营业外支出审计

对营业外支出的查证，应以营业外支出明细账为依据，结合相关的资产负债类账户，抽查有关会计凭证，验证营业外支出发生额、余额的真实性和正确性。对企业的营业外支出进行审计，首先需要获取或编制营业外支出明细表，然后抽查大额营业外支出。

（一）获取或编制营业外支出明细表

获取或编制营业外支出明细表，并与明细账和总账核对相符。检查营业外支出项目的设置是否符合会计制度的规定，有无与资本性支出、营业性支出相混淆的情况。

（二）抽查大额营业外支出

（1）抽查大额营业外支出，检查其原始凭证是否齐全，有无授权批准，会计处理是否正确。

（2）检查营业外支出期末结转的正确性。

（3）确定营业外支出是否已在利润表上恰当披露。

【例11-5】 审计人员在审查A企业20×8年12月"营业外支出"明细账时，发现盘亏报损 80 000 元，因报损数额较大，审计人员决定进一步查证。审计人员审阅了20×8年12月31日的记账凭证，凭证记载的会计分录如下。

借：营业外支出　　　　　　　　　　　　　　　　　　　　　　　93 600

　　贷：库存商品　　　　　　　　　　　　　　　　　　　　　　80 000

　　　　应交税金——应交增值税（进项税额转出）　　　　　　　13 600

该凭证所附原始凭证是一张由领导审批后的《存货盘盈盘亏报告单》和《存货盘亏报损单》，但审计人员认为报损理由不充分，经过广泛调查取证，确定被审计单位 20×8年 11月将产成品以展销会方式售出，收取现金 119 340 元存入单位的"小金库"，但未开销货发票和出库凭证，在年终盘点时将所售产成品的成本挤在盘亏损失中，被审计单位领导承认是故意所为。被审计单位未完整地反映销售收入，而将销售商品所收款项存放账外，一方面，抵减了当期利润，少缴应纳所得税；另一方面，从仓库发出商品时未冲减"库存商品"账户并结转成本，而是将其作为盘亏损失处理，造成账实不符应减收益，虚增损失。

在问题查清后，审计人员针对该公司的具体情况，督促该公司交回了账外销售款，编制有关会计分录如下。

借：银行存款　　　　　　　　　　　　　　　　　　　　119 340
　　贷：主营业务收入　　　　　　　　　　　　　　　　102 000
　　　　应交税金——应交增值税（销项税额）　　　　　17 340
借：营业外支出　　　　　　　　　　　　　　　　　　　93600
　　贷：库存商品　　　　　　　　　　　　　　　　　　80 000
　　　　应交税金——应交增值税（进项税额转出）　　　13 600
（括号代表红字冲销）
借：主营业务成本　　　　　　　　　　　　　　　　　　80 000
　　贷：库存商品　　　　　　　　　　　　　　　　　　80 000

三、所得税审计

所得税是国家对各类企事业单位的生产经营所得和与生产经营有关的其他所得征收的税种。对所得税的查证，应通过审阅"所得税费用""应交税费——应交所得税""递延税款"等账户，并对照其他有关账户，将纳税申报表与有关原始凭证进行核对，以查明所得税的计算是否正确。查证人员对企业所得税的查证，应把注意力主要集中在应纳所得税额上，必须严格按照企业所得税法及其实施细则的有关规定来执行，尤其是对成本费用和损失的检查。根据企业所得税法规定：企业的财务、会计处理办法同税法规定有抵触的，应当按照税法计算纳税，及时调整计算应纳税所得额。

（一）获取或编制所得税明细表

获取或编制所得税明细表，并与明细账和总账核对相符。审查所得税的计算依据是否合理，会计政策是否保持前后期一致。

（二）复核所得税计算准确性

计算复核所得税的计提缴纳是否正确，审查所得税的披露是否恰当。

【例 11-6】　在 20×8 年税收稽查中，稽查人员审阅了甲公司 20×7 年商品销售，销售收入为 6 000 万元，实现利润 300 万元，销售利润率 5%，20×8 年商品销售收入 4 200万元，实现利润 630 万元，销售利润率 15%，两年销售利润率差别较大，稽查人员带着疑问检查了利润的核算。根据公司的经营特点，从营业成本和管理费用这两个影响利润的主要因素入手，逐笔检查，进一步检查商品销售收入的核算与往来账，发现该公司20×8年经营A商品利用往来账核算，实现利润1260万元挂在往来账上，偷逃应上交的所得税。

处理意见：根据税收征管法规定，纳税人采取隐匿方法，在账簿上不列、少列收入，属偷税行为。因此，企业应补缴所得税1260×25%=315万元。由于企业偷税严重，稽查人员根据税收征管法的有关规定对企业处以罚款并给予领导一次行政处罚，因偷逃税款数额已构成偷税罪，还应追究负责人的刑事责任。

账务处理如下。

借：其他应付款   12 600 000
　　贷：主营业务收入   12 600 000
借：所得税费用   3 150 000
　　贷：应交税费——应交所得税   3 150 000

 **本章小结**

首先，就生产与存货循环来讲，它不仅涉及资产负债表大部分项目的审计，而且涉及利润表项目的审计。可见，生产与存货循环构成整个业务循环的一个重要方面，它的审计与其他业务循环审计共同形成了会计报表审计工作。

其次，本章对生产与存货循环进行了控制测试和实质性测试，两者相互联系的程序和方法从根本上体现了审计工作抓重点与问题的主要方面的思路，这是审计工作提高效率的基本要求；同时，还必须从科学角度设计测试样本及其抽取、审查与评价方式，这又是提高审计工作质量、控制和防范审计风险的基本要求。生产与存货循环涉及的主要内容是存货的管理及生产成本的计算等，在资产负债产表中存货一项实际上包括很多账户，如材料采购、原材料、包装物、低值易耗品、材料成本差异、自制半成品、库存商品、委托加工商品、委托代销商品、受托代销商品、分期收款发出商品、生产成本、制造费用、产成品等，除此以外，该循环还包括资产负债表的项目有应付职工薪酬、待摊费用、预提费用等，同时还涉及利润表的主营业务成本项目等。这就意味着对这一环节审计程序的涉及必须考虑到这些账户的特点；同时，由于生产与存货循环涉及大量计算和估算，如各种存货的本期发生额和期末余额的计算、各项费用的计提和分摊等，给审计工作也带来一定难度，所以审计人员必须充分考虑到审计风险。

最后，本章从生产与存货循环的主要业务活动、生产与存货循环的目标和关键控制点、生产与存货循环的控制测试入手，重点阐述了存货项目、应付职工薪酬项目，以及与该生产与存货循环相关的其他项目的审计程序，重点突出并编写了大量案例帮助理解本章内容。

 **关键词汇**

生产与存货循环（products and inventory cycle）

存货审计（inventory audit）

存货监盘（supervision of inventory check）

应付职工薪酬审计（salaries and wages payable audit）

主营业务成本审计（main business cost audit）

 思考题

1. 我们知道，执行存货实地监盘是注册会计师审计财务报告的一个重要方面。那么，注册会计师执行存货监盘的主要目标是什么？注册会计师为什么在执行存货监盘过程中要记录存货数量的盘点测试？在利用外部专家的工作时，注册会计师是否应该在报告中予以说明？

2. 试分析如何实施生产与存货循环的内部控制测试？

3. 如何对产品成本进行审计工作？

4. 试述如何检查应付职工薪酬的确认与计量？

5. 试述制造费用的审计要点。

 练习题

1. 资料：审计人员接受委托对 A 公司 20×8 年会计报表进行审计，发现下列事项。

（1）A 公司某职工反映公司领导只抓利润忽视安全，该公司 20×8 年木工车间失火，损失巨大。经查公司为修复厂房及核销火灾损失共付 310 000 元，该公司将该项支出列入"管理费用——其他管理费用"。

（2）该公司技术科 20×8 年租入试验设备 3 台，按合同规定每月支付租金 60 000 元，并按 3 台设备的原价 12 000 000 元逐月计提折旧，折旧率为 5%，共计 600 000 元，两项共计 1 320 000 元，已计入管理费用。

（3）20×8 全年银行存款利息收入 50 000 元未做账务处理。

要求：指出并分析上列事项中存在的问题，并提出审计意见。

2. 资料：注册会计师审计 M 公司"存货"项目，发现其中有 M 公司所属子公司异地存货，虽提供有各单位的存货清单，其数额占 40%左右。但由于所属子公司分散在全国各地，注册会计师由于受到限制无法分赴各地一一进行审验。

要求：对此情况注册会计师该如何处理？

 **案例讨论题**

佩里（Perry）麻药公司是一家经营药品的连锁店。在全国共开有 205 家零售药房。在 1990 年会计年度使用实际成本法对存货进行计价，从 1991 年起改用售价金额法。为了适应零售企业的业务特点，在年末盘点之前使用毛利率法对存货进行估计，到期末根据实际盘点的结果对存货价值进行调整，如果发生盘亏，将盘亏数从存货账户转出，计入当期的

产品销售成本。在 1992 年年末，当年共发生存货盘亏 2 000 万美元，这一金额远远超过以前会计年度确认的差异额。佩里（Perry）麻药公司不相信存货会存在如此巨额的盘亏，于是年终将这一差异暂计入一个临时设置的"store100"存货账户，同时开始调查差异形成的原因。该公司聘请安达信公司电脑风险管理小组对整个存货系统进行分析，看是否由电脑系统产生巨大差异；同时还聘请私家侦探和内部审计师来查明是否存在大额盗窃发生。结果显示公司电脑系统安全完好，也无盗窃行为发生。公司对巨额盘亏无法查明原因。

瓦拉德（Valade）是安达信公司在某一州的合伙人，1991—1993 年一直担任佩里（Perry）麻药公司的审计业务。佩里（Perry）公司对 1992 年年底出现的巨额盘亏及公司已经进行的调查向审计人员进行了介绍，在审计外勤工作中无疑将存货作为审计重点，他们抽取几家连锁店的存货进行了抽盘，经过分析性复核等手段发现确实存在巨额的存货盘亏，原因也无法确定，但他们建议在 1993 年 1 月分别采用实际成本法和售价金额法对几个商店进行核算，来查找是否由于存货计价方法的变更导致巨额盘亏。但在 1992 年年末，瓦拉德（Valade）对 2 000 万美元的盘亏认同公司的做法，将其体现在当年存货总额中，并且出具了无保留意见的审计报告。

该公司 1992 年年报存货总额为 14 亿美元，资产总额为 27 亿美元（含"store100"存货账户）。同时若将盘亏的 2 000 万美元转入主营业务成本，将导致公司从盈利 830 万美元为亏损 600 万美元。

根据上述资料，请分析下列问题。

1. 在 1992 年前佩里（Perry）麻药公司将存货账面记录与实地盘点结果的差异计入主营业务成本，这一做法是否掩盖了存货的失窃？为什么？存货差异的注销背后还可能隐藏了什么？

2. 说明将"store100"存货账户的金额包括在年末存货中对净收益有何影响？

3. 如果已知财务报表中存货存在案例所示的错报金额，应出具何种类型的审计报告？若审计人员无法获取适当的证据证明存货差异是否为重要的错报，应出具何种意见类型的审计报告？

4. 你是否认为如果瓦拉德（Valade）不赞同客户的做法就会面临失去客户的威胁？根据相关审计准则审计人员应如何应对？

 **简答题**

1. 试说明生产与费用循环的关键控制点。

2. 试分析如何测试生产与费用循环的内部控制？

3. 试说明在存货审计中如何运用分析性复核程序？

4. 试述存货监盘程序中控制测试与实质性程序两种方法的运用。

5. 试分析如果存货中存在不良资产应如何审计？

6. 试述在执行存货监盘程序时，应特别关注哪些情况？

7. 试述如何检查应付职工薪酬的确认与计量？

8. 试述制造费用的审计要点。

自测题

单项选择题	多项选择题	判断题

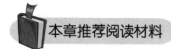本章推荐阅读材料

1.《中国注册会计师审计准则第 1311 号——对存货、诉讼和索赔、分部信息等特定项目获取审计证据的具体考虑》，2019 年.

2.《中国注册会计师审计准则问题解答第 3 号——存货监盘》，2013 年.

3.《中国注册会计师审计准则第 1311 号——对存货、诉讼和索赔、分部信息等特定项目获取审计证据的具体考虑》应用指南，2019.

4. 陈文锋. 制造业存货审计相关思考[J]. 财务与会计，2012（3）.

5. 库利南，等. 美国证监会审计案例精选[M]. 北京：中国人民大学出版社，2005.

6. 瑞扎尹. 财务报表舞弊预防与发现[M]. 朱国泓，译. 北京：中国人民大学出版社，2005.

第十二章

筹资与投资循环审计

 学习提要与目标

　　企业内控机制是否有效是企业筹资、投资活动合法、有效进行的关键因素。首先，本章就从筹资与投资的控制入手，阐述筹资和投资环节的内部控制目标、内部控制要素及内部控制测试程序与方法；其次，阐述本环节涉及的重大错报风险与评估应对；最后，阐述本环节涉及的主要报表项目测试的程序与方法。本章的学习目标是：

　　（1）了解筹资与投资业务循环的内部控制目标与内部控制要素；
　　（2）理解筹资与投资业务循环的重大错报风险与评估应对方法；
　　（3）理解描述、测试和评价筹资与投资业务循环内部控制制度的方法；
　　（4）掌握对借款、所有者权益、投资和其他相关项目进行实质性测试的方法。

 引例

海南亚太实业发展股份有限公司审计失败案例

中国证监会行政处罚决定书（瑞华会计师事务所、温亭水、秦宝）

〔2017〕1 号

　　当事人：瑞华会计师事务所（特殊普通合伙），成立于 2011 年 2 月，2014 年 3 月变更为现用名称（以下简称"瑞华所"），住所：北京市海淀区。

　　温亭水，男，1972 年 7 月出生，住址：甘肃省兰州市，海南亚太实业发展股份有限公司（以下简称"亚太实业"）2013 年年度审计报告的签字注册会计师。

　　秦宝，男，1967 年 12 月出生，住址：甘肃省兰州市，亚太实业 2013 年年度审计报告的签字注册会计师。

　　依据《证券法》的有关规定，我会对瑞华所审计执业违法违规行为进行了立案调查、审理，并依法向当事人告知了作出行政处罚的事实、理由、依据及当事人依法享有的权利。应当事人的要求，我会举行听证，听取了其陈述、申辩。本案现已调查、审理终结。

　　经查明，瑞华所在审计亚太实业 2013 年年度财务报表过程中未勤勉尽责，出具的审计报告存在虚假记载，具体违法事实如下。

　　一、瑞华所未合理考虑已识别的期后事项对长期股权投资减值准备的影响，未对相应错误予以识别和采取适当措施

　　2012 年、2013 年亚太实业持有济南固锝电子器件有限公司（以下简称"济南固锝"）

48%的股权。2013年12月31日，亚太实业董事会决议通过《关于转让济南固锝电子器件有限公司21%股权的议案》，披露的股权转让价格为8 750 000.00元，定价依据为截至2012年12月31日亚太实业所持济南固锝股权的账面价值20 017 561.21元。2014年1月20日，亚太实业临时股东大会决议通过《关于转让济南固锝电子器件有限公司21%股权的议案》。亚太实业未根据前述定价依据对所持济南固锝48%股权对应的长期股权投资计提减值准备2 377 904.37元，导致其2013年虚增净利润2 377 904.37元（未考虑所得税因素），占当期净利润的90.54%。

瑞华所在出具审计报告前知悉了亚太实业股权转让的事宜，在仅取得亚太实业大股东出具《承诺函》的情况下，未合理考虑该事项对长期股权投资减值准备的影响，未对相应错误予以识别和采取适当措施。上述行为违反了《中国注册会计师审计准则第1332号——期后事项》第十一条的规定和《中国注册会计师审计准则第1101号——注册会计师的总体目标和审计工作的基本要求》第二十八条的规定。

二、瑞华所对于已识别的济南固锝质量索赔款会计差错，未采取适当措施予以处理

2012年济南固锝将质量索赔款5 355 085.00元确认为营业外支出。2013年10月，鉴于质量索赔款未实际支付且具体赔偿金额尚不能合理确定，济南固锝认为2012年确认营业外支出时会计估计不准确，遂冲减2013年营业外支出5 355 085.00元。瑞华所在审计中发现该会计差错后，并未要求济南固锝按照《企业会计准则》进行追溯调整，而是要求济南固锝直接调减本期营业成本，虚增产成品。2013年12月31日，济南固锝冲回2013年10月所做凭证，并根据瑞华所要求在下一个凭证中冲减当期营业成本5 300 000.00元，对应调增产成品5 300 000.00元，并将剩余55 085.00元通过借记"本年利润红字55 085.00元"，贷记"利润分配——未分配利润红字55 085.00元"进行会计处理。该会计处理方式导致亚太实业2013年虚增净利润2 570 440.80元（未考虑所得税因素），占亚太实业当期净利润的97.87%。

瑞华所的上述行为违反了《中国注册会计师职业道德守则第1号——职业道德基本原则》第七条、第十条的规定和《中国注册会计师审计准则第1251号——评价审计过程中识别出的错报》第九条的规定。

三、瑞华所出具标准无保留意见审计报告

瑞华所设定的重要性水平为120万元。2014年4月24日，瑞华所对亚太实业2013年年度财务报表出具标准无保留意见的审计报告，签字注册会计师是秦宝、温亭水。瑞华所2013年亚太实业财务报表审计业务收费为35万元；对2013年济南固锝单独出具了审计报告，审计业务收费为4万元，共计收费39万元。

以上事实由亚太实业2013年财务报表审计报告、相关审计底稿、相关人员询问笔录等证据证明。

瑞华所对亚太实业2013年年度报告实施审计时未勤勉尽责，所出具的审计报告存在虚假记载，违反了《证券法》第一百七十三条"证券服务机构为证券发行、上市、交易等证券业务活动制作、出具审计报告、资产评估报告、财务顾问报告、资信评级报告或者法律意见书等文件，应当勤勉尽责，对所依据的文件资料内容的真实性、准确性、完整性进行核查和验证"的规定，构成《证券法》第二百二十三条所述"证券服务机构未勤勉尽责，所制作、出具的文件有虚假记载、误导性陈述或者重大遗漏"情形。上述违法行为，直接负责的主管人员为秦宝、温亭水。

当事人及其代理人提出如下申辩意见：①亚太实业转让济南固锝21%股权的期后事项并不足以构成《企业会计准则》第8号所规定的"资产可能发生减值的迹象"。事先告知书中将亚太实业转让济南固锝21%股权的价格8 750 000.00元视为"资产的公允价值"，进而按照股权比例关系计算出转让济南固锝48%股权的价格为20 000 000.00元。这种计算方法既没有现行有效的会计准则的依据，又不符合亚太实业的客观情况。②2012年度济南固锝将质量索赔款确认为营业外支出属于符合会计准则要求的会计估计；2013年度济南固锝鉴于质量索赔款未实际支付且具体赔偿金额尚不能确定的原因，又对营业外支出进行冲减的行为属于会计估计变更，而不是发生了会计差错。③事先告知书中所列明的拟处罚依据存在明显错误或不足，被告知人的行为也没有违反拟处罚依据的相关要求，处罚依据不足。

我会认为：第一，2013年12月31日，亚太实业对济南固锝所持48%长期股权投资的账面价值为22 377 904.37元（披露《关于转让济南固锝电子器件有限公司21%股权的议案》之前）。2013年12月31日，亚太实业董事会决议披露《关于转让济南固锝电子器件有限公司21%股权的议案》，将亚太实业对济南固锝所持48%长期股权投资定价为2 001.76万元。亚太实业以875万元出售所持济南固锝21%股权，按该价格测算，亚太实业2013年末持有的济南固锝48%股权的账面价值为2 000万元。无论是依据公告议案对48%股权的定价还是根据21%股权的出售价测算48%股权账面价值，该金额均低于披露议案之前此项长期股权投资的账面价值，属于"资产可能发生减值的迹象"，注册会计师应当关注上述减值迹象，分析判断是否应计提减值准备，并将分析判断过程归入审计底稿。经查阅瑞华所提交的审计底稿，并未查找到注册会计师如何分析判断长期股权投资是否发生减值迹象的记录，瑞华所将长期股权投资列为重大错报风险领域，对于可能发生错报的重大风险领域并未保持应有的谨慎和怀疑。此外，温亭水在询问笔录中称："在与公司管理层沟通时，我们要求上市公司请大股东作出承诺函，对济南固锝可回收金额作出保证，若低于账面价值，由大股东补足给上市公司，保证上市公司利益。"注册会计师要求亚太实业大股东出具承诺函的行为在一定程度上表明注册会计师对于长期股权投资账面金额低于可回收金额的担心，间接证明了资产可能发生减值的迹象。综上所述，对当事人及其代理人第一项申辩意见不予采纳。

第二，会计估计的变更要有事实、协议等新的证据支撑，不能任意作出变更。济南固锝在未取得新的证据之前对质量索赔款的调整，不属于会计估计变更。济南固锝对涉案索赔款项的会计处理方式与其对其他类似索赔款项的处理方式明显不同，违背了会计处理的一贯性原则，对质量索赔款的调整属于前期差错，应追溯调整，不应影响2013年的净利润。注册会计师未要求济南固锝作出正确的会计调整，未做到未勤勉尽责。综上所述，对当事人及其代理人第二项申辩意见不予采纳。

第三，当事人未遵守相关准则的要求，未勤勉尽责导致出具的审计报告含有虚假记载的内容，违反了《证券法》第一百七十三条"证券服务机构为证券发行、上市、交易等证券业务活动制作、出具审计报告、资产评估报告、财务顾问报告、资信评级报告或者法律意见书等文件，应当勤勉尽责，对所依据的文件资料内容的真实性、准确性、完整性进行核查和验证"的规定，构成《证券法》第二百二十三条所述"证券服务机构未勤勉尽责，所制作、出具的文件有虚假记载、误导性陈述或者重大遗漏"的情形，我会适用法律正确。综上所述，对当事人及其代理人第三项申辩意见不予采纳。

根据当事人违法行为的事实、性质、情节与社会危害程度，依据《证券法》第二百二十三条的规定，我会决定如下两方面内容。

（1）对瑞华所责令改正，没收业务收入 39 万元，并处以 78 万元罚款。

（2）对秦宝、温亭水给予警告，并分别处以 5 万元罚款。

上述当事人应自收到本处罚决定书之日起 15 日内，将罚没款汇交中国证券监督管理委员会（开户银行：中信银行总行营业部、账号：7111010189800000162，由该行直接上缴国库），并将注有当事人名称的付款凭证复印件送中国证券监督管理委员会稽查局备案。当事人如果对本处罚决定不服，可在收到本处罚决定书之日起 60 日内向中国证券监督管理委员会申请行政复议，也可在收到本处罚决定书之日起 6 个月内直接向有管辖权的人民法院提起行政诉讼。复议和诉讼期间，上述决定不停止执行。

中国证监会

2017 年 1 月 6 日

资料来源：中国证监会网站 www.csrc.gov.cn

通过引例可以看出，瑞华会计师事务所在审计亚太实业 2013 年年度财务报表过程中，对涉及长期股权投资减值准备事项未实施恰当的审计程序，这是导致该所审计失败的重要原因之一。因此，审计人员必须深刻理解筹资与投资循环相关内容的审计程序与方法，正确运用审计准则，提高审计工作质量，避免审计人员遭受惩罚的案件再次发生。

第一节　筹资与投资循环内部控制与测试

筹资，就是按照有关法规的规定，运用一定的方式，从有关渠道取得一定数量的资金。筹资的目的有两类：一类是为了企业生存，即资本金的筹集；另一类是为了企业的发展。资金的来源是多方面的，可以来源于企业内部，即通过加强企业内部控制，节约资金，合理使用各项资金，确保资金的及时供应和尽快收回，从而减轻了企业资金需求的压力，使企业的资产负债率保持在较低水平，这是解决企业发展过程中资金问题的根本途径。资金也可以来源于企业外部，如贷款、发行债券、发行股票等。本章内容侧重于对来源于企业外部的资金筹集的审查监督。

投资就是运用一定的方式使用资金。投资活动，可以从广义和狭义两方面理解。前者是指企业在各类资源上形成的资金占用，既包括为对企业内部进行的投资，如存货及固定资产的购置等，也包括为获取利润、利息或其他利益，以债权或股权方式对企业外部进行的投资。需指出的是，这里的投资环节，其内容仅涉及对外投资。

筹资与投资控制测试就是根据内部控制及其审计的基本理论与方法，针对筹资与投资的业务特点，阐述、分析筹资与投资的内部控制的目标、关键控制点，在此基础上研究被审计单位筹资与投资的内部控制制度的程序与方法。

一、筹资与投资循环内部控制目标

企业建立健全筹资与投资循环内部控制，是有其具体目标的。审计人员需要对其予以了解，以便进一步调查、测试与评价内部控制制度。以下是筹资与投资循环内部控制目标。

（1）企业所记录的各项借款、所有者权益以及对外投资确实存在，确为该企业所发生，确为该企业所拥有。

（2）企业所记录的各项借款、所有者权益及其利息和股利以及对外投资及其收益均全部入账，没有遗漏。

（3）企业所记录的各项借款、所有者权益及其利息和股利以及对外投资及其收益的确认和计量的正确，符合会计准则的规定。

（4）企业所记录的各项借款、所有者权益以及对外投资在会计报告中的披露恰当，符合报告披露的要求。

二、筹资与投资循环内部控制要素

被审计单位每个业务循环中的内部控制措施都体现在该业务循环的各个方面，但从控制的主要目的来看，存在着关键控制点，它们构成了该循环的内部控制要素。审计人员需要明确并了解被审计单位各个业务循环中所应存在的关键控制点，然后才能有目的地从关键角度测试和评价整个与分项内部控制的有效性与健全性。表 12-1 所示为筹资与投资内部控制的关键控制点。

表 12-1　筹资与投资内部控制的关键控制点

序号	内　容	有　关　说　明
1	审批	有关部门（如董事会）审查可行性报告，并签字批准
2	执行	与有关单位签订合同或协议，并办理有关手续，收付资金
3	记录	会计核算和报告
4	保管	资产（有价证券）的保管

1. 申请审批控制

申请审批控制指筹资或投资申请需要有关部门审查后签字批准。筹资和投资活动是一个综合性的系统活动。为了保证其合法性和效益性，首先需要通过审批控制实现相互制约，即各级人员按照自己的职责权限办事，以形成各司其职的有序状态。根据不同的筹资和投资活动，审批人也有所不同。具体讲，重大的理财活动，如借入大额债款、发行债券、发行股票、重大投资活动或投资的处置、收回，应由董事会作出决议或由最高管理当局审查方案和可行性报告，并签字批准，然后授权给经理人员执行或交财务会计人员执行；小规模的理财活动，如借入短期借款，利用闲置资金购入短期有价证券或出让有价证券，则可由财务部门负责人审查方案和可行性报告，并签字批准，交由具体财务人员办理。

　相关案例

7.3 亿元对外投资均由董事长一人拍板，未提交董事会或股东大会审议

茉织华（600555）真可谓财大气粗，继 1.5 亿元委托理财资金挪用被曝光后，茉织华又补充公告了一批对外投资项目，涉及金额 7.3 亿元，这些投资均由董事长"一支笔"批准后进行，未提交董事会或股东大会审议。公司同时披露的募集资金使用情况显示，承诺使用的 10.45 亿元募集资金仅投入了 3.46 亿元。

本案例中，对外投资项目涉及金额 7.3 亿元，这些投资均由董事长"一支笔"批准后进行，未提交董事会或股东大会审议，这种做法就违背了申请审批控制的要求。重大投资活动应由董事会作出决议或由最高管理当局审查方案和可行性报告，并签字批准，然后授权给经理人员执行或交财务会计人员执行。

2. 业务执行控制

业务执行控制指筹资或投资方案经过审批后，通过职责分工控制业务执行过程。筹资和投资活动是一个综合性的系统活动，为了保证其合法性和效益性，不仅需要审批权限的职责分工，还要强调在与有关单位签订合同或协议，并办理有关手续，收付资金等业务执行过程中的职责分工，如办理一项大额举债业务时，财会部门根据对资金的需求情况向董事会或最高管理当局提出大额借款请求；经董事会或最高管理当局审批后，财会部门办理贷款的人员与金融机构商讨借款细节和签订借款合同；取得借款后，由财会部门有关会计人员负责登账记录和监督借款按用途使用；财会部门接到银行转来的结息单后，有关会计人员要核对借款合同并复核利息的计算，再交出纳员支付款项；出纳员支付利息款后，将凭证交有关会计人员记账；负责该项借款记账的会计人员定期与金融机构就借款的使用和余额进行核对，保证双方账目相符。

3. 会计记录控制

会计记录控制指筹资或投资活动发生后，通过凭证账簿实施对筹资和投资活动的记录控制，以保证会计核算的质量及会计报告所提供的信息真实、可靠。其具体包括以下内容：有关筹资和投资业务的总账、明细账设置齐全，内容相互钩稽；对各项筹资和投资业务填制内容齐全、手续完备的原始凭证，以反映业务的过程；记账以能够充分、全面说明筹资和投资业务的原始情况，能够表明责任人的凭证资料为依据；除正式账簿外，对发行和销毁的债券、股票应设置辅助登记簿（备查簿），详细记录其名称、面值、证书编号、数量、发行日期、经纪人（证券商）、发放的利息和股利等内容，辅助登记簿也要与总账、明细账核对相符，等等。

4. 财产保管控制

财产保管控制指企业的对外证券性投资，在取得股票或债券资产后，对这些有价证券进行保管控制。根据不同的保管方式，采取不同的控制方法。由证券公司代为保管或租用银行保险箱的，由于保管机构拥有严密的财产保管制度和证券存取制度，一般不会发生资产的个人盗用，但应建立定期的核对制度；对存放在企业内部的有价证券，需由企业制定和实施严格的财产保管制度，进行定期的盘点，以保证投资资产的安全完整。具体讲其包括以下内容：企业持有的所有股票、债券等有价证券，不论是短期的还是长期的，都至少要由两名以上人员共同经办，不得由一个人单独接触证券；对于证券的存入、取出，要依有关负责人的批准文件办理，并将证券的名称、数量、金额及存取的时间记录于证券辅助登记簿内，有关经办人还应签字盖章，以防止证券被非法转移或发生各种名义的舞弊行为；定期和不定期地由企业内部审计人员，不参与投资业务和证券保管、记录的人员对企业拥有的证券进行盘点清查，以防止舞弊行为的发生，并将盘点记录与账面记录相互核对，以确认账实的一致性。

三、筹资与投资循环内部控制测试

在明确和了解筹资与投资循环内部控制目标及内部控制要素的基础上，审计人员应依照特定的程序与方法对该循环的内部控制的建立、健全情况进行测试与评价。

1. 了解和描述筹资与投资内部控制制度

了解和描述筹资与投资内部控制是对被审计单位的筹资与投资内部控制进行调查了解，并将调查了解到的情况或结果通过一定方式反映出来。审计人员通过查阅被审计单位的会计凭证、审阅有关文件或询问有关人员等程序，了解被审计单位关于筹资与投资业务的各种规章制度、管理办法即了解被审计单位筹资与投资内部控制的情况。审计人员对了解到的情况应及时整理，通过调查表、文字描述或流程图等方式将其结果反映出来。对于不同的被审计单位，审计人员所设计和运用的筹资与投资内部控制调查表中的具体内容有所不同，所形成的流程图也不一样。下面介绍包括筹资与投资主要内部控制措施的调查表（表 12-2）和流程图（图 12-1）。

表 12-2 筹资与投资主要内部控制措施调查表

被审计单位：　　　　　　　　　　审计人员：　　　　　　　　　　编　　号：

调查内容：筹资与投资　　　　　　被调查人：　　　　　　　　　　调查日期：

调 查 问 题	调 查 结 果				备注
	是	否	较弱	不适用	
一、申请审批的控制					
1. 借款是否经过授权批准程序？					
2. 发行股票是否经过授权批准程序？					
3. 短期投资业务是否经过授权审批？					
4. 长期投资业务是否经过授权审批？					
二、业务执行的控制					
1. 筹资业务的执行过程是否存在职责分工？					
2. 投资业务的执行过程是否存在职责分工？					
3. 是否签订借款合同或协议、债券契约、承销或包销协议等相关法律性文件？					
4. 投资单位是否签订合同、协议，并获取被投资单位出具的投资证明？					
5. 借款合同和投资合同或协议是否由专人保管？					
三、会计记录的控制					
1. 是否建立有相关的严密完善的账簿体系？					
2. 筹资与投资业务明细账与总账的登记职务是否分离？					
3. 有关筹资与投资的核算方法是否符合会计准则和会计制度的规定？					
4. 筹资与投资的披露是否符合会计准则和会计制度的要求？					
四、资产保管的控制					
1. 是否建立证券投资资产的保管制度？					
2. 证券的存取是否有详细的记录和签名？					
3. 内部审计人员或其他不参与投资业务的人员是否定期盘点证券投资资产？					

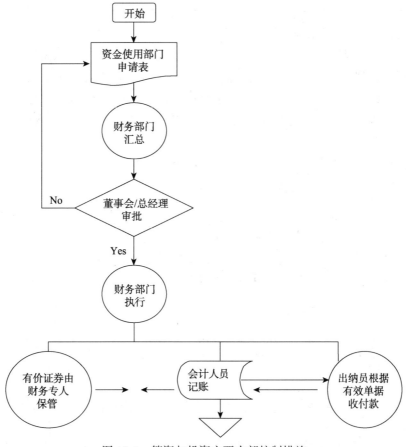

图 12-1 筹资与投资主要内部控制措施

2. 测试筹资与投资内部控制

测试筹资与投资内部控制是在了解与描述的基础上，对其在实际业务中的执行与实施情况和过程进行检查和观察，以确定制定的内部控制与实际执行的是否相符与一致，所以，称为控制测试。进行控制测试，应结合业务的关键控制点或控制环节进行，即包括申请审批内部控制的测试、业务执行内部控制的测试、会计记录内部控制的测试和投资资产的保管的测试。下面，以会计记录内部控制的测试为例，说明内部控制测试的内容。通过抽查有关会计记录，检查反映在会计资料上的内部控制措施是否得到执行。在筹资方面，一般讲，这种抽查是从有关的明细账，如"短期借款"明细账、"应付债券"明细账、"股本"明细账等开始的。在明细账中，选择若干笔不同时期、不同内容、金额较大的业务，查看其记账凭证、原始凭证。对于记账凭证，应检查填写形式是否符合有关制度的规定，是否完整、清晰，是否具有填制人、审核人、会计主管的签字盖章。对于原始凭证，则应检查是否真实、齐备。此外，还需将记账凭证与明细账核对，将明细账与总账核对，将明细账、总账和对应账户的明细账、总账核对，检查账证是否相符，账账之间是否存在钩稽关系。上述原始凭证和记账凭证，可以说明被审计单位筹资业务的授权控制及业务执行控制的执行情况。在投资方面，抽查会计记录，可以从各投资业务的明细账开始，根据明细账的记录选择若干项业务，检查相关的记账凭证、原始凭证并将明细账与总账核对。抽查时，应检查原始凭证能否反映出该业务应有的授权控制和业务执行控制，记账凭证是否正确地进行了核算。如一项以货币资金直接对外投资的业务，应具备有关负责人批准拨款的原始凭证（并应能查找到能说明投资性质的投资双方的投资协议），具有业务执行人、会计部门负责人、出纳员等经手人签字盖章的领取款项的原始凭证，被投资单位收到款项的原始凭证，等等。该项投资业务的记账凭证，应运用正确的账户和金额，详细表现账务处理情况，特别应具有凭证填制人、审核人、会计主管的签字盖章。上述原始凭证和记账凭证，可以说明被审计单位对外投资业务的授权控制及业务执行控制的执行情况。

3. 评价筹资与投资内部控制

对筹资与投资内部控制进行评价，是为了对筹资与投资进行实质性测试前确定对筹资和投资内部控制确定可信赖程度。审计人员应考虑筹资与投资内部控制是否存在，是否完善，能否达到控制的目的，在哪些环节存在缺陷以及可能带来的影响。换言之，分析筹资与投资业务中认定可能发生哪些潜在的错报或漏报，哪些控制可以防止或者发现并更正这些错报或漏报。通过比较必要的控制和现有控制，评价计划依赖的筹资与投资业务内部控制的健全性与有效性。如果客户没有建立审计人员认为必要的内部控制，或者现有控制不足以防止或检查错报或漏报，那么审计人员应该考虑内部控制缺陷对审计的影响，确定是否扩大实质性测试的范围。

第二节　筹资与投资循环重大错报风险与评估应对

《中国注册会计师审计准则第 1211 号——通过了解被审计单位及其环境识别和评估重大错报风险》第七条规定：注册会计师的目标是，通过了解被审计单位及其环境，识别和评估财务报表层次和认定层次的重大错报风险（无论该错报由于舞弊或错误导致），从而为设计和实施针对评估的重大错报风险采取的应对措施提供基础。根据审计准则的要求，审计人员要结合筹资活动与投资活动的具体业务与特点，识别重大错报风险，并进行评估与应对。

一、筹资与投资循环存在的重大错报风险

1. 可能表明被审计单位在筹资与投资相关活动中存在重大错报风险的事项和情况

审计人员应当关注下列可能表明被审计单位在筹资与投资相关活动中存在重大错报风险的事项和情况：在经济不稳定的国家或地区开展相关业务；在高度波动的市场开展相关业务；在严厉、复杂的监管环境中开展相关业务；持续经营和资产流动性出现问题；融资能力受到限制；资金筹集和运用与开发新产品或提供新服务或进入新的业务领域有关；发生重大收购、重组或其他非经常性事项；复杂的联营或合资；运用表外融资、特殊目的实体以及其他复杂的融资协议；重大的关联方交易；缺乏具备胜任能力的会计人员；相关业务关键人员变动；安装新的与财务报告有关的重大信息技术系统；相关活动或财务报告受到监管机构的调查；发生重大的非常规交易；按照管理层特定意图记录的相关财务信息

的主观程度;与近期经济环境、会计处理方法和其他方面的重大变化有关,如应用新颁布的会计准则或相关会计制度;相关交易及会计计量过程复杂;存在未决诉讼和或有负债;等等。

2. 审计人员在报表层和认定层识别可能存在的重大错报风险

审计人员要充分关注并考虑由于上述事项和情况导致的固有风险是否重大,以及该风险导致财务报表发生重大错报的可能性。审计人员应当在财务报表层和相关交易、账户余额、列报的认定层关注筹资与投资循环的重大错报风险。例如,管理层缺乏诚信或承受异常的压力可能引发筹资或投资的舞弊风险,这些风险与财务报表层相关;被审计单位存在复杂的联营或合资,这一事项与特定的相关交易、账户余额、列报的认定相关,表明长期股权投资账户的认定可能存在重大错报风险。审计准则要求审计人员在财务报表层和认定层识别与评估重大错报风险时,要重点识别可能出现的舞弊行为。例如,管理层以欺诈的方式,不准确披露违反其债务契约的行为;企业通过虚假对外投资,掩盖其转移资金或侵占企业资产的行为,这些风险与相关交易、账户余额、列报的认定相关。一旦审计人员已经了解与筹资和投资交易相关的重大错报的固有风险和舞弊风险,审计人员就需要了解客户为解决这些风险而设计和实施的控制措施。无论是进行整合审计还是单独进行财务报表审计时,审计人员必须通过穿行测试、询问、观察和检查客户文档的方法获得内部控制的全面了解。在此基础上,识别需要测试的重要控制。审计人员要考虑筹资与投资循环中企业层面的控制以及账户和认定层的交易控制。如果企业层面的筹资与投资相关控制薄弱,会对相关账户和认定层的交易控制产生广泛影响,导致相关交易、账户余额、列报存在重大错报风险。此外,审计人员应当运用职业判断,识别筹资与投资循环中存在的需要特别考虑的重大错报风险即特别风险。它通常与重大的非常规交易和判断事项有关。非常规交易是指由于金额或性质异常而不经常发生的交易。例如,企业购并、债务重组、重大或有事项等。与重大非常规交易相关的特别风险可能导致更高的重大错报风险。判断事项通常包括作出的会计估计,如需要运用复杂估值技术确定的公允价值计量等。与重大判断事项相关的特别风险可能导致更高的重大错报风险。

二、筹资与投资循环重大错报风险的评估和应对

1. 审计人员对筹资与投资循环相关重大错报风险进行汇总

审计人员应该对识别的筹资与投资循环中各类交易、账户余额和列报认定层次的重大错报风险予以汇总与评估,以确定进一步审计程序的性质、时间和范围。进一步讲,负债业务的重大错报风险主要涉及债务的授权、资金的接受、债务交易的记录以及任何债务契约的遵守等方面。例如,新债务没有得到董事会批准,债务清偿或债务支付交易没有得到适当授权;未正确记录或计算利息费用;没有遵守国家法律、法规和相关契约的规定,对债务契约的遵守情况没有进行适当的审查和披露。所有者权益的重大错报风险主要涉及股票销售和股票发行及股利支付等方面。例如,股票销售或发行未获董事会授权批准;股东的权益账户没有及时更新,并及时与总分类账进行核对;权益活动没有得到适当的披露;股票销售或发行没有记录;实收款项没有收到;股票销售收入被挪用;在宣布股息之前,股息没有适当的批准;股息被记录在错误的时期。投资业务的重大错报风险主要涉及投资

业务的授权、资金的支付、投资交易的记录以及任何投资契约的遵守等方面。例如,管理层凌驾于控制之上,可能导致投资交易没有得到适当授权;漏记或不恰当地对一笔投资业务进行会计处理而导致重大错报;对持有至到期投资未能及时确认其投资收益;公允价值的确定和交易记录的完整性等方面也可能存在重大错报风险。

2. 审计人员对筹资与投资循环相关重大错报风险进行评估

在评估筹资与投资循环的重大错报风险时,审计人员查阅以前年度的审计工作底稿;查阅被审计单位的组织结构图、关联方清单、公司章程、对外签订的主要投资和债务合同等,查阅被审计单位内部的管理报告、财务报告、会议记录或纪要等;与项目组成员或其他有经验的人员和行业专家讨论;询问管理层、治理层及被审计单位担任筹资与投资业务中不同职责的人员,以全面了解被审计单位的情况;实地察看被审计单位的主要生产经营场所,特别是收购了新业务的被审计单位和跨地区经营的被审计单位尤其重要;实施初步分析程序,将被审计单位相关业务的财务信息与以前期间的可比数据、被审计单位的预算或审计人员的预期数据进行比较,对重要财务比率进行分析,以了解被审计单位在投资活动和筹资活动的情况及其重大变化,评估潜在的错报区域。例如,对应付票据、利息费用和应计利息的余额与上期进行趋势分析;根据平均利率和未偿还的平均债务估算利息支出;计算负债权益比率,并与上期进行趋势分析;计算已获利息倍数,并与上期进行趋势分析;将本年度所有者权益和投资等相关账户余额与上年度账户余额进行比较。通过初步分析程序,如果存在不寻常或意外的关系,计划的审计程序(控制测试、实质性程序)将被调整,以解决潜在的重大错报。

3. 审计人员对筹资与投资循环相关重大错报风险进行应对

审计人员根据筹资与投资循环中财务报告整体层次的重大错报风险制定总体应对策略,在总体应对策略的指导下制定和实施针对认定层次重大错报风险的进一步审计程序,包括审计程序的性质、时间和范围。例如,被审计单位治理层、管理层对筹资与投资循环中相关内部控制的重要性缺乏认识,没有建立必要的制度和程序;或管理层筹资与投资理念偏于激进,又缺乏实现激进目标的人力资源等,这些缺陷可能对财务报表产生广泛影响,需要审计人员采取总体应对措施。审计准则要求审计人员在决定信赖被审计单位筹资与投资相关内部控制时,需要执行控制测试,其目的是测试内部控制在防止、发现和纠正认定层次重大错报风险方面的有效性。通常,对一般工商企业而言,和销售与收款循环、购货与付款循环和生产与存货循环相比,每年筹资与投资循环涉及的交易数量相对较少,而每笔交易的金额通常较大。这就决定了对该循环涉及的财务报表项目,更可能采用实质性方案。

第三节 借 款 审 计

在上述对筹资与投资进行控制测试的基础上,审计工作需更注重对筹资与投资业务进行实质性审查。借款是筹资活动中的重要组成部分,它主要包括短期借款、长期借款和应付债券等。下面介绍对有关借款的报表项目进行实质性测试的程序和方法。

一、银行借款审计

对于银行借款，审计人员应采取以下主要审计程序和方法。

（1）索取或编制借款明细表并与有关会计资料核对相符，审阅借款的明细账。

（2）函证银行或其他债权人，以核实借款的实有额。

（3）查询企业征信系统。企业在中国人民银行征信中心的企业征信系统都有唯一的机构信用代码，取代了原贷款卡的功能。贷款卡取消后，贷款时同时提供机构信用代码证。审计人员通过企业征信系统的查询，了解被审计单位的借款、抵押、担保、质押等事项，回到审计现场后认真核对每一笔记录。

 相关链接 贷款卡制度废止

中国人民银行办公厅关于取消贷款卡发放核准行政审批项目有关事项的通知

（银办发〔2014〕257号 2014年12月15日）

中国人民银行上海总部，各分行、营业管理部，各省会（首府）城市中心支行；国家开发银行，各政策性银行、国有商业银行、股份制商业银行，中国邮政储蓄银行：

为贯彻落实《国务院关于取消和调整一批行政审批项目等事项的决定》（国发〔2014〕50号）、《中国人民银行关于贯彻落实〈国务院关于取消和调整一批行政审批项目等事项的决定〉的通知》（银发〔2014〕359号），以及中国人民银行公告〔2014〕第28号，现就取消贷款卡发放核准行政审批项目有关事项通知如下：

一、人民银行各分支机构要高度重视，认真贯彻执行上述文件，停止贷款卡发放和年审工作，及时清理相关制度和规范性文件。

二、鉴于《银行信贷登记咨询管理办法（试行）》（银发〔1999〕281号）现已废止，取消贷款卡发放核准后，人民银行各分支机构不再对金融机构在办理信贷业务时是否查验借款人贷款卡事项进行检查。

三、取消贷款卡发放核准后，关于金融信用信息基础数据库运行的技术事项，由人民银行征信中心负责处理，确保数据库稳定运行。

四、请人民银行各分支机构组织辖区内金融机构认真实施，并做好对社会公众的宣传解释工作，确保平稳过渡。在实施过程中遇有新情况、新问题，要及时上报。

请人民银行上海总部，各分行、营业管理部，各省会（首府）城市中心支行将本通知转发至辖区内人民银行分支机构和银行业金融机构。

 相关链接 银行征信系统逐步完善

实行23年的贷款卡制度废止

记者获悉，中国人民银行自2014年12月15日起，停止办理贷款卡发放和年审工作，中国人民银行也不再对金融机构在办理信贷业务时是否查验借款人贷款卡事项进行检查。此举意味着已经运行23年的贷款卡制度正式废止，"贷款卡"从此退出了历史舞台。重庆某银行资深业内人士告诉记者，贷款卡最初名为贷款证，由央行深圳中心支行 1991 年 4 月创新设立，是为了控制银行贷款风险、提高企业信息透明度、帮助银行控制风险的一项创新。贷款卡相当于企业的"信用身份证"，是中国企业要在银行办理贷款业务前必须提前办理的东西。"商业银行在向企业发放贷款前必须查验贷款卡。办理该卡需要企业填报各种详细信息，由商业银行初审后，再由银行送报央行审核，卡的有效期为一年，每年都需要年审。"该人士说，"从贷款卡制度的出台到征信系统的不断发展，已经历了二十多年的光景，它见证了我国的信用体系建设的点点滴滴。但是，随着近年来征信系统逐步完善，银行风控体系逐步健全后，央行和银行收集企业信用信息的渠道变得更加宽广，加之近年来各种征信公司的成立让贷款卡收集信息的作用越来越弱，因此它退出历史的舞台也是大势所趋。"

资料来源：吴黎帆. 银行征信系统逐步完善　实行 23 年的贷卡制度废止[N]. 重庆晨报，2014-12-15，有改动.

（4）审查借款业务是否合理合法。审计人员通过审阅借款的有关账目、合同、可行性研究报告以及有关部门审批或授权的文件等资料，确定被审计单位借款是否必要，理由是否正当，手续是否齐全等等。

（5）审查借款的使用和偿还是否合理与合法。审计人员应注意审查企业借款的使用是否符合借款合同的规定、偿还是否及时、有无未按合同如期偿还的问题。由于长期借款的使用关系到企业的生产经营规模和效益，审查时应重点关注企业是否按照合同约定使用长期借款。

（6）审查有关账务处理是否正确。审计人员要特别注意审查长期借款利息费用的处理是否合规。按照企业会计准则的有关规定，长期借款计算确定的利息费用，应当按照以下原则计入有关成本、费用：属于筹建期间的，计入管理费用；属于生产经营期间的，计入财务费用；属于发生的与固定资产购建有关的利息费用，在固定资产达到预定可使用状态前按规定应予以资本化，计入在建工程；固定资产达到预定可使用状态后所发生的利息费用以及按规定不能予以资本化的利息费用，计入财务费用。审计人员应着重审查长期借款利息的计算是否正确，应予资本化的利息费用是否进行了资本化，不应资本化的利息费用，是否正确地将其计入了有关期间费用账户。对此，应审阅、核对"长期借款""应付利息""固定资产""在建工程""财务费用"等账户和相应的会计凭证等会计资料，以查明问题。

【例 12-1】　审计人员在审查新兴公司 2017 年银行借款时，发现存在以下问题。

（1）短期借款——生产借款方面，该公司 2017 年 6 月至 12 月平均贷款为 710 000 元，存货合计为 200 000 元，其他应收款为 330 000 元。审计人员分析认为：该公司其他应收款占用比重过大，可能有非法使用或占用短期借款行为。

（2）长期借款方面，发现 5 月 4 日从银行借入技术改造借款 1 000 000 元，但在"在建工程"账户中没有相应的增加支出数。审计人员怀疑其有挪用借款行为。针对上述问题，审计人员首先调阅了 6 月 1 日借入短期借款的 78# 记账凭证，其记录为：

借：银行存款　　　　　　　　　　　　　　　　　　　340 000

　　贷：短期借款——生产借款　　　　　　　　　　　　　　　340 000

后附"入账通知"和"借款合同"复印件两张原始凭证，借款期限为 5 个月。

根据上述情况，审计人员追踪调查存款的去向，在审阅银行存款日记账时，发现 6 月 25 日银行字 206# 凭证，减少银行存款 33 万元。调阅该凭证时，其记账凭证分录如下所示。

借：其他应收款——李×× 330 000

贷：银行存款 330 000

其摘要为"汇给某公司货款"。经核实，以上凭证所记汇出款项，是该公司为职工垫付的购买 66 台跑步机的款项，李某是负责向职工收回垫付款的负责人，全部货款由本年 7 月至 12 月陆续全部收回。该公司为职工垫付 66 台跑步机实际上是占用短期借款；不按借款用途使用借款，同时增加了企业的财务费用。此外，从 4 月和 5 月的会计报表反映看，增加长期投资 900 000 元。查问资金来源时，该公司供认是从银行借入的技术改造借款。被查单位虚设技改项目，从银行套取现金用于投资，违反长期借款契约规定。审计人员向该公司提出上述问题时，该公司有关责任人员对此供认不讳。

二、财务费用审计

对于财务费用，审计人员应采取以下主要审计程序和方法。

（1）审查财务费用列支的真实性。审计人员应通过审阅有关原始凭证，验证所列支的财务费用是否有合法、真实的凭据，有无虚列财务费用以调节利润的问题。

（2）审查财务费用列支的合法性。审计人员应通过审阅"财务费用"，对照有关会计凭证记录，检查财务费用的列入是否属于财务费用的性质，有无将其他费用或支出列入财务费用。

（3）审查财务费用的计算是否正确。审计人员应通过复核，检查利息、手续费等计算是否按照规定的方法进行，有无计算错误或舞弊的问题。

（4）审查企业发生的利息收入和汇兑收益是否按照规定冲减了财务费用，有无将其列作收入或挂在结算账户甚至不入账的问题。

三、应付债券审计

对于应付债券，审计人员应采取以下主要审计程序和方法。

（1）审计人员应索取或编制应付债券明细表并与明细账及备查簿核对相符，必要时，询证债权人及债券的承销人或包销人，以验证应付债券期末余额的正确性。

（2）审查企业债券业务是否真实与合法。审计人员应着重审查企业发行债券有无经过有关部门的批准，发行债券所形成的负债是否及时记录等。

（3）审查企业债券是否按期计提利息，溢价或折价发行债券，其实际收到的金额与债券票面金额的差额，是否在债券存续期间按照实际利率法分期摊销。

（4）审查企业在发行债券时，是否将待发行债券的票面金额、债券票面利率、还本期限与方式、发行总额、发行日期和编号、委托代售部门、转换股份等情况在备查簿中进行登记。企业债券到期结清时，是否在备查簿内逐笔注销。

【例 12-2】 审计人员在审查环宇公司 2017 年 4 月发行的债券时，其账户记录为发行价款 100 000 元，发行单位为本企业。在其明细账上除购买单位外，既无面值反映，也无折价和溢价记录。审计人员怀疑其非法发行。他们要求被审计单位提供发行债券的批文和章程时，对方以负责人出差为名推脱。审计人员与主管机关、人民银行核查时，并无被审计单位的申请和报告。后查明，被审计单位利用私人关系私自发行债券，筹集资金，违反了《企业债券管理条例》。

第四节　所有者权益审计

所有者权益是企业投资者对企业净资产的所有权，包括投入资本、资本公积、盈余公积和未分配利润等内容。所有者权益审计就是审查与验证对这些内容的形成及其增减变化的真实性、正确性与合法性。下面分别介绍对有关所有者权益的报表项目进行实质性测试的程序和方法。

一、股本或实收资本审计

"实收资本"核算企业按照企业章程的规定，投资者投入企业的资本。股份有限公司的投资者投入的资本，用"股本"核算。对于实收资本或股本，审计人员应采取以下主要审计程序和方法。

1. 审查投入资本形成的真实性与合法性

（1）审查投入资本形成的真实性。被审计单位的资本形成应是真实的。对此，审计人员应通过对有关凭证、账簿记录的审阅核对，询证投资者了解实交资本额，鉴定有关财产和物资的实际价值，以验证投资者投入的资本是否已确实收到，是否确属投资者所有的财产，股份制企业发行的股票数量是否真实，股款或财产是否确实收到等，这包括审查已发行股票登记簿、募股清单、银行对账单等表明股票发行情况的原始凭证，还包括审查银行存款日记账与总账、股本明细账与总账等账簿。此外，要注意审查股票发行费用的会计处理是否符合有关规定。

【例 12-3】 审计人员在 2017 年 7 月审查新办利康公司时，发现该公司"银行存款"账上余额 1 000 000 元，实际生产经营中却现金周转困难，怀疑投资人以现金投入的资本未实际到位。于是，调阅了"实收资本"下的明细科目，其中"实收资本——甲公司"明细账上注明投入现金 800 000 元，向会计人员索要凭证银行存款回单，会计人员无法出示。与银行联系，银行告知并未收到一笔甲公司汇入该企业的 800 000 元款项，再与甲公司联系，甲公司承认并未将款项汇出。事实是，该企业已经运行（营业执照已签发）6 个月，而投资者仍未将认缴的份额缴足，致使生产经营出现困难，而且该企业会计人员核算不规范，随便记账。

（2）审查投入资本的入账依据和入账价值的合法性。审计人员应注意审查以货币资金投资的，是否以实际收到或存入开户银行的金额和日期作为投资的记账依据与价值；以非现金资产投入的资本，是否按投资合同或协议约定价值确定非现金资产价值（但投资合同或协议约定价值不公允的除外）和在注册资本中应享有的份额。

（3）审查外币出资的实收资本折算。企业收到投资者以外币投入的资本，无论是否有合同约定汇率，均不得采用合同约定汇率和即期汇率的近似汇率折算，而是采用交易日即期汇率折算。这样，外币投入资本与相应的货币性项目的记账本位币相等，不产生外币资本折算差额。审计人员应当依据企业合同、投资协议，对照有关时期的外币汇价，检查被审计单位接受外币投资所选用的汇率是否正确。

2. 审查投入资本增减变化的真实性与合法性

（1）审查投入资本增加的真实性与合法性。企业的投入资本的增加应符合有关规定，如《证券法》规定"公司公开发行新股，应该符合下列条件：（一）具备健全且运行良好的组织机构；（二）具有持续经营能力；（三）最近三年财务会计报告被出具无保留意见审计报告；（四）发行人及其控股股东、实际控制人最近三年不存在贪污、贿赂、侵占财产、挪用财产或者破坏社会主义市场经济秩序的刑事犯罪；（五）经国务院批准的国务院证券监督管理机构规定的其他条件。审计人员应通过审阅"股本"账户，审查有关文件和记录，分析被审计单位的有关财务状况和会计记录，验证其资本增加是否合法与真实。

（2）审查投入资本转让和减少的真实性与合法性。《公司法》规定：公司成立后，股东不得抽逃出资；有限责任公司的股东之间可以相互转让其全部或者部分股权，股东向股东以外的人转让股权，应当经其他股东过半数同意；股份有限公司的股东转让其股份，应当在依法设立的证券交易场所进行或者按照国务院规定的其他方式进行；发起人持有的本公司股份，自公司成立之日起一年内不得转让；公司需要减少注册资本时，应当自作出减少注册资本决议之日起 10 日内通知债权人，并于 30 日内在报纸上公告；等等。审计人员通过审阅"实收资本"账户发现有转让或减资记录后，应进一步审查有关会计及其他记录，询证有关投资者，验证其是否真实与合法。

（3）审查注册资本的变动是否合法。《公司法》规定：公司增加或者减少注册资本，应当依法向公司登记机关办理变更登记。审计人员应审阅变更注册资本、实收资本的验资证明是否载明以下内容：公司名称、公司类型、变更前后股东或者发起人的名称或者姓名、出资额和出资方式、出资时间、变更前后的注册资本及实收资本数额，并根据有关凭证，审查公司是否及时地向公司登记机关依法办理了变更登记。

3. 验证投入资本在报表上列示的正确性

验证投入资本在报表上列示的正确性即在资产负债表和所有者权益变动表上填列是否完整、正确。其中，所有者权益变动表反映了构成所有者权益各组成部分当期增减变动情况，应重点审查有关投入资本的"上年年末余额""所有者投入和减少资本""所有者权益内部结转"项目列示的正确性，关注报表披露与有关账簿记录是否一致。

二、资本公积审计

"资本公积"是企业收到投资者的超出其在企业注册资本（或股本）中所占份额的投资，以及直接计入所有者权益的利得和损失等。"资本公积"的核算包括资本溢价（或股本溢价）、其他资本公积和资本公积转增资本的核算等内容。对于资本公积，审计人员应采取以下主要审计程序和方法。

1. 审查资本公积形成的真实性与合法性

（1）审查资本溢价或股本溢价是否正确。企业在经营过程中，新投资者的出资额超出其认缴部分，即为资本溢价，做资本公积处理。股份公司发行股票时发行收入超出面值部分即为股本溢价，做资本公积处理。对此，审计人员应审阅"资本公积"账户，将其中疑点记录与有关会计资料进行核对，验证资本溢价和股本溢价的列入是否合法与真实，以及核算是否正确，如在溢价发行股票的情况下，对于发行股票相关的手续费、佣金等交易费用，是否从溢价中抵扣，冲减了资本公积（股本溢价），在无溢价发行股票或溢价金额不足以抵扣的，是否将不足抵扣的部分冲减了盈余公积和未分配利润。

（2）审查是否将不属于资本公积的内容错误地列入"资本公积"账内。审计人员应通过审阅该账户发现疑点，然后再核对有关凭证予以查明问题。

【例 12-4】 审计人员在 2017 年 4 月审查华星公司"资本公积"明细账时，发现其中一笔业务摘要为"接受捐赠 5 000 元"，记账凭证为 205# 。调阅了 205# 记账凭证，其会计分录如下所示。

借：银行存款   5 000

      贷：资本公积   5 000

所附原始凭证，一为捐赠协议，一为银行存款回执，证明确为捐赠。会计人员把应作为营业外收入的捐赠未列入"营业外收入"账户，使利润虚减。对此，审计人员要求被审计单位做账务调整如下。

借：资本公积   5 000

      贷：营业外收入   5 000

2. 审查资本公积使用的合法性与真实性

审计人员通过审阅"资本公积"账户和有关会计分录，查明被审计单位有无将资本公积挪作他用甚至用来营私舞弊的问题；审查以资本公积转增资本金时，是否经主管部门或股东大会批准，手续是否完备，企业审计转增资本金与批准的数额是否一致等。

3. 验证资本公积在报表上列示的正确性

验证资本公积在报表上列示的正确性即在资产负债表和所有者权益变动表上填列是否完整、正确。资本公积的会计信息在资产负债表上是以"资本公积"项目反映的，该项目根据"资本公积"账户的期末余额填列。审计人员通过账表核对即可验证其是否正确。所有者权益变动表反映了构成所有者权益各组成部分当期增减变动情况，应重点审查有关资本公积的报表项目列示的正确性，关注报表披露与账簿记录是否一致。

三、盈余公积审计

"盈余公积"核算企业从净利润中提取的盈余公积。对于盈余公积，审计人员采取以下主要审计程序和方法。

1. 审查盈余公积形成的真实性与合法性

（1）验证盈余公积是否依照规定的基数和比例提取。按照《公司法》有关规定，公司制企业应当按照净利润（减弥补以前年度亏损）的10%提取法定盈余公积。法定盈余公积累计额已达注册资本的50%时可以不再提取。公司制企业可根据股东大会的决议提取任意盈余公积。审计人员一要审查提取比例是否合规，二要审查提取项目是否完整，三要审查提取基数是否正确。

（2）审查有无错列盈余公积。审计人员应通过审阅"盈余公积"账户，并将其与有关会计凭证相核对，验证是否将不属于盈余公积的内容错误地列入该账户。

2. 审查盈余公积使用的合规性与合理性

（1）审查盈余公积的使用是否符合国家的有关规定。按规定，法定盈余公积可用于：弥补亏损、转增资本等。应审查企业是否按规定用于上述范围，有无挪用。任意盈余公积应按董事会的决议使用，应审查任意盈余公积的开支是否符合董事会决议规定的开支范围，有无未经董事会同意，任意开支的行为。

（2）审查盈余公积的使用标准是否符合规定，手续是否完备。按规定，股份公司法定盈余公积转增资本应经股东大会同意，并且转增资本后法定盈余公积的余额不应少于注册资本的25%；对任意盈余公积金的使用，如董事会有规定开支标准的应审查各项开支是否符合董事会规定的标准，审查任意盈余公积金的具体使用是否有必要的批准手续等。

（3）审查盈余公积的使用是否节约、合理、有效。主要审查转增的资本有无适当的方向，投资方案是否经过可行性研究，项目建成后的效益如何等；审查任意盈余公积的各项支出是否节约、合理，是否能产生预期的效果等。可结合在建工程相关工程项目的审计进行。

3. 验证盈余公积在报表上列示的正确性

验证盈余公积在报表上列示的正确性即在资产负债表和所有者权益变动表上填列是否完整、正确。盈余公积的会计信息在资产负债表上是以"盈余公积"项目反映的，该项目根据"盈余公积"账户的期末余额填列。审计人员通过账表核对即可验证其是否正确。所有者权益变动表反映了构成所有者权益各组成部分当期增减变动情况，应重点审查有关盈余公积的报表项目列示的正确性，关注报表披露与账簿记录是否一致。

四、未分配利润审计

未分配利润是企业截至年底，在经过各种形式的利润分配后所剩余的利润部分。这部分净利润一是指没有分配给投资者，二是指尚未指定用途。对于未分配利润，审计人员也应做以下适当审查。

1. 审查未分配利润形成的合理性与合法性

对利润的形成及其分配的审计，包含了对未分配利润的审计。因为利润形成及其分配是否合理与合法，直接影响着未分配利润的形成是否合理与合法。所以，审计人员应结合利润的形成及其分配的审计，查明未分配利润的形成是否合理与合法。

2. 验证未分配利润在报表上列示的正确性

未分配利润的会计信息在资产负债表上是以"未分配利润"项目反映的，它是根据"利润分配——未分配利润"账户的期末余额填列。审计人员通过账表核对即可验证其是否正确。所有者权益变动表反映了构成所有者权益各组成部分当期增减变动情况，应重点审查有关未分配利润的报表项目列示的正确性，关注报表披露与账簿记录是否一致。

第五节 投 资 审 计

投资活动的安全和有效对企业生产经营活动有着重要影响。投资审计包括对企业交易性金融资产、以摊余成本计量的金融资产、以公允价值计量且其变动计入其他综合收益的金融资产和长期股权投资的审计。交易性金融资产主要是指企业为了近期内出售而持有的金融资产，如企业以赚取差价为目的从二级市场购入的股票、债券和基金等。以摊余成本计量的金融资产是指同时满足以下条件的金融资产：企业管理该金融资产的业务模式是以收取合同现金流量为目标；该金融资产的合同条款规定，在特定日期产生的现金流量，仅为支付的本金和以未偿付本金金额为基础的利息。以公允价值计量且其变动计入其他综合收益的金融资产是指同时满足以下条件的金融资产：企业管理该金融资产的业务模式，既以收取合同现金流量为目标又以出售该金融资产为目标；该金融资产的合同条款规定，在特定日期产生的现金流量，仅为支付的本金和以未偿付本金金额为基础的利息。2014 年的《企业会计准则第 2 号——长期股权投资》规定长期股权投资核算范围包括以下三类：一是企业持有的能够对被投资单位实施控制的权益性投资，即对子公司投资；二是企业持有的能够与其他合营方一同对被投资单位实施共同控制的权益性投资，即对合营企业投资；三是企业持有的能够对被投资单位施加重大影响的权益性投资，即对联营企业投资。不具有共同控制或者重大影响，且在活跃市场中没有报价、公允价值不能可靠计量的权益性投资不属于长期股权投资的核算范围。对投资进行审计，审计人员应采取以下主要审计程序和方法。

一、投资取得的审计

1. 交易性金融资产取得的审查

审查交易性金融资产的购入是否符合投资合同、协议的规定。重大投资项目，应查阅董事会有关决议，并取证。交易性金融资产取得时，是否按照该金融资产取得时的公允价值作为其初始确认金额，记入"交易性金融资产——成本"科目。取得交易性金融资产所支付的价款中包含了已宣告但尚未发放的现金股利或已到付息期但尚未领取的债券利息的，是否单独确认为应收项目，记入"应收股利"或"应收利息"科目。审计人员还应注意审查企业取得交易性金融资产所发生的相关交易费用，包括支付给代理机构、咨询公司、券商等的手续费和佣金及其他必要支出是否在发生时计入投资收益。

2. 以摊余成本计量的金融资产取得的审查

审查企业取得以摊余成本计量的金融资产时，是否按该投资的面值，记入"债权投资——成本"科目。支付的价款中包含的已到付息期但尚未领取的利息，是否作为应收项目单独核算；实际支付的金额与上述项目的差额是否在"债权投资—利息调整"科目中核算。

3. 以公允价值计量且其变动计入其他综合收益的金融资产取得的审查

审查企业取得非交易性权益工具投资时，是否按其公允价值和交易费用之和，记入"其他权益工具投资——成本"；企业取得的金融资产为债券投资的，是否按债券的面值记入"其他债权投资——成本"，按面值与实际支付的差额记入"其他债权投资——利息调整"科目。此外，对于取得金融资产所支付的价款中包含了已宣告但尚未发放的现金股利或已到付息期但尚未领取的债券利息的，是否单独确认为应收项目，记入"应收股利"或"应收利息"科目。

4. 长期股权投资取得的审查

长期股权投资在取得时，应按初始投资成本入账。在投资企业能够对被投资企业实施控制的情况下，如果投资企业与被投资企业受同一控制人控制，合并方以支付现金、转让非现金资产或承担债务方式作为合并对价的，应当在合并日按照被合并方所有者权益在最终控制方合并财务报表中的账面价值的份额作为长期股权投资的初始成本。该成本与支付的现金、转让的非现金资产及所承担债务账面价值之间的差额，调整资本公积，资本公积不足冲减的，调整留存收益；合并方以发行权益性证券作为合并对价的，应当在合并日按照被合并方所有者权益在最终控制方合并财务报表中的账面价值的份额作为初始投资成本，该成本与所发行股份面值总额之间的差额，调整资本公积，资本公积不足冲减的，调整留存收益。在投资企业能够对被投资企业实施控制的情况下，如果投资企业与被投资企业不受同一控制人控制时，购买方应按照确定的企业合并成本作为初始投资成本。企业合并成本包括购买方付出的资产、发生或承担的负债、发行的权益性证券的公允价值之和。在投资方对合营企业和联营企业的长期股权投资的情况下，如支付现金取得的长期股权投资，应按照实际支付的购买价款作为初始投资成本，包括企业所发生的与取得长期股权投资直接相关的费用、税金及其他必要支出；如以发行权益性证券取得的长期股权投资，应当按照发行权益性证券的公允价值作为初始投资成本，与发行权益性证券直接相关的费用，不构成取得长期股权投资的成本，该部分费用应当按照《企业会计准则第 37 号——金融工具列报》的有关规定，从权益性证券的发行溢价中扣除，权益性证券的溢价不足冲减的，应冲减盈余公积和未分配利润。因此，审计人员应结合企业取得长期股权投资的方式，来审查其初始投资成本的正确性，并将"长期股权投资"账户与有关"银行存款""资本公积"等账户相互核对，来判明其入账的价值是否合规适当。审查时还应注意企业取得长期股权投资，实际支付的价款或对价中包含的已宣告但尚未发放的现金股利或利润，应作为应收项目处理，不构成长期股权投资成本。

二、投资股利或利息的审计

1. 交易性金融资产的现金股利和利息的审查

审查企业是否将持有交易性金融资产期间对于被投资单位宣告发放的现金股利或企业在资产负债表日按分期付息、一次还本债券投资的票面利率计算的利息收入，确认为应收项目，记入"应收股利"或"应收利息"科目，并增加投资收益。

2. 以摊余成本计量的金融资产和以公允价值计量且其变动计入其他综合收益的金融资产利息的审查

审查企业是否按以下要求对利息进行处理：对于分期付息、一次还本债券投资的，应按票面利率计算确定的应收未收利息，记入应收利息，按投资摊余成本和实际利率计算确定的利息收入，记入投资收益，按其差额，记入债权投资或其他债权投资（利息调整）；对于一次还本付息债券投资的，应按票面利率计算确定的应收未收利息，记入债权投资或其他债权投资（应计利息），按投资摊余成本和实际利率计算确定的利息收入，记入投资收益，按其差额，记入债权投资或其他债权投资（利息调整）。实际收到的分期付息的债券投资利息，是否冲减已计提的应收利息；实际收到的一次还本付息的债券投资利息，是否冲减该金融资产的账面价值。

3. 长期股权投资股利的审查

审计人员应根据具体情况，审查成本法和权益法下长期股权投资的股利或利润核算的正确性，企业是否存在将其相互混淆的情况。在成本法下，企业是否将长期股权投资持有期间被投资单位宣告发放的现金股利或利润，按应享有部分确认为投资收益，无论有关利润分配是属于对取得投资前还是投资后被投资单位实现净利润的分配。在权益法下，企业是否根据被投资单位实现的净利润计算应享有的份额，记入长期股权投资（损益调整）和投资收益；被投资单位以后宣告发放现金股利或利润时，是否按照规定冲减长期股权投资的账面价值。此外，审计人员应注意审查企业对于被投资单位宣告发放的股票股利，不应进行账务处理，但应在备查簿中进行了登记。

三、投资处置的审计

1. 交易性金融资产的处置的审查

审查企业是否在出售交易性金融资产时，将该金融资产出售时的公允价值与其初始入账金额之间的差额确认为投资收益。由于交易性金融资产在资产负债表日，应当按照公允价值计量，公允价值与账面余额之间的差额应计入公允价值变动损益，因此，特别注意审查企业是否同时将原计入该金融资产的公允价值变动损益转出，计入投资收益。

2. 以摊余成本计量的金融资产处置的审查

审查企业在出售以摊余成本计量的金融资产时，是否按所收到的出售收入与账面余额的差额确认为当期投资损益。出售以摊余成本计量的金融资产时，是否同时结转已计提的减值准备。对于以摊余成本计量的金融资产重分类为以公允价值计量且其变动计入其他综合收益的金融资产的，应注意审查公允价值与账面余额的差额，是否记入其他综合收益。

3. 以公允价值计量且其变动计入其他综合收益的金融资产处置的审查

由于在资产负债表日，以公允价值计量且其变动计入其他综合收益的金融资产的公允价值与其账面余额的差额，记入"其他综合收益——其他债权投资公允价值变动"科目，因此在审查企业出售以公允价值计量且其变动计入其他综合收益的金融资产时，是否按所收到的出售收入与以公允价值计量且其变动计入其他综合收益的金融资产账面余额及应从所有者权益中转出的公允价值累计变动额的差额确认为当期投资损益。

4. 长期股权投资处置的审查

处置长期股权投资时，是否按所收到的处置收入与长期股权投资账面价值的差额确认为当期投资损益。处置长期股权投资时，是否同时结转已计提的减值准备。审计人员应特别注意审查在权益法下，处置长期股权投资时，企业是否按要求结转原记入资本公积的相关金额，记入投资收益。

四、投资减值准备的审计

1. 以摊余成本计量的金融资产和以公允价值计量且其变动计入其他综合收益的金融资产减值准备的审查

审查企业对以摊余成本计量的金融资产和以公允价值计量且其变动计入其他综合收益的金融资产计提信用减值准备时，是否采用"预期信用损失法"。在预期信用损失法下，减值准备的计提不以减值的实际发生为前提，而是以未来可能的违约事件造成的期望值来计量当前（资产负债表日）应当确认的减值准备。同时，应特别关注的是，以公允价值计量且其变动计入其他综合收益的非交易性权益工具投资不需计提减值准备。审查企业以摊余成本计量的金融资产发生减值的，是否正确核算"信用减值损失"和"债权投资减值准备"；审查企业以公允价值计量且其变动计入其他综合收益的金融资产发生减值的，是否正确核算　"信用减值损失"和"其他综合收益——信用减值准备"。

2. 长期股权投资减值准备的审查

在审查长期股权投资减值准备时，投资方应当关注长期股权投资的账面价值是否大于享有被投资单位所有者权益账面价值的份额等类似情况。出现类似情况时，投资方应当按照《企业会计准则第8号——资产减值》对长期股权投资进行减值测试，可收回金额低于长期股权投资账面价值的，应当计提减值准备。应注意审查企业的长期股权投资减值损失一经确认，在以后会计期间不得转回。在引例中，瑞华会计师事务所审计人员对可能发生错报的重大风险领域没有保持应有的谨慎和怀疑，没有关注长期股权投资减值迹象，没有分析判断是否应计提长期股权投资减值准备，并将分析判断过程体现在审计工作底稿中。这是导致其审计失败的重要原因之一。

五、成本法或权益法的审计

长期股权投资的核算方法有两种：一是成本法；二是权益法。成本法核算的长期股权投资的范围包括企业能够对被投资单位实施控制的长期股权投资。企业对联营企业和合营企业的长期股权投资应当采用权益法核算。审计人员应审查企业有哪些投资项目适合权益法或成本法核算，并通过询问管理当局或函证接受投资企业等方式，确认企业是否确实对接受投资企业具有控制、共同控制或重大影响等。将成本法转换为权益法或权益法转换为成本法时，审查其转换条件是否存在，会计核算是否正确。

权益法下，企业"长期股权投资"账户的金额要随接受投资企业的盈亏状况进行相应调整，以完整反映投资企业在被投资企业中的实际权益。审计人员应注意重点审查两个问题：一是接受投资企业盈亏状况增减变化数额是否真实、准确；二是投资企业投资额占被投资企业有表决权资本总额的比例、对被投资方的影响程度及分享的权益增减额是否真实、准确。为了检查上述问题，审计人员应尽量取得被投资企业经过审计的年度会计报表，如被投资企业是股票上市公司，其年度会计报表可以从公开渠道取得。否则，审计人员应与担任被投资企业审计工作的审计人员或与被投资企业联系，函证获得所需情况或数据。

【例 12-5】 审计人员在审查利民公司 2017 年对外投资业务时，发现该公司存在以下问题：

（1）该公司于 2017 年 4 月委托某证券公司从上海证券交易所购入上市公司红运公司的股票 50 000 股，并将其划分为交易性金融资产。每股面值为 1 元，每股购入价 1.2 元，实际支付金额为 62 000 元，其中包含已宣告发放，但未支付的股利 2 000 元。另支付相关交易费用金额是 240 元。该公司作以下分录：

借：交易性金融资产——成本   60 000
投资收益   2 240
贷：其他货币资金——存出投资款   62 240

（2）通过审查"长期股权投资"账簿及有关资料得知：2017 年 1 月，该公司用银行存款购入立升股份有限公司（以下简称"立升公司"）股票 3 000 000 股，每股面额为 10元，共支付 30 000 000 元，占立升公司股票总额的 30%。利民公司在取得对立升公司的股权后，派人参与了立升公司的生产经营决策。因能够对立升公司的生产经营决策施加重大影响，利民公司对该投资按照权益法核算。2017 年 12 月，立升公司营业一年新增税后利润 500 000 元，并发放给利民公司股利 200 000 元，该公司所得股利已存入银行。该公司于 2017 年 12 月 31 日资产负债表上所显示的"长期股权投资"项目数额为 29 800 000 元。

根据上述情况，审计人员认为该公司把本应作为"应收股利"的 2 000 元错入了"投资收益"账户。后查明，该企业为了少纳所得税，故意冲减投资收益。审计人员要求该公司对此做出相应调整，即借记应收股利 2 000 元，贷记投资收益 2 000 元。同时，审计人员认为用权益法对该公司长期股票投资进行核算适当，但具体的账务处理不正确，并要求该公司进行了相应调整。在权益法下，长期股权投资在 2017 年 12 月 31 日的实有数是30 000 000 + 500000 × 30% − 200 000 = 29 950 000 元。投资收益项目 2017 年度应增加500 000 × 30% = 150 000 元。

第六节　其他相关内容审计

对于筹资与投资审计，除以上介绍的会计报表项目外，还有其他应收款、其他应付款、长期应付款、应付股利、无形资产和长期待摊费用等项目。这里分别介绍其审计的主要程序和方法。

一、其他应收款审计

"其他应收款"核算企业除应收票据、应收账款、预付账款等以外的其他各种应收、暂付款项，其主要内容包括应收的各种赔款、罚款，应向职工收取的各种垫付款项等。对于其他应收款，审计人员应采取以下主要审计程序和方法。

（1）审查其他应收款的真实性。审计人员应要求被审计单位编制并提供其他应收款明细表。审计人员将明细表与有关账户数加以核对，复核加计正确，并验证账账之间、账表之间是否一致。必要时向对方发出函证，以确定其他应收款的结算业务是否真实存在。在函证时应注意：应选择金额较大或异常的其他应收款项目，函证其余额是否正确，并根据回函情况编制函证结果汇总表；对回函不符、未回函及未发函证的其他应收款，应采用替代程序核实年末余额的正确性，如查核下期明细账，或追踪至其他应收款发生时的原始凭证，特别注意是否存在抽逃资金、隐藏费用的现象。

（2）审查其他应收款的账龄分析是否正确。审计人员可向被审计单位财会部门索取或自己编制其他应收款账龄分析表。分析明细账户，对于长期未能收回的项目，应查明原因，确定是否可能发生坏账损失。对于转作坏账损失项目，审查是否符合规定，并办妥审批手续。

（3）审查其他应收款的披露是否恰当。资产负债报表中"其他应收款"项目金额是根据"应收利息""应收股利"和"其他应收款"科目的期末余额合计数，减去"坏账准备"科目中相关坏账准备期末余额后的金额填列。

二、其他应付款审计

"其他应付款"核算企业应付、暂收其他单位或个人的款项，主要包括应付租入包装物的租金、存入保证金等。它是企业流动负债的重要组成部分。对于其他应付款，审计人员应采取以下主要审计程序和方法。

（1）获取或编制其他应付款明细表，复核加计正确，并与报表数、总账数和明细账合计数核对是否相符。请被审计单位协助，在其他应付款明细表上标出截止审计日已支付的其他应付款项，抽查付款凭证、银行对账单等，并注意这些凭证发生日期的合理性。

（2）分析其他应付款的账龄，对于长期挂账的其他应付款，审计人员需查明原因，加以记录，必要时，提请被审计单位进行调整。判断选择一定金额以上和异常的明细余额，检查其原始凭证，并考虑向债权人函询。

（3）审查租入包装物的租金及存入保证金等业务的会计处理是否正确。

此外，审计人员注意审查对非记账本位币结算的其他应付款，检查其采用的折算汇率是否正确；检查其他应付款的披露是否恰当；等等。

三、长期应付款审计

"长期应付款"核算企业除长期借款和应付债券以外的其他各种长期应付款。其包括应付融资租入固定资产的租赁费、以分期付款方式购入固定资产等发生的应付款项等。对于长期应付款，审计人员应采取以下主要审计程序和方法。

（1）审计人员应获取或编制长期应付款明细表，将明细表与有关账户数加以核对，复核加计正确，并验证账账之间、账表之间是否一致。如有必要，向债权人函证重大的长期应付款。

（2）对分期付款方式购入固定资产发生的应付款项，主要审查是否签订了协议或合同，是否按合同规定的期限和方式归还应付价款，有关账务处理是否正确，如是否按购买价款的现值，记入"固定资产"，按应支付的金额记入"长期应付款"，其差额记入"未确认融资费用"等等。

（3）对融资租入固定资产的租赁费，主要审查融资租赁的授权批准手续是否齐全，并做适当记录。租赁费是否合理，合约规定的付款条件是否履行，实际支付的款项是否按合同规定的标准支付，有无经办人员为谋取个人私利，故意提高费用标准，多付租赁费的行为。融资租入固定资产是否确属必要，主要审查经济上是否合理，租入的固定资产质量是否完好，是否按正常情况投入使用，设备利用率是否正常、合理、有效；融资租入固定资产发生的各项费用，如运杂费、包装费、安装调试费等是否真实、正确和合理等。

此外，注意审查各项长期应付款的会计处理是否正确，审查与长期应付款有关的汇兑损益是否按规定进行了会计处理。审查长期应付款的披露是否恰当，注意一年内到期的长期应付款应列入流动负债。

四、应付股利审计

"应付股利"核算企业经董事会或股东大会等确定分配的现金股利或利润。对于应付股利，审计人员应采取以下主要审计程序和方法。

（1）审查应付股利的计算是否正确。获取或编制应付股利明细表，审查应付股利的发生额，是否根据董事会或股东大会决定的利润分配方案，从税后可供分配利润中计算确定，并复核应付股利计算是否正确。

（2）审查应付股利的发放是否合理，程序是否完备。审阅公司章程、股东大会和董事会会议纪要中有关股利的规定，了解股利分配标准和发放方式是否符合有关规定并经法定程序批准。现金股利是否按公告规定的时间、金额予以发放结算。

（3）审查有关应付股利会计处理的正确性。注意企业董事会或类似机构通过的利润分配方案中拟分配的现金股利或利润，不做账务处理，不作为应付股利核算，但应在附注中进行披露。检查股利支付的原始凭证的内容和金额是否正确：股利宣布、结算、转账的会计处理是否正确、适当。

此外，审计人员还要注意审查应付股利的披露是否恰当。

五、无形资产审计

无形资产是指企业拥有或控制的没有实物形态的可辨认非货币性资产。"无形资产"核算企业持有的无形资产成本，包括专利权、非专利技术、商标权、著作权、土地使用权等。对于无形资产，审计人员应采取以下主要审计程序和方法。

（1）验证无形资产的存在性及其所有权归属。审计人员应通过审查核对"无形资产"明细账和被审计单位取得无形资产的原始凭证与文件，询证有关部门并索取无形资产存在并归属被审计单位所有的声明书等，以验证账面所记录的无形资产是否确实存在及其所有权是否确属被审计单位。验证无形资产在资产负债表上列示的正确性。

（2）审查无形资产增减业务的正确性。无形资产的增加，有外部购入和自行研究开发取得等；无形资产的减少，主要是转让形式。审计人员应通过审阅、核对和分析反映无形资产增减业务的有关会计资料，验证无形资产增减业务的真实性、计价的合理合法性、账务处理的正确性。

【例12-6】　审计人员在 2017 年 7 月审查红星公司无形资产业务时，了解该公司向外转让专有技术（所有权）一项，取得转让收入 50 000 元，税率 6%，该专有技术的成本为 70 000 元，已摊销金额为 25 000 元，该项无形资产已计提的减值准备是 500 元。为查明公司是否将此业务入账，审计人员审阅了有关明细账，并抽查有关会计凭证，进行账证核对，发现企业做以下账务处理。

```
借：银行存款                                        53 000
    贷：其他业务收入                                      53 000
借：其他业务成本                                    45 000
    累计摊销                                        25 000
    贷：无形资产                                          70 000
```

对此，审计人员应要求被审计单位作账务调整如下。

```
借：其他业务收入                                    53 000
    无形资产减值准备                                   500
    贷：其他业务成本                                      45 000
        应交税费——应交增值税（销项税额）                 3 000
        资产处置损益                                      5 500
```

（3）审查无形资产摊销的正确性。企业应当于取得无形资产时分析判断其使用寿命。使用寿命有限的无形资产应自可供使用当月起开始摊销，处置当月不再摊销。使用寿命不确定的无形资产不应摊销。企业应当按月对无形资产进行摊销，企业自用的无形资产，其摊销金额计入管理费用；出租的无形资产，其摊销金额计入其他业务成本。审计人员应注意审查无形资产摊销的方法是否适当，摊销期限是否合法合理，账务处理是否正确等。审计人员可通过"累计摊销"账户审查无形资产摊销的正确性。

（4）审查无形资产减值准备的计提是否正确。无形资产在资产负债表日存在可能发生减值的迹象时，其可收回金额低于账面价值的，企业应将该无形资产的账面价值减记至可收回金额，减记的金额确认为减值损失，计入当期损益，同时计提相应的资产减值准备。无形资产减值损失一经确认，在以后会计期间不得转回。审计人员通过"资产减值损失""无形资产减值准备"账户审查无形资产减值准备的计提是否正确。

（5）审计人员应通过账表核对，验证表中"无形资产"项目是否反映企业各项无形资产的摊余价值，即"无形资产"账户的期末余额，减去"累计摊销"账户中有关无形资产累计摊销的期末余额，再减去"无形资产减值准备"账户中有关无形资产减值准备的期末余额后的金额填列。

六、长期待摊费用审计

"长期待摊费用"核算企业已经发生但应由本期和以后各期负担的分摊期限在 1 年以上的各项费用，如以租赁方式租入的使用权资产发生的改良支出等。对于长期待摊费用，审计人员应采取以下主要审计程序和方法。

（1）取得或编制长期待摊费用明细表，与报表数、总账及明细账合计数核对相符。

（2）检查长期待摊费用计提的依据、方法是否合理，前后各期是否一致。

（3）审查长期待摊费用的计提和转销的计算及记录是否完整，确定长期待摊费用期末余额是否正确。

（4）审查长期待摊费用在报表上恰当披露的情况。

 国际视野

美国世通公司的破产

世界通信公司（以下简称"世通"）这家全球电信业巨头、美国第二大长途电话公司为了弥补网络电线的不足，租用其他电信公司的网络电线。但租用其他电信公司的网络电线的费用被计入了本公司的资本投资项目，"长期资本投资"项目的总金额达到 38 亿美元。根据美国会计规则，资本投资项目的性质不同于日常开支，是专门购买长期资产的财务项目，并规定日常开支必须立即从利润收益中扣除。日常开支项目属于费用支出，而资本投资却是能够带来效益的支出。从公布的情况看，世通将应该费用化的 38 亿美元资本化了，因此公司从巨额亏损变成盈利 15 亿美元。如果没有这个违规入账，"世通" 2001 财务年度和 2002 年第一财务季度应该为巨额亏损，而不是"世通"所公布的 2001 年利润为 14 亿美元和 2002 年第一季度的利润为 1.3 亿美元。这并不是不懂得美国的会计规则，而是为了虚报利润，粉饰财务报表，制造盈利的假象。

"世通"利用与会计公司安达信存在相互依存的利害关系，凭借雄厚财力，以支付审计费和高额咨询费为诱饵，千方百计收买会计公司安达信，同时安达信为了自身的经济利益及保持同行业间的竞争优势，为了争取与大企业保持长期的业务伙伴关系，在审计问题上对其账目采取睁一只眼闭一只眼的做法。真相暴露后，2002 年 7 月 21 日，世通宣布申请破产保护，成为美国最大的破产案，打破了安然半年前创下的纪录。

 **本章小结**

综合本章所述，可以明确：筹资与投资循环审计的程序与方法与其他业务循环一样，就是重大错报风险评估、控制测试与实质性测试。从重大错报风险评估开始，体现了风险导向的审计模式；控制测试和实质性测试两者相互联系的程序与方法从根本上体现了审计工作抓重点和问题的主要方面的思路，这是审计工作提高效率的基本要求；同时，还必须从科学角度设计测试样本及其抽取、审查与评价方式，这又是提高审计工作质量、控制和防范审计风险的基本要求。具体讲，针对包括负债的发生、利息的支付、债款的偿还、所有者权益的形成等企业的筹资循环和包括资金的投出、收益的取得和投出资金的收回等企业的投资循环，对其内部控制制度的控制测试所采取的了解、测试和评价等程序和方法以及在此基础上所进行的实质性测试程序和方法，如对于筹资项目，审计人员获取各项负债明细表、函证负债额、审查负债的增减变动和逾期未办理的负债、复查负债利息和外币负

债的折算、审查负债的会计报告反映、审查应付债券溢价、折价摊销的计算与会计处理，审计人员取得所有者权益项目明细表，审查所有者权益项目在资产负债表和所有者权益变动表上的披露；对于投资项目，审查投资的入账价值、投资的核算方法、投资收益，审查对外投资的报告披露，等等，这些都体现了提高筹资与投资循环审计工作效率和质量、控制与防范筹资与投资循环审计风险的基本要求。

关键词汇

银行借款审计（audit of bank loan）　　　应付债券审计（audit of bonds payable）

财务费用审计（audit of financial expense）　实收资本审计（audit of paid in capital）

资本公积审计（audit of capital reserve）　盈余公积审计（audit of surplus reserve）

交易性金融资产审计（audit of held for trading financial assets）

以摊余成本计量的金融资产（financial assets measured at amortised cost）

以公允价值计量且其变动计入其他综合收益的金融资产（financial assets measured at fair value through other comprehensive income）

长期股权投资审计（audit of long-term investment on stock）

其他应收款审计（audit of other receivable）　其他应付款审计 audit of other payable）

长期应付款审计（audit of long-term payable）　应付股利审计 audit of dividend payable）

无形资产审计（audit of intangible assets）

长期待摊费用审计（audit of long-term prepaid and deferred expense）

管理费用审计（audit of general and administrative expense）

营业外支出审计（audit of non-operating expense）

所得税费用审计（audit of income tax expense）

思考题

1. 筹资与投资循环涉及的主要交易活动及常见的凭证有哪些？

2. 对应付债券的审计和对应付账款的审计有什么不同？

3. 审计人员是否有必要对公司章程和法规等法律文件进行审查？

4. 对所得税费用审计的重点应该是什么？

5. 审计人员如何对引例中亚太实业的错误会计处理提出正确的调整建议？

练习题

1. 如果你是一位注册会计师，正在审计华营公司截至 2017 年 12 月 31 日的财务报表。华营公司的财务报表和会计记录以前从未由注册会计师进行审计。华营公司资产负债表中的所有者权益部分如下：股本 300 000 元、资本公积 195 480 元、盈余公积 183 920 元、未分配利润 123 200 元。请对组成华营公司资产负债表中所有者权益部分的账户，编制详细的审计程序。

2. 利民公司在 2016 年末以每股 18 元购入 100 万股远洋公司股票,购入时划归为以公允价值计量且其变动计入其他综合收益的金融资产。2017 年年末,远洋公司发生巨额亏损而濒临破产,股价出现非暂时性的大幅持续下跌,由年初的每股 18 元跌至年末的每股 10 元。对此,利民公司于 2017 年年末确认为公允价值波动,计入其他综合收益。假定不考虑其他条件,指出该事项是否表明存在重大错报风险。如果认为存在重大错报风险,请简要说明理由,并指出该风险主要与哪些财务报表的哪些认定相关。

案例讨论题

审计人员李丽在审查新兴公司时发现,该公司于 2019 年 2 月 1 日起,用银行借款开工建设一幢简易仓库,仓库于当年 3 月 18 日完工,达到预定可使用状态。此外,该公司向银行借入资金分别用于生产甲产品和乙产品,其中,甲产品的生产时间为 1 个月,乙产品的生产时间为 1 年 2 个月。该公司会计人员认为企业发生的借款费用,是直接用于资产的建造或生产,应该资本化。李丽却认为应该费用化。请讨论上述借款费用是资本化还是费用化。

简答题

1. 审计人员于 2019 年 10 月在对某企业负债业务进行审查时,发现该企业于 2019 年 7 月 1 日向工商银行取得流动资金借款 100 000 元,为期 3 个月,以补充自由流动资金不足。借款月利率为 5.8‰,该企业的会计处理为:

(1)取得借款时的会计分录,

借:银行存款   100 000

 贷:短期借款   100 000

(2)7 月、8 月、9 月底预提利息的会计分录:

借:营业外支出   580

 贷:短期借款   580

(3)9 月底归还借款的会计分录:

借:短期借款   101 740

 贷:银行存款   101 740

要求:指出该企业会计处理的不当之处。分析该企业对这项业务的不当处理是否会影响年度的损益状况,并进行相应的账项调整。

2. 审计人员依据审计工作的安排,在对某企业应付债券业务进行审查时,了解到该企业于 2019 年 1 月 1 日以 115 万元的价格发行面值为 100 万元的三年期债券(一次还本付息),票面利率为 11%。该企业年底计提利息费用的会计分录为

借:财务费用   110 000

 贷:应付债券——应计利息   110 000

假设按实际利率法 2019 年摊销溢价为 48 500 元。

要求：指出该项业务存在的问题，并进行相应的账项调整。

3. 审计人员对某企业长期股权投资业务进行审查时，发现该企业 3 月 17 日购入大华公司股票 100 000 股，实际买价为 800 000 元，其中买价中包含已宣告但尚未支付的股利 20 000 元，另支付印花税 6 400 元，经纪人佣金 1 000 元，企业将所支付的 807 400 元全部计入"长期股权投资"账户，4 月 8 日大华公司发放红利，该企业将所得红利计入"其他业务收入"账户。

要求：根据上述资料，指出存在的问题，并提出审计意见。

4. 审计人员在对某企业实收资本进行审计时，发现该企业对盘亏的固定资产 300 000 元，先后作了如下账务处理（假设不考虑折旧等因素）：

借：待处理财产损溢——待处理固定资产损溢   300 000
    贷：固定资产   300 000
借：实收资本   300 000
    贷：待处理财产损溢——待处理固定资产损溢   300 000

要求：指出该项业务存在的问题，并加以调整。

自测题

单项选择题	多项选择题	判断题

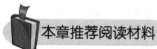

本章推荐阅读材料

1. 中国注册会计师协会. 审计[M]. 北京：中国财政经济出版社，2020.

2. 刘胜强，黄颖，周鹏. 控股合并下被投资方净资产为负的长期股权投资处理探析[J]. 财务与会计，2018（4）.

3. 刘学华，孙小季. 自然资源资产离任审计中自然资源负债研究[J]. 会计之友，2018（5）.

4. 李倩. 项目投资联网审计实现途径研究[J]. 财会通讯，2017（16）.

5. 万瀚莲. 审计中发现的国有企业长期股权投资存在的问题分析[J]. 会计师，2015（12）.

6. 邵佳佳. 文化传媒并购中的无形资产审计问题探讨[J]. 财会通讯，2015.

7. 姚丽娟. 一起审计引发股东之间的纠纷[J]. 财经界（学术版），2015（5）.

| 第十三章 |

对特殊项目的考虑和审计

 学习提要与目标

在审计工作中，除了对具体的经济与会计业务内容实施审查外，还需要考虑与审计一些特殊项目，其中包括审计过程中与治理层的沟通，前后任注册会计师的沟通；审计过程中利用他人的工作；期初余额的审计，以及对会计估计、公允价值计量和披露、关联方与关联方交易、持续经营、衍生金融工具的审计等内容。本章讲解特殊项目的考虑与审计的内容和程序。本章的学习目标是：

（1）了解特殊项目审计中管理层与注册会计师责任的划分；

（2）理解与掌握特殊项目的审计程序；

（3）掌握并思考重大错报风险下审计考虑的重点。

 引例

持续经营假设中的案例

在会计报表审计中，除了具体的会计报表项目审计以外，还包括一些特殊项目与目的的审计，如会计估计的审计、公允价值计量与披露的审计、关联方及其交易的审计和持续经营能力的审计等。之所以称这类审计为特殊项目与目的的审计，是相对于单个会计报表项目审计与不同的审计目的而言的。它们有的牵涉到多个会计报表项目，有的更侧重于会计报表附注披露和审计意见。下面的例子为持续经营假设案例。

PT农垦商社于1994年上市，1997年度开始出现亏损，1999年度每股亏损6.17元，每股净资产7.73元。2000年度每股亏损1.06元，每股净资产8.79元。

2001年度PT农垦商社实现净利润2 654万元，每股收益高达0.406 8元，每股净资产为3.596元。2001年该公司财务状况和盈利水平发生如此大的变化，主要由于下列几方面的原因。

（1）母公司——上海农工商总公司代其全资子公司——上海绿野房地产开发有限公司偿还PT农垦商社的其他应收款1.9亿元，PT农垦商社将这1.9亿元现金偿还债权人；母公司——上海农工商总公司代PT农垦商社偿还债务3.7亿元；债权人豁免PT农垦商社本息4.1亿元。

（2）PT农垦商社托管母公司——上海农工商总公司的两家盈利能力较强的子公司——上海星光蔬菜有限公司、上海农工商集团商业总公司一年。托管期间属于上海农工商

总公司的收益全部归 PT 农垦商社所有。

（3）重大资产置换。PT 农垦商社属下 7 家盈利状况较差的公司资产（作价 17 031 万元）与母公司——上海农工商总公司的优质资产（作价 15 094 万元）进行置换，差价部分由母公司以现金补足。

在这个案例中，农垦商社一度出现严重的经营困境，持续经营存在相当大的难度。但是，由于母公司代为清偿债务、部分债权人豁免本息、优质资产托管、置换进入优质资产等原因，农垦商社重新恢复了生机。

审计人员对于持续经营假设应关注什么问题？

第一节 审 计 沟 通

一、注册会计师与治理层的沟通

治理层是指对被审计单位战略方向以及管理层履行经营管理责任负有监督责任的人员或组织，治理层的责任包括对财务报告过程的监督。在某些被审计单位，治理层可能包括管理层成员。管理层是指对被审计单位经营活动的执行负有管理责任的人员。在某些被审计单位，管理层包括部分或全部的治理层成员。

（一）注册会计师与治理层沟通的作用

注册会计师与治理层有效的双向沟通，有助于注册会计师和治理层了解与审计相关的背景事项，并建立建设性的工作关系，在建立这种关系时，注册会计师需要保持独立性和客观性；有助于注册会计师向治理层获取与审计相关的信息。例如，治理层可以帮助注册会计师了解被审计单位及其环境，确定审计证据的适当来源，以及提供有关具体交易或事项的信息；有助于治理层履行其对财务报告过程的监督责任，从而降低财务报表重大错报风险。

（二）注册会计师与治理层沟通的目标

注册会计师与治理层沟通的目标是，就注册会计师与财务报表审计相关的责任、计划的审计范围和时间安排的总体情况，与治理层进行清晰的沟通；向治理层获取与审计相关的信息；及时向治理层通报审计中发现的与治理层监督财务报告过程的责任相关的重大事项；推动注册会计师和治理层之间有效的双向沟通。

（三）注册会计师与治理层沟通的内容与要求

1. 沟通的对象

注册会计师应当确定与被审计单位治理结构中的哪些适当人员进行沟通。如果注册会计师与治理层的下设组织（如审计委员会）或个人沟通，应当确定是否还需要与治理层整体进行沟通。

在某些情况下，治理层全部成员参与管理被审计单位。例如，在一家小企业中，仅有的一名业主管理该企业，并且没有其他人负有治理责任。此时，如果要求沟通的事项已与负有管理责任的人员沟通，且这些人员同时负有治理责任，注册会计师无须就这些事项再次与负有治理责任的相同人员沟通。然而，注册会计师应当确信与负有管理责任的人员的沟通能够向所有负有治理责任的人员充分传递应予沟通的内容。

2. 沟通的事项

注册会计师应当和治理层沟通注册会计师与财务报表审计相关的责任，包括：注册会计师负责对管理层在治理层监督下编制的财务报表形成和发表意见，财务报表审计并不减轻管理层或治理层的责任。

注册会计师应当与治理层沟通计划的审计范围和时间安排的总体情况。

注册会计师应当与治理层沟通审计工作中发现的下列问题。

（1）注册会计师对被审计单位会计实务（包括会计政策、会计估计和财务报表披露）重大方面的质量的看法。在适当情况下，注册会计师应当向治理层解释为何某项在适用的财务报告编制基础下可以接受的重大会计实务，并不一定最适合被审计单位的具体情况。

（2）审计工作中遇到的重大困难。

（3）已与管理层讨论或需要书面沟通的、审计中出现的重大事项，以及注册会计师要求提供的书面声明，除非治理层全部成员参与管理被审计单位。

（4）审计中出现的、根据职业判断认为对监督财务报告过程重大的其他事项。

如果被审计单位是上市实体，注册会计师还应当与治理层沟通下列内容。

（1）就审计项目组成员、会计师事务所其他相关人员以及会计师事务所和网络事务所按照相关职业道德要求保持了独立性作出声明。

（2）根据职业判断，注册会计师认为会计师事务所、网络事务所与被审计单位之间存在的可能影响独立性的所有关系和其他事项，包括会计师事务所和网络事务所在财务报表涵盖期间为被审计单位与受被审计单位控制的组成部分提供审计、非审计服务的收费总额。这些收费应当分配到适当的业务类型中，以帮助治理层评估这些服务对注册会计师独立性的影响。

（3）为消除对独立性的不利影响或将其降至可接受的水平，已经采取的相关防范措施。

3. 沟通的过程

注册会计师应当就沟通的形式、时间安排和拟沟通的基本内容与治理层沟通。对于审计中的重大发现，如果根据职业判断认为采用口头形式沟通不适当，注册会计师应当以书面形式与治理层沟通。书面沟通不必包括审计过程中的所有事项。

注册会计师应当评价其与治理层之间的双向沟通对实现审计目标是否充分。如果认为双向沟通不充分，注册会计师应当评价其对重大错报风险评估以及获取充分、适当的审计证据的能力的影响，并采取适当措施。

二、后任注册会计师与前任注册会计师的沟通

（一）前后任注册会计师的界定

前任注册会计师，是指已对被审计单位上期财务报表进行审计，但被现任注册会计师

接替的其他会计师事务所的注册会计师。接受委托但未完成审计工作，已经或可能与委托人解除业务约定的注册会计师，也视为前任注册会计师。后任注册会计师，是指正在考虑接受委托或已经接受委托，接替前任注册会计师对被审计单位本期财务报表进行审计的注册会计师。如果被审计单位委托注册会计师对已审计财务报表进行重新审计，正在考虑接受委托或已经接受委托的注册会计师也视为后任注册会计师。

（二）前后任注册会计师沟通的目标

前后任注册会计师沟通的目标是，在接受委托前，后任注册会计师与前任注册会计师就影响业务承接决策的事项进行必要沟通，以确定是否接受委托；在接受委托后，后任注册会计师在必要时与前任注册会计师就对审计有重大影响的事项进行沟通，以获取必要的审计证据；前任注册会计师在征得被审计单位书面同意后，对后任注册会计师提出的沟通要求予以必要的配合。

（三）前后任注册会计师沟通的要求与内容

前任注册会计师和后任注册会计师的沟通通常由后任注册会计师主动发起，但需征得被审计单位的同意。前任注册会计师和后任注册会计师的沟通可以采用书面或口头的方式。

1. 接受委托前的沟通

在接受委托前，后任注册会计师应当与前任注册会计师进行必要的沟通，并对沟通结果进行评价，以确定是否接受委托。后任注册会计师应当提请被审计单位以书面方式同意前任注册会计师对其询问作出充分答复。如果被审计单位不同意前任注册会计师作出答复，或限制答复的范围，后任注册会计师应当向被审计单位询问原因，并考虑是否接受委托。

后任注册会计师向前任注册会计师询问的内容应当合理、具体，至少包括以下几方面。

（1）是否发现被审计单位管理层存在正直和诚信方面的问题。

（2）前任注册会计师与管理层在重大会计、审计等问题上存在的意见分歧。

（3）前任注册会计师向被审计单位治理层通报的管理层舞弊、违反法律法规行为以及值得关注的内部控制缺陷。

（4）前任注册会计师认为导致被审计单位变更会计师事务所的原因。

在征得被审计单位书面同意后，前任注册会计师应当根据所了解的事实，对后任注册会计师的合理询问及时作出充分答复。如果受到被审计单位的限制或存在法律诉讼的顾虑，决定不向后任注册会计师作出充分答复，前任注册会计师应当向后任注册会计师表明其答复是有限的，并说明原因。

如果得到的答复是有限的，或未得到答复，后任注册会计师应当考虑是否接受委托。

2. 接受委托后的沟通

接受委托后，如果需要查阅前任注册会计师的工作底稿，后任注册会计师应当征得被审计单位同意，并与前任注册会计师进行沟通。在征得被审计单位同意后，前任注册会计师应当根据情况确定是否允许后任注册会计师查阅相关审计工作底稿以及查阅的内容。

在允许查阅工作底稿之前，前任注册会计师应当向后任注册会计师获取确认函，就审计工作底稿的使用目的、范围和责任等与后任注册会计师达成一致意见。

查阅前任注册会计师工作底稿获取的信息可能影响后任注册会计师实施审计程序的性质、时间安排和范围，但后任注册会计师应当对自身实施的审计程序和得出的审计结论负责。后任注册会计师不应在审计报告中表明，其审计意见全部或部分地依赖前任注册会计师的审计报告或工作。

3. 保密义务

前任注册会计师和后任注册会计师应当对沟通过程中获知的信息保密。即使未接受委托，后任注册会计师仍应履行保密义务。

 相关链接

发现前任注册会计师审计的财务报表可能存在重大错报时的处理

根据《中国注册会计师审计准则第 1153 号——前任注册会计师和后任注册会计师的沟通》的规定，如果发现前任注册会计师审计的财务报表可能存在重大错报，后任注册会计师应当提请被审计单位告知前任注册会计师。必要时，后任注册会计师应当要求被审计单位安排三方会谈，以便采取措施进行妥善处理。

如果被审计单位拒绝告知前任注册会计师，或前任注册会计师拒绝参加三方会谈，或后任注册会计师对解决问题的方案不满意，后任注册会计师应当考虑对审计意见的影响或解除业务约定。

第二节　利用他人的工作

一、利用内部审计人员的工作

内部审计是指由被审计单位建立的或由外部机构以服务形式提供的一种评价活动，内部审计人员是指执行内部审计活动的人员。注册会计师在审计工作中根据需要可以利用内部审计人员的工作。

（一）利用内部审计人员工作的目标

在被审计单位设有内部审计，且注册会计师认为可能与其审计相关的情况下，注册会计师利用其工作的目标是，确定是否利用以及在多大程度上利用内部审计人员的特定工作，如果利用内部审计人员的特定工作，确定该项工作是否足以实现审计目的。

（二）利用内部审计人员工作的内容和要求

1. 确定是否利用以及在多大程度上利用内部审计人员的工作

注册会计师应当确定，内部审计人员的工作是否可能足以实现审计目标；如果可能足以实现审计目标，内部审计人员的工作对注册会计师审计程序的性质、时间安排和范围产生的预期影响。在确定内部审计人员的工作是否可能足以实现审计目标时，注册会计师应当评价：内部审计的客观性；内部审计人员的专业胜任能力；内部审计人员在执行工作时是否可能保持应有的职业关注；内部审计人员和注册会计师之间是否可能进行有效的沟通。

在确定内部审计人员的工作对注册会计师审计程序的性质、时间安排和范围产生的预期影响时，注册会计师应当考虑：内部审计人员已执行或拟执行的特定工作的性质和范围；针对特定的某类交易、账户余额和披露，评估的认定层次重大错报风险；在评价支持相关认定的审计证据时，内部审计人员的主观程度。

2. 利用内部审计人员的特定工作

如果拟利用内部审计人员的特定工作，注册会计师应当评价内部审计人员的特定工作并实施审计程序，以确定该项工作是否足以实现审计目标。在确定内部审计人员的特定工作是否足以实现审计目标时，注册会计师应当评价：内部审计工作是否由经过充分技术培训且精通业务的人员执行；内部审计人员的工作是否得到适当的监督、复核和记录；内部审计人员是否已经获取充分、适当的审计证据，使其能够得出合理的结论；内部审计人员得出的结论是否恰当，编制的报告是否与已执行工作的结果一致；内部审计人员披露的例外或异常事项是否得到恰当解决。

二、利用专家的工作

专家是指在会计或审计以外的某一领域具有专长的个人或组织，并且其工作被注册会计师利用，以协助注册会计师获取充分、适当的审计证据。专家既可能是会计师事务所内部专家（如会计师事务所或其网络事务所的合伙人或员工，包括临时员工），也可能是会计师事务所外部专家。注册会计师在审计工作中根据需要可以利用专家的工作。

（一）利用专家工作的目标

利用专家工作的目标是，确定是否利用专家的工作；如果利用专家的工作，确定专家的工作是否足以实现审计目标。

（二）利用专家工作的内容和要求

1. 确定是否利用专家的工作

如果在会计或审计以外的某一领域的专长对获取充分、适当的审计证据是必要的，注册会计师应当确定是否利用专家的工作。

2. 审计程序的性质、时间安排和范围

在确定审计程序的性质、时间安排和范围时，注册会计师应当考虑下列事项：与专家工作相关的事项的性质；与专家工作相关的事项中存在的重大错报风险；专家工作在审计中的重要程度；注册会计师对专家以前所做工作的了解，以及与之接触的经验；专家是否需要遵守会计师事务所的质量控制政策和程序。

3. 对专家的了解

注册会计师应当充分了解专家的专长领域，评价专家的工作是否足以实现注册会计师的目的，评价专家是否具有实现审计目标所必需的胜任能力、专业素质和客观性。在评价外部专家的客观性时，注册会计师应当询问可能对外部专家客观性产生不利影响的利益和关系。

4. 与专家达成一致意见

注册会计师应当与专家就下列事项达成一致意见，并根据需要形成书面协议：专家工作的性质、范围和目标；注册会计师和专家各自的角色和责任；注册会计师和专家之间沟通的性质、时间安排和范围，包括专家提供的报告的形式；对专家遵守保密规定的要求。

 相关链接

在审计报告中提及专家

根据《中国注册会计师审计准则第 1153 号——前任注册会计师和后任注册会计师的沟通》的规定，注册会计师不应在无保留意见的审计报告中提及专家的工作。如果法律法规要求提及专家的工作，注册会计师应当在审计报告中指明，这种提及并不减轻注册会计师对审计意见承担的责任。如果注册会计师在审计报告中提及专家的工作，并且这种提及与理解审计报告中的非无保留意见相关，注册会计师应当在审计报告中指明，这种提及并不减轻注册会计师对审计意见承担的责任。

第三节 期初余额审计

我国审计业随着市场经济体制的逐步建立，正不断扩大其业务领域和范围，尤其是注册会计师审计，首次接受委托进行财务报表审计的情况日益增多。在这种情况下，必然涉及对财务报表期初余额进行审计的问题。

一、期初余额及其审计目标

期初余额作为一项特殊的审计内容，首先应明确其含义，然后在此基础上，分析其审计的特性。在注册会计师审计活动中，期初余额是指注册会计师首次接受委托时，所审计会计期间期初已存在的余额。它以上期期末余额为基础，反映了前期交易、事项及其会计处理的结果，而所谓首次接受委托，就是指会计师事务所在被审计单位上期财务报表未经审计，或由其他会计师事务所审计的情况下接受的审计委托。对于期初余额，应注意以下几个方面理解。

（1）是所审计会计期间期初已存在的余额。期初余额包括被审计单位财务报表所有项目，而无论其金额大小。例如某被审计单位上期财务报表的资产负债表项目中应收账款为零，但其仍属于期初余额的范围，在审计活动中应予关注。

（2）本期期初余额与上期期末余额是一个事物的两个方面。期初余额以上期期末余额为基础，但二者存在着不同，因为有时由于受上期期后事项、会计政策变更等诸因素的影响，上期期初余额结转至本期时，需要进行调整。例如企业为管理上需要或有关法律规章的要求，将上期期末有关报表项目进行重分类整理，形成本期期初余额。

（3）强调会计师事务所首次接受审计委托的前提条件。被审计单位上期期末余额即使经过其他注册会计师审计，对据其形成的本期期初余额，新任注册会计师也应进行严格意义上的审计。如果本期间审计是注册会计师上期审计业务的延续，则注册会计师对期初余额只做一般性审计。

（4）期初余额是企业过去所有期间交易、事项及其会计处理的结果。所以注册会计师应关注过去所有期前的交易，但主要是所审财务报表前一会计期间的事项，因为它对期初余额的影响最大。

对首次接受委托业务，注册会计师应当获取充分、适当的审计证据以实现特定目标，即期初余额不存在对本期财务报表产生重大影响的错报，上期期末余额已正确结转至本期，或在适当的情况下已作出重新表述，被审计单位一贯运用恰当的会计政策，或对会计政策的变更作出正确的会计处理和恰当的列报。

二、期初余额审计程序

注册会计师在确定期初余额审计程序时，应当考虑上期财务报表是否经过其他会计师事务所审计、财务报表项目的性质及其在本期财务报表中被错报、漏报的风险、期初余额对本期财务报表的影响程度等因素。

（一）对期初余额审计程序的总体要求

在确定期初余额审计程序时，注册会计师应当考虑：被审计单位运用的会计政策；上期财务报表是否经过审计，如果经过审计，审计报告是否为非标准审计报告；账户的性质和本期财务报表中的重大错报风险；期初余额对于本期财务报表的重要程度。

财务报表审计主要是对本期财务报表发表审计意见并承担审计责任，如果被审计单位期初余额对本期财务报表不存在重大影响，即使期初余额存在重大错报、漏报，也并不妨碍注册会计师对本期财务报表发表正确的审计意见，在这种情形下，注册会计师便可考虑较松的期初余额审计程序。若被审计单位期初余额的任何错报、漏报将对本期财务报表的公允表达产生重要影响，此时注册会计师要特别关注被审计单位期初余额，相应扩大审计范围，确定各余额较低的重要性水平、实施严格的审计程序。

（二）被审计单位运用会计政策恰当性与一贯性的审计程序

注册会计师应当考虑期初余额是否反映上期运用恰当会计政策的结果，以及这些会计政策是否在本期财务报表中得到一贯运用。当会计政策发生变更时，应审查变更的理由是否满足规定的条件；被审计单位是否采用追溯法进行恰当的会计处理，或者在当期期初确定会计政策变更对以前各期累积影响数不切实可行时，是否采用了未来适用法进行恰当的会计处理；被审计单位是否在本期财务报表附注中披露了与会计政策变更有关的信息，如会计政策变更的性质、内容和原因，当期和各个列报前期财务报表中受影响的项目名称与调整金额，对无法进行追溯调整的，说明事实和原因以及开始应用变更后的会计政策的时点与具体应用情况等。

（三）上期财务报表由前任注册会计师审计情况下的审计程序

如果上期财务报表由前任注册会计师审计，注册会计师应当考虑通过查阅前任注册会计师的工作底稿获取有关期初余额的充分、适当的审计证据，考虑前任注册会计师的独立性和专业胜任能力，并与前任注册会计师进行沟通。

查阅前任注册会计师的工作底稿的重点是对本期审计产生重大影响的事项，如前任注册会计师对上期财务报表发表的审计意见类型和主要内容，针对上期财务报表的审计计划和审计总结，以及上一年度其他相关重要事项等。注册会计师能否通过查阅前任注册会计师的工作底稿获取有关期初余额的充分、适当的审计证据，在很大程度上依赖于注册会计师对前任注册会计师独立性和专业胜任能力的判断。后任注册会计师应评价前任注册会计师形式上与实质上的独立性，评价前任注册会计师的专门学识、职业经验、专业训练和业务能力。在与前任注册会计师沟通时，注册会计师应当遵守职业道德规范和《中国注册会计师审计准则第1153号——前任注册会计师和后任注册会计师的沟通》的规定。后任注册会计师在接任前任注册会计师的审计业务时不得蓄意侵害前任注册会计师的合法权益。在接受审计业务委托前，后任注册会计师应当向前任注册会计师询问审计客户变更会计师事务所的原因，并关注前任注册会计师与审计客户之间在重大会计、审计等问题上可能存在的意见分歧。后任注册会计师应当提请审计客户授权前任注册会计师对其询问作出充分的答复时，前任注册会计师应当根据所了解的情况对后任注册会计师的询问作出及时、充分的答复。如果受到审计客户的限制或存在法律诉讼的顾虑，决定不向后任注册会计师作出充分答复，前任注册会计师应当向后任注册会计师表明其答复是有限的。如果后任注册会计师发现前任注册会计师所审计的会计报表存在重大错报，应当提请审计客户告知前任注册会计师，并要求审计客户安排三方会谈，以便采取措施进行妥善处理。

（四）上期财务报表未经审计或审计结论不满意时的审计程序

如果上期财务报表未经审计，或上期财务报表虽经前任注册会计师审计，但在查阅前任注册会计师的审计工作底稿后未能获取有关期初余额的充分、适当的审计证据，未能对期初余额得出满意结论，注册会计师应当根据期初余额有关账户的不同性质，实施相应的审计程序。

对于流动资产和流动负债，注册会计师通常可以通过本期实施的审计程序获取部分审计证据，尤其是流动资产中的存货，注册会计师应当查阅前任注册会计师工作底稿、复核上期存货盘点记录及文件、检查上期存货交易记录、运用毛利百分比法等进行分析，以获取有关本期期初存货余额的充分、适当的审计证据。

对非流动资产和非流动负债，注册会计师通常检查形成期初余额的会计记录和其他信息。在某些情况下，注册会计师可向第三方函证期初余额，或实施追加的审计程序。

三、期初余额的审计结论及处理

如果实施相关审计程序后无法获取有关期初余额的充分、适当的审计证据，注册会计师应当出具保留意见或无法表示意见的审计报告。

如果期初余额存在对本期财务报表产生重大影响的错报，注册会计师应当告知管理层，如果上期财务报表由前任注册会计师审计，注册会计师还应当考虑提请管理层告知前任注册会计师；如果错报的影响未能得到正确的会计处理和恰当的列报，注册会计师应当出具保留意见或否定意见的审计报告。

如果与期初余额相关的会计政策未能在本期得到一贯运用，并且会计政策的变更未能得到正确的会计处理和恰当的列报，注册会计师应当出具保留意见或否定意见的审计报告。

如果前任注册会计师对上期财务报表出具了非标准审计报告，注册会计师应当考虑该审计报告对本期财务报表的影响。

如果导致出具非标准审计报告的事项对本期财务报表仍然有重大影响，注册会计师应当对本期财务报表出具非标准审计报告。

第四节　其他特殊项目审计

一、会计估计的审计

（一）针对会计估计的重大错报风险实施的审计程序

会计估计通常是指企业对其结果不确定的交易或事项以最近可利用的信息为基础所做的判断，判断会具有一定的风险，审计人员同样会因判断依据、判断主体、判断客体等原因面临审计风险。

1. 实施风险评估程序

针对会计估计实施风险评估程序是注册会计师设计和实施进一步审计程序的基础，对于会计估计评估后的重大错报风险水平将直接影响进一步审计程序的性质、时间和范围。为此，注册会计师可以针对会计估计实施下列风险评估程序。

（1）了解适用的会计准则和相关会计制度中有关会计估计的要求。通过了解，可以帮助注册会计师确定适用会计准则和相关会计制度中是否规定了需要作出会计估计的具体情况，有关会计估计的计量方法以及披露要求，还为注册会计师就被审计单位如何运用适用会计准则和相关会计制度中有关会计估计的规定与管理层进行讨论提供了基础。

（2）了解管理层如何识别需要作出会计估计的交易、事项和情况。注册会计师可以询问管理层是否已考虑下列情况的变化：企业可能已从事需要作出会计估计的新型交易；需要作出会计估计的交易条款可能已改变；适用会计准则和相关会计制度中有关会计估计的要求可能已发生变化；法规或管理层无法控制的其他变化可能要求管理层修订或作出新的会计估计；需要作出会计估计的新情况或事项。

（3）了解管理层作出会计估计的过程。为此，注册会计师应考虑下列事项：与会计估计相关的账户或交易的类型；作出会计估计的人员的经验和能力；管理层如何确信作出会计估计依据的数据是完整、相关和准确的；是否存在作出特殊会计估计所需的一般公认的技术方法；作出会计估计依据的假设是否一致、并符合企业经营计划和外部环境，以及管理层如何确信会计估计是根据这些假设作出的；管理层是否已执行敏感性分析，确定作出会计估计依据的假设的变化对会计估计的影响；当敏感性分析表明可能有很多不同结果时，管理层如何确定会计估计；管理层是否监控前期作出的会计估计的实际结果；对作出会计估计过程实施的其他内部控制。

（4）复核会计估计的结果，或对其进行重新估计。执行这一程序有助于注册会计师获取有关管理层前期估计过程有效性的信息，注册会计师可以据此判断管理层本期估计过程的有效性。注册会计师还能获取需要在本期对前期作出的会计估计进行重新估计的审计证据，以及与需要在报表中披露的相关的不确定性的审计证据。

2. 实施进一步审计程序

设计和实施进一步审计程序，是为了获取充分、适当的审计证据，以判断特定环境下的会计估计是否合理，必要时是否得以充分披露。在审计会计估计时，注册会计师应当采用下列一种或多种审计程序。

（1）复核和测试管理层作出会计估计的过程。在复核和测试管理层作出会计估计的过程时，注册会计师应当按照下列步骤实施审计程序。

①评价会计估计依据的数据，考虑会计估计依据的假设。首先，注册会计师应当评价会计估计依据数据的准确性、完整性和相关性。数据的准确性是指作出会计估计依据的数据的准确性，如应收账款的账龄准确性。其次，注册会计师应当考虑从被审计单位外部获取与会计估计相关的审计证据。外部审计证据由于来源独立，可靠性更强，可以成为评价会计估计恰当与否的证据。再次，注册会计师应当评价被审计单位是否对收集的数据进行了恰当的分析，并将其作为确定会计估计的合理基础。例如，被审计单位是否对应收账款的账龄进行分析，是否根据消耗量的预测对存货供应天数进行推算。最后，在某些情况下，会计估计依据的主要假设是行业和政府的预测数据，如通货膨胀率、利率和汇率等；在另一些情况下，会计估计依据的主要假设是被审计单位特有的、内部编制的数据。注册会计师应当检查这些假设的来源，以评价其是否有合理的依据。对于涉及特殊技术的复杂会计估计过程，注册会计师应当考虑利用专家的工作。在很多情况下，被审计单位采用计算公式作出会计估计。例如，采用直线法计算固定资产折旧，采用销售收入百分比法计算产品质量保证准备金。被审计单位通常定期检查公式的适当性，如重新估计固定资产的剩余使用年限、调整计算产品质量保证准备金的比例等。

当然，会计估计可能会涉及会计和审计之外其他领域的知识与技术。例如，探测某一矿产的蕴藏量，或是估算在建工程的完工程度，注册会计师应当根据具体情况考虑是否需要利用专家的工作。

②测试会计估计的计算过程。注册会计师应当对管理层作出会计估计的计算过程实施审计程序。在实务中，实施审计程序的性质、时间和范围取决于下列因素：评估的重大错报风险，会计估计在财务报表中的重要性。

③将以前期间作出的会计估计与其实际结果进行比较。被审计单位的经营活动充满了

风险和不确定性。会计估计是管理层运用专业判断进行估计和计算的结果，不可能完全精确。这些估计和计算在实际发生后，会反过来验证管理层事前估计的合理性和准确性。因此，注册会计师可以将被审计单位以前期间作出的会计估计与其实际结果进行比较。其目的是获取有关会计估计程序和方法总体可靠性的审计证据；考虑是否需要调整会计估计公式；评价会计估计与实际结果之间的差异是否已经量化，如有必要，是否已做适当调整或披露。

注册会计师在将被审计单位以前期间作出的会计估计与其实际结果进行比较时，应当将比较结果以数量的形式表现出来，即量化两者的差异。

【例 13-1】 被审计单位从 2016 年初起开始生产并销售某类产品，该类产品质量保证期为 3 年。2016 年至 2018 年该产品的销售收入及实际发生的维修费用如表 13-1 所示。

表 13-1　××产品的销售收入及实际发生的维修费用　　　　单位：万元

项目＼年份	2016	2017	2018
销售收入	1 000	1 500	1 200
当年度发生的维修费	（2016）8	（2017）18	（2018）18
第二年发生的维修费	（2017）11	（2018）20	（2019）尚未发生
第三年发生的维修费	（2018）9	（2019）尚未发生	（2021）尚未发生

假设被审计单位在以上 3 年年末分别按当年销售收入的 2%计提产品质量保证金 20 万元、30 万元和 24 万元。在审计 2018 年度的财务报表时，注册会计师应当将 2016 年度 1 000 万元销售所对应的产品质量保证金 20 万元与这批产品 2016 年至 2018 年三年内实际发生的 28 万元维修费进行比较。通过比较可以发现，该产品计提的质量保证金不能弥补其质量保证期内所发生的维修费用。进一步分析可以发现，2016 年至 2018 年的三年中，每年所销售的产品在当年度发生的维修费与销售收入的比例呈逐年上升趋势，且 2017 年销售的产品在当年及 2019 年两年内发生的维修费用已超过为这批产品所计提的质量保证金。在这种情况下，注册会计师应当提请被审计单位提高对产品质量保证金的计提比例。

④考虑管理层对会计估计的批准程序。重要的会计估计通常需要取得管理层的复核和批准，这也是被审计单位内部控制制度的一部分。注册会计师应当考虑这种复核和批准是否由适当层次的管理层执行，并在支持作出会计估计的书面文件中留下证据。

（2）对包括独立估计在内的不同会计估计结果进行比较。独立估计是指独立于被审计单位之外的人员（包括注册会计师和专家等）对会计估计事项所做的估计。注册会计师可以自行作出独立估计或从其他渠道获取独立估计，并与管理层作出的会计估计进行比较。如果具备专业胜任能力，注册会计师可以自行作出独立估计。对于涉及特殊技术的复杂会计估计或某些不熟知的领域，如在建造合同中对已完成和未完成工作的计量、特定资产的估价和物质状况的测定等，注册会计师可以考虑从其他渠道获取独立估计。如果被审计单位未建立与会计估计相关的控制政策和程序，注册会计师无法通过复核和测试管理层作出会计估计的过程验证会计估计的合理性，也不存在能够印证会计估计的期后事项，注册会计师应当考虑运用独立估计与被审计单位作出的会计估计进行比较，以检验管理层作出的会计估计的合理性。如果复核和测试管理层作出会计估计的过程以及复核期后事项不足以为注册会计师审计会计估计提供充分、适当的审计证据，注册会计师也需要考虑运用独立估计。

在某些情况下，独立估计不仅能够印证被审计单位管理层所做的会计估计的合理性，同时也可提高审计效率。例如，根据对市场上具有相似规格和品质的某一产品的现在及未来销售情况的了解，注册会计师可以对被审计单位就该产品计提的存货跌价准备作出估计。

（3）利用期后事项复核会计估计的合理性。资产负债表日后至审计完成之前发生的交易或事项，可能为注册会计师审计会计估计提供审计证据。注册会计师对这些交易或事项的复核可能减少甚至取代对管理层形成会计估计过程的复核和实施其他审计程序，或取代在评估会计估计合理性时运用的独立估计。复核期后事项可能为会计估计提供结论性的审计证据，但在审计工作完成之前，并不一定会出现为会计估计提供进一步证据的事项。因此，该程序的使用范围较为有限。注册会计师在审计过程中，需要区分两类不同的期后事项。

第一类期后事项是指能够为被审计单位资产负债表日会计估计合理与否提供进一步证据的事项，如 2018 年 12 月 31 日，被审计单位应收某企业账款 100 万元，账龄在两年以上，被审计单位按照 10%的比例提取坏账准备。次年 2 月 10 日，该企业因长期经营不善破产，被审计单位收回 20 万元。注册会计师在审计工作完成前获知此信息，该事项说明被审计单位对坏账准备的估计没有充分反映实际的损失风险，注册会计师应提请被审计单位调增资产负债表日的坏账准备 70 万元。又如，对资产负债表日存在的未决诉讼、未决索赔的估计金额，如果在审计工作完成前，相关事项已经作出判决或取得了新的证据，注册会计师应重新考虑资产负债表日会计估计的合理性，必要时应予调整。

第二类期后事项是指被审计单位资产负债表日后至审计工作完成前发生的不影响被审计单位资产负债表日会计估计的事项。如上例中的债务人并非因经营不善破产而是发生火灾被迫破产，尽管清算后被审计单位仍然收回债权 20 万元，但该事项不能证明 2017 年 12 月 31 日被审计单位对该应收账款坏账准备的会计估计不合理。

二、公允价值计量和披露的审计

（一）了解公允价值计量和披露的程序以及相关控制活动并评估重大错报风险

公允价值是一种会计计量属性。在公允价值计量下，资产和负债按照在公平交易中，熟悉情况的交易双方自愿进行资产交换或者债务清偿的金额计量。

1. 了解被审计单位公允价值计量和披露的程序目的

公允价值计量和披露的程序及相关控制活动是保证公允价值计量适当性和披露充分性的重要基础，对公允价值计量和披露的程序（包括其复杂程度）及相关控制活动的充分了解，有助于注册会计师在认定层次识别和评估重大错报风险，并根据风险评估结果设计和实施进一步审计程序的性质、时间和范围。

公允价值计量和披露的程序的性质内容取决于所涉及的资产和负债的性质和内容，因而在不同的被审计单位之间和同一被审计单位的不同计量对象之间（如公开交易证券和划分为可供出售金融资产的对非上市公司的股权投资）可能存在较大的差异。

在某些情况下，公允价值的计量和被审计单位管理层为此而建立的程序可能是简单与可靠的。例如，当被审计单位持有可在公开市场买卖的证券时，管理层可以参考已公布的市场报价来确定其公允价值，而不需要进行复杂的公允价值计量和披露的程序。但是，某些公允价值计量比较复杂。例如，针对被审计单位的可转换债券或某些衍生金融工具，由于涉及未来事件的发生及结果的不确定性，在计量过程中可能需要更多地运用主观判断，这时就需要建立更为广泛和严格的公允价值计量与披露程序。

被审计单位公允价值计量和披露的程序应涵盖其所有应当按公允价值计量和披露的资产和负债项目，并确保其具备能恰当运用公允价值计量方法的条件。此外，被审计单位应恰当地监控公允价值计量和披露的程序，主要包括识别某些异常和特别复杂的计量问题，以及由高层管理人员对其进行评价。

2. 了解相关控制活动时应考虑的事项

（1）从事公允价值计量的人员的专业知识和经验。例如，当对某些衍生金融工具进行计量时，从事公允价值计量的人员应当了解计量对象的性质和计量方法等，并具备相应的实践经验和专业知识。

（2）信息技术在计量过程中的作用。例如，被审计单位可能采用电子计算机技术来计算某些复合衍生工具，如互换和期权的公允价值。

（3）需要以公允价值计量或披露的账户或交易的类型。例如，定期或重复发生的交易形成的账户记录，或不定期的、异常的交易形成的账户记录等。

（4）依赖服务机构提供公允价值计量或支持计量数据的范围。公允价值计量和披露的多样性和复杂性，以及从事公允价值计量的人员的专业知识和经验的缺乏，可能致使被审计单位更多地依赖服务机构提供的公允价值计量或支持计量数据等服务。

（5）在确定公允价值计量和披露时，利用专家工作的程度。导致被审计单位更多地依赖服务机构提供公允价值计量或支持计量数据等服务的诸多因素，同样也可能致使被审计单位更多地利用专家工作。当被审计单位利用专家的工作时，注册会计师应遵循《中国注册会计师审计准则第 1421 号——利用专家的工作》的要求。

（6）在确定公允价值时，管理层作出的重大假设。这些重大假设可能显著地影响公允价值的计量结果。例如，在期权定价模型中关于标的股票价格波动率的假设对期权公允价值的确定具有显著的影响。

（7）支持管理层作出假设的记录。主要是对管理层在确定公允价值时所做假设的依据进行的记录，如对经济增长、利率或汇率等关键经济变量走向判断的记录。

（8）在形成和运用假设以及监控假设的变化时，管理层采用的方法。例如，相关市场信息的来源渠道和是否利用服务机构等。

（9）估值模型及相关信息系统（包括批准程序）的更改控制和安全性程序的完整性。估值模型及相关信息系统也应建立相应的安全性程序，防止其遭到破坏。在了解被审计单位公允价值计量和披露的程序时，注册会计师需要考虑这些更改控制和安全性程序的完整性。

（10）对估值模型中使用数据的一致性、及时性和可靠性的控制。例如，是否存在独立的部门或人员对数据的采集、录入或变更等环节进行控制。

3. 识别和评估重大错报风险

识别和评估认定层次的重大错报风险有利于注册会计师有针对性地确定进一步审计程序的性质、时间和范围。在了解被审计单位确定公允价值计量和披露的程序及相关控制活动后，注册会计师应当识别和评估与公允价值计量和披露相关的认定层次的重大错报风险，以确定进一步审计程序的性质、时间和范围。

4. 对特别风险的考虑

公允价值计量容易受到不同程度错报的影响。因此，实施进一步审计程序的性质、时间和范围，将取决于对公允价值计量易受错报影响的程度，以及公允价值计量过程的复杂程度。

公允价值计量与披露的复杂性，与其相关的重大错报风险很可能构成特别风险，需要引起注册会计师的高度重视。特别风险通常与重大的非常规交易和判断事项有关。在运用估值技术确定公允价值的过程中，可能涉及大量的估计和判断，因此与公允价值确定有关的错报风险可能构成特别风险。

5. 对内部控制固有局限性的考虑

由于内部控制存在固有局限性，　因此无论如何设计和执行，只能对财务报告的可靠性提供合理的保证。公允价值的确定通常涉及管理层的主观判断，这可能影响能够被实施的控制活动的性质。公允价值计量易受错报影响的程度，也可能会因财务报表编报对公允价值计量的要求越来越复杂而增大。

（二）评价公允价值计量的适当性和披露的充分性

1. 了解被审计单位的业务和行业情况

评价被审计单位在适用的会计准则和相关会计制度的规定下对公允价值计量的适当性与披露的充分性，尤其是在对资产和负债的估值方法非常复杂的情况下，将部分依赖于注册会计师对被审计单位所处行业、经营业务和性质的了解。例如，衍生金融工具可能非常复杂（如新型期权），存在着对如何确定公允价值的不同理解，这可能会导致不同结论的风险；对在企业合并中取得的"尚在进行中的研究和开发支出"或无形资产的公允价值计量，根据被审计单位适用的会计准则和相关会计制度的规定，可能需要对被审计单位性质及业务经营情况的影响予以特殊考虑等。因此，注册会计师对被审计单位业务活动的了解，可能有助于识别那些根据适用的会计准则和相关会计制度的规定应该采用公允价值计量来确认减值的资产。

2. 考虑被审计单位管理层采取特定行为的意图

在某些情况下，被审计单位管理层对一项资产或负债的意图将决定该项资产或负债的计量和披露，以及如何在财务报表中列报其公允价值的变动。因此，管理层的意图对确定公允价值计量的适当性非常重要。例如，对一项债券投资，如果管理层有明确意图和能力将其持有至到期，则应当运用摊余成本计量。但是管理层也可能出于资产负债比例管理的需要，将其指定为以公允价值计量且其变动计入当期损益的金融资产。如果管理层采取特定措施的意图与公允价值计量和披露相关，注册会计师应当就管理层的意图获取审计证据，并考虑管理层实施该意图的能力。

被审计单位管理层采取特定措施的意图通常具有高度的主观性。适用的会计准则和相关会计制度通常要求管理层记录其对特定资产或负债的计划采取的措施。例如，对于指定为以公允价值计量且其变动计入当期损益的金融资产或金融负债和可供出售金融资产，被审计单位管理层应当具有正式的书面文件，对风险管理或投资策略予以说明。针对管理层意图获取审计证据的范围属于职业判断，注册会计师实施的审计程序通常包括向管理层询问，并通过下列方式对管理层的答复予以印证：考虑管理层以前所述的对于资产和负债的意图的实际实施情况；复核包括预算、会议纪要等在内的书面计划和其他文件记录；考虑管理层选择特定措施的理由；考虑管理层在既定经济环境下实施特定措施的能力。

3. 评价公允价值计量方法的适当性

如果适用的会计准则和相关会计制度规定了可供选择的公允价值计量方法，或者对公允价值计量方法未作出规定，注册会计师应当评价被审计单位是否根据具体情况采用适当的计量方法。例如，对于公开上市交易的权益工具，采用现值技术而不是市场报价可能是不合适的。对于不存在活跃市场的金融工具，被审计单位可以采用的估值方法包括：参考熟悉情况并自愿交易的各方最近进行的市场交易中使用的价格，参照实质上相同的其他金融工具的当前公允价值，现金流量折现法和期权定价模型等。

在评价特定情况下采用的公允价值计量方法是否适当时，注册会计师应当运用职业判断。如果被审计单位从可供选择的方法中选用某一估值方法，注册会计师应当通过与管理层讨论，了解其选择该估值方法的理由，并考虑下列事项：如果适用的会计准则和相关会计制度规定了选用估值方法的标准，管理层是否充分评价和恰当运用这些标准，以支持其选用的方法；根据被估值资产或负债的性质以及适用的会计准则和相关会计制度的规定，采用的估值方法是否适当；根据被审计单位业务情况、行业状况和所处的环境，采用的估值方法是否适当。

使用不同估值方法对同一计量对象进行估值得出的结果可能相互印证，但也可能存在重大差异。因此，管理层可能已经确定的不同的估值方法将导致公允价值计量结果存在重大差异。在这种情况下，注册会计师应当评价被审计单位在确定公允价值的估值方法时如何调查产生这些差异的原因。当采用不同估值技术导致公允价值计量结果存在重大差异时，注册会计师应当调查所采用的重大假设是否存在错误或者是否存在估值模型的不恰当使用。需要注意的是，只要采用估值技术而不是根据市场报价来确定公允价值，作为估价风险组成部分的模型风险始终都会存在。

（三）针对重大错报风险实施的审计程序

注册会计师应当针对评估的与公允价值计量和披露相关的认定的重大错报风险，设计和实施进一步审计程序。

1. 设计和实施实质性程序应当考虑的因素

注册会计师对公允价值计量过程（包括其复杂程度）的了解，有助于确定其将要实施的审计程序的性质、时间和范围。在确定拟实施的审计程序时，注册会计师应当考虑的因素主要包括以下几点。

（1）当使用报价获取有关估值的审计证据时，可能需要了解报价形成的情况。例如，以投资为目的而持有的有公开市价的证券，如果持有的数量比较大或买卖受到一定限制，按照被审计单位适用的会计准则和相关会计制度以市场交易价格进行估值时，可能要做适当的调整。

（2）当使用第三方提供的审计证据时，需要考虑其可靠性。例如，获取的信息是第三方对询证函的回复时，为了能够确保审计证据的可靠性，注册会计师需要考虑负责回函人员的胜任能力、独立性、回函的权限、其对所函证事项的了解程度以及客观性。注册会计师将根据与公允价值计量相关的重大错报风险的评估结果，来确定实施审计程序的范围。

（3）如果获取支持公允价值计量的审计证据的日期（如独立评估师进行评估的日期）与适用的会计准则和相关会计制度要求被审计单位在其财务报表中对公允价值进行计量和披露的日期不一致，在这种情况下，注册会计师需要获取审计证据，以验证管理层是否已考虑了公允价值计量日与报告日之间发生的交易、事项和情况的变化对公允价值计量结果的影响。

（4）某些应当以公允价值计量或评估其是否发生减值的债券投资，经常存在设定抵押物。如果抵押物是计量债券投资的公允价值或评估其账面价值是否发生减值的重要因素，注册会计师需要对抵押物的存在性、价值、权利以及可取得或可转让性获取充分、适当的审计证据（包括考虑所有适当的留置权是否已向有关部门登记），并且需考虑被审计单位在适用的会计准则和相关会计制度下是否已对抵押物进行了适当的披露。

（5）在某些情况下，还可能需要执行追加的审计程序，以获取有关公允价值计量适当性的充分、适当的审计证据。例如，为取得与一项投资性房地产的公允价值相关的实物状况信息，可能需要对该项资产进行现场检查；或者对证券进行实物检查，可能会发现是否存在影响其价值的转让限制。

2. 实质性程序的主要类型

注册会计师实施的与公允价值计量和披露相关的实质性程序通常包括：测试管理层的重大假设、估值模型和基础数据；对公允价值进行独立估值，以印证其计量是否适当；考虑期后事项对公允价值计量和披露的影响。

（1）测试管理层的重大假设、估值模型和基础数据。

①测试管理层的重大假设。假设是一些较为复杂的估值方法不可分割的组成部分。在对公允价值进行计量的过程中，被审计单位管理层需要作出一些假设，包括管理层决定依赖的以专家的工作为基础的假设，以及按照治理层的指引形成的假设。特定的假设将会因被估值资产或负债的不同特征、使用估值方法的不同而变化。假设可能对公允价值的计量产生重大影响。例如，当使用现金流量折现（为一种以收入为基础的方法）作为估值方法时，将需要对现金流量的水平、用于分析的时间跨度以及折现率作出假设。这些假设尤其是关于折现率的假设将对公允价值的计量产生重大影响，这主要是因为折现率的微小变化将导致折现结果的重大变化。折现率的确定一般应以特定计量项目的市场利率为基础。当

无法获取时，可以根据加权平均资本成本、增量借款利率或其他相关市场利率调整后确定，调整因素包括与期望现金流量相关的风险。

②测试管理层的估值模型。对被审计单位使用估值模型进行公允价值计量的项目，注册会计师应当复核该估值模型，并评价该模型是否恰当以及使用的假设是否合理。例如，被审计单位对一家新设企业进行股权投资，当目前没有营业收入作为未来盈利或现金流量的预测基础时，采用未来现金流量折现法来衡量该项股权投资的价值可能是不恰当的。注册会计师在评价估值模型是否恰当时，应注意以下几点：如果某一估值模型为大多数的市场参与者用来对某一类资产或负债进行估价，那么企业也应当使用这一估值模型对该类资产或负债进行估价，除非有证据表明，存在更为成熟的估值模型可以得到更为精确的结果，否则企业不应随意改变所选用的估值模型。如果对某一类资产或负债的估价不存在为大多数市场参与者共同接受的估值模型，那么企业可以发展自己的估值模型。运用估值模型时，企业所使用的估计和假设应当与市场的参与者所使用的估计和假设相一致，例如市场利率、外汇汇率、商品价格以及政府和行业的统计数据等。企业在选择现值技术计量公允价值的估值模型时，应确保该估值模型反映了所计量项目公允价值的下列要素：对未来现金流量的估计，或者在更复杂的情况下，一连串不同时间的未来现金流量；对这些现金流量金额或时间可能出现的差异的预期；以无风险利率表示的货币时间价值；包括资产或负债中内在不确定性的价格；包括非流动性和市场非完美性的其他因素，有时这些因素是不可确指的。

③测试管理层的基础数据。注册会计师应当针对形成公允价值计量和披露的数据实施审计程序，评价公允价值计量所依据的数据是否准确、完整和相关，以及公允价值是否依据这些数据和管理层的假设被予以适当计量。例如，注册会计师所执行的程序可能包括验证数据的来源、重新计算、复核数据的内在一致性等，包括与管理层意欲执行的特定措施是否一致。形成公允价值计量和披露的数据还包括利用专家的工作时专家所使用的数据。

（2）对公允价值进行独立估值。注册会计师可以对公允价值进行独立估值，以印证被审计单位的公允价值计量结果。独立估值的目的在于印证被审计单位的公允价值计量结果，而不在于重新确定特定项目的公允价值。注册会计师对公允价值进行独立估值包括使用注册会计师自己设定的估值模型，也可能包括利用专家或其他第三方的模型等。注册会计师可以利用自己开发的模型（也称为影子估值）进行独立估值。在进行独立估值时，注册会计师可以运用被审计单位管理层的假设，也可以运用自己的假设。在这种情况下，注册会计师仍应了解管理层的假设，据此确定另行设定的估值模型是否已考虑管理层估值模型所含的重要变量，并与管理层的公允价值计量结果进行比较及评价重大差异。

（3）考虑期后事项。注册会计师应当考虑期后事项对财务报表中公允价值计量和披露的影响。在审计工作完成之前发生的期后事项，可以为管理层作出的公允价值计量和披露提供适当的审计证据。例如，在期后较短的时间内销售了一项投资性房地产，可以提供公允价值计量的相关审计证据。当然，期后的公允价值信息可能仅反映期后发生的事项，而不反映资产负债表日已经存在的情况。例如，在公开市场上交易活跃的有价证券，其在资产负债表日后的价格变化，通常不能为这些证券在财务报表日已存在的价值提供适当审计证据。

三、关联方交易的审计

（一）关联方存在和披露的审计程序

根据《企业会计准则第 36 号——关联方披露》的规定，一方控制、共同控制另一方或对另一方施加重大影响，以及两方或两方以上同受一方控制、共同控制或重大影响的，构成关联方。根据《企业会计准则第 36 号——关联方披露》的规定，关联方交易是指关联方之间转移资源、劳务或义务的行为，而不论是否收取价款。关联方交易的类型通常包括：购买或销售商品，购买或销售商品以外的其他资产，提供或接受劳务，担保，提供资金（贷款或股权投资），租赁，代理，研究与开发项目的转移，许可协议，代表企业或由企业代表另一方进行债务结算，关键管理人员薪酬等。

1. 识别关联方的存在

（1）复核以前年度工作底稿，确认已识别的关联方名称以前年度工作底稿中确认的关联方。本期如未发生变动，仍应将其视为关联方；以前年度工作底稿中做过记录，但未作为关联方的企业，也有可能在本期成为关联方。

（2）复核被审计单位识别关联方的程序。如果被审计单位识别关联方的程序存在问题，那么管理层向注册会计师提供的已知关联方的信息就可能不完整，在财务报表中披露的关联方和关联方交易也可能存在遗漏。为此，注册会计师应当收集相关资料，了解、评价被审计单位识别关联方的程序。

（3）询问治理层和关键管理人员是否与其他单位存在隶属关系。注册会计师应当向被审计单位的治理层和管理层询问有关关联方关系的信息，其中包括询问治理层和关键管理人员，了解被审计单位是否与其他单位存在隶属关系。注册会计师还可以向被审计单位内部可能了解关联方和关联方交易的其他人员进行询问，询问对象包括：组织、实施或记录重大交易或异常交易的人员，以及对这些人员进行监督的人员；内部审计人员；被审计单位从事法律事务的专业人员。

（4）复核投资者记录以确定主要投资者的名称。在适当情况下，从股权登记机构获取主要投资者的名单，注册会计师应当据其复核投资者记录，以确定主要投资者的名称。当有迹象表明被审计单位的投资者记录存在错误时，注册会计师应从股权登记机构获取主要投资者的名单。股权登记机构一般是工商登记机关，上市公司的股权登记机构是中国证券登记结算有限责任公司。

（5）查阅股东会和董事会的会议纪要以及其他相关的法定记录。通过查阅股东会和董事会的会议纪要以及其他相关的法定记录，注册会计师可以了解被审计单位主要股东、董事和高级管理人员的变动情况以及重大投资与资产重组方案等，从而识别被审计单位的关联方。

（6）询问其他注册会计师或前任注册会计师所知悉的其他关联方。其他注册会计师，是指除主审或签字注册会计师以外的，负责对被审计单位组成部分财务信息出具审计报告的其他会计师事务所的注册会计师。注册会计师向其他注册会计师询问，可能获得其他注册会计师在审计过程中所了解的与被审计单位有关的其他关联方情况。前任注册会计师，是指代表会计师事务所对被审计单位最近期间财务报表出具了审计报告或接受委托但未完成审计工作，已经或可能与委托人解除业务约定的注册会计师。前任注册会计师熟悉被审计单位的历史情况，向其询问有关关联方信息，有助于发现管理层未识别的关联方。注册会计师应对通过其他注册会计师和前任注册会计师了解到的关联方信息进行复核，并与实施其他审计程序的结果相互验证。

（7）复核被审计单位向监管机构报送的所得税申报表和其他信息。注册会计师通过复核被审计单位向监管机构报送的所得税申报表，可以了解被审计单位是否存在从被投资方分得利润等情况，以识别被投资方是否为关联方。被审计单位如为上市公司，注册会计师还可以复核其向证券监管部门报备的有关资料。

2. 确定关联方关系披露是否充分

企业无论是否发生关联方交易，均应当在附注中披露与母公司和子公司有关的下列信息：被审计单位母公司、子公司和最终控制方的名称；母公司和子公司的业务性质、注册地、注册资本（或实收资本、股本）及其变化；母公司对被审计单位或者被审计单位对子公司的持股比例和表决权比例。在与关联方发生关联方交易的情况下，应当在附注中披露关联方关系的性质。为此，注册会计师应做到以下几点。

（1）复核由治理层和管理层提供的关联方交易的信息。注册会计师应当复核由治理层和管理层提供的关联方交易的信息，并对其他重要的关联方交易保持警惕。注册会计师应当获取由被审计单位治理层和管理层提供的关联方交易的信息，并对其进行复核。如果被审计单位涉及重大的关联方交易，如与关联方发生的重组或收购交易、售后回购、售后回租以及年末发生的重大交易，管理层可能更多地介入会计处理，注册会计师应当考虑该项交易是否会导致财务报表重大错报风险。

（2）了解被审计单位与关联方交易相关的内部控制。由于下列原因，管理层可能没有就关联方和关联方交易建立内部控制，或就关联方和关联方交易的内部控制设计不够合理、执行不够有效：管理层对识别和披露关联方和关联方交易的重视程度不够；缺乏治理层合理的监控；因披露关联方和关联方交易可能会泄露被审计单位的敏感信息，管理层故意忽视相关的内部控制；管理层未能充分了解适用的会计准则和相关会计制度对关联方与关联方交易的披露要求；在了解被审计单位内部控制时，注册会计师应当考虑与关联方交易授权和记录相关的控制活动的适当性。

除授权和批准外，注册会计师还应当考虑被审计单位内部控制中与关联方交易相关的其他方面，包括：是否建立了针对关联方交易的行为守则，相关人员是否普遍了解并严格执行这些行为守则；是否存在相关的政策和程序，以及识别和披露管理层和治理层在关联方交易中所得到的利益；有关识别、记录、汇总和披露关联方交易的责任是否进行了合理界定；针对重大的、非常规的关联方交易，管理层和治理层是否及时进行讨论，并予以披露；对于存在利益冲突的关联方交易，是否存在明确的指导方案和解决办法；在披露关联方和关联方交易时，如果碰到问题，管理层是否有积极寻求帮助的意识，如向注册会计师或者法律专家咨询。针对关联方和关联方交易，是否存在预警性政策和程序。例如，治理层是否建立相关的政策和程序以减轻管理层凌驾于与关联方和关联方交易相关的内部控制之上的风险。

3. 对异常的交易保持警惕

在审计过程中，注册会计师应当对显得异常的交易保持警惕，考虑是否存在以前尚未识别出的关联方。这些交易主要包括以下几种类型。

（1）价格、利率、担保和付款等条件异常的交易。例如，交易价格明显高于或低于本行业平均水平；借款利率明显高于或低于同期银行贷款利率平均水平；单方面提供借款担保；付款日期、现金折扣等条件异常优厚的交易等。

（2）商业理由明显不合乎逻辑的交易。商业理由明显不合乎逻辑的交易通常包括：被审计单位与无正常业务关系的单位和个人发生的重大交易；采用预付货款的方式采购市场上并不紧缺的原材料或商品；大量购入并不需要的材料或滞销的商品；以低于市场的价格销售商品等。

（3）实质与形式不符的交易。被审计单位可能利用形式上的公平交易来掩盖事实上的不公平交易，如收取大量的货款却迟迟不发货，进行"真融资、假销售"。

（4）处理方式异常的交易。处理方式异常的交易是指交易方式、程序等与一般惯例或制度规定不一致的交易，如未签订购销合同而进行的交易、易货交易、定期向第三方支付预付款的交易等。

（5）与某些顾客或供货商进行的大量或重大交易。在市场经济中，为了分散风险，企业一般采取多元化购销策略，而不会依赖于单一的供应商或客户。被审计单位与某些供应商和客户经常发生大额交易，如果不是由于客观环境的制约，而是出于主观自愿，那么这些供应商和客户与被审计单位是关联方的可能性就比较大。

（6）未予记录的交易。对于未予记录的交易，如无偿接受或提供劳务、主要股东承担公司费用等，被审计单位可能忽略、遗漏或隐瞒此类交易是关联方交易这一事实。

4. 实施进一步审计程序时对关联方交易的关注

在审计过程中，注册会计师实施的下列审计程序可能识别出关联方交易的存在。

（1）执行交易和余额的细节测试。注册会计师通过对重大交易和余额进行细节测试，可能会发现异常交易，从而发现被审计单位未披露的关联方交易。

（2）查阅股东会和董事会的会议纪要。企业的重大交易事项一般需要得到授权，经股东会、董事会等决议通过，并形成会议纪要。注册会计师通过查阅股东会和董事会的会议纪要，可以了解重大交易的授权、批准等内部控制是否健全并有效执行，也有助于其识别对被审计单位有重大影响的关联方交易。

（3）复核大额或异常的交易、账户余额的会计记录，特别关注接近报告期末或在报告期末确认的交易。被审计单位为粉饰经营业绩，往往会在接近报告期期末的时候或在报告期期末确认重大交易，这些交易往往也是在关联方之间发生的。注册会计师通过复核大额或异常的交易、账户余额的会计记录，有助于发现被审计单位未披露的关联方交易。

（4）复核对债权债务关系的询证函回函以及来自银行的询证函回函，以发现担保关系和其他关联方交易。注册会计师通过复核债权债务关系的询证函回函以及有关存款、借款的询证函，有助于证实被审计单位对这些款项的记录的真实性，同时也可以识别被审计单位通过虚假的往来和银行账户与关联方进行商品购销、担保等关联方交易。

（5）复核投资交易。注册会计师通过查阅被审计单位的重大投资交易，如购买或出售子公司，有助于发现重大关联方交易。同时，注册会计师也需要格外关注交易的对方是否为被审计单位关联方。如果在审计过程中识别出以前没有识别的关联方交易，或者识别出治理层和管理层没有披露的关联方交易，注册会计师可以考虑实施以下追加程序：立即将这一情况传达给项目组的其他成员，使其确定该情况是否影响已实施审计程序所得出的结果；要求管理层在最新识别的关联方的基础上识别与该关联方的其他所有交易，以便于注册会计师进行进一步的评价；了解被审计单位对于关联方交易的控制，并调查被审计单位以前没有识别或没有披露关联方交易的原因；如果发现管理层有意不予识别或者不予披露关联方交易的情形，注册会计师应将这一情况通知被审计单位的治理层，并评价这一情况对审计工作其他方面的影响，尤其要考虑管理层提供的有关关联方信息完整性的声明是否可靠。

（二）检查已识别的关联方交易

1. 检查已识别出的关联方交易的审计程序

在检查已识别出的关联方交易时，注册会计师应当获取充分、适当的审计证据，以确定这些交易是否已得到恰当记录和充分披露。注册会计师应当将测试被审计单位与关联方发生的重大交易作为审计工作重点，同时考虑关联方交易的类型、性质和范围及其对财务报表的影响。为了获得充分、适当的审计证据，注册会计师可以考虑实施下列审计程序：

（1）了解交易的商业目的。

（2）检查发票、合同和其他相关材料，如验收报告和货运单据。

（3）确定交易是否已得到管理层或治理层的批准。

（4）检查关联方交易在财务报表中的披露是否充分。被审计单位管理层只有在提供确凿证据的情况下，才能披露关联方交易是公平交易。管理层提供的证据通常包括：将与关联方交易的条款与一个或多个类似的非关联方交易的条款进行比较、聘请外部专家确定此类交易的市场价格、与公开市场上大量相似交易的条款进行比较。

注册会计师应当检查关联方交易披露的充分性，同时就关联方交易为公平交易的披露进行评价。在进行评价时，注册会计师可以考虑以下几点：

（1）管理层证明关联方交易是公平交易的方法的恰当性。

（2）验证支持管理层提供证据的内部或外部信息来源的准确性、完整性和相关性。

（3）当管理层提供的证据是建立在假设的基础上时，考虑管理层采用的假设与其证据的相关性。如果无法获取充分、适当的审计证据，以合理确信管理层关于关联方交易是公平交易的披露，注册会计师可以要求管理层撤销此披露。如果管理层不同意撤销，注册会计师应当考虑其对审计报告的影响。

2. 针对关联方交易证据有限实施的审计程序

关联方关系的性质可能导致与关联方交易有关的审计证据有限。例如，没有签订交易合同或协议，签订的合同或协议条款过于简单，付款方式随意等。此外，由于关联方交易的公允性难以判断，仅仅从被审计单位内部获取的证据说服力也不强。因此，关联方关系的性质可能导致与关联方交易有关的审计证据有限，注册会计师应当考虑实施下列审计程序：

（1）向关联方函证交易的条件和金额。交易条件包括交货时间、付款条件、担保条件等，交易金额包括已结算交易金额和未结算交易金额。通过向关联方函证交易的条件和金额，可以核实被审计单位有关资料的可靠性，判断这些交易是否得到恰当的记录。

（2）检查关联方拥有的信息。检查关联方拥有的信息可能获取一些在被审计单位内部无法获取的证据。注册会计师可以将该信息与对被审计单位实施审计程序获得的信息进行核对。如果一致，则增强证据的说服力，如果不一致，则有助于注册会计师发现其中存在的风险，采取进一步的措施。

（3）向与交易相关的人员和机构（如银行、律师、担保人或代理商等）函证或与之讨论相关信息。向与交易相关的人员和机构进行函证或与之讨论，有助于注册会计师了解更多的关联方交易的信息。例如，向银行函证有助于注册会计师了解关联方的财务状况和偿债能力。如果关联方偿债能力较弱，但被审计单位仍与之发生数额较大的商品购销活动，或为其提供担保，那么注册会计师就需要关注这种异常关系，检查关联方交易是否已得到恰当记录和充分披露。

 相关案例

注重对关联方交易的审计判断

某会计师事务所 M 审计了 A 公司。在审计过程中，M 发现 A 公司将存货出售给了 B 公司，合同条款中付款期限是 90 天，是正常付款期限的 3 倍，且资金直接打入了 A 公司总裁的账户，而没有通过公司正常会计核算应走的程序。C 工业公司提供给 A 公司 40%的原材料，其他供应商的份额都没有超过 5%。A 公司管理当局说之所以公司从 C 工业公司购买大量的原材料，是因为该公司提供了无条件的帮助。

A 公司的业务量在会计年度末的前一个月达到了最大，销售量占了全年销售量的 30%，有些年度这些情况出现在会计年度末的最后一周。A 公司在提供给 M 会计师事务所的管理当局声明书中不承认存在关联方交易。

对此，审计人员应慎重判断，应采取进一步的审计程序，确定 A 公司是否存在关联方交易及其是否正常。

四、持续经营的审计

（一）审计过程中考虑的重点

持续经营能力问题是一个重大不确定事项。不确定事项包括或有事项，但范围比或有事项大，主要是过去交易或事项形成的一种状况，其结果须通过未来事项的发生或不发生予以证实。任何不确定事项都包括两个方面：一是已经发生的事项，二是尚未发生的事项。例如，某单位向法院提起诉讼，要求某上市公司承担侵犯专利权造成的损失。截至财务报表批准报出日，法院尚未进行审理。该上市公司被起诉承担侵犯专利权造成的损失是已经发生的事项，而是否赔偿损失是尚未发生的事项。

1. 对持续经营假设适当性的考虑贯穿整个审计过程

在计划和实施审计程序以及评价其结果时，注册会计师应当考虑管理层在编制财务报表时运用持续经营假设的适当性，具体内容如下：

（1）在计划审计工作和实施风险评估程序时，注册会计师应当考虑是否存在可能导致对持续经营能力产生重大疑虑的事项或情况及相关的经营风险，评价管理层对持续经营能力作出的评估，并考虑已识别的事项或情况对重大错报风险评估的影响。

（2）注册会计师应当针对已识别出的可能导致对持续经营能力产生重大疑虑的事项或情况，实施进一步审计程序，以取得充分、适当的审计证据。

（3）在评价审计结果时，注册会计师需要确定导致对持续经营能力产生重大疑虑的事项或情况是否存在重大不确定性，并考虑对审计报告的影响。

2. 职业判断的考虑

管理层在编制财务报表时运用持续经营假设的适当性，注册会计师需要运用职业判断。例如，导致对持续经营假设产生重大疑虑的事项或情况可能很多，当存在一项或者多项事项或情况时，是否必然影响被审计单位持续经营能力；管理层依据对持续经营能力评估结果提出的应对计划是否可行，是否能够改善其持续经营能力等，这些都有赖于注册会计师作出职业判断。

需要注意的是，特殊情况下，注册会计师在连续几年的审计中，可能均对被审计单位在编制财务报表时运用持续经营假设的适当性存在重大疑虑，但被审计单位并没有终止经营，这并不意味着注册会计师的职业判断必然存在错误。

3. 不得对未来事项的可实现程度作出保证

由于管理层对持续经营能力的评估以及针对评估结果作出的应对计划，多是对某些事项或情况的未来结果作出的判断，因而具有较大的不确定性。注册会计师在执行财务报表审计业务时，不得对被审计单位是否具有持续经营能力和管理层作出应对计划的可实现程度作出保证。

（二）持续经营的审计程序

1. 了解被审计单位

了解被审计单位时，注册会计师应当考虑是否存在可能导致对持续经营能力产生重大疑虑的事项或情况以及相关经营风险。例如，被审计单位所处行业发展及其可能导致的被审计单位不具备足以应对行业变化的人力资源和业务专长等风险、本期及未来的融资条件及其可能导致的被审计单位由于无法满足融资条件而失去融资机会等风险。如果这些经营风险可能导致对持续经营能力产生重大疑虑，注册会计师应当予以充分考虑。

2. 复核初步评估

如果管理层已对持续经营能力作出初步评估，注册会计师应当复核该初步评估，以确定管理层是否识别出相关非持续经营事项或情况，并复核管理层提出的应对计划。如果管理层没有对持续经营能力作出初步评估，注册会计师应当与管理层讨论运用持续经营假设的理由，询问是否存在这些事项或情况，并提请管理层对持续经营能力作出评估。

3. 评估重大错报风险

注册会计师应当考虑在实施风险评估程序时识别出的事项或情况对重大错报风险评估的影响，及其对进一步审计程序的性质、时间和范围的影响。如果被审计单位存在资不抵债、无法偿还到期债务等事项或情况，这可能表明被审计单位存在因持续经营问题导致的重大错报风险，该项风险是与财务报表整体广泛相关，从而影响多项认定。因此，注册会计师应当针对评估的因持续经营问题导致的财务报表层次重大错报风险，确定总体应对措施，如向审计小组提供更多的督导，对拟实施的进一步审计程序的性质、时间和范围作出总体修改等。

4. 评价管理层对持续经营能力做出的评估

任何企业都可能面临终止经营的风险，因此，管理层应当定期对其持续经营能力作出分析和判断，确定以持续经营假设为基础编制财务报表的适当性。管理层对持续经营能力的评估是注册会计师考虑持续经营假设的一个重要组成部分。注册会计师应当评价管理层对持续经营能力作出的评估。

评估的内容应包括以下几方面。

（1）注册会计师应当确定管理层评估持续经营能力涵盖的期间是否符合适用的会计准则和相关会计制度的规定。如果管理层评估持续经营能力涵盖的期间少于自资产负债表日起的 12 个月，注册会计师应当提请管理层将其延伸至自资产负债表日起的 12 个月。

对于超出管理层评估期间的事项或情况，注册会计师应当注意可能存在管理层现已知悉的、在评估期间以后将会发生的事项或情况，这些事项或情况可能对注册会计师考虑管理层运用持续经营假设编制财务报表的适当性产生重大影响。在考虑超出管理层评估期间的事项或情况时，注册会计师还应当确定这些事项或情况对持续经营能力的影响是否重大。如果影响重大，注册会计师应当考虑采取进一步措施，注册会计师应当考虑提请管理层确定这些事项或情况对评估持续经营能力的潜在影响。

客观上，超出评估期间的时间越长，其不确定性就越大。因此，只有当存在充分证据表明超出评估期间的有关事项或情况对被审计单位的持续经营能力具有重大影响时，注册会计师可以提请管理层对超出评估期间的有关事项或情况的潜在重大影响作出说明。

需要说明的是，注册会计师在实施风险评估程序以及针对期后事项的审计程序时，可能会注意到存在超出管理层评估期间的事项或情况。除实施询问程序外，注册会计师没有责任设计其他审计程序，以测试是否存在超出评估期间的、可能导致对持续经营能力产生重大疑虑的事项或情况以及相关经营风险。

（2）在评价管理层作出的评估时，注册会计师应当考虑管理层作出评估的过程、依据的假设以及应对计划。注册会计师应当考虑管理层作出的评估是否已考虑所有相关信息，其中包括注册会计师实施审计程序获取的信息。管理层的评估过程包括对可能导致对其持续经营能力产生重大疑虑的事项或情况的识别、对相关事项或情况结果的预测、对拟采取改善措施的考虑和计划以及最终的评估结论。在考虑管理层的评估过程时，注册会计师应当关注管理层是如何识别可能导致对其持续经营能力产生重大疑虑的事项或情况的，所识别的事项或情况是否完整，是否已经对注册会计师在实施审计程序的过程中发现的所有相关信息进行了充分考虑。

在考虑管理层作出的评估所依据的假设时，注册会计师应当考虑管理层对相关事项或情况结果的预测所依据的假设是否合理，并特别关注具有以下几类特征的假设：①对预测性信息具有重大影响的假设；②特别敏感的或容易发生变动的假设；③与历史趋势不一致的假设。注册会计师应当基于对被审计单位的了解，比较以前年度的预测与实际结果、本期的预测和截至目前的实际结果。如果发现某些因素的影响尚未反映在相关预测中，注册会计师应当与管理层讨论这些因素，必要时，要求管理层对相关预测所依据的假设作出修正。

五、衍生金融工具的审计

（一）衍生金融工具审计对于注册会计师特殊的知识和技能要求

衍生金融工具，是指同时具备下列特征，并形成一个单位的金融资产及其他单位的金融负债或权益工具的合同。其特点包括：其价值随特定利率、金融工具价格、商品价格、汇率、价格指数、费率指数、信用等级、信用指数或其他类似变量的变动而变动；变量为非金融变量的，该变量与合同的任一方不存在特定关系；不要求初始净投资，或与对市场情况变化有类似反应的其他类型合同相比，要求很少的初始净投资；在未来某一日期结算。衍生金融工具包括：金融远期合同、金融期货合同、金融互换和期权，以及具有金融远期合同、金融期货合同、金融互换和期权中一种或一种以上特征的工具。

在实施衍生金融工具审计时，注册会计师可能需要具备特殊的知识和技能，以计划和实施与衍生金融工具相关的特定认定的审计程序。这些特殊的知识和技能主要包括下列五个方面。

（1）了解被审计单位所处行业的经营特征和风险状况。

（2）了解被审计单位使用的衍生金融工具及其特征。例如，所使用的衍生金融工具的性质和风险特征（如信用风险、流动性风险或市场风险等风险）。

（3）了解被审计单位关于衍生金融工具的信息系统，包括服务机构提供的服务。例如，期货经纪公司或投资银行等提供的服务。当关于衍生金融工具的重要信息通过计算机系统形式被传递、处理、保存或获取时，注册会计师还可能需要具备与计算机应用相关的特别知识和技术。

（4）了解衍生金融工具的估值方法。估值方法主要包括：参考熟悉情况并自愿交易的各方最近进行的市场交易中使用的价格；参照实质上相同的其他金融工具的当前公允价值；采用估值模型计算衍生金融工具的价值，如现金流量折现法和期权定价模型（如布莱克—斯科尔斯—默顿模型）等。

（5）熟悉适用的会计准则和相关会计制度中有关衍生金融工具的规定。其主要包括：熟悉满足分拆条件的嵌入衍生金融工具应当进行单独会计处理的规定；熟悉与衍生金融工具相关的利得或损失的会计处理规定；熟悉套期会计的应用条件、评价套期有效性的方法和不同类型套期的相应会计处理等。

需要注意的是，注册会计师不是金融专家，也不是风险管理专家。为此，注册会计师应当考虑利用专家的工作，以提高审计效率和效果。当考虑利用专家的工作时，注册会计师应当了解专家使用的重大假设和估值方法，并基于对被审计单位情况的了解和实施其他审计程序的结果，考虑这些重大假设和估值方法是否适当、完整。

（二）衍生金融工具的审计程序

1. 了解可能影响衍生活动及其审计的因素

（1）经济环境。经济环境可能对被审计单位从事衍生活动的性质和范围产生影响。例如，当利率可能上升时，被审计单位可能会试图通过使用利率互换、远期利率合同和上限期权锁定借款利率。注册会计师应当了解经济环境对衍生活动的影响。这些经济环境因素主要包括：经济活动的总体水平；利率（包括利率的期限结构）和融资的可获得性；通货膨胀和币值调整；汇率和外汇管制；与被审计单位使用的衍生金融工具相关的市场特征，包括该市场的流动性和波动性。

（2）行业状况。被审计单位所处行业的经济状况可能影响其开展衍生活动。如果被审计单位所属行业为季节性或周期性行业，则精确地预测其面临的利率、汇率或偿债风险就可能较为困难。当被审计单位经营出现突然大幅度增长或下降时，也可能使得对一般经营活动水平以及衍生活动水平的预测变得更加困难。被审计单位所处行业状况主要包括：价格风险；市场和竞争；生产经营的季节性和周期性；经营业务的扩张或衰退；外币交易、折算或经济风险。

（3）被审计单位相关情况。为了对被审计单位衍生活动获得充分的了解，以识别和理解可能会对财务报表或审计报告产生重大影响的交易与事项，注册会计师应当了解被审计单位的相关情况对衍生活动的影响。被审计单位的相关情况主要包括：管理层、治理层的知识和经验；及时和可靠的管理信息的可获得性；利用衍生金融工具的目标等。

（4）与衍生活动相关的主要财务风险。注册会计师应当了解与衍生活动相关的主要财务风险。与衍生活动相关的主要财务风险包括：①市场风险。市场风险是指因权益工具价格、利率、汇率、商品价格或其他市场因素的变动导致衍生金融工具公允价值的不利变动而引起损失的风险，包括价格风险、流动性风险、模型风险、基准风险等。②信用风险。信用风险是指客户或交易对方在到期时或之后期间内没有全额履行义务的风险。③结算风险。结算风险是指被审计单位已履行交易义务，但没有从客户或交易对方收到对价的风险。④偿债风险。偿债风险是指被审计单位在付款承诺到期时没有资金履行承诺的风险。⑤法律风险。法律风险是指某项法律法规或监管措施阻止被审计单位或交易对方执行合同条款或相关协议，或使其执行无效，从而给被审计单位带来损失的风险。

需要指出的是，上述五种风险并不是截然分开的，一种衍生金融工具可能要同时面临若干种风险，并且这些风险可能是相互影响的，因此难以有效地分解这些风险。例如，复合衍生金融工具可能导致被审计单位同时面临信用风险、利率风险或汇率风险等，而这些风险的相互影响进一步增加了复合衍生金融工具估值的复杂性。

（5）与衍生金融工具认定相关的错报风险。注册会计师应当详细运用各类交易、账户余额、列报认定，将其作为评估重大错报风险以及设计与实施进一步审计程序的基础。针对衍生金融工具，认定主要包括：①存在。财务报表中列报和披露的衍生金融工具在资产负债表日是存在的。②发生。产生衍生金融工具的交易发生在财务报告期内，且与被审计单位有关。③权利和义务。被审计单位拥有与在财务报表中报告的衍生金融工具相关的权利和义务。④完整性。所有的衍生金融工具均通过列报或披露的方式在财务报表中报告。⑤计价。财务报表中报告的衍生金融工具的金额恰当，与衍生金融工具相关的利得或损失被分配至正确的财务报告期间。⑥列报与披露。财务报表中衍生金融工具的分类、描述和披露符合适用的会计准则与相关会计制度的规定。

了解与衍生金融工具认定相关的错报风险，注册会计师应当考虑下列七项因素：①衍生活动的经济和业务目的；②衍生金融工具的复杂性；③交易是否产生了涉及现金交换的衍生金融工具；④被审计单位在衍生金融工具方面的经验；⑤衍生金融工具是否嵌入在一项协议中；⑥外部因素是否影响认定；⑦衍生金融工具是在国内交易所交易还是跨国交易。

（6）了解持续经营。衍生金融工具的价值衍生性和高杠杆效应使得金融机构面临巨大的市场风险。因此，衍生金融工具潜在的损失可能足以引起对被审计单位持续经营能力的重大疑虑，注册会计师应当按照《中国注册会计师审计准则第1324号——持续经营》的规定，考虑被审计单位持续经营假设的合理性。

（7）会计处理方法。衍生金融工具利得或损失的会计处理，取决于衍生金融工具的计划用途及其结果。注册会计师应当了解被审计单位对衍生金融工具的会计处理方法，包括是否将衍生金融工具指定为套期工具并采用套期会计，以及套期关系是否高度有效。

（8）会计信息系统。注册会计师应当了解被审计单位会计信息系统的设计、变更及其运行。如果注册会计师认为会计信息系统或其中的某些方面较为薄弱，注册会计师应当考虑是否有必要修改审计方案。

2. 了解内部控制

（1）了解控制环境。其内容主要包括：①了解治理层和管理层对衍生活动的总体态度与关注程度。管理层是否通过清晰表述的既定政策，指导衍生金融工具的买进、卖出和持有。②衍生活动的交易、结算和记录的职责是否适当分离。此外，一些被审计单位还设置了风险控制环节，来专门报告和监督衍生活动。③总体控制环境是否已经影响负责衍生活动的人员。④对激励机制的考虑。如果被审计单位对涉及衍生活动的人员实施激励机制，注册会计师应当考虑被审计单位是否已经制定适当的规范、限额和控制，以确定执行的激励机制是否可能导致背离总体风险管理战略目标的交易。⑤对电子商务的考虑。如果被审计单位采用电子商务进行衍生金融工具交易，注册会计师应当按照《中国注册会计师审计准则第1633号——电子商务对财务报表审计的影响》的规定，考虑被审计单位如何处理与公共网络使用相关的安全和控制问题。

（2）了解控制活动。注册会计师应当了解与衍生金融工具相关的控制活动，包括充分的职责分离、风险管理监控、管理层的监督和其他为实现控制目标而设计的政策与程序。例如，分管衍生交易和风险控制的管理人员应适当分离，以及交易授权、会计处理和执行相互分离等。需要注意的是，许多针对衍生金融工具的控制活动可能是直接由高级管理人员实现的。在这种情况下，注册会计师应当对高级管理人员滥用或超越政策和程序的行为保持高度警觉。

（3）了解内部审计。注册会计师应当考虑内部审计活动及其可能对注册会计师审计程序的影响。考虑内部审计人员是否具备与审计衍生活动相适应的知识与技能，以及内部审计工作范围涵盖衍生活动的程度。

（4）服务机构。服务机构是指接受被审计单位委托，为被审计单位记录交易和处理相关数据，或为其执行交易并履行受托责任的机构。衍生金融工具的复杂性可能导致被审计单位在从事衍生活动时更多使用服务机构。注册会计师应当按照《中国注册会计师审计准则第 1212 号——对被审计单位使用服务机构的考虑》的规定，考虑使用服务机构对被审计单位内部控制的影响。如果服务机构担任被审计单位的投资顾问，注册会计师应当考虑与服务机构相关的风险。在评价该风险时，注册会计师应当考虑的因素包括：被审计单位如何监督服务机构提供的服务；用以保护信息完备性及保密性的程序；应急安排；如果服务机构是被审计单位的关联方，又同时作为交易对方与被审计单位进行衍生交易，将产生关联方交易的问题。

3. 控制测试

在了解相关内部控制后，如果预期控制运行是有效的，注册会计师应当实施控制测试，以获取支持重大错报风险评估结果的证据。如果认为仅实施实质性程序获取的审计证据无法将认定层次的重大错报风险降至可接受的低水平，注册会计师应当实施相关的控制测试，以获取控制运行有效性的审计证据。此外，注册会计师在进行控制测试时，还应当考虑被审计单位衍生活动发生的频率。例如，被审计单位可能在报告期内只进行了很少的衍生交易。

（1）控制测试的重点。控制测试的目的在于获取内部控制运行有效性的审计证据。注册会计师在实施控制测试时，应当选取适当规模的交易样本，重点对下列方面进行评价：①衍生金融工具是否根据既定的政策、操作规范并在授权范围之内使用。例如，董事会授权管理层出于套期目的而签订衍生合约，并定期收到有关衍生金融工具用途和套期有效性的报告。②适当的决策程序是否已得到运用，所选择交易的原因是否可以清楚理解。例如，任何重大的交易或新的衍生产品业务都得到董事会或由董事会指定的高级管理人员的批准。③执行的交易是否符合衍生交易政策，包括条款、限额、跨境交易或关联方交易。例如，执行衍生交易时是否严格按照既定的分级授权和风险敞口管理制度。④交易对方是否具有适当的信用风险等级。例如，交易对方是否具有独立的法律地位和交易资格，以及是否符合已确定的资格和条件等。⑤衍生金融工具是否由独立于交易员的其他人员适当、及时地计量，并报告风险敞口。例如，由会计部门负责衍生交易的会计处理。⑥是否已将确认函发给交易对方。⑦是否已对交易对方的确认回函进行适当比较、核对和调节。⑧衍生金融工具的提前终止或延期是否受到与新的衍生交易同样的控制。⑨投机或套期的指定及其变更是否经过适当授权。⑩是否适当地记录交易，并将其完整、准确地反映在会计信息系统中。

（2）控制测试的程序。其主要包括：①阅读治理层的会议纪要，以获取被审计单位遵守既定政策、定期复核衍生活动和套期有效性的证据。例如，在测试衍生交易是否按照已确定的政策执行时，注册会计师可以通过阅读董事会或相关专业委员会（如财务委员会、公司治理委员会、资产负债管理委员会和风险管理委员会等）的会议纪要，并将其与实际发生的衍生交易相比较。通过阅读治理层的会议纪要，还可以了解到被审计单位是否建立了清晰且具有内在一致性的风险管理政策。②将衍生交易（包括已结算的衍生交易）与被审计单位政策相比较，以确定这些政策是否得到遵守。在确定衍生交易的政策是否得到遵守时，注册会计师应当考虑以下因素，测试交易是否依据被审计单位政策中的特定授权执行。测试买入前是否进行相关投资政策要求的敏感性分析。测试交易，以确定被审计单位是否获得了从事相关交易的批准以及是否仅使用了经授权的经纪商或交易对方。向管理层询问衍生金融工具及相关交易是否得到及时监控和报告，并阅读相关支持文件。测试已记录的衍生金融工具的买入交易，包括测试衍生金融工具的分类、价格以及相关分录。测试是否及时调查和解决调节的差异，测试是否由监督人员复核和批准调节事项。例如，衍生交易发生频繁的被审计单位可能要求每日进行调节和复核。测试与未记录交易相关的控制，包括检查被审计单位的第三方确认函，及其对确认函中例外事项的处理。测试与数据安全和备份相关的控制，并考虑被审计单位对电子化记录场所进行年度检查和维护的程序，以确保在发生灾难时能充分恢复。

4. 实质性程序

注册会计师应当在考虑重大错报风险的基础上，设计和实施实质性程序的性质、时间和范围，发现认定层次的重大错报，以将审计风险降至可接受的低水平，其具体程序如下：

（1）确定重要性水平。注册会计师在确定重要性时，除了考虑资产负债表金额外，还应当考虑衍生金融工具对财务报表中各类交易或账户余额的潜在影响。与那些杠杆作用小或较简单的衍生金融工具相比，杠杆作用很高，或更为复杂的衍生金融工具更有可能对财务报表产生重大影响。

（2）设计实质性程序时应当考虑的因素：①会计处理的适当性。实质性审计程序的主要目的是确定被审计单位对衍生金融工具会计处理的适当性。注册会计师应当考虑被审计单位是否按照适用的会计准则和相关会计制度的规定对衍生交易进行会计处理。②服务机构的参与程度。在计划衍生金融工具的实质性程序时，注册会计师应考虑是否由服务机构持有被审计单位的衍生金融工具，或为被审计单位的衍生活动提供服务（如定价），或者既持有其衍生金融工具也为其提供相关服务。如果认为服务机构的活动对被审计单位具有重大影响，并且与衍生金融工具的审计相关，注册会计师应当充分了解服务机构的活动对被审计单位及其环境的影响，以识别和评估重大错报风险，并针对评估的重大错报风险设计和实施进一步的审计程序。③期中实施的审计程序。在资产负债表日前执行实质性程序时，注册会计师应当考虑在中期测试日和资产负债表日之间的市场波动情况。一些衍生金融工具的价值可能会在相对较短的期间内发生大幅波动，甚至可能在正价值和负价值之间快速波动。当账户余额的金额、相对重要性或构成变得难以预测时，中期测试的意义就不大。④衍生交易是常规还是非常规交易。如果衍生交易属于非常规的、正常经营活动之外的交易，实质性程序可能是实现审计目标的最有效方法。⑤在财务报表其他领域实施的程序。在财务报表其他领域执行的程序可能为衍生交易的完整性提供证据。这些程序可能包括期后现金的收入和支出的测试，以及搜寻未记录的负债。

（3）分析程序。实施分析程序可能揭示关于被审计单位衍生活动的信息。此外，分析程序在评估关于衍生金融工具的特定风险管理政策和评估套期活动的有效性等方面可能是有用的。如果注册会计师获得了负责衍生活动人员对衍生活动结果分析的资料，注册会计师应当在评价其完整性和准确性以及分析人员的能力与经验的基础上，考虑利用这些资料，进一步了解被审计单位的衍生活动。此外，在适当的情况下，注册会计师可能使用计算机软件来执行分析程序。

（4）评价审计证据。由于存在下列原因，注册会计师在评价与衍生金融工具认定相关的审计证据时，需要运用较多的职业判断：①衍生金融工具的性质特殊。例如，为出售而持有的已发放住房抵押贷款在按照衍生金融工具进行会计处理时，可能需要注册会计师判断被审计单位发放抵押贷款的真实意图。②适用的会计政策和会计处理方法复杂。例如，套期会计处理十分复杂，且在套期有效性方面存在大量的主观判断。③相关认定尤其是计价认定依据高度主观的假设作出，或对基本假设的变化极其敏感。例如，计价认定可能是基于对未来事件的发生的假设，然而这些未来事件的发生或者不发生是难以预计的；或者计价是基于预期将存在很长时间的条件假设。因此，即使注册会计师均具有满足要求的特殊知识和技能，但不同的注册会计师关于公允价值的估计也可能得出不同的结论。

（5）存在和发生认定的审计。对衍生金融工具存在和发生认定实施的实质性程序通常包括：向衍生金融工具持有者或交易对方进行函证，以确定衍生金融工具是否发生或存在；检查支持报告金额的协议或其他支持文件，包括被审计单位收到的有关报告金额的书面或电子形式的确认函；检查报告期后实现或结算的支持文件；询问和观察。

（6）权利和义务认定的审计。注册会计师对衍生金融工具权利和义务认定实施的实质性程序通常包括：向衍生金融工具的持有者或交易对方函证重要的条款，以确定经济利益流入或流出的可能性；检查书面或电子形式的协议和其他支持文件。此外，注册会计师还可以考虑通过其他审计程序发现的结果，如复核董事会的会议记录、查阅合同和其他协议等，确定是否能为权利和义务认定提供审计证据。

（7）完整性认定。衍生金融工具没有初始净投资，或初始净投资相对较小，这可能导致完整性认定发生重大错报风险的可能性较高。注册会计师对衍生金融工具完整性认定实施的实质性程序通常包括：①向衍生金融工具的持有者或交易对方进行函证，要求其提供所有与被审计单位相关的衍生金融工具和交易的详细信息。在发出确认函时，注册会计师应判断交易对方的哪个部门会进行回复，以及回复者是否代表其经营的所有方面进行回复。②对余额为零的衍生金融工具账户，向可能的持有者或交易对方发出询证函。资产负债表日余额为零但报告期间发生频繁交易的账户，可能隐藏着一些重大问题，注册会计师应当予以关注。③复核经纪商的对账单，以测试是否存在被审计单位未记录的衍生交易和持有的头寸。④复核收到的但与交易记录不匹配的交易对方的询证函回函。⑤复核尚未解决的调节事项。⑥检查贷款或权益协议、销售合同等，以了解这些协议或合同是否包含嵌入衍生金融工具。⑦检查报告期后发生的活动的纸质或电子形式的支持文件。⑧询问和观察。⑨阅读治理层的会议纪要，以及治理层收到的与衍生活动相关的文件和报告等其他信息。如果存在一个或一个以上服务机构为被审计单位提供服务，且作为被审计单位与衍生活动相关的信息系统的一部分，在没有获取这些服务机构控制运行有效性的审计证据的情况下，注册会计师可能难以将与衍生金融工具完整性认定相关的审计风险降至可接受的低水平。

（8）计价认定。对衍生金融工具计价认定实施的实质性程序通常包括：①检查买入价格的支持文件；②向衍生金融工具的持有者或交易对方进行函证；③复核交易对方的信用状况；④对按照公允价值计量或披露的衍生金融工具，获取支持其公允价值的证据。

（9）列报认定。列报认定针对的是财务报表中衍生金融工具的分类、描述和披露是否符合适用的会计准则与相关会计制度的规定。注册会计师应当通过对下列事项的判断，评价衍生金融工具的列报（包括披露）是否符合适用的会计准则和相关会计制度的规定：①选用的会计政策和会计处理方法是否符合适用的会计准则与相关会计制度的规定；②会计政策和会计处理方法是否与具体情况相适应；③财务报表（包括相关附注）是否提供了可能影响其使用、理解和解释的事项的信息；④披露是否充分，以确保被审计单位完全遵守适用的会计准则和相关会计制度对披露的规定；⑤财务报表列报信息的分类和汇总是否合理；⑥财务报表是否在能够合理和可行地获取信息的范围内列报财务状况、经营成果和现金流量，从而反映相关的交易和事项。

 **本章小结**

综合本章所述，可以明确：首先，注册会计师在审计过程中需要就审计中发现或遇到的相关问题与治理层进行沟通，前后任注册会计师也需要就相关问题实施沟通。这种沟通有助于审计目标的实现。另外，在审计过程中，注册会计师可能需要利用内部审计人员的工作和专家的工作，以更好地完成审计工作，实现审计目标。注册会计师为了就被审计单位某期间或期末的会计信息发表恰当的审计意见，需要对被审计单位期初余额实施审计。期初余额的审计有其特殊的程序和内容。

其次，其他特殊项目的审计包括诸多内容，第一，会计估计通常是指企业对其结果不确定的交易或事项以最近可利用的信息为基础所做的判断。管理层应当对其作出的会计估计及相关披露负责。注册会计师的责任是获取充分、适当的审计证据，评价被审计单位作出的会计估计是否合理、披露是否充分。为此，注册会计师应针对会计估计实施重大错报风险的评估程序，它是注册会计师设计和实施进一步审计程序的基础，它将直接影响进一步审计程序的性质、时间和范围。设计和实施进一步审计程序是为了获取充分、适当的审计证据，以判断特定环境下的会计估计是否合理，并在必要时是否得以充分披露。最后，注册会计师应当根据对被审计单位及其环境的了解，对会计估计的合理性以及会计估计是否与审计过程中获取的其他审计证据相一致作出最终评价。第二，公允价值是一种会计计量属性。其使用的估值方法多种多样，被审计单位管理层的主要责任包括建立公允价值计量和披露的政策与程序等多个方面。注册会计师的责任在于获取充分、适当的审计证据，以确定公允价值计量和披露是否符合适用的会计准则与相关会计制度的规定。其审计内容涉及，首先，了解被审计单位公允价值计量和披露的程序以及相关控制活动并评估重大错报风险。其次，评价公允价值计量的适当性和披露的充分性、计量方法的适当性、方法应用的一贯性，同时考虑利用专家的工作。最终实施的与公允价值计量和披露相关的实质性程序，测试管理层的重大假设、估值模型和基础数据；对公允价值进行独立估值，以印证其计量是否适当；考虑期后事项对公允价值计量和披露的影响。第三，在关联方及关联方交易审计中，管理层有责任识别、披露关联方和关联方交易。注册会计师应当实施审计程序，就管理层是否按照适用的会计准则和相关会计制度的规定识别、披露关联方和关联方交易，获取充分、适当的审计证据。为此，注册会计师应进行关联方存在和披露的审计程序，识别关联方的存在，确定关联方披露是否充分，警惕异常的交易，实施进一步审计程序，检查已识别的关联方交易，最终出具审计报告。第四，持续经营能力问题是一个重大不确定事项。不确定事项包括或有事项，但范围比或有事项大，主要是过去交易或事项形成的一种状况，其结果须通过未来事项的发生或不发生予以证实。注册会计师对持续经营假设适当性的考虑贯穿整个审计过程。管理层的责任是根据会计准则和相关会计制度的规定，对持续经营能力作出评估，考虑运用持续经营假设编制财务报表的合理性。注册会计师的责任是考虑管理层在编制财务报表时运用持续经营假设的适当性，并考虑是否存在需要在财务报表中披露的有关持续经营能力的重大不确定性。为此，注册会计师应实施包括了解被审计单位、复核初步评估等审计程序，直至最终实施进一步审计程序，得出审计结论。第五，衍生金融工具属于衍生工具的一种。按照适用的会计准则和相关会计制度的规定编制财务报表是被审计单位管理层的责任。注册会计师的责任是考虑管理层作出的与衍生金融工具相关的认定，是否使已编制的财务报表符合适用的会计准则和相关会计制度的规定。为此，注册会计师应实施包括了解相关的影响因素、了解内部控制、进行实质性审计程序等审计程序，来满足衍生工具审计要求。

 关键词汇

审计沟通（audit communication）　　利用他人的工作（utilization work of others）
期初余额审计（beginning balance audit）　会计估计（accounting estimate）
衍生金融工具（derivative financial instruments）
关联方与关联方交易（related party and related party transaction）
持续经营（sustainable management）　　公允价值（fair value）

 思考题

1. 注册会计师与治理层沟通的作用和目标是什么？
2. 注册会计师利用他人工作时的审计责任如何界定？审计质量如何保证？

3. 什么情况下需要进行期初余额审计？这项审计对整个审计工作的影响是什么？

4. 对于衍生金融工具审计，实质性程序是怎样的？

5. 几项特殊项目审计风险有何特点？

 **案例讨论题**

某上市公司因流动资金严重短缺，多笔借款到期后无法归还而被银行提起诉讼，经营出现巨额亏损，持续经营能力存在重大不确定性。为帮助上市公司解决面临的财务困难，大股东与上市公司签订了财务支持协议，表明其将为上市公司提供财务支持，保持上市公司正常的经营运作。具体措施包括以下两方面。

（1）预计未来每年可从上市公司分得的现金红利，通过银行以委托贷款的方式贷给上市公司，作为流动资金使用。

（2）为上市公司向银行借款提供担保。

大股东所做的财务支持协议能否作为持续经营能力的保障，并具有可行性，作为注册会计师，应如何看待该问题，并实施进一步审计程序？

 简答题

1. 注册会计师肖勇审计 A 公司的固定资产时，经询问有关人员获悉 A 公司有一账面原值为 500 万元的办公楼为甲企业提供了贷款担保，甲企业由于这项担保，从银行获取贷款 400 万元。为进一步查证，肖勇通过检查 A 公司董事会会议纪要、担保合同及其相关的文书，了解到甲企业是 A 公司董事长儿子开办的。肖勇认为这一事项属于 A 公司没有提供的关联交易(肖勇在关注关联方及其交易时，已获取了 A 公司提供的关联方清单，清单尚没有包括甲企业)，应提请 A 公司在会计报表附注中给予充分的披露。

请简答：

为什么注册会计师肖勇判定该交易属于关联方交易事项？下一步，注册会计师应当实施的审计程序包括哪些内容？当注册会计师实施以上程序证实关联方及其交易存在和被审计单位披露情况后，应考虑哪些事项？

 **自测题**

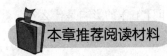

本章推荐阅读材料

1. 中国注册会计师协会. 审计[M]. 北京：中国财政经济出版社，2020.

2. 李若山，刘大贤. 审计学——案例与教学[M]. 北京：经济科学出版社，2000.

3. 赵学贵. 会计估计审计初探[J]. 审计与经济研究，2005（1）.

4. 耿建新，刘松青，黄胜. 审计学[M]. 5 版. 北京：中国人民大学出版社，2018.

5. 赵保卿. 审计案例研究[M]. 3 版. 北京：中国广播电视大学出版社，2010.

| 第十四章 |

完成审计取证工作与出具审计报告

 学习提要与目标

本章主要介绍了审计完成阶段的相关工作事项，如怎样评价审计中的重大发现、审计中发现的错报，如何对工作底稿进行复核，在期后事项的三个阶段中审计工作怎样进行，什么是书面证明以及书面证明有哪些类型等。本章还阐述了在出具审计报告阶段，审计报告意见类型有哪些，不同类型的审计意见在何种情况下运用，如何确定关键审计事项等。本章的学习目标是：

（1）掌握审计意见的类型，审计报告的要素，在审计报告中沟通关键审计事项，非无保留意见审计报告等相关知识点；

（2）理解审计报告的强调事项段和其他事项段；

（3）了解比较信息的含义及审计责任。

 引例

发表审计意见案例

注册会计师于 2017 年 4 月 20 日完成了对 A 公司 2016 年度财务报表的审计工作，发现如下情况：①2017 年 2 月 5 日经最高人民法院判决，A 公司 2016 年 5 月涉及的侵权赔偿诉讼败诉，赔偿额为 240 万元，A 公司于实际支付时计入 2017 年 2 月的账上，注册会计师建议 A 公司调整 2016 年度财务报表遭到拒绝。②A 公司自 2016 年年初改变了存货计价方法，由个别计价法改为加权平均法，经注册会计师取证，认可 A 公司会计政策的变更合理、合法，建议 A 公司对此会计政策变更及其对财务报表的影响在财务报表中披露，A 公司不接受注册会计师的建议。

就以上情况，注册会计师应该出具什么类型的审计报告？无保留意见、保留意见、否定意见，还是无法表示意见？

第一节　完成审计取证工作

一、完成审计取证工作概述

审计完成阶段是审计最后一个阶段。注册会计师按业务循环完成各财务报表项目的审计测试和一些特殊项目的审计工作后，在审计完成阶段汇总审计测试结果，进行更具综合

性的审计工作，如评价审计中的重大发现，评价审计过程中发现的错报，关注期后事项对财务报表的影响，复核审计工作底稿和财务报表等。在此基础上，评价审计结果，在与客户沟通以后，获取管理层声明，确定应出具的审计报告的意见类型和措辞，进而编制并致送审计报告，终结审计工作。

需要说明的是，以上只是对审计完成阶段注册会计师主要工作的列举，并不完整。并且，在审计实务中，这些工作有的在审计实施阶段就已经开始，如对或有事项的关注，有的即使主要在审计完成阶段执行，也未必机械地按照上述列示顺序依次进行。

（一）评价审计中的重大发现

在审计完成阶段，项目合伙人和审计项目组考虑的重大发现与事项的例子包括：期中复核中的重大发现及其对审计方法的影响；涉及会计政策的选择、运用和一贯性的重大事项，包括相关披露；就识别出的重大风险，对审计策略和计划的审计程序所做的重大修正；在与管理层和其他人员讨论重大发现和事项时得到的信息；与注册会计师的最终审计结论相矛盾或不一致的信息。

对实施的审计程序的结果进行评价，可能全部或部分地揭示出以下事项：为了实现计划的审计目标，是否有必要对重要性进行修订；对审计策略和计划的审计程序的重大修正，包括对重大错报风险评估结果的重要变动；对审计方法有重要影响的值得关注的内部控制缺陷和其他缺陷；财务报表中存在的重大错报；项目组成员内部，或项目组与项目质量控制复核人员或提供咨询的其他人员之间，就重大会计和审计事项达成最终结论所存在的意见分歧；在实施审计程序时遇到的重大困难；向事务所内部有经验的专业人士或外部专业顾问咨询的事项；与管理层或其他人员就重大发现以及与注册会计师的最终审计结论相矛盾或不一致的信息进行的讨论。

注册会计师在审计计划阶段对重要性的判断，与其在评估审计差异时对重要性的判断是不同的。如果在审计完成阶段修订后的重要性水平远远低于在计划阶段确定的重要性水平，注册会计师应重新评估已经获得的审计证据的充分性和适当性。

如果审计项目组内部、项目组与被咨询者之间以及项目合伙人与项目质量控制复核人员之间存在意见分歧，审计项目组应当遵循事务所的政策和程序予以妥善处理。

（二）评价审计中发现的错报

1. 错报的沟通和更正

及时与适当层级的管理层沟通错报事项是重要的，因为这能使管理层评价这些事项是否为错报，并采取必要行动，如有异议则告知注册会计师。适当层级的管理层通常是指有责任和权限对错报进行评价并采取必要行动的人员。

法律法规可能限制注册会计师向管理层或被审计单位内部的其他人员通报某些错报。例如，法律法规可能专门规定禁止通报某事项或采取其他行动，这些通报或行动可能不利于有关权力机构对实际存在的或怀疑存在的违法行为展开调查。在某些情况下，注册会计师的保密义务与通报义务之间存在的潜在冲突可能很复杂。此时，注册会计师可以考虑征询法律意见。

管理层更正所有错报（包括注册会计师通报的错报），能够保持会计账簿和记录的准确性，降低由于与本期相关的、非重大的且尚未更正的错报的累积影响而导致未来期间财务报表出现重大错报的风险。

《中国注册会计师审计准则第 1501 号——对财务报表形成审计意见和出具审计报告》要求注册会计师评价财务报表是否在所有重大方面按照适用的财务报告编制基础编制。这项评价包括考虑被审计单位会计实务的质量（包括表明管理层的判断可能出现偏向的迹象）。注册会计师对管理层不更正错报的理由的理解，可能影响其对被审计单位会计实务质量的考虑。

2. 评价未更正错报的影响

未更正错报，是指注册会计师在审计过程中累积的且被审计单位未予更正的错报。注册会计师在确定重要性时，通常依据对被审计单位财务结果的估计，因为此时可能尚不知道实际的财务结果。因此，在评价未更正错报的影响之前，注册会计师可能有必要依据实际的财务结果对重要性作出修改。如果在审计过程中获知了某项信息，而该信息可能导致注册会计师确定与原来不同的财务报表整体重要性或者特定类别交易、账户余额或披露的一个或多个重要性水平（如适用），注册会计师应当予以修改。因此，在注册会计师评价未更正错报的影响之前，可能已经对重要性或重要性水平（如适用）作出重大修改。但是，如果注册会计师对重要性或重要性水平（如适用）进行的重新评价导致需要确定较低的金额，则应重新考虑实际执行的重要性和进一步审计程序的性质、时间安排和范围的适当性，以获取充分、适当的审计证据，作为发表审计意见的基础。

注册会计师需要考虑每一单项错报，以评价其对相关类别的交易、账户余额或披露的影响，包括评价该项错报是否超过特定类别的交易、账户余额或披露的重要性水平（如适用）。如果注册会计师认为某一单项错报是重大的，则该项错报不太可能被其他错报抵销。例如，如果收入存在重大高估，即使这项错报对收益的影响完全可被相同金额的费用高估所抵销，注册会计师仍认为财务报表整体存在重大错报。对于同一账户余额或同一类别的交易内部的错报，这种抵销可能是适当的。然而，在得出抵销非重大错报是适当的这一结论之前，需要考虑可能存在其他未被发现的错报的风险。

确定一项分类错报是否重大，需要进行定性评估。例如，分类错报对负债或其他合同条款的影响，对单个财务报表项目或小计数的影响，以及对关键比率的影响。即使分类错报超过了在评价其他错报时运用的重要性水平，注册会计师可能仍然认为该分类错报对财务报表整体不产生重大影响。

在某些情况下，即使某些错报低于财务报表整体的重要性，但因与这些错报相关的某些情况，在将其单独或连同在审计过程中累积的其他错报一并考虑时，注册会计师也可能将这些错报评价为重大错报。例如，某项错报的金额虽然低于财务报表整体的重要性，但对被审计单位的盈亏状况有决定性的影响，注册会计师应认为该项错报是重大错报。

下列情况也可能影响注册会计师对错报的评价。

（1）错报对遵守监管要求的影响程度，错报对遵守债务合同或其他合同条款的影响程度。

（2）错报与会计政策的不正确选择或运用相关，这些会计政策的不正确选择或运用对当期财务报表不产生重大影响，但可能对未来期间财务报表产生重大影响。

（3）错报掩盖收益的变化或其他趋势的程度（尤其是在结合宏观经济背景和行业状况进行考虑时）。

（4）错报对用于评价被审计单位财务状况、经营成果或现金流量的有关比率的影响程度。错报对增加管理层薪酬的影响程度。例如，管理层通过达到有关奖金或其他激励政策规定的要求以增加薪酬。错报对涉及特定机构或人员的项目的相关程度。例如，与被审计单位发生交易的外部机构或人员是否与管理层成员有关联关系。

（5）错报对财务报表中列报的分部信息的影响程度。例如，错报事项对某一分部或对被审计单位的经营或盈利能力有重大影响的其他组成部分的重要程度。

（6）相对于注册会计师所了解的以前向财务报表使用者传达的信息（如盈利预测），错报是重大的。

（7）错报涉及对某些信息的遗漏，尽管适用的财务报告编制基础未对这些信息作出明确规定，但是注册会计师根据职业判断认为这些信息对财务报表使用者了解被审计单位的财务状况、经营成果或现金流量是重要的。

（8）错报对其他信息（如包含在"管理层讨论与分析"或"经营与财务回顾"中的信息）的影响程度，这些信息与已审计财务报表一同披露，并被合理预期可能影响财务报表使用者作出的经济决策。

（三）复核审计工作底稿和财务报表

1. 对财务报表总体合理性进行总体复核

在审计结束或临近结束时，注册会计师需要运用分析程序的目的是确定经审计调整后的财务报表整体是否与对被审计单位的了解一致，是否具有合理性。注册会计师应当围绕这一目的运用分析程序。

在运用分析程序进行总体复核时，如果识别出以前未识别的重大错报风险，注册会计师应当重新考虑对全部或部分各类别的交易、账户余额、披露评估的风险是否恰当，并在此基础上重新评价之前计划的审计程序是否充分，是否有必要追加审计程序。

2. 复核审计工作底稿

《质量控制准则第 5101 号——会计师事务所对执行财务报表审计和审阅、其他鉴证和相关服务业务实施的质量控制》对会计师事务所业务复核与项目质量控制复核的质量控制制度作出了规定。《中国注册会计师审计准则第 1121 号——对财务报表审计实施的质量控制》对注册会计师执行财务报表审计的复核与审计项目质量控制复核的质量控制程序作出了规定。

遵循准则要求执行复核是确保注册会计师执业质量的重要手段之一。会计师事务所需要按照《质量控制准则第 5101 号——会计师事务所对执行财务报表审计和审阅、其他鉴证和相关服务业务实施的质量控制》和《中国注册会计师审计准则第 1121 号——对财务报表审计实施的质量控制》的相关规定，结合事务所自身组织架构特点和质量控制体系建设需要，制定相关的质量控制政策和程序，对审计项目复核（包括项目组内部复核和项目质量控制复核）的级次以及人员、时间、范围和工作底稿记录等作出规定。

（1）项目组内部复核。

①复核人员。《质量控制准则第 5101 号——会计师事务所对执行财务报表审计和审阅、其他鉴证和相关服务业务实施的质量控制》规定，会计师事务所在安排复核工作时，应当由项目组内经验较多的人员复核经验较少的人员的工作。会计师事务所应当根据这一原则，确定有关复核责任的政策和程序。项目组需要在制订审计计划时确定复核人员的指派，以确保所有工作底稿均得到适当层级人员的复核。

对一些较为复杂、审计风险较高的领域。例如，舞弊风险的评估与应对、重大会计估计及其他复杂的会计问题、审核会议记录和重大合同、关联方关系和交易、持续经营存在的问题等，需要指派经验丰富的项目组成员执行复核，必要时可以由项目合伙人执行复核。

②复核范围。所有的审计工作底稿至少要经过一级复核。执行复核时，复核人员需要考虑的事项包括：审计工作是否已按照职业准则和适用的法律法规的规定执行；重大事项是否已提请进一步考虑；相关事项是否已进行适当咨询，由此形成的结论是否已得到记录和执行；是否需要修改已执行审计工作的性质、时间安排和范围；已执行的审计工作是否支持形成的结论，并已得到适当记录；已获取的审计证据是否充分、适当；审计程序的目标是否已实现。

③复核时间。审计项目复核贯穿审计全过程，随着审计工作的开展，复核人员在审计计划阶段、执行阶段和完成阶段及时复核相应的工作底稿。例如，在审计计划阶段复核记录审计策略和审计计划的工作底稿，在审计执行阶段复核记录控制测试和实质性程序的工作底稿，在审计完成阶段复核记录重大事项、审计调整及未更正错报的工作底稿等。

④项目合伙人复核。根据审计准则的规定：项目合伙人应当对会计师事务所分派的每项审计业务的总体质量负责；项目合伙人应当对项目组按照会计师事务所复核政策和程序实施的复核负责。

《中国注册会计师审计准则第 1121 号——对财务报表审计实施的质量控制》应用指南指出，项目合伙人在审计过程的适当阶段及时实施复核，有助于重大事项在审计报告日之前得到及时满意的解决。项目合伙人复核的内容包括：①对关键领域所做的判断，尤其是执行业务过程中识别出的疑难问题或争议事项；②特别风险；③项目合伙人认为重要的其他领域。项目合伙人无须复核所有审计工作底稿。《中国注册会计师审计准则第 1131 号——审计工作底稿》要求项目合伙人记录复核的范围和时间。在审计报告日或审计报告日之前，项目合伙人应当通过复核审计工作底稿与项目组讨论，确信已获取充分、适当的审计证据，支持得出的结论和拟出具的审计报告。

（2）项目质量控制复核。根据《质量控制准则第 5101 号——会计师事务所对执行财务报表审计和审阅、其他鉴证和相关服务业务实施的质量控制》的规定，会计师事务所应当制定政策和程序，要求对特定业务（包括所有上市实体财务报表审计）实施项目质量控制复核，以客观评价项目组作出的重大判断以及在编制报告时得出的结论。

会计师事务所应当制定政策和程序，以明确项目质量控制复核的性质、时间安排和范围。这些政策和程序应当要求，只有完成项目质量控制复核，才可以签署业务报告。

①质量控制复核人员。《质量控制准则第 5101 号——会计师事务所对执行财务报表审计和审阅、其他鉴证和相关服务业务实施的质量控制》规定，会计师事务所应当制定政策和程序，解决项目质量控制复核人员的委派问题，明确项目质量控制复核人员的资格要求，包括以下几点。

a. 履行职责需要的技术资格，包括必要的经验和权限。

b. 在不损害其客观性的前提下，项目质量控制复核人员能够提供业务咨询的程度。

会计师事务所在确定质量控制复核人员的资格要求时，需要充分考虑质量控制复核工作的重要性和复杂性，安排经验丰富的注册会计师担任项目质量控制复核人员。例如，有一定执业经验的合伙人，或专门负责质量控制复核的注册会计师等。

②质量控制复核范围。《中国注册会计师审计准则第 1121 号——对财务报表审计实施的质量控制》规定，项目质量控制复核人员应当客观地评价项目组作出的重大判断以及在编制审计报告时得出的结论。

评价工作应当涉及下列内容：与项目合伙人讨论重大事项；复核财务报表和拟出具的审计报告；复核选取的与项目组作出的重大判断和得出的结论相关的审计工作底稿；评价在编制审计报告时得出的结论，并考虑拟出具审计报告的恰当性。

对于上市实体财务报表审计，项目质量控制复核人员在实施项目质量控制复核时，还应当考虑以下几点。

a. 项目组就具体审计业务对会计师事务所独立性作出的评价。

b. 项目组是否已就涉及意见分歧的事项，或者其他疑难问题或争议事项进行适当咨询，以及咨询得出的结论。

c. 选取的用于复核的审计工作底稿，是否反映了项目组针对重大判断执行的工作，以及是否支持得出的结论。

③质量控制复核时间。《中国注册会计师审计准则第 1121 号——对财务报表审计实施的质量控制》规定，只有完成了项目质量控制复核，才能签署审计报告。

按照《中国注册会计师审计准则第 1501 号——对财务报表形成审计意见和出具审计报告》的规定，审计报告的日期不得早于注册会计师获取充分、适当的审计证据，并在此基础上对财务报表形成审计意见的日期。对于上市实体财务报表审计业务或符合标准需要实施项目质量控制复核的其他业务，这种复核有助于注册会计师确定是否已获取充分、适当的审计证据。

项目质量控制复核人员在业务过程中的适当阶段及时实施项目质量控制复核，有助于重大事项在审计报告日之前得到迅速、满意的解决。

注册会计师要考虑在审计过程与项目质量复核人员积极协调配合，使其能够及时实施质量控制复核，而非在出具审计报告前才实施复核。例如，在审计计划阶段，质量控制复核人员复核项目组对会计师事务所独立性作出的评价、项目组在制定审计策略和审计计划时作出的重大判断及发现的重大事项等。

二、期后事项及审计

企业的经营活动是连续不断、持续进行的，但财务报表的编制却是建立在"会计分期假设"基础之上的。也就是说，作为主要审计对象的财务报表，其编制基础不过是对连续不断的经营活动的一种人为划分。因此，注册会计师在审计被审计单位某一会计年度的财务报表时，除了对所审会计年度内发生的交易和事项实施必要的审计程序外，还必须考虑所审会计年度之后发生和发现的事项对财务报表与审计报告的影响，以保证一个会计期间的财务报表的真实性和完整性。

（一）期后事项的种类

期后事项是指财务报表日至审计报告日之间发生的事项，以及注册会计师在审计报告日后知悉的事实。

财务报表可能受到财务报表日后发生的事项的影响。适用的财务报告编制基础通常专门提及期后事项，将其区分为下列两类：一是对财务报表日已经存在的情况提供证据的事项，即对财务报表日已经存在的情况提供了新的或进一步证据的事项，这类事项影响财务报表金额，需提请被审计单位管理层调整财务报表及与之相关的披露信息，称为"财务报表日后调整事项"；二是对财务报表日后发生的情况提供证据的事项，即表明财务报表日后发生的情况的事项。这类事项虽不影响财务报表金额，但可能影响对财务报表的正确理解，需提请被审计单位管理层在财务报表附注中做适当披露，称为"财务报表日后非调整事项"。

审计报告的日期向财务报表使用者表明，注册会计师已考虑其知悉的、截至审计报告日发生的事项和交易的影响。

1. 财务报表日后调整事项

这类事项既为被审计单位管理层确定财务报表日账户余额提供信息，也为注册会计师核实这些余额提供补充证据。如果这类期后事项的金额重大，应提请被审计单位对本期财务报表及相关的账户金额进行调整。诸如以下几种情况。

（1）财务报表日后诉讼案件结案，法院判决证实了企业在财务报表日已经存在现时义务，需要调整原先确认的与该诉讼案件相关的预计负债，或确认一项新负债。

例如，被审计单位由于某种原因在财务报表日前被起诉，法院于财务报表日后判决被审计单位应赔偿对方损失。因这一负债实际上在财务报表日之前就已存在，所以，如果赔偿数额比较大，注册会计师应考虑提请被审计单位调整或增加财务报表有关负债项目的金额，并加以说明。

（2）财务报表日后取得确凿证据，表明某项资产在财务报表日发生了减值或者需要调整该项资产原先确认的减值金额。

例如，财务报表日被审计单位认为可以收回的大额应收款项，因财务报表日后债务人突然破产而无法收回。在这种情况下，债务人财务状况显然早已恶化，所以注册会计师应考虑提请被审计单位计提坏账准备或增加计提坏账准备，调整财务报表有关项目的金额。

（3）财务报表日后进一步确定了财务报表日前购入资产的成本或售出资产的收入。

例如，被审计单位在财务报表日前购入一项固定资产，并投入使用。由于购入时尚未确定准确的购买价款，故先以估计的价格考虑其达到预定可使用状态前所发生的可归属于该项固定资产的运输费、装卸费、安装费和专业人员服务费等因素暂估入账，并按规定计提固定资产折旧。如果在财务报表日后商定了购买价款，取得了采购发票，被审计单位就应该据此调整该固定资产原值。

（4）财务报表日后发现了财务报表舞弊或差错。

例如，在财务报表日以前，被审计单位根据合同规定所销售的商品已经发出，当时认为与该项商品所有权相关的风险和报酬已经转移，货款能够收回，按照收入确认原则确认了收入并结转了相关成本，即在财务报表日被审计单位确认为销售实现，并在财务报表上反映。但在财务报表日后至审计报告日之间所取得的证据证明该批已确认为销售的商品确实已经退回。如果金额较大，注册会计师应考虑提请被审计单位调整财务报表有关项目的金额。

利用期后事项审计以确认被审计单位财务报表所列金额时，应对财务报表日已经存在的事项和财务报表日后出现的事项严加区分，不能混淆。如果确认发生变化的事项直到财务报表日后才发生，就不应将财务报表日后的信息并入财务报表中去。

2. 财务报表日后非调整事项

这类事项因不影响财务报表日财务状况，而不需要调整被审计单位的本期财务报表。但如果被审计单位的财务报表因此可能受到误解，就应在财务报表中以附注的形式予以适当披露。

被审计单位在财务报表日后发生的、需要在财务报表中披露而非调整事项通常包括：财务报表日后发生重大诉讼、仲裁、承诺；财务报表日后资产价格、税收政策、外汇汇率发生重大变化；财务报表日后因自然灾害导致资产发生重大损失；财务报表日后发行股票和债券以及其他巨额举债；财务报表日后资本公积转增资本；财务报表日后发生巨额亏损；财务报表日后发生企业合并或处置子公司；财务报表日后企业利润分配方案中拟分配的以及经审议批准宣告发放的股利或利润。

根据期后事项的上述定义，期后事项可以按时段划分为三个时段：第一个时段是财务报表日后至审计报告日，我们可以把在这一期间发生的事项称为"第一时段期后事项"；第二个时段是审计报告日后至财务报表报出日，我们可以把这一期间发现的事实称为"第二时段期后事项"；第三个时段是财务报表报出日后，我们可以把这一期间发现的事实称为"第三时段期后事项"。

（二）财务报表日至审计报告日之间发生的事项

1. 主动识别第一时段期后事项

注册会计师应当设计和实施审计程序，获取充分、适当的审计证据，以确定所有在财务报表日至审计报告日之间发生的、需要在财务报表中调整或披露的事项均已得到识别。

但是，注册会计师并不需要对之前已实施审计程序并已得出满意结论的事项执行追加的审计程序。

财务报表日至审计报告日之间发生的期后事项属于第一时段期后事项。对于这一时段的期后事项，注册会计师负有主动识别的义务，应当设计专门的审计程序来识别这些期后事项，并根据这些事项的性质判断其对财务报表的影响，进而确定是进行调整还是披露。

2. 用以识别期后事项的审计程序

注册会计师应当按照审计准则的规定实施审计程序，以使审计程序能够涵盖财务报表日至审计报告日（或尽可能接近审计报告日）之间的期间。

通常情况下，针对期后事项的专门审计程序，其实施时间越接近审计报告日越好。越接近审计报告日，也就意味着离财务报表日越远，被审计单位这段时间内累积的对财务报表日已经存在的情况提供的进一步证据也就越多；越接近审计报告日，注册会计师遗漏期后事项的可能性也就越小。

在确定审计程序的性质和范围时，注册会计师应当考虑风险评估的结果。用以识别第一时段期后事项的审计程序通常包括以下几方面。

（1）了解管理层为确保识别期后事项而建立的程序。

（2）询问管理层和治理层（如适用），确定是否已发生可能影响财务报表的期后事项。注册会计师可以询问根据初步或尚无定论的数据作出会计处理的项目的现状以及是否已发生新的承诺、借款或担保，是否计划出售或购置资产等。

（3）查阅被审计单位的所有者、管理层和治理层在财务报表日后举行会议的纪要，在不能获取会议纪要的情况下，询问此类会议讨论的事项。

（4）查阅被审计单位最近的中期财务报表（如有）。

除这些审计程序外，注册会计师可能认为实施下列一项或多项审计程序是必要和适当的：查阅被审计单位在财务报表日后最近期间内的预算、现金流量预测和其他相关的管理报告；就诉讼和索赔事项询问被审计单位的法律顾问，或扩大之前口头或书面查询的范围；考虑是否有必要获取涵盖特定期后事项的书面声明以支持其他审计证据，从而获取充分、适当的审计证据。

（三）审计报告日后至财务报表报出日前知悉的事项

1. 被动识别第二时段期后事项

在审计报告日后，注册会计师没有义务针对财务报表实施任何审计程序。审计报告日后至财务报表报出日前发现的事实属于"第二时段期后事项"，注册会计师针对被审计单位的审计业务已经结束，要识别可能存在的期后事项比较困难，因而无法承担主动识别第二时段期后事项的审计责任。但是，在这一阶段，被审计单位的财务报表并未报出，管理层有责任将发现的可能影响财务报表的事实告知注册会计师。当然，注册会计师还可能从媒体报道、举报信或者证券监管部门告知等途径获悉影响财务报表的期后事项。

2. 知悉第二时段期后事项时的考虑

在审计报告日后至财务报表报出日前，如果知悉了某事实，且若在审计报告日知悉可能导致修改审计报告，注册会计师应当与管理层和治理层（如适用）讨论该事项；确定财务报表是否需要修改；如果需要修改，询问管理层将如何在财务报表中处理该事项。

（1）管理层修改财务报表时的处理。如果管理层修改财务报表，注册会计师应当根据具体情况对有关修改实施必要的审计程序；同时，除非下文述及的特殊情况适用，注册会计师应当将用以识别期后事项的上述审计程序延伸至新的审计报告日，并针对修改后的财务报表出具新的审计报告。新的审计报告日不应早于修改后的财务报表被批准的日期。

此时，注册会计师需要获取充分、适当的审计证据，以验证管理层根据期后事项所作出的财务报表调整或披露是否符合适用的财务报告编制基础的规定。

特殊情况是，在有关法律法规或适用的财务报告编制基础未禁止的情况下，如果管理层对财务报表的修改仅限于反映导致修改的期后事项的影响，被审计单位的董事会、管理层或类似机构也仅对有关修改进行批准，注册会计师可以仅针对有关修改将用以识别期后事项的上述审计程序延伸至新的审计报告日。在这种情况下，注册会计师应当选用下列处理方式之一。

①修改审计报告，针对财务报表修改部分增加补充报告日期，从而表明注册会计师对期后事项实施的审计程序仅限于财务报表相关附注所述的修改。

在这种处理方式下，注册会计师修改审计报告，针对财务报表修改部分增加补充报告日期，而对管理层作出修改前的财务报表出具的原审计报告日期保持不变。之所以这样处理是因为，原审计报告日期告知财务报表使用者针对该财务报表的审计工作何时完成；补充报告日期告知财务报表使用者自原审计报告日之后实施的审计程序仅针对财务报表的后续修改。有关补充报告日期的示例如下："除附注 X 所述事项的日期（仅针对附注 X 所述修改的审计程序完成日期）之外（原审计报告日）。"

②出具新的或经修改的审计报告，在强调事项段或其他事项段中说明注册会计师对期后事项实施的审计程序仅限于财务报表相关附注所述的修改。

（2）管理层不修改财务报表且审计报告未提交时的处理。如果认为管理层应当修改财务报表而没有修改，并且审计报告尚未提交给被审计单位，注册会计师应当按照《中国注册会计师审计准则第 1502 号——在审计报告中发表非无保留意见》的规定发表非无保留意见，然后再提交审计报告。

（3）管理层不修改财务报表且审计报告已提交时的处理。如果认为管理层应当修改财务报表而没有修改，并且审计报告已经提交给被审计单位，注册会计师应当通知管理层和治理层（除非治理层全部成员参与管理被审计单位）在财务报表作出必要修改前不要向第三方报出。如果财务报表在未经必要修改的情况下仍被报出，注册会计师应当采取适当措施，以设法防止财务报表使用者信赖该审计报告。例如，针对上市公司，注册会计师可以利用证券传媒等刊登必要的声明，防止使用者信赖审计报告。注册会计师采取的措施取决于自身的权利和义务以及所征询的法律意见。

（四）财务报表报出后知悉的事项

1. 没有义务识别第三时段期后事项

财务报表报出日后知悉的事实属于第三时段期后事项，注册会计师没有义务针对财务报表实施任何审计程序。但是，并不排除注册会计师通过媒体等其他途径获悉可能对财务报表产生重大影响的期后事项的可能性。

2. 知悉第三时段期后事项时的考虑

在财务报表报出后，如果知悉了某事实，且若在审计报告日知悉可能导致修改审计报告，注册会计师应当：与管理层和治理层（如适用）讨论该事项；确定财务报表是否需要修改；如果需要修改，询问管理层将如何在财务报表中处理该事项。

应当指出的是，需要注册会计师在知悉后采取行动的第三时段期后事项是有严格限制的：这类期后事项应当是在审计报告日已经存在的事实。该事实如果被注册会计师在审计报告日前获知，可能影响审计报告。只有同时满足这两个条件，注册会计师才需要采取行动。

（1）管理层修改财务报表时的处理。如果管理层修改了财务报表，注册会计师应当采取如下必要的措施。

①根据具体情况对有关修改实施必要的审计程序。例如，查阅法院判决文件、复核会计处理或披露事项，确定管理层对财务报表的修改是否恰当。

②复核管理层采取的措施能否确保所有收到原财务报表和审计报告的人士了解这一情况。

在修改了财务报表的情况下，管理层应当采取恰当措施（如上市公司可以在证券类报纸、网站刊登公告，重新公布财务报表和审计报告），让所有收到原财务报表和审计报告的人士了解这一情况。注册会计师需要对这些措施进行复核，判断它们是否能达到这样的目标。例如，上市公司管理层刊登公告的媒体是否是中国证券监督管理委员会指定的媒体，若仅刊登在其注册地的媒体上，则异地的使用者可能无法了解这一情况。

③延伸实施审计程序，并针对修改后的财务报表出具新的审计报告。

除非上文所述的特殊情形适用，将用以识别期后事项的上述审计程序延伸至新的审计报告日，并针对修改后的财务报表出具新的审计报告，新的审计报告日不应早于修改后的财务报表被批准的日期。

④在特殊情况下，修改审计报告或提供新的审计报告。

需要注意的是，注册会计师应当在新的或经修改的审计报告中增加强调事项段或其他事项段，提醒财务报表使用者关注财务报表附注中有关修改原财务报表的详细原因和注册会计师提供的原审计报告。

（2）管理层未采取任何行动时的处理。如果管理层没有采取必要措施确保所有收到原财务报表的人士了解这一情况，也没有在注册会计师认为需要修改的情况下修改财务报表，注册会计师应当通知管理层和治理层（除非治理层全部成员参与管理被审计单位），注册会计师将设法防止财务报表使用者信赖该审计报告。

如果注册会计师已经通知管理层或治理层，而管理层或治理层没有采取必要措施，注册会计师应当采取适当措施，以设法防止财务报表使用者信赖该审计报告。注册会计师采取的措施取决于自身的权利和义务。因此，注册会计师可能认为寻求法律意见是适当的。

三、书面声明

书面声明，是指管理层向注册会计师提供的书面陈述，用以确认某些事项或支持其他审计证据。书面声明不包括财务报表及其认定，以及支持性账簿和相关记录。在本节中单独提及管理层时，应当理解为管理层和治理层（如适用）。管理层负责按照适用的财务报告编制基础编制财务报表并使其实现公允反映。

书面声明是注册会计师在财务报表审计中需要获取的必要信息，是审计证据的重要来源。如果管理层修改书面声明的内容或不提供注册会计师要求的书面声明，可能使注册会计师警觉存在重大问题的可能性。而且，在很多情况下，要求管理层提供书面声明而非口头声明，可以促使管理层更加认真地考虑声明所涉及的事项，从而提高声明的质量。

尽管书面声明提供了必要的审计证据，但其本身并不为所涉及的任何事项提供充分、适当的审计证据。而且，管理层已提供可靠书面声明的事实，并不影响注册会计师就管理层责任履行情况或具体认定获取的其他审计证据的性质和范围。

（一）针对管理层的书面声明

针对财务报表的编制，注册会计师应当要求管理层提供书面声明，确认其根据审计业务约定条款，履行了按照适用的财务报告编制基础编制财务报表并使其实现公允反映（如适用）的责任。

针对提供的信息和交易的完整性，注册会计师应当要求管理层就下列事项提供书面声明：按照审计业务约定条款，已向注册会计师提供所有相关信息，并允许注册会计师不受限制地接触所有相关信息以及被审计单位内部人员和其他相关人员；所有交易均已记录并反映在财务报表中。

如果未从管理层获取其确认已履行责任的书面声明，注册会计师在审计过程中获取的有关管理层已履行这些责任的其他审计证据是不充分的。这是因为，仅凭其他审计证据不能判断管理层是否在认可并理解其责任的基础上，编制和列报财务报表并向注册会计师提供了相关信息。例如，如果未向管理层询问其是否提供了审计业务约定条款中要求提供的所有相关信息，也没有获得管理层的确认，注册会计师就不能认为管理层已提供了这些信息。

基于管理层认可并理解在审计业务约定条款中提及的管理层的责任，注册会计师可能还要求管理层在书面声明中再次确认其对自身责任的认可与理解。当存在下列情况时，这种确认尤为适当。

（1）代表被审计单位签订审计业务约定条款的人员不再承担相关责任。

（2）审计业务约定是在以前年度签订的。

（3）有迹象表明管理层误解了其责任。

（4）情况的改变需要管理层再次确认其责任。

当然，再次确认管理层对自身责任的认可与理解，并不限于管理层已知的全部事项。

（二）其他书面声明

除《中国注册会计师审计准则第 1341 号——书面声明》和其他审计准则要求的书面声明外，如果注册会计师认为有必要获取一项或多项其他书面声明，以支持与财务报表或者一项或多项具体认定相关的其他审计证据，注册会计师应当要求管理层提供这些书面声明。

1. 关于财务报表的额外书面声明

除了针对财务报表的编制，注册会计师应当要求管理层提供基本书面声明以确认其履行了责任外，注册会计师可能认为有必要获取有关财务报表的其他书面声明。其他书面声明可能是对基本书面声明的补充，但不构成其组成部分。其他书面声明可能包括针对下列事项作出的声明。

（1）会计政策的选择和运用是否适当。

（2）是否按照适用的财务报告编制基础对下列事项（如相关）进行了确认、计量、列报或披露。

①可能影响资产和负债账面价值或分类的计划或意图。

②负债（包括实际负债和或有负债）。

③资产的所有权或控制权，资产的留置权或其他物权，用于担保的抵押资产。

④可能影响财务报表的法律法规及合同（包括违反法律法规及合同的行为）。

2. 与向注册会计师提供信息有关的额外书面声明

除了针对管理层提供的信息和交易的完整性的书面声明外，注册会计师可能认为有必要要求管理层提供书面声明，确认其已将注意到的所有内部控制缺陷向注册会计师通报。

3. 关于特定认定的书面声明

在获取有关管理层的判断和意图的证据时，或在对判断和意图进行评价时，注册会计师可能考虑下列一项或多项事项。

（1）被审计单位以前对声明的意图的实际实施情况。

（2）被审计单位选取特定措施的理由。

（3）被审计单位实施特定措施的能力。

（4）是否存在审计过程中已获取的、可能与管理层判断或意图不一致的任何其他信息。

此外，注册会计师可能认为有必要要求管理层提供有关财务报表特定认定的书面声明，尤其是支持注册会计师就管理层的判断或意图或者完整性认定从其他审计证据中获取的了解。例如，如果管理层的意图对投资的计价基础非常重要，但若不能从管理层获取有关该项投资意图的书面声明，注册会计师就不可能获取充分、适当的审计证据。尽管这些书面声明能够提供必要的审计证据，但其本身并不能为财务报表特定认定提供充分、适当的审计证据。

（三）书面声明的日期和涵盖的期间

书面声明的日期应当尽量接近对财务报表出具审计报告的日期，但不得在审计报告日后。书面声明应当涵盖审计报告针对的所有财务报表和期间。

由于书面声明是必要的审计证据，在管理层签署书面声明前，注册会计师不能发表审计意见，也不能签署审计报告。而且，由于注册会计师关注截至审计报告日发生的、可能需要在财务报表中作出相应调整或披露的事项，书面声明的日期应当尽量接近对财务报表出具审计报告的日期，但不得在其之后。

在某些情况下，注册会计师在审计过程中获取有关财务报表特定认定的书面声明可能是适当的。此时，可能有必要要求管理层更新书面声明。管理层有时需要再次确认以前期间作出的书面声明是否依然适当，因此，书面声明需要涵盖审计报告中提及的所有期间。注册会计师和管理层可能认可某种形式的书面声明，以更新以前期间所做的书面声明。更新后的书面声明需要表明，以前期间所做的书面声明是否发生了变化，以及发生了什么变化（如有）。

在实务中可能会出现这样的情况，即在审计报告中提及的所有期间内，现任管理层均尚未就任。他们可能由此声称无法就上述期间提供部分或全部书面声明。然而，这一事实并不能减轻现任管理层对财务报表整体的责任。相应地，注册会计师仍然需要向现任管理层获取涵盖整个相关期间的书面声明。

第二节　出具审计报告

一、审计报告的定义

审计报告是指注册会计师根据审计准则的规定，在执行审计工作的基础上，对财务报表发表审计意见的书面文件。

审计报告是注册会计师在完成审计工作后向委托人提交的最终产品，具有以下特征。

（1）注册会计师应当按照审计准则的规定执行审计工作。

（2）注册会计师在实施审计工作的基础上才能出具审计报告。

（3）注册会计师通过对财务报表发表意见履行业务约定书约定的责任。

（4）注册会计师应当以书面形式出具审计报告。

注册会计师应当根据由审计证据得出的结论，清楚表达对财务报表的意见。注册会计师一旦在审计报告上签名并盖章，就表明对其出具的审计报告负责。

审计报告是注册会计师对财务报表是否在所有重大方面按照财务报告编制基础编制并实现公允反映发表审计意见的书面文件，因此，注册会计师应当将已审计的财务报表附于审计报告之后，以便于财务报表使用者正确理解和使用审计报告，并防止被审计单位替换、更改已审计的财务报表。

二、审计报告的作用

注册会计师签发的审计报告，主要具有鉴证、保护和证明三方面的作用。

（一）鉴证作用

注册会计师签发的审计报告，不同于政府审计和内部审计的审计报告，是以超然独立的第三者身份，对被审计单位财务报表合法性、公允性发表意见。这种意见，具有鉴证作用，得到了政府、投资者和其他利益相关者的普遍认可。政府有关部门判断财务报表是否合法、公允，主要依据注册会计师的审计报告。企业的投资者，主要依据注册会计师的审计报告来判断被投资企业的财务报表是否公允地反映了财务状况和经营成果，以进行投资决策等。

（二）保护作用

注册会计师通过审计，可以对被审计单位财务报表出具不同类型审计意见的审计报告，以提高或降低财务报表使用者对财务报表的信赖程度，能够在一定程度上对被审计单位的债权人和股东以及其他利害关系人的利益起到保护作用，如投资者为了减少投资风险，在进行投资之前，需要查阅被投资企业的财务报表和注册会计师的审计报告，了解被投资企业的经营情况和财务状况。

（三）证明作用

审计报告是对注册会计师审计任务完成情况及其结果所做的总结，它可以表明审计工作的质量并明确注册会计师的审计责任。因此，审计报告可以对审计工作质量和注册会计师的审计责任起证明作用。例如，是否以审计工作底稿为依据发表审计意见，发表的审计意见是否与被审计单位的实际情况相一致，审计工作的质量是否符合要求。

三、审计意见的形成

（一）得出审计结论时的考虑

注册会计师应当就财务报表是否在所有重大方面按照适用的财务报告编制基础编制并实现公允反映形成审计意见。为了形成审计意见，针对财务报表整体是否不存在由于舞弊或错误导致的重大错报，注册会计师应当得出结论，确定是否已就此获取合理保证。

在得出结论时，注册会计师应当考虑下列方面。

（1）按照《中国注册会计师审计准则第 1231 号——针对评估的重大错报风险采取的应对措施》的规定，是否已获取充分、适当的审计证据。

在得出总体结论之前注册会计师应当根据实施的审计程序和获取的审计证据，评价对认定层次重大错报风险的评估是否仍然适当。在形成审计意见时，注册会计师应当考虑所有相关的审计证据，无论是该证据与财务报表认定相互印证还是相互矛盾。

如果对重大的财务报表认定没有获取充分、适当的审计证据，注册会计师应当尽可能获取进一步的审计证据。

（2）按照《中国注册会计师审计准则第 1251 号——评价审计过程中识别出的错报》的规定，未更正错报单独或汇总起来是否构成重大错报。

在确定时，注册会计师应当考虑：相对特定类别的交易、账户余额或披露以及财务报表整体而言，错报的金额和性质以及错报发生的特定环境；与以前期间相关的未更正错报对相关类别的交易、账户余额或披露以及财务报表整体的影响。

（3）评价财务报表是否在所有重大方面按照适用的财务报告编制基础编制。

注册会计师应当依据适用的财务报告编制基础特别评价下列内容。

①财务报表是否充分披露了选择和运用的重要会计政策。

②选择和运用的会计政策是否符合适用的财务报告编制基础，并适合被审计单位的具体情况。会计政策是被审计单位在会计确认、计量和报告中采用的原则、基础与会计处理方法。被审计单位选择和运用的会计政策既应符合适用的财务报告编制基础，也应适合被审计单位的具体情况。在考虑被审计单位选用的会计政策是否适当时，注册会计师还应当关注重要事项。重要事项包括重要项目的会计政策和行业惯例、重大和异常交易的会计处理方法、在新领域和缺乏权威性标准或共识的领域采用重要会计政策产生的影响、会计政策的变更等。

③管理层作出的会计估计是否合理。会计估计通常是指被审计单位以最近可利用的信息为基础对结果不确定的交易或事项所做的判断。由于会计估计的主观性、复杂性和不确定性，管理层作出的会计估计发生重大错报的可能性较大。因此，注册会计师应当判断管理层作出的会计估计是否合理，确定会计估计的重大错报风险是否是特别风险，是否采取了有效的措施予以应对。

④财务报表列报的信息是否具有相关性、可靠性、可比性和可理解性。财务报表反映的信息应当符合信息质量特征，具有相关性、可靠性、可比性和可理解性。注册会计师应当根据适用的财务报告编制基础的规定，考虑财务报表反映的信息是否符合信息质量特征。

⑤财务报表是否作出充分披露，使财务报表预期使用者能够理解重大交易和事项对财务报表所传递的信息的影响。按照通用目的编制基础编制的财务报表通常反映被审计单位的财务状况、经营成果和现金流量。对于通用目的财务报表，注册会计师需要评价财务报表是否作出充分披露，以使财务报表预期使用者能够理解重大交易和事项对被审计单位财务状况、经营成果和现金流量的影响。

⑥财务报表使用的术语（包括每一财务报表的标题）是否适当。

在评价财务报表是否在所有重大方面按照适用的财务报告编制基础编制时，注册会计师还应当考虑被审计单位会计实务的质量，包括表明管理层的判断可能出现偏向的迹象。

管理层需要对财务报表中的金额和披露作出大量判断。在考虑被审计单位会计实务的质量时，注册会计师可能注意到管理层判断中可能存在的偏向。注册会计师可能认为缺乏中立性产生的累积影响，连同未更正错报的影响，导致财务报表整体存在重大错报。管理层缺乏中立性可能影响注册会计师对财务报表整体是否存在重大错报的评价。缺乏中立性的迹象包括下列情形。

管理层对注册会计师在审计期间提请其更正的错报进行选择性更正。例如，如果更正某一错报将增加盈利，则对该错报予以更正；相反，如果更正某一错报将减少盈利，则对该错报不予更正。

管理层在作出会计估计时可能存在偏向。

《中国注册会计师审计准则第 1321 号——审计会计估计（包括公允价值会计估计）和相关披露》涉及管理层在作出会计估计时可能存在的偏向。在得出某项会计估计是否是合理的结论时，可能存在管理层偏向的迹象本身并不构成错报。然而，这些迹象可能影响注册会计师对财务报表整体是否不存在重大错报的评价。

（4）评价财务报表是否实现公允反映。

在评价财务报表是否实现公允反映时，注册会计师应当考虑下列内容：财务报表的整体列报、结构和内容是否合理；财务报表（包括相关附注）是否公允地反映了相关交易和事项。

（5）评价财务报表是否恰当提及或说明适用的财务报告编制基础。

管理层和治理层（如适用）编制的财务报表需要恰当说明适用的财务报告编制基础。

由于这种说明向财务报表使用者告知编制财务报表所依据的编制基础，因此非常重要。但只有财务报表符合适用的财务报告编制基础（在财务报表所涵盖的期间内有效）的所有要求，声明财务报表按照该编制基础编制才是恰当的。在对适用的财务报告编制基础的说明中使用不严密的修饰语或限定性的语言（如"财务报表实质上符合国际财务报告准则的要求"）是不恰当的，因为这可能误导财务报表使用者。

在某些情况下，财务报表可能声明按照两个财务报告编制基础（如某一国家或地区的财务报告编制基础和国际财务报告准则）编制。这可能是因为管理层被要求或自愿选择同时按照两个编制基础的规定编制财务报表，在这种情况下，两个财务报告编制基础都是适用的财务报告编制基础。只有当财务报表分别符合每个财务报告编制基础的所有要求时，声明财务报表按照这两个编制基础编制才是恰当的。财务报表需要同时符合两个编制基础的要求并且不需要调节，才能被视为按照两个财务报告编制基础编制。在实务中，同时遵守两个编制基础的可能性很小，除非某一国家或地区采用另一财务报告编制基础（如国际财务报告准则）作为本国或地区的财务报告编制基础，或者已消除遵守另一财务报告编制基础的所有障碍。

（二）审计意见类型

注册会计师的目标是在评价根据审计证据得出的结论的基础上，对财务报表形成审计意见，并通过书面报告的形式清楚地表达审计意见。

如果认为财务报表在所有重大方面按照适用的财务报告编制基础编制并实现公允反映，注册会计师应当发表无保留意见。无保留意见，是指当注册会计师认为财务报表在所有重大方面按照适用的财务报告编制基础编制并实现公允反映时发表的审计意见。当存在下列情形之一时，注册会计师应当按照《中国注册会计师审计准则第 1502 号——在审计报告中发表非无保留意见》的规定，在审计报告中发表非无保留意见：根据获取的审计证据，得出财务报表整体存在重大错报的结论；无法获取充分、适当的审计证据，不能得出财务报表整体不存在重大错报的结论。

如果财务报表没有实现公允反映，注册会计师应当就该事项与管理层讨论，并根据适用的财务报告编制基础的规定和该事项得到解决的情况，决定是否有必要按照《中国注册会计师审计准则第 1502 号——在审计报告中发表非无保留意见》的规定在审计报告中发表非无保留意见。非无保留意见，是指对财务报表发表的保留意见、否定意见或无法表示意见。

四、审计报告的基本内容

（一）审计报告的要素

无保留意见审计报告应当包括下列要素：①标题；②收件人；③审计意见；④形成审计意见的基础；⑤管理层对财务报表的责任；⑥注册会计师对财务报表审计的责任；⑦按照相关法律法规的要求报告的事项（如适用）；⑧注册会计师的签名和盖章；⑨会计师事务所的名称、地址和盖章；⑩报告日期。

在适用的情况下，注册会计师还应当按照《中国注册会计师审计准则第 1324 号——持续经营》《中国注册会计师审计准则第 1504 号——在审计报告中沟通关键审计事项》《中国注册会计师审计准则第 1521 号——注册会计师对其他信息的责任》的相关规定，在审计报告中对与持续经营相关的重大不确定性、关键审计事项、被审计单位年度报告中包含的除财务报表和审计报告之外的其他信息进行报告。

（二）审计意见

审计意见部分由两部分构成。第一部分指出已审计财务报表，应当包括下列方面：①指出被审计单位的名称；②说明财务报表已经审计；③指出构成整套财务报表的每一财务报表的名称；④提及财务报表附注；⑤指明构成整套财务报表的每一财务报表的日期或涵盖的期间。

为体现上述要求，审计报告可说明："我们审计了被审计单位的财务报表，包括（指明适用的财务报告编制基础规定的构成整套财务报表的每一财务报表的名称、日期或涵盖的期间）以及财务报表附注，包括重大会计政策和会计估计。"审计意见涵盖由适用的财务报告编制基础所确定的整套财务报表。例如，在许多通用目的编制基础中，财务报表包括资产负债表、利润表、现金流量表、所有者权益变动表和相关附注（通常包括重大会计政策和会计估计以及其他解释性信息）。

第二部分应当说明注册会计师发表的审计意见。如果对财务报表发表无保留意见，除非法律法规另有规定，审计意见应当使用"我们认为，财务报表在所有重大方面按照［适用的财务报告编制基础（如企业会计准则等）］编制，公允反映了……"的措辞。审计意见说明财务报表在所有重大方面适用的财务报告编制基础编制，公允反映了财务报表旨在反映的事项。例如，对于按照企业会计准则编制的财务报表，这些事项是"被审计单位期末的财务状况、截至期末某一期间的经营成果和现金流量"。

（三）管理层对财务报表的责任

审计报告应当包含标题为"管理层对财务报表的责任"的部分，其中应当说明管理层负责下列方面。

（1）按照适用的财务报告编制基础编制财务报表，使其实现公允反映，并设计、执行和维护必要的内部控制，以使财务报表不存在由于舞弊或错误导致的重大错报。

（2）评估被审计单位的持续经营能力和使用持续经营假设是否适当，并披露与持续经营相关的事项（如适用）。对管理层评估责任的说明应当包括描述在何种情况下使用持续经营假设是适当的。

（四）注册会计师对财务报表审计的责任

审计报告应当包含标题为"注册会计师对财务报表审计的责任"的部分，其中应当包括下列内容。

（1）说明注册会计师的目标是对财务报表整体是否不存在由于舞弊或错误导致的重大错报获取合理保证，并出具包含审计意见的审计报告。

（2）说明合理保证是高水平的保证，但按照审计准则执行的审计并不能保证一定会发现存在的重大错报。

（3）说明错报可能由于舞弊或错误导致。在说明错报可能由于舞弊或错误导致时，注册会计师应当从下列两种做法中选取一种：描述如果合理预期错报单独或汇总起来可能影响财务报表使用者依据财务报表作出的经济决策，则通常认为错报是重大的；根据适用的财务报告编制基础，提供关于重要性的定义或描述。

（4）说明在按照审计准则执行审计工作的过程中，注册会计师运用职业判断，并保持职业怀疑；通过说明注册会计师的责任，对审计工作进行描述。

这些责任包括以下几方面。

①识别和评估由于舞弊或错误导致的财务报表重大错报风险，设计和实施审计程序以应对这些风险，并获取充分、适当的审计证据，作为发表审计意见的基础。由于舞弊可能涉及串通、伪造、故意遗漏、虚假陈述或凌驾于内部控制之上，未能发现由于舞弊导致的重大错报的风险高于未能发现由于错误导致的重大错报的风险。

②了解与审计相关的内部控制，以设计恰当的审计程序，但目的并非对内部控制的有效性发表意见。当注册会计师有责任在财务报表审计的同时对内部控制的有效性发表意见时，应当略去上述"目的并非对内部控制的有效性发表意见"的表述。

③评价管理层选用会计政策的恰当性和作出会计估计及相关披露的合理性。

④对管理层使用持续经营假设的恰当性得出结论。同时，根据获取的审计证据，就可能导致对被审计单位持续经营能力产生重大疑虑的事项或情况是否存在重大不确定性得出结论。如果注册会计师得出结论认为存在重大不确定性，审计准则要求注册会计师在审计报告中提请报表使用者关注财务报表中的相关披露；如果披露不充分，注册会计师应当发表非无保留意见。注册会计师的结论基于截至审计报告日可获得的信息。然而，未来的事项或情况可能导致被审计单位不能持续经营。

⑤评价财务报表的总体列报、结构和内容（包括披露），并评价财务报表是否公允反映相关交易和事项。

（5）说明注册会计师与治理层就计划的审计范围、时间安排和重大审计发现等事项进行沟通，包括沟通注册会计师在审计中识别的值得关注的内部控制缺陷。

（6）对于上市实体财务报表审计，指出注册会计师就已遵守与独立性相关的职业道德要求向治理层提供声明，并与治理层沟通可能被合理认为影响注册会计师独立性的所有关系和其他事项，以及相关的防范措施（如适用）。

（7）对于上市实体财务报表审计，以及决定按照《中国注册会计师审计准则第 1504

号——在审计报告中沟通关键审计事项》的规定沟通关键审计事项的其他情况，说明注册会计师从已与治理层沟通的事项中确定哪些事项对本期财务报表审计最为重要，因而构成关键审计事项。注册会计师应当在审计报告中描述这些事项，除非法律法规禁止公开披露这些事项，或在极少数情形下，注册会计师合理预期在审计报告中沟通某事项造成的负面后果超过在公众利益方面产生的益处，因而决定不应在审计报告中沟通该事项。

（五）注册会计师的签名和盖章

审计报告应当由项目合伙人和另一名负责该项目的注册会计师签名与盖章。在审计报告中指明项目合伙人有助于进一步增强对审计报告使用者的透明度，有利于增强项目合伙人的个人责任感。因此，对上市实体整套通用目的财务报表出具的审计报告应当注明项目合伙人。

（六）会计师事务所的名称、地址和盖章

审计报告应当载明会计师事务所的名称和地址，并加盖会计师事务所公章。

根据《注册会计师法》的规定，注册会计师承办业务，由其所在的会计师事务所统一受理并与委托人签订委托合同。因此，审计报告除了应由注册会计师签名和盖章外，还应载明会计师事务所的名称和地址，并加盖会计师事务所公章。

注册会计师在审计报告中载明会计师事务所地址时，标明会计师事务所所在的城市即可。在实务中，审计报告通常载于会计师事务所统一印刷的、标有该所详细通信地址的信笺上，因此，无须在审计报告中注明详细地址。

（七）报告日期

审计报告应当注明报告日期。审计报告日不应早于注册会计师获取充分、适当的审计证据（包括管理层认可对财务报表的责任且已批准财务报表的证据），并在此基础上对财务报表形成审计意见的日期。在确定审计报告日时，注册会计师应当确信已获取下列两方面的审计证据：构成整套财务报表的所有报表（包括相关附注）已编制完成；被审计单位的董事会、管理层或类似机构已经认可其对财务报表负责。

审计报告的日期向审计报告使用者表明，注册会计师已考虑其知悉的、截至审计报告日发生的事项和交易的影响。注册会计师对审计报告日后发生的事项和交易的责任，在《中国注册会计师审计准则第 1332 号——期后事项》中作出了规定。审计报告的日期非常重要。注册会计师对不同时段的财务报表日后事项有着不同的责任，而审计报告的日期是划分时段的关键时点。由于审计意见是针对财务报表发表的，并且编制财务报表是管理层的责任，所以，只有在注册会计师获取证据证明构成整套财务报表的所有报表（包括相关附注）已经编制完成，并且管理层已认可其对财务报表的责任的情况下，注册会计师才能得出已经获取充分、适当的审计证据的结论。在实务中，注册会计师在正式签署审计报告前，通常把审计报告草稿和已审计财务报表草稿一同提交给管理层。如果管理层批准并签署已审计财务报表，注册会计师即可签署审计报告。注册会计师签署审计报告的日期通常与管理层签署已审计财务报表的日期为同一天，或晚于管理层签署已审计财务报表的日期。

在审计实务中，可能发现被审计单位根据法律法规的要求或出于自愿选择，将适用的财务报告编制基础没有要求的补充信息与已审计财务报表一同列报。例如，被审计单位列报补充信息以增强财务报表使用者对适用的财务报告编制基础的理解，或者对财务报表的特定项目提供进一步解释。这种补充信息通常在补充报表中或作为额外的附注进行列示。注册会计师应当评价被审计单位是否清楚地将这些补充信息与已审计财务报表予以区分。如果被审计管理层拒绝改变，注册会计师应当在审计报告中说明补充信息未审计。

对于适用的财务报告编制基础没有要求的补充信息，如果由于其性质和列报方式导致不能使其清楚地与已审计财务报表予以区分，从而构成财务报表必要的组成部分，这些补充信息应当涵盖在审计意见中。例如，财务报表附注中关于该财务报表符合另一财务报告编制基础的程度的解释，属于这种补充信息，审计意见也涵盖与财务报表进行交叉索引的附注或补充报表。

五、在审计报告中沟通关键审计事项

《中国注册会计师审计准则第 1504 号——在审计报告中沟通关键审计事项》要求注册会计师在上市实体整套通用目的财务报表审计报告中增加关键审计事项部分，用于沟通关键审计事项。关键审计事项，是指注册会计师根据职业判断认为对当期财务报表审计最为重要的事项。在审计报告中沟通关键审计事项，可以提高已执行审计工作的透明度，从而提高审计报告的决策相关性和有用性。沟通关键审计事项还能够为财务报表使用者提供额外的信息，以帮助其了解被审计单位、已审计财务报表中涉及重大管理层判断的领域，以及注册会计师根据职业判断认为对当期财务报表审计最为重要的事项。沟通关键审计事项，还能够为财务报表预期使用者就与被审计单位、已审计财务报表或已执行审计工作相关的事项进一步与管理层和治理层沟通提供基础。

（一）确定关键审计事项的决策框架

1. 以 "与治理层沟通的事项" 为起点选择关键审计事项

《中国注册会计师审计准则第 1151 号——与治理层的沟通》要求注册会计师与被审计单位治理层沟通审计过程中的重大发现，包括注册会计师对被审计单位的重要会计政策、会计估计和财务报表披露等会计实务的看法，审计过程中遇到的重大困难，已与治理层讨论或需要书面沟通的重大事项等，以便治理层履行其监督财务报告过程的职责。对财务报表和审计报告使用者信息需求的调查结果表明，他们对这些事项感兴趣，并且呼吁增加这些沟通的透明度。因此，应从与治理层沟通事项中选取关键审计事项。

2. 从 "与治理层沟通的事项" 中选出 "在执行审计工作时重点关注过的事项"

重点关注的概念基于这样的认识：审计是风险导向的，注重识别和评估财务报表重大错报风险，设计和实施应对这些风险的审计程序，获取充分、适当的审计证据，以作为形成审计意见的基础。对于特定账户余额、交易类别或披露，评估的认定层次重大错报风险越高，在计划和实施审计程序并评价审计程序的结果时通常涉及的判断就越多。在设计进一步审计程序时，注册会计师评估的风险越高，就需要获取越有说服力的审计证据。当由于评估的风险较高而需要获取更具说服力的审计证据时，注册会计师可能需要增加所需审计证据的数量，或者获取更具相关性或可靠性的审计证据，如更注重从第三方获取审计证据或从多个独立渠道获取互相印证的审计证据。因此，对注册会计师获取充分、适当的审计证据或对财务报表形成审计意见构成挑战的事项可能与注册会计师确定关键审计事项尤其相关。

注册会计师重点关注过的领域通常与财务报表中复杂、重大的管理层判断领域相关，因而通常涉及困难或复杂的注册会计师职业判断。相应地，重点关注过的事项通常影响注册会计师的总体审计策略以及对这些事项分配的审计资源和审计工作力度。这些影响可能包括高级审计人员参与审计业务的程度，或者注册会计师的专家或在会计、审计的特殊领域具有专长的人员（包括会计师事务所聘请或雇用的人员）。

注册会计师在确定哪些事项属于重点关注过的事项时，需要特别考虑下列方面。

（1）评估的重大错报风险较高的领域或识别出的特别风险。《中国注册会计师审计准则第1151号——与治理层的沟通》要求注册会计师与治理层沟通识别出的特别风险。注册会计师还可以与治理层沟通注册会计师计划如何应对评估的重大错报风险较高的领域。特别风险，根据审计准则中的定义，是指注册会计师识别和评估的、根据判断认为需要特别考虑的重大错报风险评估的重大错报风险较高的领域或识别出的特别风险，通常需要注册会计师在审计中投放更多的审计资源予以应对。因此，注册会计师在确定的重点关注过的事项时需要特别考虑该方面。

（2）与财务报表中涉及重大管理层判断（包括被认为具有高度估计不确定性的会计估计）的领域相关的重大审计判断。财务报表中复杂、重大的管理层判断领域，通常涉及困难、复杂的审计判断，并且可能同时需要管理层的专家和注册会计师的专家的参与。因此，注册会计师在确定的重点关注过的事项时需要特别考虑该方面。

（3）当期重大交易或事项对审计的影响。对财务报表或审计工作具有重大影响的事项或交易可能属于重点关注领域，并可能被识别为特别风险。例如，在审计过程中的各个阶段，注册会计师可能已与管理层和治理层就重大关联方交易或超出被审计单位正常经营过程之外的重大交易，或在其他方面显得异常的交易对财务报表的影响进行了大量讨论。管理层可能已就这些交易的确认、计量、列报或披露作出困难或复杂的判断，这些判断可能已对注册会计师的总体审计策略产生重大影响。经济、会计、法规、行业或其他方面的重大变化可能影响管理层的假设或判断，也可能影响注册会计师的总体审计方法，并导致某一事项需要重点关注。

3. 从"在执行审计工作时重点关注过的事项"中选出"最为重要的事项"，从而构成关键审计事项

注册会计师可能已就需要重点关注过的事项与治理层进行了较多的互动。就这些事项与治理层进行沟通的性质和范围，通常能够表明哪些事项对审计而言最为重要。例如，对于较为困难和复杂的事项，注册会计师与治理层的互动可能更加深入、频繁或充分，这些事项（如重大会计政策的运用）构成重大注册会计师或管理层判断的对象。

在确定某一与治理层沟通过的事项的相对重要程度以及该事项是否构成关键审计事

项时，下列考虑也可能是相关的。

（1）该事项对预期使用者理解财务报表整体的重要程度，尤其是对财务报表的重要性。

（2）与该事项相关的会计政策的性质或者与同行业其他实体相比，管理层在选择适当的会计政策时涉及的复杂程度或主观程度。

（3）从定性和定量方面考虑，与该事项相关的由于舞弊或错误导致的已更正错报和累积未更正错报（如有）的性质与重要程度。

（4）为应对该事项所需要付出的审计努力的性质和程度，包括以下几方面。

①为应对该事项而实施审计程序或评价这些审计程序的结果（如有）在多大程度上需要特殊的知识或技能。

②就该事项在项目组之外进行咨询的性质。

（5）在实施审计程序、评价实施审计程序的结果、获取相关和可靠的审计证据以作为发表审计意见的基础时，注册会计师遇到的困难的性质和严重程度，尤其是当注册会计师的判断变得更加主观时。

（6）识别出的与该事项相关的控制缺陷的严重程度。

（7）该事项是否涉及数项可区分但又相互关联的审计考虑。例如，长期合同的收入确认、诉讼或其他或有事项等方面，可能需要重点关注，并且可能影响其他会计估计。

从需要重点关注的事项中，确定哪些事项以及多少事项对本期财务报表审计最为重要属于职业判断问题。"最为重要的事项"并不意味着只有一项。需要在审计报告中包含的关键审计事项的数量可能受被审计单位规模和复杂程度、业务和经营环境的性质，以及审计业务具体事实和情况的影响。总体来说，最初确定为关键审计事项的事项越多，注册会计师越需要重新考虑每一事项是否符合关键审计事项的定义。对关键审计事项做冗长的列举可能与这些事项是审计中最为重要的事项这一概念相抵触。

（二）在审计报告中沟通关键审计事项

1. 在审计报告中单设关键审计事项部分

为达到突出关键审计事项的目的，注册会计师应当在审计报告中单设一部分，以"关键审计事项"为标题，并在该部分使用恰当的子标题逐项描述关键审计事项。关键审计事项部分的引言应当同时说明下列事项。

（1）关键审计事项是注册会计师根据职业判断，认为对本期财务报表审计最为重要的事项。

（2）关键审计事项的应对以对财务报表整体进行审计并形成审计意见为背景，注册会计师对财务报表整体形成审计意见，而不对关键审计事项单独发表意见。

需要强调指出的是，导致非保留意见的事项、可能导致对被审计单位持续经营能力产生重大疑虑的事项或情况存在重大不确定性等，虽然符合关键审计事项的定义，但这些事项在审计报告中有专门的部分披露，不在关键审计事项部分披露。进一步说，在关键审计事项部分披露的关键审计事项必须是已经得到满意解决的事项，即不存在审计范围受到限制，也不存在注册会计师与被审计单位管理层意见分歧的情况。

2. 描述单一关键审计事项

为帮助财务报表使用者了解注册会计师确定的关键审计事项，注册会计师应当在审计报告中逐项描述每一关键审计事项，并同时说明下列方面。

（1）该事项被认定为审计中最为重要的事项之一，因而被确定为关键审计事项的原因。

（2）该事项在审计中是如何应对的。注册会计师可以描述下列要素。

①审计应对措施或审计方法中，与该事项最为相关或对评估的重大错报风险最有针对性的方面。

②对已实施审计程序的简要概述。

③实施审计程序的结果。

④对该事项作出的主要看法。

在描述时，注册会计师还应当分别索引至财务报表的相关披露（如有），以使预期使用者能够进一步了解管理层在编制财务报表时如何应对这些事项。

为使预期使用者能够理解关键审计事项在对财务报表整体进行审计的背景下的重要程度，以及关键审计事项和审计报告其他要素（包括审计意见）之间的关系，注册会计师可能需要注意用于描述关键审计事项的语言，使之：不暗示注册会计师在对财务报表形成审计意见时尚未恰当解决该事项；将该事项与被审计单位的具体情形紧密相扣，避免使用通用或标准化的语言；考虑该事项在相关财务报表披露（如有）中是如何处理的；不包含或暗示对财务报表单一要素单独发表的意见。

需要特别强调的是，对某项关键审计事项的描述是否充分属于职业判断问题。对关键审计事项进行描述的目的在于提供一种简明、不偏颇的解释，以使预期使用者能够了解为何该事项是对审计最为重要的事项之一，以及这些事项是如何在审计中加以应对的。限制使用高度技术化的审计学术语也能够帮助那些不具备适当审计知识的预期使用者了解注册会计师在审计过程中关注特定事项的原因。注册会计师提供信息的性质和范围需要在相关方各自责任的背景下作出权衡（即注册会计师以一种简明且可理解的形式提供有用的信息，而不应成为被审计单位原始信息的提供者）。

原始信息是指与被审计单位相关、尚未由被审计单位公布（例如，未包含在财务报表中、未包含在审计报告日可获取的其他信息或者管理层或治理层的其他口头或书面沟通中，如财务信息的初步公告或投资者简报）的信息。这些信息是被审计单位管理层和治理层的责任。

在描述关键审计事项时，注册会计师需要避免不恰当地提供与被审计单位相关的原始信息。对关键审计事项的描述通常不构成有关被审计单位的原始信息，这是由于关键审计事项是在审计的背景下描述的。然而，注册会计师仍可能认为提供进一步信息用于解释为何该事项被认为对审计最为重要因而被确定为关键审计事项，以及这些事项如何在审计中加以应对是有必要的，除非法律法规禁止披露这些信息。如果确定这些信息是必要的，注册会计师可以鼓励管理层或治理层披露进一步的信息，而不是在审计报告中提供原始信息。

（三）不在审计报告中沟通关键审计事项的情形

一般而言，在审计报告中沟通关键审计事项，通常有助于提高审计的透明度，是符合公众利益的。然而，在极其罕见的情况下，关键审计事项可能涉及某些"敏感信息"，沟通这些信息可能为被审计单位带来较为严重的负面影响。在某些情况下，法律法规也可能禁止公开披露某事项。例如，公开披露某事项可能妨碍相关机构对某项违法行为或疑似违法行为的调查。

因此，除非法律法规禁止公开披露某事项，或者在极其罕见的情况下，如果合理预期在审计报告中沟通某事项造成的负面后果超过产生的公众利益方面的益处，注册会计师确定不应在审计报告中沟通该事项，则注册会计师应当在审计报告中逐项描述关键审计事项。

（四）就关键审计事项与治理层沟通

治理层在监督财务报告过程中担当重要角色。就关键审计事项与治理层沟通，能够使治理层了解注册会计师就关键审计事项作出的审计决策的基础以及这些事项将如何在审计报告中作出描述，也能够使治理层考虑鉴于这些事项将在审计报告中沟通，作出新的披露或提高披露质量是否有用。因此，注册会计师就下列方面与治理层沟通：注册会计师确定的关键审计事项；根据被审计单位和审计业务的具体情况，注册会计师确定不存在需要在审计报告中沟通的关键审计事项（如适用）。

无保留审计意见标准格式：

背景信息：

（1）对上市实体整套财务报表进行审计。该审计不属于集团审计（即不适用《中国注册会计师审计准则第1401号——对集团财务报表审计的特殊考虑》）；

（2）管理层按照企业会计准则编制财务报表；

（3）审计业务约定条款体现了《中国注册会计师审计准则第1111号——就审计业务约定条款达成一致意见》中关于管理层对财务报表责任的描述；

（4）基于获取的审计证据，注册会计师认为发表无保留意见是恰当的；

（5）适用的相关职业道德要求为中国注册会计师职业道德守则；

（6）基于获取的审计证据，根据《中国注册会计师审计准则第1324号——持续经营》，注册会计师认为可能导致对被审计单位持续经营能力产生重大疑虑的事项或情况不存在重大不确定性；

（7）已按照《中国注册会计师审计准则第1504号——在审计报告中沟通关键审计事项》的规定沟通了关键审计事项；

（8）注册会计师在审计报告日前已获取所有其他信息，且未识别出信息存在重大错报；

（9）负责监督财务报表的人员与负责编制财务报表的人员不同；

（10）除财务报表审计外，注册会计师还承担法律法规要求的其他报告责任，且注册会计师决定在审计报告中履行其他报告责任。

审 计 报 告

ABC 股份有限公司全体股东：

一、对财务报表出具的审计报告

（一）审计意见

我们审计了 ABC 股份有限公司（以下简称"ABC 公司"）财务报表，包括 20×1 年 12 月 31 日的资产负债表，20×1 年度的利润表、现金流量表、股东权益变动表以及相关财务报表附注。

我们认为，后附的财务报表在所有重大方面按照企业会计准则的规定编制，公允反映了 ABC 公司 20×1 年 12 月 31 日的财务状况以及 20×1 年度的经营成果和现金流量。

（二）形成审计意见的基础

我们按照中国注册会计师审计准则的规定执行了审计工作。审计报告的"注册会计师对财务报表审计的责任"部分进一步阐述了我们在这些准则下的责任。按照中国注册会计师职业道德守则，我们独立于 ABC 公司，并履行了职业道德方面的其他责任。我们相信，我们获取的审计证据是充分、适当的，为发表审计意见提供了基础。

（三）关键审计事项

关键审计事项是我们根据职业判断，认为对本期财务报表审计最为重要的事项。这些事项的应对以对财务报表整体进行审计并形成审计意见为背景，我们不对这些事项单独发表意见。

（按照《中国注册会计师审计准则第 1504 号——在审计报告中沟通关键审计事项》的规定描述每一关键审计事项。）

（四）其他信息

（按照《中国注册会计师审计准则第 1521 号——注册会计师对其他信息的责任》的规定报告，见《〈中国注册会计师审计准则第 1521 号——注册会计师对其他信息的责任〉应用指南》附录 2 中的参考格式 6。）

（五）管理层和治理层对财务报表的责任

ABC 公司管理层（以下简称"管理层"）负责按照企业会计准则的规定编制财务报表，使其实现公允反映，并设计、执行和维护必要的内部控制，以使财务报表不存在由于舞弊或错误导致的重大错报。

在编制财务报表时，管理层负责评估 ABC 公司的持续经营能力，披露与持续经营相关的事项（如适用），并运用持续经营假设，除非管理层计划清算 ABC 公司、终止运营或别无其他现实的选择。

治理层负责监督 ABC 公司的财务报告过程。

（六）注册会计师对财务报表审计的责任

我们的目标是对财务报表整体是否不存在由于舞弊或错误导致的重大错报获取合理保证，并出具包含审计意见的审计报告。合理保证是高水平的保证，但并不能保证按照审计准则执行的审计在某一重大错报存在时总能发现。错报可能由于舞弊或错误导致，如果合理预期错报单独或汇总起来可能影响财务报表使用者依据财务报表作出的经济决策，则通常认为错报是重大的。

在按照审计准则执行审计工作的过程中，我们运用职业判断，并保持职业怀疑。同时，我们也执行以下工作。

（1）识别和评估由于舞弊或错误导致的财务报表重大错报风险，设计和实施审计程序以应对这些风险，并获取充分、适当的审计证据，作为发表审计意见的基础。由于舞弊可能涉及串通、伪造、故意遗漏、虚假陈述或凌驾于内部控制之上，未能发现由于舞弊导致的重大错报的风险高于未能发现由于错误导致的重大错报的风险。

（2）了解与审计相关的内部控制，以设计恰当的审计程序，但目的并非对内部控制的有效性发表意见。

（3）评价管理层选用会计政策的恰当性和作出会计估计及相关披露的合理性。

（4）对管理层使用持续经营假设的恰当性得出结论。同时，根据获取的审计证据，就可能导致对 ABC 公司持续经营能力产生重大疑虑的事项或情况是否存在重大不确定性得出结论。如果我们得出结论认为存在重大不确定性，审计准则要求我们在审计报告中提请报表使用者注意财务报表中的相关披露；如果披露不充分，我们应当发表非无保留意见。我们的结论基于截至审计报告日可获得的信息。然而，未来的事项或情况可能导致 ABC 公司不能持续经营。

（5）评价财务报表的总体列报、结构和内容（包括披露），并评价财务报表是否公允反映相关交易和事项。我们与治理层就计划的审计范围、时间安排和重大审计发现等事项进行沟通，包括沟通我们在审计中识别出的值得关注的内部控制缺陷。我们还就已遵守与独立性相关的职业道德要求向治理层提供声明，并与治理层沟通可能被合理认为影响我们独立性的所有关系和其他事项，以及相关的防范措施（如适用）。

从与治理层沟通过的事项中，我们确定哪些事项对本期财务报表审计最为重要，因而构成关键审计事项。我们在审计报告中描述这些事项，除非法律法规禁止公开披露这些事项，或在极少数情形下，如果合理预期在审计报告中沟通某事项造成的负面后果超过在公众利益方面产生的益处，我们确定不应在审计报告中沟通该事项。

二、按照相关法律法规的要求报告的事项

［本部分的格式和内容，取决于法律法规对其他报告责任性质的规定。本部分应当说明相关法律法规规定的事项（其他报告责任），除非其他报告责任涉及的事项与审计准则规定的报告责任涉及的事项相同。如果涉及相同的事项，其他报告责任可以在审计准则规定的同一报告要素部分列示。

当其他报告责任和审计准则规定的报告责任涉及同一事项，并且审计报告中的措辞能够将其他报告责任与审计准则规定的责任（如存在差异）予以清楚地区分时，可以将两者合并列示（即包含在"对财务报表出具的审计报告"部分中，并使用适当的副标题）。］

××会计师事务所　　　　　　　　中国注册会计师：×××（项目合伙人）

（盖章）　　　　　　　　　　　　　　（签名并盖章）

　　　　　　　　　　　　　　　　中国注册会计师：×××

　　　　　　　　　　　　　　　　　（签名并盖章）

中国××市　　　　　　　　　　　20×2年×月×日

国际视野

各国修订审计准则的异同

英国财务报告理事会（FRC）于 2013 年 6 月发布了修订后的审计准则；美国的审计准则制定机构也进行相关改革的准备工作；2014 年欧盟出台新的审计法规，明确要求应当在审计报告中指出最重要的重大错报风险及其应对措施；2015 年年初，IAASB（国际审计与鉴证准则理事会）发布的新修订的审计报告相关准则中，增加了审计报告的要素，丰富了审计报告的内容，对审计报告模式进行了改革。各地区（组织）在注册会计师审计报告中都不约而同地增加了关键审计事项和其他信息，对关键审计事项不仅要说明关键审计事项、重要事项和审计风险，还要披露这些事项和风险的审计应对策略以及相应的结果，FRC 甚至将关键事件的判断（包括重要性水平）也纳入关键审计事项当中，进一步帮助审计报告使用者详细了解注册会计师判断审计事项的工作过程。在有关持续经营的结论方面，除了美国和欧盟的审计法规选择维持现有模式，其他地区（组织）均选择了强化管理层和审计师对持续经营的责任，使审计信息使用者能够更为清楚地了解公司持续经营的情况，而公司管理层与注册会计师对于公司持续经营能力的判断更加谨慎。在有关注册会计师独立性的声明、项目合伙人姓名等方面基本都有相应的披露要求。

资料来源：杨昕. 新审计报告准则使审计报告更具信息价值[J]. 中国注册会计师，2018(1)，有改动.

 相关链接

新审计报告准则使审计报告更具信息价值

2016 年 12 月，财政部批准发布了中国注册会计师协会拟定的一系列影响广泛的审计报告准则。与原审计报告准则相比，本次准则修订的最大变化在于上市实体财务报表审计报告中将增加关键审计事项部分，由此增加审计报告的信息量，从而使审计更透明，审计报告更具相关性和信息价值。新审计报告准则自 2017 年 1 月 1 日起先行在 A+H 股公司以及按照中国注册会计师审计准则审计的 H 股公司中实施，并自 2018 年 1 月 1 日起全面实施。

在原来的审计报告准则下，审计报告采用相对"标准化"的语言，使得审计报告具有一致性和可比性。然而近 10 年来，大量讨论和研究活动的结果表明许多审计报告使用者认为"样本化"的审计报告无法使其获取更多相关信息，以帮助他们评价被审计单位的财务状况和业绩以及被审计单位财务报告的质量，审计报告传递的信息与使用者作出经济决策所需的信息之间存在差距。

关键审计事项是指注册会计师认为在当期财务报表审计中最为重要的事项，其可能包括注册会计师评估的重大错报风险较高的领域或识别出的特别风险、财务报表中涉及重大管理层判断的领域以及当期重大交易或事项对审计的影响等。关键审计事项需要说明该事项被认定为关键审计事项的原因，以及注册会计师在审计中如何应对该事项。

在编写关键审计事项时，注册会计师需要确定哪些事项为关键审计事项。其有以下因素可供考虑。

（1）财务报表中涉及重大管理层判断的领域。审计中具有较高判断性的领域可能包括长期资产（包括商誉）减值、金融资产减值、流动资产减值、公允价值的评估等。这些事项结果的不确定较高，因此固有风险也较高。注册会计师针对这些领域通常要针对计量方法、假设和数据获取证据，从不同来源获取证据加以互相佐证或者利用专家的工作等。

（2）具有较高重大错报风险或存在特别风险的领域。审计准则规定收入是假定具有舞弊风险的领域。在实务中，也往往是注册会计师最花费精力的领域之一。

（3）审计中的重大交易或事项。这一类事项可能与已执行审计工作相关但可能不被要求在财务报表中披露。注册会计师并不一定要将整个相关流程、账户余额作为关键审计事项，而是可以选择其中最为关键的部分。在确定哪些是关键审计事项时，注册会计师需要考虑哪些"最重要的事项"是有个性化的事项。

与此同时，注册会计师还应注意以下几点。

（1）注册会计师应描述一个审计故事，而且报告使用者可能并非一个专业人士，因此注册会计师需要从报告使用者的角度考虑如何描述关键审计事项，让其易懂、能吸引人读下去，避免使用很专业的词汇。

（2）注册会计师应简洁和准确地描述关键审计事项。注册会计师无须将针对关键审计事项相关领域的所有事项和审计程序全部描述出来，而是要挑选其中最为重要和相关的部分。

（3）起草好关键审计事项后，注册会计师可以"向后退一步"，从读者的角度挑战自己一下，再次思考逻辑是否清楚，其描述的详细程度是否适当。

新审计报告准则将会根本改变审计报告模式，并促使注册会计师与管理层以及治理层之间进行更有效的双向沟通，并增强注册会计师和投资者、分析师等相关人士之间的沟通。

可以预计，通过实施新审计报告准则，可以使报告更具相关性、更具有信息含量、更能体现审计价值，从而更好地帮助报告使用者作出经济决策，注册会计师得以更好地服务于资本市场。

资料来源：杨昕. 新审计报告准则使审计报告更具信息价值[J]. 中国注册会计师，2018（1），有改动.

 相关案例

注册会计师新审计报告准则对审计实务的影响

中国联合网络通信集团有限公司（以下简称"中国联通"）2016年度的财务报表审计工作由毕马威华振会计师事务所负责，2016年度审计报告根据新颁布的审计准则编制，于2017年3月15日正式披露。根据新审计报告准则要求，中国联通2016年审计报告新增部分主要围绕关键事项的确认及应对展开，该部分也是审计报告中所占篇幅最大的内容。

（一）关键事项的确认

在中国联通审计报告中被确认为关键事项的有以下三项：一是收入确认。收入是中国联通的关键绩效指标之一，且涉及复杂的信息技术系统和管理层判断，存在可能被确认于不恰当的期间，或被操控以达到目标或预期水平的固有风险。二是固定资产及在建工程的账面价值。评价固定资产及在建工程的账面价值涉及重大的管理层判断，且对合并财务报表具有重要性。三是对铁塔资产租赁的会计处理方法。判断租赁交易安排是否应当被分类为经营租赁或融资租赁时涉及重大的管理层判断，且大量的租赁对账工作会增加可能的错报风险。在审计报告每项关键事项的表述中，均索引至附注具体条款。因为财务报表上的数字只是高度概括的最终结果，与其相关的明细信息更需要关注和思考。注册会计师通过该索引提醒投资者关注数字背后的合理性，同时也明确了相关信息的出处与责任。

（二）关键事项的审计应对

中国联通审计报告中详细提及了关键事项的具体应对措施及实施的主要审计程序。概括而言，主要从以下几方面开展：利用信息技术专家工作，评价相关内部控制设计和运行的有效性；选取一定的方式进行抽样，将财务记录与相关原始单据及支撑材料进行核对；不仅局限于单位内部，对第三方发函询证，从单位外部寻求证据支持，将回函信息与财务记录相核对；根据系统设定重新计算相应结果。

从该份审计报告关键事项审计确认及应对的相关表述中，可以看出审计人员对整个电信行业背景的关注程度，对中国联通特有风险点的把握力度，及其针对每一事项进行控制测试和实质性程序的审计思路及策略。其他领域的专家和社会公众也可以从各角度了解并评判审计人员针对关键事项所开展的工作。从中国联通的审计报告中可以看出审计报告从标准化向个性化转变，充分体现了新准则变化对审计实务的影响。

资料来源：徐灏，赵青. 注册会计师新审计报告准则对审计实务的影响——以中国联通 2016年审计报告为例[J]. 财务与会计，2017（15），有改动.

六、非无保留意见审计报告

（一）非无保留意见的定义

非无保留意见是指保留意见、否定意见或无法表示意见。

当存在下列情形之一时，注册会计师应当在审计报告中发表非无保留意见。

1. 根据获取的审计证据，得出财务报表整体存在重大错报的结论

为了形成审计意见，针对财务报表整体是否不存在由于舞弊或错误导致的重大错报，注册会计师应当得出结论，确定是否已就此获取合理保证。在得出结论时，注册会计师需要评价未更正错报对财务报表的影响。

错报是指某一财务报表项目的金额、分类、列报或披露，与按照适用的财务报告编制基础应当列示的金额、分类、列报或披露之间存在的差异。财务报表的重大错报可能源于以下两方面。

（1）选择的会计政策的恰当性。在选择的会计政策的恰当性方面，当出现下列情形时，

财务报表可能存在重大错报。

①选择的会计政策与适用的财务报告编制基础不一致。

②财务报表（包括相关附注）没有按照公允列报的方式反映交易和事项。

财务报告编制基础通常包括对会计处理、披露和会计政策变更的要求。如果被审计单位变更了重大会计政策，且没有遵守这些要求，财务报表可能存在重大错报。

（2）对所选择的会计政策的运用。在对所选择的会计政策的运用方面，尚出现下列情形时，财务报表可能存在重大错报。

①管理层没有按照适用的财务报告编制基础的要求一贯运用所选择的会计政策，包括管理层未在不同会计期间或对相似的交易和事项一贯运用所选择的会计政策（运用的一致性）。

②不当运用所选择的会计政策（如运用中的无意错误）。

（3）财务报表披露的恰当性或充分性。在财务报表披露的恰当性或充分性方面，当出现下列情形时，财务报表可能存在重大错报。

①财务报表没有包括适用的财务报告编制基础要求的所有披露。

②财务报表的披露没有按照适用的财务报告编制基础列报。

③财务报表没有作出必要的披露以实现公允反映。

2. 无法获取充分、适当的审计证据，不能得出财务报表整体不存在重大错报的结论

如果注册会计师能够通过实施替代程序获取充分、适当的审计证据，则无法实施特定的程序并不构成对审计范围的限制。

下列情形可能导致注册会计师无法获取充分、适当的审计证据（也称为审计范围受到限制）。

（1）超出被审计单位控制的情形。超出被审计单位控制的情形，例如，被审计单位的会计记录已被毁坏，重要组成部分的会计记录已被政府有关机构无限期地查封。

（2）与注册会计师工作的性质或时间安排相关的情形。与注册会计师工作的性质或时间安排相关的情形，例如，被审计单位需要使用权益法对联营企业进行核算，注册会计师无法获取有关联营企业财务信息的充分、适当的审计证据以评价是否恰当运用了权益法；注册会计师接受审计委托的时间安排，使注册会计师无法实施存货监盘；注册会计师确定仅实施实质性程序是不充分的，但被审计单位的控制是无效的。

（3）管理层施加限制的情形。管理层对审计范围施加的限制致使注册会计师无法获取充分、适当的审计证据的情形，例如，管理层阻止注册会计师实施存货监盘，管理层阻止注册会计师对特定账户余额实施函证。

管理层施加的限制可能对审计产生其他影响，如注册会计师对舞弊风险的评估和对业务保持的考虑。

（二）确定非无保留意见的类型

注册会计师确定恰当的非无保留意见于下列事项：导致非无保留意见的事项的性质，是财务报表存在重大错报，还是在无法获取充分、适当的审计证据的情况下，财务报表可能存在重大错报；注册会计师就导致非无保留意见的事项对财务报表产生或可能产生影响的广泛性作出的判断。

广泛性是描述错报影响的术语，用以说明错报对财务报表的影响，或者由于无法获取充分、适当的审计证据而未发现的错报（如存在）对财务报表可能产生的影响。根据注册会计师的判断，对财务报表的影响具有广泛性的情形包括：不限于对财务报表的特定要素、账户或项目产生影响；虽然仅对财务报表的特定要素、账户或项目产生影响，但这些要素、账户或项目是或可能是财务报表的主要组成部分；当与披露相关时，产生的影响对财务报表使用者理解财务报表至关重要。

1. 保留意见

当存在下列情形之一时，注册会计师应当发表保留意见。

（1）在获取充分、适当的审计证据后，注册会计师认为错报单独或汇总起来对财务报表影响重大，但不具有广泛性。

注册会计师在获取充分、适当的审计证据后，只有当认为财务报表就整体而言是公允的，但还存在对财务报表产生重大影响的错报时，才能发表保留意见。如果注册会计师认为错报对财务报表产生的影响极为严重且具有广泛性，则应发表否定意见。因此，保留意见被视为注册会计师在不能发表无保留意见情况下最不严厉的审计意见。

（2）注册会计师无法获取充分、适当的审计证据以作为形成审计意见的基础，但认为未发现的错报（如存在）对财务报表可能产生的影响重大，但不具有广泛性。

注册会计师因审计范围受到限制而发表保留意见还是无法表示意见，取决于无法获取的审计证据对形成审计意见的重要性。注册会计师在判断重要性时，应当考虑有关事项潜在影响的性质和范围以及在财务报表中的重要程度。只有当未发现的错报（如存在）对财务报表可能产生的影响重大但不具有广泛性时，才能发表保留意见。

2. 发表否定意见

在获取充分、适当的审计证据后，如果认为错报单独或汇总起来对财务报表的影响重大且具有广泛性，注册会计师应当发表否定意见。

3. 无法表示意见

如果无法获取充分、适当的审计证据以作为形成审计意见的基础，但认为未发现的错报（如存在）对财务报表可能产生的影响重大且具有广泛性，注册会计师应当发表无法表示意见。

在极其特殊的情况下，可能存在多个不确定事项。即使注册会计师对每个单独的不确定事项获取了充分、适当的审计证据，但由于不确定事项之间可能存在相互影响，以及可能对财务报表产生累积影响，注册会计师不可能对财务报表形成审计意见。在这种情况下，注册会计师应当发表无法表示意见。

在确定非无保留意见的类型时还需注意以下两点。

一是在承接审计业务后，如果注意到管理层对审计范围施加了限制，且认为这些限制可能导致对财务报表发表保留意见或无法表示意见，注册会计师应当要求管理层消除这些限制。如果管理层拒绝消除限制，除非治理层全部成员参与管理被审计单位，注册会计师应当就此事项与治理层沟通，并确定能否实施替代程序以获取充分、适当的审计证据。如果无法获取充分、适当的审计证据，注册会计师应当通过下列方式确定其影响：如果未发现的错报（如存在）可能对财务报表产生的影响重大，但不具有广泛性，应当发表保留意见；如果未发现的错报（如存在）可能对财务报表产生的影响重大且具有广泛性，以至于发表保留意见不足以反映情况的严重性，应当在可行时解除业务约定（除非法律法规禁止）。当然，注册会计师应当在解除业务约定前，与治理层沟通在审计过程中发现的、将会导致发表非无保留意见的所有错报事项；如果在出具审计报告之前解除业务约定被禁止或不可行，应当发表无法表示意见。

在某些情况下，如果法律法规要求注册会计师继续执行审计业务，则注册会计师可能无法解除审计业务约定。这种情况可能包括：注册会计师接受委托审计公共部门实体的财务报表；注册会计师接受委托审计涵盖特定期间的财务报表，或者接受一定期间的委托，在完成财务报表审计前或在受托期间结束前，不允许解除审计业务约定。在这些情况下，注册会计师可能认为需要在审计报告中增加其他事项段。

二是如果认为有必要对财务报表整体发表否定意见或无法表示意见，注册会计师不应在同一审计报告中对按照相同财务报告编制基础编制的单一财务报表或者财务报表特定要素、账户或项目发表无保留意见。在同一审计报告中包含无保留意见，将会与对财务报表整体发表的否定意见或无法表示意见相矛盾。

当然，对经营成果、现金流量（如相关）发表无法表示意见，而对财务状况发表无保留意见，这种情况可能是被允许的。因为在这种情况下，注册会计师并没有对财务报表整体发表无法表示意见。

（三）非无保留意见的审计报告的格式和内容

1. 导致非无保留意见的事项段

（1）审计报告格式和内容的一致性。如果对财务报表发表非无保留意见，除在审计报告中包含《中国注册会计师审计准则第 1501 号——对财务报表形成审计意见和出具审计报告》规定的审计报告要素外，注册会计师还应当直接在审计意见段之前增加一个部分，并使用恰当的标题，如"形成保留意见的基础""形成否定意见的基础"或"形成无法表示意见的基础"，说明导致发表非无保留意见的事项。审计报告格式和内容的一致性有助于提高使用者的理解和识别存在的异常情况。因此，尽管不可能统一非无保留意见的措辞和对导致非无保留意见的事项的说明，但仍有必要保持审计报告格式和内容的一致性。

（2）量化财务影响。如果财务报表中存在与具体金额（包括定量披露）相关的重大错报，注册会计师应当在导致非无保留意见的事项段中说明并量化该错报的财务影响。举例来说，如果存货被高估，注册会计师就可以在审计报告的导致非无保留意见的事项段中说明该重大错报的财务影响，即量化其对所得税、税前利润、净利润和所有者权益的影响。如果无法量化财务影响，注册会计师应当在形成非无保留意见的基础部分说明这一情况。

（3）存在与叙述性披露相关的重大错报。如果财务报表中存在与叙述性披露相关的重大错报，注册会计师应当在形成非无保留意见的基础部分解释该错报错在何处。

（4）存在与应披露而未披露信息相关的重大错报。如果财务报表中存在与应披露而未披露信息相关的重大错报，注册会计师应当：与治理层讨论未披露信息的情况；在形成非无保留意见的基础部分描述未披露信息的性质；如果可行并且已针对未披露信息获取了充分、适当的审计证据，在形成非无保留意见的基础部分包含对未披露信息的披露，除非法律法规禁止。

如果存在下列情形之一，则在形成非无保留意见的基础部分披露遗漏的信息是不可行的：管理层还没有作出这些披露，或管理层已作出但注册会计师不易获取这些披露；根据注册会计师的判断，在审计报告中披露该事项过于庞杂。

（5）无法获取充分、适当的审计证据。如果因无法获取充分、适当的审计证据而导致发表非无保留意见，注册会计师应当在形成非无保留意见的基础部分说明无法获取审计证据的原因。

（6）披露其他事项。即使发表了否定意见或无法表示意见，注册会计师也应当在形成非无保留意见的基础部分说明注意到的、将导致发表非无保留意见的所有其他事项及其影响。这是因为，对注册会计师注意到的其他事项的披露可能与财务报表使用者的信息需求相关。

2. 审计意见段

（1）标题。在发表非无保留意见时，注册会计师应当对审计意见段使用恰当的标题，如"保留意见""否定意见"或"无法表示意见"。审计意见段的标题能够使财务报表使用者清楚注册会计师发表了非无保留意见，并能够表明非无保留意见的类型。

（2）发表保留意见。当由于财务报表存在重大错报而发表保留意见时，注册会计师应当根据适用的财务报告编制基础在审计意见段中说明：注册会计师认为，除了形成保留意见的基础部分所述事项产生的影响外，财务报表在所有重大方面按照适用的财务报告编制基础编制，并实现公允反映。

当无法获取充分、适当的审计证据而导致发表保留意见时，注册会计师应当在审计意见段中使用"除……可能产生的影响外"等措辞。

当注册会计师发表保留意见时，在审计意见段中使用"由于上述解释"或"受……影响"等措辞是不恰当的，因为这些措辞不够清晰或没有足够的说服力。

（3）发表否定意见。当发表否定意见时，注册会计师应当根据适用的财务报告编制基础在审计意见段中说明：注册会计师认为，由于形成否定意见的基础部分所述事项的重要性，财务报表没有在所有重大方面按照适用的财务报告编制基础编制，未能实现公允反映。

（4）发表无法表示意见。当由于无法获取充分、适当的审计证据而发表无法表示意见时，注册会计师应当在审计意见段中说明：由于形成无法表示意见的基础部分所述事项的重要性，注册会计师无法获取充分、适当的审计证据以为发表审计意见提供基础，因此，注册会计师不对这些财务报表发表审计意见。

【例14-1】A 注册会计师作为 ABC 会计师事务所审计项目负责人，在审计甲公司 2016 年度会计报表时，发现甲公司拥有一项长期股权投资，账面价值 500 万元，少计提减值准备 50 万元，对甲公司 2016 年度会计报表影响重大，而甲公司拒绝接受注册会计师的审计处理意见。请问，A 注册会计师应对其 2016 年度会计报表出具何种意见的审计报告，并简要说明理由。

【解答】　注册会计师应出具保留意见或否定意见的审计报告。因为甲公司的做法不符合会计准则的规定，错报金额超过重要性水平。

【例14-2】A注册会计师作为ABC会计师事务所审计项目负责人，在审计乙公司2017年度会计报表时，发现乙公司资产负债表日拥有的存货金额为300万元，注册会计师未能对其实施监盘，也未能实施其他审计程序，存货占总资产80%。对乙公司2017年度会计报表影响重大。请问，A注册会计师应对其2017年度会计报表出具何种意见的审计报告，并简要说明理由。

【解答】　A注册会计师应出具无法表示意见的审计报告。A注册会计师的审计范围受到的限制非常重大，以至于无法对整个财务报表发表意见。

保留意见审计报告标准格式：

背景信息：

（1）对上市实体整套财务报表进行审计。该审计不属于集团审计（即不适用《中国注册会计师审计准则第1401号——对集团财务报表审计的特殊考虑》）；

（2）管理层按照企业会计准则编制财务报表；

（3）审计业务约定条款体现了《中国注册会计师审计准则第1111号——就审计业务约定条款达成一致意见》中关于管理层对财务报表责任的描述；

（4）存货存在错报，该错报对财务报表影响重大但不具有广泛性（即保留意见是恰当的）；

（5）适用的相关职业道德要求为中国注册会计师职业道德守则；

（6）基于获取的审计证据，根据《中国注册会计师审计准则第1324号——持续经营》，注册会计师认为可能导致对被审计单位持续经营能力产生重大疑虑的事项或情况不存在重大不确定性；

（7）已按照《中国注册会计师审计准则第1504号——在审计报告中沟通关键审计事项》的规定沟通了关键审计事项；

（8）注册会计师在审计报告日前已获取所有其他信息，且导致对财务报表发表保留意见的事项也影响了其他信息；

（9）负责监督财务报表的人员与负责编制财务报表的人员不同；

（10）除财务报表审计外，注册会计师还承担法律法规要求的其他报告责任，且注册会计师决定在审计报告中履行其他报告责任。

审 计 报 告

ABC股份有限公司全体股东：

一、对财务报表出具的审计报告

（一）保留意见

我们审计了ABC股份有限公司（以下简称"ABC公司"）财务报表，包括20×1年12月31日的资产负债表，20×1年度的利润表、现金流量表、股东权益变动表以及相关财务报表附注。

我们认为，除"形成保留意见的基础"部分所述事项产生的影响外，后附的财务报表在所有重大方面按照企业会计准则的规定编制，公允反映了ABC公司20×1年12月31

日的财务状况以及 20×1 年度的经营成果和现金流量。

（二）形成保留意见的基础

ABC 公司 20×1 年 12 月 31 日资产负债表中存货的列示金额为×元。ABC 公司管理层（以下简称"管理层"）根据成本对存货进行计量，而没有根据成本与可变现净值孰低的原则进行计量，这不符合企业会计准则的规定。ABC 公司的会计记录显示，如果管理层以成本与可变现净值孰低来计量存货，存货列示金额将减少×元。相应地，资产减值损失将增加×元，所得税、净利润和股东权益将分别减少×元、×元和×元。

我们按照中国注册会计师审计准则的规定执行了审计工作。审计报告的"注册会计师对财务报表审计的责任"部分进一步阐述了我们在这些准则下的责任。按照中国注册会计师职业道德守则，我们独立于 ABC 公司，并履行了职业道德方面的其他责任。我们相信，我们获取的审计证据是充分、适当的，为发表保留意见提供了基础。

（三）其他信息

（按照《中国注册会计师审计准则第 1521 号——注册会计师对其他信息的责任》的规定报告，见《〈中国注册会计师审计准则第 1521 号——注册会计师对其他信息的责任〉应用指南》附录 2 中的参考格式 6。该参考格式中其他信息部分的最后一段需要进行改写，以描述导致注册会计师对财务报表发表保留意见并且也影响其他信息的事项。）

（四）关键审计事项

关键审计事项是我们根据职业判断，认为对本期财务报表审计最为重要的事项。这些事项的应对以对财务报表整体进行审计并形成审计意见为背景，我们不对这些事项单独发表意见。除"形成保留意见的基础"部分所述事项外，我们确定下列事项是需要在审计报告中沟通的关键审计事项（按照《中国注册会计师审计准则第 1504 号——在审计报告中沟通关键审计事项》的规定描述每一关键审计事项）。

（五）管理层和治理层对财务报表的责任

（同无保留意见审计报告。）

（六）注册会计师对财务报表审计的责任

（同无保留意见审计报告。）

二、按照相关法律法规的要求报告的事项

（同无保留意见审计报告。）

××会计师事务所	中国注册会计师：×××（项目合伙人）
（盖章）	（签名并盖章）
	中国注册会计师：×××
	中国注册会计师协会制定
	（签名并盖章）
中国××市	20×2 年×月×日

否定意见和无法表示意见的审计报告标准格式与保留意见的审计报告标准格式的区别：第一部分，对财务报表出具的审计报告，分别改为否定意见、形成保留意见的基础和无法表示意见、形成无法表示意见的基础；第三部分，其他信息，以描述导致注册会计师

对财务报表发表保留意见并且也影响其他信息的事项更改成导致注册会计师对财务报表发表否定意见并且也影响其他信息的事项，导致注册会计师对财务报表发表无法表示意见并且也影响其他信息的事项；第四部分，关键审计事项，除"形成保留意见的基础"部分所述事项外，我们确定下列事项是需要在审计报告中沟通的关键审计事项更改为除"形成否定意见的基础"部分所述事项外，我们确定下列事项是需要在审计报告中沟通的关键审计事项；除"形成无法表示意见的基础"部分所述事项外，我们确定下列事项是需要在审计报告中沟通的关键审计事项。

七、在审计报告增加强调事项段和其他事项段

（一）强调事项段

1. 强调事项段的定义

审计报告的强调事项段是指审计报告中含有的一个段落，该段落提及已在财务报表中恰当列报或披露的事项，根据注册会计师的职业判断，该事项对财务报表使用者理解财务报表至关重要。

2. 强调事项段的情形

如果认为有必要提醒财务报表使用者关注已在财务报表中列报或披露，且根据职业判断认为对财务报表使用者理解财务报表至关重要的事项，在同时满足下列条件时，注册会计师应当在审计报告中增加强调事项段。

（1）按照《中国注册会计师审计准则第 1502 号——在审计报告中发表非无保留意见》的规定，该事项不会导致注册会计师发表非无保留意见。

（2）当《中国注册会计师审计准则第 1504 号——在审计报告中沟通关键审计事项》适用时，该事项未被确定为在审计报告中沟通的关键审计事项。

按照《中国注册会计师审计准则第 1504 号——在审计报告中沟通关键审计事项》被确定为关键审计事项的事项，根据注册会计师的职业判断，也可能对财务报表使用者理解财务报表至关重要。在这些情况下，按照《中国注册会计师审计准则第 1504 号——在审计报告中沟通关键审计事项》的规定将该事项作为关键审计事项沟通时，注册会计师可能希望突出或提请进一步关注其相对重要程度。在关键审计事项部分，注册会计师可以使该事项的列报更为突出（如作为第一个事项），或在关键审计事项的描述中增加额外信息，以指明该事项对财务报表使用者理解财务报表的重要程度。

某一事项可能不符合《中国注册会计师审计准则第 1504 号——在审计报告中沟通关键审计事项》的规定，因而未被确定为关键审计事项（即该事项未被重点关注过），但根据注册会计师的判断，其对财务报表使用者理解财务报表至关重要（如期后事项）。如果注册会计师认为有必要提请财务报表使用者关注该事项，根据审计准则的规定，该事项将包含在审计报告的强调事项段中。

某些审计准则对特定情况下在审计报告中增加强调事项段提出具体要求。这些情形包括：法律法规规定的财务报告编制基础不可接受，但其是由法律或法规作出的规定；

提醒财务报表使用者注意财务报表按照特殊目的的编制基础编制；注册会计师在审计报告日后知悉了某些事实（即期后事项），并且出具了新的审计报告或修改了审计报告；异常诉讼或监管行动的未来结果存在不确定性；提前应用（在允许的情况下）对财务报表有广泛影响的新会计准则；存在已经或持续对被审计单位财务状况产生重大影响的特大灾难。

强调事项段的过多使用会降低注册会计师沟通所强调事项的有效性。此外，与财务报表中的列报或披露相比，在强调事项段中包括过多的信息，可能隐含着这些事项未被恰当列报或披露。因此，强调事项段应当仅提及已在财务报表中列报或披露的信息。

（二）其他事项段

1. 其他事项段的定义

其他事项段是指审计报告中含有的一个段落，该段落提及未在财务报表中列报或披露的事项，根据注册会计师的职业判断，该事项与财务报表使用者理解审计工作、注册会计师的责任或审计报告相关。

2. 需要增加其他事项段的情形

如果认为有必要沟通虽然未在财务报表中列报或披露，但根据职业判断认为与财务报表使用者理解审计工作、注册会计师的责任或审计报告相关的事项，在同时满足下列条件时，注册会计师应当在审计报告中增加其他事项段。

（1）未被法律法规禁止。

（2）当《中国注册会计师审计准则第 1504 号——在审计报告中沟通关键审计事项》适用时，该事项未被确定为在审计报告中沟通的关键审计事项。

具体讲，需要在审计报告中增加其他事项段的情形包括以下几方面。

（1）与使用者理解审计工作相关的情形。

《中国注册会计师审计准则第 1151 号——与治理层的沟通》要求注册会计师就计划的审计范围和时间安排与治理层进行沟通，包括注册会计师识别的特别风险。尽管与特别风险相关的事项可能被确定为关键审计事项，根据《中国注册会计师审计准则第 1504 号——在审计报告中沟通关键审计事项》对关键审计事项的定义，其他与计划及范围相关的事项（如计划的审计范围或审计时对重要性的运用）不太可能成为关键审计事项。然而，法律法规可能要求注册会计师在审计报告中沟通与计划及范围相关的事项，或者注册会计师可能认为有必要在其他事项段中沟通这些事项。

在极其特殊的情况下，即使由于管理层对审计范围施加的限制导致无法获取充分、适当的审计证据可能产生的影响具有广泛性，注册会计师也不能解除业务约定。在这种情况下，注册会计师可能认为有必要在审计报告中增加其他事项段，解释为何不能解除业务约定。

（2）与使用者理解注册会计师的责任或审计报告相关的情形。

法律法规或得到广泛认可的惯例可能要求或允许注册会计师详细说明某些事项，以进一步解释注册会计师在财务报表审计中的责任或审计报告。在这种情况下，注册会计师可以使用一个或多个子标题来描述其他事项段的内容。

但增加其他事项段不涉及以下两种情形：①除根据审计准则的规定有责任对财务报表出具审计报告外，注册会计师还有其他报告责任；②注册会计师可能被要求实施额外的规定的程序并予以报告，或对特定事项发表意见。

（3）对两套以上财务报表出具审计报告的情形。被审计单位可能按照通用目的编制基础（如×国财务报告编制基础）编制一套财务报表，且按照另一个通用目的编制基础（如国际财务报告准则）编制另一套财务报表，并委托注册会计师同时对两套财务报表出具审计报告。如果注册会计师已确定两个财务报告编制基础在各自情形下是可接受的，可以在审计报告中增加其他事项段，说明该被审计单位根据另一个通用目的编制基础（如国际财务报告准则）编制了另一套财务报表以及注册会计师对这些财务报表出具了审计报告。

（4）限制审计报告分发和使用的情形。为特定目的编制的财务报表可能按照通用目的编制基础编制，因为财务报表预期使用者已确定这种通用目的财务报表能够满足他们对财务信息的需求。由于审计报告旨在提供给特定使用者，注册会计师可能认为在这种情况下需要增加其他事项段，说明审计报告只是提供给财务报表预期使用者，不应被分发给其他机构或人员或者被其他机构或人员使用。

需要注意的是，其他事项段的内容明确反映了未被要求在财务报表中列报或披露的其他事项。其他事项段不包括法律法规或其他职业准则（如中国注册会计师职业道德守则中与信息保密相关的规定）禁止注册会计师提供的信息。其他事项段也不包括要求管理层提供的信息。

如果在审计报告中包含其他事项段，注册会计师应当将该段落作为单独的一部分，并使用"其他事项"或其他适当标题。

（三）与治理层的沟通

如果拟在审计报告中增加强调事项段或其他事项段，注册会计师应当就该事项和拟使用的措辞与治理层沟通。

与治理层的沟通能使治理层了解注册会计师拟在审计报告中所强调的特定事项的性质，并在必要时为治理层提供向注册会计师作出进一步澄清的机会。当然，当审计报告中针对某一特定事项增加其他事项段在连续审计业务中重复出现时，注册会计师可能认为没有必要在每次审计业务中重复沟通。

【例14-3】Y公司系公开发行A股的上市公司，假定北京ABC会计师事务所的A注册会计师和B注册会计师负责对其2019年度财务报表进行审计，2020年2月20日完成外勤审计工作。假定Y公司2019年度财务报告于2020年3月10日经董事会批准并于同日报送证券交易所。

Y公司未经审计的2019年度财务报表中的部分会计资料如下。

A注册会计师和B注册会计师确定Y公司2019年度财务报表层次的重要性水平为300万元并分配至各财务报表项目，其中部分财务报表项目的重要性水平如下。

经审计，A注册会计师和B注册会计师发现Y公司存在以下事项。

Y公司2019年度审计后的净利润为1 000万元，2019年12月31日流动负债为29 600万元，资产总额为28 400万元。A注册会计师和B注册会计师经实施必要审计程序后认为

Y公司编制 2019 年度财务报表所依据的持续经营假设是合理的。

要求：在不考虑其他条件的前提下，请分别指出 A 和 B 注册会计师应出具何种类型的审计报告，并简要说明理由。

【解答】A 注册会计师和 B 注册会计师应出具带强调事项段的无保留意见审计报告。Y 公司在财务方面存在可能导致对其持续经营能力产生重大疑虑的事项或情况。但 A 注册会计师和 B 注册会计师经实施必要审计程序后认为 Y 公司编制 2019 度财务报表所依据的持续经营假设是合理的，并且 Y 公司已经接受注册会计师的审计处理建议，在 2019 年度财务报表附注中对该事项或情况予以披露。注册会计师应当对这一事项或情况在审计报告增加强调事项段予以揭示。

八、比较信息

财务报表使用者为了确定在一段时期内被审计单位财务状况和经营成果的变化趋势，需要了解涉及一个或多个以前会计期间的比较信息。为满足这种需求，我国的企业会计准则对重要会计事项的信息披露作出了明确规定，多项具体会计准则都对比较信息的列报提出了要求，现行的其他相关法律法规对比较信息的披露也作出了明确规定。例如，《企业会计准则第 30 号——财务报表列报》第八条就明确规定："当期财务报表的列报，至少应当提供所有列报项目上一可比会计期间的比较数据。"可见，比较信息是当期财务报表的不可缺少的组成部分。并且，当存在重大会计政策变更、重大会计差错，或者企业执行的会计制度发生变化而引起财务报表格式变化，或者发生共同控制下的企业合并等情形，均要求对比较信息作出相应调整。相应地，注册会计师在对财务报表发表审计意见时，就应当考虑比较信息对审计意见的影响。

审计准则规定，财务报表中列报的比较信息的性质取决于适用的财务报告编制基础的要求。比较信息包括对应数据和比较财务报表，相应地，注册会计师履行比较信息的报告责任有两种不同的方法。采用的方法通常由法律法规规定，但也可能在业务约定条款中作出约定。两种方法导致审计报告存在的主要差异表现在：对于对应数据，审计意见仅提及本期；对于比较财务报表，审计意见提及列报的财务报表所属的各期。两种方法下不同的审计报告要求将在下文具体阐述。

（一）比较信息的定义

比较信息，是指包含于财务报表中的、符合适用的财务报告编制基础的、与一个或多个以前期间相关的金额和披露。

对应数据，属于比较信息，是指作为本期财务报表组成部分的上期金额和相关披露，这些金额和披露只能与本期相关的金额和披露（称为"本期数据"）联系起来阅读。对应数据列报的详细程度主要取决于其与本期数据的相关程度。

比较财务报表，属于比较信息，是指为了与本期财务报表相比较而包含的上期金额和相关披露。比较财务报表包含信息的详细程度与本期财务报表包含信息的详细程度相似。如果上期金额和相关披露已经审计，则将在审计意见中提及。

不同的财务报告编制基础对比较信息的列报要求不同，有的要求列报对应数据，而有的则要求列报比较财务报表。《企业会计准则第 30 号——财务报表列报》第八条规定，当期财务报表的列报，至少应当提供所有列报项目上一可比会计期间的比较数据。因此，对于法定年报审计而言，按照企业会计准则编制的财务报表属于对应数据。注册会计师对比较信息的审计目标在于：①获取充分、适当的审计证据，确定在财务报表中包含的比较信息是否在所有重大方面按照适用的财务报告编制基础有关比较信息的要求进行列报；②按照注册会计师的报告责任出具审计报告。

（二）审计程序

1. 一般审计程序

注册会计师应当确定财务报表中是否包括适用的财务报告编制基础要求的比较信息，以及比较信息是否得到恰当分类。基于上述目的，注册会计师应当评价以下几点。

（1）比较信息是否与上期财务报表列报的金额和相关披露一致，如果必要，比较信息是否已经重述。

本期财务报表中的比较信息来源于上期财务报表中的本期数据，因此，有必要将比较信息与上期财务报表列报的金额和相关披露进行核对，以确定两者之间是否一致。

在某些情况下，比较信息与上期财务报表列报的金额和相关披露并不一致，以我国的企业会计准则和会计制度为例。

①会计准则和会计制度发生变化，或相关法律法规对信息披露提出了新的要求，导致财务报表格式和内容发生重大改变。

从"两则""两制"和行业会计制度的发布，到《股份有限公司会计制度》和《企业会计制度》的先后出台，以及 2006 年新的企业会计准则体系的建立，均属于会计准则和会计制度的重大变化。这些重大变化使得企业财务报表的格式和内容发生了重大改变，因而使改变发生当年的财务报表中的比较信息需要做适当调整和重新分类。

②企业会计准则要求财务报表项目的列报应当在各个会计期间保持一致，不得随意变更，但允许在下列情况下进行变更。

a. 会计准则要求改变财务报表项目的列报。如《企业会计准则第 33 号——合并财务报表》规定，母公司在报告期内因同一控制下企业合并增加的子公司，编制合并资产负债表时，应当调整合并资产负债表的期初数。

b. 企业经营业务的性质发生重大变化后，变更财务报表项目的列报能够提供更可靠、更相关的会计信息。

财务报表项目的列报发生变更的，应当对上期比较信息按照当期的列报和披露要求进行调整，除非对上期比较信息进行调整不切实可行。

③当财务报表存在重要的前期差错时，如前期差错累积影响数能够确定，应当采用追溯重述法进行更正，并应在重要的前期差错发现后的财务报表中，调整前期比较信息。

在比较信息与上期财务报表列报的金额和相关披露不一致时，注册会计师检查的内容通常包括以下几点。

a. 出现不一致是否因会计准则和会计制度变化引起，或是否符合法律法规的规定。

b. 金额是否作出适当调整，包括报表项目的重新分类和归集，以及附注中前期对应数的调整等。

c. 是否已在附注中充分披露对比较信息作出调整的原因和性质，以及比较信息中受影响的项目名称和更正金额。

d. 如果发现对比较信息的调整缺乏合理依据，应当提请管理层对比较信息作出更正，并视更正情况出具恰当意见类型的审计报告。

（2）在比较信息中反映的会计政策是否与本期采用的会计政策一致，如果会计政策已发生变更，这些变更是否得到恰当处理并得到充分列报与披露。

根据企业会计准则的规定，企业采用的会计政策，在每一会计期间和前后各期应当保持一致，不得随意变更。因此，注册会计师需要检查比较信息采用的会计政策与本期数据采用的会计政策是否一致。

但企业会计准则并不是绝对不允许企业变更会计政策。当法律、行政法规或者国家统一的会计制度等要求变更会计政策，或者会计政策变更能够提供更可靠、更相关的会计信息时，企业可以变更会计政策。如果可以计算累积影响数的，还应当采用追溯调整法进行处理，对本期财务报表中列报的比较信息进行调整。

当被审计单位变更会计政策时，注册会计师检查的内容通常包括以下几点。

①会计政策变更是否符合会计准则和会计制度的规定。

②会计政策变更是否经过被审计单位有权限机构的批准。

③会计政策变更的会计处理是否恰当，如是否对比较信息进行了适当的调整。

④会计政策变更，包括会计政策变更的性质、内容和原因，比较信息中受影响的项目名称和调整金额，无法进行追溯调整的事实和原因，是否已充分披露。

2. 注意到比较信息可能存在重大错报时的审计程序

（1）在实施本期审计时，如果注意到比较信息可能存在重大错报，注册会计师应当根据实际情况追加必要的审计程序，获取充分、适当的审计证据，以确定是否存在重大错报。实施本期审计是指对本期财务报表实施审计，既包括对本期财务报表中所含的本期数据的审计，也包括对本期财务报表中所含的比较信息的审计。

本期财务报表中的比较信息出现重大错报的情形通常包括以下几种。

①上期财务报表存在重大错报，该财务报表虽经审计，但注册会计师因未发现而未在针对上期财务报表出具的审计报告中对该事项发表非无保留意见，本期财务报表中的比较信息未做更正。

②上期财务报表存在重大错报，该财务报表未经注册会计师审计，比较信息未做更正。

③上期财务报表不存在重大错报，但比较信息与上期财务报表存在重大不一致，由此导致重大错报。

④上期财务报表不存在重大错报，但在某些特殊情形下，比较信息未按照会计准则和相关会计制度的要求恰当重述。

当注册会计师注意到比较信息可能存在重大错报时，应当根据重大错报的性质、影响程度和范围等实际情况，有针对性地实施追加的审计程序，以确定是否确实存在重大错报。

（2）如果上期财务报表已经审计，注册会计师还应当遵守《中国注册会计师审计准则第1332号——期后事项》的相关规定。如果上期财务报表已经得到更正，注册会计师应当确定比较信息与更正后的财务报表是否一致。

注册会计师在对本期财务报表进行审计时，可能注意到影响上期财务报表的重大错报，而以前未就该重大错报出具非无保留意见的审计报告。在这种情况下，由于针对上期财务报表的审计报告已经出具，注册会计师应当根据《中国注册会计师审计准则第1332号——期后事项》的规定，考虑是否需要修改上期财务报表，并与管理层讨论，同时根据具体情况采取适当措施：一是如前所述，如果上期财务报表未经更正，也未重新出具审计报告，且比较数据未经恰当重述和充分披露，注册会计师应当对本期财务报表出具非无保留意见的审计报告，说明比较数据对本期财务报表的影响；二是如果上期财务报表已经更正，并已重新出具审计报告，注册会计师应当获取充分、适当的审计证据，以确定比较信息与更正的财务报表是否一致。

3. 获取书面声明

注册会计师应当按照《中国注册会计师审计准则第1341号——书面声明》的规定，获取与审计意见中提及的所有期间相关的书面声明。对于管理层作出的、更正上期财务报表中影响比较信息的重大错报的任何重述，注册会计师还应当获取特定书面声明。

《中国注册会计师审计准则第1341号——书面声明》规定：针对财务报表的编制，注册会计师应当要求管理层提供书面声明，确认其根据审计业务约定条款，履行了按照适用的财务报告编制基础编制财务报表并使其实现公允反映（如适用）的责任；书面声明应当涵盖审计报告针对的所有财务报表和期间。在比较财务报表的情形下，由于管理层需要再次确认其以前作出的与上期相关的书面声明仍然适当，注册会计师需要要求管理层提供与审计意见所提及的所有期间相关的书面声明。在对应数据的情形下，由于审计意见针对包括对应数据的本期财务报表，注册会计师需要要求管理层仅就本期财务报表提供书面声明。然而，对上期财务报表中影响比较信息的重大错报进行更正而作出的任何重述，注册会计师需要要求管理层提供特定书面声明。

（三）审计报告：对应数据

1. 总体要求

当财务报表中列报对应数据时，由于审计意见是针对包括对应数据的本期财务报表整体的，审计意见通常不提及对应数据。只有在特定情形下，注册会计师才应当在审计报告中提及对应数据。对这些特定情形，随后将分项予以阐述，这里先按其对审计报告的影响简单加以归纳。

（1）导致对上期财务报表发表非无保留意见的事项在本期尚未解决。

（2）上期财务报表存在重大错报，而以前对该财务报表发表了无保留意见，且对应数据未经适当重述或恰当披露；该财务报表未经更正，也未重新出具审计报告，并且本期财务报表中的对应数据未经恰当重述和充分披露。

（3）上期财务报表未经审计。

2. 上期导致非无保留意见的事项仍未解决的处理

如果以前针对上期财务报表发表了保留意见、无法表示意见或否定意见，且导致非无保留意见的事项仍未解决，注册会计师应当对本期财务报表发表非无保留意见。

在审计报告的导致非无保留意见的事项段中，注册会计师应当分下列两种情况予以处理。

（1）如果未解决事项对本期数据的影响或可能的影响是重大的，注册会计师应当在导致非无保留意见事项段中同时提及本期数据和对应数据。

（2）如果未解决事项对本期数据的影响或可能的影响不重大，注册会计师应当说明，由于未解决事项对本期数据和对应数据之间可比性的影响或可能的影响，因此发表了非无保留意见。

如果以前针对上期财务报表发表了非无保留意见，且导致非无保留意见的事项已经解决，并已按照适用的财务报告编制基础进行恰当的会计处理，或在财务报表中作出适当的披露，则针对本期财务报表发表的审计意见无须提及之前发表的非无保留意见。

如果以前针对上期财务报表发表了非无保留意见，且导致非无保留意见的事项尚未解决，该尚未解决的事项可能与本期数据无关。尽管如此，由于尚未解决的事项对本期数据和对应数据的可比性存在影响或可能存在影响，需要对本期财务报表发表保留意见、无法表示意见或否定意见（如适用）。

3. 上期财务报表存在重大错报时的报告要求

如果注册会计师已经获取上期财务报表存在重大错报的审计证据，而以前对该财务报表发表了无保留意见，且对应数据未经适当重述或恰当披露，注册会计师应当就包括在财务报表中的对应数据，在审计报告中对本期财务报表发表保留意见或否定意见。

如果存在错报的上期财务报表尚未更正，并且没有重新出具审计报告，但对应数据已在本期财务报表中得到适当重述或恰当披露。此时，注册会计师可以在审计报告中增加强调事项段，以描述这一情况，并提及详细描述该事项的相关披露在财务报表中的位置。

4. 上期财务报表已由前任注册会计师审计时的报告要求

如果上期财务报表已由前任注册会计师审计，注册会计师在审计报告中可以提及前任注册会计师对对应数据出具的审计报告。当注册会计师决定提及时，应当在审计报告的其他事项段中说明：①上期财务报表已含前任注册会计师审计；②前任注册会计师发表的意见的类型（如果是非无保留意见，还应当说明发表非无保留意见的理由）；③前任注册会计师出具的审计报告的日期。

5. 上期财务报表未经审计时的报告要求

如果上期财务报表未经审计，注册会计师应当在审计报告的其他事项段中说明对应数据未经审计。但这种说明并不减轻注册会计师获取充分、适当的审计证据，以确定期初余额不含有对本期财务报表产生重大影响的错报的责任。

如前所述，当上期财务报表未经审计时，注册会计师应当按照《中国注册会计师审计准则第 1331 号——首次审计业务涉及的期初余额》的规矩，对本期期初余额实施恰当的审计程序，获取充分、适当的审计证据，以确定期初余额不存在重大错报。尽管如此，针对期初余额实施的审计程序的范围往往要小于针对当期余额和发生额实施的审计程序的范围，并且，客观地说，针对期初余额实施某些审计程序的难度往往要大一些，而效果却要差一些。为使财务报表使用者以谨慎的态度利用对应数据作出决策，避免加重注册会计师的责任，降低注册会计师的执业风险，如果上期财务报表未经审计，注册会计师应当在审计报告的其他事项段中予以说明。

（四）审计报告：比较财务报表

1. 总体要求

当列报比较财务报表时，审计意见应当提及列报财务报表所属的各期，以及发表的审计意见涵盖的各期。

由于对比较财务报表出具的审计报告涵盖所列报的每期财务报表，注册会计师可以对一期或多期财务报表发表保留意见、否定意见或无法表示意见，或者在审计报告中增加强调事项段，而对其他期间的财务报表发表不同的审计意见。

2. 对上期财务报表发表的意见与以前发表的意见不同

当因本期审计而对上期财务报表发表审计意见时，如果对上期财务报表发表的意见与以前发表的意见不同，注册会计师应当按照《中国注册会计师审计准则第 1503 号——在审计报告中增加强调事项段和其他事项段》的规定，在其他事项段中披露导致不同意见的实质性原因。

当结合本期审计对上期财务报表出具审计报告时，如果注册会计师在本期审计过程中注意到严重影响上期财务报表的情形或事项，对上期财务报表发表的意见可能与以前发表的意见不同。在某些国家或地区，注册会计师可能负有额外的报告责任，因此，要求注册会计师在审计报告的其他事项段中披露导致不同意见的实质性原因，以防止信赖注册会计师以前对上期财务报表出具的报告。

3. 上期财务报表已由前任注册会计师审计

如果上期财务报表已由前任注册会计师审计，除非前任注册会计师对上期财务报表出具的审计报告与财务报表一同对外提供，注册会计师除对本期财务报表发表意见外，还应当在其他事项段中说明：①上期财务报表已由前任注册会计师审计；②前任注册会计师发表的意见的类型（如果是非无保留意见，还应当说明发表非无保留意见的理由）；③前任注册会计师出具的审计报告的日期。

4. 认为存在影响上期财务报表的重大错报

如果认为存在影响上期财务报表的重大错报，而前任注册会计师以前出具了无保留意见的审计报告，注册会计师应当就此与适当层级的管理层沟通，并要求其告知前任注册会计师。注册会计师还应当与治理层进行沟通，除非治理层全部成员参与管理被审计单位。如果上期财务报表已经更正，且前任注册会计师同意对更正后的上期财务报表出具新的审计报告，注册会计师应当仅对本期财务报表出具审计报告。

前任注册会计师可能无法或不愿对上期财务报表重新出具审计报告。注册会计师可以在审计报告中增加其他事项段，指出前任注册会计师对更正前的上期财务报表出具了审计报告。此外，如果注册会计师针对作出更正的调整事项接受委托实施审计并获取充分、适当的审计证据，可以在审计报告中增加以下段落。

"作为 20×2 年度财务报表审计的一部分，我们同时审计了附注×中所描述的用于对 20×1 年度财务报表作出更正的调整事项。我们认为这些调整是恰当的，并得到了适当运用。除了与调整相关的事项外，我们没有接受委托对公司 20×1 年度财务报表实施审计、审阅或其他程序，因此，我们不对 20×1 年度财务报表整体发表意见或提供任何形式的保证。"

5. 上期财务报表未经审计

如果上期财务报表未经审计，注册会计师应当在其他事项段中说明比较财务报表未经审计。但这种说明并不减轻注册会计师获取充分、适当的审计证据，以确定期初余额不含有对本期财务报表产生重大影响的错报的责任。

本章小结

（1）明确审计意见的类型：①无保留意见；②非无保留意见——保留意见、否定意见以及无法表示意见。

（2）审计报告的要素：标题，收件人，审计意见，形成审计意见的基础，管理层对财务报表的责任，注册会计师对财务报表审计的责任，按照相关法律法规的要求报告的事项，注册会计师的签名和盖章，会计师事务所的名称、地址和盖章，报告日期。

（3）确定关键审计事项：首先考虑与治理层沟通的事项，其次在沟通的事项中确定在执行审计工作时重点关注过的事项，在重点关注过的事项中确认最为重要的事项，即关键审计事项。

（4）发表非无保留意见审计报告情形：①根据获取的审计证据，得出财务报表整体不存在重大错报的结论；②无法获取充分、适当的审计证据，不能得出财务报表整体不存在重大错报的结论；③财务报表整体存在重大错报。

关键词汇

审计报告（auditor's report）　　审计报告类型（the types of audit reports）
无保留意见（unqualified opinion）　保留意见（qualified opinion）
否定意见（adverse opinion）　　　无法表示意见（disclaimer of opinion）

思考题

1. 蓝天会计师事务所的注册会计师甲担任多家被审计单位 2017 年度财务报表审计的

项目合伙人，遇到如下事项。

注册会计师甲认为，导致对 A 公司持续经营能力产生重大疑虑的事项和情况存在重大不确定性。管理层不同意注册会计师甲的结论，因此，未在财务报表附注中作出与其持续经营能力有关的披露。注册会计师甲拟在审计报告中增加其他事项段。

请问：注册会计师甲的做法是否合适？如不合适，请说明理由。

2. ABC 会计师事务所的 A 注册会计师负责审计多家上市公司 2016 年度财务报表，遇到与审计报告相关的事项：A 注册会计师对甲公司关联方关系及交易实施审计程序并与治理层沟通后，对是否存在未在财务报表中披露的关联方关系交易仍有疑虑，拟将其作为关键审计事项在审计报告中沟通。

请问：A 注册会计师的做法是否合适？如不合适，请说明理由。

3. 瀚海会计师事务所首次接受委托，审计乙公司 2017 年度财务报表。A 注册会计师拟在审计报告中增加其他事项段，说明上期财务报表由前任注册会计师审计及出具审计报告的日期。A 注册会计师的做法是否合适？如不合适，请说明理由。

4. 甲公司为 ABC 会计师事务所 2017 年度承接的新客户，前任注册会计师由于未就 2015 年 12 月 31 日存货余额获取充分、适当的审计证据，对甲公司 2016 年的财务报表发表了保留意见。审计项目组认为，导致保留意见的事项对本期数据本身没有影响。注册会计师应对甲公司 2017 年的财务报表出具何种审计意见，并说明理由。

5. 瑞利会计师事务所对星云公司 2016 年的财务报表进行审计，星云公司管理层在财务报表附注中披露了某项重大会计估计存在重大估计不确定性，A 注册会计师认为该项披露不充分，拟在审计报告中增加强调事项段。A 注册会计师的做法是否恰当？如不恰当，请说明理由。

练习题

1. 瀚海公司是 ABC 会计师事务所的常年审计客户，主要从事化妆品产品的生产、批发、零售。A 注册会计师负责审计瀚海公司的 2017 年财务报表，确定瀚海公司财务报表整体的重要性为 600 万元。2017 年，瀚海集团推出销售返利制度，并在 ERP（企业资源计划）系统中开发了返利管理模块，A 注册会计师在对某组成部分执行审计时发现，系统参数设置有误，导致选取的测试项目少返利 2 万元。A 注册会计师认为该错报低于集团财务报表明显微小错报的临界值，可忽略不计。

要求：指出 A 注册会计师的做法是否恰当？如不恰当，简要说明理由。

案例讨论题

远锐会计师事务所是一所全国性大型专业的会计中介服务机构，在北京、上海、浙江、湖南、湖北、深圳、广东、山东、安徽、香港、台湾等地设有执业机构。在 2017 年度审计执业过程中，遇到如下问题：①远锐会计师事务所执行信达集团 2016 年度财务报表审计时，发表了非无保留意见。在 2017 年财务报表审计中，导致 2016 年出具非无保留意见的事项仍未解决，未解决事项对本期数据的影响不重大。②远锐会计师事务所执行光新公司 2016 年度财务报表审计时，发表了无保留意见。在 2017 年财务报表审计中，得知 2016 年度财务报表审计中存在未发现的重大错报，注册会计师并未重新出具审计报告。但在 2017 年度财务报表审计中，对应数据已在本期财务报表中得到适当解决及披露。③远锐会计师事务所执行丽华集团 2017 年度财务报表审计，丽华集团 2016 年度财务报表系由汇安会计师事务所审计。④远锐会计师事务所执行深海能源 2017 年度财务报表审计，深海能源 2016 年度财务报表未经审计。

要求：请分别根据上述的各种情形，代远锐会计师事务所作出恰当的处理。

简答题

1、甲公司是 ABC 会计师事务所的常年审计客户，主要从事肉制品的加工和销售，A 注册会计师负责审计甲公司 2018 年度财务报表，确定财务报表整体的重要性为 100 万，审计报告日是 2019 年 4 月 30 日。

（1）2019 年 2 月，甲公司因 2018 年的食品安全问题向主管部门缴纳罚款 300 万元，管理层在 2018 年度财务报表中将其确认为营业外支出。A 注册会计师检查了处罚文件和付款单据，认可了管理层的处理。

（2）审计过程中累积的错报合计数是 200 万元，因管理层已全部更正，A 注册会计师认为错报对审计工作和审计报告均无影响。

（3）甲公司 2018 年末营运资金为负数，大额银行借款于 2019 年到期，存在导致对持续经营能力产生重大疑虑的事项。A 注册会计师评估后认为管理层的应对计划可行，甲公司持续经营能力不存在重大不确定性，无须与治理层沟通。

（4）因甲公司 2018 年末多项诉讼的未来结果具有重大不确定性，A 注册会计师拟在审计报告中增加强调事项段，与治理层就该事项和拟使用的报告措辞进行了沟通。

（5）2018 年 10 月 30 日，甲公司账面余额 1 200 万元的一条新建生产线达到了预定可使用状态，截止 2018 年年末，因未办理竣工决算，该生产线尚未转入固定资产，A 注册会计师认为该错报为分类错报，涉及折旧金额很小，不构成重大错报，同意管理层不予调整。

要求：针对上述第（1）至（5）项，逐项指出注册会计师的做法是否恰当。如不恰当，简要说明理由。

2. ABC 会计师事务所的 A 注册会计师负责审计多家上市公司 2018 年度财务报表，遇到下列与审计报告相关的事项：

（1）A 注册会计师对甲公司关联方关系及交易实施审计程序并与治理层沟通后，对是否存在未在财务报表中披露的关联方关系及交易存在疑虑，拟将其作为关键审计事项在审计报告中沟通。

（2）A 注册会计师在乙公司审计报告日后获取并阅读了乙公司在 2018 年度报告的最终版本，发现其他信息存在重大错报，与管理层和治理层沟通后，该错报未得到更正，A

注册会计师拟重新出具审计报告，指出其他信息存在的重大错报。

（3）ABC 会计师事务所首次接受委托，审计丙公司 2018 年度审计报表。A 注册会计师拟在审计报告中增加其他事项段，说明上期财务报表由前任注册会计师审计及其出具的审计报告的日期。

（4）丁公司 2018 年发生重大经营亏损，A 注册会计师实施审计程序并与治理层沟通后，认为可能导致对持续经营能力产生重大疑虑的事项或情况不存在重大不确定性。因在审计工作中对该事项进行过重点关注，A 注册会计师拟将其作为关键审计事项在审计报告中进行沟通。

（5）戊公司管理层在 2018 年度财务报表附注中披露了 2019 年 1 月发生的一项重大收购。A 注册会计师认为该事项对财务报表使用者理解财务报表至关重要，拟在审计报表中增加其他事项段予以说明。

（6）A 注册会计师认为，乙公司财务报表附注中未披露其对外提供的多项担保，构成重大错报，因拟就乙公司持续经营问题对财务报表发表无法表示意见，不再在审计报告中说明披露错报。

要求：针对上述第（1）至（6）项，逐项指出注册会计师的做法是否恰当。如不恰当，简要说明理由。

3. ABC 会计师事务所的 A 注册会计师担任多家被审计单位 2018 年度财务报表审计的项目合伙人，遇到下列导致出具非标准审计报告的事项：

（1）甲公司为 ABC 会计师事务所 2018 年度承接的新客户。前任注册会计师由于未就 2016 年 12 月 31 日存货余额获取充分、适当的审计证据，对甲公司 2017 年度财务报表发表了保留意见。审计项目组认为，导致保留意见的事项对本期数据本身没有影响。

（2）2018 年 10 月，上市公司乙公司因涉嫌信息披露违规被证券监管机构立案稽查。截至审计报告日，尚无稽查结论。管理层在财务报表附注中披露了上述事项。

（3）丙公司管理层对固定资产实施减值测试，按照未来现金流量现值与固定资产账面净值的差额确认了重大减值损失。管理层无法提供相关信息以支持现金流量预测中假设的未来 5 年营业收入，审计项目组也无法作出估计。

（4）戊公司于 2018 年 9 月起停止经营活动，董事会拟于 2019 年内清算戊公司。2018 年 12 月 31 日，戊公司账面资产余额主要为货币资金、其他应收款以及办公家具等固定资产，账面负债余额主要为其他应付款和应付工资。管理层认为，如采用持续经营编制基础，对上述资产和负债的计量并无重大影响，因此，仍以持续经营假设编制 2018 年度财务报表，并在财务报表附注中披露了清算计划。

（5）2018 年 1 月 1 日，己公司通过收购取得子公司庚公司。由于庚公司账目混乱，己公司管理层决定在编制 2018 年度合并财务报表时不将其纳入合并范围。庚公司 2018 年度的营业收入和税前利润约占己公司未审合并财务报表相应项目的 30%。

要求：针对上述第（1）至（5）项，假定不考虑其他条件，逐项指出 A 注册会计师应当出具何种类型的非标准审计报告，并简要说明理由。

| 单项选择题 | 多项选择题 | 判断题 |

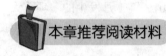

本章推荐阅读材料

1. 张革，唐建华. 国际审计与鉴证准则理事会发布关键审计事项示例[J]. 中国注册会计师，2015（6）.

2. 蒋品洪. 论在审计报告关键审计事项部分描述事项[J]. 中国注册会计师，2018（4）.

3. 季丰. 1504号审计准则实施若干问题及应对措施探讨[J]. 中国注册会计师，2018（2）.

4. 张凤丽. 新审计报告准则下关键审计事项披露分析与建议[J]. 会计之友，2018（1）.

5. 宋夏云，尤宁. 带强调事项段无保留审计意见信息披露研究[J]. 南昌大学学报（人文社会科学版），2017（1）.

6. 唐建华. 国际审计与鉴证准则理事会审计报告改革评析[J]. 审计研究，2015（1）.

7. 张勇，陈俊. 带强调事项段无保留审计意见信息含量及其差异性研究[J]. 贵州财经大学学报，2012，30（5）.

8. 巩鑫. 基于审计意见视角的审计师舞弊识别能力研究[J]. 财会通讯，2014（9）.

参 考 文 献

[1]   赵保卿. 审计学[M]. 4 版. 北京：经济科学出版社，2014.

[2]   秦荣生，卢春泉. 审计学[M]. 10 版. 北京：中国人民大学出版社，2019.

[3]   宋常. 审计学[M]. 8 版. 北京：中国人民大学出版社，2018.

[4]   李晓慧. 审计学：原理与案例[M]. 2 版. 北京：中国人民大学出版社，2018.

[5]   阿伦斯，埃尔德，比斯. 审计学：一种整合方法. 英文版[M]. 15 版. 谢盛纹，译. 北京：中国人民大学出版社，2017.

[6]   张立民，高莹，万里霜. 审计学原理与实务[M]. 3 版. 北京：清华大学出版社，2017.

[7]   张继勋，程悦. 审计学[M]. 2 版. 北京：清华大学出版社，2015.

[8]   中国注册会计师协会. 审计[M]. 北京：中国财政经济出版社，2020.

[9]   丁瑞玲，吴溪. 审计学[M]. 6 版. 北京：经济科学出版社，2018.

[10] 刘勇. 审计学[M]. 2 版. 大连：东北财经大学出版社，2017.

[11] 王光远，黄京菁. 审计学[M]. 3 版. 大连：东北财经大学出版社，2014.

教学支持说明